Reihe Politik und Bildung

Handbuch politische Bildung

Reihe Politik und Bildung • Band 11

Handbuch politische Bildung

Herausgegeben von
Wolfgang Sander

unter Mitarbeit von
Paul Ackermann, Marie-Theres Albert, Volkmar Baulig, Gotthard Breit, Ernst-Günter Dieckmann, Isabell Diehm, Helmut Essinger, Walter Gagel, Tilman Grammes, Benno Hafeneger, Peter Henkenborg, Klaus-Peter Hufer, Werner Künzel, Reinhold E. Lob, Monika Mannheim-Runkel, Peter Massing, Wolfgang W. Mickel, Hans Nicklas, Volker Nitzschke, Frank Nonnenmacher, Ekkehard Nuissl, Heinrich Oberreuter, Hans-Joachim von Olberg, Ingrid Prote, Carla Schelle, Sibylle Reinhardt, Dagmar Richter, Bernhard Sutor, Dorothea Weidinger, Peter Weinbrenner, Georg Weißeno

WOCHENSCHAU VERLAG

Die Deutsche Bibliothek – CIP-Einheitsaufnahme

Handbuch politische Bildung / hrsg. von Wolfgang Sander. Unter Mitarb. von Paul Ackermann ...
– Schwalbach/Ts : Wochenschau-Verl., 1997
(Reihe Politik und Bildung ; Bd. 11)
ISBN 3-87920-608-2

NE: Sander, Wolfgang [Hrsg.]; Ackermann, Paul; GT

Druck: Fuldaer Verlagsanstalt
Gedruckt auf chlorfreiem Papier
Printed in Germany
ISBN 3-87920-608-2

Inhaltsübersicht

III. Praxisfelder politischer Bildung und Erziehung

IV. Inhaltsbezogene Aufgabenfelder politischer Bildung und Erziehung

V. Methoden politischer Bildung

VI. Bildungspolitische Rahmenbedingungen

Inhaltsverzeichnis

II. Didaktische Prinzipien politischer Bildung

Kurzübersicht: Schüler- und Teilnehmerorientierung werden als didaktische Konsequenz emanzipatorischer Bildungsvorstellungen verstanden. Dargestellt und problematisiert wird für die Schule das Konzept Rolf Schmiederers vom „schülerzentrierten Unterricht". Für die Erwachsenenbildung werden Entwicklung, Verortung und Wirkung der Teilnehmerorientierung aufgezeigt. Schließlich werden kritische Einwände und Fragen zusammengefaßt.

Kurzübersicht: Der Begriff der „Handlungsorientierung" wird als zu offen kritisiert und als „Lernen in Interaktion" zu präzisieren versucht. Politisches Lernen in der Schule wird dem Lernen in Bewegungen als komplementär gegenübergestellt. Ein Beispiel zeigt „Lernen in Interaktion" auf drei Ebenen mit theoretischer Verarbeitung durch die Lernenden.

Kurzübersicht: Leitfaden ist der Zusammenhang zwischen Wissenschaft und Lebenspraxis. Man kann diesen bildungstheoretisch und erkenntnistheoretisch definieren. Der Einfluß der Bezugswissenschaften auf die politische Bildung wird einerseits aus der Perspektive der Wissenschaft, andererseits aus der Perspektive der Bildungsaufgabe aufgezeigt. In Lebenssituationen bietet wissenschaftliches Wissen Hilfen zur Problemlösung.

Kurzübersicht: Es wird dafür plädiert, das didaktische Prinzip der „Zukunftsorientierung" als neues Relevanzkriterium der politischen Bildung aufzunehmen. Damit soll auf die neue säkulare und globale Herausforderung reagiert werden, die „Zukunftsfähigkeit" der Gesellschaft und künftiger Generationen zu sichern, d. h., sich am „Prinzip der Nachhaltigkeit" zu orientieren. Dieses Prinzip besagt, daß die Bedürfnisse der heutigen Generation nur insoweit befriedigt werden können, als die Bedürfnisse zukünftiger Generationen dadurch nicht gefährdet werden. Aufgrund dieser politischen Prämisse wird die *Ziel- und Inhaltsstruktur* einer *zukunftsorientierten politischen Didaktik* entwickelt.

III. Praxisfelder politischer Bildung und Erziehung

Kurzübersicht: In einem Überblick über die Stundentafeln der einzelnen Bundesländer wird der quantitative Stellenwert der Fächer der politischen Bildung dargestellt. Die Notwendigkeit eines mehrperspektivischen und ganzheitlichen Verständnisses von politischer Bildung als Gesellschaftslehre wird begründet.
Unter Einbeziehung lerntheoretischer Erkenntnisse werden die Ziele und Prinzipien eines problemanalysierenden, methoden- und handlungsorientierten politischen Unterrichts entwickelt. Diese münden in den Vorschlag eines „Modells", das auf einer mittleren Konkretionsebene beschreibt, wie sowohl der Widerspruch von Planung und Offenheit als auch die Verknüpfung von Inhalts- und Beziehungsebene im Lernprozeß gelingen kann.

Kurzübersicht: Der Artikel diskutiert das Verhältnis von wissenschaftspropädeutischem und lebensweltorientiertem Arbeiten in der gymnasialen Oberstufe, das immer wieder neu und unterschiedlich akzentuiert wurde und wird. Der fachspezifische Beitrag zur Vorbereitung auf Studium und Erwerbsleben wird in einer politischen Grundbildung und der Entwicklung der Fähigkeit zur Beteiligung in der Demokratie gesehen. Mit „Wiedergeben, Kennen, Anwenden und Beurteilen" werden im Anschluß daran die Anforderungsbereiche in der Abiturprüfung vorgestellt.

Hans-Joachim von Olberg: Politikunterricht an berufsbildenden Schulen

Kurzübersicht: Eine Tradition staatsbürgerlicher Erziehung, die auf Arbeitstugenden, Gemeinschaftsideologie und Staatsmetaphysik setzte, hat bis in die sechziger Jahre die demokratische Bildung für BerufsschülerInnen belastet. Gegenwärtig stellen die Dominanz betrieblichen Lernens im dualen System und die Marginalisierung des Politikunterrichts im schulischen Lernen Hauptprobleme der Praxis dar. Ihr kann die Politikdidaktik, vom dialektischen Verhältnis zwischen politischer und beruflicher Bildung ausgehend, Modelle der Berufs- und Arbeitsorientierung, der Mikropolitik, der didaktischen Transformation sowie des Handlungs- und Gestaltungslernens als didaktische Lösungsmuster vorschlagen.

Volkmar Baulig: Politikunterricht an Sonderschulen

Kurzübersicht: Mit der Sonderschule wird vornehmlich die Schule für Lernhilfe assoziiert. Da ihre Existenz Folge des gesellschaftlichen Selektionsdrucks ist, lastet auf dieser Schulform eine hohe Stigmazuweisung. Deshalb gilt es, als ersten Schwerpunkt des politischen Unterrichts das Stigmatisierungserleben der Schüler anzusprechen. Erst dann können der multikulturelle Austausch und die Berufsorientierung als weitere zentrale Themen des politischen Unterrichts erfolgreich bearbeitet werden.

Kurzübersicht: Vorgestellt werden Bausteine zu einem die Fächergrenzen überschreitenden Gesamtkonzept für politische Bildung in der Schule, aktuelle Begründungen für fächerübergreifendes Lernen in der politischen Bildung und pragmatische Schritte auf dem Weg zur fächerübergreifenden Kooperation, die zu einem curricularen Netzwerk für politische Bildung in der Schule führen können.

Kurzübersicht: Demokratie-Lernen gehört zum Kern politischer Bildung: Kinder und Jugendliche lernen die Demokratie als ihre eigene Sache zu begreifen. Seitdem die traditionelle Schule in der Krise und gleichzeitig in „pädagogische Bewegung" geraten ist, wird erneut deutlich: Demokratie-Lernen ist nicht nur eine Aufgabe des Unterrichts, sondern der ganzen Schule. Demokratie-Lernen braucht eine demokratische Schulkultur. Der Beitrag erläutert zunächst den für die neue Schultheorie zentralen Begriff der Schulkultur und beschreibt die Motive der gegenwärtigen Diskussion über Schulkultur. Die zentrale These des zweiten Teils heißt: Demokratie-Lernen benötigt eine demokratische Schulkultur, die Kindern und Jugendlichen die Erfahrung von Anerkennung ermöglicht, d. h. vor allem von emotionaler Zuwendung, kognitiver Achtung und Solidarität.

Kurzübersicht: Neben dem politischen Unterricht in der Schule ist die außerschulische politische Bildung ein bedeutendes Lernfeld für Jugendliche, das eigene Strukturen, Organisationen und Lernformen hat. Sie ist in Gesetzen, Jugendplänen und Richtlinien geregelt und Bestandteil des außerschulischen Erziehungs-, Lern- und Erfahrungsangebotes für Jugendliche. In der Geschichte der Bundesrepublik gibt es unterschiedliche Phasen und Theoriediskussionen; Themen verändern und Lernfelder differnzieren sich. Zum gemeinsamen politisch-pädagogischen Kern eines pluralistischen Trägerspektrums wird es, die Erfahrungen, Bedürfnisse und Interessen der Subjekte in den Mittelpunkt der Lernangebote zu stellen. Aktuell ist die politische Bildung in einer Phase, die als Spannungsfeld von (förderungs-)politischem Desinteresse, Abbau und inhaltlicher Neuorientierung charakterisiert werden kann.

Kurzübersicht: Gegeben wird ein Überblick über Infrastruktur und Träger, Geschichte, gesetzliche und bildungspolitische Rahmenbedingungen politischer Erwachsenenbildung. Daneben wird die aktuelle Diskussion über Selbstverständnis, Form, Stil, Methode und Ziele politischer Bildungsarbeit mit Erwachsenen dargestellt.

IV. Inhaltsbezogene Aufgabenfelder politischer Bildung und Erziehung

Kurzübersicht: Ausgehend von den Ergebnissen sozialwissenschaftlicher Institutionentheorie werden drei zentrale inhaltliche Anforderungen an institutionenkundliches Lernen im Politikunterricht formuliert. Danach muß eine politische Institutionenkunde nach dem Sinn von Institutionen fragen, nach ihrem Interessen- und Herrschaftscharakter und sie muß politische Institutionen im Zusammenhang mit politischen Prozessen und Politikinhalten beschreiben und analysieren. Zur didaktischen Erschließung werden vier miteinander verknüpfte Prinzipien vorgeschlagen: Erfahrungsorientierung, Problemorientierung, Binnenorientierung und Handlungsorientierung. Zum Abschluß werden diese Überlegungen am Beispiel des Bundesverfassungsgerichts verdeutlicht.

Kurzübersicht: Für die Klärung der vielfältigen Interdependenzen zwischen Politik und Wirtschaft im Kontext politischer Bildung werden sowohl die ökonomischen Bedingungsfaktoren der Politik als auch die politischen Bedingungsfaktoren der Wirtschaft untersucht. Am Beispiel der ökologischen Herausforderungen der „Sozialen Marktwirtschaft" werden die wichtigsten ökonomischen „Paradigmen" (Neoliberalismus, Neoklassik, Keynesianismus und Institutionalismus) charakterisiert sowie didaktische Ansätze für eine politische Bildung im Lernfeld Wirtschaft vorgestellt.

Kurzübersicht: Da Recht in vielfältiger Weise und auf der Basis von Menschen- und Gesellschaftsbildern soziales und politisches Zusammenleben regelt, gehört Rechtserziehung ins Zentrum politischer Bildung. Nicht vordringlich unter formalen Aspekten: Sie soll zu den humanen und ethischen Grundlagen des Gemeinwesens hinführen, diese als kritischen Maßstab bewußt machen, gegenüber Rechtsverletzungen sensibilisieren, befähigen, für das Recht einzutreten und zugleich auch seine Ordnungsfunktionen zu erkennen.

Kurzübersicht: Der Beitrag untersucht die Bedeutung von Geschichte und Geschichtsunterricht für politische Bildung. An vier Beispielen werden unterschiedliche Zugangsweisen des Politikunterrichts zur Geschichte aufgezeigt. Die sich anschließende systematische Analyse beschreibt die gemeinsame Aufgabe von Geschichts- und Politikunterricht als Aufklärung des geschichtlich-politischen Bewußtseins. Sie weist nach, daß dazu der je eigenständige Beitrag der beiden Fächer erforderlich ist. Ein abschließender Abschnitt erörtert das Verhältnis von Zeitgeschichte und Politikunterricht und begründet die These, daß der Politikunterricht erst durch Integration der Zeitgeschichte zum Zentralfach politischer Bildung wird.

Kurzübersicht: Die Identitäts- und Integrationsprobleme in der Gegenwart machen organisierte Bildungsprozesse dringlich. An die Stelle linearer Wertevermittlung müssen Kontroversen und Reflexionen treten. Für politisch-moralische Urteilsbildung mit dem Medium des Dilemmas werden Instrumente und Verfahren vorgeschlagen. Allgemeine Schlußfolgerungen gehen über den Politikunterricht hinaus.

Kurzübersicht: Seit Mitte der 70er Jahre entwickelte sich die schulische Umwelterziehung als neue Bildungsaufgabe, zunächst in den naturwissenschaftlichen Fächern (insbesondere Biologie und Geographie), später – wenn auch mit Verzögerung – in den anderen Schulfächern. Erst gegen Ende der 80er Jahre wurde die neue Aufgabe als „Umweltbildung" auch auf die berufliche Aus- und Fortbildung sowie die allgemeine Erwachsenenbildung ausgeweitet.

Kurzübersicht: Das Ende des Ost-West-Konflikts und das Entstehen neuer Konfliktkonstellationen machen eine Neubestimmung der Ziele der Friedenserziehung notwendig. Das Thema „Gewalt" bleibt zwar weiterhin zentral für die Aufgabe einer Erziehung zur Friedensfähigkeit. Aber es treten als Folge der veränderten Situation eine Reihe neuer Ziele hinzu: die Erweiterung der Kommunikationsfähigkeit, die Entwicklung neuer multipler, übergreifender Loyalitäten, die Erhöhung der interkulturellen Kompetenz und die Schulung der Fähigkeit, die sozialpsychologischen Mechanismen zu durchschauen, die zu Vorurteilen und Feindbildern führen.

Kurzübersicht: Die von den Medien unbewußt vermittelten Feindbilder, Werte und Normen prägen das Weltbild unserer Kinder entscheidend. Daher müssen die klassischen medienkundlichen Themenbereiche der politischen Bildung erweitert werden. Neben die traditionelle Wissensvermittlung werden die neuen computergestützten Informationstechnologien treten. Doch bei der lawinenartigen Zunahme des spezifischen Fachwissens, dessen Halbwertzeit immer kürzer wird, sollte sich die Schule (wieder) auf ihre entscheidende Stärke besinnen: lebendige Wesen in regem Austausch mit der „originären Begegnung" und mit vielfältigen Lern- und Arbeitstechniken vertraut zu machen. Eine Möglichkeit, sich mit der Realität auseinanderzusetzen, ist die aktive, kreative Medienarbeit. Dieser Beitrag will die Chancen, aber auch die notwendigen Voraussetzungen, aufzeigen.

Kurzübersicht: In dem Beitrag werden in dem Bereich interkulturellen Lernens folgende Akzente gesetzt: – Interkulturelles Lernen (IKL) ist als ein prozessuales Geschehen zu begreifen, in dem der politische Kontext nicht vernachlässigt werden darf. – Die Tatsache, daß in der pädagogischen Reflexion die Dominanzkultur mit ihren Strukturen nicht entsprechend berücksichtigt wurde, reduzierte IKL auf den Spracherwerb. – Die Eskalation des Rassismus zu Beginn der 90er Jahre führte dazu, IKL als antirassistisches Lernen zu verstehen. – Antirassistisches Lernen und die Reflexion der Dominanzkultur führten zu einem intra-kulturellen Lernprozeß, verbunden mit einem Perspektivenwechsel und der Bewußtmachung des eigenen Standortes. Dies beinhaltet die Chance auf Gleichbehandlung aller.

Kurzübersicht: Die soziale Kategorie Geschlecht ist auf allen Ebenen politischer Lehr-Lern-Prozesse relevant. Politische Bildung, die zum demokratischen Handeln und zur Selbstverfügung befähigen will, muß diese Kategorie berücksichtigen, wenn sie nicht gegen ihren eigenen Anspruch verstoßen will. Neben der Vermittlung von Kenntnissen ist diese Kategorie z.B. auch auf der Ebene politisch relevanter Kompetenzen zu beachten. Thematisches Beispiel: Hausarbeit und Beruf.

Kurzübersicht: Europa gehört in seiner nationalen und internationalen Vernetzung zu den herausragenden, existentiell bedeutsamen Lernfeldern politischer Bildung. Die Offenheit des komplexen Themas liegt in seiner gegenwarts- und zukunftsbezogenen Ausrichtung, in der Vielfalt seiner Inhalte. Die Diskussion von theoretischen wie praktischen Lösungsansätzen schafft Möglichkeiten politischer Orientierung anhand von Modellen der Zukunftsgestaltung.

V. Methoden politischer Bildung

Kurzübersicht: Ausgangspunkt der Überlegung ist, daß der politische Unterricht ohne Quellen, die die politische Wirklichkeit erschließen helfen, nicht denkbar ist. Analysiert werden Praxisprobleme, die durch den Einfluß verschiedener Erfahrungsebenen bei der Interpretationsarbeit entstehen. Anschließend werden Möglichkeiten erörtert, wie die auszuwählenden Quellen zu intensiver Auseinandersetzung anregen und dabei Sachverhalte verlebendigen können. Um eine kritische Auseinandersetzung mit den Quellen zu ermöglichen, werden einzelne Analyseschritte vorgestellt. Abschließend geht der Artikel auf einige Spezifika der Quellen ein und gibt dabei Anregungen für methodische Arrangements.

Kurzübersicht: Der Einsatz spielerischer Methoden des sozialen Lernens sollte sich auf konzeptionelle Grundlagen und die pädagogisch-politischen Zielsetzungen der Arbeit beziehen. Politisches Bewußtsein und Urteilsfähigkeit bedarf der Stärkung personaler Kompetenzen und der Entfaltung sozialer Qualifikationen. Spielend lernen heißt interaktives Lernen im gestalterischen Prozeß mit hohen subjektiven und selbstreflexiven Anteilen, verbunden mit gesellschaftlich relevanten Themenstellungen.

Kurzübersicht: Die Didaktik der politischen Bildung orientiert sich zunehmend an „handlungsorientierten" Methodenkonzepten. „Selbsttätigkeit, Kommunikation" und „Kooperation" sind die Grundelemente eines solchen Lernkonzepts, für das eine Erweiterung des Methodenrepertoires notwendig wird. Moderationsmethode, Zukunftswerkstatt und Szenario-Technik sind solche neuen Methodenkonzepte, die als sogenannte „Komplexmethoden" viele Elemente der bisherigen Methodenkonzepte integrieren und zugleich einen wesentlichen Beitrag zur politischen Urteilsbildung und Rationalitätsentwicklung leisten können.

VI. Bildungspolitische Rahmenbedingungen

Kurzübersicht: Untersucht wird die quantitative Bedeutung des Stundenanteils des Faches Politik in der Schule. Aufschlußreich ist die Differenzierung nach Bundesland, Schulform und Schulstufe, auch im Vergleich mit anderen Fächern. Ein weiteres Problem stellt der überproportionale Unterrichtsausfall und fachfremder Unterricht dar. Schließlich wird ein qualifizierter Ausblick über Tendenzen und Trends des Faches unter besonderer Berücksichtigung des voraussichtlichen Lehrerbedarfs gegeben.

Kurzübersicht: Der „öffentliche" Auftrag zur politischen Bildung im Erwachsenenalter wird mit zunehmenden Markttendenzen in der Weiterbildung konfrontiert. Dabei zeigt sich, daß Inhalte und Methoden und deren Erneuerung auf der Grundlage öffentlicher Förderung perspektivenreicher sind als ein Aufbau politischer Bildungsangebote nach Marktgesetzen.

Kurzübersicht: In den neuen Bundesländern hat politische Bildung besonderes Gewicht. Sie muß über rechtsstaatliche Strukturen informieren und zugleich drohendem Demokratieverdruß entgegenwirken. Dazu bedarf es neben den tradierten auch neuer Vermittlungsformen, der Förderung vielgestaltiger freier Träger und einer gesetzlichen Regelung politischer Erwachsenenbildung. Erhebliche Verantwortung tragen die Landeszentralen für politische Bildung. Politische Bildung als Schulfach steht vor einer Reihe von Problemen, die sich von der personellen Situation bis zu methodischen Fragen erstrecken.

Wie man dieses Buch nutzen kann

Wer sich - sei es aus beruflichen Gründen oder aus Interesse an der Sache - für politische Bildung engagiert, wird in den Beiträgen vielerlei Hilfen zur Orientierung und Vertiefung finden. Kurz gesagt: Dieses Handbuch soll für alle, die ihre Kenntnisse über dieses Fachgebiet erweitern oder auf dem neuesten Stand halten wollen, die ihre Professionaliät erhöhen oder erreichen wollen, ein unentbehrlicher Begleiter sein.

Ein spezielles System von *Erschließungshilfen* trägt dazu bei, sowohl Zugänge für den im Sachgebiet noch nicht Kundigen zu eröffnen als auch dem routinierten Profi weiterführende Informationen und Nachschlagemöglichkeiten zur Hand zu geben.

Das Handbuch kann in mehrfacher Weise genutzt und damit zugleich die *Verknüpfung der Forschungsfelder* realisiert werden: Erstens können die einzelnen Artikel zusammenhängend durchgearbeitet bzw. gelesen werden, zweitens gibt es in dem Handbuch verschiedene Nachschlagemöglichkeiten:

- Ein kommentiertes **Inhaltsverzeichnis**.
- Ein Verzeichnis mit **Lesestichworten**: Das sind Stichworte, die im Text, ähnlich wie in einem Lexikon, im jeweiligen Wissenschaftskontext ausführlich erklärt werden.
- Ein **Personenregister** am Ende des Buches.
- Ein ausführliches **Stichwortverzeichnis** am Ende des Buches.

Lesefreundliche Randspalten zu allen Kapiteln und eine *lebende Kolumne* ermöglichen einen raschen Überblick über den Inhalt einer Seite.

Ziel der Autorinnen und Autoren ist es bei aller Verschiedenheit ihrer Ansätze, über den aktuellsten Stand zu informieren, um politische Bildung mit neuem Leben zu erfüllen.

Verzeichnis der Lesestichworte

Mittels der Lesestichworte kann das Handbuch ähnlich wie ein Lexikon benutzt werden. Die Stichworte werden im Text auf der angegebenen Seite bzw. auch auf den Folgeseiten ausführlich erörtert. Dabei können für ein Lesestichwort durchaus verschiedene Textstellen genannt werden.

Zur Einführung

Dieses Handbuch möchte alle an der politischen Bildung Interessierten mit dem Stand der Fachdiskussion in der Politikdidaktik vertraut machen und ihnen Hilfen für ihre Arbeit bieten:

- Politiklehrerinnen und -lehrern sowie Pädagoginnen und Pädagogen in der außerschulischen politischen Bildung neue Anregungen für ihre alltägliche pädagogische Arbeit;
- Studierenden sowie Referendarinnen und Referendaren einen komprimierten Zugang zum Stand der wissenschaftlichen Diskussion zur politischen Bildung;
- bildungspolitisch Interessierten eine kompakte Informationsmöglichkeit zur Lage der politischen Bildung in der Bundesrepublik Deutschland.

Die Kapitelgliederung möchte diesen unterschiedlichen Bedürfnissen Rechnung tragen:

Kapitel I bietet eine knappe Einführung in den Stand der wissenschaftlichen *Theorieentwicklung* zur politischen Bildung in der Bundesrepublik Deutschland. Die in *Kapitel II* erörterten *didaktischen Prinzipien* stellen politikdidaktisch reflektierte Zugangsweisen zum Politischen in Lernprozessen dar; sie stellen Kriterien für eine didaktisch begründete Reduktion von Komplexität bereit und erleichtern so die Planung von Lernvorhaben in der politischen Bildung, bei denen die Lernenden nicht in der Stoffülle ertrinken. *Kapitel III* stellt die wichtigsten *Praxisfelder* politischen Lernens mit ihren je spezifischen Aufgaben, Chancen und Problemen vor. Der Frage, was *inhaltlich* in der politischen Bildung gelernt werden kann und soll, wendet sich *Kapitel IV* zu. Die *methodischen* Strukturen politischen Lernens sind Gegenstand von *Kapitel V*. Die Beiträge in *Kapitel VI* bieten einen Überblick zu den *bildungspolitischen Rahmenbedingungen* der politischen Bildung in der Bundesrepublik Deutschland in den 90er Jahren.

In allen Kapiteln wird versucht, die politische Bildung in ihren verschiedenen Praxisfeldern, also als schulischen und außerschulischen Lernbereich, in den Blick zu nehmen. Auch der Kreis der Autorinnen und Autoren repräsentiert verschiedene Bereiche von Wissenschaft und Praxis der politischen Bildung in der Bundesrepublik. Das Handbuch möchte so auch einen Beitrag zur Neubelebung des Gesprächs zwischen den verschiedenen Praxisfeldern sowie zwischen Wissenschaft und Praxis in der politischen Bildung leisten.

Bei der Gestaltung dieses Handbuches wurde großer Wert darauf gelegt, den Leserinnen und Lesern durch vielfältige Erschließungshilfen einen möglichst großen Nutzen zu bieten:

- Das Verzeichnis der *Lesestichworte* verweist auf längere Textabschnitte in verschiedenen Beiträgen, in denen diese Stichworte in einem Sachkontext näher erläutert werden. Mit Hilfe der Lesestichworte läßt sich das Handbuch auch als eine Art Fachwörterbuch zur politischen Bildung nutzen.
- Ein *Personen-* und ein ausführliches *Stichwortregister* erschließen das Gesamtwerk.
- Die *Randspalten* auf allen Textseiten sowie die *Kolumnen* am oberen Seitenrand erleichtern die schnelle Orientierung innerhalb der einzelnen Beiträge.

Fernwald/Jena, im Mai 1996
Wolfgang Sander

I.

Theorie der politischen Bildung

Wolfgang Sander

Theorie der politischen Bildung: Geschichte – didaktische Konzeptionen – aktuelle Tendenzen und Probleme

1. Wozu politische Bildung? Historische Antwortmuster für ein altes Problem

Politische Sozialisation: konstitutiv für alle Gesellschaften

„Politische Bildung ist so alt wie das Menschengeschlecht", so Kurt Gerhard Fischer zu Beginn seiner „Einführung in die Politische Bildung" (Fischer 1973, 9). Tatsächlich stand und steht jede menschliche Gesellschaft vor dem Problem, eine Struktur für die Regelung ihrer gemeinsamen Angelegenheiten zu entwickeln, also *Politik* zu organisieren – und diese politische Struktur den Gesellschaftsmitgliedern, insbesondere der jungen Generation, in Lernprozessen zu vermitteln. Seit jeher gehört zum Prozeß der Sozialisation, der Einführung von Kindern in die kulturellen Selbstverständlichkeiten einer bestimmten Gesellschaft, die *politische Sozialisation*, also der Erwerb jener Werthaltungen, Einstellungen, Überzeugungen, Wissensbestände und Handlungsdispositionen, die für die Stabilität der politischen Ordnung einer Gesellschaft als erforderlich betrachtet werden. Dieser Prozeß beginnt mit dem Tag der Geburt, und schon im frühen Kindesalter wird – in diesem weiten Sinne von politischer Sozialisation – Politik in Lernprozessen vermittelt (vgl. Claußen/Geißler 1996). Nicht in allen Gesellschaften gab und gibt es dafür eigene institutionalisierte Orte, und längst nicht immer ist den Erziehenden bewußt, daß ihr erzieherischer Umgang mit Kindern und Jugendlichen politische Implikationen hat. In diesem weiten und eher formalen Verständnis ist „politische Bildung" in der Tat „so alt wie das Menschengeschlecht"; allerdings wissen wir wenig Genaues über die politische Erziehung in vormodernen Gesellschaften.

In der Neuzeit begleitet das Problem der politischen Bildung den Prozeß der Institutionalisierung von Erziehungs- und Bil-

Grundmuster politischer Bildung

dungsprozessen von Anfang an. Schon in den ersten Anfängen des modernen Schulwesens läßt sich zeigen, daß die politische Integration der jungen Generation als eine zentrale Aufgabe schulischen Lernens angesehen wurde. Dies kann hier nicht im einzelnen nachgezeichnet werden (vgl. einführend Kuhn/Massing 1993; Sander 1989). Man wird aber für den allergrößten Teil der Geschichte des modernen Schulwesens Fischers Fazit zustimmen müssen: „Abgesehen von Ausnahmen fand Politische Bildung regelmäßig in der Geschichte ihr Selbstverständnis und ihre Funktion in der Anpassung an bestehende Verhältnisse, sei es durch Wissensvermittlung, durch Verhaltenslehre oder durch Gesinnungsbildung" (Fischer 1973, 10). Beispiele für diese Zweckbestimmung politischer Bildung seien immerhin genannt. In dem Erlaß, mit dem Wilhelm II. am 1. Mai 1889 einen entscheidenden Anstoß für die Debatte um die Einführung einer eigenständigen staatsbürgerlichen Erziehung in den Schulen gab, hieß es über deren Zweck:

Herrschaftslegitimation:

– Kaiserreich

„Schon längere Zeit hat mich der Gedanke beschäftigt, die Schule in ihren einzelnen Abstufungen nutzbar zu machen, um der Ausbreitung sozialistischer und kommunistischer Ideen entgegenzuwirken. ... Sie muß bestrebt sein, schon der Jugend die Überzeugung zu verschaffen, daß die Lehren der Sozialdemokratie nicht nur den göttlichen Geboten und der christlichen Sittenlehre widersprechen, sondern in Wirklichkeit unausführbar und in ihren Konsequenzen dem Einzelnen und dem Ganzen gleich verderblich sind. Sie muß die neue und neueste Zeitgeschichte mehr als bisher in den Kreis der Unterrichtsgegenstände ziehen und nachweisen, daß die Staatsgewalt allein dem Einzelnen seine Familie, seine Freiheit, seine Rechte schützen kann, und der Jugend zum Bewußtsein bringen, wie Preußens Könige bemüht gewesen sind, in fortschreitender Entwicklung die Lebensbedingungen der Arbeiter zu heben..." (zit. nach Sander 1989, 40).

– Nationalsozialismus

Der NS-Erziehungstheoretiker Franz Huber schrieb 1944 über politische Erziehung in der Schule:

„Die Jugend muß - kurz gesagt - politisiert werden. Wir wollen in unserer Schule keine theoretischen, sondern politische Menschen bilden... Geschichte nationalsozialistisch gesehen; Märchen nationalsozialistisch verstanden; Erdkunde nationalsozialistisch betrieben; Lebenskunde nationalsozialistisch gedacht usw. ... Der Unterricht soll den Schülern ein Weltbild vermitteln und in ihnen, soweit dies durch Unterricht in der Volksschule überhaupt möglich ist, eine einheitliche Weltanschauung vermitteln" (zit. nach Sander 1989, 80).

– DDR

Im „Gesetz über das einheitliche sozialistische Bildungswesen der DDR" von 1965 hieß es u.a.:

„§ 5 (2): Die Schüler, Lehrlinge und Studenten sind zur Liebe zur Deutschen Demokratischen Republik und zum Stolz auf die Errungenschaften des Sozialismus zu erziehen, um bereit zu sein, alle Kräfte der Gesellschaft zur Verfügung zu stellen, den sozialistischen Staat zu stärken und zu verteidigen. ...

§ 16 (2): ... Die Schüler sind zur Erkenntnis der historischen Rolle und nationalen Aufgabe der Deutschen Demokratischen Republik zu führen. Sie sollen die Überzeugung gewinnen, daß dem Sozialismus in ganz Deutschland die Zukunft gehört..." (zit. nach Schneider 1995, 31 f.).

Legitimation der bestehenden gesellschaftlich-politischen Verhältnisse und Abwehr oppositioneller Positionen

Das gemeinsame Muster dieser Aufgabenbestimmungen für politische Bildung ließe sich abkürzend als „Herrschaftslegitimation" bezeichnen: Ein bestehender gesellschaftlich-politischer Zustand soll im Interesse der von ihm profitierenden Machtgruppen durch politische Erziehung legitimiert und vor Kritik geschützt werden. Diffamierung oppositioneller politischer Positionen, Verzerrung und Verfälschung historischer Prozesse und manipulative Festlegung der Lernenden auf vorgegebene weltanschauliche Sichtweisen sind wichtige „Stilmittel" einer solchen herrschaftslegitimierenden politischen Bildung. Ihre Grundfrage läßt sich treffend in der Aufgabenbeschreibung eines Preisausschreibens der „Erfurter Gesellschaft oder Akademie gemeinnütziger Wissenschaften" von 1793 erkennen:

„Auf wievielerlei Arten kann man die Untertanen eines deutschen Staates überzeugen, daß sie unter einer weisen, gerechten und milden Regierung leben?" (Zit. nach Sander 1989, 23)

Ein anderes historisches Grundmuster für die Aufgabenbestimmung politischer Bildung wird beispielsweise im Umfeld

„Mission“

der neuhumanistischen Bildungsreformen in einer Königsberger Vorlesung von Johann Wilhelm Süvern im Winter 1807/1808 erkennbar:

Neuhumanistische Bildungsreform

„Eine bedächtige und planmäßige Befreiung der Menschheit von den moralischen und politischen Übeln, die sie so sehr drücken, beruht aber auf einer totalen Reformation zweyer Künste, in welcher die Wiedergeburt der Volcksmassen und der Staaten ganz enthalten ist, der *Politik* und der *Pädagogik*, der Staats- und der Erziehungskunst. ... Ihn wollen sie bilden, die Erziehungskunst den Einzelnen zu einer sich selbst immer vollkommener entwickelnden lebendigen Darstellung der Idee des Menschen, die Staatskunst Vereine von Menschen zu einer Darstellung der Vernunftidee von einer vollkommen organisierten Gesellschaft“ (zit. nach Sander 1989, 26).

In einer weniger pathetischen und weltanschaulich aufgeladenen Form findet sich dieses Grundmuster auch in Konzepten der „Re-education“, mit der die westlichen Alliierten nach 1945 eine demokratische Neuorientierung des Erziehungswesens in Deutschland durchsetzen wollten. So heißt es in einem Dokument der amerikanischen Erziehungskommission vom 20.9.1946 u. a.:

„Re-education“ nach 1945

„Schon die Erhaltung einer Demokratie fordert von jedem einzelnen Bürger Wissen und klares soziales Zielbewußtsein. Wieviel mehr gilt dies für ihren Aufbau von Grund aus! Diese Vorbedingung im Geist und Herz des deutschen Volkes, der Alten wie der Jungen, zu schaffen wird Geduld und viel Klugheit erfordern.

Das einzige und beste Werkzeug, um noch im gegenwärtigen Geschlecht in Deutschland eine Demokratie zu errichten, ist die Erziehung“ (zit. nach Sander 1989, 87).

Instrument zur Besserung gesellschaftlich-politischer Zustände

Dieses Grundmuster ließe sich abkürzend vielleicht als „Mission“ bezeichnen: Politische Bildung soll als Instrument zur *Besserung* gesellschaftlich-politischer Zustände dienen, oftmals im Sinne eines vorgegebenen politischen Programms, sei es regierungsamtlich „von oben“ oder sei es, wie etwa in der Bildungsarbeit der Arbeiterbewegung im 19. und frühen 20. Jahrhundert, aus einer oppositionellen politischen Position heraus. Aber auch in vielen neueren Dokumenten läßt sich eine solche

Erwartungshaltung nachweisen, etwa wenn politische Bildung als „Feuerwehr" zur Bekämpfung von allerlei moralischen Übeln - vom vorgeblichen „Werteverlust" bis zur Gewalt unter Jugendlichen - dienen soll.

Die Grenzen zwischen beiden Denkmustern sind durchaus fließend. Gemeinsam ist ihnen eine implizite Vorstellung von Lernenden als Objekten der Belehrung: Vorgeblich befinden sich die Lehrenden (oder die Bildungsinstitutionen oder die Lehrmaterialien...) im Besitz einer gültigen Wahrheit, die die Lernenden lediglich nachzuvollziehen haben.

Mündigkeit

Anders ein drittes Denkmuster: Hier dient politische Bildung einer eigenständigen Auseinandersetzung der Lernenden mit dem Wirklichkeitsbereich Politik, ohne die Ergebnisse dieser Auseinandersetzung, die politischen Meinungen, Urteile und Überzeugungen, zu denen die Lernenden im einzelnen kommen können, vorwegnehmen zu wollen. Dieses Denkmuster ließe sich abkürzend mit dem Stichwort „Mündigkeit" kennzeichnen; es ist das für eine *demokratische* politische Bildung einzig mögliche - aber auch nur in demokratischen Gesellschaften durchsetzbare - Grundmuster, weil es die Anerkennung der Freiheitsrechte für alle Bürgerinnen und Bürger voraussetzt.

Eigenständige Auseinandersetzung der Lernenden mit dem Wirklichkeitsbereich Politik

Historisch hat sich dieses dritte Grundmuster in Deutschland erst nach 1945 im Westen des Landes und nach 1989 im Osten durchsetzen können. Dieses Denkmuster kommt beispielsweise im „Beutelsbacher Konsens" zum Ausdruck, der als Ergebnis einer Fachtagung der Landeszentrale für politische Bildung Baden-Württemberg 1976 in der Politikdidaktik allgemeine Zustimmung gefunden hat:

Beispiel: „Beutelsbacher Konsens"

„1. *Überwältigungsverbot*. Es ist nicht erlaubt, den Schüler - mit welchen Mitteln auch immer - im Sinne erwünschter Meinungen zu überrumpeln und damit an der ‚Gewinnung eines selbständigen Urteils' (Minssen) zu hindern. Hier genau verläuft nämlich die Grenze zwischen Politischer Bildung und *Indoktrination*. Indoktrination aber ist unvereinbar mit der Rolle des Lehrers in einer demokratischen Gesellschaft und der - rundum akzeptierten - Zielvorstellung von der Mündigkeit des Schülers.

2. Was in Wissenschaft und Politik *kontrovers* ist, muß auch im Unterricht kontrovers erscheinen. …

3. Der Schüler muß in die Lage versetzt werden, eine *politische Situation* und seine *eigene Interessenlage* zu *analysieren,* sowie nach Mitteln und Wegen zu suchen, die vorgefundene Lage im Sinne seiner Interessen *zu beeinflussen.* …"(Hans-Georg Wehling in Schiele/Schneider 1977, 179 f.)

Gültigkeit des „Beutelsbacher Konsenses" in der außerschulischen Bildung

Dieser (Minimal-)Konsens für demokratische politische Bildung wurde zwar mit Blick auf die Schule formuliert, er kann aber aus politikdidaktischer Sicht auch für die außerschulische politische Bildung Gültigkeit beanspruchen; hier hat sich seine Akzeptanz jedoch mancherorts als schwieriger durchsetzbar erwiesen, da innerhalb der pluralen Struktur außerschulischer Bildung bei manchem Träger die Neigung, politische Bildung als Instrument zur Propagierung der Verbands- oder Institutionspolitik zu verstehen, nicht leicht zu überwinden ist (vgl. Hufer 1996).

In der schulbezogenen Diskussion um die politische Bildung beendete der Beutelsbacher Konsens eine Phase politischer Polarisierung, in die die Fachdiskussion im Zuge einer harten bildungspolitischen Konfrontation zwischen CDU- und SPD-regierten Bundesländern Ende der 60er/Anfang der 70er Jahre geraten war (vgl. Gagel 1994 und 1996; Kuhn/Massing 1993; Sander 1989). Inzwischen gibt es zwar Vorschläge für eine Präzisierung oder Weiterentwicklung dieser drei Konsensprinzipien (vgl. Schiele/Schneider 1996), die aber an deren grundsätzlicher Akzeptanz in der Politikdidaktik nichts geändert haben.

Es versteht sich, daß die Unterscheidung der drei Grundmuster „Herrschaftslegitimation", „Mission" und „Mündigkeit" in der politischen Bildung als eine idealtypische zu sehen ist. Sie ist kein Raster, dem sich jedes Dokument zur politischen Bildung eindeutig zuordnen läßt, und auch in theoretischen Konzepten oder offiziellen Dokumenten zur demokratischen politischen Bildung können sich Züge und Argumentationsweisen finden, die einem der beiden anderen hier genannten Grundmuster zugeordnet werden können. Dennoch repräsentieren diese drei Denkmuster grundsätzlich unterschiedliche Antwortrichtungen auf die Frage, wozu politische Bildung im Sinne einer absichtsvollen, bewußt veranstalteten politischen Sozialisation gut sein kann.

2. Politikdidaktische Konzeptionen – Theorien der Lernplanung in der politischen Bildung

Ausbildung eines demokratischen Politikverständnisses nach 1945

In der Theoriediskussion zur politischen Bildung gelang in Deutschland erst nach 1945 und zunächst nur im Westen die Durchsetzung eines demokratischen Mainstream – anders als in der Weimarer Republik, in der erste Ansätze zu einer demokratischen politischen Bildung in einer stark antidemokratisch geprägten pädagogischen und politischen Kultur versanken (vgl. u. a. Fischer 1970; Kuhn/Massing 1993; Sander 1989), und anders als in der DDR, in der die politische Erziehung unter marxistisch-leninistischem Vorzeichen zu einer neuen Variante in der langen Tradition von herrschaftsstabilisierender, autoritärer Gesinnungserziehung wurde (vgl. u. a. Schmitt 1980; Schneider 1995). Dies blieb sie in der DDR bis zur „Wende" 1989, und als die DDR und mit ihr die Infrastruktur der sozialistischen politischen Erziehung zusammenbrachen, zeigte sich, daß sich innerhalb dieser Infrastruktur keine informellen, gewissermaßen „subversiven" Denkansätze und Diskurse zur politischen Bildung entwickelt hatten, von denen aus nach der Befreiung von der Vorherrschaft der SED *originäre* Beiträge der DDR-Wissenschaft zur wissenschaftlichen Diskussion um die demokratische politische Bildung im vereinigten Deutschland hätten geleistet werden können. So gab es nach dem Ende der DDR tatsächlich keine Alternative zur „Verwestlichung" der politischen Bildung in den neuen Bundesländern, sprich zur Adaption der westdeutschen politikdidaktischen Theorietradition (vgl. auch Gagel 1991).

Verzögerte Etablierung einer politikdidaktischen Theorietradition

Diese politikdidaktische Theorietradition hatte sich *als eine wissenschaftliche* in der Bundesrepublik nach 1945 zunächst eher zögernd entwickelt (vgl. zur Geschichte der politischen Bildung in der Bundesrepublik neben Kuhn/Massing 1993 einführend Sander 1992 sowie ausführlicher Gagel 1994). Zwar

war die Politikwissenschaft nach 1945 als neue wissenschaftliche Disziplin an den westdeutschen Universitäten ausdrücklich auch mit der Perspektive einer fachlichen Fundierung demokratischer politischer Bildung etabliert worden; aber als deren Forschungsgegenstand erwies sich bald „Politik" und nicht „politische Bildung", Bereiche, die sich zwar überschneiden, aber nicht identisch sind.

Kontroverse zwischen Theodor Wilhelm und Theodor Litt

Im Bereich der schulischen politischen Bildung war die Theoriediskussion in den 50er Jahren noch stark von eher erziehungsphilosophischen und programmatischen als systematisch-wissenschaftlichen Arbeiten geprägt. Insbesondere die Kontroverse zwischen Theodor Wilhelm, der eine stark auf soziale Alltagssituationen bezogene „Erziehung zur Partnerschaft" vertrat (vgl. Wilhelm 1956), und Theodor Litt, der in kritischer Weiterführung von Denkansätzen der Staatsbürgerkunde der Weimarer Republik eine Erziehung zum – demokratischen – Staat forderte (vgl. Litt 1965), prägte die Debatte um die politische Bildung bis zum Ende der 50er Jahre.

„Didaktische Wende" am Ausgang der 50er Jahre

Erst mit der „didaktischen Wende" (K. G. Fischer) Ende der 50er Jahre begann die Entwicklung einer systematischen wissenschaftlichen Theoriebildung zur politischen Bildung. Diese „didaktische Wende" war kein Spezifikum der politischen Bildung, sondern schon ein Ergebnis der Verwissenschaftlichung der allgemeinpädagogischen Diskussion: „Traditionsreiche pädagogische Fragen stellten sich neu: Was ist das ‚Elementare' politischer Bildung und im politischen Unterricht? Was soll gelehrt, gelernt und geübt werden? ... Man muß diese ‚didaktische Wende' im Zusammenhang mit der Wiederbelebung der – geisteswissenschaftlich-hermeneutischen – allgemeinen Didaktik sehen und verstehen; die von ihr bereitgestellten Begriffe – das Elementare, das Fundamentale, das Exemplarische usw. – konnten in die Reflexion eingebracht werden" (Fischer 1973, 27). Mit anderen Worten: Mit der didaktischen Wende stellte sich die Frage, wie aus der Fülle dessen, was aus einem (wissenschaftlichen) Fachgebiet wie auch aus den Wissenschaften insgesamt an „Wissen" zur Verfügung gestellt wird, *das für Lernprozesse Wesentliche* ausgewählt werden kann. Mit der didaktischen Wende setzte sich die Einsicht

Abkehr vom feststehenden Stoffkatalog

durch, daß diese Frage nicht mehr mit einem feststehenden Katalog von „Stoffen" aus der kulturellen Tradition einer Gesellschaft, die von Generation zu Generation weitergegeben wird, beantwortet werden kann, denn:

Sozialer Wandel

- Anders als traditionale Gesellschaften sind moderne Gesellschaften schnellen Wandlungsprozessen unterworfen, und es ist vielfach mehr als fraglich, ob das, was die Elterngeneration in der Schule gelernt hat, auch für die Kinder zu lernen wichtig ist; Wissen veraltet immer schneller.

Wissenszuwachs und zunehmende Differenzierung

- Schneller Wissenszuwachs, aber auch eine zunehmende Differenzierung und Spezialisierung in den Wissenschaften lassen es nicht zu, das für Lernprozesse bedeutsame Wissen einfach aus der Struktur der Wissenschaft „abzuleiten"; was etwa „das Wichtigste" aus der Soziologie sei, wird sich u. U. aus der Perspektive eines Parteiensoziologen, eines Sozialpsychologen, eines Betriebssoziologen oder eines Sozialphilosophen völlig unterschiedlich darstellen.

Kein gemeinsames Weltbild

- In pluralen Gesellschaften wird die Frage nach dem, was zu lernen wichtig ist, von unterschiedlichen sozialen Gruppen unterschiedlich beantwortet werden; die Dritte-Welt-Gruppe wird anderes für wichtig halten als ein Verein zur Erforschung der Heimatgeschichte, eine Gewerkschaft anderes als ein Arbeitgeberverband (aber die IG Medien auch anderes als die IG Metall und ein Handwerksbetrieb anderes als ein Softwareunternehmen), die katholische Bischofskonferenz anderes als Pro Familia usw. Es gibt in pluralen Gesellschaften kein gemeinsames Weltbild, kein geschlossenes Sinnkonzept, von dem aus Lerninhalte zu begründen wären.

Didaktik wird zu einer „Theorie der Bildungsinhalte"

Damit wird die Frage nach Kriterien für die Auswahl von Lerngegenständen, dafür also, nach welchen begründeten Maßstäben entschieden werden kann, was gelernt werden soll (und was nicht), zu einem eigenständigen Gegenstand wissenschaftlicher Theoriebildung – die Didaktik wird von einer Art Hilfsdisziplin zur „Umsetzung" vorgegebener Lehrgegenstände zu einer „Theorie der Bildungsinhalte" (Gagel 1994, 132). Didaktik ist damit (für Bildungsprozesse insgesamt wie für einzelne Fächer und Fachgebiete) mehr als Methodik. Wolfgang Hilligen formuliert die Fragen, auf die die Politikdidaktik

– bezogen auf die Planung von Lernprozessen – wissenschaftlich begründbare Antworten finden muß, wie folgt:

„*1. Warum, Wozu?*
Welche Einstellungen, Qualifikationen sind zustimmungswürdig (legitimierungsfähig) im Hinblick auf eine menschenwürdige, überlebensfähige Gesellschaft?

2. Was?
Welche Informationen (Inhalte) können Lernende für die Bewältigung (d. h. für Erkennen, Beurteilen, Handeln) von und die Bewährung in Situationen befähigen, die für Überleben und menschenwürdiges Zusammenleben bedeutsam sind?

3. Wie?
Mit Hilfe welcher Methoden (Schritte, Unterrichtsformen), welcher Medien, welchen Kommunikationsstils, welcher Formen des Mit- und Gegeneinanders können in einer Lerngruppe zustimmungswürdige Einstellungen entwickelt werden?" (Hilligen 1991, 6)

Fachdidaktische Konzeptionen sind

In der Art, wie Hilligen diese Fragen formuliert, deutet sich schon die Richtung seiner Antworten an – dazu weiter unten mehr. Seit der „didaktischen Wende" sind in der – schulbezogenen – politikdidaktischen Diskussion eine ganze Reihe von „fachdidaktischen Konzeptionen" entstanden, deren formale Gemeinsamkeit darin besteht, daß sie diese Fragen in einem Theoriezusammenhang beantworten sollen: „Unter Konzeptionen wird ein plausibler Gesamtzusammenhang von hypothetischen oder mehr oder weniger gesicherten Aussagen über Ziele, Inhalte, Unterrichtsorganisation und Bedingungen der politischen Bildung bzw. des politischen Unterrichts verstanden" (Hilligen 1991, 15). Diese Definition macht einerseits deutlich, daß politikdidaktische Konzeptionen zusammenhängende und begründete Antworten auf die wesentlichen Fragen der Lernplanung in der politischen Bildung geben wollen; andererseits deutet sie an, daß nicht alle Aussagen in einer politikdidaktischen Konzeption in einem strengen Sinne als wissenschaftlich gesichert gelten können. Dies gilt zumindest für den derzeitigen, aller Voraussicht nach aber auch für den in

– auf komplexe Zusammenhänge bezogen

naher Zukunft absehbaren Forschungsstand der Politikdidaktik (wie auch anderer Fachdidaktiken) und ist nicht auf eine mangelnde Qualität der Forschung zurückzuführen, sondern darauf, daß fachdidaktische Konzeptionen im Sinne eines pragmatischen, anwendungsorientierten Wissenschaftsverständnisses handlungsorientierend in einem äußerst komplexen Feld (in unterschiedlichsten Unterrichtssituationen) sein wollen und müssen – und zwar auch dann, wenn sie nicht alle Handlungsbedingungen in diesem Feld mit dem Anspruch auf Allgemeingültigkeit wissenschaftlich erschließen können. Erschwerend kommt hinzu, daß diese Handlungsbedingungen ständigem Wandel unterworfen sind, so z. B. die außerschulischen Sozialisationsbedingungen von Kindern und Jugendlichen, die Entwicklung von Lernmedien, die Veränderungen im Gegenstandsfeld „Politik" selbst u. a. m. Die fachdidaktische Konzeptionsentwicklung muß daher als „Prozeß der ‚Verwissenschaftlichung' einer Vielzahl von Intuitionen, Reflexionen, Kenntnissen und Erkenntnissen aus heterogenen Wissenschaften" (Fischer 1993, 8) verstanden werden.

– anwendungsorientiert

– tendenziell hypothetisch

Politikdidaktische Konzeptionen im oben umrissenen Sinne sind in der Bundesrepublik u. a. von Kurt Gerhard Fischer (vgl. Fischer 1993), Wolfgang Hilligen (vgl. Hilligen 1991), Rolf Schmiederer (vgl. Schmiederer 1977), Hermann Giesecke (vgl. Giesecke 1982, 1993), Ernst-August Roloff (vgl. Roloff 1972 ff.), Bernhard Sutor (vgl. Sutor 1992) und Bernhard Claußen (vgl. Claußen 1984, 1987, 1993) entwickelt worden. Textsammlungen mit knappen Originaltexten zu politikdidaktischen Konzeptionen finden sich bei Fischer 1986 und Sander 1993.

Politikdidaktische Konzeptionen von Fischer, Hilligen und Schmiederer

Diese Konzeptionen können hier nicht im einzelnen vorgestellt werden. Kerngedanken von drei politikdidaktischen Konzeptionen sollen aber in einer Übersicht entlang des Hilligenschen Fragerasters vergleichend gegenübergestellt werden, um an diesen Beispielen unterschiedliche Denkstile in Konzepten zur Lernplanung für die politische Bildung zu verdeutlichen (s. S. 16). Bewußt wurden hierfür mit Fischer, Hilligen und Schmiederer drei Autoren ausgewählt, die in ihren *politischen* Positionen in der Zeit der Entwicklung ihrer Konzeptionen in den 70er Jahren nicht allzu weit voneinander entfernt waren. Hieran

	Fischer	Hilligen	Schmiederer
Was?	„Die Lehrgüter des politischen Unterrichts sind - relativ - austauschbar" (1993, 19), es gibt kein festes System verbindlicher Themenbereiche. Lerngegenstände sind konkrete *Fälle* aus der gesellschaftlich-politischen Realität, die im Unterricht analysiert werden. Hierbei werden - Kenntnisse (Wissen, Informationen); - Erkenntnisse (verallgemeinerbare Urteile a posteriori im Sinne von Schlußfolgerungen); - Einsichten (apriorische Urteile im Sinne von Denkvoraussetzungen) über Politik erworben.	Die Lerninhalte beziehen sich auf eine begrenzte Zahl von „fundamentalen Herausforderungen" (Schlüsselproblemen) unserer Epoche, die von einer existentiellen Bedeutung für das Überleben und für menschenwürdiges Leben der Gesellschaft (national, aber auch global) sind. Diese Schlüsselprobleme sollen an konkreten Beispielen mit Hilfe von Schlüsselfragen und Schlüsselbegriffen im Unterricht analysiert werden.	Lerninhalte sollen a) durch Mitbestimmung der Schüler bei der Themenwahl und b) durch Konzentration auf den Lebensbereich der Schüler ausgewählt werden: „Gesamt-Inhalt des Unterrichts ist die gesellschaftliche Wirklichkeit des Schülers, seine reale Existenz als Kind, Schüler, Konsument, Geschlechtswesen, Lehrling, angehender Arbeiter (oder Arbeitsloser) usw." (1977, 117). Die Schüler sollen ihre eigene (gegenwärtige und künftig absehbare) Lebenssituation als durch gesellschaftlich-politische Strukturen und Entscheidungen geprägte sehen und verstehen lernen.
Warum, Wozu?	Politische Bildung soll a) zur Emanzipation im Sinne einer Mitarbeit an gesellschaftlich-politischen Verhältnissen befähigen, die in jedem Menschen jenseits sozialer und kultureller Unterschiede „nichts als einen Menschen erkennen lassen" (1993, 12); b) Schülern solche Einsichten über Politik ermöglichen, die als Denkvoraussetzungen demokratischer Gesellschaften gelten können.	*Drei Optionen* sollen die Frage nach Kriterien für menschenwürdige politische Problemlösungen benennen: „- für Geltung und Sicherung der personalen Grundrechte...; - für die Herstellung der politischen Voraussetzungen für die freie Entfaltung der Persönlichkeit aller und für die Überwindung struktureller sozialer Ungleichheiten...; - für die Notwendigkeit, Spielraum und Institutionen für politische Alternativen zu erhalten, zu verbessern, neu zu schaffen" (1991, 16).	„Ziel politischer Bildung ist die Ermöglichung von Information und realer politischer Umwelterfassung, von Selbstreflexion und Selbsterkenntnis; beides als Basis für eigene Urteilsfähigkeit und eigene Handlungsintentionen ..." (1977, 91). Diese Zielperspektive wird in 10 allgemeinen Lernzielen aufgefaltet.
Wie?	*Exemplarisches Lernen* nach dem *Fallprinzip* sowie „Lernen des Lernens", starke Betonung von Selbsttätigkeit der Schüler bei Fallanalysen sowie von Diskussion und Debatte.	„Doppelter Methodenbegriff": a) Wissenschaftsmethodik; b) Unterrichtsmethoden. Beide Seiten des Methodenbegriffs sollen sich durch den selbständigen Umgang der Schüler mit Methoden, durch Methodenlernen, einander annähern. Auch in der methodischen Struktur des Unterrichts müssen die Optionen zur Geltung kommen, was einen Abbau der Lehrerzentriertheit erfordert.	„Bewußtes Lernen: durch Mitbestimmung der Schüler im Unterricht zur Selbstorganisation und Selbstbestimmung der Lernprozesse" (1977, 112); Priorität für exemplarisches Lernen und für projektorientierten Unterricht.

mag sichtbar werden, daß sich politikdidaktische Konzeptionen nicht einfach als pädagogische „Umsetzungen" von politischen Vorentscheidungen verstehen lassen.

Im Kern sind die vorliegenden politikdidaktischen Konzeptionen in den 70er, zum Teil auch schon in den 60er Jahren entstanden und - teilweise - bis in die jüngste Zeit hinein von ihren Autoren weiterentwickelt worden. Die neuere politikdidaktische Diskussion liegt jedoch vielfach „quer" zu diesen Konzeptionen, konzentriert sich auf Einzelaspekte oder andere Themen (s. u. Abschnitt 3 und 4). Von wenigen Ansätzen abgesehen, ist es auch nicht zu einer Bildung von „Schulen" in der Tradition der Konzeptionen gekommen, also etwa einer „Hilligen-Schule" oder einer „Fischer-Schule". Auch muß bei allen Unterschieden im einzelnen festgehalten werden, daß die für die Theorietradition der Politikdidaktik prägend gewordenen fachdidaktischen Konzeptionen durchweg dem Grundmuster einer Erziehung zur Mündigkeit sowie einem demokratischen Selbstverständnis verpflichtet sind und sich in der Tradition der Aufklärung sehen. Auch ist unstrittig, daß politische Bildung *Politik* (und nicht nur z. B. soziale Alltagssituationen) zum Gegenstand hat und zwar in dem Sinne, daß sie eine reflexive Auseinandersetzung mit der *politischen Realität* (und nicht nur z. B. mit politischen Ideen) anstrebt, ferner daß es dafür in der Schule eines eigenen Faches jedenfalls solange bedarf, solange schulisches Lernen in der Regel in Fächern organisiert ist. Diese Elemente eines selbstverständlich gewordenen Basiskonsenses in der Politikdidaktik mögen heute fast banal erscheinen. In einer historisch vergleichenden Perspektive (etwa mit der staatsbürgerlichen Erziehung der Weimarer Zeit oder der Staatsbürgerkunde der DDR), aber auch mit Blick auf immer wieder in der Gesellschaft sich äußernde Versuche einer Instrumentalisierung der politischen Bildung für die Vermittlung von erwünschten Gesinnungen, erscheinen sie jedoch keineswegs als selbstverständlich, sondern als mühsam erkämpfter und verteidigenswerter Fortschritt.

Reflexive Auseinandersetzung mit der politischen Realität

Erträge aus der konzeptionellen Diskussion in der Politikdidaktik sind auch in starkem Maße in die „didaktischen Prinzipien politischer Bildung" eingeflossen, die in Kapitel II erörtert

Didaktische Prinzipien politischer Bildung

werden. Diese - zunächst allgemeindidaktischen, auch für andere Fachgebiete bedeutsamen - Prinzipien beschreiben gewissermaßen Formen oder Modalitäten einer didaktisch reflektierten Erschließung von Politik, sagen jedoch über inhaltliche Lernergebnisse noch nichts aus. Es sind didaktische Strukturprinzipien des Unterrichts, die sich ergänzen, aber auch in einem Spannungsverhältnis zueinander stehen können. Zwar hat sich die Diskussion um diese Prinzipien inzwischen vielfach von der um die fachdidaktischen Konzeptionen im o. g. Sinne gelöst; aber in den Theoriezusammenhängen der politikdidaktischen Konzeptionen sind sie für den Bereich der politischen Bildung erstmals theoretisch fundiert erschlossen worden. So sind etwa - am Beispiel der oben etwas näher skizzierten Konzeptionen - die Arbeiten Fischers für das Verständnis von exemplarischem Lernen, die Hilligens für Problemorientierung und die Schmiederers für Schülerorientierung in der politischen Bildung von substantieller Bedeutung.

Außerschulische politische Bildung

Bezogen auf die außerschulische politische Bildung sind Theorieansätze, die in einer vergleichbaren Weise als fachdidaktische Konzeptionen einen theoretisch begründeten Bezugsrahmen für die wichtigsten Fragen der Lernplanung bieten wollen, nicht entstanden. Über die Ursachen hierfür können nur Vermutungen angestellt werden; sie dürften vor allem in folgenden Situationen zu suchen sein:

- in der disparaten Struktur der außerschulischen Arbeitsfelder, die nur schwer einen trägerübergreifenden Diskussionszusammenhang entstehen läßt;
- in der Lokalisierung der politikdidaktischen Lehrstühle an den Hochschulen im Umfeld der Lehrerbildung;
- in den generell im Vergleich zur Schule sehr viel offeneren, mit wechselnden Strukturen arbeitenden Lernformen in der außerschulischen Bildung, in der sich Planungsfragen in verschiedenen Arbeitsfeldern auf charakteristisch unterschiedliche Weise stellen können.

Theoriebeiträge zur politischen Bildung hat es aus der außerschulischen Bildung gleichwohl gegeben, so sind insbesondere Arbeiten von Fritz Borinski in den 50er (Borinski 1954) und Oskar Negt in den 60er und 70er Jahren (Negt 1975) wirksam geworden. Im Ganzen gesehen aber war und ist der Diskurs über politische Bildung eher ein, oftmals auch nur impliziter, Teildiskurs der allgemeinen jugend- und erwachsenenpädagogischen Debatten (vgl. die Beiträge von Hafeneger und Hufer in Kapitel III sowie Hufer 1992). Dabei fällt auf, daß die schulbezogene politikdidaktische Diskussion in diesen Diskursen bisher kaum rezipiert worden ist.

Wirkungen der außerschulischen politischen Bildung auf die schulische hat es aber dennoch gegeben. Sie liegen vor allem im Bereich der unterrichtsmethodischen Innovation - sehr viele neuere methodische Ansätze in der politischen Bildung (wie etwa Zukunftswerkstätten, Moderation, Interaktionsspiele; vgl. auch Kapitel V) haben ihre Wurzeln in der außerschulischen Bildung. Dies dürfte sich durch den größeren Zwang zur Innovation in einem auf Freiwilligkeit der Teilnahme basierenden Arbeitsfeld erklären lassen. Vereinfacht gesagt: während die außerschulische politische Bildung im Bereich der Theorieentwicklung im Vergleich zur schulbezogenen Politikdidaktik ein Professionalisierungsdefizit hat, verfügt sie in lernmethodischer Hinsicht über einen deutlichen Innovationsvorsprung.

Innovative methodische Ansätze

3. Politikdidaktik als wissenschaftliche Teildisziplin - eine Zwischenbilanz

3.1 Politikdidaktik als Wissenschaft vom politischen Lernen

Die Politikdidaktik sieht heute ihre Aufgabe nicht mehr allein in der Weiter- oder Neuentwicklung von fachdidaktischen Konzeptionen für den Unterricht an Schulen. Weithin versteht sie sich in einem allgemeineren Sinn als Wissenschaft vom politischen Lernen. Die wissenschaftlichen Arbeitsschwerpunkte der „jüngeren Generation" der Politikdidaktiker/innen konzentrieren sich stärker auf spezifischere Forschungsfelder, die Fachdiskussion ist damit differenzierter und heterogener geworden als in der Phase der kontroversen Debatten um fachdidaktische Konzeptionsentwürfe. Solche, bezogen auf Personen auch wechselnde Arbeitsschwerpunkte können u. a. sein

Die Fachdiskussion ist differenzierter und heterogener geworden

Neue gesellschaftstheoretische Ansätze

- die Reflexion neuerer gesellschaftstheoretischer Ansätze unter der Frage nach ihrer Bedeutung für Theorie und Praxis der politischen Bildung; eine solche Debatte wurde in den späten 80er Jahren etwa um Ulrich Becks soziologisches Theorem der „Risikogesellschaft" geführt (vgl. u. a. Beck 1986; Claußen 1989; Henkenborg 1993);

Gesellschaftliche Problemlagen

- die Reflexion der Aufgaben politischer Bildung angesichts bestimmter gesellschaftlicher Problemlagen und Gefahren, so z. B. angesichts der Benachteiligung von Frauen (vgl. den Beitrag von Dagmar Richter in Kapitel IV), angesichts des neuen Rechtsextremismus bei Jugendlichen (vgl. u. a. Hufer 1994; Sander 1995) oder angesichts von Veränderungen im Politikverständnis in neuen jugendkulturellen Zusammenhängen (vgl. u. a. Henkenborg 1995);

Berücksichtigung emotionaler Aspekte

- die Suche nach Lernmethoden, die neben der reflexiven Auseinandersetzung mit Politik auch emotionale Aspekte und Zugänge erschließen (vgl. u. a. Ackermann 1993; George 1993).

Einige weitere aktuelle Forschungs- und Diskussionsfelder in der Politikdidaktik werden – ohne jeden Anspruch auf Vollständigkeit – in Abschnitt 4 näher betrachtet.

Wissenschaft entwickelt sich nicht linear

Thomas S. Kuhn hat bereits in den 60er Jahren am Beispiel der Naturwissenschaften die Geschichte der Wissenschaften als eine Geschichte „wissenschaftlicher Revolutionen" beschrieben – Erkenntnisfortschritt geschieht nicht kontinuierlich, und eine Vorstellung, wonach Wissenschaften gewissermaßen Stein um Stein ein Lehrgebäude errichten, mit dem die Welt immer besser zu verstehen ist, ist gänzlich unangemessen (vgl. Kuhn 1979). Vielmehr werden in „wissenschaftlichen Revolutionen" immer wieder grundlegende Denkmodelle (Paradigmata bzw. Paradigmen), auf denen die Forschung in einem Wissenschaftsgebiet beruht, umgestürzt und durch völlig andere ersetzt, die dann in einer Phase „normaler Wissenschaft" zur Grundlage von unzähligen einzelnen, heterogenen Forschungsvorhaben werden – solange, bis sie an die Grenze ihrer Leistungsfähigkeit stoßen und durch ein neues Paradigma ersetzt werden. In diesem Sinne ließe sich vielleicht die Phase der politikdidaktischen Konzeptionsentwicklung in den 60er und

70er Jahren als Phase der Paradigmabildung verstehen, die zu einem Basiskonsens von selbstverständlichen Annahmen über demokratische politische Bildung geführt hat, während die derzeitige Situation der Politikdidaktik sich im Kuhnschen Sinne als „normale Wissenschaft" den vielfältigen Fragen und Problemen zuwendet, die sich von diesem Paradigma aus für eine Wissenschaft vom politischen Lernen ergeben.

Brücke zwischen Erziehungs- und Sozialwissenschaften

Wissenschaftssystematisch steht die Politikdidaktik als eine Art Brücke zwischen der Erziehungswissenschaft auf der einen und den Sozialwissenschaften, insbesondere der Politikwissenschaft, auf der anderen Seite: als Wissenschaft vom *„politischen"* Lernen kann sie sich als politikwissenschaftliche Teildisziplin, als Wissenschaft vom politischen *„Lernen"* als erziehungswissenschaftliche Teildisziplin verstehen (vgl. auch Stein 1992). Diesen prinzipiell interdisziplinären Charakter teilt sie mit den anderen Fachdidaktiken. Entsprechend finden sich an den Universitäten unterschiedliche Modelle der institutionellen Verankerung; sowohl die Zuordnung zur Politikwissenschaft und/oder zu anderen Sozialwissenschaften wird praktiziert als auch die Zuordnung zur Erziehungswissenschaft. Problematischer als diese Frage ist jedoch die fast überall praktizierte ausschließliche Zuordnung der Politikdidaktik (wie anderer Fachdidaktiken) zur Lehrerausbildung, denn diese Zuordnung fördert die Ausblendung anderer Praxisbereiche politischer Bildung aus dem politikdidaktischen Lehr- und Forschungszusammenhang. Einerseits fehlt dann vielfach in den sozialwissenschaftlichen Diplom- und Magisterstudiengängen eine Auseinandersetzung mit (beruflichen) Handlungsmöglichkeiten in den außerschulischen Feldern der politischen Bildung, andererseits werden in der Lehrerbildung die innovativen Potentiale außerschulischer Praxisfelder unzureichend rezipiert.

Probleme der Institutionalisierung der Politikdidaktik

3.2 Das Theorie-Praxis-Problem in der politischen Bildung

Die Politikdidaktik hat sich als wissenschaftliche Teildisziplin an den Hochschulen der Bundesrepublik seit den 60er und 70er Jahren etablieren können – zunächst häufig an Pädagogischen

Hochschulen, später auch an Universitäten (wenn auch bis heute längst noch nicht, was sachlich geboten wäre, an allen Hochschulen, die Lehrer für politische Bildung oder Hauptfachstudierende der Sozialwissenschaften ausbilden). Wie andere Fachdidaktiken auch, ist die Politikdidaktik damit historisch gesehen eine junge Wissenschaftsdisziplin. Zwar gab und gibt es erhebliche Schwierigkeiten und Widerstände bei diesem Prozeß der Etablierung an den Hochschulen; so geriet dieser Prozeß in den 80er Jahren in eine spürbare Krise, als in Folge der Lehrerarbeitslosigkeit eine Vielzahl von durch Emeritierung frei gewordene Professuren für Politikdidaktik nicht wieder besetzt wurden. Dennoch ist es der Politikdidaktik in den letzten drei Jahrzehnten gelungen, eine eigenständige wissenschaftliche Fachkultur zu entwickeln: Es gibt (wenn auch noch zu wenige) Professuren für das Fach, es wurden eine Vielzahl von politikdidaktischen Dissertationen geschrieben, es besteht Habilitationsmöglichkeit, es gibt ausreichende wissenschaftliche Publikationsmöglichkeiten in Fachzeitschriften, eingeführten Buchreihen bei Verlagen und nicht zuletzt auch bei der Bundeszentrale und den Landeszentralen für politische Bildung.

Entwicklung einer eigenständigen wissenschaftlichen Fachkultur

Allerdings ist es, besonders in den 80er Jahren, im Zuge dieser wissenschaftlichen Professionalisierung der Politikdidaktik auch zu Verständigungsproblemen zwischen Politiklehrern und Politikdidaktik gekommen, die zu einer breiten Debatte über das Theorie-Praxis-Verhältnis in der politischen Bildung geführt haben. Zu diesen Verständigungsproblemen hat sicher entscheidend beigetragen, daß, bedingt durch die damalige Lehrerarbeitslosigkeit, der „normale Transportweg" für didaktische Innovation, die Einstellung von auf dem neuesten Stand ausgebildeten Lehrerinnen und Lehrern, weitgehend verstopft war, während die in vielen Bundesländern bekanntlich freiwilligen Fortbildungsangebote vielfach nur von einer relativ geringen Zahl von Lehrerinnen und Lehrern intensiv genutzt wurden. Zugleich aber führt die wissenschaftliche Professionalisierung der Politikdidaktik zu einer strukturellen Distanz zur Praxis politischer Bildung: „Wissenschaftler sind institutionell von der Praxis getrennt; sie arbeiten in einem

Verhältnis von Theorie und Praxis

Bezugssystem mit Vertretern der Nachbarwissenschaften und den Fachkollegen von den anderen Hochschulen als Gesprächspartnern; sie arbeiten innerhalb des Wissenschaftssystems mit seinen Regeln für wissenschaftliches Wissen und für wissenschaftliche Kommunikation. Daraus folgt: eine spezifische Sprache, eine spezifische Argumentationsweise, die Notwendigkeit, Komplexität nicht zu reduzieren, sondern zu erhöhen, und die Distanz zu den Praxisfeldern als Voraussetzung für eine Reflexion über Praxis" (Gagel 1990, 286). Oder anders: bei wissenschaftlichem Wissen handelt es sich um eine andere Wissensform als bei Alltagswissen von Lehrerinnen und Lehrern (Weißeno 1992).

Notwendige Distanz zur Praxis

Nun gibt es ohne Zweifel problematische Seiten dieser Distanz – etwa wenn die wissenschaftliche Kommunikation sich einer völlig hermetischen, nur im kleinen Fachkollegenkreis verstehbaren Sprache bedient, oder wenn die Ableitungs-, Abgrenzungs- und Legitimationsargumentationen in Publikationen weit umfangreicher ausfallen als die Präsentation des originären Anliegens des Autors. Hier gibt es, nicht nur in der Politikdidaktik, durchaus Anlaß zu einem selbstkritischen Nachdenken über die deutsche akademische Kommunikationskultur. Aber das grundsätzliche Problem des Verhältnisses von Theorie und Praxis wäre damit noch nicht gelöst. Es ist auch nicht lösbar durch gelegentlich laut werdende Forderungen, die Politikdidaktik möge „realistische", den alltäglichen Arbeitsbedingungen von Lehrern angepaßte Planungs- und Handlungskonzepte für Unterricht entwerfen (so z. B. Janssen 1990, 1992). Dies kann zwar *auch* eine Aufgabe von Politikdidaktikern sein, wenn sie etwa als Mitverfasser von Lehrplänen oder als Schulbuchautoren bei der *Anwendung* wissenschaftlicher Erkenntnisse unter konkreten Rahmenbedingungen mitwirken; aber als *Wissenschaft* kann sich die Politikdidaktik ebensowenig wie andere Wissenschaften nicht mehr hinterfragbaren bildungspolitischen Vorgaben (wie Stundentafeln, Arbeitsorganisation von Lehrern etc.) unterwerfen, wenn sie sich nicht ihres kritischen Potentials und ihrer Innovationsfähigkeit begeben will.

Hinzu kommt, daß die Unterscheidung zwischen wissenschaftlichem Wissen und Alltagswissen keineswegs bedeutet, Alltagswissen sei theorielos. Im Gegenteil: „Jede Praxis, verstanden als spezifisch menschliches Handeln, enthält Elemente von Theorie. Sie ist von Intentionen geleitet und von Elementen der Reflexion durchdrungen" (Sutor 1990, 312). Jedes pädagogische Handeln ist in diesem Sinne von *Alltagstheorien* geleitet, also von mehr oder weniger reflektierten und mehr oder weniger begründeten Annahmen und Erklärungen über Ziele, Sinn und Zweck des pädagogischen Handelns, über „richtige" und „falsche" Entscheidungen, über „gutes" und „schlechtes" Lernmaterial, über Ursachen für Gelingen und Mißlingen von Unterricht – und über Kriterien dafür, was als „Gelingen und „Mißlingen" gelten soll –, über das Verhalten der Lernenden und die zugrundeliegenden Ursachen usw. Die Praxiswirksamkeit der Politikdidaktik besteht in erster Linie darin, mit ihren – d. h. mit wissenschaftlichen – Mitteln daran mitzuwirken, solche Alltagstheorien zu verbessern, sie also rationaler, reflektierter zu machen. Diese Praxiswirksamkeit ist also eine indirekte, eine über die Köpfe der Pädagoginnen und Pädagogen hinweggehende; politikdidaktische Theorie muß von den „Praktikern" selbst verarbeitet, in ihre Wahrnehmung und Konstruktion von Unterrichtswirklichkeit integriert, dabei auch an konkrete Situationen „angepaßt" und weitergedacht werden.

Hilfreich für die Reflexion von Alltagstheorien

Der Nutzen politikdidaktischen wissenschaftlichen Wissens für die Praxis politischer Bildung besteht daher nicht in der Bereitstellung von Handlungsanleitungen und Rezepten für die Bewältigung konkreter Unterrichtssituationen. Der Nutzen erwächst vielmehr gerade aus der Distanz zur alltäglichen Praxis mit ihren vielfach unreflektierten Selbstverständlichkeiten, ihren eingeschliffenen Wahrnehmungsmustern und alltagstheoretischen Erklärungsmodellen für Probleme und Schwierigkeiten, ihren Prägungen durch die gewachsene und gelernte Organisationskultur der Schule (oder anderer Institutionen). Sich als „politischer Bildner" zum Zwecke der eigenen Fort- und Weiterbildung auf politikdidaktische Theorie einlassen heißt, die Perspektive zu wechseln, Gewohntes anders zu sehen, eine „andere Brille" beim Betrachten bekannter Situationen aufzusetzen – und dabei vertraute Selbstverständlichkei-

Gewohntes aus anderer Perspektive betrachten

ten in Frage zu stellen und neue Sichtweisen zu erproben. Solches Lernen ist - wie jedes ernsthafte Lernen, das nicht an der Oberfläche bleibt, sondern zu Veränderungen bei eingeschliffenen Handlungsmustern führt - nicht ohne Verunsicherungen zu haben. Von „Praktikern" muß diese Bereitschaft zum Neusehen und Neudenken des Gewohnten als Teil beruflicher Professionalität erwartet werden - und von „Theoretikern" die Fähigkeit und Bereitschaft, wissenschaftliches Wissen nicht nur im engsten Kollegenkreis zur Sprache zu bringen.

4. Aktuelle Tendenzen und Kontroversen in der politikdidaktischen Theorieentwicklung

„Pragmatische Wende"

Als „normale Wissenschaft" im oben beschriebenen Sinne (vgl. 3.1) hat sich die politikdidaktische Theorieentwicklung in den 80er und 90er Jahren ausdifferenziert und auf unterschiedliche Arbeitsschwerpunkte konzentriert. Kuhn/Massing nennen diese Phase in der Fachentwicklung „Pragmatische Wende, Pluralisierung und neue Ansätze". Anders als in den 70er Jahren, in denen sich die Debatte auf die Entwicklung fachdidaktischer Konzeptionen konzentrierte, gibt es in der aktuellen politikdidaktischen Diskussion nicht *den* zentralen Fokus oder *die* zentrale Kontroverse. Die in den folgenden Abschnitten knapp skizzierten Schwerpunkte der aktuellen Diskussion erheben daher keineswegs den Anspruch, diese Diskussion in allen wichtigen Facetten abzubilden; ihre Auswahl ist durchaus subjektiv und würde von anderen Fachkolleginnen und -kollegen möglicherweise anders akzentuiert werden.

4.1 Annäherungen - politische Bildung in ihren verschiedenen Praxisfeldern

Fand das wissenschaftliche Fachgespräch zur politischen Bildung in der Schule und in außerschulischen Praxisfeldern lange in voneinander getrennten Diskussionszusammenhängen statt und war die Politikdidaktik seit den 50er und 60er Jahren fast ausschließlich konzeptionell auf den schulischen Politikunterricht fixiert, so lassen sich in jüngster Zeit Tendenzen zu einer - wenn auch noch sehr langsamen - (Wieder-)

Annäherung dieser Gesprächszusammenhänge erkennen. Bereits das 1988 von Wolfgang W. Mickel und Dietrich Zitzlaff herausgegebene „Handbuch zur politischen Bildung" bezog auch außerschulische Praxisfelder ein; das hier vorliegende Handbuch knüpft an diese Tradition an. Die Bundeskongresse der Deutschen Vereinigung für politische Bildung (DVPB) (seit 1982 in zwei- bis dreijährigem Turnus), die sich als zentrale bundesweite Foren für das Fachgespräch zur politischen Bildung verstehen, haben zwar traditionell einen schulbezogenen Schwerpunkt, thematisieren aber regelmäßig auch Problemlagen der politischen Erwachsenenbildung. Ähnliche Initiativen gibt es auch in den Bundesländern; so veranstalteten 1993 die Hessische Landeszentrale für politische Bildung, der Landesverband Hessen der DVPB, der Hessische Landesjugendring und das Hessische Landeskuratorium für Jugendbildung mit großer Resonanz einen Fachkongreß ausdrücklich mit dem Ziel, Pädagoginnen und Pädagogen aus verschiedenen Bereichen der politischen Bildung miteinander ins Gespräch zu bringen (vgl. Vorstand des Hessischen Jugendrings 1993). Seit 1997 erscheint im Wochenschau-Verlag die neue Fachzeitschrift „kursiv", zu deren Profil ebenfalls der bereichs- und trägerübergreifende Dialog in der politischen Bildung gehört.

Bereichsübergreifender Dialog

Tatsächlich ist, wie bereits angedeutet, das wechselseitige Anregungspotential der getrennten Diskurse zur politischen Bildung beträchtlich. Unter wissenschaftssystematischen Gesichtspunkten ist es für ein Selbstverständnis der Politikdidaktik als Wissenschaft vom politischen Lernen geradezu unabdingbar, die überkommene Fixierung auf nur *ein* Praxisfeld aufzugeben und alle Bereiche intentionaler politischer Bildung im Gesamtkontext der politischen Sozialisation in den Blick zu nehmen. Möglicherweise wird die derzeitige Debatte um „Öffnung der Schule" und um neue Formen schulischen Lernens jenseits der tradierten gefächerten Unterrichtsschule (vgl. 4.4) diese Entwicklung auch in der politischen Bildung in den nächsten Jahren weiter befördern.

Gesamtkontext der politischen Sozialisation

4.2 Blicke mit der Lupe – empirische Forschung zur politischen Bildung

Angesichts des über weite Strecken *hypothetischen* Charakters zahlreicher, auch zentraler Aussagen in politikdidaktischen Konzeptionen ist in der Politikdidaktik immer wieder, insbesondere schon seit den 70er Jahren von Kurt Gerhard Fischer, gefordert worden, politikdidaktische Theoreme durch systematische empirische Unterrichtsforschung zu überprüfen: „Solange nicht durch solide, dem Anspruch der Repräsentativität einigermaßen genügende empirische Unterrichtsforschung ... dies oder jenes *erwiesen* ist, läßt sich munter darüber streiten, ob durch ‚systematischen Unterricht' oder mittels Fall-Studien oder Projekt-Unterricht mehr politische Bewußtseinsbildung erreicht werden kann..." (Fischer 1993, 9). Fischer schwebte eine empirische Forschung zur politischen Bildung vor, die mit Hilfe geklärter Kriterien die Effekte verschiedener didaktischer Strukturen des Unterrichts überprüft – also beispielsweise *gesicherte* Aussagen darüber zuläßt, ob ein Unterricht „nach Schmiederer" oder einer „nach Hilligen" bestimmte Lerneffekte besser erreichen kann.

Empirische Unterrichtsforschung

Zu einer solchen Unterrichtsforschung ist es bisher nicht gekommen. Die Hindernisse, die für dieses Desiderat verantwortlich sind, liegen vermutlich hauptsächlich in der beträchtlichen methodischen Komplexität der Aufgabenstellung: Es dürfte sich als äußerst schwierig erweisen, die Wirkung einer bestimmten didaktischen Konstruktion innerhalb eines ein- oder zweistündigen Schulfachs auf die politische Bewußtseinsbildung von Schülern im Gesamtfeld von deren politischer Sozialisation hinreichend präzise abzugrenzen.

Dennoch gibt es in der Politikdidaktik in den 80er und 90er Jahren ein neues Interesse an empirischer Forschung. Im Bereich quantitativer Forschung sind insbesondere drei Studien hervorzuheben:

Lehrerbefragung:

1. Hermann Harms und Gotthard Breit haben Ende der 80er Jahre in einer schriftlichen Befragung von 881 Lehrern nach dem Status des Faches, der fachdidaktischen Ausbildung und der Rezeption fachdidaktischer Theorien sowie nach

Kriterien für die Unterrichtsplanung und der Verwendung von Unterrichtsmaterial in der politischen Bildung gefragt (Harms/Breit 1990). Die Ergebnisse waren überwiegend äußerst ernüchternd: Die Autoren der Studie ermittelten einen Trend zur „Überalterung" der Politiklehrer/innen, eine geringe Rezeption fachdidaktischer Konzeptionen und die Reduktion von Didaktik auf Methodik im Bewußtsein vieler Lehrer/innen, einen hohen Anteil von fachfremd unterrichtenden Lehrkräften und eine skeptische Beurteilung des Status des Faches in der Schule, jeweils aus der Sicht der befragten Lehrerinnen und Lehrer. Positiv konnten dagegen hohe Unterrichtszufriedenheit und Wertschätzung des Faches bei den in der politischen Bildung unterrichtenden Lehrkräften konstatiert werden.

– Reduktion von Didaktik auf Methodik

– Hohe Unterrichtszufriedenheit

Zu den von den Autoren gezogenen Folgerungen aus der Studie gehörte die Forderung nach einem von Lehrer/innen und Politikdidaktikern gemeinsam zu erarbeitenden „Katalog von Mindestanforderungen für die Unterrichtsplanung" (Harms/Breit 1990, 145). Die Bundeszentrale für politische Bildung hat diese Anregung aufgegriffen und in mehreren „Werkstattgesprächen" zur Theorie und Praxis der politischen Bildung eine Reihe von „Planungsfragen für den Politikunterricht" erarbeiten und auf dieser Basis von einer Autorengruppe eine Publikation mit dem Ziel verfassen lassen, „einen Mindeststandard bei der Planung von politischem Lernen" zu beschreiben (Bundeszentrale für politische Bildung 1994, 8). Diese Publikation hat sich inzwischen in der Lehrerfortbildung (insbesondere in den neuen Bundesländern und in der Arbeit mit fachfremd unterrichtenden Lehrerinnen und Lehrern) als eine Art Einführung in politikdidaktisches Denken vielfach bewährt, wenngleich es wegen zahlreicher – hier nicht näher zu erörternder – konzeptioneller Schwächen im Detail die Schrift überfordern würde, wollte man sie als eine Art Quintessenz der politikdidaktischen Theorieentwicklung verstehen.

Schülerbefragung:

2. Mittels einer Befragung von ca. 4800 Gymnasiasten aus Hessen und Bayern hat Klaus Rothe den Wirkungen des Sozialkundeunterrichts auf politisches Wissen und politi-

sche Einstellungen der Schülerinnen und Schüler nachgespürt (Rothe 1993). Zu den bemerkenswerten Ergebnissen der Studie gehört, daß es praktisch keine nachweisbare Beziehung zwischen den jahrzehntelang unterschiedlich parteipolitisch geprägten Landespolitiken und den Resultaten des Sozialkundeunterrichts gebe: Keineswegs bringe die bayerische politische Bildung „konservative" und die hessische „progressive" Schüler hervor. Im Gesamtbild zeigt sich nach der Studie, „daß die große Mehrheit von ihnen (den Schülerinnen und Schülern, W. S.) als überzeugte Demokraten mit Verständnis für pluralistische Verfahren und für Institutionen wie Parteien und Berufspolitiker erscheint" (Rothe 1993, 113). Die Studie zeigt aber auch „vielfach gleichzeitig vorhandene diffuse Wünsche nach Gemeinsamkeit, Klarheit, Handeln und einfacher Moral" (ebd.), die sich zwar nicht antidemokratisch äußern, aber doch auf eine zu stark moralisierende Auseinandersetzung mit Politik in der politischen Bildung rückschließen lassen. Nimmt man die Ergebnisse der Studien von Harms / Breit und Rothe sowie eine Vielzahl von Beobachtungen aus der qualitativen Unterrichtsforschung (siehe unten) zusammen, so spricht vieles für die Hypothese, daß ein oberflächlich moralisierender Umgang mit Politik im Unterricht in einem unmittelbaren Zusammenhang mit politikdidaktischen Ausbildungs- und Kompetenzdefiziten von Politiklehrerinnen und -lehrern zu sehen ist.

– Überzeugte Demokraten

– Neigung zu moralisierender Auseinandersetzung

3. Im Kontext der außerschulischen politischen Bildung der Friedrich-Ebert-Stiftung ist eine empirische Studie entstanden, die nach den Zusammenhängen zwischen sozialen Milieuprägungen, Lebensstilen, alltagsästhetischen Präferenzen auf der einen und Interessen und Erwartungen von Erwachsenen an politischer Bildung auf der anderen Seite fragt (Flaig u. a. 1993). Der Studie gelingt der Nachweis dieser Zusammenhänge, und es zeigt sich, daß unter Umständen bei der Entscheidung für die Teilnahme an einem Lernangebot zur politischen Bildung „weder das Thema des Angebots noch seine Dauer und auch nicht die Entlegenheit oder bequeme Erreichbarkeit der jeweiligen Örtlichkeit die

Erwartungen an politische Bildung

ausschlaggebende Rolle ... spielen, sondern vielmehr der Stil des Lernortes. Darunter verstanden die Befragten (einer früheren Studie, W. S.) das Ensemble der Ästhetik der Räumlichkeiten und der von den pädagogischen Mitarbeitern repräsentierten Kommunikationskultur am Lernort" (ebd., 7). Dieses Ergebnis, das die hohe Bedeutung alltagsästhetischer Differenzierungen in der modernen Gesellschaft spiegelt, ist für die außerschulische politische Bildung, die sich als offen für *alle* versteht, von außerordentlicher Brisanz, und es ist noch gänzlich ungeklärt, wie dieses „für alle" offen sein sich künftig in der „Veranstaltungskultur" außerschulischer politischer Bildung niederschlagen soll. Aber auch für die schulische politische Bildung gibt die Studie einen wichtigen Denkanstoß, indem sie einerseits die Bedeutung der ästhetischen Gestaltung von Lernorten für den Lernerfolg auf neue Weise ins Bewußtsein rückt und andererseits die ebenso verbreitete wie naive Redeweise von *den* Schülern fragwürdig werden läßt.

Bedeutung alltagsästhetischer Differenzierungen

Der Schwerpunkt empirischer Unterrichtsforschung in der Politikdidaktik liegt jedoch nicht auf quantitativen Studien mit dem Anspruch auf Repräsentativität. Vielmehr hat sich in den letzten 10 Jahren ein Forschungszusammenhang gebildet, der mit Methoden *qualitative*r Sozialforschung Unterrichtsforschung zur politischen Bildung an Schulen betreibt. Hierzu gehören vor allem die detaillierte Auswertung von Transkripten einzelner Unterrichtsstunden (oder von Teilen von Unterrichtsstunden) sowie Interviews mit Lehrern, Lehrerausbildern in der zweiten Phase der Lehrerausbildung und Schülern in intensiven Einzel- und Gruppengesprächen. Inzwischen liegt eine Vielzahl entsprechender Studien vor, deren Ergebnisse hier nicht im einzelnen referiert werden können (vgl. vor allem Weißeno 1989; Gagel/Grammes/Unger 1992; Grammes/Weißeno 1993; Weißeno 1993; Massing/Weißeno 1995; Schelle 1995). Einige wichtige (Zwischen-)Ergebnisse dieser Forschungsrichtung lassen sich jedoch in drei Punkten zusammenfassen:

Studien zur qualitativen Unterrichtsforschung

1. Eine ganze Reihe von Untersuchungen stützen die oben formulierte Hypothese, daß es im schulischen Politikunterricht

ein verbreitetes fachdidaktisches Professionalisierungsdefizit gebe, das seinen Niederschlag in einer Ersetzung von politischer Analyse und *politisch* begründetem Urteil durch bloßes Moralisieren finde: „In den wenigen Politikstunden dominiert oft die Klärung der Materie ‚an sich', ohne daß es zur Diskussion politischer Entscheidungsprobleme kommt; die Schwundstufen politischer Bildung in Form von ‚es gibt...' (Sachinformation) und ‚wie komplex und schlimm ist doch alles' (Lamento) und der aufgesetzte moralische Appell ‚eigentlich müßte man ja etwas dagegen tun...'. Unterricht wird zum Lamento, zum moralinsauren Ritual, das man schnell ‚abhakt', anstatt Heranwachsenden Aufgaben und Perspektiven zu zeigen" (Grammes 1989, 96).

Professionalisierungsdefizit

2. Die Vorstellungen zwar nicht aller, aber doch sehr vieler Schülerinnen und Schüler davon, was guter (Politik-)Unterricht ist, ihre „lernerdidaktischen" (Weißeno), alltagstheoretischen Bilder von sinnvollem Lernen, liegen sehr viel näher an den Ergebnissen politikdidaktischer Theorieentwicklung, wie sie in fachdidaktischen Konzeptionen oder in didaktischen Prinzipien (vgl. Kapitel II) zum Ausdruck kommen, als an der verbreiteten Praxis eines lehrer- und „stoff"-zentrierten Unterrichts: „Viele *politikdidaktischen Konzepte*, Kategorien, Konstrukte sind in der Praxis *tragfähig*; sie entsprechen den Wünschen und Vorstellungen von Lernern. Die individuellen Alltagstheorien von Lernern über die Didaktik und Methodik des Faches zeigen deutlich, daß es sich bei bestimmten didaktischen Instrumenten und Verfahren nicht um ‚Schreibtischtheorien' (Hilligen) handelt, sondern um wirksame, auf Schülerinteressen stoßende Prinzipien" (Weißeno 1991, 325).

Übereinstimmung von Schülerinteressen und Politikdidaktik

3. Vielfach zeigen genaue Analysen von Unterrichtssituationen, daß das gängige Klischee von einer Unterrichtssituation, in der (wissende) Lehrer (unwissenden) Schülern politisches Wissen und Problemverständnis vermitteln müssen, so nicht zutrifft: „Die Analysen belegen vielmehr die These, daß die Schüler immer wieder weitergehende Beiträge formulieren als ihre Lehrer, diese aber ‚überhört' werden" (Grammes/Weißeno 1993, 13). Ähnlich kommt Carla Schelle anhand

Differenz zwischen Schüleräußerungen und Lehrerwahrnehmungen

> von Schülerinterviews und Unterrichtsanalysen mit Hauptschülern zu dem Ergebnis, daß der Politikunterricht die Schüler zwar wegen der begrifflichen Abstraktion der Unterrichtssprache überfordert, sie zugleich aber auch unterfordert, weil die Schülerinnen und Schüler über mehr Vorwissen und mehr Fähigkeiten und Fertigkeiten verfügen, als im Politikunterricht üblicherweise genutzt wird (vgl. Schelle 1995).

Notwendigkeit einer didaktisch reflektierten Unterrichtsplanung

Bisher haben die Ergebnisse empirischer Forschung in der politischen Bildung nicht zu neuen Ansätzen in der Entwicklung fachdidaktischer Konzeptionen geführt. Sie zeigen eher fachdidaktische Professionalisierungsdefizite im alltäglichen Unterricht auf und stützen in der Tendenz die in politikdidaktischen Konzeptionen erarbeiteten Kriterien einer didaktisch reflektierten Unterrichtsplanung; hierbei wird manches auch zuvor schon Bekannte durch genauere Detailanalysen bestätigt. Auch lassen sich in den Studien zu lernerdidaktischen Perspektiven der Schüler deutliche Hinweise auf die problematischen, Lernen eher behindernden als fördernden Aspekte der tradierten schulischen Lernkultur finden (vgl. 4.4). Ferner stellen die Studien zur qualitativen Unterrichtsforschung eine Fülle von „Trainingsmaterial" für die Lehrerbildung bereit – nicht im Sinne von imitierbaren Rezepten, sondern als Training einer besseren, d. h. genaueren Wahrnehmung von Unterrichtssituationen: „*Sehen lernen* durch Analyse von Unterricht ermöglicht, das *Theoretisieren lernen* (Paul Heimann)" (Grammes/Weißeno 1993, 13 f.).

4.3 Das Politische in der politischen Bildung – Kontroversen um den Politikbegriff

Was ist „politisch"?

Die durch die empirische Unterrichtsforschung untermauerte Kritik an einem „unpolitischen Politikunterricht" und die damit verbundene Forderung, in der politischen Bildung müsse das Politische zentraler Lerngegenstand sein, findet in der Politikdidaktik breite Zustimmung. Was aber „das Politische" heute ist, wie seine Konturen und Grenzen zu bestimmen sind, wie sich „Politik" in modernen Gesellschaften von „Nicht-Politik" unterscheidet, ist durchaus strittig.

Die Debatte um diese Frage wird sowohl in der schulbezogenen Fachdiskussion als auch in der außerschulischen Bildung geführt, wenn auch mit unterschiedlichen Akzenten und „Frontlinien". In Teilen der außerschulischen Bildung hat sich in den 80er Jahren, nicht zuletzt als eine Reaktion auf Akzeptanzprobleme von Veranstaltungen zur politischen Bildung, ein subjektivitäts- und alltagsbezogenes Verständnis von „politischer Bildung" verbreitet, in dem, vermittelt über den Begriff der „Ganzheitlichkeit", nahezu jedes subjektorientierte, soziale und kulturelle Lernen schon als „politisch" verstanden werden konnte – und zwar auch dann, wenn im Lernprozeß explizite Bezüge zu gesamtgesellschaftlichen Strukturen und Entscheidungen gar nicht mehr hergestellt werden (vgl. hierzu kritisch Hufer 1990). Diese Tendenz ist in erster Linie aus der Praxis von Erwachsenenbildungseinrichtungen entstanden und theoretisch kaum begründet worden; sie spiegelt einen Trend zum Rückzug in die Innerlichkeit, zum Interesse an Esoterik, zu einer unreflektierten Flucht aus der Moderne, die in Teilen der Mittelschichten (aus denen ein großer Teil des Teilnehmerkreises der Volkshochschulen kommt) populär geworden ist. Genau genommen geht es hierbei nicht um eine reflektierte Suche nach neuen Erscheinungsformen des Politischen, sondern um die Flucht aus der politischen Reflexion, die als ein unaufgebbares Anliegen für das Selbstverständnis demokratischer politischer Bildung konstitutiv ist. Entsprechend kritisch ist diese Tendenz auch von Autoren aufgenommen worden, die gerade um die konzeptionelle Begründung eines subjektorientierten Zugangs zum Politischen in der Erwachsenenbildung bemüht sind (vgl. etwa Ahlheim 1990).

Außerschulische Diskussion

Subjektorientiertes Lernen

Flucht aus der politischen Reflexion

In der schulbezogenen Politikdidaktik wird diese Diskussion differenzierter geführt. Auch hier gibt es eine Kontroverse um einen eher „engeren" oder eher „weiteren" Politikbegriff; unstrittig ist jedoch, daß die politische Bildung sich mit Fragen, Problemen und Strukturen des *gesamtgesellschaftlichen* Zusammenlebens befaßt, was freilich lebensweltlich orientierte, alltagsbezogene thematische Zugänge nicht ausschließt. Aber es geht um *Zugänge* zum *Politischen* und nicht um die Auflösung des Gegenstands politischer Bildung ins Soziale und Kulturel-

Schulbezogene Diskussion

le. Breiter Konsens besteht auch, wie schon erwähnt, darüber, daß dies offenbar in der Praxis des schulischen Politikunterrichts weithin nicht zufriedenstellend gelingt.

Kontrovers ist die Frage der Konsequenzen, die aus dieser Situation zu ziehen sind. Eine Denkrichtung (auch dies ist eine idealtypische Unterscheidung!) sucht die Perspektive der politischen Bildung in der Schule in einer stärker fachlichen, von politikwissenschaftlichen Zugangsweisen geprägten Profilierung. In einer zugespitzten Formulierung von Werner Patzelt geht es dieser Denkrichtung darum, den Status des Politikunterrichts als Fach in der Schule durch seine Profilierung als „hartes Lernfach" zu sichern (Patzelt 1994, 64). Hierzu gehört auch der Versuch, von politikwissenschaftlichen Politikzyklusmodellen oder von der politikwissenschaftlichen Auffächerung des Politikbegriffs in die Politikdimensionen politics (Prozeß), policy (Inhalt) und polity (Form) Kategorien und Schlüsselfragen für die Behandlung politischer Themen im Unterricht zu gewinnen, mit dem Ziel, auf diese Weise ein fachlich *systematisches* Lernen zu ermöglichen (Bundeszentrale für politische Bildung 1994; Massing 1995). Eine zweite Denkrichtung sieht gerade diese Perspektive einer „verfachlichten Systematik" des Politikunterrichts kritisch und sucht die Professionalisierung der schulischen politischen Bildung im Aufspüren neuer Erscheinungsformen des Politischen außerhalb der traditionellen politischen Strukturen, aber auch jenseits der tradierten Strukturen schulischen Lernens: „Der Unterricht, die ‚Sache Politik' und die Lehrer und Lehrerinnen verlieren den Anschluß an die ‚Rohstoffe des Politischen' (Negt/Kluge) von Jugendlichen" (Henkenborg 1995). Henkenborg sieht diese neuen Rohstoffe des Politischen z. B. in neuen jugendkulturellen Zugängen zu Fragen des gesamtgesellschaftlichen Zusammenlebens, die etwa durch Expressivität und Ästhetisierung geprägt sind und die im „verfachlichten" Politikunterricht keinen Raum haben. Letztlich führt dies zur Frage nach neuen Formen politischer Bildung nach der „Implosion der Unterrichtsschule" (Henkenborg 1995, 172) – und damit zur Frage nach der künftigen Rolle der politischen Bildung in einer sich möglicherweise entwikkelnden neuen Struktur schulischen Lernens, die sich von der

Fachliche Profilierung

Erscheinungsformen des Politischen außerhalb traditioneller politischer Strukturen

gefächerten Unterrichtsschule grundlegend unterscheidet. So verbirgt sich hinter der Kontroverse um den Politikbegriff möglicherweise auch eine, bisher nicht ausgetragene, *schulpädagogische* Kontroverse um die Stellung der politischen Bildung in der sich entwickelnden Debatte um eine grundlegende Reform der schulischen Lernkultur.

4.4 Jenseits der Belehrungskultur – neue Herausforderungen und neue Chancen für die politische Bildung

In den 90er Jahren ist es in der Erziehungswissenschaft, aber auch in einer breiteren Öffentlichkeit, zu einer neuen Debatte über grundlegende Strukturveränderungen des Bildungswesens gekommen. Diese Debatte betrifft, mit teils vergleichbaren, teils unterschiedlichen Akzenten, die Schule ebenso wie die außerschulische Bildung und hier insbesondere die Erwachsenenbildung. In ihr geht um mehr als um Veränderungen im Detail, auch um mehr als durch Erlaß oder Gesetz zu regelnde institutionelle Reformen. Es geht um die Frage, ob die institutionellen, inhaltlichen, didaktisch-methodischen, kulturellen „Selbstverständlichkeiten", die die Art und Weise prägen, wie wir „Lernen" in der modernen Gesellschaft verstehen und institutionalisieren, angesichts der Lernerfordernisse des 21. Jahrhunderts einer fundamentalen Revision unterzogen werden müssen.

Strukturelle Veränderungen des Bildungswesens

Geradezu als eine programmatische Kurzformel für die schulpädagogische Seite dieser Debatte läßt sich ein Buchtitel von Hartmut von Hentig verstehen: „Die Schule neu denken" (Hentig 1993). Für Hentig ist die Schule *neu denken* etwas qualitativ anderes, als sie nur zu verbessern und zu verändern; letzteres ist immer – mehr oder weniger – nötig, während das Neudenken der Schule erst dann erforderlich wird, wenn die Widersprüche in ihr unauflösbar geworden sind, weil das, was sie leisten kann, zu neuen Anforderungen und Problemlagen strukturell nicht mehr paßt.

„Die Schule neu denken"

Tatsächlich geht es in diesem Sinne um eine geistige, kulturelle und institutionelle *Neugründung* der Schule mit dem Ziel, tiefgehende strukturelle Modernisierungsrückstände der schulischen Lernkultur zu überwinden. Diese Lernkultur kann, jedenfalls auf der Ebene alltäglicher Praxis (und weniger auf der Ebene erziehungswissenschaftlicher Reflexion), ihre Herkunft aus der Zeit der breiten Durchsetzung der Schulpflicht im 19. Jahrhundert nicht verleugnen. Zu sehr spiegelt das Schullernen das Weltbild der Epoche des klassischen Industrialismus, des „mechanischen Zeitalters" – die tayloristische Produktionsweise steht noch immer Pate bei der Zergliederung des Schullernens in separierte Fächer und in starre Zeitrhythmen, bei der Vorstellung, immer müßten alle Schüler zur gleichen Zeit das gleiche lernen, bei der Kleinschrittigkeit des Lernens, bei der Vorstellung von der linearen Steuerbarkeit von Lernprozessen durch Lehrer. Aber auch der alltagskulturell (bei Lehrern, Schülern, aber auch bei den Eltern, die von ihren eigenen Schulerfahrungen ausgehen) verbreitete schulische Wissensbegriff kann seine Wurzel in einer Zeit, in der die Schule für die meisten Kinder die einzige Informationsquelle über die Welt außerhalb ihres unmittelbaren Erfahrungsbereichs war, kaum verleugnen. In einer Welt aber – um nur zwei signifikante Beispiele zu nennen –, in der (wie an einer Schule in Frankfurt/M.) Schüler für Lehrer Computerkurse veranstalten und in der die Medien Lehrer und Schüler *zeitgleich* über bedeutsame Entwicklungen und Ereignisse informieren, wirkt das Bild, die Schule könne durch eine überschaubare Menge „gesicherten Wissens" die Welt außerhalb der Schulmauern zuverlässig abbilden und dabei durch „Lernen auf Vorrat" Schülerinnen und Schülern für die Bewältigung ihres Lebens als Erwachsene angemessen vorbereiten, anachronistisch und naiv.

Erbe des 19. Jahrhunderts

Separierte Fächer und starre Zeitrhythmen

Vorstellung eines überschaubaren „gesicherten" Wissens

Aus dem inzwischen sehr vielstimmigen Chor der Kritiker an diesem tradierten alltäglichen Selbstverständnis der Schule sei – eher illustrierend – eine längere Passage aus einem Text des Berufs- und Betriebspädagogen Rolf Arnold zitiert, der eine fundamentale Kritik des schulischen Verständnisses von Lehren und Lernen formuliert:

Kritik am traditionellen Selbstverständnis der Schule

„Erst in den letzten Jahren wird den Lerntheoretikern bewußt, daß sie die Lern- und Motivationsschwierigkeiten, für deren Überwindung sie neue Strategien suchen, auch der schulpolitischen Anwendung ihrer eigenen Ansätze zu verdanken haben. So paradox es klingen mag, die tote Lernkultur an den Bildungseinrichtungen unserer Gesellschaft ist auch Ergebnis einer Sicht vom lernenden Menschen, die diesen lediglich als zu motivierendes, zu belehrendes, zu beaufsichtigendes und zu prüfendes Wesen zu konzipieren in der Lage war. ...

Wir benötigen in der Didaktik und in der Lehrerfortbildung eine Sensibilität dafür, daß Lehren nicht per se etwas Gutes, zu Begrüßendes und zu Intensivierendes ist, sondern auch als ‚Lernbehinderung' (Holzkamp) wirken kann. ...

Fixierung auf Lerninhalte

Bildungstheorie, Didaktik und Schulen waren bis weit in unsere Tage hinein auf die Inhaltsfrage fixiert. Wenn man Schule dachte, dachte man an Lehrpläne und an die Auswahl und Legitimation dessen, was Schüler lernen sollen, und auch heute noch sind Lehrer, Schüler und Eltern kontaminiert von einem materialen Bildungsdenken, welches das Lernen gleichsetzt mit einer Wissensmast. Je vollständiger Schüler mit Wissen angefüllt sind, desto mehr haben sie gelernt - so die verbreitete Sichtweise. ... Es bleibt kaum Raum für subjektive Kreativität, Suchbewegungen, Spiel, Verweilen, Vertiefungen und Abwegen sowie Umwege. ... Dieses inhaltsfixierte Lernen ist Ausdruck einer toten Lernkultur, in der es nicht (mehr) um Subjekte, sondern um die ‚Erledigung' von Inhalten geht. ...

Mangelnde Nachhaltigkeit schulischen Lernens

Fragt man nach der Nachhaltigkeit der schulischen Lernprozesse, so gelangt man oft bereits am Beispiel der eigenen Lernbiographie zu recht verheerenden Ergebnissen. Da schrumpfen Jahre eines mehrere Wochenstunden umfassenden Griechisch-Unterrichts auf die Erinnerung an die Bedeutung eines Satzes, und wer noch im Abitur Parabeln rotieren lassen konnte, hat im Erwachsenenalter Schwierigkeiten, den Unterschied zwischen Algebra und Arithmetik zu erläutern. Warum - so traut man sich mittlerweile, ermutigt durch das öffentliche Unbehagen an der Schule, zu fragen - vergeuden wir die Lebenszeit der nachwachsenden Generation in einem gigantischen Ritual, in dem wir sie in die Verstiegenheiten einer fachlichen Detailfülle hineinführen, immer weiter an den Mythen strickend, daß alles, was gelehrt, auch gelernt, und daß alles, was gelernt, auch behalten werde. ...

Was dabei übersehen wird ist, daß es in Lernprozessen schließlich ... das Subjekt ist, welches letztlich darüber entscheidet, ob Lernangebote angenommen, Lehrbemühungen ‚greifen' und neue Wissenselemente nachhaltig angeeignet werden können. ... Beschreitet man den subjektorientierten Pfad von einer lehr- zu einer lerntheoretischen Didaktikperspektive weiter, so gelangt man zu einer völlig anderen didaktischen Konzeption des Lehrerhandelns. Lehrende stellen sich als Professionals dar, die kaum noch (nur) ‚lehren'. Sie haben sich vielmehr von alten Dominanzansprüchen gelöst und eine sehr viel schwierigere Professionalität entwickelt, die sie in die Lage versetzt, die Lernpotentiale der lernenden Individuen zu erkennen, diese durch geeignete Lernarrangements zu fördern und durch wohldosierte Interventionen anzuregen und zu begleiten. ... Die Perspektive ist demnach eine grundlegend andere: Nicht die noch so systematisch geplante und einigermaßen unterhaltsam gestaltete Unterrichtsstunde kann als Modell eines in diesem Sinne erfolgreichen Unterrichts angesehen werden, entscheidend ist vielmehr, ob ein Unterricht selbständiges Schülerhandeln zuläßt und die methodische Kompetenz und Souveränität der Schüler selbst fördert" (Arnold 1995, 1 ff., z. T. in anderer Reihenfolge).

Neue Professionalität von Lehrern

Erkennen und Fördern von Lernpotentialen

Arnold wurde hier so ausführlich zitiert, weil der Text nicht nur in einer eingängigen Sprache Kernprobleme schulischer Lernkultur trifft, sondern auch deshalb, weil Arnold aus der – für die Schulpädagogik und Didaktik eher ungewohnten – Perspektive des Berufs- und Betriebspädagogen argumentiert und auf die krasse Diskrepanz zwischen schulischer Lernkultur und neuen Qualifikationsanforderungen in Unternehmen verweist. Dies kann hier, ebenso wie die gesamte neue schulpädagogische und schulpolitische Debatte, nicht näher erörtert werden (vgl. u. a. Sander 1996). Aber es gehört doch zu den bemerkenswerten Aspekten dieser Debatte, daß sie gewissermaßen jenseits „traditioneller Fronten" geführt wird und daß heute, anders als in den 70er Jahren, eine Verständigung zwischen Erziehungswissenschaftlern und Unternehmensvertretern über Grundlinien einer Modernisierung der schulischen Lernkultur möglich erscheint (vgl. etwa Bildungskommission NRW 1995).

Im Kern geht es bei dieser Modernisierung um den Abschied von der Belehrungskultur. Arnold spricht im oben zitierten Text von der notwendigen Ersetzung einer „Erzeugungsdidaktik" durch eine „Ermöglichungsdidaktik", Hentig von einer Schule als Lebens- und Erfahrungsraum, die Bildungskommission NRW von einem „Haus des Lernens" (wohlgemerkt: des *Lernens*, nicht des Lehrens!). Dieser mit diesen bildhaften Stichworten nur angedeutete schulpädagogische Perspektivenwechsel stellt potentiell die gesamte gewohnte Binnenstruktur der Schule in Frage: die Fächereinteilung (und das Fächerprinzip selbst), die Zeitrhythmen, die Arbeitsweisen, den verbreiteten Wissens- und Lernbegriff, die Rolle und das professionelle Selbstbild von Lehrern (und die von der Schule erzeugte Schülerrolle) und, nicht zuletzt, die gesamte institutionelle Struktur der zentralistisch verwalteten Staatsschule.

Abschied von der Belehrungskultur

Für die politische Bildung bedeutet eine solche mögliche Entwicklung zu einer grundlegenden Revision schulischen Lernens Gefahr und Chance zugleich: Gefahr, weil sie einerseits als „kleines" Fach mit einer eher randständigen Position im Fächerkanon bei Debatten um eine Änderung oder Auflösung dieses Kanons schneller bedroht ist als etwa Mathematik oder Englisch und weil sie andererseits zumindest potentiell vor dem Hintergrund der Denkmuster „Herrschaftslegitimation" und „Mission" in ihrer Fachgeschichte in besonderer Weise in der Gefahr steht, als Relikt einer Belehrungskultur wahrgenommen zu werden. Zugleich aber bietet sich der politischen Bildung gerade wegen der relativen Breite und Offenheit ihres Gegenstandsfeldes und wegen der leichten Vernetzbarkeit politisch akzentuierter Frage- und Problemstellungen mit denen anderer Fachgebiete die Chance, in einer neuen Schule vom randständigen Fach zu einem Zentrum schulischen Lernens zu werden – in einer Schule, die sich mit Hartmut von Hentig als „polis" versteht und die die „Erziehung zur Politik" nicht in ein Fachgetto einsperrt, sondern zu einem ihrer zentralen, den Schulalltag prägenden Anliegen macht (vgl. Hentig 1993, 183 ff.).

Chancen und Gefahren für politische Bildung

Es wird zu den künftigen Herausforderungen für die politikdidaktische Theoriebildung gehören, dieses in der Schulpädagogik vielfach noch recht vage Verständnis einer Schule als

Die Schule als „polis"

polis konzeptionell weiterzudenken und auch ihre eigene Theorietradition vor diesem Hintergrund neu zu reflektieren. Ansätze hierfür gibt es - so finden sich beispielsweise in den politikdidaktischen Konzeptionen zahlreiche Anknüpfungspunkte für die Begründung eines offenen, auch Fächergrenzen überschreitenden politischen Lernens jenseits der Belehrungskultur, so vor allem (aber nicht nur) bei Fischer und Schmiederer (vgl. oben 2). Aber auch in der Methodendiskussion zur politischen Bildung sind - wenn auch, wie schon erwähnt, stärker von den außerschulischen Praxisfeldern angeregt - eine Vielzahl von Lernmethoden entwickelt worden, die auf die Selbsttätigkeit der Lernenden zielen und Beiträge zur Überwindung der Belehrungskultur leisten können (vgl. hierzu die Beiträge in Kapitel V). Hier gibt es in der Politikdidaktik durchaus eine Tradition, Methoden nicht als quasi-technische Steuerungsinstrumente in der Hand von Lehrerinnen und Lehrern zu sehen, sondern dem „Methodenlernen" (Hilligen 1991, 36) eine eigene, von der Leitidee der Mündigkeit her begründete und auf sie bezogene didaktische Qualität zu geben.

Selbsttätigkeit der Lernenden fordern

In der außerschulischen Bildung hat der Abschied von der Belehrungskultur zwar sehr viel früher begonnen als in der Schule. Aber hier ist Mitte der 90er Jahre die Problemlage der politischen Bildung in starkem Maße von den Folgen der zum Teil drastischen Kürzungen staatlicher Finanzierung der Erwachsenenbildung geprägt (vgl. den Beitrag von Ekkehard Nuissl in Kapitel VI). Als Folge dieses deutlichen Rückzugs der öffentlichen Hände aus der Finanzierung von außerschulischer Bildung ist eine zunehmend stärker marktförmige Organisation der außerschulischen Bildung im Gange. Aber nicht nur die Finanzkrise der öffentlichen Haushalte spielt für diese Entwicklung eine Rolle, sondern auch eine generelle Tendenz zum Abschied von einer etatistischen Tradition, die sich in der Erwachsenenbildung (wie auch in anderen kulturellen und gesellschaftlichen Bereichen) trotz der pluralen Trägerstruktur vielerorts gehalten hat und die angesichts von gesellschaftlichen Modernisierungsprozessen problematisch geworden ist (vgl. Beck 1993). Diese Entwicklung wird in der außerschulischen Bildung noch dadurch verstärkt, daß angesichts der

Tendenz zu marktförmiger Organisation der außerschulischen Bildung

Lockerung sozialer und kulturell-politischer Milieubindungen ein „Stammpublikum" für Bildungsträger immer schwerer zu sichern ist.

Die politische Bildung ist von diesen Entwicklungen deshalb besonders betroffen, weil sie bisher faktisch stärker als andere Fachgebiete von einer öffentlichen (Mit-) Finanzierung abhängig ist; zudem gibt es vielfach bei Pädagoginnen und Pädagogen in der außerschulischen politischen Bildung traditionelle „mentale Sperren" dagegen, sich als Anbieter auf einem Markt etablieren und mit Begriffen wie Marketing oder Kundenorientierung konstruktiv und kreativ umgehen zu müssen. Auf der anderen Seite gibt es keinen hinreichend gesicherten Grund dafür, daß die mancherorts fast schon zum Habitus gewordene Überzeugung, politische Bildung sei nicht „marktfähig", mehr ist als ein Vorurteil oder ein legitimes strategisches Argument im innerinstitutionellen Verteilungskampf. Die außerschulische politische Bildung wird ihre vielfach erwiesene Innovationsfähigkeit nutzen müssen, um ihren Wert für potentielle Teilnehmer konzeptionell genauer zu bestimmen und in ihrer Außendarstellung offensiv zu vermitteln. Theoretisch wird sie insbesondere neuen Formen eines (auch) politisch reflektierten alltäglichen Handelns in der „Zivilgesellschaft" nachspüren müssen (vgl. etwa Beck 1993), bis hin zu der Frage nach einer neuen beruflichen Nützlichkeit politischer Bildung (vgl. Sander 1996). Eine politische Bildung, die sich in diesem Sinne als Mitwirkende am Projekt einer „reflexiven Modernisierung" (Beck 1993) verstünde, könnte sich auf die Frage nach ihrer Nützlichkeit einlassen, ohne daß sie dafür die Orientierung an der Leitidee der politischen Mündigkeit aufgeben müßte.

Mitwirkung am Projekt einer „reflexiven Modernisierung"

5. Literatur

ACKERMANN, PAUL 1993: Mehrdimensionales oder gar ganzheitliches politisches Lernen. In: Sander 1993

AHLHEIM, KLAUS 1990: Mut zur Erkenntnis. Über das Subjekt in der politischen Erwachsenenbildung. Bad Heilbrunn

ARNOLD, ROLF 1995: Lebendiges Lernen – Auf dem Weg zu einer neuen Lernkultur. In: Neuland, Michéle (Hrsg.): Schüler wollen lernen. Lebendiges Lernen mit der Neuland-Moderation. Eichenzell

BECK, ULRICH 1986: Risikogesellschaft. Auf dem Weg in eine andere Moderne. Frankfurt/M.

BECK, ULRICH 1993: Die Erfindung des Politischen. Zu einer Theorie reflexiver Modernisierung. Frankfurt/M.

BILDUNGSKOMMISSION NRW 1995: Zukunft der Bildung – Schule der Zukunft. Denkschrift der Kommission „Zukunft der Bildung – Schule der Zukunft" beim Ministerpräsidenten des Landes Nordrhein-Westfalen. Neuwied/Kriftel/Berlin

BORINSKI, FRITZ 1954: Der Weg zum Mitbürger. Die politische Aufgabe der freien Erwachsenenbildung in Deutschland. Düsseldorf/Köln

BUNDESZENTRALE FÜR POLITISCHE BILDUNG (Hrsg.) 1990: Zur Theorie und Praxis der politischen Bildung. Schriftenreihe Bd. 290. Bonn

BUNDESZENTRALE FÜR POLITISCHE BILDUNG (Hrsg.) 1994: Politikdidaktik kurzgefaßt. Planungsfragen für den Unterricht. Schriftenreihe Bd. 326. Bonn (zugleich erschienen als Paul Ackermann u.a.: Politikdidaktik kurzgefaßt. 13 Planungsfragen für den Unterricht. Schwalbach/Ts. 1994)

CLAUßEN, BERNHARD 1984: Politische Bildung und Kritische Theorie. Fachdidaktisch-methodische Dimensionen emanzipatorischer Sozialwissenschaft. Opladen

CLAUßEN, BERNHARD 1987: Didaktik und Sozialwissenschaften. Beiträge zur Politischen Bildung. Aachen/Braunschweig

CLAUßEN, BERNHARD 1989: Politische Bildung in der Risikogesellschaft. In: Aus Politik und Zeitgeschichte, B 36/1989

CLAUßEN, BERNHARD 1993: Politikdidaktik als Kritische Theorie der Politischen Bildung: Herkunft, Konturen, Praxisrelevanz. In: Sander 1993

CLAUßEN, BERNHARD/GEIßLER, RAINER (Hrsg.) 1996: Die Politisierung des Menschen. Instanzen der politischen Sozialisation. Ein Handbuch. Opladen

FISCHER, KURT GERHARD (Hrsg.) 1970: Politische Bildung in der Weimarer Republik. Grundsatzreferate der „Staatsbürgerlichen Woche" 1923. Frankfurt/M.

FISCHER, KURT GERHARD 1973: Einführung in die Politische Bildung. Ein Studienbuch über den Diskussions- und Problemstand der Politischen Bildung in der Gegenwart. 3. Aufl. Stuttgart

FISCHER, KURT GERHARD 1986: Zum aktuellen Stand der Theorie und Didaktik der Politischen Bildung. 5. Aufl. Stuttgart

FISCHER, KURT GERHARD 1993: Das Exemplarische im Politikunterricht. Beiträge zu einer Theorie politischer Bildung. Schwalbach/Ts.

FLAIG, BERTHOLD BODO/MEYER, THOMAS/UELTZHÖFFER, JÖRG 1993: Alltagsästhetik und politische Kultur. Zur ästhetischen Dimension politischer Bildung und politischer Kommunikation. Bonn

GAGEL, WALTER/GRAMMES, TILMAN/UNGER, ANDREAS (Hrsg.) 1992: Politikdidaktik praktisch - Ein Videobuch. Schwalbach/Ts.

GAGEL, WALTER 1990: Theorie muß in die Praxis vermittelt werden. In: Bundeszentrale für politische Bildung. Bonn

GAGEL, WALTER 1991: Vereinigung: Ist gemeinsame politische Bildung möglich? In: Gegenwartskunde 1/1991

GAGEL, WALTER 1994: Geschichte der politischen Bildung in der Bundesrepublik Deutschland 1945-1989. Opladen (2. Aufl. 1995)

GAGEL, WALTER 1996: Der Beutelsbacher Konsens als historisches Ereignis. Eine Bestandsaufnahme. In. Schiele/Schneider 1996

GEORGE, SIEGFRIED 1993: Erschließendes Denken. Selbstreflexion, Meditation, Intuition. Kreativität als Methoden des politischen Unterrichts. Schwalbach/Ts.

GIESECKE, HERMANN 1982: Didaktik der politischen Bildung. 12. Aufl. München

GIESECKE, HERMANN 1993: Politische Bildung. Didaktik und Methodik für Schule und Jugendarbeit. München

GRAMMES, TILMAN/WEIßENO, GEORG (Hrsg.) 1993: Sozialkundestunden. Politikdidaktische Auswertungen von Unterrichtsprotokollen. Opladen

GRAMMES, TILMAN 1989: Was heißt grundlagenorientierte Forschung in der Fachdidaktik? Oder: Einladung zu einer Exkursion. In: Claußen, Bernhard/Noll, Adolf (Hrsg.): Politische Wissenschaft und Politische Bildung. Eröffnung einer Diskussion. Hamburg

GRAMMES, TILMAN 1991: Unpolitischer Gesellschaftskundeunterricht? Anregungen zur Verknüpfung von Lebenskundeunterricht und Politik. Schwalbach/Ts.

HARMS, HERMANN/BREIT, GOTTHARD 1990: Zur Situation des Unterrichtsfachs Sozialkunde/Politik und der Didaktik des politischen Unterrichts aus der Sicht von Sozialkundelehrerinnen und -lehrern. Eine Bestandsaufnahme. In: Bundeszentrale für politische Bildung. Bonn

HENKENBORG, PETER 1993: Politische Bildung in der Risikogesellschaft. In: Sander 1993

HENKENBORG, PETER 1995: Wie kann die politische Bildung neu denken? Ambivalenzen gestalten. In: Gegenwartskunde 2/1995

HENTIG, HARTMUT VON 1993: Die Schule neu denken. Eine Übung in praktischer Vernunft. München/Wien

HILLIGEN, WOLFGANG 1991: Didaktische Zugänge in der politischen Bildung. Schwalbach/Ts.

HUFER, KLAUS-PETER 1990: Die neue Subjektivität - ihre Bedeutung für die Politische Bildung. In: Sarcinelli, Ulrich u. a.: Politikvermittlung und Politische Bildung. Bad Heilbrunn

HUFER, KLAUS-PETER 1992: Politische Erwachsenenbildung. Strukturen, Probleme, didaktische Ansätze - Eine Einführung. Schwalbach/Ts.

HUFER, KLAUS-PETER 1994: Rechtsextremismus - Herausforderung für die politische Bildung. In: Geschichte - Erziehung - Politik 5/1994

HUFER, KLAUS-PETER 1996: Heterogenität oder gemeinsame Leitidee? Wo ist der Konsens in der außerschulischen Bildung? In: Schiele/Schneider 1996

JANSSEN, BERND 1990: Kritische Thesen zum Verhältnis von politikdidaktischer Theorie und Unterrichtspraxis. In: Bundeszentrale für politische Bildung. Bonn

JANSSEN, BERND 1992: Methodenorientierter Politikunterricht. Düsseldorf

KUHN, HANS WERNER/MASSING, PETER (Hrsg.) 1993: Politische Bildung in Deutschland. Entwicklung - Stand - Perspektiven. 2. Aufl. Opladen

KUHN, THOMAS 1979: Die Struktur wissenschaftlicher Revolutionen. 4. Aufl. Frankfurt/M.

LITT, THEODOR 1956: Die politische Selbsterziehung des deutschen Volkes. Bonn

MASSING, PETER/WEIẞENO, GEORG (Hrsg.) 1995: Politik als Kern der politischen Bildung. Wege zur Überwindung unpolitischen Politikunterrichts. Opladen

MASSING, PETER 1995: Wege zum Politischen. In: Massing/Weißeno 1995

MICKEL, WOLFGANG W./ZITZLAFF, DIETRICH (Hrsg.) 1988: Handbuch zur politischen Bildung. Schriftenreihe der Bundeszentrale für politische Bildung Bd. 264. Bonn

NEGT, OSKAR 1975: Soziologische Phantasie und exemplarisches Lernen. Zur Theorie und Praxis der Arbeiterbildung. 5. Aufl. der überarbeiteten Neuausgabe. Frankfurt/M./Köln

PATZELT, WERNER 1994: Aufgaben politischer Bildung in den neuen Bundesländern. Dresden

ROLOFF, ERNST AUGUST 1972ff.: Erziehung zur Politik. Eine Einführung in die politische Didaktik. Bd. 1 1972, Bd. 2 1974, Bd. 3 1979. Göttingen

ROTHE, KLAUS 1993: Schüler und Politik. Eine vergleichende Untersuchung bayerischer und hessischer Gymnasialschüler. Opladen

SANDER, WOLFGANG 1989: Zur Geschichte und Theorie der politischen Bildung. Allgemeinbildung und fächerübergreifendes Lernen in der Schule. 2. Aufl. Marburg

SANDER, WOLFGANG 1992: Politikdidaktik in der Bundesrepublik als Lernprozeß - Eine Einführung in ihre geschichtliche Entwicklung. 2. Aufl. Schwalbach/Ts.

SANDER, WOLFGANG (Hrsg.) 1993: Konzepte der Politikdidaktik. Aktueller Stand, neue Ansätze und Perspektiven. Hannover

SANDER, WOLFGANG 1995: Rechtsextremismus als pädagogische Herausforderung für Schule und politische Bildung. In: Verantwortung in einer unübersichtlichen Welt. Aufgaben wertorientierter politischer Bildung. Schriftenreihe der Bundeszentrale für politische Bildung Bd. 331. Bonn

SANDER, WOLFGANG 1996: Beruf und Politik. Von der Nützlichkeit politischer Bildung. Schwalbach/Ts.

SCHELLE, CARLA 1995: Schülerdiskurse über Gesellschaft. „Wenn Du ein Ausländer wärst" - Untersuchung zur Neuorientierung schulisch-politischer Bildungsprozesse. Schwalbach/Ts.

SCHIELE, SIEGFRIED/SCHNEIDER, HERBERT (Hrsg.) 1977: Das Konsensproblem in der politischen Bildung. Stuttgart

SCHIELE, SIEGFRIED/SCHNEIDER, HERBERT (Hrsg.) 1996: Reicht der Beutelsbacher Konsens? Schwalbach/Ts.

SCHMIEDERER, ROLF 1977: Politische Bildung im Interesse der Schüler. Frankfurt/M.

SCHMITT, KARL 1980: Politische Erziehung in der DDR. Ziele, Methoden und Ergebnisse des politischen Unterrichts an den allgemeinbildenden Schulen der DDR. Paderborn

SCHNEIDER, ILONA KATHARINA 1995: Weltanschauliche Erziehung in der DDR. Normen - Praxis - Opposition. Eine kommentierte Dokumentation. Opladen

STEIN, GERD 1992: Von der relativen Autonomie der Politikdidaktik - Überlegungen zur Aufgaben- und Ortsbestimmung einer Fachdidaktik. In: Sander 1993

SUTOR, BERNHARD 1990: Fachdidaktische Theorie und Unterrichtspraxis. In: Bundeszentrale für politische Bildung. Bonn

SUTOR, BERNHARD 1992: Politische Bildung als Praxis. Grundzüge eines didaktischen Konzepts. Schwalbach/Ts.

VORSTAND DES HESSISCHEN JUGENDRINGS (Hrsg.) 1993: Politische Bildung in den 90er Jahren - Sündenbock oder Feuerwehr? Wiesbaden

WEINBRENNER, PETER 1993: Lernen für die Zukunft - Plädoyer für ein neues Relevanzkriterium der Politischen Bildung. In: Sander 1993

WEIßENO, GEORG 1989: Lernertypen und Lernerdidaktiken im Politikunterricht. Ergebnisse einer fachdidaktisch motivierten Unterrichtsforschung. Frankfurt/M.

WEIßENO, GEORG 1991: Tragfähigkeit und Wirksamkeit didaktischer Konzepte im Alltag des Politikunterrichts. In: Claußen, Bernhard/Gagel, Walter/Neumann, Franz (Hrsg.): Herausforderungen - Antworten. Politische Bildung in den neunziger Jahren. Wolfgang Hilligen zum 75. Geburtstag. Opladen

WEIßENO, GEORG 1993: Forschungsfelder und Methoden einer empirisch arbeitenden Politikdidaktik. In: Sander 1993

WILHELM, THEODOR 1956: Partnerschaft. Die Aufgabe der politischen Erziehung. 3. Aufl. Stuttgart

II.

Didaktische Prinzipien politischer Bildung

Tilman Grammes

Exemplarisches Lernen

Die Klage über die Stoffülle und das Gefühl, sie nicht bewältigen zu können, ist so alt wie die Didaktik selbst. In jeder Sozialwissenschaft, ja schon in jeder Ausgabe einer Tages- oder Wochenzeitung werden mehr Fragen bearbeitet, als in einem Unterrichtsfach untergebracht werden können. Das didaktische Prinzip des exemplarischen Lernens antwortet auf das Problem, daß die Menge des gesellschaftlich vorhandenen Wissens immer größer ist als das Wissenswerte und noch das Wissenswerte mehr umfaßt als das, was vom einzelnen Heranwachsenden jeweils zu wissen möglich ist. Didaktik ist die Spezialwissenschaft für die Ermittlung jenes Wissens, das von allgemeiner, existentieller Bedeutung für das Leben (Überleben und menschenwürdiges Leben) ist und daher als lehrnotwendig und legitimiert gelten kann (Hilligen 1961 und 1991). Die Frage nach dem Exemplarischen führt also direkt in das Kernproblem von Fachdidaktik - die Auswahl und Begründung des Wissenswerten für Lehrplan und Unterricht (ethymologisch lat. eximere = herausgreifen). Exemplarisches Lernen ist also ein *didaktisches* Prinzip (die Frage nach dem *Was*, *Warum* und *Wozu* des Lernens) und erst in zweiter Linie eine methodische Frage (nach dem *Wie* des Lernens).

Bereits der böhmische Pädagoge Johann Amos Comenius (1592-1670) fragt in seiner Didactica magna: „Den Geist mit einem Wust von Büchern oder Worten zu belasten, ist nutzlos... Daher müssen... grundlegende Lehrbücher, die wenig umfangreich, aber wirklich brauchbar sind, ausgesucht oder neu verfaßt werden. Sie sollen... in wenigen Worten viel enthalten, d. h. den Lernenden die grundlegenden Dinge vor Augen führen..., in wenigen, aber ausgesuchten und leicht faßbaren Lehrsätzen und Regeln, aus denen alles Übrige von selbst verständlich wird" (Comenius 1960, 129 f.). Und Johann Friedrich Herbart (1776-1841) kritisiert angesichts der schon damals übermächtig werdenden Stofffülle *„Vielwisserei und Flattersinn"*: „Werden wir uns in die Objekte verlieren, um in dem Katalog der nützlichen Lektionen keinen wissenswürdigen Gegenstand zu vergessen?... Hier dunstet uns die schwüle Atmosphäre der Verlegenheit entgegen, in welcher der Eifer der Lehrer und Schüler so oft erstickt, die da nicht glauben, vielseitige Bildung zu erreichen, wenn sie nicht vielen Apparat anhäufen... Sie laufen allen Gelegenheiten nach und erreichen nichts als Ermüdung" (Herbart 1903, 171). Die additive Bildungsvorstellung, als seien die Gegenstände des Unterrichts eine Masse, deren Teile alle nebeneinander liegen, wird als von Grund auf verkehrt gekennzeichnet.

Unterrichtskritik von Comenius und Herbart

In der allgemeindidaktischen Diskussion der 50er Jahre lauten die Formeln *„Mut zur Lücke"* und *„Weniger ist mehr!"* Damit setzen sich bis in die 60er Jahre hinein eine Fülle von didaktischen Fachbeiträgen auseinander, die sich auf naturwissenschaftliche Fächer konzentrieren, aber sich für historische, geographische und politische Bildung an sachlichen Schwierigkeiten festfahren (vgl. Scheuerl 1958, 122-168). Die „exemplarische Welle" der 50er Jahre wirkt daher heute wie eine „stillgelegte Baustelle" (Uwe Sandfuchs). Es handelt sich um einen typischen pädagogischen Slogan, dessen Erfolg darin gründet, daß er von vielen akzeptiert werden konnte, ohne daß dahinter stehende konzeptionelle Unterschiede zum Austrag kommen mußten.

Das „Exemplarische": ein Konzept der 50er Jahre

Im Fach Geschichte ist das Konzept des *Repräsentativen* zweifelhaft: Können etwa exemplarisch die Französische oder Russische Revolution für Revolutionen an sich, Robbespierre für Hitler und Stalin stehen? Auch im Fach Erdkunde ist das Konzept des *Typischen* problematisch: Können Mauretanien oder Saudi-Arabien als exemplarischer Typus für Länder der Trockenzone gelten, die Erfahrungen und Probleme der Kinder maghrebinischer Wanderarbeiter in den Vorstädten französischer Großstädte für die sozialen Probleme von Migration im globalen Maßstab allgemein usw.?

Geschichte: Repräsentatives?

Erdkunde: Typisches?

1. Kategoriales Orientierungswissen als Allgemeinbildung

Um innerhalb des gesellschaftlich verfügbaren Wissensvorrates ein exemplarisches Grundwissen oder Orientierungswissen hervorzuheben, ist zunächst eine Bestimmung des Begriffs Wissen notwendig.

„Muß denn jetzt nicht mehr gelernt werden? Früher wußte ich genau, welche *Erkenntnisse* in einer Stunde zu erarbeiten waren. Jetzt *diskutieren* wir nur noch, und ich habe am Schluß der Stunde oft das Gefühl, kein *System* mehr zu besitzen, sondern *Chaos* zu fabrizieren" (Bundeszentrale 1992, 364).

Die Unsicherheit des Wissens

Dieser Frage einer Lehrerin unterliegt die Annahme, es könne sicheres Fakten- oder Grundwissen geben. Die Wissensbestände im Lernfeld Gesellschaft sind aber gerade durch Unsicherheit und Kontroversität gekennzeichnet. Der Begriff Wissen bedarf heute vor allem „des Schutzes gegenüber der Gewißheit, es könne (abgesehen etwa vom mathematischen Bereich) grundsätzlich gesichertes Wissen geben. Wissen wartet kritisch-rationalistisch immer auf mögliche Falsifizierung; und es unterliegt (kritisch-dialektisch) immer den Spannungen zwischen Erkenntnis und Interesse sowie dem Standort des Beobachters; daneben ist es heute als wissenschaftliches Wissen in vielen Bereichen (z.B. Reaktorsicherheit, Arbeitslosigkeit, Klimakatastrophen) strittig bzw. ungewiß" (Hilligen 1991, 7). Der Lehrerin zu antworten, man könne eben nur „wissen, daß man nichts weiß" (Sokrates) – dies wäre bereits eine exemplarische Einsicht, die aber Fachunterricht nur ex negativo – als Kritik – zu begründen vermag. Aus dieser Einsicht folgt ja im Umkehrschluß nicht, daß es beliebig sei, was man zu wissen glaubt und der Unterricht sich deswegen in „beliebigen Meinungsgirlanden" von Stammtischparolen erschöpfen könne (Relativismus). Die Antwort auf die Frage der Lehrerin provoziert Rückfragen: *Welches* Wissen meinen Sie? In welchem *Kontext* soll das Wissen *verwendet* werden?

Wissen und Information

Wissen setzt – im Unterschied zu Information – die Selbständigkeit des Wissenden, die produktive, begründungsfähige Aneignung des Wissens voraus. Im Unterschied zu informatorischen Mitteilungsprozessen hat „Wissen" also eine didaktische Implikation: „Wissen heißt lehren können. Wer nichts weiß oder sich nur daran erinnert, was er gelesen, was er am Bildschirm ‚gesehen' hat, vermag auch nicht zu lehren. Den Beweis dafür bildet manch traurige Lehr- und Lernsituation" (Mittelstraß 1992, 228 f.).

Nimmt man diese Unterscheidung von Information und Wissen auf, läßt sich die Zeitdiagnose stellen, daß der Mensch in der Postmoderne einerseits in Informationen ertrinkt und doch zugleich nach Orientierungswissen hungert. Die Wissenschaftswissenschaften gehen von einem exponentiellen Wachstum des Wissens aus (Wissensexplosion). Sie zeigen mit im übrigen selbst kaum nachprüfbaren exponentiellen Entwicklungskurven, daß das Wissen sich in immer schnellerem Tempo verdoppelt, während gleichzeitig seine „Halbwertszeit" durch Veralten beständig sinkt. In der Informationsgesellschaft ist immer mehr Wissen darüber akkumuliert, wie Effektivität her-gestellt werden kann, aber immer weniger, zu welchem Zweck dieses Wissen angehäuft wird (Verlust der Urteilsbildung). Auf der Seite des Subjekts führt dies zum Verlust kognitiver Orientierungsstrukturen (Wissensimplosion).

Mit zunehmendem Wissen veraltet Wissen immer schneller

Die Frage nach Grundstrukturen des Wissens ist von der Didaktik durch die Angabe grundlegender *Kategorien* und *Einsichten* beantwortet worden. Kategoriale Leitfragen schließen dem Lernenden die objektive Welt auf und umgekehrt. Kategorienschemata sind keine Ablaufschemata für Lernprozesse. Sie müssen keineswegs immer alle vorkommen, und es bleibt Aufgabe des Lehrenden, flexibel für einen Zusammenhang der Kategorien untereinander zu sorgen. Ziel ist, daß die Kategorien begriffliche Werkzeuge in der Hand des Lernenden werden. Die meisten Konzeptionen politischer Bildung sind kategoriale Fachdidaktiken, die solche Schlüsselfragen an die Unterrichtsgegenstände bereitstellen. Wolfgang Klafki (1990) nennt als Qualifikationen globale Schüsselprobleme: Friedensfrage, Umweltfrage, gesellschaftlich produzierte Ungleichheit, Gefahren und Möglichkeiten der neuen technischen Steuerungs-, Informations- und Kommunikationsmedien, Erfahrung der Liebe, der menschlichen Sexualität, des Verhältnisses zwischen den

Grundstrukturen des Wissens

Geschlechtern oder gleichgeschlechtliche Beziehungen (vgl. Problemorientierung, S. 56).

Kategorien politischer Bildung in der Phasenstruktur einer Problemanalyse

Vorphase:

Kategorien:	Einstieg und Planungsgespräch Problem/Konflikt; Betroffenheit/Bedeutsamkeit; Meinung

Erste Hauptphase:

Kategorien:	Situationsanalyse: Was ist? Information: Interessen/Beteiligte; Interpretation/Ideologie; Geschichtlichkeit/Strukturen

Dritte Hauptphase:

Kategorien:	Möglichkeitserörterung: Was ist möglich? Macht/Organisation; Recht/Verfahrensregeln/Institutionen; Beteiligung/Mitbestimmung; Koalition/Kompromiß/Zielkonflikte; Durchsetzung/Entscheidung (In beiden Hauptphasen mögliche Zwischenschritte: - Systematische Information - Erneutes Planungsgespräch - Zwischenzusammenfassung)

Anschlußphasen:

Kategorien:	Urteilsbildung/Entscheidungsdiskussion: Was soll geschehen? Menschenwürde (Freiheit, Gerechtigkeit, Friede); Zumutbarkeit/Grundkonsens; Legitimität/Gemeinwohl; Wirksamkeit/Folgen/Verantwortbarkeit (Mögliche Ergänzung: Vertiefende prinzipielle Orientierung) Transfer und Kontrolle; Metakommunikation

Quelle: Kategorien für den Politikunterricht (Bernhard Sutor 1992, 35; vgl. Giesecke 1993, 71-76; Fischer 1993; kategoriale Schemata sind auch die Denk-Algorithmen des Politik-Zyklus, vgl. Peter Massing in diesem Buch, S. 287 ff.)

Das Konzept kategorialer Bildung führt dazu, daß auf die Angabe konkreter Inhalte weitgehend verzichtet werden kann und doch - falls das Konzept in der Umsetzung gelingt - alle Lernenden die gleiche allgemeine Bildung erhalten.

2. Genetisches Prinzip

Die Kategorien des „Exemplarischen Prinzips“

Das exemplarische Prinzip ist eng mit dem genetischen Prinzip verknüpft: „Alle methodische Kunst besteht darin, tote Sachverhalte in lebendige Handlungen rückzuverwandeln“ (Heinrich Roth). Didaktik ist „Beweglichmachen von Sachen“ (Hartmut von Hentig), indem die Stoffe in ihrer Ursprungssituation zurückgestellt und dadurch verlebendigt dargestellt werden *(originale Begegnung)*. Funktionsprinzipien der parlamentarischen Demokratie, z.B. das konstruktive Mißtrauensvotum oder die Ausgestaltung plebiszitärer versus repräsentativer Elemente, werden anhand der Diskussion im Parlamentarischen Rat 1948/49 vor dem zeitgeschichtlichen Hintergrund der Erfahrungen mit dem Scheitern der Weimarer Republik und der nationalsozialistischen Diktatur verständlich gemacht. Verallgemeinert: Als exemplarisch gelten können Gründungssituationen von Gesellschaft, wo das Zusammenleben der Menschen innerhalb der Gruppe oder mit anderen durch *Konflikte* gefährdet ist, so daß neue Regeln für das Zusammenleben im geregelten Austrag von Interessengegensätzen gefunden werden müssen, soll es nicht zum Krieg aller gegen alle kommen. Politische Bildung wäre dann die Wissenschaft davon, wie Menschen *lernen* können, in Gesellschaft zusammenzuleben. Exemplarisches Auswahlkriterium sind Konflikte als die „eigentliche Triebfeder des politischen Prozesses“ und politische Handlungssituationen (Giesecke 1976, 179).

Konflikt-darstellung

Das Exemplarische erweist sich gerade darin als das permanent Aktuelle und läßt sich gut mit dem *Aktualitätsprinzip* verbinden. Der Unterricht stellt parallel zur realen Politik aktuelle Fälle in den Mittelpunkt (politikbegleitender Politikunterricht). Am besonderen Fall wird das kategorial Verallgemeinerbare herausgearbeitet. Dies stellt jedoch hohe Anforderungen an die Qualifikation des Fachlehrers, denn sie/er muß in der Lage sein, im Beispiel solche Kategorien herauszuarbeiten. Das Aktuelle muß sich als permanent Aktuelles ausweisen, damit der Unterricht sich vom Gelegenheitsunterricht abhebt.

Aktualität

Strittig blieb in der didaktischen Diskussion, ob ein konsequent exemplarischer Unterricht die Inhalte politischer Bildung prinzipiell austauschbar werden läßt (Fischer 1993). Diese Austauschbarkeit gilt sicher für aktuelle Fälle. Sie sollten aber im gesamten Bildungsgang sowohl das Spektrum der Kategorien abdecken können, als auch die zentralen Lernfelder politischer Bildung (Politik, Recht, Wirtschaft, Gesellschaft) thematisieren. Es kann eine Verständigung über „klassische" Fälle und ein Kanon von Inhalten versucht werden. Ein Nachdenken über das Auswahlkriterium des Klassischen ist auch in der politischen Bildung notwendig, um die kulturelle Überlieferung demokratischer Lebensformen zu sichern.

Eingeschränkte Austauschbarkeit

Bei der Antwort auf diese Frage, was denn das Exemplarische in Gesellschaft, Politik, Recht und Wirtschaft sei, ist die Unterscheidung verschiedener Wissensebenen und Wissensformen hilfreich. Es besteht wenig Klarheit darüber, *was* in der politischen Bildung vermittelt werden soll, und das heißt, in welchem Kontext und in welchem Rahmen die Informationen angesiedelt sein sollen: auf der Ebene sozialen Lernens, von Politik oder von Politikwissenschaft (bzw. einer anderen Sozialwissenschaft). Geht es um Lebenshilfe im Alltag (soziales Lernen), um Politik oder um Politikwissenschaft? Es gibt also nicht *das* Exemplarische, sondern vielmehr sind verschiedene exemplarische Zugänge zum Gegenstand lernproduktiv zu koordinieren. Es kann ausgegangen werden von

Unterscheidung der Wissensebenen und -formen

- lebensweltlichen Situationen,
- institutionellen Fällen oder
- sozialwissenschaftlichen Problemen.

Ein Beispiel für das Lernfeld Recht: Aus welcher Perspektive soll Rechtserziehung in den verschiedenen Jahrgangsstufen angegangen werden?

Beispiel Recht

a) Soll Rechtsunterricht im Bereich sozialen Lernens angesiedelt sein? Dann geht es darum, *situationskluge* Methoden der pragmatischen Konfliktlösung und der Schlichtung von Streitigkeiten zu finden. Urteilskriterium ist die Bewältigung von Situationen („Life must go on"). Handlungsorientierte Methoden können hier beispielsweise ein schulisches Anti-Gewalt-Training sein, um Jugendliche zu befähigen, prekäre Situationen zu deeskalieren (z.B. Simulation von Angriffen auf Frauen oder Ausländer auf dem Schulhof oder in öffent-

Situationsorientierung

lichen Verkehrsmitteln und deren adäquate Abwehr durch Kommunikation; richtiges Verhalten bei Erpressungsversuchen durch Mitschüler etc.). Mit der Methode der Familienkonferenz oder Lehrer-Schüler-Konferenz (Thomas Gordon) werden alternative Konfliktlösungen geübt, bei denen keine Seite verliert, weil alle Seiten ein bißchen recht haben.

Fallorientierung

b) Soll Recht auf der Ebene gesellschaftlich ausdifferenzierter Teilsysteme (Gerichtswesen, Legislative, Verwaltung) thematisiert werden? Dann ist die Perspektive eine andere. Das „Kind ist bereits in den Brunnen gefallen" und die lebensweltliche Konfliktsituation zum institutionellen „Fall" geworden. Es kommen die Institutionen in den Blick. Bei Gericht geht es nicht um Schlichtung, sondern um Urteile. Urteilskriterium ist das Treffen einer legalen und legitimen Entscheidung. Klassische exemplarische Methoden werden hier eine Gerichtserkundung bzw. ein Simulationsspiel „Gericht" sein können.

Problemorientierung

c) Wählt der Lehrende eine sozialwissenschaftliche Perspektive, so treten systematisches Verstehen, Erklären und Kritik als Urteilskriterien in den Vordergrund. Wissenschaft beginnt mit Problemen (Karl R. Popper). Solch ein Schlüsselproblem kann die rechtsphilosophische Frage nach der Gerechtigkeit im demokratischen Rechtsstaat sein. Gerechtigkeit meint in unterschiedlichen Kontexten womöglich jeweils anderes. Handlungsorientierte Methode könnte die Analyse unterschiedlicher Statistiken unter der rechtssoziologischen Fragestellung sein, ob Ausländer tatsächlich krimineller sind als Deutsche, wie Boulevardpresse und Stammtischmeinung es suggerieren. Sozialwissenschaft beweist ihre Kraft vor allem als aufklärende Kritik und unbequeme „Störung" der Vor-Urteile des Alltagsverstandes (sog. common sense).

Exemplarisch lehren heißt, dem Lernenden alle drei Zugänge zum Gegenstand aufeinander abgestimmt zu erschließen. Dies kann als Entwicklung einer *interrelationalen Urteilskraft* und als integrativ-orientierende politisch-soziale Bildung bezeichnet werden. Lehrende und Lernende müssen mit einer Pluralität „heterogener, nicht aufeinander abzubildender, geschweige denn miteinander zu synthetisierender Sprachspiele" umgehen können. Dieses Konzept enthält ein „normatives Bekenntnis zur Pluralität der Lebensstile, die Suche nach Individualität statt Identität, die Selbstinszenierung, Bereitschaft, verschiedene Identitäten in der einen Person zu realisieren, die Forderung nach Konfliktfähigkeit und Toleranz gegenüber den Individualitäten anderer" (Lenzen 1992, 75).

3. Erkenntnismethoden: Analogie und Transfer

Das exemplarische Prinzip operiert offen oder verdeckt häufig mit der Unterscheidung von Oberflächen- und Tiefenstrukturen. Lernen ist die Transformation von Oberflächenstrukturen in Tiefenstrukturen. Damit verknüpft ist die erkenntnistheoretisch problematische Unterscheidung von Erscheinung (der besondere Fall) und Wesen (als die allgemeine Struktur). Aber die Annahme von wesensmäßigen Gesetzmäßigkeiten in den Sozialwissenschaften ist nur in einem situativ eingeschränkten Sinne möglich.

Beispiel: In der marxistischen politischen Ökonomie wird die Ware „als ein Besonderes des allgemeinen Grundwiderspruchs von Kapital und Arbeit begriffen, in dem im Grunde alle Widersprüche des Kapitalismus im Kern enthalten sind" (Finckh 1987, 665).

Die Mechanismen des Lernens:

Der besondere Fall kann exemplarisch danach ausgewählt werden, ob der Lernende sich davon betroffen fühlt, um dann dessen allgemeine Bedeutsamkeit aufzuzeigen. Unterschieden werden muß zwischen dem Logisch-Elementaren (Sachelementares) und dem Psychologisch-Elementaren aus der Sicht des Lernenden. „Sehr oft ist das ‚Einfache' entweder gar nicht einfach oder es ist trivial." (Wagenschein 1968) „Man lernt, wenn aus einem Besonderen, in dem sich ein Allgemeines abbildet, jenes Allgemeine so deutlich gemacht wird, daß es – als Schlüsselbegriff, als Regel, als Problem – an einem neuen Besonderen wieder erkannt werden kann... Dieser Pulsschlag von Abstraktion und Rekonkretisierung kennzeichnet das didaktische (wie alles kritische wissenschaftliche) Denken; er ermöglicht den Aufbau kognitiver Strukturen (Denkstruktu-

– Induktiv

ren)!" (Hilligen 1975, 24) Dennoch ist es wissenschafts- und erkenntnistheoretisch problematisch, vom Einzelnen und Besonderen auf das Allgemeine zu schließen. Solchen Induktionsschlüssen steht die kritisch-rationale Theorie des deduktiv verfahrenden Hypothesenprüfens gegenüber. Bereits *ein* signifikantes Gegenbeispiel, das nicht erklärt werden kann, kann eine Hypothese falsifizieren.

– Deduktiv

Exemplarisches Lernen baut auf die Möglichkeit des Transferlernens durch Analogien (Übertragungen von Strukturmustern). Die Analogie ist wie das Bild eine Variante metaphorischen Denkens. Analogie bezeichnet eine Ähnlichkeit der Konfiguration von Gegenständen oder Ereignissen. Analogisches Denken enthält die Aufforderung, sich vorzustellen, daß etwas, das hier so und so strukturiert ist/aussieht, dort – im zu erklärenden Bereich – genauso strukturiert ist/aussieht (Homologie). Alles Lernen ist analogisch. Dies kann im Lernfeld Gesellschaft/Politik aber schnell zu problematischen und verfälschenden Analogieschlüssen führen. Der methodische Kunstgriff der „Verständigung anhand eines elementaren Modells oder mit Hilfe einer Analogie" sollte daher nur „im wachen Bewußtsein ihrer Einseitigkeit geübt werden" (Schneider 1960, 129 f.).

– Analogisch

Beispiel: „So ist in der Volksschule noch weithin die Analogisierung des Staates mit der Familie üblich; das geht natürlich am Wesen des heutigen Staates vorbei und verwechselt den Bereich der politischen Herrschaftsorganisation mit dem des liebenden Füreinander; wenn der so ‚Gebildete' dann merkt, daß der Staat gar nicht der liebende ‚Vater Staat' ist, der dem Familienvergleich entspräche, sondern ein ‚kalter' Apparat und nicht zuletzt auch ein Ordnungsgefüge friedlichen Kampfes, dann führt das nur zu leicht zu Enttäuschungen und in der Folge womöglich zum politischen Nihilismus" (ebd.).

Kenntnisse werden erst nachhaltig angeeignet, wenn sie verwendet werden können: zum Verwenden als selbständigem Erklären, Bearbeiten und Ordnen bekannter Sachverhalte sowie dem selbständigen Anwenden und Übertragen des Gelernten auf vergleichbare Sachverhalte (Transfer). Dies umfaßt: Erklären von Sachverhalten (z.B. Entstehen von Vorurteilen...), Verarbeiten, Ordnen und Vergleichen unter bestimmten Frage-

Transfer

stellungen (z. B. Menschenbild und Herrschaftsverständnis bei Hobbes, Locke und Rousseau), Untersuchen bekannter Sachverhalte mit Hilfe von neuen Fragestellungen (z. B. nach Behandlung der Grundrechte, die die Gleichstellung der Frau und die Quotenregelung untersuchen…), Verknüpfen erworbener Kenntnisse und gewonnener Einsichten mit neuen Sachverhalten und deren Verarbeitung in neuen Zusammenhängen; Analysieren neuer Sachverhalte (z. B. verschiedene Auffassung von Demokratisierung auf ein bestimmtes Entscheidungsfeld, etwa im Industriebetrieb anwenden), Anwenden von fach- und sachadäquaten Methoden und Arbeitstechniken (bei der Darstellung von Sachverhalten, bei der Übertragung in andere Darstellungsformen und bei der Erschließung von Arbeitsmaterial). (Vgl. Einheitliche Prüfungsanforderungen Abitur der KMK Politik/Sozialkunde 1979.)

Repetition

Zu nachhaltig-gründlichem exemplarischen Lernen gehört die Ruhe intensiver Übungs- und Wiederholungsphasen, in denen das erworbene Wissen angewendet wird. Dies ist im einstündigen Nebenfach aber fast unmöglich! Es geht nicht darum, durch Weglassen von Lehrstoff Zeit zu gewinnen, sondern exemplarisches Lernen benötigt gerade mehr Zeit für die gründliche Behandlung ausgewählter Stoffe (scolae = Muße). Das Lerntempo der einzelnen Schüler ist unterschiedlich. Der Lernende benötigt ein Recht auf Irrtümer und Umwege (Horst Rumpf). Exemplarisches Lernen fordert also auch ein Nachdenken über die Individualisierung von Lernprozessen.

4. Fallanalyse und Kanon (Orientierungswissen)

Fallstudien ermöglichen verschiedene Perspektiven auf eine Begebenheit

Bevorzugte, aber nicht ausschließliche Methode exemplarischen Lernens sind Fallanalysen (vgl. Grammes/Tandler 1991). Bei der Fallanalyse steht ein ganzheitlicher Vorgang mit Aktionscharakter im Mittelpunkt. Der Fall steht nicht nur als bloßer Einstieg oder motivierender „Aufhänger“ am Beginn des Unterrichts, um dann „zum Eigentlichen“ überzugehen, sondern er ist durchgehend Gegenstand des Lehrgangs. Ein Fall („case“) ist die möglichst wirklichkeitsgetreue Beschreibung einer tatsächlichen oder modellhaft-simulierten Begebenheit. Dabei kann es sich um einen Gerichtsprozeß, einen Entscheidungsprozeß in einem Unternehmen, einen Konfliktfall im Bereich der politischen Willensbildung handeln. Die Fallstudie eröffnet Innenansichten von Entscheidungsprozessen (Binnenperspektive, Perspektivenwechsel): Nach welchen Kriterien werden Entscheidungen getroffen, wie verlaufen kontroverse Aushandlungsprozesse? Wie kommt ein Kompromiß zustande? Wie gestalten sich politische Handlungsformen in Institutionen? Eine ganzheitliche Präsentation eines Falles schult systematisch vernetztes Denken. Ein Beispiel dazu kann die Analyse eines Schulkonfliktes sein, der es ermöglicht, einen Einblick in eine gesamtgesellschaftliche Funktionslogik zu nehmen (vgl. Grammes/Zühlke 1993). Das exemplarische Lernen eignet sich für epochalen Unterricht und Projekte (z.B. Projekttage).

Die systematische Ordnung fachlicher Inhalte ist das Ziel der Didaktik

Der Einwand „Wo bleibt die Systematik?" verwechselt die Systematik des Stoffes mit der Systematik des Denkens. „Bildung ist kein addierender Prozeß" (Wagenschein 1968, 29). Bildlich gesprochen geht es darum, in der Stoffülle Inseln zu bilden und zwischen ihnen Trittsteine zu setzen. Der Zwischenraum werde sich nach und nach von selbst zuschwemmen und mit weiterem Leben füllen (Hans Aebli nach Sandfuchs 1987, 52). Bei der Fallstudie bleibt die Systematik des Gegenstandes zunächst im Kopf des Lehrenden. „Schüler nehmen die Welt nicht wissenschaftssystematisch wahr. Eine systematische Ordnung fachlicher Inhalte kann für die Schüler am Ende der Schulzeit entstehen. Sie ist erst sinnvoll, wenn Vertrautheit mit fachlichen Methoden, Strukturen und Fragestellungen entstanden ist. Exemplarisches Lehren und Lernen sind keine Allheilmittel. Auch Überblicke, Zusammenfassungen, Übungen und Wiederholungen haben ihre Berechtigungen" (Vorläufiger Rahmenplan Politische Bildung, gymnasiale Oberstufe/Sekundarstufe II, Land Brandenburg 1992). Das Prinzip ist also ergänzungsbedürftig durch informierende und orientierende Lehrgänge. Das exemplarische Lernen kann vorbereitet werden durch exemplarische Erfahrungen in der Ausbildung der Lehrenden. Das Konzept der Lehrkunstdidaktik (Berg/Schulze 1995) wäre aber auf sozialwissenschaftliche Beispiele erst noch auszuweiten.

Lehrkunst: Mit diesem Begriff möchten die Didaktiker Hans Christoph Berg und Theodor Schulze eine verschüttete Tradition der Geschichte der Didaktik wiederbeleben, die „im Zeichen der Verwissenschaftlichung zu Beginn dieses Jahrhunderts aus ihrem Wörterbuch verdrängt wurde." Lehrkunst repräsentiert „die enge Verbindung der konstruktiven Arbeit an einem inhaltlich bestimmten Lehrstück mit der Entdekkung von praktisch bedeutsamen Lehrregeln oder didaktischen Prinzipien und der Ausarbeitung einer erfahrungsgesättigten, allgemeineren Theorie über Lehren, Lernen und Bildung." Damit verknüpft ist eine Kritik an der vorherrschenden Formaldidaktik und eine Wende zu einer allgemeinen Didaktik, die sich wieder als Inhaltsdidaktik versteht. Dadurch kann das Gespräch zwischen allgemeiner und Fachdidaktik erneuert werden (Berg/Schulze 1995, 19 f.).

5. Literatur

Berg, Hans Christoph/Schulze, Theodor 1995: Lehrkunst. Lehrbuch der Didaktik. Neuwied/Kriftel/Berlin

Bundeszentrale für politische Bildung 1992 (Hrsg.): Lernfeld Politik. Bonn

Comenius, Johann Amos 1960: Große Didaktik. Übersetzt und hrsg. von Andreas Flitner. Düsseldorf/München

Finckh, Hans Jürgen 1987: Die Zweiseitigkeit des Exemplarischen. In: Zeitschrift für Pädagogik, S. 655-673

Fischer, Kurt Gerhard 1993: Das Exemplarische im Politikunterricht. Beiträge zu einer Theorie politischer Bildung. Schwalbach/Ts.

Gerner, Berthold 1970 (Hrsg.): Das exemplarische Prinzip. Beiträge zur Didaktik der Gegenwart. Darmstadt

Giesecke, Hermann 1976: Didaktik der politischen Bildung. 10. Aufl. München

Giesecke, Hermann 1993: Politische Bildung: Didaktik und Methodik für Schule und Jugendarbeit. Weinheim/München

Grammes, Tilman/Tandler, Agnes 1991: Die Fallstudie (Case study). In: Bundeszentrale für politische Bildung (Hrsg.): Methoden in der politischen Bildung - Handlungsorientierung. Bonn, S. 213-247

Grammes, Tilman/Zühlke, Ari 1993: Ein Schulkonflikt in der DDR, 2. Bde. Bundeszentrale für politische Bildung, Arbeitshilfen für die politische Bildung. Bonn

Herbart, Johann Friedrich 1903: Pädagogische Schriften, Bd. 1, hrsg. von F. Bartolomäi und neu bearbeitet von E.v. Sallwürk. Langensalza

HILLIGEN, WOLFGANG 1961: Worauf es ankommt. In: Gesellschaft - Staat - Erziehung, S. 339-359

HILLIGEN, WOLFGANG 1975: Zur Didaktik des politischen Unterrichts. Opladen

HILLIGEN, WOLFGANG 1991: Didaktische Zugänge in der politischen Bildung. Schwalbach/Ts.

KLAFKI, WOLFGANG 1990: Allgemeinbildung für eine humane, fundamentaldemokratisch gestaltete Gesellschaft. In: Bundeszentrale für politische Bildung (Hrsg.): Umbrüche in der Industriegesellschaft. Bonn, S. 297-310

LENZEN, DIETER 1992: Reflexive Erziehungswissenschaft am Ausgang des postmodernen Jahrzehnts. In: Zeitschrift für Pädagogik, 29. Beiheft, S. 75-91

MITTELSTRAß, JÜRGEN 1992: Der Verlust des Wissens. In: Ders.: Leonardo-Welt. Über Wissenschaft, Forschung und Verantwortung. Frankfurt/M.

NEGT, OSKAR 1968: Soziologische Phantasie und exemplarisches Lernen. Zur Theorie der Arbeiterbildung. Frankfurt/M.

PETERSSEN, WILHELM H. 1994: Lehrbuch der allgemeinen Didaktik. 4. Aufl. München

SANDFUCHS, UWE 1987: Unterrichtsinhalte auswählen und anordnen: Vom Lehrplan zur Unterrichtsplanung. Bad Heilbrunn

SANDMANN, FRITZ 1982: Das Exemplarische in der politischen Bildung. In: Nitzschke, Volker/Sandmann, Fritz (Hrsg.): Neue Ansätze zur Methodik des politischen Unterrichts. Stuttgart

SCHEUERL, HANS 1958: Die exemplarische Lehre: Sinn und Grenzen eines didaktischen Prinzips. Tübingen

SCHNEIDER, HEINRICH 1960: Der Staat als Thema der politischen Bildung in der Höheren Schule. In: Bundeszentrale für Heimatdienst (Hrsg.): Möglichkeiten und Grenzen der politischen Bildung in der Höheren Schule. Bonn, S. 89-122

SUTOR, BERNHARD 1984: Neue Grundlegung politischer Bildung. 2 Bde. Paderborn

SUTOR, BERNHARD 1992: Politische Bildung als Praxis. Grundzüge eines didaktischen Konzepts. Schwalbach/Ts.

WAGENSCHEIN, MARTIN 1968: Verstehen lehren. Genetisch - sokratisch - exemplarisch. Weinheim/Basel (zitiert nach 9. Aufl. 1991)

Gotthard Breit

Problemorientierung

Mit dem Stichwort „Problemorientierung" (Stiller 1988; Gagel 1988) wird auf drei Bereiche des politischen Lernens verwiesen:

Drei Bereiche des politischen Lernens

1. In der politischen Bildung und insbesondere im Politikunterricht wird das *problemlösende Denken* gefördert.
2. Für den Politikunterricht sollen solche Inhalte ausgewählt werden, die für das jetzige und zukünftige Leben der Menschen bedeutsam sind. Sie verweisen auf *Schlüsselprobleme,* die auch Herausforderungen genannt werden und damit zum Handeln auffordern.
3. Im Politikunterricht untersuchen und beurteilen die Schüler[1] politische *Probleme* mit dem Ziel einer Handlungsorientierung.

1. Problemlösendes Denken

„Ein Individuum steht einem Problem gegenüber, wenn es sich in einem inneren oder äußeren Zustand befindet, den es aus irgendwelchen Gründen nicht für wünschenswert hält, aber im Moment nicht über die Mittel verfügt, um den unerwünschten Zustand in den wünschenswerten Zielzustand zu überführen. Ein Problem ist also gekennzeichnet durch drei Komponenten:
1. *Unerwünschter Ausgangszustand*
2. *Erwünschter Endzustand*
3. *Barriere, die die Transformation des Anfangszustandes in den Endzustand im Moment verhindert"* (Dörner 1979, 10).

Problemlösendes Denken

Die Heranwachsenden sehen es für sich nur dann als notwendig an, die Barriere zwischen unerwünschtem Ausgangszustand und erwünschtem Endzustand durch eigene Denkleistung zu überwinden, wenn für sie das Problem und dessen Lösung wichtig sind. Dies setzt zunächst einmal voraus, daß

---

[1] Bezeichnungen wie „der Lehrer" oder „die Schüler" werden geschlechtsneutral verwendet.

die Schüler auf den unerwünschten Ausgangszustand aufmerksam werden. Dem Lehrer kommt die Aufgabe zu, die Realität der Ausgangslage so in den Wahrnehmungshorizont der Schüler zu rücken, daß ihr Denken herausgefordert wird. Das Thema soll sie nicht als Schüler, sondern als Mensch berühren (Gagel 1995a, 219). Der Druck soll so stark sein, daß sie sich selbst den Zwang auferlegen, nach einer Lösung zu suchen. Das Problem soll ihnen so lange keine Ruhe lassen, bis sie eine Lösung gefunden haben.

Das Erkennen einer unerwünschten Ausgangssituation

Zu Beginn des Lern- oder Denkprozesses steht noch nicht fest, wie die Schüler die Barriere zur Problemlösung überwinden. Die Suche nach Mitteln und das Finden der richtigen Wege erfordern kreatives Denken. Die Lernenden stellen sich nacheinander mehrere Fragen, die sie zu beantworten versuchen. Mit den Antworten zeichnet sich für sie die Problemlösung immer klarer ab (Aebli 1983, 296). Aus dem Problem und dem Nachdenken darüber entwickelt sich die Lösung.

Werden sich die Schüler im Unterricht ihrer Fähigkeit bewußt, durch Denken selbständig Lösungen für die Probleme zu finden, die sie beschäftigen, dann gewinnen sie Selbstvertrauen. Diese Erfahrung fördert ihre innere Unabhängigkeit (Aebli 1983, 279). Sie gewinnen eine positive Grundeinstellung zu selbständigem Denken und Entscheiden und fassen Mut, von sich aus weiterführende Fragen zu stellen und aktiv zu werden. Das selbständige Denken bereitet ihr Handeln vor. Problemlösendes Denken weckt ihre Bereitschaft zum (politischen) Entscheiden und Handeln.

Die Erarbeitung von Zielvorstellungen

Bei der Suche nach Lösungen erkennen die Jugendlichen: Ohne Wissen können sie Probleme nicht lösen und die sie bedrängenden Fragen nicht beantworten. Sie spüren die Notwendigkeit, Grundwissen zu erwerben und sich ein Repertoire an Begriffen und Verfahren zum Durchdenken von Problemen und Problemlösungen zu erarbeiten (Aebli 1983, 306).

Setzen sich die Schüler beim problemlösenden Denken selbständig mit Wissen auseinander, dann besteht gute Aussicht, daß sie dieses Wissen langfristig behalten. Es wird in ihrem Langzeitgedächtnis gespeichert, mit bereits gelernten Wissensinhalten verknüpft und so in ihre kognitive Struktur integriert

Möglichkeiten und Hindernisse auf dem Weg zum Ziel

(kognitive Struktur = ein System aus für den einzelnen bedeutungsvollen Begriffen, Kenntnissen, Fähigkeiten, das benutzt wird, um Informationen schnell und dauerhaft einzuordnen und Denken und Handeln zu planen).

Formen des Unterrichts für problemlösendes Denken

Problemlösendes Denken verbietet einen lehrerzentrierten Unterricht. Der Lehrer steht nicht im Mittelpunkt des unterrichtlichen Geschehens. Anstelle selbst mit Lehrervortrag und Lehrer-Schüler-Gespräch („kurzatmiges Frage-Antwortgeplapper", Hilligen 1985, 216) den Stundenverlauf zu bestimmen, arrangiert der Lehrer Lernsituationen, in denen die Schüler selbständig arbeiten und nachdenken können. Er unterstützt sie dabei mit notwendigen Informationen oder hilft ihnen bei deren Beschaffung.

Problemlösendes Denken im Unterricht erfordert Zeit. Bei dem selbständigen Vorgehen der Unterrichtsteilnehmer stellen sich zwangsläufig Abweichungen und Komplikationen ein; sie kosten Zeit, weil sie vom angestrebten Ziel ablenken. Diese Irrwege müssen in Kauf genommen werden. Problemlösendes Denken im Unterricht läßt lediglich eine behutsame Lenkung, nicht aber einen vom Lehrer dominierten Unterricht zu.

Der Zeitaufwand bringt es mit sich, daß in einer Unterrichtseinheit zumeist nur ein Problem bzw. eine die Schüler bedrängende Frage untersucht und das zur Klärung notwendige Wissen vermittelt werden kann. Der Lehrer muß daher sorgfältig auswählen. Wer seine Schüler zum problemlösenden Denken hinführen will, muß auf viele Inhalte (Themen, Bereiche, Gebiete) verzichten. Er ermöglicht aber seinen Schülern ein aktives, ihren eigenen Bedürfnissen und Interessen entsprechendes Lernen (Gudjons 1986). In einem solchen Unterricht kommt es nicht nur darauf an, was gelernt wird, sondern auch darauf, wie gelernt wird (Edelmann 1994). Der Jugendliche verbleibt nicht in einer Objektrolle, sondern agiert als aktives Subjekt, das selbständig denken und handeln kann. Das Lernen besteht im eigenständigen Nachdenken über Probleme und in der Suche nach Problemlösungen. Dieses Lernen entspricht der Befähigung zur Selbst- und Mitbestimmung als oberstem Ziel des Schulunterrichts, insbesondere des Politikunterrichts.

2. Schlüsselprobleme und ihre Funktion als Auswahlkriterien

Die Aufgabe, einen Inhalt für den Politikunterricht auszuwählen, macht auf Schlüsselprobleme aufmerksam; der Lehrer kann sie entsprechend der didaktischen Konzeption von Wolfgang Hilligen (Hilligen 1985; vgl. Gagel 1995b, 101 ff.) als Kriterien bei der Auswahl von Lerninhalten benutzen. Nach Hilligen sollen im Politikunterricht Themen behandelt werden, die zu grundlegenden oder fundamentalen Problemen gehören und auf diese aufmerksam machen. Hilligen nennt diese Probleme auch „Herausforderungen", Klafki spricht von „Schlüsselproblemen" (Klafki 1990, 1991). Hilligen wählt aus der Fülle möglicher Probleme fünf aus, weil für ihn von deren Bewältigung das zukünftige Leben der Menschen abhängt. Er „mißt die Bedeutung von Problemen an der Existenz von Menschen, nicht an der Existenz von Staaten oder Systemen, geschweige denn von Ideen und Utopien. Menschen sind von ihnen ‚betroffen', sie spüren die Probleme als Belastung oder müßten sie spüren" (Gagel 1995b, 120).

Herausforderungen der Zukunft

Bei anderen Autoren finden sich andere, dennoch ähnliche bzw. sich überschneidende Auflistungen von Schlüsselproblemen:

Hilligen 1985	*Klafki 1991*	*Sander 1992*
Umweltkrise	Umweltkrise	Umweltkrise
Friedensfrage	Friedensfrage	Friedensfrage
Massenproduktion/ soziale Ungerechtigkeit	Ungleichheit, auch weltweit	Ungleichheit, auch weltweit
Interdependenzen/ Notwendigkeit umfassender Regelungen		Demokratie in komplexen Gesellschaften
Mediale statt primärer Erfahrung	Gefahren und Chancen der technologischen Entwicklung	Gefahren und Chancen der technologischen Entwicklung
	Entwicklung von Subjektivität in Ich-Du-Beziehungen	Entwicklung von Subjektivität in Ich-Du-Beziehungen
		Entwicklung von überinternationalen politischen Strukturen

Jeder Fachdidaktiker und Lehrer kann diese Zeitdiagnosen überprüfen, Ergänzungen oder Veränderungen vornehmen und zu einer eigenständigen Auflistung gelangen. Auch die Schüler sollen sich eine eigene Zusammenstellung erarbeiten. Wichtig ist nicht die Anerkennung bestimmter Probleme als Schlüsselprobleme, sondern der Blick über den Tellerrand des eigenen Landes hinaus. Im Laufe ihrer Schulzeit sollen die Jugendlichen ein Problemverständnis entwickeln, das sie bei der Untersuchung innenpolitischer Vorgänge immer auch nach weltweiten und für Menschen existentiellen Zusammenhängen fragen läßt.

Die Aufgabe des Unterrichts besteht darin, die Heranwachsenden zum Nachdenken über die Anerkennung von Problemlösungen als gemeinsame Aufgabe, als Herausforderung für Gegenwart und Zukunft, zu bringen. Vielen Jugendlichen ebenso wie vielen Erwachsenen ist der Blick dafür verstellt. Sie wollen sich wohlfühlen und erwarten eine Politik, die möglichst geringe Kosten und keinen Verzicht erfordert. Je gründlicher die Jugendlichen die Existenz und Komplexität weltweiter und für jeden einzelnen existentieller Probleme kennenlernen, desto eher akzeptieren sie die Aufgabe, Antworten auf die Herausforderungen zu finden. Um die Problemwahrnehmungskompetenz seiner Schüler zu fördern, wählt der Lehrer für seinen Unterricht solche Inhalte (soziale Sachverhalte, politische Probleme, Konflikte, Strukturzusammenhänge) aus, die diese Schlüsselprobleme in sich abbilden und auf diese hinweisen.

Nur ein Blick auf das Ganze fördert die Problemwahrnehmungskompetenz

Hilligen hat mit Begriffen wie *„Bedeutung für das Leben: Überleben, gutes Leben, Chancen und Gefahren, (basale und emanzipatorische) Bedürfnisse, Antworten auf die Herausforderungen"* ein didaktisches Instrumentarium entwickelt, das das Entdecken des existentiell Bedeutsamen in einem Themenbereich erleichtert. Ist man bei der Suche fündig geworden, dann kann man nach dem Zusammenhang mit einem weltweiten Schlüsselproblem bzw. einer Herausforderung fragen.

Unterrichtsbeispiel „Arbeitslosigkeit"

Ein Beispiel (Breit 1994): „Arbeitslosigkeit" bildet nunmehr seit über zwei Jahrzehnten einen Themenbereich, den wohl jeder Politiklehrer schon einmal bearbeitet hat. Beim ersten

'Andenken' eines Unterrichtsvorhabens fallen dem Lehrer unterschiedliche Aspekte ein, aus denen sich didaktische Perspektiven entwickeln lassen: Arbeitslosengeld - Arbeitslosenhilfe und das System der sozialen Sicherung, Vorurteile gegenüber Arbeitslosen („Wer arbeiten will, der findet auch Arbeit"), Ursachen der Arbeitslosigkeit, Strategien im Kampf gegen Arbeitslosigkeit etc.; die Reihe möglicher Themen ließe sich fortsetzen. Behandelt ein Politikwissenschaftler einen dieser Aspekte, dann stehen bei ihm begriffliche Klärungen, die Auseinandersetzung mit unterschiedlichen Ansätzen, die Gewinnung einer eigenen Position und vielleicht auch Probleme einer Theoriebildung im Vordergrund. Um im Unterricht den menschlichen Bezug zu diesem Thema nicht aus den Augen zu verlieren, lohnt es sich, Auswirkungen von Arbeitslosigkeit auf das Leben des einzelnen zu untersuchen bzw. nach der Bedeutung von Arbeit für den Menschen zu fragen. Durch Arbeit kann er nicht nur seine Grundbedürfnisse und Sicherheitsbedürfnisse, sondern auch seine sozialen Bedürfnisse, Ich-Bedürfnisse und die Bedürfnisse nach Selbstverwirklichung befriedigen (vgl. Roy 1994, 94). Die Bedeutung von Arbeit für die Befriedigung der materiellen und immateriellen Bedürfnisse des Menschen zeigt, wie schwer erträglich Dauerarbeitslosigkeit sein muß.

Einführung

Das Problem Arbeitslosigkeit spüren Menschen nicht nur in Deutschland, sondern überall in der Welt. Wer den Blick über die Grenzen der Bundesrepublik hinaus lenkt, der erkennt, daß in den ost- und südeuropäischen Ländern, aber auch in Afrika, Asien und Lateinamerika viele Menschen dieses schwere Los ertragen müssen. Arbeitslosigkeit hängt mit dem weltweiten Problem „wachsender sozialer Ungleichheiten zwischen Erster, Zweiter, Dritter Welt und auch innerhalb der Ersten Welt" (Hilligen 1990, 340) zusammen. Erkennen die Schüler dieses für Menschen überall auf der Welt existentielle Problem als Herausforderung an, akzeptieren sie die Notwendigkeit einer Lösung dieses Problems, dann werden sie ihr Nachdenken über Lösungswege nicht auf Deutschland beschränken. Eine Verlagerung industrieller Produktion in Billiglohn-Länder bzw. die Beschäftigung von ausländischen Arbeitskräften erscheint ihnen dann in einem anderen Licht, als wenn sie das Problem

Internationaler Kontext

Arbeitslosigkeit nur aus der Sicht der Bundesrepublik sehen würden. Der globale Wettbewerb, der hierzulande häufig als Gefahr für den Wirtschaftsstandort Deutschland gesehen wird, bringt für viele Menschen auf der Welt die Gefahr mit sich, lebenslang in Armut verharren zu müssen, eröffnet aber auch überall auf der Welt Menschen die Chance, ihre Lebenslage zu verbessern und zu Wohlstand zu gelangen.

Ausgehend von diesen Überlegungen liegt die Auswahlentscheidung nahe, im Unterricht das Problem „Arbeitslosigkeit" zu untersuchen. Zunächst einmal bemüht sich der Lehrer darum, den Jugendlichen die Lebenslage von Arbeitslosen nahezubringen (Fall-Beispiel). Die Schüler sollen sich in die Lebensumstände eines einzelnen Arbeitslosen und dessen Familie derartig intensiv hineindenken, daß diese gesellschaftliche Realität für sie zu einer unerwünschten Ausgangslage wird, die sie durch eigenes Denken und Handeln in einen erwünschten Endzustand überführen möchten. Mit anderen Worten: die Fall-Analyse soll die Schüler zum problemlösenden Denken herausfordern. Von dem Leben des konkreten Arbeitslosen in dem Fall-Beispiel können sie in einem Schritt der Verallgemeinerung zu dem allgemeinen Problem Arbeitslosigkeit vorstoßen und dieses Problem mit Hilfe von politischen Kategorien analysieren. In einem weiteren Schritt können die Heranwachsenden zur Beschäftigung mit dem globalen Problem „Armut – weltweite soziale Ungleichheiten" übergehen. Die Folgen dieses weltweiten Problems sind vorhersehbar: Bevölkerungswachstum, Umweltzerstörungen, Kriege und Migrationsbewegungen. Die Auswirkungen werden auch die Menschen in den reichen Industrieländern zu spüren bekommen. Der Abbau weltweiter sozialer Ungleichheiten liegt daher zum einen im Interesse der Schüler; zum anderen werden aber zumindest einige von ihnen auch aus Anteilnahme und Gerechtigkeitsempfinden heraus auf einen Ausgleich drängen (Breit 1994, 91).

Fallbeispiele

Lösungsansätze

3. Ein politisches Problem als Inhalt des Politikunterrichts

Im Mittelpunkt des Politikunterrichts steht die Auseinandersetzung mit Politik. Hat der Lehrer den existentiellen Bezug in einem Themenbereich herausgearbeitet bzw. einen Themenbereich mit einem existentiellen Bezug ausgewählt, dann kann er daran gehen, nach geeigneten (innen- oder außen-)politischen Aspekten in diesem Themenbereich für seine Unterrichtseinheit zu suchen (Entwicklung einer didaktischen Perspektive, vgl. Ackermann u. a. 1994, 45 ff.).

Die Analyse politischer Problemfelder

Der Politikunterricht hat sich seit seiner Einführung in der Bundesrepublik kontinuierlich der institutionellen Dimension des Politischen (Rohe 1978, 62-82) zugewandt. Die Verfassung, die Rechtsordnung, die Institutionen und die wechselseitige Abhängigkeit der Institutionen voneinander (Institutionengefüge) wurden und werden mitunter derartig intensiv behandelt, daß zu Recht von „Institutionenkunde" gesprochen wird. Unter dem Einfluß der didaktischen Konzeption von Hermann Giesecke (Giesecke 1965) versuchten viele Lehrer in den 60er und 70er Jahren, den Konflikt und damit die Dimension „Prozeß" des Politischen in den Mittelpunkt des Unterrichts zu rücken. Gegenwärtig ist eine Entwicklung zu beobachten, die mehr zu einer Problemorientierung tendiert. Das Ausmaß und die Elemente des Problems sowie die Aufgaben der Politik, die sich daraus ergeben (Ackermann u. a. 1994, 56) bilden den Inhalt des Unterrichts. Die Schüler sollen lernen, politische Probleme zu erkennen, zu analysieren und mit dem Ziel einer Handlungsorientierung zu beurteilen.

Schlüsselbegriffe und Kategorien zur Problemanalyse

Zur Untersuchung eines politischen Problems können folgende Schlüsselbegriffe bzw. Kategorien benutzt werden (vgl. Ackermann 1994, 32): Ausmaß, Ursachen, Folgen, Lösungskonzepte – Maßnahmen. Mit Hilfe dieser Kategorien bilden die Schüler Fragen, bei deren Beantwortung sie Problemverständnis entwickeln. Die (in jeder Unterrichtseinheit abänderbaren) Fragen lauten:

- Worin besteht das Problem? Welches Ausmaß besitzt das Problem?

- Wie ist das Problem entstanden?
- Wer ist von dem Problem betroffen? Welche Gefährdungen gehen von dem Problem aus?
- Welche Lösungskonzepte liegen vor? Welche Interessen bringen die daran Beteiligten mit?
- Welche Folgen sind bei Verwirklichung eines dieser Lösungskonzepte vorhersehbar?

Zur Beurteilung eines politischen Problems erweist es sich als vorteilhaft, wenn die Schüler unterschiedliche Sichtweisen einnehmen. Ein Problem kann zunächst aus der Sicht der Betroffenen gesehen werden. Ein Sachverhalt wird für Individuen, Gruppen und Gesellschaften (Stiller 1988, 206) dann zu einem Problem, wenn sie dadurch gefährdet werden. Prüfkriterien dafür, ob ein Problem vorliegt oder nicht, bilden Fragen

- nach der Unerträglichkeit eines Zustandes bzw. von Lebensverhältnissen,
- nach der Dringlichkeit einer Lösung und
- nach der Ungewißheit einer Lösung (Gagel 1983, 53 ff.).

Die Schüler prüfen: Sind die von dem politischen Problem Betroffenen Gefährdungen ausgesetzt oder befinden sie sich in schwer erträglichen und menschenunwürdigen Lebensumständen? Soll daher dringlich eine Lösung für sie herbeigeführt werden? Je intensiver sich die Jugendlichen z. B. bei einer Fall-Analyse in die Lage von Betroffenen hineinversetzen, je gründlicher sie sich in deren Gedanken hineindenken und -fühlen, desto eher empfinden zumindest einige von ihnen Anteilnahme oder zeigen sich empört über deren Schicksal. Die Lösung dieses Problems erscheint ihnen aus dieser Sicht dringlich. Je mehr sie sich dann aber mit Ausmaß, Ursachen, Folgen und Lösungsmaßnahmen beschäftigen, desto mehr müssen sie bei vielen Problemen erkennen, daß eine Lösung nur schwer herbeigeführt werden kann und die Folgen für die Betroffenen bestenfalls nur abgemildert werden können.

Perspektivenwechsel ermöglicht das Erkennen verschiedener Aspekte

Ein Beispiel: Lernen die Schüler in einem Fallbeispiel die Situation einer Familie kennen, in der der Vater oder die Eltern dauerarbeitslos sind, dann werden zumindest einige Jugendliche dieses Dasein als schwer erträglich ansehen und nicht nur auf eine Veränderung der Lebensumstände der einzelnen Familie in dem Fall, sondern auch – nach einem Schritt der Verallgemeinerung – auf eine Verbesserung der Lage aller Dauerarbeitslosen drängen. Sehen die Schüler das Problem allein aus der Sicht der Betroffenen, dann kann dies zu einer einseitigen, allein von Gefühlen bestimmten und unreflektierten Parteinahme führen. Läßt es der Lehrer zu, daß die Jugendlichen ausschließlich aus ihrer Betroffenheit heraus spontan urteilen, dann muß er sich den Vorwurf der Manipulation gefallen lassen. Die Eindeutigkeit ihres Urteils wird den Jugendlichen bereits dann erschwert, wenn sie sich auch in die Lage der Bürger (und damit ihrer Eltern) hineindenken, die für die Kosten einer Verbesserung aufkommen müssen. Von hier aus können sie dann eine erste abgewogene, wenn auch vorläufige Entscheidung darüber treffen, ob ihrer Meinung nach für dieses gesellschaftliche Problem eine politische Lösung herbeigeführt werden soll oder nicht.

Unterrichtsbeispiel „Arbeitslosigkeit" aus unterschiedlichen Perspektiven:

Das Urteil fällt noch differenzierter aus, wenn die Jugendlichen das Problem zusätzlich aus der Akteursperspektive sehen und mit den Augen eines politisch Verantwortlichen untersuchen. Ein Politiker muß bei der Definition und der Lösung eines politischen Problems mehrere Überlegungen mit ins Kalkül ziehen. Er muß prüfen, ob die vorhersehbaren Folgen eines Problems bzw. einer Problemlösung verantwortbar sind. Ferner fragt er danach, ob er über die Mittel verfügt, um das angestrebte Ziel zu erreichen (Ziel-Mittel-Relation, vgl. Ackermann u.a. 1994, 81 ff.) und ob der Einsatz der Mittel politisch durchgesetzt werden kann. Bei dem Problem Arbeitslosigkeit z. B. wird diese Frage zu der bitteren Erkenntnis führen, daß es gegenwärtig kein erfolgversprechendes Konzept zu einer umfassenden Bekämpfung der Arbeitslosigkeit gibt. Und wenn es einen solchen Lösungsweg geben würde, so wäre es keineswegs sicher, ob er auf Kosten der Mehrheit auch politisch durchgesetzt werden könnte.

– Arbeitslose

– Arbeitnehmer

Ein Politiker wird immer auch die Auswirkungen einer Entscheidung für die eigene politische Zukunft mit bedenken. „Weil Macht das unvermeidliche Mittel und Machtstreben daher eine der treibenden Kräfte aller Politik ist" (Weber 1971, 547), wird er nach den Folgen für Machterwerb und Machterhalt fragen. Gleichbleibend hohe oder gar zunehmende Arbeitslosenzahlen signalisieren ausbleibende Erfolge und damit das Versagen der Regierung. Für den Machterhalt und Machterwerb einer Partei bzw. eines Politikers in Regierungsverantwortung stellt das unlösbare Problem Arbeitslosigkeit eine mögliche Gefahr dar. Ihr kann er dadurch begegnen, daß er sich beim Kampf um Wählerstimmen von vornherein auf die Besitzer von Arbeitsplätzen konzentriert und die Arbeitslosen in das Zwielicht des Schmarotzertums und der Drückebergerei rückt. Demnach sind die Arbeitslosen die Verursacher der Arbeitslosigkeit, und die Regierung sieht sich der Aufgabe enthoben, kostspielige und daher viele Wähler verprellende Anstrengungen zur Lösung des Problems zu unternehmen. – Politiker

Schließlich sollten ein Problem und Problemlösungsversuche auch aus einer Perspektive der Strukturen im politischen System gesehen und beurteilt werden. Welche Folgen gehen von dem Problem bzw. von einer Problemlösung für das politische System aus? „Systemsicht"

1) Wird seine Legitimation gestützt oder infrage gestellt?
   Kann Dauerarbeitslosigkeit mit dem Art. 1 GG vereinbart werden? Stellt sich ein politisches System nicht auf Dauer selbst infrage, das nicht in der Lage ist, neben Frieden und Freiheit auch Arbeit und Wohlstand zu garantieren?
2) Wird die Effizienz im politischen System verbessert oder gemindert? Erweisen sich der politische Handlungsrahmen und das Institutionengefüge als stabil und funktionsfähig? Wird die Herrschaftsausübung von den Bürgern akzeptiert? Angesichts der Internationalisierung der Märkte und einer weltweit agierenden Wirtschaft (Verlagerung der Produktion in Billiglohn-Länder) besitzt das politische System eines Nationalstaates keine ausreichende Steuerungskompetenz mehr (Globalisierung – Fragmentierung).
   Bis heute akzeptiert die überwiegende Mehrheit der Bürger ein politisches System, das Dauerarbeitslosigkeit zuläßt. Umfragen zeigen aber, daß die Mehrheit der Jugendlichen der Politik nicht mehr die Lösung von Zukunftsproblemen zutraut. Aus dieser Einstellung kann eine Gefahr für die Stabilität des politischen Systems entstehen.

Die Untersuchung aus unterschiedlichen Sichtweisen macht auf die Komplexität eines Problems aufmerksam und verdeutlicht die Schwierigkeit, aber auch die Notwendigkeit von Problemlösungen. Gewöhnt sich ein Schüler daran, mehrere Sichtweisen bei der Beurteilung eines Problems einzunehmen, dann wird er kaum vorschnell und unüberlegt aus einer vorübergehenden Emotion heraus ein „unvernünftiges" Urteil fällen.

4. Ein Unterrichtsbeispiel

Unterrichtsbeispiel „Asylpolitik"

Im folgenden soll ein Unterrichtsvorhaben ansatzweise skizziert werden, in dem zur Analyse und Beurteilung eines existentiell bedeutsamen politischen Problems problemlösendes Denken angebahnt wird. Bei dem Stichwort „Asyl" fallen einem Lehrer u.U. spontan zwei mögliche Schwerpunkte für ein Unterrichtsvorhaben ein: „Abbau von Vorurteilen gegenüber Fremden" und „Die Neufassung des Art. 16 GG". Mehr in die Tiefe dieses Themenbereichs dringt der Lehrer ein, wenn er über den existentiellen Bezug nachdenkt. Für viele Menschen enthalten die weltweiten Migrationsbewegungen ein hohes Gefährdungspotential. Ob und wie das Flüchtlingsproblem von den Bürgern in der Bundesrepublik als Herausforderung angenommen wird, ist für die Sicherung der physischen Existenz von Flüchtlingen, aber auch für die Stabilität und Leistungsfähigkeit des eigenen politischen Systems sowie für die „wertbestimmte Lebensgestaltung" (Gagel 1995b, 122) im Gastland von Bedeutung. Die Zukunft sowohl der Bürger in der Bundesrepublik und in anderen aufnehmenden Länder als auch der Flüchtlinge wird davon abhängen, ob Antworten auf die weltweiten Migrationsbewegungen gefunden werden.

Probleme der Herkunftsländer

Bei der Suche nach dem existentiellen Bezug entdeckt der Lehrer Aspekte, die ihm bei einer Vorweg-Bestimmtheit des Themas auf ‚Abbau von Vorurteilen gegenüber Flüchtlingen' oder auf ‚Die Interpretation des neuen Art. 16 GG' entgangen wären. Bei der Aufhellung des Themenbereichs entwickelt er die didaktische Perspektive: Im Mittelpunkt des Unterrichts sollen Analyse und Beurteilung des politischen Problems „Aufnahme von (politischen) Flüchtlingen in der Bundesrepublik" und mögliche Lösungskonzepte stehen. Die Schüler sollen eine Vorstellung von der Asylbewerberfrage gewinnen. Ihnen soll klar werden, daß hier ein weltweites Problem vorliegt, das mit den Problembereichen Frieden, Verletzung der Menschenrechte und wachsender sozialer Ungleichheit zusammenhängt. Eine Lösung, die die Flüchtlingsbewegungen von den Grenzen Deutschlands und Europas auf Dauer abhalten kann (Festung Europa), erscheint angesichts des Ausmaßes und der Ursachen des Problems unrealistisch („weltweite Interdependenz"). Der Fortbestand der Grundrechte in der Bundesrepublik und damit die Möglichkeit einer wertbestimmten Lebensgestaltung, der Lebensqualität und eines menschenwürdigen Lebens auch für die Schüler (Gagel 1995b, 122) hängen mit davon ab, welches Lösungskonzept entwickelt und politisch durchgesetzt wird.

Probleme der Aufnahmeländer

Nach der Themenentscheidung muß der Lehrer überlegen, wie er seine Schüler zum problemlösenden Denken bringen kann. Zunächst kommt es darauf an, die Schüler auf die Realität der Aufnahme- und Abschiebepraxis von Flüchtlingen in der Bundesrepublik aufmerksam zu machen. Sie sollen prüfen, ob sie diese Wirklichkeit als unerwünschte Ausgangslage betrachten. Weckt das Problem ihre Anteilnahme und ruft es ihre Empörung hervor, dann werden sie von sich aus nach einer (politischen) Lösung suchen und dazu die Anstrengung des Denkens auf sich nehmen. Um dies zu erreichen, konfrontiert der Lehrer seine Klasse mit einem Fall (Gagel 1983, 50 ff.), bei dessen Bearbeitung sich die Schüler gleichermaßen in die Gedanken und Gefühle von Asylbewerbern wie von Bürgern einer Stadt, die diese Flüchtlinge aufgenommen haben, hineindenken (Breit 1992a). Setzen sich die Schüler intensiv mit dem Fall auseinander, dann kann es gelingen, daß sie sich auch gefühlsmäßig in das Geschehen hineinziehen lassen und daran Anteil nehmen (Breit 1992b). Durch die soziale Perspektivenübernahme spüren die Schüler den Druck, dem die Personen in dem Fall ausgesetzt sind. Durch diese Erfahrung wird für sie der Vorgang zu einer persönlichen Angelegenheit (Gagel 1995a, 218). Das Ereignis wird für sie zu einer Sache, die sie etwas angeht. Ihre Betroffenheit verbaut ihnen den Ausweg, die Situation in dem Ort als unwichtig anzusehen und daher eine

Umsetzung des problemlösenden Denkens im Fallbeispiel „Asyl"

Untersuchung für überflüssig zu erachten. Spüren zumindest einige Schüler stellvertretend für die Betroffenen die Zukunftsängste der Flüchtlingsfamilie und der deutschen Mitbürger, dann wird bei ihnen problemlösendes Denken aktiviert. Sie werden von sich aus das Problem in dem Ort, und, nach einer Generalisierung, das Asylbewerberproblem in der Bundesrepublik untersuchen und sich ein Urteil über mögliche Problemlösungen bilden wollen. Andere Schüler, die an ihren fremdenfeindlichen Voreinstellungen festhalten, werden sich diesem Vorhaben widersetzen. Führt die Mehrheit der Klasse eine Entscheidung für die Beschäftigung mit diesem Problem herbei, dann können die Schüler zur Analyse mit Hilfe von politischen Kategorien Schlüsselfragen bilden und diese - mit Hilfe selbst bestimmter Untersuchungsverfahren – zu beantworten versuchen. Spätestens bei der Suche nach den Ursachen wird ihr Blick zwangsläufig über die Problemlage in der Bundesrepublik Deutschland hinaus auf weltweite Zusammenhänge gelenkt.

Internationale Zusammenhänge und nationale Konsequenzen der Migrations- und Flüchtlingsströme

Die Bildung eines politisch-moralischen Urteils in der Frage, wie politisch Verfolgte in Deutschland aufgenommen werden sollen, fällt schwer. Moralisch gesehen ist die Entscheidung einfach: die Flüchtlinge müssen aufgenommen werden. Zu diesem Urteil gelangt man bei einer Orientierung sowohl an Werten als auch an dem Prinzip der Verallgemeinerungsfähigkeit. Nimmt der Schüler aber politische Aspekte hinzu, dann sprechen gute Argumente ebenso für eine großzügige Aufnahmepraxis wie auch für eine Abschottung der Grenzen und eine Abwälzung der Flüchtlinge auf andere Länder. Besitzt Deutschland die Ressourcen, Flüchtlinge in sehr großer Zahl aufzunehmen (ab wann ist eine Zahl sehr groß?)? Läßt sich eine asylbewerberfreundliche Politik bei einer latent ausländerfeindlichen Bevölkerung überhaupt politisch durchsetzen? Sind die Folgen eines Anstieges der Asylbewerberzahlen wie die vorhersehbare Zunahme des Rechtsradikalismus und von Gewalttaten verantwortbar? Verbaut sich nicht eine Partei von vornherein die Aussichten auf einen Wahlsieg, wenn sie sich für die Flüchtlinge einsetzt? Schließlich: Trägt die drastische Minderung der Asylbewerberzahlen durch die Änderung des Asylrechts nicht zur Entlastung des Staates und damit zur Stabilität des politischen Systems bei? Stimmt nicht die Mehrheit der Bevölkerung in der Zielsetzung überein, die Lasten globaler Migration vom eigenen Land abzuwehren? Andererseits: Kann der gegenwärtige Umgang mit Asylbewerbern noch mit Art. 1 GG in Übereinstimmung gebracht werden (Verfassungsnorm – Verfassungswirklichkeit)? Wird das Wertefundament des Grundgesetzes nicht durch die staatlich exekutierte Aufnahme- und Abschiebepraxis ausgehöhlt?

Diese Fragen lassen sich kaum eindeutig beantworten, bannen aber zugleich die Gefahr einer unreflektierten Urteilsbildung und Handlungsorientierung. Wenn ein Jugendlicher sich diesen Fragen stellt, dann ist, unabhängig davon, wie seine Entscheidung ausfällt, eine Gewähr dafür gegeben, daß er sein Urteil in Kenntnis von der Komplexität des Problems und von seiner Bedeutung für die Menschen trifft.

Im Gegensatz zu Politikern stehen die Schüler nicht unter dem Druck, Problemlösungen finden und durchsetzen zu müssen. Sie können im Klassenzimmer in einer ruhigen Arbeitsatmosphäre ohne Einflußnahme von außen konzentriert und systematisch ihr eigenes Urteil durchdenken und über ihre eigene (jetzige oder zukünftige) Handlungsorientierung nachdenken. Ein Politikunterricht, der die Schüler dazu bringt, bei der Beschäftigung mit existentiell bedeutsamen Problemen die Anstrengung einer differenzierten, mehrperspektivischen politischen Analyse und Urteilsbildung auf sich zu nehmen, bahnt Fähigkeiten an, „die ihnen helfen, ... vernünftig zu handeln, – dann nämlich, wenn aus Denkspielen schulischen Lernens Ernst geworden ist“ (Gagel 1983, 65 f.).

5. Literatur

ACKERMANN, PAUL u.a. (Hrsg.) 1994: Politikdidaktik kurzgefaßt. Schwalbach/Ts. (auch erschienen in: Schriftenreihe der Bundeszentrale für politische Bildung Bd. 326. Bonn)

AEBLI, HANS 1983: Zwölf Grundformen des Lehrens. Stuttgart

BREIT, GOTTHARD 1992a: Unterricht im Westen Deutschlands: Unterrichtsplanung zum Thema „Der Streit um das Asylrecht (Art. 16 II 2 GG) im Herbst 1991. In: Politische Bildung, Jg. 25, H. 2, S. 73-87

BREIT, GOTTHARD 1992b: Mit den Augen des anderen sehen. Eine neue Methode zur Fallanalyse. 2. Aufl. Schwalbach/Ts.

BREIT, GOTTHARD 1994: Arbeitslosigkeit und globaler Bezug - eine Unterrichtseinheit für die Sekundarstufe II. In: Politische Bildung, Jg. 27, H. 2, S. 87-92

DÖRNER, DIETRICH 1979: Problemlösen als Informationsverarbeitung. Stuttgart

EDELMANN, WALTER 1994: Lernpsychologie. Eine Einführung. 4. Aufl. München

GAGEL, WALTER 1983: Einführung in die Didaktik des politischen Unterrichts. Opladen

GAGEL, WALTER 1988: Situations- und Problemorientierung: Gesichtspunkte der Auswahl und Strukturierung von Lerninhalten. In: Gagel, Walter/ Menne, Dieter (Hrsg.): Politikunterricht. Handbuch zu den Richtlinien NRW. Opladen, S. 39-51

GAGEL, WALTER 1995a: Der Pragmatismus als verborgene Bezugstheorie der politischen Bildung. In: Graf Ballestrem, Karl u. a. (Hrsg.): Sozialethik und politische Bildung. Festschrift für Bernhard Sutor. Paderborn, S. 205-221

GAGEL, WALTER 1995b: Geschichte der politischen Bildung in der Bundesrepublik Deutschland 1945-1989. 2. Aufl. Opladen

GIESECKE, HERMANN 1965: Didaktik der politischen Bildung. München

GUDJONS, HERBERT 1986: Handlungsorientiertes Lehren und Lernen. Bad Heilbrunn

HILLIGEN, WOLFGANG 1985: Zur Didaktik des politischen Unterrichts. 4. Aufl. Opladen

HILLIGEN, WOLFGANG 1990: Gewandelte Legitimationsmuster und Perspektiven der politischen Bildung. In: Cremer, Will/ Klein, Ansgar: Umbrüche in der Industriegesellschaft. Schriftenreihe der Bundeszentrale für politische Bildung Bd. 284. Bonn, S. 329-349

KLAFKI, WOLFGANG 1990: Allgemeinbildung für eine humane, fundamentaldemokratisch gestaltete Gesellschaft. In: Cremer, Will/ Klein, Ansgar, S. 297-310

KLAFKI, WOLFGANG 1991: Grundzüge eines neuen Allgemeinbildungskonzepts. Im Zentrum: Epochaltypische Schlüsselprobleme. In: Ders.: Neue Studien zur Bildungstheorie und Didaktik 2., erweit. Aufl. Weinheim/ Basel

ROHE, KARL 1978: Politik. Begriffe und Wirklichkeiten. Stuttgart

ROY, KLAUS-BERNHARD 1994: Materialien für den Unterricht. In: Politische Bildung, Jg. 27, H. 2, S. 93-112

Sander, Wolfgang 1992: Vom Fach zum Bildungsbereich. Ein Plädoyer für Grenzüberschreitungen in der politischen Bildung. In: Ders. (Hrsg.): Konzepte der Politikdidaktik. Aktueller Stand, neue Ansätze und Perspektiven. Hannover

Stiller, Edwin 1988: Problemzentriertes Lernen. In: Mickel, Wolfgang/ Zitzlaff, Dietrich (Hrsg.): Handbuch zur politischen Bildung. Schriftenreihe der Bundeszentrale für politische Bildung Bd. 264. Bonn, S. 205-208

Weber, Max 1971: Gesammelte Schriften. 3. Aufl. Tübingen

Tilman Grammes

Kontroversität

Berufliche Identität von Politiklehrern

Kontroversität ist ein zentrales Element beruflicher Identität von Politiklehrern: „In den Jahren 1986/87 beschäftigte sich eine Gruppe von Mathematik- und Sozialwissenschaftslehrern ... mit der didaktischen Frage, wie im Unterricht die gesellschaftliche Bedeutung von Computer-Technologie behandelt werden könnte. Als konkretes Problem zur Behandlung wurde u. a. die ‚Volkszählung' vorgeschlagen. Der Mathematik-Kollege, der die Volkszählung in seinem Unterricht behandeln wollte, sagte spontan (nachdem wir Politik-Lehrer vorgeschlagen hatten, daß die *Meinungen* der Schüler/innen in den Unterricht mit eingehen müßten und nicht durch einen *sach-systematischen Aufbau* versperrt werden dürften): ‚Aber – das ist dann doch so kontrovers – was mach' ich denn da?' Ihm antwortete ein Politik-Lehrer: ‚Da können wir helfen, nachdem wir von Euch so viel lernen konnten über die Computer und ihre Funktion, denn wenn wir für etwas Spezialisten sind, dann für's *Kontroverse*, für *streitige Diskussionen*'" (Reinhardt 1988, 65 ff.).

Kontroversprinzip: Bestandteil des Beutelsbacher Konsenses

Das Prinzip Kontroversität ist auch zentraler Bestandteil des sog. Beutelsbacher Konsenses (s. S. 9 f.). 1976 trafen sich auf Einladung der Landeszentrale für politische Bildung von Baden-Württemberg Didaktiker unterschiedlicher Richtungen in einer Situation, in der eine Verständigung zwischen den kontroversen Positionen in Politik und Pädagogik problematisch geworden war. Der danach erarbeitete „Beutelsbacher Konsens" gilt seitdem als Indikator für eine „Reifephase" der Fachdidaktik (Dieter Grosser). Das Kontroversprinzip als Teil dieses Konsensus wird dort als *Dissensgebot* formuliert:

„Was in *Wissenschaft* und *Politik* kontrovers ist, muß auch im *Unterricht* kontrovers erscheinen. (...) Denn wenn unterschiedliche Standpunkte unter den Tisch fallen, Optionen unterschlagen werden, Alternativen unerörtert bleiben, dann ist der Weg zur Indoktrination beschritten" (Wehling 1977, 179).

Das Kontroversprinzip gehört aber schon weitaus länger zum Kernbestand der politikdidaktischen Argumentation:

„Der Lehrer darf die *innerhalb der freiheitlichen Ordnung* bestehenden Gegensätze weder ignorieren (‚herum um den heißen Brei'), noch harmonisieren (‚wollen ja doch alle dasselbe'), noch radikalisieren, indem er eine der beiden Lösungen vertritt und die andere verketzert. Seine geistige Autorität kann sich im Gegenteil nur entfalten, wenn er den jungen Menschen die Augen für die verschiedenen Standpunkte öffnet und den Mut hat, seinen eigenen nicht nur zu begründen, sondern auch in Frage zu stellen. Erst dann nämlich und um so leichter wird es ihm gelingen, die Schüler gegen Lösungen zu immunisieren, die weder mit unseren Vorstellungen von der Freiheit noch mit den Ansprüchen des Ganzen zu vereinbaren sind; nur wer Freiheit walten läßt, wird zu ihrem rechten Gebrauch erziehen" (Hilligen 1961, 358).

Durch Perspektivwechsel wird der Indoktrination vorgebaut

1. Pluralismus in Gesellschaft und Wissenschaft

Demokratie besteht aus Verfahren zur Austragung von Kontroversen, um in einem geregelten Interessenausgleich zu legalen Entscheidungen zu gelangen. Das didaktische Kontroversprinzip fußt daher auf einer gesellschaftlichen Pluralismustheorie:

„Wo immer Menschen zusammenkommen, schiebt sich Welt zwischen sie, und es ist in diesem Zwischen-Raum, daß alle menschlichen Angelegenheiten sich abspielen ... Politik beruht auf der Tatsache der Pluralität der Menschen ... Politik organisiert ja von vornherein die absolut Verschiedenen im Hinblick auf relative Gleichheit und im Unterschied zu relativ Verschiedenen" (Arendt 1994, 9 ff.).

Das Kontroversprinzip verlangt als Minimalkonsens eine Übereinstimmung der Verschiedenen darin, daß sie gleich sind, gerade in ihrer Nicht-Übereinstimmung („agree to disagree"). Es ist also nicht wertneutral, so daß es einem beliebigen *Relativismus* (anything goes) Vorschub leistet. Dieser prozedurale Wertkonsens (value consensus) spiegelt sich in den Merkmalen freiheitlicher Grundordnung von Grundgesetz und Verfassungsrechtsprechung wider, die zu den nicht-kontroversen Rahmenbedingungen für eine demokratische Gesell-

Gesellschaftlicher Pluralismus ist die Basis des Kontroversprinzips schaft zählen: Menschen- und Grundrechte, Volkssouveränität, Rechtsstaatlichkeit, Sozialstaat, Gewaltenteilung, Verantwortlichkeit der Regierung (parlamentarisches Regierungssystem), Gesetzmäßigkeit der Verwaltung, Mehrparteienprinzip, Recht auf Opposition, freie und gleiche Wahlen, Minderheitenschutz. In Abgrenzung zum unmittelbaren unreflektierten Konsens im Modell der identitären Demokratie markiert das pluralistische Gesellschaftsmodell eine „*Tabuzone*" (Kurt Sontheimer), die aus dem Raum, der für den Widerspruch und den Konflikt freigegeben ist, ausgeklammert werden soll. Doch wie diese „Bannmeile" im konkreten Fall zu definieren ist und wie die Anwendung auf extremistische Grenzfälle auszusehen hat, ist bereits wieder Gegenstand realpolitischen Streits (etwa um Verbote von Parteien) bzw. höchstgerichtlicher Entscheidung. Was zum nicht-kontroversen Sektor zählt, ist selbst wieder kontrovers (Ernst Fraenkel; vgl. Eisel 1986).

Meinungsstreit ist die Voraussetzung jeden wissenschaftlichen Fortschritts

Kontroversen sind auch notwendig für den sozialwissenschaftlichen Erkenntnisfortschritt: „Laßt Theorien, nicht Menschen sterben" - so lautet das Credo der wissenschaftstheoretischen Schule des Kritischen Rationalismus. Ihr Begründer, der Philosoph Karl Raimund Popper (1902-1994), hatte als junger Volksschullehrer und Anhänger der sozialistischen Arbeiterbewegung im Wien der 20er Jahre miterlebt, wie bei einer verbotenen Arbeiterkundgebung Demonstranten von Polizisten erschossen wurden. Gewalt eskalierte wechselseitig, und die Geschichte der großen Katastrophen des 20. Jahrhunderts konnte zeigen, wie auch Kämpfer für eine „wissenschaftlich bewiesene" gerechtere Gesellschaft zu Tätern eines Unrechtsregimes werden konnten. „Obwohl wir in der Wissenschaft unser Bestes tun, die Wahrheit aufzufinden, sind wir uns doch des Umstandes wohl bewußt, daß wir nie sicher sein können, ob wir sie gefunden haben. Wir haben in der Vergangenheit aus vielen Enttäuschungen gelernt, daß wir niemals Endgültigkeit erwarten dürfen; und wir haben gelernt, nicht mehr enttäuscht zu sein, wenn unsere wissenschaftlichen Theorien widerlegt werden..." (Popper 1957/58).

Wissenschaft beginnt mit Problemen. Aber schon, was als Problem gelten kann (Problemdefinition), viel mehr noch die unterschiedlichen Problemlösungsangebote durch die jeweiligen wissenschaftlichen Forschungsrichtungen (sog. Paradigmen), sind kontrovers. So viele wissenschaftliche Gutachter, so viele kontroverse Handlungsempfehlungen. Wissenschaftspolitisch folgt daraus das Prinzip der Proliferation. Es besagt, daß es vor allem in Phasen der normal science darauf ankommt, allen, auch den (zunächst) scheinbar aussichtslosen Alternativen Vorschußkredit und Entwicklungsmöglichkeiten einzuräumen (Feyerabend 1980).

2. Toleranz in Politik und Pädagogik

Die Institution Schule sowie Einrichtungen der außerschulischen politischen Bildungsarbeit sind wiederum ein besonderer Fall, da sie nicht den Ernstfall, sondern den Spielraum für den Ernstfall darstellen. In Bildungsprozessen geht es vorwiegend um kognitives Probehandeln. Im Bildungsprozeß sind die genannten Tabuzonen daher nachgiebiger zu bestimmen als in öffentlichen Auseinandersetzungen. Nötig ist eine Verbindung der „Intoleranz gegenüber jeder Intoleranz mit der Toleranz gegenüber den (noch!) Intoleranten" (Hilligen 1991, 36; vgl. sytematisch Prengel 1995).

Beispiel: Wenn im Unterricht von einer Schülergruppe nazistische Parolen vertreten und nazistische Symbole zur Schau gestellt werden, kann es aufgrund von unerwünschten Nebenfolgen, z. B. genereller Störung des Vertrauensverhältnisses zu den Schülern, geboten sein, nicht in jedem Fall die Polizei zu rufen und den Justizapparat zum Laufen zu bringen. In der Regel wird versucht, die Angelegenheit „pädagogisch" zu lösen. Doch was heißt das im konkreten Fall? Und hätten junge Menschen nicht das Recht, wie Erwachsene behandelt zu werden, um pädagogischen Beziehungsfallen zu entgehen? In der außerschulischen politischen Bildungsarbeit stellt sich die Frage nach den pädagogischen Grenzen von Toleranz in der Diskussion um die Praxis einer „akzeptierenden Jugendarbeit", z. B. mit rechtsextremen Jugendcliquen.

Mit Intoleranz behutsam umgehen

Im argumentativen Gespräch erlebt ein Schüler (ein Mensch), daß „ein anderer oder andere auf das eingehen, was er gesagt

Verschiedene Gesprächsmodelle:

hat – zustimmend oder mit Gegenargumenten, aus denen zu erkennen ist, daß das anfangs Gesagte ernst genommen wird" (Hilligen 1987, 22 f.). Toleranz meint mehr als ein harmloses „seid nett zueinander". Empathie (sich gefühlsmäßig in den anderen hineinversetzen) kann auch zur Abwehr kontroverser Ansichten und Haltungen funktionalisiert werden. Es läßt sich vom Partner reden und dennoch ausgrenzen oder auch vereinahmend einbinden („Schmusekurs"), indem Integration paternalistisch (bevormundend) nur um den Preis der Assimilation gewährt wird, weil kultur- oder gruppenspezifische Normen als universal ausgegeben werden. Alles bereden kann dazu führen, daß alles zerredet wird. Praktizierte Toleranz erfordert das Ertragen und Zulassen dessen, was man nicht versteht und billigt (Beispiel: religiöse Toleranz heute gegenüber fundamentalistischen Positionen, die eine Trennung von Religion und Politik/Staat nicht akzeptieren).

– Praktizierte Toleranz

Zur Kontroverse (Streit, Debatte) gehört auch der Kompromiß. Als fauler Kompromiß (Kompromißlertum) steht er im Alltagsverständnis nicht gerade in hohem Ansehen (Wilhelm 1973). Kompromißsuche im Lernprozeß muß nicht der „goldene Mittelweg" zwischen den Extremen des Pro und Contra sein. Ein Pro-Contra-Schematismus (Schwarz-Weiß-Malerei) ist zu vermeiden. Kompromißfähigkeit kann auch an der Erkenntnis wachsen, daß evtl. die Frage falsch gestellt war oder die Kontroverse in Wirklichkeit eine Scheinkontroverse darstellt. Neben Kontroversen zwischen Interessengruppen (z. B. Arbeitgeber/Arbeitnehmer) sind Kontroversen innerhalb von Interessengruppen herauszuarbeiten (z. B. innerhalb eines Unternehmerverbandes, einer Gewerkschaft).

– Kompromiß

Manchmal wird das Kontroversprinzip als relativistischer Dauervorbehalt mißverstanden, daß es bereits unzulässiger Dogmatismus sei, eine „Meinung" mit dem Impetus subjektiver Überzeugung („Das ist so. Ich weiß es sicher.") vorzutragen. Das Kontroversprinzip ist aber eine Anforderung an die plurale Organisation des öffentlichen (Klassenzimmer-) Diskurses auf dem Marktplatz der Meinungen, nicht an den Wahrheitsanspruch des einzelnen. Ideenkonkurrenz funktioniert nur, wenn der einzelne seine Position mit Überzeugung und

– Pluraler Diskurs

Wahrhaftigkeit vorträgt. Tolerant kann nur sein, wer sich über seinen eigenen Standpunkt klar ist. Aber die anderen müssen ja nicht alles glauben, was wahrhaftig gesagt wird. „Ich werde ihre Meinung bis an mein Lebensende bekämpfen, aber ich werde mich mit allen Kräften dafür einsetzen, daß sie sie haben und aussprechen dürfen" (Voltaire).

3. Unterrichtsrealität: Künstliches Schulwissen?

In Wissenschaft und Politik gibt es weitaus mehr Kontroversen, als in Lernprozessen Zeit zu ihrer Verhandlung zur Verfügung steht. Viele kontroverse Debatten sind zudem so komplex, daß sie nicht nur jüngere Lernende schnell überfordern können. Der Lehrende muß in jedem Fall Auswahlentscheidungen treffen. Diese sogenannte didaktische Reduktion kann sowohl im Umfang des Stoffes erfolgen als auch durch kategoriale Verdichtung und Konzentration des Stoffes (exemplarisches Lernen). Das Kontroversgebot ist ein Warnschild: Notwendige didaktische Reduktion führt in der Schule immer zu der Gefahr, daß gesellschaftliches Wissen zum „künstlichen Schulwissen" (Horst Rumpf) vereinfacht wird, das dem Lernenden eine geschönte, heile Welt präsentiert. Didaktische „Reduktion" erfordert das Herausmodellieren der Kontroversen aus „unübersichtlichen" gesellschaftlichen Verhältnissen. Mit didaktischer Reduktion ist daher immer die Zuspitzung von Ambivalenzen mitzudenken.

Risiken der didaktischen Reduktion:

– Eindimensionalität

Die normative Semantik didaktischer Prinzipien muß daher mit der Realität alltäglicher politischer Lernprozesse konfrontiert werden. Die empirische Unterrichtsforschung gibt Hinweise darauf, daß Lehrende Stoffe kontrovers präsentieren wollen, daß aber die Repräsentation von gesellschaftlichen Kontroversen im Unterricht aus strukturellen Gründen problematisch bleibt. Das Unterrichtsgespräch im vorherrrschenden Erarbeitungsmuster entgleist immer wieder in eine Kommunikationsstruktur des „unaufgeklärten Mißverständnisses": Es besteht die Gefahr, daß man aneinander vorbeiredet bzw. sich in eine Verteidigungshaltung hineinsteigert und dabei gegenseitig frustriert. Die Folge sind beliebig bleibende Plauderstun-

– Mißverständlichkeit

den („Labern“) anstelle der Organisation von Argumentationen, die über den bekannten Meinungsmarkt der Medien und des common sense hinausgehen. Relativierende Meinungsgirlanden ersetzen kategoriale Strukturierung. Ein diffuses „Rauschen“ tritt an die Stelle konturierter „Diskursivität“. Die Folge ist eine Informationsimplosion anstelle des Aufbaus kognitiver Strukturen für die Orientierung in der Informationsgesellschaft (vgl. die Unterrichtsprotokolle in Grammes 1996).

– Unverbindlichkeit

Es kommt im Politikunterricht seltener zu direkter Manipulation, aber zu sublimen Formen der Überwältigung. Im Unterricht werden gesellschaftliche Deutungskontroversen oft eindimensional harmonisiert und nivelliert anstatt sie „auszuspannen“. Die Berufskrankheit politischer Bildung ist ein *didaktischer Fundamentalismus:* eine strukturelle Tendenz zur Reduktion von Ambivalenzen in gesinnungsethischer Kommunikation (vgl. political correctness). Dessen professionsstrukturelle Funktion ist es, Ambiguität angesichts der Überkomplexität von Information zu reduzieren. Pädagogische Modeworte wie „Ganzheitlichkeit“ dienen als Slogans, die Dissonanzen verdecken und eine Kommunikationsstruktur „unaufgeklärten Mißverständnisses“ aufrechterhalten. Die Bereitschaft zu vordergründiger „Empörung“, einer Rhetorik des Entsetzens und der Skandalisierung, steigt.

Ambiguität reduzieren

Empirisch untersucht wurde der Umgang von Lehrenden mit der Umweltkrise. Dieses Themenfeld erfordert in besonderem Maße Urteilsbildung unter den Bedingungen unvollständigen Wissens. Alltagstheorien und wissenschaftliche Theorie, Laien- und Expertenwissen müssen integriert werden. Die Alltagstheorien der Pädagogen, die sich zugleich als implizite Theorien über Gesellschaft lesen lassen und Konzepte zu deren pädagogischer „Behandlung“ enthalten, variieren zwischen „Warnpropaganda“ und methodisch reflektierter Beschreibung von Umweltschäden. Die Zuschreibung von Ursachen erfolgt monokausal. An der kognitiven Relationierung von Technik und Politik bzw. von Ökonomie und Ökologie läßt sich die wissenssoziologische Frage verfolgen, „wie die umweltpädagogische Literatur die unüberschaubare Fülle von Informationen über den Zustand der Umwelt und von Wirkungs-

Die Risiken am Beispiel des Unterrichtsthemas „Umweltverschmutzung“

zusammenhängen in der Gesellschaft reduziert, um zu Aussagen über die Umweltqualität, über Ursachen für die Umweltkrise und die Verbesserungsmöglichkeiten zu kommen" (Kahlert 1990, 264). Eine „in der Sache angelegte Verlockung zur gesinnungsorientierten Kommunikation" führt zu pädagogischem Fundamentalismus. Ausgeblendet werden erkenntnistheoretische Grenzen der Lagebeurteilung sowie solche Teilbereiche der Realität, die der Aussage widersprechen. Dies führt zu Einschränkungen in der Perspektive, zur Festigung eines einmal erworbenen Weltbildes, das gegen Falsifizierung immunisiert wird. „Man identifiziert in einem Wirkungsgefüge etwas als Ursache, was selbst nur Wirkung von anderen Bedingungen ist und/oder nur bei Vorliegen weiterer Bedingungen eine Wirkung entfalten kann" (Kahlert 1990, 272). Wissenschaftliches Wissen wird unter Bedingungen der Informationsflut (unendliche Fülle umweltrelevanter Informationen) bei gleichzeitig strukturellen Informationsdefiziten (begrenzte Möglichkeiten des einzelnen) als „Beleg" herangezogen (Belegstellentheorie). Der nächste „Beleg" überzeugt vom Gegenteil und desillusioniert und erodiert das sozialwissenschaftliche Aufklärungswissen. Die Weltdeutungen werden beliebig, jeder sinnvolle Glaube an rationale Erkenntnissuche zerstört. Dem Lernprozeß unterliegt das *ontologische Mißverständnis*, „die Umweltkrise konstituiere sich allein aus Tatsachen statt aus Bewertungen" (Kahlert 1990, 275). Einer praktischen Ohnmachtserfahrung stehen unvermittelt theoretische Allmachtsphantasien gegenüber, die sich als Totalillusionen über die Gestaltbarkeit einer „guten Gesellschaft" äußern.

Strukturelle Gründe für das Verschwinden der Kontroversität lassen sich zunächst in einer Schwierigkeit des Gegenstandes Politik/Gesellschaft selbst ausmachen: Gerade die langwierigen Verhandlungsprozesse in Gremien, um kontroverse Konfliktparteien zu einer Einigung zu führen, entziehen sich einer unmittelbaren Öffentlichkeit. In der öffentlich-medialen Selbstdarstellung inszeniert sich Politik gerne nicht kontrovers (symbolische Politik, Politikinszenierung). Beispielsweise blenden große Volksparteien parteiinterne Kontroversen in der Regel nach außen ihren Wählern gegenüber gerne aus. Politik

Symbolische Politik

neigt zur *De-Thematisierung* ihrer selbst, latente Konflikte werden nicht sichtbar.

Moralisierung der politischen Bildung

An die Stelle der mehrperspektivischen Behandlung der Themen tritt der Versuch, Ethos direkt zu unterrichten. Resultat ist ein moralisierender Unterricht, der die Sperrigkeit der „Stoffe" zukleistert. Wird Bildungswissen im direkten erzieherischen Zugriff auf den Lernenden zu erzwingen versucht, ist der „heimliche Lehrplan" eine *Zweisprachigkeit* der Lernenden: Diese sagen dem Pädagogen, was er hören will – und denken dennoch anders. Martin Buber (1878-1965) hat diese Schwierigkeit beschrieben:

„Ich versuche es meinen Schülern zu erklären, daß Neid schändlich ist, und schon spüre ich den heimlichen Widerstand derer, die weniger besitzen als ihre Kameraden; ich versuche zu erklären, daß es unanständig ist, den Schwächeren zu schlagen, und schon sehe ich ein unterdrücktes Lächeln in den Mundwinkeln der Stärkeren; ich versuche zu erklären, daß Lüge das Leben zerstört, und etwas Furchtbares geschieht: der schlimmste Gewohnheitslügner in meiner Klasse schreibt einen glänzenden Aufsatz über die zerstörende Macht der Lügen. Ich habe den fatalen Fehler begangen, Ethos zu unterrichten, und was ich sage, wird als gangbare Kenntnismünze aufgenommen, nichts davon verwandelt sich in Substanz, die den Charakter aufbaut" (Buber 1986, 67).

4. Kontroversität und Lehrerrolle

Die Funktion des Lehrers im Kontroversprinzip:

Subtile Manipulation durch Unausgewogenheit bzw. Parteilichkeit ist eine schwere Verletzung der Professionalität wie der Ethik jedes Lehrenden (Überwältigungsverbot, sokratischer Eid – vgl. Hentig 1995, 258 f.). An den Negativbeispielen politischer Erziehung im Nationalsozialismus bzw. in der DDR läßt sich aber auch zeigen, daß eine strenge Fachlichkeit einerseits als systematische Barriere gegen Indoktrination wirken kann (Tenorth 1995). Andererseits kann eine autoritative Berufung auf eine angebliche Sachlichkeit Kontroversen ausblenden.

Das Kontroversprinzip hat Auswirkungen auf die Bestimmung der Lehrerrolle im politischen Lernprozeß. Die Lehrerrolle variiert, je nachdem, wie Kontroversen in der Lerngruppe repräsentiert sind. Drei Lerngruppen können idealtypisch unterschieden werden (Reinhardt 1989):

a) *Argumentationshomogene Lerngruppe*: Dem Lehrenden fällt hier die Rolle des advocatus diaboli zu, der den Lernenden andere, unbekannte oder tabuisierte Standpunkte offensiv zumuten muß. „Die Lerngruppe repräsentiert nicht selbst die politischen Kontroversen, so daß der Lehrer sich in strategischer und taktischer Absicht engagieren muß ... Wenn die Schüler unpolitisch oder einseitig politisch sind, muß der Lehrer politisch sein ... Paradoxes Ergebnis dabei ist, daß gerade der Versuch, Einseitigkeit in der Lerngruppe (Apathie muß man wohl darunter zählen) zu korrigieren, am ehesten zu einem Verhalten des Lehrers führt, das von Schülern und Außenstehenden als einseitig interpretiert werden könnte" (Reinhardt 1989, 22). Der Lehrende hat eine Korrekturfunktion und soll solche Standpunkte und Alternativen besonders herausarbeiten, die den Lernenden von ihrer jeweiligen politischen und sozialen Herkunft fremd sind (Zumutungsgebot).

– Provokation bei homogenen Lerngruppen

b) *Argumentationsheterogene Lerngruppe*: Die Rolle des Lehrenden beschränkt sich hier auf die eines Moderators im Widerstreit der Argumente. Es gilt, den Konflikt „auszuspannen", so daß „alle Seiten ein bißchen Recht haben".

– Moderation bei heterogenen Lerngruppen

c) *Apathische, indifferente Lerngruppe*: Die politikverdrossene, interesselose Lerngruppe gilt als die schwierigste Konstellation. Insofern gibt es hier keine einfachen methodischen Rezepte. Eventuell wird der Pädagoge zum Mittel der Provokation greifen. Oder aber zunächst durch positive gemeinsame Erfahrungen eine Kompetenzmotivation aufbauen helfen und das Gefühl vermitteln: „Ich kann etwas." (Provokation ist aber nicht gleichzusetzen mit Polemik in der Staatsbürgerkundemethodik der DDR.)

– Animation bei indifferenten Lerngruppen

Lassen Lehrende Schüler sich erst einmal aussprechen, haben sie es weitaus häufiger mit einer argumentationsheterogenen Gruppe zu tun, als ein erster Eindruck vom Vorwissen der Lernenden zunächst nahelegt. Das Professionsproblem des Politiklehrers besteht vielmehr darin, wie *er selbst* vermeiden kann, diesen Pluralismus der Deutungen vorschnell durch ein Lernergebnis zu homogenisieren anstatt die gesellschaftstheoretische und politische Problematik aufzuzeigen, wie ein Zusammenleben der Verschiedenen organisiert werden könnte.

Die qualitative Unterrichtsforschung zeigt, daß in den Politikstunden einige Lernende immer wieder auf kontroversen Verhandlungen im Sinne mäeutischer Didaktik bestehen. Lernende machen Angebote, die in impliziten Fragen oder apodiktischen Behauptungen versteckt sind. Diese werden allerdings oft als „Unterrichtsstörung" wahrgenommen oder ignoriert (zurückgestellt, mißverstanden oder umgedeutet), um in der unsicheren Situation auf lineare Ablaufpläne zurückgreifen zu können. Der potentiell „fruchtbare Moment" (Friedrich Copei) wird als „Störung" der Lerneffizienz wahrgenommen.

5. Bedingungsanalyse: Neuer Sozialisationstyp und Kontroversen

Wie geht der Lernende mit Kontroversen um? Bildungsprozesse sollen zu einer diskursiven, „balancierten Identität" führen. Das Kontroversprinzip erfordert auf seiten des Lernenden die Fähigkeit zur *Ambiguitätstoleranz* (Aushalten von Mehrdeutigkeiten und kognitiven Dissonanzen). Ein Beispiel: Die Effizienz demokratischer Entscheidungsfindung kann im Spannungsverhältnis zur Partizipation der Bürger stehen oder erhöhte Partizipation kann auch dafür funktionalisiert werden, den Bürger in das Staatswesen affirmativ einzubinden.

Einflüsse der Kontroversität auf die Schüler

Identitätsbildung erfordert die Kompetenz zur beständig neuen Situationsbewältigung durch Herstellung subjektiven Gleichgewichts in krisenhaften Erfahrungen. Eine kognitive Dissonanz kann sowohl fruchtbare Momente für den Lernprozeß, aber auch Abwehr gegen Lernen bewirken. Gegenwärtige Jugendstudien beschreiben die Schülergeneration der 90er Jahre mit Attributen wie „erörterungstaub", „sozialblind" oder „kooperationsschwach". Andererseits verfüge sie über eine erhöhte Dissonanz-Bereitschaft, die es ihr erlaubt, mit Widersprüchen aufzuwachsen und mit diesen umzugehen, ohne daß eine Bewußtseins-Spaltung eintrete. Jugendliche verfügen über eine neue „Virtuosität der visuellen Wahrnehmung“, die eine Verlagerung „von diskursiven Verarbeitungsweisen hin zu ornamental-geometrisierenden Seh- und Denkweisen“ anzeigt. Dies führt zu einer „Verschiebung im gesellschaftlich vorherrschenden Wahrnehmungsmodus von der Dominanz des Diskursiv-Begrifflichen zu einer Dominanz des Visuell-Bildhaften“ (Ziehe 1991, 146).

Ein argumentativer Ernst der Erwachsenen wird von Jugendlichen vielfach nur noch mit ironischem Abwimmeln beantwortet. Ein Lehrer der 68er Generation charakterisiert diesen neuen Sozialisationstyp: „Es ist wirklich unheimlich schwer, überhaupt noch Problemstellungen im Unterricht zu erarbeiten ... Unsere Form der Pädagogik war ja immer: bildet euch selbst eure Meinung, wir machen nur wenig Vorgaben. So entstehen eigentlich keine Konflikte mehr, die Schüler können sich nirgends abarbeiten und sie machen dann diesen kooperativen Stil selbst zum Abarbeitungspunkt. Außerdem haben sie erfahren, daß alles und jedes in der Schule zum Thema gemacht wurde, ohne daß es einen Deut verändert hat – und das läßt sie natürlich mißtrauisch werden, was die Wirkung von Kritik betrifft“ (Baacke 1985, 200 f.).

Das Lehr-Potential des Perspektivenwechsels und seine Risiken

Systematisch bestehen vier Möglichkeiten, wie der Lernende kontroverse Perspektiven kognitiv koordinieren kann:

1. Perspektivenwechsel: Wechsel vom Pro- zum Contra-Standpunkt.
2. Perspektivenkoexistenz: Kontroverse Deutungsperspektiven existieren nebeneinander als unterschiedliche Standpunkte. Dies ist ein komplizierter Mechanismus von Identitätspolitik, der dem Heranwachsenden Bewegungsspielräume sichert oder aber eine zynische Zweisprachigkeit bewirkt.
   Beispiel: In der gewerblichen Ausbildung von Kfz-Mechaniker-Lehrlingen fordern die Lehrlinge allgemein ein Auto, das umweltfreundlich und sparsam ist, während sie für sich selbst genau die Modelltypen wünschen, welche die Industrie gegenwärtig liefert: schnelle, leistungsstarke Fahrzeuge. Die Kriterien Umweltfreundlichkeit und Langlebigkeit (geringe Reparaturanfälligkeit) treten demgegenüber zurück. Vorhandenes (volkswirtschaftliches) Problembewußtsein

bewirkt also nicht eine bestimmte individuelle („betriebswirtschaftliche") Verhaltenskonsequenz.

3. Perspektivenverhärtung: Menschen, die sich belehrt fühlen, lernen nicht. Der Lernende hält auf der Suche nach Sicherheit und Identität den Relativismus kontroverser Standpunkte nicht aus. Er flüchtet aus der Ambiguität der Deutungen in einen trotzigen Rigorismus. Beim Pädagogen bliebe womöglich ein Unverständnis darüber zurück, wie Menschen gegen ihre eigenen Interessen handeln können. Aus der Dogmatismusforschung und Konversionsforschung ist bekannt, daß Streß zum Abschotten als Form der Reduktion von Überkomplexität (Immunisierungsstrategie) führen kann.
4. Perspektivenkoordination: Der Lernende nutzt die Kontroverse als Herausforderung und als Entwicklungsaufgabe, um beide Perspektiven zu einem neuen Dritten zu integrieren. Ziel ist es nicht, ein Lernkonzept durch ein anderes zu ersetzen (Austauschmodell), sondern den Lernenden Hilfen zu geben, damit sie lernen können, ein neues Angebot von Sichtweisen, die eine neue Perspektive auf die Welt eröffnen, produktiv zu nutzen.

6. Unterrichtsmethoden und -medien

Das Kontroversprinzip läßt sich positiv als Authentizitätsgebot lesen. Die didaktischen Transformationen sollen die Gegenstände der gesellschaftlichen Realität im Lernprozeß strukturhomolog re-präsentieren. Damit ist aber keine Abbilddidaktik gefordert, Politikunterricht nicht als eine Mini-Sozialwissenschaft gedacht. Planungsbeispiele bieten u.a. Reith/Jahn 1979 und Gagel 1995; zur Kritik vgl. Weißeno 1996. Verlaufsmuster für die Bearbeitung von Kontroversen sind entwickelt worden (vgl. Keil 1976).

Methodisch läßt sich das Kontroversprinzip vor allem durch das didaktische Prinzip der Mehrperspektivität (Multiperspektivität) umsetzen (vgl. Duncker 1995). Der Lernende wird zum Perspektivenwechsel ermuntert, zum „Sehen mit den Augen des Anderen" (Gotthard Breit). *Empathie* bezeichnet diese Fähigkeit, sich probeweise in den Standpunkt und die Perspektive des anderen hineinzuversetzen.

Bei Unterrichtsmedien stellt das Kontroversprinzip hohe Anforderungen an die Gestaltung. Die Ästhetik des modernen, handlungs- und methodenorientierten Schulbuchs führt manchmal zu einem Patchwork („Flickenteppich"), das die Gegenstände beliebig aus ihrem originalen Kontext reißt. Die kontroversen Perspektiven sollten statt dessen im Layout auch optisch deutlich gegeneinander abgesetzt und konturiert werden. Ähnliches gilt für die Gestaltung von Arbeitsblättern. Dadurch wird der Leser angeregt, ein festgefügtes Vor-Urteil wieder beweglich zu machen und zu hinterfragen. Eine dem Kontroversprinzip verpflichtete Didaktik kann als „Beweglichmachen von Sachen" verstanden werden (Hartmut von Hentig). Das didaktische Prinzip Kontroversität verdeutlicht, warum, „wer dem Konflikt als paedagogicum den Garaus machen möchte, (sich) ex definitione anti-pädagogisch" verhält und bereit ist, „hier und jetzt vorwiegend Kinder und Jugendliche den hohen Preis der Ich-Fremdheit zahlen zu lassen um bestimmter politisch-gesellschaftlicher Verhältnisse willen" (Fischer 1981, 21).

Probleme bei der Gestaltung des Unterrichtsmaterials

7. Literatur

Arendt, Hannah 1994: Was ist Politik? München/Zürich

Baacke, Dieter 1985: Plädoyer für mehr Ironie. In: Ders. u. a. (Hrsg.): Am Ende – Postmodern? Next Wave in der Pädagogik. Weinheim/München, S. 190-214

Buber, Martin 1986: Über Charaktererziehung (Tel Aviv 1939). In: Reden über Erziehung. Heidelberg, S. 65-90

Duncker, Ludwig 1995: Mit anderen Augen sehen lernen. Zur Aktualisierung des Prinzips der „Mehrperspektivität". In: Die deutsche Schule, S. 421-433

Eisel, Stephan 1986: Minimalkonsens und freiheitliche Demokratie. Paderborn u. a.

Engelhardt, Rudolf 1968: Einübung kontroversen Denkens als Aufgabe politischer Bildung. Essen

FEYERABEND, PAUL 1980: Erkenntnis für freie Menschen. Frankfurt/M.

FISCHER, KURT GERHARD 1981: Konflikt als paedagogicum. In: Dedering, Heinz (Hrsg.): Konflikt als paedagogicum. Frankfurt/M./Wien, S. 17-25

GAGEL, WALTER 1995: Der Nahost-Konflikt als Aufgabe des kontroversen Denkens. Didaktische Überlegungen und Vorschläge zur Planung des Unterrichts in der Sekundarstufe II. In: Politische Bildung 1, S. 116-131 (Wiederabdruck aus Heft 1/1988)

GIESECKE, HERMANN 1976: Didaktik der politischen Bildung, 10. Aufl. München

GRAMMES, TILMAN 1996: Kommunikative Fachdidaktik. Opladen

HENTIG, HARTMUT VON 1995: Die Schule neu denken. 4. Aufl. München 1995

HILLIGEN, WOLFGANG 1961: Worauf es ankommt. In: Gesellschaft - Staat - Erziehung, S. 339-359

HILLIGEN, WOLFGANG 1987: Mutmaßungen über die Akzeptanz des Beutelsbacher Konsenses in der Lehrerschaft. In: Schiele, Siegfried/Schneider, Herbert (Hrsg.): Konsens und Dissens in der politischen Bildung. Stuttgart, S. 9-26

HILLIGEN, WOLFGANG 1991: Didaktische Zugänge in der politischen Bildung. Schwalbach/Ts.

KAHLERT, JOACHIM 1990: Alltagstheorien in der Umweltpädagogik. Eine sozialwissenschaftliche Analyse. Weinheim

KEIL, KLAUS 1976: Lernziel: Kontroverses Denken. Ein didaktisches Modell für den Politik-Unterricht (am Inhalt Arbeitsrecht). Essen

POPPER, KARL 1957/58: Die offene Gesellschaft und ihre Feinde, 2 Bde. Bern

PRENGEL, ANNEDORE 1995: Pädagogik der Vielfalt. Verschiedenheit und Gleichberechtigung in Interkultureller, Feministischer und Integrativer Pädagogik. Opladen

REINHARDT, SIBYLLE 1988: Kontroverses Denken, Überwältigungsverbot und Lehrerrolle. In: Gagel, Walter/Menne, Dieter (Hrsg.): Politikunterricht. Opladen, S. 65-73

REINHARDT, SIBYLLE 1989: Kontroversen in Wissenschaft, Politik und Unterricht. Hamburg

REITH, NORBERT/JAHN, KLAUS 1979: Zur Einübung kontroversen Denkens am Beispiel „Gemeinde". In: Politische Didaktik 1, S. 43-55

TENORTH, HEINZ-ELMAR 1995: Grenzen der Indoktrination. In: Drewek, Peter u. a. (Hrsg.): Ambivalenzen der Pädagogik. Weinheim, S. 335-350

WEHLING, HANS-GEORG 1977: Konsens à la Beutelsbach. In: Schiele, Siegfried/Schneider, Herbert (Hrsg.): Das Konsensproblem in der politischen Bildung. Stuttgart, S. 173-184

WEIẞENO, GEORG 1996: Was in den Sozialwissenschaften kontrovers ist, muß auch im Unterricht kontrovers dargestellt werden. Probleme bei der Umsetzung dieser Forderung. In: Schiele, Siegfried/Schneider, Herbert (Hrsg.): Reicht der Beutelsbacher Konsens? Schwalbach/Ts. 1996, S. 107-127

WILHELM, THEODOR 1973: Traktat über den Kompromiß. Zur Weiterbildung des politischen Bewußtseins. Stuttgart

ZIEHE, THOMAS 1991: Zeitvergleiche. Jugend in kulturellen Modernisierungen. Weinheim/München

Klaus-Peter Hufer

Schülerorientierung – Teilnehmerorientierung

1. Problemstellung – Herkunft

Schülerorientierung ist ein didaktisches Prinzip für den Sozialkunde- bzw. Politikunterricht in den Schulen; häufig wird der Begriff Schülerzentriertheit gebraucht. Zwischen „Orientierung" und „Zentriertheit" besteht nicht nur ein sprachlicher Unterschied, auch Ausmaß und Intensität der Bezugnahme auf die SchülerInnen bzw. der Dominanz des Lehrers weichen voneinander ab. Der Parallelbegriff in der Jugend- und Erwachsenenbildung heißt „Teilnehmerorientierung".

Schülerorientierung ist ein Konzept der emanzipatorischen Bildung

Hinter beiden Termini steht das politikdidaktische Konzept der emanzipatorischen Bildung. Diese hat Autonomie, Mündigkeit und Selbstbestimmung der Individuen sowie gesellschaftliche Mitbestimmung und demokratische Partizipation als Prämissen und politisch-pädagogische Zielideen.

Entwicklung in den 60er Jahren

Für Schule und Erwachsenenbildung entstanden emanzipatorische Vorstellungen von politischer Bildung vor allem in den ausgehenden 60er Jahren und wurden entscheidend beeinflußt von der Rezeption der Kritischen Theorie und der Reaktion auf die im Zusammenhang mit der Studentenbewegung/außerparlamentarischen Opposition aufgebrachten allgemeinen Demokratisierungsoptionen.

Der emanzipatorische Ansatz entfaltete sich weiter in den 70er Jahren. In der Erwachsenenbildung hat die Teilnehmerorientierung eine längere Geschichte. Die „Arbeitsgemeinschaft" war schon seit 1918 eines ihrer Leitprinzipien. Darunter ist in der Form eines Rundgesprächs ein „geordneter Erfahrungsaustausch Gleichberechtigter unter Leitung des Lehrers" (Eduard Weitsch 1926 nach Tietgens 1983, 13) zu verstehen.

Das kann auch als methodischer Auftrag für die Schulen gelten; darüber hinaus stellt sich die Frage nach der didaktischen Auswahl, der Entscheidung von Themen, Inhalt und

Stoff. Auch hierbei erfolgt eine Orientierung an den SchülerInnen bzw. TeilnehmerInnen.

Anspruch der Schülerorientierung

Die Vorstellung von der Schüler- bzw. Teilnehmerorientierung ergibt sich schlüssig aus dem emanzipatorischen Ansatz bzw. Anspruch, der hinter diesem Prinzip steht. Denn wenn Mündigkeit, Autonomie, Selbstbestimmung sowie selbstbewußte und kompetente politische Handlungsfähigkeit und -bereitschaft oberste Zielideen und grundlegende Bestandteile des dahinterstehenden Menschenbildes sind, dann wäre es widersprüchlich, emanzipatorischen Unterricht ausschließlich lehrer- oder referentenorientiert, also mehr oder weniger autoritär zu gestalten. Lernzielvorgaben und feste Curricula lassen sich nur schwer mit emanzipatorischen Ansprüchen vereinbaren (es sei denn, man ist von der Vorstellung überzeugt, das „richtige Bewußtsein" befinde sich stets beim Lehrer bzw. Referenten). Pointiert und im damaligen Jargon hat es Wilhelm Mader so zusammengefaßt: „Herr und Knecht etablieren sich curricular" (Mader 1975, 30).

2. Politische Bildung im Interesse der Schüler

Der entscheidende Vertreter und Verfechter einer Schülerorientierung im Unterricht war Rolf Schmiederer, Didaktiker für Sozialwissenschaften bzw. Sozialkunde in Gießen und Oldenburg.

Er hat zwei wichtige politikdidaktische Bücher geschrieben: „Zur Kritik der Politischen Bildung. Ein Beitrag zur Soziologie und Didaktik des politischen Unterrichts" aus dem Jahre 1971 und „Politische Bildung im Interesse der Schüler", das 1977 veröffentlicht wurde. Zwischen diesen Publikationen vollzieht sich eine Entwicklung – Walter Gagel spricht sogar von „zwei sehr verschiedenen Didaktiken" (Gagel 1994, 223) und bezeichnet Schmiederers, Weiter-, Um- oder Neuorientierung als eine „pragmatische Wende" (ebenda). Für den schülerorientierten Ansatz ist Schmiederers zweites Buch von besonderer Bedeutung.

2.1 Die „Pädagogisierung" der politischen Bildung

In den siebziger Jahren hatte sich zum einen die damalige politische Kontroverse innerhalb der Politikdidaktik voll entwickelt, zum anderen bestimmte im Zusammenhang mit der Curriculumtheorie die Lernzielorientierung die Diskussion um den politischen Unterricht/die politische Bildung. Gegen die „‚Curriculare Wende' der Fachdidaktik" (Schmiederer 1977, 22) und die mit ihr einhergehende Konditionierung und Fremdbestimmung der Schüler durch differenzierte Lernzielvorgaben setzt Schmiederer seine Überlegungen zu „eine(r) ‚Pädagogisierung' der politischen Bildung" (ebenda, 5). Der aus curricularen Überlegungen resultierenden „Bindungspädagogik" (ebenda, 44) stellt er seine Vorstellung vom „offenen" oder „schülerzentrierten" Unterricht entgegen. Damit meint er „jene Auffassung, die politischen Unterricht als eine Veranstaltung sieht, die dem Schüler die Chance bietet, sich durch die Erweiterung seiner Fähigkeiten eigene Vorstellungen von seiner gesellschaftlichen Umwelt zu machen, sich sein eigenes Urteil zu bilden usw., der Schüler also das Primäre, das Subjekt des Unterrichts ist" (ebenda, 46 f.).

Schmiederers Konzept der Schülerorientierung:

Dabei betont er ausdrücklich den „kritischen" Ansatz seiner Konzeption: nämlich „Aufklärung ohne Tabus … als der Basis eines eigenen Urteilsvermögens, eigener Zielentscheidungen und selbstgewählter Handlungsintentionen" (ebenda, 81). Schmiederer bleibt der bereits in seinem früheren Buch dezidiert vorgestellten Emanzipationspädagogik verbunden, wobei er nun auf normative Vorgaben verzichtet und an ihre Stelle ein mit dem „Prinzip Hoffnung" versehenes optimistisches Menschenbild setzt. „Die Hoffnung nämlich, daß aufgeklärte, d. h. politisch bewußte und urteilsfähige Menschen in Kenntnis ihrer direkten und ihrer allgemeinen Interessen und aufgrund eigener, im Verständnis historischer Entwicklungen entwickelter Wertmaßstäbe und durch Selbstreflexion – also ohne Propaganda und ohne Manipulation – zu ‚richtigem' Urteilen und politisch wie moralisch guten Handlungsintentionen finden. Wer diese Hoffnung nicht teilt, der ist gezwungen, den Schülern ‚das Richtige beizubringen' – ihnen also die Freiheit eige-

– Auflärung ohne Tabus

– Ermöglichung eigener Meinungs- und Willensbildung

ner Meinungs- und Willensbildung vorzuenthalten" (ebenda, 88 f.). Schülerzentrierung meint einmal Selbstbestimmung und Selbstverantwortung im Lernprozeß selbst und bezieht sich zum anderen auf die Auswahl der Themen des Unterrichts: „Ausgangspunkt und Inhalt für den politischen Unterricht sind die reale Existenz und die konkrete Lebenssituation der Schüler, d. h. seine Existenz als Kind, Jugendlicher, Arbeiterkind, Mittelstandskind, angehender Arbeiter (oder Arbeitsloser), Geschlechtswesen usw. … Aus den Erfahrungsbereichen des Schülers werden vordringlich solche Probleme als Unterrichtsgegenstand ausgewählt, die für das Leben des Schülers (jetzt oder später; am besten: jetzt und später) besondere Bedeutung haben und die Problemdruck (Leid) ausüben… Das Prinzip ‚Betroffenheit' wird konstitutiv für die Organisation von Unterricht" (ebenda, 109).

– Selbstbestimmung und Selbstverantwortung

2.2 Probleme beim schülerzentrierten Unterricht

Trotz des unmittelbar demokratischen Anspruchs kollidiert der schülerzentrierte Ansatz in der Realität mit den Motivationsproblemen der SchülerInnen beim Politikunterricht. Dazu Schmiederer: „Das zentrale Problem jedes schülerzentrierten Unterrichtens lautet: Wie kann das - oft schon im Elternhaus, häufiger aber im Laufe der zurückliegenden Schulzeit - teilweise oder weitgehend verdrängte Bedürfnis an Selbsterkenntnis und an Aufklärung über die eigene Lebenssituation reaktiviert werden? Wie kann verlorene Neugier, unterdrücktes Fragen wieder (neu) erweckt werden?" (Ebenda, 124)

Probleme der Schülerorientierung:

Zur Problembewältigung schlägt Schmiederer vor, die Lernenden selbst mehr und besser zu berücksichtigen. Er nennt dafür drei Voraussetzungen:

- „die Schüler und ihre Lebenssituation kennen" (ebenda, 125),
- „die Schüler und ihr Verhalten in der Schule kennen" (ebenda, 127),
- „die Beziehung der Schüler zum Thema (Inhalt) des Unterrichts kennen" (ebenda, 129).

– Wissen des Lehrers über die persönliche Lebenssituation der Schüler

In der Quintessenz bedeutet dies, daß LehrerInnen am Anfang ihrer didaktischen Reflexionen die sozialen und schichtenspezifischen Besonderheiten ihrer SchülerInnen, deren Sozialisationsbedingungen, die Lernvoraussetzungen, das Binnenklima in der Lerngruppe sowie das Vorwissen und die Voreinstellungen der SchülerInnen zum vorgesehenen Unterrichtsthema erfahren, eruieren und bedenken sollten. Dennoch wird der Unterricht keineswegs widerspruchsfrei vonstatten gehen können. Schmiederer weist auf eine Reihe von „Blockierungen und Problemen" (ebenda, 131) hin:

1. „Widersprüche zwischen einzelnen Elementen und Aspekte des schülerzentrierten Unterrichts" (ebenda). So kann es durchaus sein, daß die SchülerInnen „in Wahrnehmung der ihnen zugestandenen Mitbestimmung die Behandlung von Themen (verlangen), die von ihrer eigenen Lebenswelt weit entfernt sind, um sich so gegen jede ‚Betroffenheit' abzuschirmen" (ebenda). Oder: „Die Schüler fordern – in Anpassung an den üblichen – einen Unterricht, bei dem die Vermittlung von systematischem Wissen im Vordergrund steht" (ebenda, 132). Für die Lösung solcher Widersprüche könne es keine allgemein gültigen und abstrakten Regeln geben. Schmiederer empfiehlt, dieses Problem selbst zum Thema einer Unterrichtseinheit zu machen.

   – Akzeptanz seitens der Schüler der eigenen sozialen Lage

2. „Zu große Unterschiede zu Erwartungshaltungen und Gewohntem" (ebenda, 133).
   Bei dieser möglichen Blockade verweist Schmiederer auf die in der Primärsozialisation aufgebauten Verhaltensdispositionen und die in einer rigid leistungsorientierten Schule erfahrene autoritär-fremdbestimmte Unterrichtsführung, an die sich die SchülerInnen gewöhnt haben. Die entsprechenden Erwartungshaltungen können im Widerspruch zu einem schülerzentrierten Unterricht stehen, daher muß der Lehrer/die Lehrerin diese kennen und zentral berücksichtigen. Schmiederer schlägt vor, „daß der Lehrer die Schüler nicht mit einer großangekündigten neuen Intention ‚überfällt' – das würde verängstigen …" (ebenda, 134). Notwendig sind vielmehr Behutsamkeit und schrittweise Realisierung bei der Umsetzung des schülerzentrierten Unterrichts.

   – Passive Erwartungshaltung der Schüler

3. „Verunsicherung und Belastung statt Stabilisierung" (ebenda, 135).

Bei der Primärsozialisation kann es zur Verinnerlichung von autoritären Fixierungen kommen. Wenn nun das Prinzip Betroffenheit angewandt wird - „ein unverzichtbares Element des schülerzentrierten Unterrichts" (ebenda, 136) -, dann kann dies zu Belastungen des Schülers und zugleich zum Hindernis für den Unterricht führen. Denn das Prinzip Betroffenheit kann eine „Entstabilisierung der Persönlichkeit durch Verunsicherung" (ebenda) mit sich bringen. Schmiederer schlägt vor: „Grundsätzlich gilt die Faustregel, daß jeder durch das Lernen entstehenden Verunsicherung ein Äquivalent an Förderung von Ich-Stärke und Selbstbewußtsein gegenüberstehen muß. So notwendig für den Lernprozeß eine partielle Verunsicherung ist, so wichtig sind in den Lernprozeß eingelagerte Phasen der Stabilisierung und Verstärkung!" (Ebenda, 136 f.).

– Verunsicherung der Schüler

4. „Heterogene Lerngruppen als Hindernis und die Benachteiligung von Arbeiterkindern" (ebenda, 138).
Dieses Problem stellt sich auf den einzelnen Schulstufen und in den Schulformen verschieden. Schmiederer empfiehlt als eine Möglichkeit der Gegensteuerung die Gruppenarbeit. Nur unter ihrer Einbeziehung „besteht die Chance, kooperatives und solidarisches Arbeiten zu erlernen" (ebenda, 142) und ein ausgleichendes sozial-emotionales Klima herbeizuführen.

– Heterogenität der Schulklasse

5. „Überforderung des Lehrers durch schülerzentrierten Unterricht" (ebenda, 143).
Ein schülerzentrierter Unterricht „stellt … größere pädagogische Anforderungen an den Lehrer … Darüber hinaus wird von ihm große pädagogische und psychologische Sensibilität erfordert, weil der schülerzentrierte Unterricht ‚hautnahe' Probleme der Schüler aufgreift, die in persönliche Diskriminierungen, Verunsicherungen, psychische Belastungen oder gar traumatische Schädigungen einmünden können, sofern nicht Verfremdungen in der Präsentation bzw. Hilfen und Sicherungen für die Lösung von Individual- oder Gruppenproblemen gewählt bzw. gegeben werden" (ebenda, 143).
Dieses höhere Engagement muß der Lehrer/die Lehrerin verbinden mit dem Abbau der „althergebrachte(n) formale(n)

– Pädagogische Kompetenz des Lehrers

Distanz" (ebenda, 143), die er/sie traditionellerweise zu den SchülerInnen hat.

Gerade der letzte Punkt zeigt, daß einige dieser Blockierungen und Probleme, die Schmiederer beschreibt, mittlerweile, zwanzig Jahre später, relativiert worden und nicht mehr so manifest sind. Daraus könnte gefolgert werden, daß die demokratischen Intentionen des schülerorientierten/-zentrierten Unterrichts mittlerweile wenigstens partiell Wirklichkeit geworden sind. Diese optimistische Interpretation kollidiert jedoch mit der Tatsache, daß die Leistungsorientierung der Schulen eher zudenn abgenommen hat. Daher bleibt die Vorstellung von der Schülerorientierung/-zentrierung nach wie vor aktuell.

3. Teilnehmerorientierung in der Erwachsenenbildung

Bei der Erwachsenenbildung stellt sich das paradoxe Problem, zur Emanzipation durch lernzielorientierte Bildungsprozesse zu verhelfen, noch dringlicher. Denn Erwachsene kommen in der Regel freiwillig zu Bildungsveranstaltungen, und Kompetenz und Autonomie, die sie mit- und einbringen, sind schon aufgrund ihrer längeren Lebensgeschichte üblicherweise größer als die von SchülerInnen. Von Erwachsenen kann erwartet werden, daß sie ihre Bildungsinteressen selbst definieren können. Daher sollte Teilnehmerorientierung in der Erwachsenenbildung ein unstrittiges pädagogisches Prinzip sein.

Verschärfung der Probleme in der Erwachsenenbildung

Sie wird auf zwei Ebenen realisiert: der makro- und der mikrodidaktischen. Die erste ist die Ebene der Planung der Bildungsprogramme und Veranstaltungen. Die PlanerInnen in der Erwachsenenbildung sind von der Akzeptanz der Adressaten/Adressatinnen ihrer Bildungsarbeiten abhängig. Ohne diese können sie keine Programme realisieren. Daher gehört zur Planungsarbeit die genaue Erkundung der Lebenswelt, des Bildungsbedarfs und der Bildungsinteressen der Menschen im Einzugsbereich bzw. Adressatenkreis.

Die zweite Ebene, die mikrodidaktische, meint das unmittelbare Kursus- bzw. Seminargeschehen. Bei der didaktischen Strukturierung der Veranstaltung beziehen teilnehmerorientierte KursusleiterInnen die Erwartungen, Lebens- und Lernerfahrungen der mit ihnen gemeinsam arbeitenden Erwachsenen ein. Dann bestimmen die lernenden und teilnehmenden Erwachsenen im Diskurs mit dem Kursleiter / der Kursleiterin die Lernziele und Lerninhalte weitgehend selbst (offenes Curriculum).

Erweiterung der teilnehmerorientierten Didaktik:

Die Vorstellung von der Teilnehmerorientierung hat – in der zeitlichen Entwicklung – drei Erweiterungen bzw. Nuancierungen erfahren, und zwar durch
a) die Zielgruppenorientierung
b) den Deutungsmusteransatz
c) die Kundenorientierung.

Ad a) Die *Zielgruppenorientierung* wurde verstanden als eine Möglichkeit, die Ansprache der AdressatInnen durch das Anknüpfen an deren „Betroffenheit" zu verbessern.

– Zielgruppenorientierung

Zielgruppen sind durch homogene soziale und situative Merkmale zu kennzeichnen. Es geht darum, durch politische Bildungsarbeit die Lebensumstände der Mitglieder von Zielgruppen positiv zu verändern, und zwar durch gemeinsames Handeln. In der jüngeren Erwachsenenbildungsdiskussion hat der Begriff „Zielgruppe" einen starken Klienten- oder Marketingcharakter angenommen und die ursprüngliche radikaldemokratische Option verfremdet.

– Deutungsmusteransatz

Ad b) Beim *Deutungsmusteransatz* ist wichtig, „wie sich in den Köpfen die Welt malt" (Tietgens 1983, 41). Wie definieren, interpretieren und strukturieren erwachsene Individuen ihre Lebens- und Handlungszusammenhänge? Die konstruktivistische Grundannahme von der je individuellen Übernahme und Verarbeitung von kollektiven oder subkulturellen Überlegungen, Anstrengungen oder Sinnstiftungen, die anleitend für die eigene Lebenspraxis wird, hat weitgehende Auswirkungen sowohl auf die makro- als auch auf die mikrodidaktische Arbeit. Denn „sowohl bei der Planung als auch im Unterricht ... wird an ihm (dem Erwachsenenbildner, KPH) Einfühlungsvermögen verlangt, die Sensibilität, das ‚anders Ausgemalte' situativ zu erfassen" (ebenda, 41).

– Kundenorientierung

Ad c) Neuerdings wird Weiterbildung sehr stark nach qualifikatorischen und ökonomischen Kategorien bemessen. Im

Zusammenhang mit der verbreiteten Diskussion um die Qualitätssicherung in der Weiterbildung (Norm ISO 9000 ff.) ist auch auf breiter Front eine Abkehr von pädagogischen Ambitionen und politisch-pädagogischen Zielvorstellungen eingetreten. Anstelle der Teilnehmerorientierung wird demzufolge über *Kundenorientierung* diskutiert (siehe Informationen 1995). Skeptiker und Kritiker dieser bildungspolitischen Entwicklung sehen in dieser verbalen Umorientierung eine Bestätigung dafür, daß Erwachsenenbildungsangebote zur Ware geworden sind. In der Tat sind die neueren, auf Absatz des „Produktes Bildung" bezogenen Bemühungen von den emanzipatorischen Absichten und Demokratisierungserwartungen echter Teilnehmerorientierung weit entfernt.

4. Kritik

Grundlegende Kritik des Konzepts

Die didaktische Konzeption der Schüler- bzw. Teilnehmerorientierung fördert zweifelsfrei die Legitimation des Unterrichts bzw. der Programmplanung, auch motiviert sie die Lernenden, sich mit Inhalten und Themen engagierter auseinanderzusetzen. Und schließlich ist sie die konsequente Umsetzung emanzipatorischer und demokratischer Ansprüche auf die Didaktik. Dennoch gibt es eine Reihe von kritischen Einwänden und Fragen:

- Inwieweit kann das Konzept der notwendigen Vermittlung von systematischen Informationen, Stoff und Wissen gerecht werden?
- Inwiefern genügt es dem Anspruch, Schule müsse auch zur Allgemeinbildung verhelfen?
- Besteht möglicherweise die Tendenz, daß nur unmittelbare Erfahrungen und Betroffenheiten die Konzeption in der politischen Unterrichts- bzw. Programmplanung einer Erwachsenenbildungseinrichtung bestimmen?
- Können subjektivistische, ausschließlich im Alltag und in der unmittelbaren Lebenswelt verhaftete Standpunkte zugunsten höherer Reflexivität verlassen werden? Wie soll das geschehen ohne Fremdbestimmung durch andere (Teilnehmer oder Lehrer/Referenten)?

- Müssen nicht auch Dinge gelernt werden, die nicht auf das unmittelbare Interesse der Teilnehmer stoßen?
- Entsprechen die dem Schüler bzw. Teilnehmer unterstellten Fähigkeiten bzw. Voraussetzungen auch der Realität?
- Wie ist zu verhindern, daß das Prinzip Schüler- oder Teilnehmerorientierung durch die Dominanz einzelner besonders artikulationsstarker und durchsetzungsfähiger Schüler/Teilnehmer konterkariert wird?
- Steht nicht die Tatsache, daß der pädagogische Mitarbeiter „Beauftragter" einer Institution, „mit einem Auftrag ausgestattet" ist (Mader 1979, 126), in einem zumindest latenten Widerspruch zum teilnehmerorientierten Ansatz? Und auf die Schule bezogen: Wie verträgt sich der Anspruch von der Schülerorientierung mit der Gegebenheit, daß die Leistungen im Unterricht letztendlich vom Lehrer (und nur von ihm) benotet werden?

Schüler- bzw. Teilnehmerorientierung verlangt eine Modifikation des Bildungssystems

Diese skeptischen Fragen weisen auf einen zentralen Umstand hin: Schüler- bzw. Teilnehmerorientierung konsequent verwirklicht setzt eine andere Organisations- und Kommunikationsstruktur im Bildungssystem als die derzeit hierarchische voraus. Aber wie sollte diese verändert werden – wenn nicht durch dezidierte Interessensäußerungen derjenigen, an die sich Schule und Erwachsenenbildung richten?

5. Literatur

GAGEL, WALTER 1994: Geschichte der politischen Bildung in der Bundesrepublik Deutschland 1945-1989. Zwölf Lektionen. Opladen

INFORMATIONEN WEITERBILDUNG IN NORDRHEIN-WESTFALEN 4/1995, S. 15-26

MADER, WILHELM 1975: Didaktik contra Curriculum? Überlegungen zu einer didaktischen Theorie der Weiterbildung. In: Materialien zur politischen Bildung, Nr. 3, S. 27-31

Mader, Wilhelm 1979: Adressatenbezug: Formel für einen notwendigen Konflikt? In: Volkshochschule im Westen, Nr. 3, S. 125-128

SCHMIEDERER, ROLF 1971: Zur Kritik der Politischen Bildung. Ein Beitrag zur Soziologie und Didaktik des politischen Unterrichts. Frankfurt/M./ Köln

SCHMIEDERER, ROLF 1977: Politische Bildung im Interesse der Schüler. Köln/ Frankfurt/M.

TIETGENS, HANS 1983: Teilnehmerorientierung in Vergangenheit und Gegenwart. Frankfurt/M.

Sibylle Reinhardt

Handlungsorientierung

1. Sinn und Begriff

In den letzten Jahren ist auch in der Fachdidaktik das Prinzip der Handlungsorientierung rezipiert worden. Sie ist sogar ein Hoffnungsträger: Sie soll helfen, aus totem Unterricht eine lebendige, sinnvolle Veranstaltung zu machen; sie soll entfremdetes Lernen in eine Sache der Subjekte verwandeln sowie auch das Motivationsproblem beseitigen.

Drei Dimensionen der Handlungsorientierung:

– Real

Es werden häufig drei Gruppen von Verfahren unterschieden, die Handlungsorientierung ausmachen (so Klippert 1991, 13 - siehe Anhang):

a) Reales Handeln betrifft die außerschulische Realität und die innerschulische „reale" Realität (also nicht Unterricht, sondern die Mitbestimmung der Schüler am Schulleben). Hier geht es z. B. um Erkundungen und Arbeit an der Schülerzeitung.

– Simulativ

b) Simulatives Handeln holt außerschulische Realität durch Als-Ob-Handeln in den Unterricht. Hier geht es z. B. um Rollenspiel und Zukunftswerkstatt.

– Produktiv

c) Produktives Gestalten bedeutet die Verwandlung von Wissensaufnahme bzw. -abgabe in aktive Aufgabengestaltung. Statt Auswendiglernen und Abfragen können z. B. eine Tabelle erstellt oder eine Konfliktsituation erörtert werden.

Dieses Konzept gibt lohnende konkrete Anregungen für den Unterricht. Überraschend ist allerdings, daß in den gängigen Verfahrensaufzählungen das zentrale Element jeden Unterrichts und jeder menschlichen Verständigung fehlt - das Gespräch. Dies hängt wohl damit zusammen, daß das Prinzip der Handlungsorientierung i. d. R. gegen das bloße „Reden über etwas" gerichtet wird, bei dem tatsächlich die Gefahr besteht, daß die Distanz der Lernenden zum Gegenstand den Lernprozeß behindert.

Der Begriff „Handlungsorientierung" ist problematisch.

Begriffsproblem:

„Handeln" bedeutet nach Max Weber (Wirtschaft und Gesellschaft, § 1) ein menschliches Verhalten, mit dem der/die Handelnde einen subjektiven Sinn verbindet; „soziales Handeln" ist darüber hinaus auf das Handeln anderer bezogen. „Handeln" ist also nach der soziologischen Definition alles: Es kann monologisches Schweigen sein, und es kann auch – didaktisch gesehen – unsinniges Handeln sein. Zielvorstellungen sind im Begriff nicht mitgedacht (dies gilt auch für andere didaktische Prinzipien); aber auch die soziale Form des Handelns ist nicht bezeichnet, so daß der Begriff ziemlich offen und leer ist. Die Begriffsklärung könnte m. E. durch die Präzisierung als „Lernen in Interaktion" erfolgen:

– Mehrdimensionales Lernen

1. Die Tätigkeit des lernenden Subjekts in handlungsorientiertem Unterricht wird gekennzeichnet als „Aktivität, Handeln, Selbständigkeit" (Gudjons 1989, 19), als „Eigentätigkeit und Unmittelbarkeit" (ebenda), als „Erkenntnis und Tätigkeit, Aneignung und Lernen" (ebenda, 35). An die Stelle von Rezeption soll auch Produktion treten; der Lernende soll Ko-Produzent, Ko-Konstrukteur des Lernprozesses sein; er soll lebhaft, lebendig sein. Häufig sind die umfassenden Begriffe wie „Leben" oder „Ganzheitlichkeit" auf die Person des Lernenden bezogen. Das meint dann, daß nicht bestimmte Dimensionen des Lernens (kognitiv, affektiv, pragmatisch, instrumentell, moralisch, sozial, politisch u. a. m.) privilegiert werden dürfen.

– Orte des Lernens

2. Die Unterscheidung der drei Ebenen Person – Institution – System (oder: Individuum – Gruppe – Gesellschaft) macht es möglich, den Ort des Lernens zu bezeichnen: Findet das Lernen in der Einzelperson statt oder in der Interaktion von Personen in einer Institution oder im Austausch von Personen/Gruppen mit der äußeren Welt? Offensichtlich verbirgt sich in „Handlungsorientierung" jede dieser Möglichkeiten oder auch ihre Kombination, so daß jeweils eine nähere Bestimmung möglich wäre.

– Beteiligung am Lernen

3. Ein drittes Element der Definition ergibt sich aus der Möglichkeit, daß zwischen Lehrer und Schülern eine Verständigung über Ziele und Verfahren des Unterrichts stattfinden kann oder soll. Selbständigkeit, Aktivität, Kooperation, Kom-

munikation, Produktivität und Verantwortung (vgl. Gudjons) haben hierbei die Bedeutung politisch-demokratischer Propädeutik.

„Lernen in Interaktion" als idealtypischer Begriff (der also erst einmal der Beschreibung dient und nicht automatisch ein normatives Konzept abgibt, wodurch die Analyse moralisch entlastet wird; vgl. Max Weber 1904) besteht aus drei in sich komplexen Elementen:

Lernen in Interaktion:

1. Die Tätigkeit der Lernenden umfaßt mehrere Dimensionen des Handelns der Person (kognitiv, emotional, pragmatisch, sozial, moralisch, politisch; methodisch, kognitive Strukturen aufbauend; erinnernd, vergewissernd, planend; sich nähernd, sich entfernend u. a. m.) und ist insofern ganzheitlich.

– Ganzheitlich

2. Die Lernenden sind auf mehreren Ebenen der Realität tätig (Person – Gruppe/Institution – Gesellschaft) und sind insofern wirklichkeitsnah.

– Wirklichkeitsnah

3. Die Lernenden bestimmen Inhalt und Prozeß des Lernens mit (Themenwahl, Verfahren, Unterrichtsablauf, Produktion); insofern ist der Lernprozeß demokratisch.

– Demokratisch

Der Bildungssinn des Unterrichts ist – und dies wird durch das Prinzip selbst nicht mit ausgewiesen – die Veränderung des Lernenden als Person, was auch für das Gemeinwesen von zentraler Bedeutung ist. Die Richtung der Änderung muß als Ziel gerechtfertigt werden können (wofür sozialwissenschaftliche Gegenwartsanalysen unerläßlich sind). Die bloße Reproduktion von Realität (die ja inhuman sein kann) im Unterricht genügt nicht.

2. Politisches Lernen in der Schule oder in Bewegungen?

Das Prinzip „Handlungsorientierung" formuliert Aspekte, die schon früher diskutiert worden sind, so bei der Frage nach dem Lernen in der Aktion bzw. in politischen/sozialen Bewegungen (Giesecke 1970; van Dick 1986). Die Untersuchung zeigt die Komplementarität in der Leistungsfähigkeit der unterschiedlichen Lernorte (vgl. Reinhardt 1989).

Voraussetzungen der politischen Bildung:

– Handlungs-entlastet

– Repräsentativ

Politische Bildung findet in der öffentlichen staatlichen Schule positive strukturelle Voraussetzungen vor:

1. Es muß nichts verkauft werden, weder für Geld (auf dem Markt) noch für Stimmen (bei der Wahl). Die Notwendigkeit strategischen Handelns ist relativ gering; die Lernenden können sich dem Zwang des zwanglosen Arguments widmen und können sich in der Auseinandersetzung revidieren. Die Notwendigkeit des Siegens über andere muß nicht gegeben sein, denn Bildung ist kein Null-Summen-Spiel (hier können alle gewinnen – die sog. Normalverteilung in einer Zensurenskala ist ein unpädagogischer Fetisch).
2. Die häufig heterogene Schülergruppe repräsentiert mit einiger Wahrscheinlichkeit die verhandelten gesellschaftlichen Kontroversen. Das bedeutet: Wir sind uns nicht einig und können das auch nicht unterstellen. Wir müssen uns auch nicht an Vor-Entscheidungen halten (wie als Mitglied von Gewerkschaft, Partei, Kirche etc.). Die Freiheit von Gruppenloyalitäten gibt dem Probieren freie Räume.

Aber auch:

– Abstrakt

– Mühsam

– Verunsichernd

Strukturelle Schwierigkeiten des Lernorts Schule sind die Kehrseite der Medaille:

1. Es gibt nichts zu verkaufen, weder für Geld noch für Karriere. Die Gratifikation ist Bildung, also Selbst-Entfaltung und Befähigung zur Verantwortlichkeit. Selbst die Qualifikation der Berufstauglichkeit ist wegen der zeitlichen und räumlichen Distanz abstrakt. (Über die Zensurengebung ist die Schule mit den motivationalen Mechanismen der Wirtschaftsgesellschaft zwar verknüpft, aber doch nur sehr indirekt.)
2. Es ist alles sehr mühsam: Theoretisch-wissenschaftliche Aufarbeitung geht nicht bruchlos und spontan aus Erfahrungen hervor. Zwar bietet das eigene Leben die Grundlage und den Sinn für die wissenschaftsbezogene Beschäftigung, aber Lernen bedarf der didaktischen Übersetzungen (vgl. auch Grammes 1995, 13) und wird auch dann nicht leicht und mühelos.
3. Neben die Mühsal tritt die Verunsicherung. Die anderen Lernenden haben auch plausible Argumente und Interessen; selten gibt es Lösungen, die kognitiv (wegen ihrer Klarheit und Stringenz) oder emotional (wegen ihrer Zuwendungsqualität) alle gleichermaßen überzeugen.

4. Die Handlungsentlastung des Schulunterrichts beläßt ihn meist in der Sphäre des Betrachtens, denn die gemeinsame Aktion (die nicht immer den Sieg, aber fast immer das Gruppenerlebnis bringen kann) fehlt meist.

– Eher anschauend

Hermann Giesecke hat schon 1970 die didaktischen Implikationen von Aktionen der außerparlamentarischen Opposition und die Eignung von Schule für politisches Handeln untersucht und sein Ergebnis in der „unangenehmen Erkenntnis" zusammengefaßt, „daß die Situation der politischen Aktion eine extrem schlechte Lernsituation ist und daß umgekehrt das didaktisch organisierte Lernfeld eine extrem schlechte politische Handlungssituation ist" (Giesecke 1970, 21). Die unterschiedlichen Lernorte zeigen komplementäre Probleme:

Eignung der Schule für politisches Handeln

Probleme politischen Lernens in Lern-Institutionen	*Probleme politischen Lernens in Initiativen/Bewegungen*
Keine Handlungsorientierung	Begrenzung auf die Perspektive der eigenen Gruppe
Wenig Lebensbezug	Wenig Erwerb differenzierter Sachkompetenz
Entfernung vom Lern-Subjekt	
Zu systematisch, zu sach-/gegenstandsorientiert	Wenig Anreiz zur Mühe intellektuellen Arbeitens
Langeweile	Kurzatmigkeit

Lernen in Institutionen und Initiativen

Komplementarität der Probleme und Chancen in den unterschiedlichen Lernorten bedeutet didaktisch, daß die Qualität des Lernens in der einen Struktur mit der Qualität des Lernens in der anderen Struktur vermittelt werden müßte. Kein Lernort kann den anderen ersetzen, sondern Kooperation und Kompensation sind nötig (vgl. auch Schirp 1988, 205).

Die Beziehung der Lernorte zueinander kann gefördert werden. So können Initiativen (zum Beispiel mit der Hilfe von Volkshochschulen) ihren Gegenstand systematisieren. Und Schule kann die Erfahrungen und Interessen der Schüler und Schülerinnen aufgreifen, stützen und anregen.

Das Prinzip der Handlungsorientierung verklammert im günstigen Falle die Ebene des (Probe-)Handelns - z. B. im Rollenspiel - mit der handlungsentlasteten Ebene der Reflexion, auf der Analysen, Bewertungen, Alternativsichten zur Sache und Meta-Betrachtungen zum Arbeitsprozeß und seiner Bedeutung für die Subjekte erfolgen (können). „Die Auswertungsphase ist die Achillesferse handlungsorientierter Unterrichtskonzepte!" (Grammes 1995, 8)

3. Ein Beispiel für handlungsorientierten Unterricht

Beispiel Gesetzerarbeitung

Ein Beispiel für die Verflüssigung von Institutionenkunde ist die aufgabenorientierte Aktion (z. B. „Wir wollen ein Gesetz!"). Dabei wird eine allgemeine Struktur von handlungsorientiertem Unterricht (Wunschphase - Planungsphase - Arbeitsphase - evtl. Aktionsphase) durch die Schüler und Schülerinnen konkretisiert (im Beispiel war es eine 10. Klasse, die ein Gesetz gegen Ausländerfeindlichkeit in der Bedeutung von Körperverletzung entwarf, prüfte und propagierte (vgl. Reinhardt 1995).

Beispiel Politikbegleitung

Detjen hat 1994 zum Problem des Zusammenlebens von Ausländern und Deutschen in ihrer Stadt (Buxtehude) seine Schüler und Schülerinnen in eine Auseinandersetzung verwikkelt, die er treffend als „politikbegleitender Politikunterricht" bezeichnet. In der Struktur der Fallstudie (Konfrontation - Information - Exploration - Entscheidung mit Begründung - Vergleich mit der Realität) entfaltete sich die Beschäftigung der Lerngruppe mit einem Bürgergutachten folgendermaßen:

1) Angestoßen durch einen Artikel in der örtlichen Presse fand die Begegnung mit dem Problem als Lektüre des Bürger-Gutachtens und Diskussion des Demokratie-Modells (allg. zur Planungszelle vgl. Dienel 1991) statt. Mir scheint, die thematische Einengung (Problem ist das Gutachten, nicht das Realitätsproblem) war eine Bedingung des Erfolges.
2) Informationen waren zur Analyse der Forderungen des Gutachtens nötig, z. B. zur Frage der Zuständigkeiten. So fielen gar nicht alle Forderungen in die Kompetenz der Stadt, an die sich das Gutachten wandte. Die Lernenden agierten in

dieser Phase bereits in den Rollen, die sie später - in einer simulierten Sitzung des Gemeinderates - verkörpern würden. Zur Klärung von Fragen trugen Experten bei, die in den Unterricht eingeladen wurden.

3) Die verschiedenen Fraktionen formulierten arbeitsteilig zu einigen Forderungen des Bürgergutachtens Beschlußvorlagen für die Sitzung des Stadtrates. (Die Mühsal des Prozesses im Unterricht nicht nur in diesem Punkt lese man bei Detjen nach.)
4) Die vom (echten) Bürgermeister der Stadt geleitete simulierte Ratssitzung war der „Höhepunkt des gesamten Vorhabens" (Detjen 1995, 222).
5) Zum Abschluß der Reihe besuchten die Schüler und Schülerinnen die Sitzung des Rates der Stadt Buxtehude, in der über die Forderungen des Bürgergutachtens beraten und beschlossen wurde. Die reale Realität konnte also mit der simulierten Realität verglichen werden, wodurch sich für beide Realitäten die Chance und Notwendigkeit der distanzierteren Reflexion ergab.

Fazit des Projektes

In der Schilderung der Struktur und der Durchführung wird deutlich, daß der kognitive Gewinn der Lernenden (Wissen und Einsichten) erheblich war und daß sie auf der pragmatischen Ebene (methodische Erarbeitung und Darstellung) und wohl auch auf der emotionalen Ebene (Empathie, Konflikttoleranz) lernten. Das Unternehmen konnte nur gemeinsam gelingen, so daß die Interaktion in der Gruppe ablief. Schließlich war das Tun nach außen gerichtet und hat u. U. die Diskussion im Stadtrat selbst beeinflußt. In dieser Hinsicht war der Prozeß ein politischer in einem politischen Gefüge mit politischem Inhalt. Alle drei Ebenen von „Lernen in Interaktion" wurden realisiert; Ziele und Gegenstand waren fachlich und normativ (Demokratie-Lernen) gerechtfertigt.

4. Nachwort

Dieses Beispiel zeigt, daß Handlungsorientierung nicht bedeutet, lediglich an spontanen Erfahrungen und Bedürfnissen anzuknüpfen, oder daß lediglich bloßes Tun oder bloße Spielerei

Didaktisches Verständnis von Handlungsorientierung

ablaufen. Die Verknüpfung dieser Dimension mit Verarbeitung, Distanzierung, Reflexion, also Kognitivierung und Bewertung macht Handlungsorientierung in einem didaktischen Verständnis aus (vgl. auch Grammes 1995; Ramsegger 1993; Kemper 1993).

Das Beispiel zeigt ebenfalls, daß ein umfassendes Konzept von Handlungsorientierung im Alltag eher die Ausnahme darstellt. Realistischer für Standardsituationen ist es, einzelne Elemente des Konzepts zu nutzen (z. B. die Wunsch-Phase oder die Veröffentlichung als Entäußerungsweg).

Konkrete Bedingungsanalyse

Die theoretische Unklarheit des Prinzips bleibt bestehen – dies verweist auf die konkrete Bedingungsanalyse als Prüfverfahren für die Angemessenheit der Verfahrenswahl für den Unterricht. „Sinnhaftes Handeln" bedeutet nicht für jeden Menschen dasselbe. Den einen Schüler (und vielleicht auch diese Lerngruppe) involviert und fördert die Lektüre von Popitz' „Prozesse der Machtbildung", den anderen involviert und fördert die Zukunftswerkstatt „Industriegesellschaft" – und wechselseitig erklären sie vielleicht das andere Tun für trokken/ öde/ umständlich/ fruchtlos (zur Zukunftswerkstatt vgl. Schäfer/ Strotmann 1991, 1992).

Differenzen anerkennen

Differenzen bestehen und haben – wenn sie für Lernprozesse relevant sind – ein Recht auf Anerkennung. Die in der Literatur zu beobachtende Ferne des Prinzips der Handlungsorientierung zum Gespräch (vgl. die Karikatur vom Unterrichtsgespräch bei Hilbert Meyer 1987, 283 ff. und die Distanz bei Klippert 1988, 77 sowie die undifferenzierte Operationalisierung bei Hage u.a. 1985) mag zu verstehen sein aus bestimmten Erfahrungen, eine Lösung didaktischer Probleme ist sie aber nicht.

Didaktische Prinzipien

Didaktische Prinzipien sollten m.E. nicht gegeneinander ausgespielt werden, was immer dann leicht passiert, wenn ein Konzept mit Hoffnungen überfrachtet wird. Die Orientierung an Wissenschaft und – im Falle des Ziels der Studierfähigkeit – die Beförderung von Wissenschaftspropädeutik sind einer modernen Gesellschaft inhärent. Damit z. B. die Lektüre der „Erlebnisgesellschaft" (Schulze 1992) und der Austausch darüber zum Erlebnis werden können, sind umfängliche Lernprozesse nötig.

Mein Plädoyer für Handlungsorientierung im Sinne von Lernen in Interaktion hat die Bereicherung unterrichtlicher Strategien und didaktischer Reflexionen zum Ziel, aber nicht die Zurückweisung anderer Konzepte als unfruchtbar und unzumutbar.

Anhang: Handlungsorientierter Politikunterricht (Klippert)

Reales Handeln	Simulatives Handeln	Produktives Gestalten
Erkundungen, Praktika	Rollenspiele	Tabelle, Schaubild, Tafelbild erstellen
Expertenbefragungen	Planspiele	Flugblatt, Plakate, Wandzeitung
Straßeninterviews	Entscheidungsspiele	Reportage, Hörspiel, Diareihe, Video
Projektinitiativen	Konferenzspiele	Referat, Wochen- bzw. Monatsberichte
Fall-/Sozialstudien	Pro- und Kontra-Debatte	Ausstellung, Fotodokumentation
Schulsprecherwahl	Hearing	Rätsel, Quiz, Lernspiele
Schülerzeitung	Tribunal	Unfertige Arbeitsblätter fertigstellen
Partizipation im Unterricht	Zukunftswerkstatt	
Methodentraining mit Schülern		

Aus: Klippert 1991, S. 13

6. Literatur

BUNDESZENTRALE FÜR POLITISCHE BILDUNG (Hrsg.) 1988: Erfahrungsorientierte Methoden der politischen Bildung. Bonn (Schriftenreihe Bd. 258)

BUNDESZENTRALE FÜR POLITISCHE BILDUNG (Hrsg.) 1991: Methoden in der politischen Bildung - Handlungsorientierung. Bonn (Schriftenreihe Bd. 304)

DETJEN, JOACHIM 1995: Politik machen! - Schüler beraten und entscheiden ein kommunalpolitisches Problem. In: Gegenwartskunde, H. 2, S. 217-228

DICK, LUTZ VAN 1986: Aus Bewegungen lernen: Frieden, Ökologie und „Dritte Welt". In: Dick, Lutz van u. a. (Hrsg.): Ideen für Grüne Bildungspolitik. Weinheim/Basel, S. 193-213

DIENEL, PETER C. 1991: Die Planungszelle. Der Bürger plant seine Umwelt, 2. erw. Aufl. Opladen

GAGEL, WALTER/ MENNE, DIETER (Hrsg.) 1988: Politikunterricht. Handbuch zu den Richtlinien NRW. Opladen

GIESECKE, HERMANN 1971: Didaktische Probleme des Lernens im Rahmen von politischen Aktionen. In: Giesecke, Hermann u. a.: Politische Aktion und politisches Lernen. München, S. 11-45

GRAMMES, TILMAN 1995: Handlungsorientierung im Politikunterricht. Hannover

GUDJONS, HERBERT 1989: Handlungsorientiert lehren und lernen. Projektunterricht und Schüleraktivität. Bad Heilbrunn

HAGE, KLAUS/ BISCHOFF, HEINZ/ DICHANZ, HORST/ EUBEL, KLAUS-D./ OEHLSCHLÄGER, HEINZ-JÖRG/ SCHWITTMANN, DIETER 1985: Das Methoden-Repertoire von Lehrern. Eine Untersuchung zum Schulalltag der Sekundarstufe I. Opladen

KEMPER, HERWART 1993: Praktisches Lernen als Beitrag zur Bildungsreform. In: Zeitschrift für Pädagogik, H. 5, S. 837-855

KLIPPERT, HEINZ 1988: Durch Erfahrung lernen. Ein Prinzip (auch) für die politische Bildung. In: Bundeszentrale für politische Bildung (Hrsg.), S. 75-93

KLIPPERT, HEINZ 1991: Handlungsorientierter Politikunterricht. Anregungen für ein verändertes Lehr-/Lernverständnis. In: Bundeszentrale für politische Bildung (Hrsg.), S. 9-30

MEYER, HILBERT 1987: Unterrichtsmethoden II - Praxisband. Frankfurt/M.

POPITZ, HEINRICH 1976: Prozesse der Machtbildung, 3. Aufl. Tübingen

RAMSEGER, JÖRG 1993: Unterricht zwischen Instruktion und Eigenerfahrung. In: Zeitschrift für Pädagogik, H. 5, S. 825-836

REINHARDT, SIBYLLE 1989: Kontroversen in Wissenschaft, Politik und Unterricht. Hamburg

REINHARDT, SIBYLLE 1992: Schule und Unterricht als Bedingungen von Demokratie-Lernen: Formen politischer Streitkultur als Bildungsaufgabe. In: Politische Bildung, H. 2, S. 33-46

REINHARDT, SIBYLLE 1995: „Handlungsorientierung" als Prinzip im Politikunterricht (Sinn, Begriff, Unterrichtspraxis). In: Politisches Lernen, H. 1-2, S. 42-52

SCHÄFER, FRANK/ STROTMANN, DIRK 1991: Zukunft der Industriegesellschaft. Eine Unterrichtsreihe im Fach Sozialwissenschaften in der 13. Jahrgangsstufe mit der Methode „Zukunftswerkstatt". In: Politisches Lernen, H. 1, S. 33-55

SCHÄFER, FRANK/ STROTMANN, DIRK 1992: Die Methode „Zukunftswerkstatt". Kritisieren - Träumen - Handeln. In: Politisches Lernen, H. 1, S. 27-33

SCHIRP, HEINZ 1988: Öffnung von Schule und projektorientiertes Arbeiten. In: Gagel/Menne (Hrsg.), S. 201-212

SCHULZE, GERHARD 1992: Die Erlebnisgesellschaft. Kultursoziologie der Gegenwart. Frankfurt/M./New York

WEBER, MAX 1956: Die „Objektivität" sozialwissenschaftlicher Erkenntnisfindung. In: Ders.: Soziologie - Weltgeschichtliche Analysen - Politik. Stuttgart, S. 186-262 (zuerst 1904)

WEBER, MAX 1964: Wirtschaft und Gesellschaft. Grundriß der verstehenden Soziologie. 1. Halbbd. Köln/Berlin (zuerst 1921)

Walter Gagel

Wissenschaftsorientierung

1. Wissensformen als begrifflicher Rahmen

„Die Bedingungen des Lebens in der modernen Gesellschaft erfordern, daß die Lehr- und Lernprozesse wissenschaftsorientiert sind. Das bedeutet nicht, daß der Unterricht auf wissenschaftliche Tätigkeit oder gar auf Forschung abzielen sollte; es bedeutet auch nicht, daß die Schule unmittelbar die Wissenschaften vermitteln sollte." Hier gebe es fließende Übergänge hinsichtlich der Vermittlung von Wissenschaft. „Wissenschaftsorientierung der Bildung bedeutet, daß die Bildungsgegenstände, gleich ob sie dem Bereich der Natur, der Technik, der Sprache, der Politik, der Religion, der Kunst oder der Wirtschaft angehören, in ihrer Bedingtheit und Bestimmtheit durch die Wissenschaft erkannt und entsprechend vermittelt werden." Mit diesen Ausführungen hat der Deutsche Bildungsrat in seinem „Strukturplan für das Bildungswesen" (1972, 33) eine *bildungstheoretische* Definition des Begriffes gegeben. Wissensinhalte aus den genannten Bereichen sollen im Lernprozeß daraufhin differenziert werden, ob sich in ihnen der Erkenntnisprozeß einer in Fachwissenschaften gegliederten oder universellen Forschergemeinschaft abbildet und wieweit er diese Inhalte beeinflußt, und dies sollen die Lernenden erkennen. „Der Lernende soll in abgestuften Graden in die Lage versetzt werden, sich eben diese Wissenschaftsbestimmtheit bewußt zu machen und sie kritisch in den eigenen Lebensvollzug aufzunehmen" (ebenda). Der Lernende soll also sehen, daß in seinem Schulwissen Bestände der Wissenschaften integriert sind, und soll fähig werden, zu prüfen („kritisch"), ob dies seine Handlungsabsichten fördert oder behindert. (Gänzlich anders interpretiert Claußen 1981, 53.)

Definition des Deutschen Bildungsrats (bildungstheoretisch)

Während der Wissenschaftsrat also Wissenschaftsorientierung als Aufdeckung der Wissenschaftsbestimmtheit von Wis-

Definition von Hagen Weiler (erkenntnistheoretisch)

sen versteht, gibt Hagen Weiler eine *erkenntnistheoretische* Definition; Wissen wird hier Erkenntnismethode für definierte Zwecke. Er versteht Wissenschaft „als methodisch-systematisches Verfahren zur intersubjektiven Überprüfung von Politik im Hinblick auf deren Grundlagen, Bedingungen und Folgen" und stellt die einzelnen Schritte des hierfür erforderlichen Vorgehens dar (Weiler 1988, 26). Infolgedessen sieht Weiler den Bildungseffekt der Wissenschaftsorientierung (oder des „Wissenschaftsbezuges", wie er sagt) darin, daß die Lernenden die Fähigkeit erwerben, derartige Verfahren zur „sachverständigen Beurteilung von Politik und zur begründbaren Teilnahme" (ebenda) anzuwenden.

In beiden Definitionen werden Aussagen über die Beziehung zwischen Alltagswissen und wissenschaftlichem Wissen gemacht. Bildungsrat: Er erwartet von der Aufdeckung der wissenschaftlichen Komponenten im schulisch vermittelten Bildungswissen eine Transformation des wissenschaftlichen Wissens in das Alltagswissen („Lebensvollzug"). Weiler: Methoden der wissenschaftlichen Analyse von Politik transponieren wissenschaftliches Wissen über Institutionen in Lebenssituationen, in denen Menschen Politik problematisch geworden ist, und helfen zu deren Bewältigung; indem die Menschen durch „wissenschaftliche Aufklärung über Politik" (Weiler 1988, 26) handeln, wird wissenschaftliches Wissen zu Alltagswissen. Wissenschaftsorientierung durch theoretische Analyse und Reflexion der Alltagsbedeutung und Wissenschaftsorientierung durch empirische Analyse mit dem praktischem Eingreifen in die Realität als Intention – so könnte man die beiden Definitionen zuspitzen.

Gemeinsamkeiten und Unterschiede

Gemeinsam ist diesen Definitionen, daß sie einen Zusammenhang zwischen Wissenschaft und Lebenspraxis herstellen. Wissenschaftsorientierung bedeutet danach nicht, daß Inhalte der Wissenschaften in Form der Abbilddidaktik den Schülern vermittelt werden. Die Unterscheidung der „Wissensformen" (grundlegend informiert Grammes), hier des Alltagswissens und des wissenschaftlichen Wissens, dient als erster begrifflicher Rahmen für die Klärung des vorliegenden Themas.

2. Der intentionale Rahmen des politischen Lernens: Aufgaben der politischen Bildung

Als Aufgaben der politischen Bildung sollen hier genannt werden: sozialwissenschaftliche Bildung und politische Bildung im engeren Sinne (zum Folgenden Gagel 1983, 12-20).

- *Sozialwissenschaftliche Bildung*. Fachunterricht der politischen Bildung wird vor dem Hintergrund von Bezugswissenschaften gegeben. An erster Stelle werden in der Regel genannt: Politikwissenschaft und Soziologie, aber auch Wirtschaftswissenschaft und Rechtswissenschaft werden gefordert. Die Wissenschaften gelten als Quelle für Inhalte und als Maßstab für das Falsche und Richtige, zunächst für den Lehrer: Was wissenschaftlich falsch ist, darf in der Schule nicht gelehrt werden, was wissenschaftlich umstritten ist, sollte auch den Schülern als ungesichert bewußt gemacht werden.

Sozialwissenschaftliche Bildung

Hinzu kommt der Bildungseffekt. Die Lernenden leben, ohne daß sie es merken, in einer Welt der Institutionen und Systeme, in welcher die Lebensbezüge des einzelnen in Zusammenhänge von hoher Abstraktheit und Komplexität eingebunden sind. Von seiner Schule hat der Lernende ein Alltagswissen, das durch seine Erfahrung gespeist wird, aber was eine Schule objektiv ist und welche Handlungsrationalität mit ihr verbunden ist, kann er nur erfassen, wenn er eine Vorstellung vom Schulsystem als Ganzem hat. Ähnlich ist es beim Parlamentsbesuch. Dieser ist erst dann ergiebig, wenn die Besucher Struktur und Funktion des Parlaments erkennen. Dieses Wissen überschreitet das Alltagswissen; es wird von abstrakten sozialwissenschaftlichen Begriffen geordnet, welche Erkenntnisse ermöglichen, es ist wissenschaftliches Wissen. Als solches hat es einen Bildungssinn: Es dient als Instrument der kognitiven Orientierung in der Umwelt, es ermöglicht, die von Systemen geprägte Umwelt zu erkennen, in ihr zu handeln, und verhindert dadurch, daß Schüler sich einem Unbekannten blind unterwerfen.

Orientierungshilfen

Auswahlkriterium für die Lehrbarkeit von wissenschaftlichem Wissen ist danach seine lebenspraktische Bedeutung, nicht aber ein wissenschaftsimmanentes Kriterium.

Politische Bildung

- *Politische Bildung* im engeren Sinne meint das, was hinzukommen muß, damit Wissen Verhalten beeinflußt und dadurch in der Lebenspraxis wirksam wird. Genannt seien als zu erstrebende Verhaltensweisen auf dem Felde der Politik:
  - Eigenes politisches Handeln als wünschenswert ansehen.
  - Demokratische Handlungsformen als Werte anerkennen lernen.
  - Interesse für öffentliche Aufgaben gewinnen.

Lernziele

Man kann diese Beschreibungen auch Lernziele nennen. In ihnen wird wissenschaftliches Wissen über Politics (Prozeß), Polity (Form) und Policy (Inhalt) normativ gewendet: Es bekommt als Verhaltens- und Handlungs*aufforderung* einen Wertbezug und ermöglicht dadurch eine evaluative (wertende) Orientierung in unserer Welt.

Sozialwissenschaftliche Propädeutik

- *Sozialwissenschaftliche Propädeutik* ist eine Aufgabe, die speziell für die gymnasiale Oberstufe zu den anderen Aufgaben hinzutritt. Sie wird gegenwärtig in der Diskussion um die Neudefinition von „Hochschulreife“ und um die Kriterien von „Studierfähigkeit“ wieder aktuell. Fachwissenschaftler erwarten davon eine Vorbereitung auf wissenschaftliches Arbeiten an der Hochschule und verlangen dazu ein „Konzept des forschenden Lernens“, „welches der Vorbereitung auf methoden- und Theoriearbeit etwa im Bereich der für die politische Bildung grundlegenden Wirtschaftswissenschaften und Sozialwissenschaften dient“ (Wittkämper 1988, 257). Dies entspricht der Forderung von Bildungspolitikern wie dem bayerischen Bildungs- und Wissenschaftsminister Zehetmair (CSU), das Abitur besser den Anforderungen der Hochschule anzupassen.

Vorbereitung auf das Studium

Auswahlkriterium sozialwissenschaftlichen Wissens ist in dieser Unterrichtsaufgabe nicht die lebenspraktische Bedeutung, sondern der Stellenwert innerhalb der Fachwissenschaft, aber vor allem, inwieweit es sich um basale Kenntnisse und Fertigkeiten handelt, die Voraussetzung für ein Studium des Faches bilden. Die Wissenschaft setzt also den Maßstab. Unter diesem wissenschaftspropädeutischen Aspekt begründen beispielsweise Friedbert Mühlhoff und Sibylle Reinhardt den Unterricht über die „Rollentheorie“ auf der Grundlage von Dahrendorfs

„Homo Sociologicus", weil sie den Schülern die Struktur soziologischen Denkens repräsentieren kann (1983, 11).

3. Die Perspektive der Wissenschaft

Verhältnis der Wissenschaft zur Didaktik:

Die Frage, welchen Einfluß die Bezugswissenschaften auf die politische Bildung haben, läßt sich aus zwei Perspektiven beantworten:
- von der Wissenschaft aus,
- von der Bildungsaufgabe aus.

Die Perspektive der Wissenschaft hat Gerhard W. Wittkämper beschrieben: „Inzwischen erfüllt die Politikwissenschaft für die politische Bildung eine vierfache Funktion:

– Selektierend

• In der *Selektionsfunktion* hilft die Politikwissenschaft der politischen Bildung, aus der wachsenden Informationsfülle über politische Strukturen und Prozesse die relevanten Fakten auszuwählen.

– Ordnend

• In der *Ordnungsfunktion* übernimmt die Politikwissenschaft für die politische Bildung die Aufgabe, die wahrgenommene politische Wirklichkeit, sei sie nun innen- oder außenpolitisch, aufzubereiten und zu strukturieren.

– Erklärend

• In ihrer *Erklärungsfunktion* hat die Politikwissenschaft für die politische Bildung die Aufgabe, aus politischen Prozessen und Erkenntnissen Schlußfolgerungen zu ziehen und gesicherte Einsichten zu formulieren, auf denen politische Bildung aufbauen kann, etwa über das Wahlverhalten von Wählern oder über die Dynamik von Rüstungsprozessen.

– Operativ

• Schließlich unterstützt die Politikwissenschaft die politische Bildung in einer *operativen Funktion*, das heißt, sie macht Vorschläge dafür, wie die Anwendung von Wissen über Politik, etwa Innenpolitik, Europapolitik oder Außenpolitik, in die politische Praxis umgesetzt werden kann" (Wittkämper 1988, 246 f.).

Die Formulierungen lassen beim ersten Lesen eine Orientierung am „Briefträgermodell" der Didaktik vermuten: Die Politikwissenschaft sendet Botschaften an die politische Bildung aus, welche die Didaktik überbringt. Der Autor mildert freilich: seine Fachwissenschaft „hilft" und „unterstützt", aber „übernimmt" auch und „hat die Aufgabe". Die Perspektive ist die des Hindenkens von Fachwissenschaft auf die Bildungsaufgabe. Das ist verdienstvoll, weil es Anregungen vermittelt. Aber darin kann sich nicht die Beziehung erschöpfen. Denn die Gefahr besteht, daß die Politikwissenschaft und die anderen Bezugswissenschaften „zum Maß aller Dinge" werden (Claußen 1981, 53). Mit Recht verlangt Bernhard Claußen eine „regulative Idee", für die er die Optionen für das „Überleben" und ein „gutes Leben" heranzieht (ebenda, 58). Der Informationsfluß zu den Lernenden ist nicht gradlinig von der Wissenschaft zu den Lernenden, sondern rückgekoppelt mit den Bedürfnissen, Interessen und Fragen der Lernenden (vgl. Gagel 1983, 26 ff.). Das Lernen hat nach Hilligen „Bedeutung für das Leben". Diese existentielle Bedeutung zu methodisieren, das ist die Aufgabe der Fachdidaktik. Sie ermöglicht es ihr, die Fachwissenschaften als Wissensreservoir zu nutzen, aus denen die Informationen aufgrund der methodisch gewonnenen Fragestellungen abgerufen werden können.

Rückkopplung der Didaktik zur Wissenschaft

Damit vollzieht sich ein Perspektivenwechsel. Zur Perspektive der Wissenschaft tritt die Perspektive von der Bildungsaufgabe her. Sie wird von der Fachdidaktik repräsentiert. Ein „Entweder-Oder" muß damit nicht verbunden sein. Hier genügt es, diese Perspektiven als einander ergänzend zu verstehen.

4. Die Perspektive der Bildungsaufgabe

4.1 Situation von Lernenden

Verhältnis der Didaktik zur Wissenschaft:

Wozu braucht der Mensch Wissen? Er benötigt es, um Lebenssituationen zu bewältigen und um Weltverständnis zu gewinnen.

Wir stellen uns Menschen in Lebenssituationen vor:

Mary Osborne ist eine Bewohnerin von Harrisburg in den USA, ihr Mann Ray arbeitet im Kernkraftwerk Three Mile Island in der Nähe. Sie berichtet: „Am Mittwoch, den 28. März 1979, am Morgen des Unfalls, gegen sechs Uhr, machte ich meinem Mann Frühstück, während er draußen sein Werkzeug auf den Lastwagen packte. Er rief ‚Komm raus und riech mal.' Ich dachte, es würde vielleicht nach Schokolade von Hershey oder dem Brot von Capitol Baker duften. Aber es war, als atme und schmeckte man Metall. Es herrschte völlige Stille; kein Vogel zwitscherte an diesem berühmt-berüchtigten Morgen. Meine damals neunjährige Tochter Leslie ging dann in die Schule, mein zweijähriger Sohn Nicholas und ich blieben fast den ganzen Morgen draußen - es war der erste schöne Tag nach einem langen, kalten Winter. Gegen halb elf fiel mir auf, daß seine Hände und sein Gesicht aussahen, als hätte er Sonnenbrand, und meine auch. Meine Schwägerin Donna rief dann an. Sie sagte, Three Mile Island habe eine Unfall. Ich guckte aus dem Fenster rüber zu TMI, aber es war nichts Ungewöhnliches zu sehen. Meldungen über den Unfall im Radio oder Fernsehen hörte ich nicht, aber wohl war mir nicht" (Die Zeit, 31. 3. 89, 88; nach Gagel 1991, 207).

– Unterstützung des Alltagswissens

In dieser lebensweltlichen Situation reicht das Alltagswissen nicht mehr aus; es hinterläßt nur ein Gefühl des Unbehagens und dunkler Ahnungen. Mary Osborne erfährt nach und nach, was eigentlich geschehen ist; sie erhält Informationen über den Ablauf des Unglücks, sammelt Auskünfte über die Folgeschäden, kommt auch mit einem japanischen Forscherteam zusammen und wird so zum Laienexperten, möglicherweise zum Mitglied der Untersuchungskommission, an der Laien beteiligt waren. Die Herkunft dieses neuen Wissens ist wissenschaftliches Wissen: die Logik technischer Abläufe und die Ursache technischen oder menschlichen Versagens, die physikalischen Erklärungen für das freigesetzte Gefahrenpotential und die Folgeschäden.

Man muß aber nicht Beispiele für Großkatastrophen heranziehen, um zu erkennen, wie das Alltagswissen allein nicht mehr ausreicht und wie in dieses wissenschaftliches Wissen einfließt, um es zu ergänzen. Auch die Lebenssituation „Massenkommunikation" am Beispiel des Fernsehens ist problematisch.

„Wer hat als Erwachsener nicht schon einmal die Befürchtung gehabt, daß seine Kinder die Bilder des Fernsehschirms als Realität nehmen, als Wirklichkeit aus zweiter Hand. Sie würden ja in der Tat einem ‚sekundären System' erliegen, wenn die Kinder und Jugendlichen nicht lernten, die Bildschirmwirklichkeit als hergestellte Wirklichkeit zu erkennen. Dazu müssen sie aber eine Vorstellung von Organisation und Produktionsweise des Fernsehens oder von Massenkommunikation ganz allgemein haben. Diese erwirbt man durch das Lernen von Modellen: Kommunikationsmodell, Schleusenwärtermodell, also mit Hilfe von abstrakter Begrifflichkeit. Die Modelle sind in der Wissenschaft entwickelt worden, und wenn der Schüler sich damit beschäftigt, lernt er infolgedessen auch ‚Wissenschaft'" (Gagel 1983, 15).

Hier bestimmt also die Situation der Lernenden, seien es Erwachsene, seien es Jugendliche, was an wissenschaftlichem Wissen erforderlich ist und vermittelt werden muß. Handelt es sich um Vermittlung im schulischen Lernprozeß, dann geht der Auswahl der Inhalte die Situationsdiagnose der Lernenden voraus. Dann übt jedoch nicht mehr die Fachwissenschaft, sondern die Pädagogik (Fachdidaktik) die Selektionsfunktion aus.

– Auswahl der Wissensinhalte

4.2 Orientierungswissen und Handlungswissen

Wissenschaftliches Wissen ist geordnetes, systematisches Wissen. Die Ordnungsfunktion der Wissenschaft ist didaktisch keineswegs wertlos. Hermann Giesecke hat die Vermittlung von systematischem Wissen sogar zum generellen Lernziel erhoben: „Training systematischer gesamtgesellschaftlicher Vorstellungen" (1972, 147 ff.). Derartig geordnetes wissenschaftliches Wissen gilt bei ihm als Mittel gegen die Gefahr „irrationaler Blindheit" (Giesecke 1980, 541), hat also durchaus eine Bildungsfunktion. Dennoch muß man die Relation zwischen diesem wissenschaftlichen Wissen, das wir nach Gieseckke „Orientierungswissen" nennen, und dem in Lebenssituationen benötigten Wissen, das „Handlungswissen" heißen soll, beachten.

Rolle der Ordnungsfunktion der Wissenschaft:

– Definition Gieseckes

Hans Aebli hat in seinem Werk „Denken als Ordnen des Tuns" die Unterscheidung zwischen „kumulativem Wissen" (1980, 127) und „Handlungswissen" (1980, 158) gemacht. Er versteht das kumulative Wissen als ein Reservoir, als „Steinbruch", wie er es nennt, aus dem Bestandteile herausgelöst werden, wenn sie als „Aktionswissen" benötigt werden, und

– Definition Aeblis

das heißt bei Aebli: damit sie für eine Handlung verwendet werden können. Das für den Handlungszweck benötigte Steinbruch- oder Orientierungswissen wird also in eine Handlungsfolge umgesetzt. Eine solche ist bei Giesecke beispielsweise die Konfliktanalyse und in den genannten Beispielen die Analyse des Unglücks zum Zwecke der Beteiligung an seiner Behebung oder das Durchschauen der Fernsehbilder im Hinblick auf ihre Konstruiertheit, um der Gefahr einer Selbsttäuschung zu entgehen. Wissen wird abgerufen, wenn und soweit es zur Lösung, Bewältigung, Überwindung eines Problems verwendet wird.

Systematisches Wissen kann und muß wohl auch auf Vorrat gelernt werden, damit es in unerwarteten oder wiederkehrenden Situationen zur Verfügung steht. Das meint Giesecke mit „Training systematischer gesamtgesellschaftlicher Vorstellungen". Der Lernende nimmt einen systematischen kategorialen Rahmen auf, den er in späteren Situationen dann zur Verfügung hat. Das Kommunikationsmodell wäre ein solches Vorratswissen, weil dieses erst eine kritische Diskussion über eine bestimmte Fernsehsendung ermöglicht. Muß aber Mary Osborne Grundkenntnisse in Physik, speziell Atomphysik haben? Sicherlich wäre es wünschenswert, aber ihr Beispiel zeigt, wie Menschen erst in problemhaltigen Situationen das benötigte Wissen erwerben; es wird also nicht nur auf Vorrat, sondern auch problembezogen gelernt.

Auf Vorrat lernen

Im Hinblick auf die beanspruchte Selektionsfunktion der Wissenschaft: Was auf Vorrat gelernt werden sollte und was problembezogen als Wissen erworben werden kann, das ergibt sich aus der Frage, wie Menschen Lebenssituationen bewältigen können.

4.3 Hilfen zur Integration interdisziplinären Wissens

Die Fachwissenschaft kann die Selektionsfunktion auch deshalb nicht alleine ausüben, weil neben der Politikwissenschaft auch Inhalte der Soziologie, der Wirtschaftswissenschaft und auch der Rechtswissenschaft in den Politikunterricht einfließen. Selten ist es wie 1964 gelungen, daß sich zwei Sozialwissenschaften, hier Politikwissenschaft und Soziologie, über einen Stoffplan für den Unterricht einigten (Gagel 1995, 155). Dabei macht das Beispiel Mary Osborne sichtbar, welch heterogener Herkunft Wissen sein kann, wenn es in modernen Gefahrensituationen benötigt wird.

Integration interdisziplinären Wissens

Wichtig ist Integration von interdisziplinärem Wissen aber nicht so sehr bei der Arbeit an Lehrplänen, sondern als Weg zur Bewältigung von Lebenssituationen. Mary Osborne integriert heterogenes Wissen im Prozeß des problemlösenden Denkens und Handelns. Dies war auch der Ansatz in der ersten Fassung der Didaktik der politischen Bildung von Hermann Giesecke. Ausgangspunkt bildete für Giesecke die Situation des sich politisch Beteiligenden, und er stellte die Frage: „Was muß man heute alles lernen, um sich erfolgreich und produktiv politisch beteiligen zu können?" (1965, 13) Für den einzelnen in seiner Lebenssituation ist charakteristisch, daß er das Politische gleichsam im Rohzustand erfährt, in den Formen massenmedialer Vermittlung, aber frei von wissenschaftlicher Bearbeitung. Die Alltagserfahrung von Politik ist dessen „Unsystematik" (Giesecke 1965, 28); Politik ist hier etwas „Offenes, Umstrittenes" (ebenda, 21). Politisch ist danach das „Erfahren", das erlebte Zusammentreffen des einzelnen mit dem politischen Ereignis und seine Reaktion darauf. Und in dieser Situation, die Giesecke am Beispiel des politischen Konfliktes erhellt, bietet der Lehrer dann die Kategorien der Konfliktanalyse und ihre fachwissenschaftliche Interpretation als kognitive Instrumente zur Analyse der Situation und als gedankliche Vorbereitung zum Handeln an.

Aufgabe des Lehrers

„Steinbruch" Wissenschaft

Die sozialwissenschaftlichen Disziplinen stellen ein Reservoir, einen „Steinbruch" dar, aus dem Wissen abgerufen werden kann. Die Integration der Fachwissenschaften erfolgt – hier nach Giesecke – im Vorgang der Bearbeitung des jeweiligen Konfliktes, also bei der Konfliktanalyse, oder allgemein: bei der Analyse von problemhaltigen Situationen, in die Lernende jetzt oder als zukünftige Erwachsene oder Menschen unserer Gesellschaft geraten, und dem Nachdenken über die drängende Problemlösung oder Situationsbewältigung.

5. Postulate der Wissenschaftsorientierung

Aus der Wissenschaftsorientierung ergeben sich didaktische Folgerungen, die hier als Postulate aufgezählt werden sollen.

Didaktische Folgerungen der Wissenschaftsorientierung:

- *Notwendigkeit der Sachanalyse.* Durch sie wird die fachwissenschaftliche Grundlage des Unterrichts über das gewählte Thema aufgezeigt. Dazu gehört a) die Berücksichtigung kontroverser bzw. komplementärer Ansätze, beispielsweise bei der Berufswahl Darstellungen, welche Berufswahl „vom einzelnen aus" untersuchen, und solche, die „von der Gesellschaft aus" fragen, welche notwendigen Positionen besetzt werden müssen, oder auch die unterschiedlichen Theoriekonzepte in der Politikwissenschaft; b) die Prüfung von Definitionen als ergänzende Hilfe, um verschiedene Ansätze in den Blick zu bekommen; c) die Ermittlung der Sachstruktur und der Begriffe und Grundbegriffe, welche diese bilden. Als „vorpädagogische Sachbegegnung" (Klafki) enthält diese Sachanalyse nur die Orientierung durch den Lehrer über die fachwissenschaftlichen Grundlagen. Danach können dann didaktische Entscheidungen getroffen werden.

– Notwendigkeit der Sachanalyse

- *Wissenschaft: das relativ Gesicherte.* Dieses Vorgehen bei der Sachanalyse enthält eine Grundaussage über wissenschaftliche Erkenntnis, daß sie nämlich immer nur das relativ und vorläufig gesicherte Wissen erbringt. Das Ergebnis sowohl der Forschung von Popper als auch der von Thomas S. Kuhn zu den wissenschaftlichen Revolutionen hat erbracht: „Wissenschaft hat nicht nur inhaltlich hinsichtlich der durch sie erbrachten Einzelerkenntnisse hypothetische Geltung, sie ist zugleich auch in ihren Geltungsstrukturen noch einmal historisch relativiert" (Baumgartner 1974, 1758). Falsifikation und Paradigmenwechsel erschüttern also den Glauben an die Dauerhaftigkeit wissenschaftlicher Wahrheit. Darauf muß sich auch der Lehrer einstellen, und daher wird empfohlen, sich über unterschiedliche Ansätze, Definitionen und Strukturierungen von Wissen zu informieren.

– Relative Faktensicherheit

- *Wissenschaft: das Kontroverse.* In der Auseinandersetzung mit gegensätzlichen Positionen und Auffassungen wird die

– Kontroverse Diskussion

Vorläufigkeit wissenschaftlichen Wissens besonders deutlich. „Was in der Wissenschaft kontrovers ist, muß auch im Unterricht kontrovers erscheinen“, heißt es im sog. Beutelsbacher Konsens.

– Methodologie der Wissenschaft

- *Wissenschaft: methodisch gewonnenes Wissen.* Die empirischen Sozialwissenschaften bieten das Exempel für beschreibbare Arbeitsprozesse, welche Erkenntnis ermöglichen. Indem Schüler diese Methoden nachvollziehen, lernen sie auch die Bedingungen und Grenzen der Wahrheitsfindung kennen. Zu beachten ist jedoch, daß es nicht nur naturwissenschaftliche Methoden, sondern auch geisteswissenschaftliche gibt (z. B. Hermeneutik). Ansonsten ermöglicht von Wissenschaften abgeleitetes Methodenlernen die selbständige Erkenntnisgewinnung und Gewinnung von Prüffähigkeit anderweitig gewonnener Erkenntnis.

– Erkenntnis durch Kommunikation

- *Wissenschaft: kommunikativ gewonnenes Wissen.* Die hypothetische Geltung wissenschaftlicher Erkenntnisse wird gewährleistet durch die Diskussion in der Forschergemeinschaft. Daraus ergibt sich der Wert kommunikativer Erkenntnisgewinnung auch in der Diskussionsgemeinschaft der Lerngruppe. Dabei müßten eigene Instanzen des Prüfens durch den Lehrer organisiert werden. Denn dadurch erst wird zur Genauigkeit herausgefordert, aber es wird auch die Toleranz gegenüber abweichenden Positionen gefördert.

6. Literatur

AEBLI, HANS 1980: Denken als Ordnen des Tuns, Bd. I: Kognitive Aspekte der Handlungstheorie. Stuttgart

BAUMGARTNER, HANS MICHAEL 1974: Art. „Wissenschaft". In: Handbuch philosophischer Grundbegriffe Bd. 6. München, S. 1740-1764

CLAUßEN, BERNHARD 1981: Kritische Politikdidaktik. Opladen

DEUTSCHER BILDUNGSRAT 1972: Strukturplan für das Bildungswesen, 4. Aufl. Stuttgart

GAGEL, WALTER 1983: Einführung in die Didaktik des politischen Unterrichts. Studienbuch politische Didaktik I. Opladen

GAGEL, WALTER 1991: Lebenswelt und Großtechnologie: Das Beispiel Kernenergie. Didaktische Skizze eines Projektes. In: Gegenwartskunde, H. 2, S. 207-218

GAGEL, WALTER 1995: Geschichte der politischen Bildung in der Bundesrepublik Deutschland 1945 -1989, 2. Aufl. Opladen

GIESECKE, HERMANN 1965: Didaktik der politischen Bildung. München

GIESECKE, HERMANN 1972: Didaktik der politischen Bildung. Neue Ausgabe, 7. Aufl. München

GIESECKE, HERMANN 1980: Entwicklung der Didaktik des politischen Unterrichts. In: Max-Planck-Institut für Bildungsforschung, Projektgruppe Bildungsbericht, Bildung in der Bundesrepublik Deutschland. Daten und Analysen, Bd. 1. Reinbek. S. 501-547

GRAMMES, TILMAN: Kommunikative Fachdidaktik. Eine Didaktik der Sozialwissenschaften. Opladen (im Erscheinen)

MÜHLHOFF, FRIEBERT / REINHARDT, SIBYLLE 1983: Stundenblätter Rollentheorie. Dahrendorfs „Homo Sociologicus" in der Sekundarstufe II. Stuttgart

WEILER, HAGEN 1988: Wissenschaftstheoretische Grundlagen und Wissenschaftsbezug. In: Mickel, Wolfgang W. / Zitzlaff, Dietrich (Hrsg.): Handbuch zur politischen Bildung. Opladen, S. 26-30

WITTKÄMPER, GERHARD W. 1988: Politikwissenschaft und politische Bildung. In: Jürgen Bellers/Rüdiger Robert (Hrsg.): Politikwissenschaft Bd. 1: Grundkurs. Münster, S. 244-27

Peter Weinbrenner

Zukunftsorientierung

1. Die Zukunft als neue politische Leitkategorie

Bis weit in die Mitte dieses Jahrhunderts war es eine unausgesprochene Selbstverständlichkeit, daß der Mensch als Individuum und die Gesellschaft als Ganzes Zukunft haben. Hinzu kam ein unerschütterlicher Fortschrittsoptimismus, nach dem die Welt von morgen die bessere, schönere, gerechtere und friedlichere Welt sein sollte.

Verlust des Zukunftsoptimismus

Dieser unverbrüchliche Zukunfts- und Fortschrittsoptimismus ist in den 70er Jahren dieses Jahrhunderts abhanden gekommen. Es waren vor allem die seit 1972 in regelmäßigen Abständen erscheinenden Berichte des *Club of Rome* (vgl. Meadows 1972; Mesarovic/Pestel 1974), die eine neue Zukunftsdiskussion unter veränderten Vorzeichen einleiteten. Die Metaphern von der *Menschheit am Wendepunkt* bzw. der *Zeitenwende* (Schumacher 1981) sollten offenkundig machen, daß die weitere Verfolgung des seit der Industriellen Revolution beschrittenen Entwicklungs- und Wachstumspfades die Möglichkeiten des Planeten überfordere und das Überleben der Gattung Mensch insgesamt in Frage stelle.

Zukunftssicherung und Zukunftsgestaltung als politische Leitkategorien

Zukunft konnte also nicht mehr – wie bisher – einfach nur als „fortgeschriebene Gegenwart" verstanden werden, sondern mußte durch bewußtes politisches Handeln im Lichte verallgemeinerbarer und zukunftsverträglicher Normen „hergestellt" bzw. „gesichert" werden. *Zukunftssicherung* und *Zukunftsgestaltung* wurden so zu neuen politischen Leitkategorien, und *Zukunftspolitik* erwies sich angesichts vielfältiger menschheitsbedrohender Herausforderungen als das Politikfeld schlechthin, gleichsam als Bedingung und Voraussetzung jeglicher Politik überhaupt.

Es hat einige Jahre gedauert, bis diese neue Herausforderung der Politik weltweit überhaupt angenommen wurde. Es fehlte nicht an zahlreichen Beschwichtigungsversuchen und an Warnungen vor einer übersteigerten „Zukunftshysterie", die die Menschen verunsichern und ihnen den Glauben an die Machbarkeit der Zukunft nehmen würde.

Beginn der Diskussion über Zukunftsfragen

Erst als die „Vorboten der Apokalypse"[1] immer deutlicher sichtbar wurden[2], begann eine Phase des Innehaltens, Wahrnehmens und Umdenkens. „Zukunftspolitik" stand nunmehr auf der Tagesordnung aller Parteien, Verbände und Gewerkschaften und wurde Diskussionsthema der Massenmedien und einer aufgeschreckten Öffentlichkeit. „Zukunft" wurde zum Thema von Parteitagen, Verbandsforen, Kirchentagen, wissenschaftlichen Fachtagungen und einer Flut von Publikationen.[3] Bisherige Höhepunkte dieser Zukunftsdebatte waren im internationalen Rahmen die *UNO-Konferenzen* in *Rio* (Juni 1992), *Kairo* (Sept. 1994) und *Kopenhagen* (März 1995) sowie im nationalen Bereich der Bericht der *Enquete-Kommission „Schutz der Erdatmosphäre"* des Deutschen Bundestages unter dem Titel: „Mehr Zukunft für die Erde" (vgl. Enquete-Kommission 1995).

Angesichts dieser neuen Diskussionslage, durch die die Zukunftsfähigkeit des Menschen und der Natur insgesamt in Frage gestellt werden, ist es folgerichtig und geboten, wenn die *Zukunftsorientierung* in den letzten Jahren zu einem neuen *didaktischen Leitprinzip* avanciert ist und auch die Didaktik und Methodik der politischen Bildung vor neue Aufgaben und Herausforderungen stellt.

2. Funktionen des didaktischen Leitprinzips „Zukunftsorientierung"

Didaktische Prinzipien haben in erster Linie Selektions- und Legitimationsfunktion für die Identifizierung und Begründung unterrichtsrelevanter Ziele, Inhalte, Methoden und Medien für die politische Bildung. Sie ermöglichen die Gewinnung einer didaktischen Perspektive (vgl. Bundeszentrale für politische Bildung 1994, 47 ff.) durch die Verknüpfung von *Lerninhalten* und *Lernzielen* zu problemhaltigen Themen.

Zukunftsorientierung als didaktische Leitkategorie

Zukunftsorientierung als didaktische Leitkategorie taucht schon relativ früh in der fachdidaktischen Diskussion auf. In seiner didaktischen Analyse als Kern der Unterrichtsvorbereitung stellt Wolfgang Klafki schon 1958 die Frage: „Worin liegt die Bedeutung des Themas für die Zukunft der Kinder?" (Klafki 1963, 137). Hier ist jedoch zunächst nur die persönliche Zukunft des Kindes angesprochen. In existentieller Bedeutung wird die Zukunftsdiskussion insbesondere von Wolfgang Hilligen in seiner Didaktik des politischen Unterrichts aufgenommen (vgl. Hilligen 1976). Die Kategorien „Überleben", „Gefahren" und „Herausforderungen" verweisen allesamt auf eine Zukunftsperspektive, bei der die Menschheit als Ganzes gefährdet und bedroht erscheint. Die prinzipielle Möglichkeit der Selbstvernichtung der Menschheit wird klar erkannt. Es hat jedoch noch lange gedauert, bis das didaktische Prinzip „Zukunftsorientierung" Eingang in Richtlinien und Lehrpläne gefunden hat (vgl. Weinbrenner 1980) und bis entsprechende Unterrichtsentwürfe und Curriculum-Materialien zur Verfügung standen.[5] Die hier geforderte Bearbeitung von Zukunftsproblemen der Menschheit als Aufgabe der politischen Bildung darf jedoch nicht dazu führen, Pädagogik und Didaktik mit Politik zu verwechseln. Vor einer solchen „pädagogischen Futurologie" hat Jürgen Oelkers gewarnt. Er wendet sich gegen die Selbstüberschätzung des Pädagogen – und damit auch des Didaktikers, „die Zukunft mit pädagogischen Mitteln so gestalten zu können, daß sie nach Plan erzeugt wird" (Oelkers 1985, 33).

Grenzen der zukunftsorientierten Didaktik

Zukunftsorientierung in der politischen Bildung kann daher lediglich auf die zahlreichen Risiken und Gefährdungen des technisch-industriellen Modernisierungsprozesses hinweisen und die Bedingungen und Möglichkeiten der Rückgewinnung der Zukunftsfähigkeit von Mensch und Natur klären. Die positive Bestimmung einer wünschbaren, menschenwürdigen, umwelt- und sozialverträglichen Zukunft muß hingegen dem offenen Diskurs und der kommunikativen Verständigung einer aufgeklärten, demokratischen Gesellschaft überlassen bleiben.[6]

3. Ziele und Inhalte einer zukunftsorientierten politischen Didaktik

Aufgaben einer zukunftsorientierten Didaktik:

Die vor uns liegende Aufgabe hat Hans Günter Rolff (1988, 18) wie folgt beschrieben: „Die Schule in den 90er Jahren kann keine viel bessere als die heutige sein, wenn es nicht gelingt, die Zukunftsbedrohung in überzeugender Weise abzubauen. Die Rückeroberung des Zukunftsglaubens ist zweifellos eine Aufgabe, die die Möglichkeiten der Schule überschreitet. Es handelt sich um eine Aufgabe, die nur der Staat und alle gesellschaftlichen Gruppen zusammen bewältigen können. Der Schule fällt dabei die Aufgabe zu, die Jugendlichen mit dem notwendigen *Zukunftswissen* auszustatten, das sie befähigt, an dieser gewaltigen Gestaltungsaufgabe mitzuwirken."

– Ziele

Doch wo ist dieses Zukunftswissen verfügbar? „Weiß die Wissenschaft, was wir für die Zukunft wissen müssen?" fragt z. B. Meyer-Abich (1988, 11) und bezweifelt, daß es eine öffentliche Meinung oder gar einen allgemeinen Konsens darüber gebe, welches die Zukunftsaufgaben der Wissenschaft seien. Hier wird deutlich, daß die Überlebenskrise von Mensch und Natur zu einem allgemeinen Relevanzkriterium von Wissenschaft und Bildung werden muß, um der Politik und den schulischen Unterrichtsfächern die notwendigen Orientierungen und Informationen geben zu können. Bei der Bestimmung von Zukunftswissen sind Erkenntnisse, Ideen und technische Lösungen gefragt, die dem Aufbau und Erhalt der natürlichen Lebensgrundlagen in allen Teilen der Welt dienen, die das friedliche Zusammenleben der Menschen und Nationen fördern und die die sozialen und ökonomischen Ungleichgewichte vermindern.

– Wege

Eine zukunftsorientierte politische Didaktik wird danach auf folgende Fragen eine Antworten suchen müssen:

– Fragen

- Welches sind überhaupt die möglichen und wünschbaren *Zukünfte*, auf die hin Zukunftsvisionen und -utopien entwikkelt werden könnten?
- Welches ist die *Spannbreite alternativer Entwicklungspfade*?
- Welche *Gefahren und Hindernisse*, aber auch *Chancen und Entwicklungsmöglichkeiten* sind denkbar, wahrscheinlich, wünschenswert?

- Wie kann ein *gesellschaftlicher Konsens* über notwendige Wege aus der Gefahr und erwünschte Schritte in eine neue Zukunft hergestellt werden?
- An welchen *Leitideen und Prinzipien* soll sich eine solche „Zukunftspolitik" orientieren? Welche *gesellschaftlichen Strukturen, individuellen Bewußtseinsformen* und *Wertvorstellungen* sind die Voraussetzung für eine prinzipielle Umorientierung in Wissenschaft und Forschung, Schule und Bildung sowie Gesellschaft und Politik?

Kategorien zukunftsrelevanten Wissens

Das *zukunftsrelevante Wissen* kann danach zusammenfassend und in einer ersten Annäherung wie folgt charakterisiert werden:

- *Zukunftswissen ist Überlebenswissen,* d. h. es werden die Inhalte und Verfahren relevant, die einen Beitrag zur globalen und langfristigen Existenzsicherung von Mensch und Natur zu leisten vermögen.
- *Zukunftswissen ist Risikowissen,* d. h. es es werden die Inhalte und Verfahren relevant, die die Ausbildung von *Wahrnehmungsorganen* für viele unsichtbare und schleichende, aber bereits jetzt oder später wirksame Risikofaktoren unserer ökonomisch-technischen Zivilisation ermöglichen, die sich oft dann, wenn ihre verheerenden Folgen sichtbar werden, als *irreversibel* erweisen.
- *Zukunftswissen ist ganzheitliches (holistisches) Wissen,* d. h. es werden die Inhalte und Verfahren relevant, die ganzheitliches, grenzüberschreitendes und perspektivisches, kurz *globales und generationsüberschreitendes Denken* in komplexen Zusammenhängen ermöglichen.
- *Zukunftswissen ist normatives Wissen,* d. h. es werden die Inhalte und Verfahren relevant, die einen ethischen *Diskurs über human-, umwelt- und sozialverträgliche Fortschrittsperspektiven der Gesellschaft und der Menschheit* und eine rationale, demokratische Konsensbildung ermöglichen.
- *Zukunftswissen ist politisches Wissen,* d. h. es werden die Inhalte und Verfahren relevant, die auf allen Ebenen des politischen Handelns (Individuum, Gruppen, Staat und internationale Völkergemeinschaft) einen Beitrag zur *Zukunftssicherung* und *Zukunftsgestaltung* und damit zum Überleben der Gattung Mensch und des Planeten *Erde* leisten können.

Was die Ziel- und Inhaltsstruktur einer politischen Zukunftsdidaktik anbelangt, so kann diese nach einem vierteiligen Sequenzierungsmuster ausgelegt werden, das aus der nachstehenden Leitqualifikation entwickelt wurde (vgl. Weinbrenner 1992, 223):

Leitqualifikation für eine zukunftsorientierte politische Bildung

Fähigkeit und Bereitschaft
- die globale Dimension der Gefährdung der menschlichen Gattung zu erkennen,
- die Signaturen der Risikogesellschaft zu beschreiben,
- die zukunftsbedrohenden Risikofaktoren zu analysieren und
- politische Phantasie und Gestaltungskompetenz zur Entwicklung umwelt- und sozialverträglicher Zukunftsperspektiven für das Überleben von Mensch und Natur zu entfalten.

4. Das neue Leitbild: „Nachhaltige Entwicklung" (Sustainable Development)

Die sich immer deutlicher abzeichnende Möglichkeit einer Selbstzerstörung der menschlichen Gattung verlangt nach einer paradigmatischen Wende und einer Zukunftsethik der Selbstbegrenzung (vgl. Jonas 1986). Das neue Leitbild für eine Wiedergewinnung der Zukunftsfähigkeit von Mensch und Natur wurde zum ersten Mal von der *Brundtland-Kommission für Umwelt und Entwicklung* im Jahre 1987 unter dem Begriff *Sustainable Development*[4] wie folgt definiert: „Unter dauerhafter Entwicklung verstehen wir eine Entwicklung, die den Bedürfnissen der heutigen Generation entspricht, ohne die Möglichkeiten der zukünftigen Generationen zu gefährden, ihre eigenen Bedürfnisse zu befriedigen und ihren Lebensstil zu wählen. Die Forderung, diese *Entwicklung dauerhaft zu gestalten, gilt für alle Länder und Menschen"* (Hauff 1987, XV).

Konzept der nachhaltigen Entwicklung

Die Definition macht deutlich, daß *„nachhaltige Entwicklung"* weniger ein ausgereiftes wissenschaftliches Konzept,

Ziel- und Inhaltsstruktur einer zukunftsorientierten politischen Didaktik

I Einübung in globales und generationsüberschreitendes Denken

1. Fähigkeit, das Verhältnis von Mensch und Natur in evolutionsgeschichtlicher Perspektive zu betrachten und eine Vorstellung von den globalen Eingriffen des Menschen in den Naturhaushalt und Lebensraum des Menschen zu entwickeln.
2. Fähigkeit zu erkennen, daß auf einem endlichen Planeten mit begrenzten Ressourcen auf die Dauer keine wachsende Bevölkerung mit steigenden Ansprüchen existieren kann, sondern ein dauerhaftes Gleichgewicht zwischen Abbau- und Aufbauprozessen gefunden werden muß.
3. Fähigkeit, die Globalität der ökologischen Krise zu erkennen und Bereitschaft, auch den Verzicht auf nationale Souveränitätsrechte zugunsten globaler und zukunftssichernder Lösungen zu akzeptieren.
4. Bereitschaft, zukünftigen Generationen das gleiche Recht auf Leben, Existenzsicherung und Ressourcennutzung zuzubilligen wie der jetzt lebenden Generation.
5. Fähigkeit und Bereitschaft, gewohnte Denkweisen, Leitbilder und Vorurteile im Hinblick auf persönliche, aber auch politische Zielvorstellungen im Lichte der Wertmaßstäbe für das Überleben des Planeten Erde und der Gattung Mensch zu überprüfen und gegebenenfalls zu revidieren.
6. Fähigkeit und Bereitschft, in grenz- und generationsüberschreitenden Modellen und Systemen zu denken.
7. Bereitschaft, Mitverantwortung für die Sicherung der materiellen Existenzgrundlagen für eine wachsende Weltbevölkerung zu übernehmen.
8. Prüfen, inwieweit individuelle, betriebliche und nationale Rationalität zu irrationalen, d.h. zukunftsgefährdenden gesellschaftlichen, volkswirtschaftlichen und internationalen (globalen) Folgen führt.
9. Prüfen, ob und inwieweit unser Lebensstil und unsere Konsumansprüche verallgemeinerbar sind, d.h. auf alle jetzt und zukünftig Lebenden übertragen werden können.

II Analyse zukunftsbedrohender Faktoren

1. Fähigkeit, die zukunftsbedrohenden Risikofaktoren und ihre gegenseitige Abhängigkeit (Interdependenz) zu erkennen.
2. Erkennen, daß angesichts der verfügbaren Vernichtungspotentiale und der verheerenden ökonomischen, sozialen und ökologischen Folgen Krieg kein Mittel der Politik mehr sein kann.
3. Erkennen, daß durch die steigenden Lasten der Rüstungsproduktion eine globale Verschwendung knapper Ressourcen stattfindet, die zur Beseitigung von Hunger und Armut, Analphabetismus und Krankheit in vielen Ländern der Welt dringend benötigt werden.
4. Erkennen, daß die zunehmenden Umweltbelastungen und Großrisiken des Industriesystems die natürlichen Lebensgrundlagen kommender Generationen gefährden.
5. Erkennen, daß die entwickelten Industriesysteme Technologien und Gefährdungspotentiale hervorgebracht haben, deren Folgen nicht berechenbar und konstrollierbar sind und deren Risiken und Kosten zum großen Teil auf andere Länder und auf kommende Generationen abgewälzt werden.

III Politische Überlebensstrategien und Handlungsalternativen

1. Fähigkeit, Politik als Gestaltung der Zukunft zu verstehen und Bereitschaft, globale (erdpolitische) Maßstäbe für verantwortliches Handeln von Individuen und Staaten anzuerkennen.
2. Fähigkeit und Bereitschaft, kollektive und individuelle Handlungsstrategien zur Überwindung der lebensbedrohenden Zukunftsrisiken zu entwickeln.
3. Prüfen, ob die Verfolgung individueller Interessen und Glücksansprüche nicht mit dem Überlebensinteresse zukünftiger Generationen kollidiert.
4. Fähigkeit und Bereitschaft, einen eigenen Beitrag zur langfristigen Ressourcensicherung zu leisten.
4. Prüfen, inwieweit die individuelle Lebensführung mit Belastungen für die natürliche Umwelt verbunden ist.
6. Bereitschaft, Solidarität zwischen den Völkern dieser Erde und zwischen den Generationen zu üben.

IV Ansätze und Modelle einer umwelt- und sozialverträglichen Zukunftsgestaltung

1. Fähigkeit und Bereitschaft, sowohl individuelles als auch gesellschaftlich-politisches Handeln am Leitbild der „Zukunftsfähigkeit“ (sustainability) auszurichten und sich an der Entwicklung von Konzeptionen und Modellen für ein „zukunftsfähiges Deutschland“ zu beteiligen.
2. Fähigkeit und Bereitschaft, an der Entwicklung und Umsetzung umwelt- und sozialverträglicher Technologien sowie Produktions-, Arbeits- und Lebensformen im Interesse der Erhaltung der natürlichen Lebensgrundlagen mitzuwirken.
3. Bereitschaft, angesichts schwindender Ressourcen und zunehmender Belastungen der Ökosysteme auf die Erfüllung gegenwärtiger Ansprüche zugunsten anderer Länder und zukünftiger Generationen zu verzichten.
4. Erkennen, daß der Verzicht auf die Verfolgung zukünftiger materieller Ansprüche auch ein Gewinn an gegenwärtiger Lebensqualität sein kann.
5. Bereitschaft, seinen Lebensstil daraufhin zu überprüfen, welche Belastungen dadurch für die Allgemeinheit, für andere Völker und für zukünftige Generationen entstehen.
6. Bereitschaft, die natürlichen Lebensgrundlagen treuhänderisch zu verwalten und sie möglichst unversehrt an zukünftige Generationen zu übergeben.
7. Prüfen, inwieweit bereits realisierte Ansätze einer Alternativkultur im eigenen Land, aber auch in anderen Ländern und Kulturen, geeignet sind, einen Beitrag zur Lösung der Zukunftsprobleme der Menschheit zu leisten.

sondern eine von normativen Wertvorstellungen geprägte politische Leitidee ist. Diese Idee hat im Anschluß an den Brundtland-Bericht zu einer sehr intensiven wissenschaftlichen und politischen Diskussion geführt, aus der sich mindestens drei unterschiedliche Diskussionslinien herausgebildet haben (vgl. Teichert 1995, 7).

4.1 Das Konzept einer ökologischen Modernisierung

Ökologische Modernisierung

Das Konzept einer ökologischen Modernisierung versucht eine *Effizienzrevolution,* mit deren Hilfe die Nutzung von Energie und Rohstoffen wesentlich reduziert werden kann. Mit der Formel *doppelter Wohlstand – halbierter Naturverbrauch* wurde in dem neuesten Bericht an den Club of Rome gezeigt, welche technischen Möglichkeiten für eine solche Effizienzrevolution zur Verfügung stehen und welche ökonomischen und politischen Randbedingungen für die Umsetzung dieser Konzeption geschaffen werden müssen (vgl. Weizsäcker/Lovins/Lovins 1995).

4.2 Das Konzept eines ökologisch orientierten Strukturwandels

Ökologisch orientierter Strukturwandel

Das Konzept eines ökologisch orientierten Strukturwandels betrachtet demgegenüber die ökologische Modernisierung lediglich als einen Zwischenschritt auf dem Wege zu einer *Suffizienzrevolution,* bei der ökologische, ökonomische und soziale Aspekte als gleichberechtigte Komponenten eines erweiterten gesellschaftlichen Wohlstandsbegriffs angesehen werden. Nicht Effizienzkriterien stehen hier im Vordergrund, sondern Verteilungsaspekte und insbesondere die Frage nach dem optimalen bzw. zukunftsfähigen Produktions- und Konsumniveau einer Gesellschaft. Dieser neue Wohlstandsbegriff muß danach sowohl Umwelt- als auch Gerechtigkeits- und Partizipationselemente enthalten (vgl. Teichert 1995, 7). Eine solches neues Wohlstandskonzept erfordert eine weitreichende *Umgestaltung unseres Wertsystems* und unserer individuellen und institutionellen Strukturen. „Unsere Wahrnehmungs-, Denk- und Verhaltensmuster, die evolutionsgeschichtlich in einer ganz anderen, kleinräumigen sozialen und natürlichen Umwelt entstanden sind, müssen der neuen Situation angepaßt werden." (Prinz von und zu Liechtenstein 1992, 50)

4.3 Das Konzept einer nachhaltigen Regionalentwicklung

Nachhaltige Regionalentwicklung

Das Konzept zur nachhaltigen Regionalentwicklung versucht das Leitbild der Nachhaltigkeit auf konkrete Regionen und Projekte zu beziehen. So wurde im Jahre 1992 erstmalig in den Niederlanden ein Aktionsplan für eine nachhaltige Entwicklung vorgelegt (vgl. Institut für sozial-ökologische Forschung 1993, 20).

Für die Bundesrepublik führte das Wuppertaler Institut für Klima, Umwelt und Energie seit Anfang 1994 ein Projekt mit dem Titel *Zukunftsfähiges Deutschland* im Auftrag des BUND und von Miserior durch. Dieser Bericht, der 1996 vorgelegt wurde (vgl. BUND/ Miserior 1996), wird sicherlich die Diskussion um eine *Politik der Nachhaltigkeit* vorantreiben. Hierbei geht es u. a. um die Frage nach den demokratischen Steuerungspotentialen für eine zukunftsfähige, d. h. umwelt- und sozialverträgliche Entwicklung Deutschlands; ferner darum, ob dem schwindenden Steuerungspotential des Staates u. U. eine zunehmende Vergesellschaftung der Umweltpolitik gegenüberstehe.

Zukunftsorientierte Didaktik nach Jänicke

Hierzu stellt Martin Jänicke eine für die zukunftsorientierte politische Bildung höchst brisante These zur Diskussion: Nicht mehr die zentrale Festlegung des ‚richtigen Weges‘ durch Institutionen der repräsentativen Demokratie, sondern die immer stärkere Wahrnehmung von politischen Gestaltungsmöglichkeiten und Verantwortung durch unterschiedliche gesellschaftliche Akteure sind für ihn Kennzeichen einer zukunftsfähigen Entwicklung. Motoren, Antriebskräfte für die Suche nach Lösungen für die heutigen Probleme seien eher von Akteuren jenseits des Staates zu erwarten (vgl. Meyerhoff 1995, 26). So ist abschließend zu hoffen und zu wünschen, daß das neue Leitbild „zukunftsfähiges Deutschland“ auch von der politischen Didaktik aufgenommen wird, so daß auch seitens der politischen Bildung ein eigenständiger und produktiver Beitrag zu einer solchen *Vergesellschaftung der Umweltpolitik* geleistet werden kann.

5. Anmerkungen

1 Bevölkerungsexplosion; Gefährdung der natürlichen Lebensgrundlagen Luft, Wasser, Boden und Nahrungsmittel; Müll-Lawine; Waldsterben; Klimakatastrophe; Ozonloch; Abholzen tropischer Regenwälder; Artenschwund; zunehmende Infertibilität durch weltweite Chemisierung und Östrogenisierung usw.

2 Z. B. durch die von Jahr zu Jahr sich häufenden Naturkatastrophen (Erdbeben, Überschwemmungen, Dürreperioden und Wirbelstürme), die nach der neuesten Studie der Vereinten Nationen jährlich um etwa 6 Prozent zunehmen (vgl. dpa-Meldung v. 11. Okt. 1995).

3 Nachstehend eine kleine Blütenlese der letzten Jahre: Club of Rome: Das menschliche Dilemma. Zukunft und Lernen. Herausgegeben von Aurelio Peccei. Wien usw. 1979; Pies, Eberhard (Hrsg.): Überleben wir die Zukunft? Stuttgart/Berlin 1979; Berger, Johannes u. a. (Hrsg.): Kongreß Zukunft der Arbeit. Bielefeld 1982; Die Zukunft der Vernunft. Tübingen 1985; Allerbeck, Klaus/Wendy Hoag: Jugend ohne Zukunft? München/Zürich 1985; Meyer, Thomas/Susanne Miller (Hrsg.): Zukunftsethik und Industriegesellschaft. München 1986;. Göbel, Uwe/Winfried Schlaffke (Hrsg.): Die Zukunftsformel. Köln 1987; Rougemont, Denis de: Die Zukunft ist unsere Sache. München 1987; Arras, Hartmund E./Willy Bierter: Welche Zukunft wollen wir? Drei Szenarien im Gespräch. Basel 1989; Schmied, Josef/Heinrich Tiemann (Hrsg.): Aufbrüche: Die Zukunftsdiskussion in Parteien, Verbänden und Kirchen. Marburg 1990; Schaeffer, Roland (Hrsg.): Ist die technisch-wissenschaftliche Zukunft demokratisch beherrschbar? Bonn/Frankfurt/M. 1990; Jungk, Robert und Internationale Bibliothek für Zukunftsfragen (Hrsg.): 51 Modelle für die Zukunft. Neuwied 1990; Luisi, Pier Luigi (Hrsg.): Treffpunkt Zukunft. Bonn 1991; Maresch, Rudolf (Hrsg.): Zukunft oder Ende? Standpunkte, Analysen, Entwürfe. Boer 1993. Herrhausen, Alfred: Gesellschaft für internationalen Dialog (Hrsg.): Arbeit der Zukunft/Zukunft der Arbeit. Stuttgart 1994; Dürr, Hans-Peter: Die Zukunft ist ein unbetretener Pfad. Freiburg/Basel/Wien 1995
Über die laufenden Neuerscheinungen dieser „Zukunftsdebatte" informiert der Informationsdienst der Internationalen Bibliothek für Zukunftsfragen „pro Zukunft", der im Beltz-Verlag in Weinheim erscheint.

4 Übersetzt als „nachhaltige", „dauerhafte" oder „zukunftsfähige" Entwicklung. „Nachhaltigkeit" bringt hierbei stärker die *ökologische* Dimension des Problems zum Ausdruck; *„Entwicklung"* stärker die *ökonomische* und *soziale* Dimension.

5 Vgl. z. B. das Themenheft „Zukunft" der Zeitschrift Politische Didaktik sowie das Heft 3/1981 der Zeitschrift Politische Bildung und den dazugehörigen Materialband (Weinbrenner 1982).

6 Die prinzipielle „Zukunftsoffenheit" des politischen Prozesses macht ja gerade den Reiz der Zukunftsdiskussion aus. Es sind daher viele „Zukünfte", die als politische Optionen in Frage kommen. Die beiden Methoden der „Zukunftswerkstatt" und „Szenariotechnik" sind daher in besonderer Weise geeignet, das ganze Spektrum der „wünschbaren" und „möglichen" Zukünfte zu entfalten (vgl. Weinbrenner 1988 und 1995).

6. Literatur

BUND/MISEREOR (Hrsg.) 1996: Zukunftsfähiges Deutschland. Ein Beitrag zu einer global nachhaltigen Entwicklung. Basel/Boston/Berlin

BUNDESZENTRALE FÜR POLITISCHE BILDUNG (Hrsg.) 1994: Politikdidaktik kurz gefaßt. Planungsfragen für den Politikunterricht. Bonn

ENQUETE-KOMMISSION „SCHUTZ DER ERDATMOSPHÄRE" DES DEUTSCHEN BUNDESTAGES (Hrsg.) 1995: Mehr Zukunft für die Erde. Nachhaltige Energiepolitik für dauerhaften Klimaschutz. Bonn

HAUFF, VOLKER (Hrsg.) 1987: Unsere gemeinsame Zukunft. Der Bericht der Weltkommission für Umwelt und Entwicklung (Brundtland-Bericht). Greven

HILLIGEN, WOLFGANG 1976: Zur Didaktik des Politischen Unterrichts I. Opladen

INSTITUT FÜR SOZIAL-ÖKOLOGISCHE FORSCHUNG (Hrsg.) 1992: Milieudefensie, Sustainable Netherlands. Aktionsplan für eine nachhaltige Entwicklung der Niederlande. Frankfurt/M.

JONAS, HANS 1986: Prinzip Verantwortung - Zur Grundlegung einer Zukunftsethik. In: Meyer,Thomas/Miller, Susanne (Hrsg.): Zukunftsethik und Industriegesellschaft. München, S. 3-14

KLAFKI, WOLFGANG 1963: Studien zur Bildungstheorie und Didaktik. Weinheim/Berlin/Basel

MEYER-ABICH, KLAUS MICHAEL 1988: Wissenschaft für die Zukunft. Holistisches Denken in ökologischer und gesellschaftlicher Verantwortung. München

MEADOWS, DENNIS L. 1972: Die Grenzen des Wachstums. Stuttgart

MESAROVIC, Mihajlo/PESTEL, EDUARD 1974: Menschheit am Wendepunkt. Stuttgart

MEYERHOFF, JÜRGEN 1995: Zukunftsfähige Gesellschaft. Demokratische Entscheidungen für eine dauerhaft tragfähige Entwicklung. Tagung des Netzwerkes Zukunft (Berlin). In: IÖW/VÖW-Informationsdienst, Nr. 2/1995, 26

OELKERS, JÜRGEN 1985: Erziehung und Zukunft: Skeptische Anmerkungen zur pädagogischen Futurologie. In: Lernen für die Zukunft. Ansätze zu einem neuen Bildungsverständnis der gymnasialen Oberstufe. Münster, S. 9-37

PRINZ VON UND ZU LIECHTENSTEIN, ALFRED 1992: Die Wiener Akademie für Zukunftsfragen. Aufgabenstellungen - Ziele - Aktivität. In: Zukünfte, 2. Jg. (1992) 2, 50 f.

ROLFF, HANS GÜNTER 1989: Schule und gesellschaftlicher Wandel - Anforderungen an die Schule in den 90er Jahren. In: Aus Politik und Zeitgeschichte, Nr. 27/1989, S. 14 -32

SCHUMACHER, ERNST F. 1981: Zeitenwende - ist der Fortschritt noch ein Fortschritt? In: Glaser, Hermann (Hrsg.): Fluchtpunkt Jahrhundertwende, Bd. 1. Frankfurt/M., S. 131-141

TEICHERT, VOLKER 1995: Sustainable Development. Auf dem Weg zur nachhaltigen Gesellschaft. In: Thema: „Umwelt". Sparkassenschul-Service, April 1995, S. 7-10

WEINBRENNER, PETER 1980: Zukunftssicherung als Thema und Qualifikation

– eine Umorientierung in der Politischen Didaktik? In: Gegenwartskunde, Nr. 3/1980, S. 295-306

WEINBRENNER, PETER 1982: Überleben. Politisches Handeln im Spannungsfeld von Kriegsgefahr, Bevölkerungswachstum, Ressourcenknappheit und Umweltzerstörung. Stuttgart

WEINBRENNER, PETER 1988: Zukunftswerkstätten – eine Methode zur Verknüpfung von ökonomischem, ökologischem und politischem Lernen. In: Gegenwartskunde, 37. Jg., H. 4, S. 527-560

WEINBRENNER, PETER / HÄCKER, WALTER 1991: Zur Theorie und Praxis von Zukunftswerkstätten. In: Bundeszentrale für politische Bildung (Hrsg.): Methoden in der politischen Bildung – Handlungsorientierung. Bonn, S. 115-149

WEINBRENNER, PETER 1992: Lernen für die Zukunft – Plädoyer für ein neues Relevanzkriterium der Politischen Bildung. In: Sander, Wolfgang (Hrsg.): Konzepte der Politikdidaktik. Aktueller Stand, neue Ansätze und Perspektiven. Hannover, S. 219-238

WEINBRENNER, PETER 1995: Auto 2010 – ein Szenario zum Thema „Auto und Verkehr" und: Multikulturelle Gesellschaft – Einsatz der Szenario-Methode. In: Steinmann, Bodo / Weber, Birgit (Hrsg.): Handlungsorientierte Methoden in der Ökonomie. Neusäß, S. 432-441 und 469-477

WEIZSÄCKER, ERNST ULRICH VON / LOVINS, AMORY B. / LOVINS, L. HUNTER 1995: Faktor 4. Doppelter Wohlstand – halbierter Naturverbrauch. Der neue Bericht an den Club of Rome. München 1995

III.

Praxisfelder politischer Bildung und Erziehung

Isabell Diehm

Politische Erziehung im Vorschulalter

Die Feststellung, daß Erziehung - ausdrücklich oder unausdrücklich - immer auch Elemente politischen Lernens enthalte, weckt aus heutiger Sicht kaum noch Widerspruch. In der Geschichte der Pädagogik ließe sich zeigen, daß Erziehung und ihre pädagogischen Programme und Praxen nicht davor gefeit waren, als Mittel der politischen Indoktrination mißbraucht zu werden. Die militärische Erziehung des deutschen Kaiserreiches, die nationalsozialistische Erziehung während des sogenannten Dritten Reiches sowie die sozialistische Erziehung in der DDR bezeugen, daß dies auch für den Bereich der frühen Kindheit und seine Erziehungsinstitutionen galt (vgl. Grossmann 1987). In der Bundesrepublik kam in den sechziger und siebziger Jahren die noch junge politische Sozialisationsforschung zu der Erkenntnis, daß auch eine institutionalisierte (Vorschul-)Erziehung, die jegliche politische Erziehungsabsicht von sich weist und die frühe Kindheit zu einem Schonraum - frei von politisierenden Einflüssen - erklärt, gerade aufgrund dieses Anspruches einen nicht zu unterschätzenden Beitrag zur politischen Sozialisation der Vorschulkinder leiste. Dieser bestehe in einer unkritischen Anpassung der Kinder an das Bestehende und unterbinde die Einsicht in die Veränderbarkeit gesellschaftlicher Wirklichkeit (vgl. Rinne 1976).

Ungewollte Affirmation des Bestehenden

Es war u. a. diese These der ungewollten Affirmation des Bestehenden, die damals zu heftigen pädagogischen und bildungspolitischen Debatten führte (vgl. Giesecke u. a. 1986). Im Mittelpunkt standen die Begriffe ‚Politische Sozialisation', ‚Politische Erziehung' und ‚Politische Bildung' *im Kindesalter*. Fragt man heute danach, welche Ergebnisse die zehn Jahre lang kontrovers ausgetragenen Diskussionen sowohl unter forschungs- wie unter praxisrelevanten Gesichtspunkten gezeitigt haben, erscheinen die Erträge eher dürftig. Auch sucht man die aufgeführten Begriffe, bezogen auf das Vorschul-, aber auch auf das Grundschulalter, in neueren Publikationen vergeblich. Heißt das nun, daß politische Erziehung für Kinder im Elementar- und Primarbereich innerhalb der aktuellen pädagogischen Diskussionen kein Thema mehr darstellt, wird es gegenwärtig von anderen Themen überlagert oder tritt es in anderen Kontexten in Erscheinung? Um einer Antwort auf diese Fragen näherzukommen, erscheint die Rekonstruktion vergangener Argumentationsmuster notwendig. Vor diesem Hintergrund soll dann genauer bestimmt werden, welche Bedeutung der politischen Erziehung im Vorschulalter heute zukommen könnte.

Rekonstruktion vergangener Argumentationsmuster

1. Bedeutung des frühen politischen Lernens

Will man die Frage nach der politischen Erziehung im frühen Kindesalter rückblickend diskutieren, dürfen die gesellschafts- und bildungspolitischen Besonderheiten, die die Zeit Ende der sechziger und Anfang der siebziger Jahre in der Bundesrepublik prägten, nicht außer acht gelassen werden: die Studentenbewegung, die eine weitreichende Politisierung aller Bildungsbereiche zur Folge hatte und das pädagogische Interesse auf Konzepte antiautoritärer Erziehung und damit das Forschungsinteresse auf das Phänomen der politischen Sozialisation lenkte; die Bildungsreform, die mit dem demokratischen Anspruch angetreten war, Chancengleichheit unabhängig von sozialer Herkunft und Geschlecht zu realisieren und damit der erziehungswissenschaftlichen Forschung sowie den Erziehungsinstitutionen selbst zu einer enormen Expansion verhalf. Beide Bewegungen beeinflußten sich gegenseitig und stimulierten sich in ihren dezidierten Demokratisierungsabsichten, die auch auf die Institutionen Kindergarten und Vorschule ausgedehnt wurden.

Studentenbewegung

Bildungsreform

Die Sozialisationsforschung begann während dieser Zeit, Untersuchungen aus den fünfziger und sechziger Jahren zur politischen Sozialisation im Kindes- und Jugendalter zu rezipieren, die in den USA durchgeführt worden waren. Sie dienten in den Diskussionen um politische Sozialisation und Erziehung junger Kinder als empirische Grundlagen. Der mit Nachdruck formulierte Anspruch, institutionalisierte Erziehung müsse auf allen Ebenen die *politische* Erziehung der Kinder einschließen, setzte voraus, daß deren Notwendigkeit stichhaltig begründet werden konnte, wie auch die Bedingungen und Verläufe der politischen Sozialisation im frühen Kindesalter erziehungswissenschaftlich aufgeklärt werden mußten. Erst mit diesem Wissen schienen didaktische Konzepte für eine politische Erziehung begründbar, deren übergeordnetes Ziel eine Erziehung zu mehr Demokratie darstellte.

„Latente" und „manifeste" politische Sozialisation

Die einschlägigen Untersuchungen (vgl. Almond/ Coleman 1960; Greenstein 1965; Hess/Torney 1967) unterschieden die „latente" von der „manifesten politischen Sozialisation". Während erstere allgemeine Einflüsse auf die Persönlichkeitsentwicklung bezeichnete, die im Zuge der Primärsozialisation unbewußt oder vorbewußt aufgenommen würden und in sich später manifestierenden politischen Einstellungen indirekt nachwirkten, etwa durch eine eher autoritäre Grundeinstellung, wurde unter „manifester politischer Sozialisation" die „explizite Übertragung von Informationen, Werten oder Gefühlen im Hinblick auf Rollen, Inputs und Outputs des politischen Systems" verstanden (Greenstein, zit. b. Nyssen 1970, 21). Manifeste politische Sozialisation beginne bereits im Alter von drei Jahren, so daß dem frühen Lernen, das überwiegend affektiv geprägt sei und sich durch Imitation und Identifikation vollziehe, eine besondere Bedeutung zukomme. Darüber hinaus „(fungierten) die durch frühes politisches Lernen erworbenen Einstellungselemente ... als ‚Filter' für späteres politisches Lernen" (ebd.). Politische Einstellungen und Verhaltensweisen Heranwachsender und Erwachsener basierten demnach auf Einstellungen, die im Rahmen des familialen Sozialisationsprozesses gemäß der kognitiven Verarbeitungsmöglichkeiten eines Kindes bereits sehr früh gelernt würden und die kindliche Wahrnehmung künftig dementsprechend selektieren ließen (vgl. Wasmund 1982).

Bedeutung des frühen politischen Lernens

Diese Forschungsergebnisse boten denjenigen, die in gesellschaftsverändernder Absicht die Etablierung politisch-sozialen Lernens im Elementar- und Primarbereich forderten, eine theoretische Begründung ihrer Argumentation. So heißt es bei Spieker (1982, 180): „Politisch-soziales Lernen muß die Mechanismen der Ineinanderverzahnung latenter und manifester politischer Lernprozesse im Subjekt, in Interaktionen, in der Vermittlung zwischen Subjekt und politischem System als Ergebnisse zugrunde legen, um bereits im Elementar- und Primarbereich korrigierend einzuwirken. Politisch-soziales Lernen muß von seiner eigenen Theoriebildung her Zielvorstellungen nicht nur normativ legitimieren, sondern wissenschaftstheoretisch und gesellschaftstheoretisch begründbar und didaktisch umsetzbar angeben können." Die Forderung nach der Organisierung politischen Lernens, nach der didaktischen Aufbereitung gesellschaftspolitischer Lehr-/Lerninhalte für die frühe Kindheit auf der Grundlage der Ergebnisse der politischen Sozialisationsforschung wurde ausdrücklich als Versuch einer Korrektur derjenigen Einflüsse verstanden, die in der Familie auf das Kind einwirkten. Hierzu noch einmal Spieker (ebd.): „In der Regel bewirken familiale politische Sozialisationsprozesse faktisch eine Stützung des status quo, eine Anpassung an bestehende gesellschaftliche Wertorientierungen, Normen und Interaktionsmuster. Der Ausbau der in der Gesellschaft gegebenen Möglichkeiten in Richtung auf Demokratisierung wird behindert." Diese Kritik traf die traditionelle (Klein-)Familie in ihrer vermeintlich autoritären Struktur, die den damals geläufigen gesellschaftskritischen Analysen als defizitär, weil nicht innovativ erschien (vgl. Beck 1973; Beck/Grauel 1975).

Beabsichtigte Korrektur familialer Einflüsse

Die Forderung nach der Institutionalisierung politischer Erziehung im Vorschulbereich meinte auch eine Abgrenzung gegenüber der herkömmlichen Sozialerziehung. Sie wurde kritisiert als „reines Anpassungstraining", als „Einübung sozialer Tugenden, die für unmittelbare personale Bezüge in Kleingruppen angemessen (seien): Hilfsbereitschaft, Rücksichtnahme, Kooperation, Zurückstellen individueller Bedürfnisse, Einordnung in Normen und Regeln, bis hin zu ‚genormten' Verhaltensweisen wie Tischsitten" (Köbberling/Müller-Guntrum 1972, 49). Eine erweiterte Sozialerziehung, die den Anspruch habe, politisches Verhalten anzubahnen, müsse die Kinder dazu befähigen, soziale Normen aus der Distanz kritisch zu reflektieren und ein erstes Verstehen von sozialen

Kritik am „Anpassungstraining" herkömmlicher Sozialerziehung

Strukturen und Zusammenhängen zu entwickeln (vgl. ebd., 49 ff.). Entsprechend ist z. B. Hielschers systematisch aufgebautes Programm zur Sozialerziehung „Richtzielen" verpflichtet wie Freiheit, Gerechtigkeit, Solidarität, welche wiederum „Grundwerte" wie Wahrhaftigkeit, Toleranz, Achtung, Verantwortung und Engagement einschließen. Das hier entfaltete Verständnis von Sozialerziehung wird als ein „im weitesten Sinne (...) politisches Konzept" eingeordnet. „Mündigkeit, Vernunft, Konfliktfähigkeit und Rollenflexibilität sind ebenso notwendige Voraussetzungen für eine produktive Weiterentwicklung der Gesellschaft wie z. B. ein positives Selbstkonzept, ein ‚menschlicher' Umgang mit eigenen und fremden Gefühlen sowie Ausdrucks- und Kommunikationsfähigkeit (...), sie (müssen) sich in Fertigkeiten, Fähigkeiten und Gewohnheiten manifestieren" (Hielscher 1986, 8).

Politisches und soziales Lernen

Diese Aufgabenbeschreibung einer reformierten Sozialerziehung verdeutlicht den engen Zusammenhang, der zwischen dem politischen und dem sozialen Lernen im Vorschul- wie im Grundschulalter konzipiert wurde. „Politisches Lernen wurde sozusagen als Sonderfall des sozialen Lernens gesehen..." (vgl. Wasmund 1982, 25), oder anders ausgedrückt: „soziales Lernen oder Sozialerziehung (galten)...als notwendiger Bestandteil politischen Lernens" (Beck 1988, 405). Im bereits zitierten Begriff des „politisch-sozialen Lernens", wie er innerhalb der politischen Sozialisationsforschung verwendet wurde und wird, kommt die bestehende Nähe zum Ausdruck (vgl. Spieker 1982).

Entwicklung von Ich-Stärke

Die Lernziele, die von dieser sich emanzipatorisch verstehenden politischen Erziehung formuliert wurden, waren vor allem individualpädagogischer Natur. Sie richteten sich auf das einzelne Kind und die Entwicklung seiner individuellen Persönlichkeit. Das Kind sollte dazu befähigt werden, seine Bedürfnisse zu erkennen, sich darüber mit anderen zu verständigen und sie umzusetzen. Voraussetzung hierfür sei eine Ichstarke Persönlichkeit, die sich aus der einengenden Abhängigkeit von den Eltern lösen müsse (vgl. Rinne 1976, 176 ff.). Politische Erziehung bzw. politisch-soziales Lernen bedeute konkret, daß „die Kinder angeleitet (werden), ihr Zusammenleben in der Gruppe selbst zu regulieren, Entscheidungen gemeinsam zu treffen, solidarisches Verhalten zu üben, Problemlösungsverfahren zu entwickeln" (ebd., 178). Unter diesen Voraussetzungen ließe sich politische Erziehung für die Altersgruppe der Vorschulkinder präziser als *vor-politische Erziehung* beschreiben, die familiale Einflüsse korrigieren bzw. kompensieren und Voraussetzungen für die politische Erziehung in der Grundschule schaffen will.

2. Von der politischen Erziehung zum sozialen Lernen

„Situationsansatz"

Umgesetzt wurden viele Elemente des Programms im „Curriculum Soziales Lernen", einer Sammlung didaktischer Einheiten, die nach einer Erprobungsphase in verschiedenen Bundesländern als sogenanntes „situationsorientiertes Curriculum (Situationsansatz)" im Vorschulbereich einen hohen Implementationsgrad erlangte (vgl. Zimmer 1984). Das Curriculum zielte ab auf die Verschränkung von sozialem und sachbezogenem Lernen. In der Formulierung der übergeordneten Lernziele Kompetenz, Autonomie und Solidarität fanden beide Aspekte gleichrangig Berücksichtigung. Zentrales methodisch-didaktisches Merkmal des Situationsansatzes ist sein Bezug zu Lebenssituationen der Kinder. Diese sollen in realen Situationen die notwendigen Qualifikationen und Kompetenzen erwerben, die sie für deren soziale und sachliche Verarbeitung und Bewältigung benötigen. Auf diese Weise könnten sich die Kinder auch für die Bewältigung zukünftiger lebensrelevanter Situationen qualifizieren (vgl. Arbeitsgruppe Vorschulerziehung 1979; Colberg-Schrader u. a. 1991; Krenz 1991). Dabei schließt der Situationsansatz für die Qualifikationsbestimmung (Lernzielbestimmung in Abhängigkeit von den als relevant bestimmten Lern-Lebenssituationen) immer die Dimension des sozialen Lernens in lebensweltlichen Zusammenhängen ein.

Bezug zur Lebenssituation der Kinder

Die didaktische Einheit „Im Krankenhaus" soll den Kindern beispielsweise nicht nur sachliche Kompetenzen im Hinblick auf medizinische Abläufe und Notwendigkeiten vermitteln, sondern zugleich ihre sozialen und kommunikativen Kompetenzen, etwa im Umgang mit Ängsten und Phantasien fördern. Handlungsbezogene Erfahrungen wie Besuche im Krankenhaus, die direkte Kontakte zu dort arbeitenden Erwachsenen (Ärzte und Pflegepersonal) ermöglichen sollen, gehören zu den wesentlichen Elementen situationsorientierter Vorschuldidaktik. Ich-Autonomie - ein Ziel, das in Anlehnung an interaktionstheoretische Identitätskonzepte (vgl. Krappmann 1969) formuliert wurde, soll dabei u. a. durch kommunikationserweiternde Kooperations- und Partizipationserfahrungen der Kinder entwickelt werden. Indem die Kinder in für sie relevanten Situationen Bewältigungsstrategien kennenlernen, erproben und eigenständig gestalten können, erlangten sie grundlegende (soziale) Kompetenzen, die für den weiteren Verlauf auch ihrer politischen Persönlichkeitsentwicklung maßgeblich seien.

Anlehnung an interaktionstheoretische Konzepte

Die theoretischen Begründungen des situationsorientierten Curriculum heben unter emanzipatorischem Blickwinkel die Bedeutung eines so verstandenen Begriffs von sozialem Lernen hervor und können ebenfalls als Plädoyer für die Förderung *vor-politischer* Lernprozesse gelesen werden (vgl. Zimmer 1973) - ganz im Sinne der bereits erwähnten Definition des politisch-sozialen Lernens bei Spieker (1982). Der Situationsansatz und seine Bedeutung als methodisch-didaktisches Prinzip der Elementarpädagogik markiert eine Entwicklung, die sich mit denjenigen anderer pädagogischer Bereiche deckt und macht Tendenzen innerhalb der jeweiligen Diskussionen deutlich: Konzentrierten sich Forschung wie Praxis zunächst eher allgemein auf den Problemkomplex, *politische* Erziehung' - verstanden als die Thematisierung politischer Inhalte –, seine pädagogische Begründung sowie Fragen seines inhaltlichen Bedeutungsumfangs, so verlagerten sich im Zuge konkreter Umsetzungsversuche für das Vor- und Grundschulalter die Schwerpunkte nach und nach auf den Bereich des *sozialen* Lernens. Nach Meinung einiger Autoren wurde der ursprüngliche Schwerpunkt sogar durch letzteren ersetzt, was nicht ohne Bedauern festgestellt wird (vgl. für die Grundschule: Beck 1988, 404 f.).

Entwicklung von politischer Erziehung hin zum sozialen Lernen

Vom Grundschulbereich ausgehend, fand eine weitere Ausdifferenzierung statt, die neue pädagogische Teildisziplinen hervorbrachte und die vormals diskutierten politisch-sozialen

Neue pädagogische Teildisziplinen

Lernziele konkretisierte und variierte: die Interkulturelle Erziehung (vgl. Auernheimer 1990), die Friedenserziehung (vgl. Flitner 1986), die Medienerziehung (vgl. Aufenanger 1991), die Umwelterziehung (vgl. Themenheft der Zeitschrift Grundschule 9/1988), die Erziehung zur Gleichberechtigung (vgl. Prengel 1986) und neuerdings die Civic Education (vgl. Council of Europe 1995). Auch für diese Themenbereiche wurden übergeordnete Lernziele der politisch-sozialen Erziehung wie Solidarität, Toleranz, Kooperation, Kommunikation, Kritikfähigkeit, Mit- und Selbstbestimmung übernommen und in einer Vielzahl didaktischer Projekte für den Elementar- und Primarbereich curricular aufbereitet. Sie setzen auf Bewußtseinsbildung, Einstellungs- und Verhaltensänderung bei Kindern durch Thematisierung und Problematisierung, durch Informationszuwachs sowie durch handlungs- und erfahrungsbezogenes Lernen. Der Grad der Curricularisierung ist im Elementarbereich zwar geringer ausgeprägt als im Primarbereich, gleichwohl ist den Erziehungsabsichten und Interventionsstrategien all dieser pädagogischen Programme die Annahme eines „je früher, desto wirksamer" unterlegt, welche sich wiederum wesentlich auf das Sozialisationsmodell der Psychoanalyse und die Theorie der frühkindlichen Prägung stützt.

Bewußtseinsbildung durch Informationszuwachs und erfahrungsbezogenes Lernen

3. Von methodischen Einwänden zu neuen Konzepten

Vom aktuellen Forschungsstand zur politischen Erziehung und politischen Sozialisation im Kindesalter wird diese Prämisse allerdings nicht gedeckt. Die erwähnten amerikanischen Untersuchungen führten zwar zu vergleichbaren pädagogischen Schlußfolgerungen, waren jedoch schon früh vielfältiger, besonders methodischer Kritik ausgesetzt: Die konkreten Bedingungen der Entstehung derjenigen Einstellungen, die bei den einbezogenen Kindern festgestellt worden waren, seien vernachlässigt worden, ebenso wie die Frage der Übertragbarkeit der Untersuchungsergebnisse auf den bundesrepublikanischen Kontext nicht ausreichend problematisiert worden sei (vgl. Beck 1988, 403). Mit den bisher angewandten Untersu-

Methodische Einwände

chungsverfahren sei man zwar zu Ergebnissen gekommen, die Aussagen darüber zuließen, *was* die Kinder „im Hinblick auf politische Objekte und Prozesse" gelernt hätten, „die Frage, *wie* politische Lernprozesse verlaufen und *wer, wann* darauf Einfluß nimmt, kann dagegen mit den herkömmlichen Methoden der politischen Sozialisationsforschung nur sehr unbefriedigend beantwortet werden" (Wasmund 1982, 33). Beck kommt zu dem Schluß, daß die Grundlagenforschung zum politischen Lernen im Kindesalter nicht weitergeführt worden sei (vgl. Beck 1988, 405). Dies treffe sowohl für den Bereich der institutionalisierten politisch-sozialen Erziehung (intendiertes Erziehungshandeln) im Vorschulalter wie für den Bereich der Sozialisation (nicht-intendierte, ungesteuerte Lernprozesse) in der Familie und in Vorschuleinrichtungen zu (vgl. Colberg-Schrader/ Derschau 1991).

Hinterfragung der theoretischen Prämissen

Auf die Frage, *wann* politische Erziehung in korrigierender Absicht eingreifen sollte, lassen sich Hinweise in neueren Untersuchungen zur Vorurteilsforschung bei Kindern finden (vgl. Aboud 1988; Katz 1983). Aboud kommt in Anlehnung an das entwicklungspsychologische Stufenmodell Piagets zu dem Ergebnis, daß der entwicklungsbedingte Egozentrismus der Kinder im Alter zwischen vier und sieben Jahren dafür verantwortlich sei, daß sie die soziale Wirklichkeit nur wenig differenziert wahrnehmen könnten. Solange sie sich noch im Entwicklungsstadium des „egozentrischen Denkers" befinden, bedienten sie sich überwiegend dichotomer Erklärungsmuster (weiß - schwarz, gut - böse, Freund - Nicht-Freund etc.). Die Einfachheit ihres Denkens entspräche damit der Struktur nach der des vorurteilhaften Denkens. Theoretisch stellen diese Ergebnisse die Annahme von der Notwendigkeit möglichst früher erzieherischer Interventionen in Frage, denn sie legen nahe, daß zumindest kognitiv orientierte, curriculare Angebote ins Leere laufen. Um hierzu empirisch fundierte Aussagen machen zu können, bedürfte es noch einiger Forschungsaktivitäten der politischen Sozialisationsforschung - indem sie einerseits bereits vorliegende Untersuchungsergebnisse in ihre Theoriebildung einbezieht und andererseits selbst entsprechende Forschungsanstrengungen unternimmt.

Entwicklungsbedingter Egozentrismus

Die Frage, *wie* pädagogische Interventionsstrategien mit dem Ziel einer politisch-sozialen Erziehung beim gegebenen Forschungsstand zu konzeptualisieren seien, wäre unter erweiterter Perspektive zu beleuchten: Auf Bernfeld (1925) geht die These zurück, daß Lernen besonders durch das *sozialisierende Milieu* in einer Einrichtung (Lernarrangements, Arbeitsweisen der Pädagoginnen und Pädagogen, Gleichaltrigengruppe, Interaktionsmuster, Kooperationsformen, räumliche Bedingungen, Materialauswahl etc.) beeinflußt werde. Bei der Evaluation verschiedener Vorschulprogramme in den USA kam Weikart (1973) zu dem Ergebnis, daß sich die Arbeitsweise der Erzieherinnen für die Sozialisationseffekte als entscheidender erweise als die verwendeten Curricula (vgl. Colberg-Schrader/ Derschau 1991, 340). Damit käme dem *heimlichen Lehrplan* (vgl. Zinnecker 1975), dem, was indirekt und unbeabsichtigt durch Interaktion und Lernarrangements beim Umgang der Erwachsenen mit den Kindern vermittelt oder auch nicht vermittelt wird, die wesentliche sozialisatorische Bedeutung zu. Zu denken ist dabei an das weite Feld der Vermittlung sozialer Bewertungen, die z. B. den geschlechtsspezifischen Sozialisationsprozeß sehr stark beeinflussen (vgl. Fried 1989), aber auch das Lernen sozialer oder ethnischer Unterschiede betreffen. Weniger die curricular aufbereiteten Lehr-/Lerninhalte im Rahmen didaktischer Projekte scheinen die erwünschten Lerneffekte bei den Kindern zu erzielen, als vielmehr das, was unthematisiert und allzu oft auch unreflektiert bleibt. Dies läßt sich beispielhaft an Projekten veranschaulichen, die im Zuge der Interkulturellen Erziehung in vielen Kindergärten durchgeführt werden:

Der Einfluß des „heimlichen Lehrplans" auf die Sozialisation

Auf ganz unterschiedliche Weise, durch Bilderbücher, Geschichten, Diaserien oder Filme, werden die Kinder gezielt mit kulturellen Unterschieden – Lebens- und Verhaltensweisen, Sitten und Gebräuchen, Normen und Wertvorstellungen verschiedener ethnischer Gruppen – konfrontiert. In der Regel findet sich in den Kindergruppen mindestens ein sogenanntes „ausländisches Kind", das das vorgestellte Andere auch noch repräsentieren kann. Dieses Kind wird häufig wohlmeinend als „fremdes" Kind vorgeführt, es wird aus didaktischem Kalkül

Beispiel: Interkulturelle Erziehung

heraus dazu gemacht, um es im nächsten Schritt wieder „integrieren" zu können, etwa durch das Aufspüren von kulturellen Gemeinsamkeiten und das Appellieren an Respekt und Toleranz gegenüber dem Anderen - entsprechend der pädagogischen Zielsetzung, zum Leben in und für die multikulturelle Gesellschaft zu erziehen.

Der sozialisierende Alltag in den Kindergruppen lehrt die Kinder allerdings zumeist das Gegenteil von dem, was solche Projekte intendieren: Sie lernen in der Institution nicht nur, daß die Puppen in der Puppenecke zumeist weiß und blauäugig sind, sondern daß Angehörige der Minderheitengruppen im gesellschaftlichen Leben unterrepräsentiert sind, so auch im Kindergarten - im Erzieherinnenteam, in leitenden Funktionen, in der Elternvertretung, aber überrepräsentiert als Küchen- und Putzkräfte; sie lernen, daß dunkelhäutige Kinder in Bilderbüchern nicht vorkommen, es sei denn in exotisierenden Darstellungen; sie lernen, daß die Erstsprachen der Kinder, die nicht zur Mehrheit gehören, außerhalb von interkulturellen Sonderveranstaltungen keine Rolle spielen, etc.

Alltagserfahrungen widersprechen häufig dem erwünschten Lernziel

In Kenntnis solcher Wirkungen des heimlichen Lehrplans stellt sich bei der Beurteilung der Reichweite „interkultureller Erziehung" die Frage, ob Toleranz gelehrt werden kann wie andere Gegenstände der Erziehung. Die Antwort, die Radtke gibt, lautet, daß diese nur gelebt werden könne, auch und gerade in Erziehungsinstitutionen, die einen wachsenden Teil der kindlichen Lebenszeit beanspruchten. In der Differenzierung von Lehren und Leben spiegelt sich die Unterscheidung zwischen ‚manifester' und ‚latenter' Sozialisation, die nun als Gegensatz von Erziehung und Sozialisation wiederkehrt. Die Diskussion ist damit erneut dort angelangt, wo sie begonnen hat. Um eine Aufteilung zu überwinden, die den Bereich der Erziehung öffentlichen Institutionen zuweist, und Sozialisation der Familie vorbehält, wählt Radtke die paradoxen Formulierungen von der „beabsichtigten Sozialisation" oder der „nichtdirektiven Erziehung" (vgl. Radtke 1994, 55). Dabei geht es um die Herstellung eines sozialisatorischen Milieus innerhalb der Organisation, die von Hentig im Anschluß an Dewey für die Schule mit der Figur der Schule als „polis" gedacht wird - im

Gegensatz von Erziehung und Sozialisation

Sinne einer politischen und selbst-regulierten Republik und Gemeinschaft, in der Schüler und Lehrer zusammenarbeiten (vgl. Hentig 1993).

Stereotypisierende Festlegungsprozesse

Bezogen auf den Elementarbereich wird dieses Verständnis eines Lern-Lebensraumes innerhalb der Institution schon lange nicht mehr in Zweifel gezogen: So beansprucht auch der Situationsansatz, durch seinen dezidierten Lebensweltbezug diesem Aspekt gerecht zu werden, durchkreuzt ihn jedoch durch seine curricular gefaßte methodisch-didaktische Struktur. „Das geplante pädagogische Handeln in Situationen gerinnt zu Handeln an Situationen, und damit wird wieder ein Konstrukt gesellschaftlicher Wirklichkeit - die ‚Situation' - zum normativen Bezugsrahmen des pädagogischen Handelns" (Karsten/Rabe-Kleberg 1977, 20). Die unbeabsichtigten Folgen dieser curricularen Aufbereitung lassen sich als stereotypisierende und stigmatisierende Festlegungsprozesse beschreiben. Im Falle der „ausländischen Kinder" bestünden sie beispielsweise darin, Lebenssituationen zu kulturalisieren, d. h. auf vermeintliche herkunftskulturelle Elemente zurückzuführen (vgl. Diehm 1995).

Verankerung gesellschaftlicher Vorstellungen im alltäglichen Erfahrungsbereich

Der pädagogische Anspruch, soziale Lernprozesse im frühen Kindesalter zu initiieren, um die Grundlage für vor-politisches und/oder politisch-soziales Lernen zu schaffen, wäre daher unter didaktischen Gesichtspunkten und mit Blick auf das Spannungsverhältnis „Erziehen versus Sozialisation" neu zu diskutieren. Es scheint so, als müsse sich die Pädagogik dabei ihrer forschungsbedingten Grenzen ebenso bewußt werden, wie der Grenzen ihrer Einflußmöglichkeiten und sich mit Plausibilisierungen behelfen: Soll es darum gehen, die Kinder auf das Leben in einer demokratischen und pluralen Gesellschaft vorzubereiten, ihnen zu Einsichten in die Gestalt- und Veränderbarkeit von sozialer Wirklichkeit zu verhelfen, ihre Partizipationsbereitschaft als aktives Mitglied der Gesellschaft zu wecken, so wären im Rahmen der professionellen Möglichkeiten Konzepte zu entwickeln, die die gesellschaftlichen Zukunftsvorstellungen bereits gegenwärtig im alltäglichen Gruppengeschehen sowie in alltäglichen Interaktionen (im sozialisierenden Milieu) spiegelten. Die vielbeschworenen politisch-sozialen Erziehungsziele brauchten nicht in weite Ferne gerückt zu werden, wenn im Alltag einer Einrichtung Anerkennung, Respekt, Toleranz, Solidarität, Gleichberechtigung, Handlungsspielräume und -alternativen, Optionen- und Meinungsvielfalt für die Kinder selbstverständlich *erlebbar* wären. Didaktisch-methodisch käme ein solches Vorgehen einer *bewußten De-Thematisierung* der Erziehungsziele durch die Erzieherinnen gleich (vgl. ebd.).

4. Literatur

ABOUD, FRANCES 1988: Children and Prejudice. Oxford

ALMOND, G. A./ COLEMAN, J. S. (Hrsg.) 1960: The Politics of the Developing Areas. Princeton

ARBEITSGRUPPE VORSCHULERZIEHUNG 1979: Anregungen III. Didaktische Einheiten im Kindergarten. München

AUERNHEIMER, GEORG 1990: Einführung in die interkulturelle Erziehung. Darmstadt

AUFENANGER, STEFAN (Hrsg.) 1991: Neue Medien - Neue Pädagogik? Ein Lese- und Arbeitsbuch zur Medienerziehung in Kindergarten und Grundschule. Bonn

BECK, GERTRUD /GRAUEL, GABRIELE 1975: Soziales Lernen in Vorklassen und Eingangsklassen der Grundschule. Frankfurt/M.

BECK, GERTRUD 1973: Autorität im Vorschulalter. Eine soziologische Untersuchung zur politischen Sozialisation in der Familie. Weinheim/Basel

BECK, GERTRUD 1988: Politisches Lehren und Lernen in ausgewählten Schulformen und Schulbereichen. In: Mickel, Wolfgang W. /Zitzlaff, Dietrich (Hrsg.): Handbuch zur politischen Bildung. Opladen, S. 402-406

BERNFELD, SIEGFRIED 1925: Sisyphos oder die Grenzen der Erziehung. Frankfurt/M. 1967, 1. Aufl. Leipzig

COLBERG-SCHRADER, HEDI u. a. 1991: Soziales Lernen im Kindergarten. München

COLBERG-SCHRADER, HEDI /VON DERSCHAU, DIETRICH 1991: Sozialisationsfeld Kindergarten. In: Hurrelmann, Klaus /Ulrich, Dieter (Hrsg.): Neues Handbuch der Sozialisationsforschung. Weinheim/Basel, S. 335-353

COUNCIL OF EUROPE 1995: Strategies for interculturally-oriented civis teaching at primary and secondary level. Strasbourg

DIEHM, ISABELL 1995: Erziehung in der Einwanderungsgesellschaft - Konzeptionelle Überlegungen für die Elementarpädagogik. Frankfurt/M.

FLITNER, ANDREAS 1986: Friedenserziehung im Streit der Meinungen. In: Zeitschrift für Pädagogik, 32. Jg., 1986, Nr. 6, S. 763-777

FRIED, LILIAN 1989: Werden Mädchen im Kindergarten anders behandelt als Jungen? Analysen von Stuhlkreisgesprächen zwischen Erzieherinnen und Kindern. In: Zeitschrift für Pädagogik, 35. Jg., 1989, Nr. 4, S. 471-492

GIESECKE, HERMANN u. a.1986: Lernbereich Gesellschaft. In: Lenzen, Dieter (Hrsg.): Enzyklopädie Erziehungswissenschaft. Bd. 3. Stuttgart, S. 288-321

GREENSTEIN, F. 1965: Children and Politics. New Haven and London: Yale University Press

GROSSMANN, WILMA 1987: Kindergarten. Eine historisch-systematische Einführung in seine Entwicklung und Pädagogik. Weinheim/Basel

VON HENTIG, HARTMUT 1993: Die Schule neu denken. München/Wien

HESS, R./TORNEY, J. V. 1967: The Development of Political Attitudes in Children. Chicago.

HIELSCHER, HANS (Hrsg.) 1986: Sozialerziehung konkret. Bd. 1. 5. Aufl., Hannover

KARSTEN, MARIELUISE E./ RABE-KLEBERG, URSULA 1977: Sozialisation im Kindergarten. Frankfurt/M.

KATZ, PHYLLIS 1983: Developmental Foundations of Gender and Racial Attitudes. In: Leahy, R. L.: The Child's Construction of Social Inequality. New York/London

KÖBBERLING, ALMUT/MÜLLER-GUNTRUM, HEIDI 1972: Leben in sozialen Bezügen. In: Belser, Helmut u. a.: Curriculum-Materialien für die Vorschule. Weinheim/Basel, S. 49-67

KRAPPMANN, LOTHAR 1969: Soziologische Dimensionen der Identität. Stuttgart

KRENZ, ARMIN 1991: Der „Situationsorientierte Ansatz" im Kindergarten. Freiburg i. Brsg.

NYSSEN, FRIEDHELM 1970: Kinder und Politik. In: betrifft: erziehung, Nr. 1, 1970, S. 20-26

PRENGEL, ANNEDORE 1986: Erziehung zur Gleichberechtigung. Eine vernachlässigte Aufgabe der Allgemeinen und Politischen Bildung. In: Die Deutsche Schule 78/1986, S. 417-425

RADTKE, FRANK-OLAF 1994: Can Ethnic Tolerance be taught? The Intercultural Dimension in School Education. In: Directions in Arts Education – Europe 1994. Wien, S. 53-57

RINNE, HELGA 1976: Politische Sozialisation als exemplarischer Bereich des Curriculum für die Elementarerziehung. In: Claußen, Bernhard (Hrsg.): Materialien zur politischen Sozialisation. München, S. 174-183

SPIEKER, DAGMAR 1982: Wie bedingen sich politische Sozialisation im Kindesalter und politisch-soziales Lernen im Elementar- und Primarbereich? In: Claußen, Bernhard/Wasmund, Klaus (Hrsg.): Handbuch der politischen Sozialisation. Braunschweig, S. 180-200

WASMUND, KLAUS 1982: Ist der politische Einfluß der Familie ein Mythos oder eine Realität? In: Claußen, B./Wasmund, K. (Hrsg.) (1982), a. a. O., S. 23-63

ZIMMER, JÜRGEN: Der Situationsansatz als Bezugsrahmen der Kindergartenreform. In: Ders. (Hrsg.): Enzyklopädie der Erziehungswissenschaft. Bd. 6. Stuttgart 1984, S. 21-38

DERS. (Hrsg.) 1973: Curriculumentwicklung im Vorschulbereich. Bd. 1. München

ZINNECKER, JÜRGEN (Hrsg.)1975: Der heimliche Lehrplan. Weinheim/Basel

Ingrid Prote

Politische Bildung und Erziehung in der Grundschule

Zur Vermittlung politischer Bildung und Erziehung in der Grundschule reicht es heute nicht mehr aus, lediglich fachdidaktische Konzepte im Unterricht zu realisieren. Die veränderten Lebensbedingungen von Kindern verlangen ein pädagogisches Konzept, das für alle Fächer der Grundschule Anwendung finden kann.

Ich werde deshalb zunächst auf den *offenen Unterricht* eingehen, der mir als das zur Zeit geeignetste Konzept für die Gestaltung des Unterrichts und des Schullebens erscheint. Das Bemerkenswerte am offenen Unterricht ist, daß er über seine pädagogischen Grundlagen hinaus auch politisch-demokratisch-soziale Elemente enthält und insofern eine schulpädagogische Grundlage der politischen Bildung und Erziehung in der Grundschule sein kann.

Offener Unterricht

Der Sachunterricht als zentraler Lernbereich der Grundschule kann und sollte nach Prinzipien des offenen Unterrichts durchgeführt werden; in ihm kommen die politischen und sozialen Probleme explizit zur Sprache. Ein besonderes Problem für den Sachunterricht ist die Integration der an ihm beteiligten Fächer Geographie, Geschichte, Physik, Chemie, Biologie, Sozialkunde und Arbeitslehre/Technik. Es muß versucht werden, die Beiträge der genannten Fächer im Rahmen eines integrierten Sachunterrichts für die politische Bildung und Erziehung in der Grundschule nutzbar zu machen. Mit der Bedeutung des Sachunterrichts in der Grundschule und seinem Stellenwert für die politische Bildung setze ich mich deshalb im zweiten Teil des Aufsatzes auseinander.

Integrierter Sachunterricht

1. Offener Unterricht – Antwort auf die veränderte Kindheit?

Veränderte Lebensbedingungen in Familie und Freizeit

Kinder wachsen heute unter gewandelten Lebensbedingungen auf. Als Ursachen für den Wandel kindlicher Aufwachsbedingungen sind vor allem Veränderungstendenzen in *Familie* und *Freizeit* erkennbar.

Zu den zentralen Aspekten *familialen Wandels* gehören veränderte Familienkonstellationen, vermehrte Erwerbstätigkeit der Mütter und die geänderte Kindererziehung. Kinder wachsen heute verstärkt in kleineren Familien auf. Insbesondere die Ein-Kind-Familien und die Ein-Eltern-Familien nehmen zu. Außerdem leben Kinder in zunehmendem Maße mit einem getrennt/geschieden lebenden Elternteil zusammen. Oftmals entsteht für Kinder eine neue Familienform – die Stieffamilie –, wenn der leibliche Elternteil erneut eine Partnerschaft eingeht. Durch die berufliche Tätigkeit vieler Mütter in Verbindung mit unzureichenden Betreuungsangeboten werden Kinder mit hierbei entstehenden Problemen konfrontiert. Darüber hinaus haben sich der Erziehungsstil und die Erziehungsziele gewandelt, so daß ein Trend vom Gehorchen zum Verhandeln und von der Erziehung zur Beziehung feststellbar ist.

Verhandeln statt Gehorchen

Zu den wichtigen Veränderungstrends im *Freizeitbereich* zählen die zunehmende Mediatisierung und Kommerzialisierung der Alltagswelt von Kindern, eine gewandelte Wohnumwelt sowie die verstärkte Teilnahme an von Eltern organisierten oder von Experten betreuten Spiel- und Freizeitaktivitäten. Kinder gehen heute mit einer Vielzahl von Medien, u. a. Fernsehen, Video, Radio, Cassettenrecorder, CDs, Computer etc. auf selbstverständliche Art und Weise um. Mediale Erfahrungen gehören zum festen Bestandteil ihres Lebens und nehmen einen breiten Raum in ihrer Freizeit ein. Nach empirischen Untersuchungen verbringen Kinder im Grundschulalter durchschnittlich zwischen 92 und 132 Minuten täglich mit Fernsehen. Diese Fernsehnutzungsdauer erhöht sich in Kabelhaushalten noch einmal um ca. 32 Minuten. Darüber hinaus hören 50% aller Kinder oft Toncassetten und 23% spielen häufig mit Computer- und Videospielen (vgl. Lukesch 1993, 484 ff.; Glogauer

Mediennutzung ist fester Bestandteil der Freizeitgestaltung

1993, 53 ff.). Damit reduziert sich insgesamt die Zeit beträchtlich, die für andere, medienunabhängige Freizeitaktivitäten verbleibt.

Die heutige Wohnumwelt der Kinder einschließlich des Lebensraums Straße ist oftmals durch Unzugänglichkeit, gesundheitliche Risiken wegen steigenden Verkehrsaufkommens sowie durch die Begrenzung kindlicher Spielbedürfnisse auf Spielplätze gekennzeichnet; dies führt für Kinder zu einem Verlust an Erfahrungsräumen und insbesondere an spontanen, gefahrlosen Spielmöglichkeiten. Der Besuch organisierter Spiel- und Freizeitaktivitäten in Vereinen, Kursen und Kindergruppen, zu denen die Kinder häufig transportiert werden müssen, weil sie nicht im unmittelbaren Wohnumfeld liegen, läßt die Kinder die Freizeitorte als Inseln erleben, die unverbunden sind.

Verlust an Erfahrungsräumen durch eingeschränktes Wohnumfeld

Insgesamt verdeutlichen diese ausgewählten Aspekte der veränderten Kindheit, daß sich die Ausgangslage der Grundschule gewandelt hat; denn die veränderten Lebensbedingungen, unter denen Kinder heute heranwachsen, stellen einen Teil der Lernvoraussetzungen dar, die Schülerinnen und Schüler in die Schule mitbringen. Sie machen es erforderlich, daß sich die Grundschule wandelt und für die Kinder zum *Lebensraum* und zur *Lernstätte* (vgl. Rahmenplan Grundschule 1995, 7) wird. Dieser Anspruch läßt sich nur realisieren, wenn die gesamte Arbeit in der Grundschule an einem pädagogischen Konzept orientiert ist, welches das Lernen und Zusammenleben von Kindern und Lehrerinnen/Lehrern in der Klasse und in der Schule sowie darüber hinausgreifend mit dem örtlichen sozialen Umfeld verbindet.

Veränderte Lebensbedingungen sind Teil der Lernvoraussetzungen

Ein geeignetes pädagogisches Konzept für die Grundschule ist der offene Unterricht, weil er erstens das *Lernen des Lernens* mit dem *Lernen des Lebens* sinnvoll verknüpft und somit eine überzeugende Antwort auf die veränderte Kindheit darstellt. Zweitens ist der offene Unterricht aus der Perspektive der politischen Bildung betrachtet ein pädagogisches Konzept, dem politische Zielsetzungen zugrundeliegen, die bereits in der Grundschule verfolgt und verwirklicht werden können.

1.1 Pädagogische Grundlagen und politische Intentionen des offenen Unterrichts

Das pädagogische Konzept des offenen Unterrichts hat einen politischen Hintergrund. Der darin formulierte pädagogische und politische Anspruch ist nicht wertneutral. Mit Ramseger ist offener Unterricht „ein Versuch, innerhalb des entfremdeten Rahmens, in dem sich Schüler und Lehrer infolge der gesellschaftlichen Funktion von Schule ... bewegen müssen, ... ansatzweise ... eigenverantwortliches Handeln und die Artikulation eigener Fragen zu ermöglichen" (Ramseger 1979, 19), indem die Kinder „in die Planung und Gestaltung des Unterrichts aktiv eingebunden und an den Unterrichtsentscheidungen soweit wie möglich beteiligt" (Ramseger 1979, 19) werden. Der offene Unterricht stellt eine Möglichkeit dar, langfristig *emanzipatorische Ziele* zu verwirklichen. Zur Erreichung dieser Intention leistet der offene Unterricht einen Beitrag, indem er „Gelegenheit bieten muß, überflüssige Herrschaft und Zwänge abzubauen und Übungsmöglichkeiten für eigenverantwortliche Entscheidungen der Schüler bereitzustellen" (Ramseger 1977, 20).

Unterstützung von eigenverantwortlichem Handeln

Damit erhebt der offene Unterricht den Anspruch, die Grundschule selbst zum politischen Erfahrungs- und Handlungsfeld für Kinder zu machen, in dem sie innerhalb eines pädagogisch geschützten Rahmens politische Grunderfahrungen erwerben können und politisches Bewußtsein angebahnt wird.

Grundschule als politisches Erfahrungs- und Handlungsumfeld

Insgesamt basieren die pädagogischen Grundlagen und politischen Intentionen des offenen Unterrichts auf folgenden Vorstellungen und Einstellungen zum *Kind*, zum *Lernen* und zur *Schule* (vgl. Ramseger 1977, 1987; Wallrabenstein 1991):

1. Kinder sind *mündige Wesen* ihrer Altersstufe.
   - Sie sind Expertinnen und Experten für die grundlegenden Lebensfragen und Lebensprobleme ihrer Altersstufe.
   - Sie verfügen über altersspezifische Sichtweisen, Sachfragen und Sachinteressen sowie Lernformen.
   - Sie sind aktive und selbstbestimmte Lernerinnen und Lerner, die aus eigener Kraft lernen möchten und sich selbsttätig gestaltend, entdeckend und verantwortlich einbringen wollen (vgl. Prote 1993, 85).

Kinder sind Experten für die Bedürfnisse und Probleme ihrer Altersstufe

2. Lernen ist *aktive Erzeugung eigener Sinnstrukturen.*
   • Kinder sind keine passiven Auffangbehälter. Sie können nicht zum Lernen gezwungen werden. Lernen vollzieht sich immer nur als *freiwilliger* Prozeß. Nur wenn ein Kind etwas lernen will, kommt ein Lernprozeß in Gang. Die *Freiheit im Lernprozeß* ist deshalb von größter Bedeutung und ist ein unverzichtbarer Bestandteil des Lernens selbst. Im Gegensatz zur Belehrung und einfachen Aufnahme sind Kinder, die die aktive und konstruktive Rolle des denkenden Subjekts im Vorgang des Erkennens einnehmen, von sich aus auf dem Weg, ihre geistigen Strukturen weiterzuentwickeln und zu tiefem Verstehen zu gelangen. Damit setzt das *verstehende* Lernen die Mitwirkung der Kinder voraus.
   • Kinder sind für ihr Lernen selbstverantwortlich.
   • Sie haben dann Spaß am Lernen, wenn sie in Freiheit lernen können.

Lernen vollzieht sich nur als freiwilliger Prozeß

3. Lernen ist *sozial* bedeutsam und findet in *sozialen Beziehungen* statt.
   • Die Qualität der Sozialbeziehungen, in denen Kinder lernen, sind keine Randbedingung, sondern von ausschlaggebender Bedeutung für den Lernerfolg. Die Beziehungen zu den MitschülerInnen sowie zur Lehrkraft schaffen entweder eine lernfreundliche, entspannte und vertrauensvolle oder eine lernbeeinträchtigende Atmosphäre, die sich auf das persönliche Wohlbefinden der Kinder, ihre Fähigkeit zu sozialen Kontakten, ihr Spielverhalten und ihre Lernbereitschaft entscheidend auswirkt.
   Auch der Lernprozeß selber wird von der sozialen Interaktion zwischen den Kindern befruchtet. Geordnetes Denken, logische Einsichten und das Lösen von Sachfragen und -problemen ist auf Kooperation, korrekte Argumentation, die Aufnahme unterschiedlicher Sichtweisen und den Austausch von Erfahrungen, Meinungen und Gedanken angewiesen.
   • Eine *lernfördernde Qualität* der Sozialbeziehungen ist zu schaffen, indem vielfältige soziale Kontakte provoziert, freundschaftliche Beziehungen gestiftet, helfendes sowie kooperatives und die Gemeinschaft förderndes Verhalten

Qualität der Sozialbeziehungen ist ausschlaggebend für den Lernerfolg unterstützt und Möglichkeiten bereitgestellt werden, gegenseitige Achtung und Rücksichtnahme sowie Verantwortung für sich und andere zu übernehmen.

• *Soziale Interaktionen* unter den Kindern sind zu ermöglichen und zu fördern, in denen sie im Dialog, im Gespräch und in der Diskussion über Lerninhalte, aber auch über persönliche Belange gemeinsam nachdenken und in kooperativen Lernformen arbeiten.

4. Die Grundschule ist eine staatliche Institution in unserer demokratischen Gesellschaft. Sie ist verpflichtet, ihrem *demokratischen* Bildungs- und Erziehungsauftrag gerecht zu werden, indem sie Kinder zur *Demokratiefähigkeit* erzieht (vgl. Rahmenplan Grundschule 1995, 7).

Erwerb und Erprobung demokratischer Verhaltensweisen in der Grundschule

• Die Grundschule muß sich zu einer demokratischen Kinderschule weiterentwickeln, in der bereits Kinder im Grundschulalter als mündige Menschen ernstgenommen, als Lernsubjekte akzeptiert und Demokratie-Lernen ermöglicht und gefordert wird. Dabei ist es von entscheidender Bedeutung, „daß die Kinder sowohl befähigt werden, demokratische Verhaltensweisen und Einstellungen zu erlernen, als auch die Schule als praktisches Übungsfeld zu nutzen, um demokratisches Handeln täglich umzusetzen" (Prote 1993, 100).

Sie soll für Kinder zu einem Erfahrungs- und Handlungsraum werden, in dem demokratische Prinzipien praktiziert und dadurch das miteinander Lernen und Leben geprägt wird.

Damit beschreibt das pädagogische Konzept des offenen Unterrichts eine veränderte Praxis des Umgangs mit Kindern in der Grundschule, das durch die Orientierung am Leitziel Mündigkeit und am Demokratie-Lernen einen politischen Charakter hat.

Für das Lernen und Leben von Kindern in der Grundschule ergibt sich, daß *offene Lern- und Lebenssituationen* organisiert werden, in denen Kindern vielfältige Möglichkeiten zur Mit- und Selbstbestimmung und zur Entwicklung von Demokratiefähigkeit angeboten werden.

Hierzu ist es u. a. erforderlich,

Maßnahmen zur Gestaltung offener Lern- und Lebenssituationen

(a) hierarchische und bürokratische Strukturen der Grundschule abzubauen;

(b) den Klassenraum, das Schulgebäude und -gelände zur lern- und lebensanregenden Umgebung umzugestalten;

(c) einen partnerschaftlich-demokratischen Unterrichtsstil zu praktizieren und sich als helfende und beratende OrganisatorInnen von kindlichen Lernprozessen sowie als verläßliche Beziehungspersonen zu begreifen;

(d) Konkurrenzorientierung und Leistungsdruck abzubauen und statt dessen kooperatives Arbeiten, soziales Lernen und Lernfreude zu fördern;

(e) die Vorstellung täglich erlebbar zu machen, daß alle Menschen unabhängig von sozialer Herkunft und Begabung gleichberechtigt sind und ein Recht auf die freie und optimale Entwicklung ihrer Persönlichkeit haben.

1.2 Realisierungsmöglichkeiten und Dimensionen des offenen Unterrichts und der Öffnung von Schule

Offenheit in der Klasse

Offenheit innerhalb der Schule

Öffnung der Schule nach außen

Um das pädagogische Konzept des offenen Unterrichts in die Praxis umzusetzen, ist Öffnung und Offenheit in drei Bereichen notwendig. Zuallererst soll Offenheit in der *Klasse* herrschen, und zwar bei der Planung und Gestaltung von Unterricht, in den räumlichen und zeitlichen Möglichkeiten sowie in den sozialen Beziehungen der Kinder zueinander und zur Lehrerin/zum Lehrer. Zweitens bezieht sich die Offenheit auf die Erweiterung der Lern- und Lebensmöglichkeiten der Kinder innerhalb der *Schule*, die durch die Öffnung zum Schulgebäude und -gelände sowie durch die Förderung eines vielfältigen Schullebens realisiert wird. Drittens soll sich die Grundschule *nach außen*, d. h. zu ihrem sozialen und politischen Umfeld *öffnen*, indem sie sowohl Lernorte außerhalb der Schule aufsucht und dabei auf ihr Umfeld einwirkt als auch außerschulische Ereignisse und Probleme in Form von Themen oder repräsentiert durch kompetente Experten in die Schule hineinholt.

Innerhalb dieser drei Bereiche lassen sich, orientiert an Ramseger und Wallrabenstein, drei Dimensionen von Offenheit benennen.

Drei Dimensionen von Offenheit: inhaltlich, methodisch und institutionell

Inhaltliche Offenheit herstellen beinhaltet:
- die unterschiedlichen Lernvoraussetzungen der Kinder zu ermitteln und zu berücksichtigen,
- Kinder bei der Planung, Durchführung und Reflexion von Unterrichtsvorhaben so weit wie möglich zu beteiligen,
- Kinder bei der Auswahl der Lerninhalte sowie bei der Festlegung von thematischen Schwerpunkten und inhaltlichen Bearbeitungsmöglichkeiten mitentscheiden zu lassen,
- Kindern zu ermöglichen, ihre Fragen, Sachinteressen und Wunschthemen zu verfolgen,
- Planungsvorgaben flexibel zu handhaben und notfalls zu verwerfen,
- fächerübergreifend und -integrierend zu arbeiten,
- Kindern Lernziele offenzulegen und sie über Lernziele mitentscheiden zu lassen,
- emotionale und soziale Lernprozesse zu fördern.

Methodische Offenheit herstellen beinhaltet:
- Kinder zur Eigeninitiative herauszufordern,
- Kinder selbst zwischen alternativen Wahlangeboten entscheiden zu lassen,
- Kindern Mit- und Selbstbestimmungsmöglichkeiten bereitzustellen, die sich auf das beziehen, *was* gelernt wird, *wie* gelernt wird, also welche Methoden und Arbeitsformen benutzt werden, mit *wem* gelernt wird, also die freie Wahl der ArbeitspartnerInnen und der Sozialform, *wann* und *wie lange* gelernt wird.
- Kindern die Möglichkeit zu geben, ihre Tätigkeiten und Aufgaben eigenverantwortlich zu wechseln und so einen eigenen Rhythmus von Entspannung und Anspannung zu realisieren,
- ihnen zu ermöglichen, sich die Zeit zum Lernen selber einzuteilen und den Lernort zu wählen,
- ihnen Gelegenheiten zu eröffnen, aktiv forschend, entdeckend und handelnd zu lernen,
- vielfältige Unterrichtsformen wie z. B. Erzählkreis, Freie Arbeit, Wochenplanunterricht und Projekte zu realisieren,
- den Klassenraum werkstattartig umzugestalten, so daß offe-

ne Lernflächen mit freiem Zugang zu Materialien und Medien sowie Lese-, Bastel- und Spielecke, Forscher- und Ausstellungstische vorhanden sind.

Institutionelle Offenheit herstellen beinhaltet :
- Lernen auch auf außerschulisches Handeln auszurichten,
- Kinder auf die außerschulische Wirklichkeit u. a. durch Schulfeste und -feiern, Theater- und Musikaufführungen sowie Ausstellungen einwirken zu lassen;
- zwischen den Lernorten Klassenraum, Schulgebäude und -gelände sowie außerschulischer Umwelt zu wählen,
- Eltern, Vertreter vieler Berufe, politische Amtsträger in die Schule zu holen und eine Verbindung zur Öffentlichkeit herzustellen.

Ermöglichung einer über den Unterricht hinausreichende Mitwirkung

Zwischenfazit: Ein emanzipatorische Intentionen verfolgender und auf Demokratie-Lernen orientierter Unterricht sowie ein an diesen Werten orientiertes Zusammenleben sind die zwei zentralen politischen Aspekte des offenen Unterrichts, in dem insbesondere die Fähigkeit zur Selbst- und Mitbestimmung sowie Kritik-, Urteilsfähigkeit und Handlungsfähigkeit gefördert werden. Um die Selbst- und Mitbestimmung der Kinder und ihre Demokratiefähigkeit zu entwickeln, ist es notwendig, ihnen über den Unterricht hinausreichende reale und weitreichende Möglichkeiten zu eröffnen, die tatsächlich Veränderungschancen enthalten und sich auf das gemeinsame Leben in der Klasse und in der Schule sowie auf das außerschulische Umfeld beziehen.

Das Konzept des offenen Unterrichts ähnelt damit den politikdidaktischen Konzepten, die Rolf Schmiederer bereits Mitte der 70er Jahre mit seinem Buch „Im Interesse der Schüler" vorgelegt hat, in dem er eine offene, praxisorientierte und schülerzentrierte Didaktik des politischen Unterrichts (vgl. Schmiederer 1977, 78 ff.) entwickelte. Leider ist sein Ansatz nicht breit rezipiert worden.

2. Sachunterricht als zentraler Lernbereich in der Grundschule

Sachunterricht unterstützt die Realitätswahrnehmung und dient der Integration verschiedener Fachgebiete

Dem Sachunterricht in der Grundschule kommt in zweierlei Hinsicht eine besondere Bedeutung zu. Erstens ist es seine Aufgabe, Kindern bei der Erschließung und Bewältigung ihrer Lebenswelt zu helfen. Dem Sachunterricht kommt deshalb für die Orientierung der Kinder in der Welt eine herausragende Rolle zu. Bezogen auf die Fächer in der Grundschule kann er zweitens als Integrationskern des gesamten Grundschulunterrichts angesehen werden, weil er die Ziele, Inhalte, Fragen und Methoden verschiedener Fachgebiete fächerüberschreitend miteinander verbindet. Damit besteht die spezifische Funktion des Sachunterrichts gegenüber den übrigen Grundschulfächern darin, „die in den anderen Fächern erworbenen fachspezifischen Fähigkeiten und Fertigkeiten wieder zusammenzufügen und um naturwissenschaftlich-technische und sozialwissenschaftliche Inhalte und Methoden zu erweitern" (Hänsel 1980, 76 ff.). Aufgrund dieser doppelten Bedeutung ist der Sachunterricht der zentrale Lernbereich in der Grundschule. Im Sachunterricht können Kinder durch die Schaffung von Lernsituationen, „in denen die Atomisierung des schulischen Lernens und die Trennung von Leben und Lernen ein Stück weit aufgebrochen wird" (Hänsel 1980, 77), die Verbindung von Leben und Lernen unmitttelbar und kontinuierlich erfahren. Damit ist der Sachunterricht ein offener, übergreifender Unterrichtsbereich, der Querverbindungen zu den anderen Fächern der Grundschule herstellt.

2.1 Sachunterricht und die komplexe Realitätswahrnehmung und -verarbeitung von Grundschulkindern

Kinder erleben die natürliche, soziale und technische Umwelt als Einheit, so daß sie Fragestellungen entwickeln, die sich mit dem ökologisch-biologischen, dem technisch-naturwissenschaftlichen und dem sozial-politischen Bereich befassen. Damit beziehen sich die Erfahrungen und Fragen der Kinder auf komplexe Realitätsausschnitte, Phänomene und Situationen ihrer Lebenswelt.

Wenn der Sachunterricht seinem Anspruch gerecht werden will, Kindern Orientierungshilfen für die Bewältigung ihrer Lebenswirklichkeit zu geben, muß er die Erfahrungen und Fragen der Kinder zum Ausgangspunkt und zur Basis des Unterrichts machen. Das bedeutet konkret, daß sachunterrichtliche Themen *lebensweltorientiert* und *integrativ* erarbeitet werden müssen. Sie können nicht nach Fachstrukturen ausgewählt und gegliedert werden, weil das der komplexen Wahrnehmung und der ganzheitlichen Verarbeitung von Kindern widerspricht. Statt dessen ist es erforderlich, *komplexe* Phänomene und Sachverhalte zum Ausgangspunkt des Lernens im Sachunterricht zu machen, bei deren Bearbeitung jeweils verschiedene Fachaspekte in jeweils unterschiedlicher Gewichtung herangezogen werden. Damit tritt im Sachunterricht an die Stelle einer Addition verschiedener Fachaspekte die Untersuchung von Problemen und Fragen, wie sie sich Kindern stellen (vgl. Prote 1993, 98).

Sachunterricht muß an den Erfahrungen der Kinder anknüpfen

2.2 Konsequenzen für die Lernbereichsdidaktik des Sachunterrichts

Für den Lernbereich Sachunterricht mit seinen konstituierenden Fächern Geschichte, Geographie, Sozialkunde, Biologie, Chemie, Physik und Arbeitslehre/Technik leiten sich aus dem bisher Ausgeführten zwei Konsequenzen ab.

Zuallererst müßte versucht werden, die sieben beteiligten Fächer so zu integrieren, daß ein einheitliches Konzept des Sachunterrichts entstehen kann. Bislang ist das jedoch noch nicht gelungen, so daß es zumindest realistisch ist, einerseits die Integration der im gesellschaftswissenschaftlichen Aspekt zusammengefaßten Fächer Geschichte, Geographie, Sozialkunde und Arbeitslehre/Technik und andererseits die Integration der zum naturwissenschaftlich-technischen Bereich zählenden Fächer Biologie, Physik und Chemie herbeizuführen. Als Wege zur Integration bieten sich die Orientierung an übereinstimmenden Methoden, die Verfolgung integrativer Lernziele sowie die Bearbeitung komplexer Inhalte an (vgl. George 1995, 287 ff.).

Als langfristiges Ziel bleibt die Integration gesellschaftswissenschaftlicher und naturwissenschaftlich-technischer Fächer

Basierend auf diesen fächerintegrierenden Überlegungen, ist es jedoch auch erforderlich, die wichtigen Fragestellungen der einzelnen am Sachunterricht beteiligten Fächer zu berücksichtigen. Zu den Aufgaben des Sachunterrichts gehört es auch, die Komplexität der Inhalte zu entflechten und neue Fragehaltungen bei den Kindern zu entwickeln. Hierbei ist es allerdings von größter Bedeutung, daß zuerst die vorhandenen Fragen der Kinder zum Lerngegenstand akzeptiert, aufgenommen und bearbeitet werden und erst im Anschluß daran einzelfachliche Fragen ergänzend hinzukommen, und dies auch nur dann, wenn sie für die angestrebte Sacherhellung der Kinder nützlich sind. Damit kommt den fachspezifischen Fragen, Inhalten und Methoden im Sachunterricht eine dienende Funktion zu. Für SachunterrichtslehrerInnen ist die Kenntnis zentraler Fragestellungen der einzelnen am Sachunterricht beteiligten Fächer dennoch unerläßlich, weil sie nur dann den Kindern bei der Bearbeitung komplexer Probleme angemessen helfen und sie situationsorientiert mit fachspezifischen Fragen vertraut machen können.

Anknüpfend an die Erlebnisweise der Kinder, gilt es, auch fachspezifische Fragestellungen auszubilden

2.3 Politische Bildung und Erziehung als integrativer Kern der am Sachunterricht beteiligten Fächer

Politische Bildung wird im Sachunterricht zum einen durch fachspezifische Ziele, Inhalte und Methoden der Sozialkunde realisiert. Zum anderen wird durch die Berücksichtigung politischer Dimensionen in den anderen zum Sachunterricht gehörenden Fächern politische Bildung realisiert. Aus diesen beiden Aspekten lassen sich politisch-gesellschaftliche Lernebenen ableiten, die für alle Sachunterrichtsfächer relevant sind und die gleichzeitig ihren integrativen Kern in der politischen Bildung und Erziehung finden. Es geht dabei um folgende Lernebenen (die folgenden Anführungen sind eng angelehnt an George/Prote 1995):

Politisch-gesellschaftliche Lernebenen

- das soziale Lernen,
- das moralische Lernen,
- das ökonomisch-gesellschaftliche Lernen,
- das politische Lernen im engeren Sinn,
- das historische Lernen,
- das geographische Lernen,
- das naturwissenschaftlich-technische Lernen.

1. Soziales Lernen

Ziele sozialen Lernens sind sowohl Identitätsbildung als auch das Erlernen sozialer Verhaltensweisen, die für den Umgang und das Zusammenleben in der Schule förderlich sind. Dazu gehören:

Identitätsbildung und Erwerb sozialer Verhaltensweisen

- Motive und Interessen bei sich und anderen erkennen,
- Fähigkeiten zur Kooperation entwickeln,
- Solidarität lernen, u. a. sich die Probleme anderer zu eigen machen,
- gewaltfreien Umgang in der Schule lernen und praktizieren.

2. Moralisches Lernen

Moralisches Lernen hat das Ziel, vorhandene Wert- und Normvorstellungen der Kinder bewußt zu machen und sie im Sinne einer autonomen Moral weiterzuentwickeln. Dazu gehören:

Entwicklung einer autonomen Moral

- Infragestellung erlernter Rollen und der damit verbundenen Legitimationen,
- Nützlichkeitsdenken (Egoismus) und Engagement für andere gegeneinander abwägen lernen,
- gesetzliche Regelungen akzeptieren und kritisch hinterfragen lernen,
- Prinzipien sozialer Gerechtigkeit als Norm für politisches Handeln reflektieren.

3. Ökonomisch-gesellschaftliches Lernen

Ökonomisch-gesellschaftliches Lernen zielt auf die Vermittlung elementarer Formen sozialwissenschaftlichen Denkens und Arbeitens. Insbesondere das gesellschaftliche Lernen berücksichtigt die Tatsache, daß Kinder ihre gesellschaftliche Umwelt anders wahrnehmen und interpretieren als Erwachsene, und verfolgt das Ziel, den Kindern ihr vorhandenes Verständnis von gesellschaftlicher Umwelt bewußt zu machen und weiterzuentwickeln. Dazu gehören:

Vermittlung elementarer Formen sozialwissenschaftlichen Denkens

- Ordnen, Sammeln und Weitergeben von Informationen,
- Befassen mit ausgewählten Problembereichen wie z. B. Familie, Schule, Freizeit, Randgruppen, Massenmedien, Produktion von Gütern, Einkommen, Wohnung, Konsum,
- schrittweise Bearbeitung von Problemen und Konflikten,
- bei der Interpretation gesellschaftlicher Phänome/Proble-

me und der Suche nach Ursachen und Lösungen neben der individuellen Ebene auch die gesellschaftliche Ebene einbeziehen.

4. Politisches Lernen im engeren Sinn

Ausbildung von politischem Bewußtsein und politischer Mündigkeit

Politisches Lernen beinhaltet, daß sich die Kinder mit der politischen Dimension von gesellschaftlichen Problemen, Zusammenhängen und Regelungen, die in ihrer Alltagswelt vorkommen, beschäftigen, daß sie sich ihres bereits vorhandenen politischen Weltbildes und ihrer politischen Orientierungen bewußt werden und diese weiterentwickeln. Ziel des politischen Lernens ist es, bei Kindern politisches Bewußtsein und politische Mündigkeit anzubahnen und sie mit einigen Prinzipien von Demokratie und Menschenrechten vertraut zu machen. Dazu gehören:

- Interessenwahrnehmung und Interessendurchsetzung, die über die individuellen Bedürfnisse hinausgehen,
- Respektierung von Mehrheitsentscheidungen,
- Erkenntnis, daß es in der Politik um die Durchsetzung von Macht und Herrschaft geht,
- Menschenrechte in ihrer historischen Entstehung und ihrer gegenwärtigen Bedeutung für das Zusammenleben von Menschen und Völkern erkennen.

5. Historisches Lernen

Verständnis für historische Zusammenhänge

Historisches Lernen beinhaltet die Erkenntnis, daß Vergangenes sich auf die Gegenwart und Zukunft auswirkt, die Gesellschaft nicht statisch, sondern durch Handeln veränderbar ist und die Menschen für die Lösung anstehender Probleme auf reichhaltige Vorerfahrungen anderer Generationen zurückgreifen können. Dazu gehören:

- Geschichte zeigt sowohl Entwicklung von Fortschritt (z. B. Medizin) wie Zerstörung (z. B. Umwelt),
- Individuen sind durch Familie, Medien, Öffentlichkeit politisch sozialisiert (z. B. Parteizugehörigkeit, Vorstellungen von sozialer Gerechtigkeit etc.) und sollen diese Erfahrungen ihrer Biographie für politisches Lernen nutzen,
- in der Behandlung aktueller Probleme, z. B. Migration, Asylanten, Ausländer kann historisches Wissen Erkenntnishilfe leisten.

6. Geographisches Lernen

Ein entscheidener Aspekt kindlicher Welterfahrung ist der Raum. Grundlegende Erfahrungen von sich selbst und ihrer Umwelt finden für Kinder im Raum statt und strukturieren das Verständnis von Wirklichkeit. Dazu gehören:

Ausweitung der kindlichen Welterfahrung

- Einfluß der Wohnumwelt des Kindes auf die Entfaltungsmöglichkeiten und Grenzen kindlicher Welterfahrung,
- räumliche Verhältnisse als Grundlage für Wohlbefinden und Lebensqualität,
- Entwicklung oder Zerstörung von Räumen durch die Menschen,
- Erweiterung und Überschreiten von Raumerfahrung durch Reisen und Medien,
- Leben in anderen Ländern als Ausdruck der Vielfalt der Kulturen je nach geographischer Lage.

7. Naturwissenschaftlich-technisches Lernen

Naturwissenschaftlich-technisches Lernen bezieht sich auf Erfahrungen, die die Kinder von Natur und Technik sowie deren Bedeutung für das Leben von Menschen, Tieren und Pflanzen haben. Dazu gehören:

Auseinandersetzung mit Natur und Technik

- Erforschung und Verstehen von Naturphänomenen,
- Analyse technischer Produkte und eigene Konstruktionen,
- Erweiterung von Handlungsmöglichkeiten der Kinder, u. a. Aneignung von naturwissenschaftlichen und technischen Kenntnissen zur Vermeidung von Gefahren,
- Reflexion über Sinn und Probleme der fortschreitenden Naturbeherrschung.

Fazit:

Politische Bildung und Erziehung kann auf drei Ebenen in der Grundschule umgesetzt werden:

1. durchgängig über das pädagogische Konzept des offenen Unterrichts,
2. explizit und schwerpunktmäßig über den Lernbereich Sachunterricht, in dem die Sozialkunde eine Leitfunktion inne hat.
3. als Unterrichtsprinzip in allen Fächern der Grundschule; diese Aspekte können hier nicht im einzelnen behandelt werden. Anzumerken ist, daß das pädagogische Konzept

des offenen Unterrichts, der Lernbereich Sachunterricht und das Fach Sozialkunde nicht losgelöst, sondern wechselseitig aufeinander bezogen sind, weil die Sozialkunde in den Sachunterricht eingebettet ist und der Sachunterricht wiederum nach Prinzipien des offenen Unterrichts gestaltet werden kann.

3. Literatur

GEORGE, SIEGFRIED 1995: Integration der gesellschaftswissenschaftlichen und der naturwissenschaftlich-technischen Aspekte des Sachunterrichts. In: George, S./Prote, I. (Hrsg.): Handbuch der politischen Bildung in der Grundschule. Schwalbach/Ts. 1996

GEORGE, SIEGFRIED/PROTE, INGRID 1996: Das erweiterte Verständnis der politischen Bildung in der Grundschule und die besondere Bedeutung des integrierten Sachunterrichts. In: George/Prote: Handbuch der politischen Bildung in der Grundschule. Schwalbach/Ts.

GLOGAUER, WERNER 1993: Die neuen Medien verändern die Kinder. Weinheim

HÄNSEL, DAGMAR 1980: Didaktik des Sachunterrichts. Frankfurt/M.

LUKESCH, H. 1993: Mediennutzung und Mediennutzen bei Kindern. In: Markefka, Manfred/Nauck, Bernhard (Hrsg.): Handbuch der Kindheitsforschung. Neuwied

PROTE, INGRID 1993: Das Lernen in die eigenen Hände nehmen – Förderung des selbstbestimmten Lernens im Sachunterricht der Grundschule. In: Henkenborg, Peter/Sander, Wolfgang (Hrsg.): Wider die Langeweile. Schwalbach/Ts.

RAHMENPLAN GRUNDSCHULE 1995. Hrsg. vom Hessischen Kultusministerium. Wiesbaden

RAMSEGER, JÖRG 1977: Offener Unterricht in der Erprobung. München

RAMSEGER, JÖRG 1979: Das Nicht-Planbare planen? In: Knauf, Tassilo (Hrsg.): Handbuch zur Unterrichtsvorbereitung in der Grundschule. Bensheim

RAMSEGER, JÖRG 1987: Neun Argumente für die Öffnung der Grundschule. In: Die Grundschulzeitschrift Nr. 1, S. 6 ff.

SCHMIEDERER, ROLF 1977: Politische Bildung im Interesse der Schüler. Frankfurt/M.

WALLRABENSTEIN, WULF 1991: Offene Schule – offener Unterricht. Reinbek

Volker Nitzschke/Frank Nonnenmacher

Politikunterricht in der Sekundarstufe I allgemeinbildender Schulen

1. Benennung des Faches und Stundenanteile

In den Stundentafeln der Bundesländer hat politischer Unterricht verschiedene Bezeichnungen. Die häufigste ist „Sozialkunde", ein Begriff, der die Entlehnung aus dem Schulsystem der USA („social studies") deutlich macht.[1] In manchen Bundesländern wird dagegen der Begriff „Gemeinschaftskunde" (z. B. Baden-Württemberg) bevorzugt, wodurch schon im Namen des Faches ein Politikverständnis favorisiert werden soll, das „Politik" in erster Linie als „Stiften gemeinsamer Willensakte" und nicht als Instrument der Analyse und Kritik gesellschaftlicher Verhältnisse sieht.

Unterschiedliche Gewichtung des Politischen

Andere Bezeichnungen sind „politische Bildung" (Brandenburg) „Wirtschaft/Politik" (Hauptschule und Realschule in Schleswig-Holstein) oder „Gemeinschaftskunde/Rechtserziehung/Wirtschaft" (Sachsen). Durch Nennen oder Hinzufügen anderer Bezeichnungen werden diese stärker gewichtet und deutlicher als etwas neben der „Politik" Stehendes oder gar Nicht-Politisches gekennzeichnet. Auffällig dabei ist, daß vor allem in den Bezeichnungen des Faches für die Hauptschule solche Zusätze auftauchen, was den Verdacht nährt, gerade dort solle „das Politische" eher nur am Rande thematisiert werden.

In der baden-württembergischen Hauptschule heißt das Fach „Geschichte/Gemeinschaftskunde" und soll von der Lehrperson „in einer Hand" quantitativ gleichgewichtig unterrichtet werden. Da jedoch der traditionelle „Durchgang durch die Geschichte" ein Schulcurriculum stark determiniert, und somit ein erheblicher „Stoffdruck" angesichts des weithin als chronologische Ereignisgeschichte verstandenen Geschichtsunterrichts besteht, bleibt in der Praxis die „Gemeinschaftskunde" häufig außen vor.

In Berlin enthält die Stundentafel für Realschule und Gymnasium in den Klassen 7-10 jeweils zwei Wochenstunden für Sozialkunde und Geschichte, wobei durch eine Zusatzbestimmung allerdings festgelegt wird, daß im Jahresmittel lediglich ein Drittel auf Sozialkunde entfallen soll.

Politik mittels Gestaltung der Stundentafel

In den einzelnen Bundesländern ist die Summe der Wochenstunden, die insgesamt in der Sekundarstufe I (Klassen 5-10) für das Fach Sozialkunde (oder das entsprechend bezeichnete Fach) vorgeschrieben werden, höchst unterschiedlich (vgl. auch den Beitrag „Die Situation des Politikunterrichtes in der Schule"). Gemeinsam ist jedoch, daß alle anderen Fächer (z. B. Geografie und Geschichte, meist aber auch Biologie, Physik und Chemie) jeweils mit einer höheren Stundenzahl unterrichtet werden als die Sozialkunde. Während z. B. rheinland-pfälzische Real- und Gymnasialschülerinnen und -schüler bis zur Klasse 10 jeweils neun Wochenstunden Erdkunde-Unterricht und sieben Wochenstunden Geschichts-Unterricht erhalten, sind für Sozialkunde nur drei Stunden vorgesehen. Bayerische Realschüler und Gymnasiasten erhalten erstmals in der Klasse 10 eine (!) Stunde „Gemeinschaftskunde", während sie bis dahin 12 Religionsstunden, 8 Geschichtsstunden, 8 Erdkundestunden, 10 Kunsterziehungsstunden und 24 Deutschstunden genießen konnten. Eine typische Verteilung findet man in Mecklenburg-Vorpommern, wo von Klasse 5-10 vier Sozialkundestunden, aber je acht Geschichts- und Geografiestunden erteilt werden. Das einzige Bundesland, in dem diese drei Fächer relativ gleichgewichtig angeboten werden, ist Hessen mit sechs Stunden für Erdkunde und je sieben für Geschichte und Sozialkunde.

2. Integrationsfach Gesellschaftslehre

In einigen Bundesländern, wie z. B. Hessen und Brandenburg, werden die Fächer Erdkunde, Geschichte und Sozialkunde (letzteres wird in Brandenburg „politische Bildung" genannt) zur Gesellschaftslehre zusammengefaßt. Das Konzept der Gesellschaftslehre beinhaltet jedoch mehr als die bloße Addition dieser Fächer. Vom curricularen Ansatz her sollen unter dem Primat einer mehrperspektivischen Betrachtung gesellschaftliche und politische Phänomene (Konflikte, Fälle, Streitfragen) unter verschiedenen, z. B. historischen, sozialgeografischen, politischen, soziologischen, aber auch – je nach Thema – juristischen, wirtschaftswissenschaftlichen oder naturwissenschaftlichen Aspekten untersucht werden. Das Konzept der Gesellschaftslehre impliziert ein Verständnis politischer Bildung, das die Grenzen der Unterrichtsfächer überschreitet und in dem erkundende und projektorientierte Arbeit im Zentrum steht.

Mehrperspektivische Betrachtung gesellschaftlicher und politischer Phänomene

In der Praxis wird die Verwirklichung dieses integrativen Modells politischen Unterrichts allerdings durch einige Faktoren erschwert. Da ist zunächst das Beharrungsvermögen der traditionellen Geschichte, z. T. auch der Geografie, die auf ihren fachsystematischen Aufbaukriterien (chronologischer Durchgang durch die Geschichte; länderkundliches Schema) bestehen. Die stärker fallanalytisch arbeitende und sich als Teil der politischen Bildung verstehende Sozialkunde bringt hier nicht in gleichem Maße eine Stundenanteile fordernde Fachtradition mit. Infolgedessen wird die Gesellschaftslehre in den Köpfen von Lehrerinnen und Lehrern, die die Gesellschaftslehre sinnvollerweise „in einer Hand" unterrichten, doch wieder in den „Geschichtsdurchgang" und das „Länder-, Erdteile- und Klimazonenschema" gesplittet. Das Kriterium scheint ja auch einleuchtend: Wenn man etwa im 9. Schuljahr noch bei der Französischen Revolution „hängt", muß in der Gesellschaftslehre hauptsächlich Geschichte unterrichtet werden, weil man ja am Ende des 10. Schuljahres doch mindestens bis zu den Themen „Nationalsozialismus" und „Entstehung der BRD" gekommen sein will und muß. Um die Sozialkunde-Anteile der Gesellschaftslehre nicht ganz verschwinden zu lassen, wird dann ab und zu eine „aktuelle Stunde" eingeschoben, wo über alles und jedes unter dem Motto „deine Meinung – meine Meinung" meist recht oberflächlich und oft genug vorbereitungslos herumgeredet wird. Hier wird dann der Ruf von Sozialkunde als „Laberfach" begründet. Nur selten bleibt die Zeit, zu den aktuellen Problemen und Fragen der Politik eine fundierte, z. B. erkundende, recherchierende und textanalysierende Unterrichtseinheit möglichst gemeinsam mit den Schülerinnen und Schülern zu planen und zu realisieren.

Systematische Betrachtung versus Analyse von Problemen

Ein weiterer Grund, warum das fächerintegrative Konzept in der Schulpraxis nur schwer Fuß fassen kann, ist die Tatsache, daß oft in den Zeugnissen nicht eine Gesamtnote für „Gesellschaftslehre" erteilt wird, sondern drei Einzelnoten gegeben werden müssen.[2] Nicht nur im Bewußtsein der Schülerinnen und Schüler wird dadurch die Bedeutung des fächerübergreifenden Lernens gemindert und das Gewicht der Einzelfächer gestärkt.

Einzelnoten widersprechen der Idee des fächerübergreifenden Lernens

Schließlich spielt es für das Selbstverständnis der Lehrerinnen und Lehrer eine nicht zu unterschätzende Rolle, daß ihre eigene Ausbildung in der Regel von enzyklopädischen Wissensvermittlungsprozessen innerhalb eines Studienfachs geprägt ist. Dadurch ist ihnen nicht nur interdisziplinäres Arbeiten weitgehend fremd geblieben, sie können sich auch nur schwer vorstellen, daß in einem Lernprozeß über weite Strekken die Lehrenden selbst zu Lernenden werden: Ein fester Wissenskanon, den es zu vermitteln gelte, kann immer weniger plausibel definiert werden; vielmehr muß das für die jeweilige Problem- oder Fragestellung relevante „Grundwissen" im Laufe der Bearbeitung erst festgelegt und dann erarbeitet werden.

Orientierung an Wissenskanon verhindert interdisziplinäres Arbeiten

3. Politische Bildung als Prinzip in der Sekundarstufe I

In den Landesverfassungen, aber auch in den Schulgesetzen der Länder sowie in den einführenden Bemerkungen aller Lehrplanwerke finden sich Hinweise darauf, daß die Schule insgesamt zur politischen Bildung beizutragen habe.[3] Ihre innere Verfassung soll weitgehend auf Mitbestimmung angelegt sein, und Ziele wie Fähigkeiten zum solidarischen Miteinander, zu gegenseitigem Respekt und Toleranz sollen Aufgabe aller Fächer sein. Die Fachlehrerinnen und -lehrer sollen sich bewußt sein, daß das dem Leistungsprinzip innewohnende Konkurrenzprinzip zum Kampf untereinander führen kann, und deshalb sollen sie innerhalb eines jeden Faches vom „fairplay" im Sport bis zum gemeinschaftlichen Forschen in den naturwissenschaftlichen Fächern[4] im weiteren Sinne politische Bildung, besser: intentionale politische Sozialisation betreiben.

Schule soll insgesamt zur politischen Bildung beitragen

Die Gefahr, an diesem hohen Anspruch zu scheitern und die

Selektionsfunktion von Schule mit ihrem Konkurrenzmechanismus ungebrochen zur Geltung kommen zu lassen, ist in der Sekundarstufe I besondes groß. Hingegen hat sich die Primarstufe zumindest in ihren ersten Schuljahren durch reformpädagogische Bemühungen (Verzicht auf Ziffernnoten; Wochenplanarbeit; Freiarbeit) Freiräume geschaffen, die es eher ermöglichen, Kooperation zu erlernen, gemeinschaftliche Produkte als wertvoll zu erleben, über sich selbst zu reflektieren, Gefühle zu verbalisieren und nicht nur die Funktion der bloßen Wissensvermittlung zu erfüllen.

Von der Primarstufe lernen

Auch in der Sekundarstufe II ist häufig ein Klima zu finden, das die Schülerinnen und Schüler als Gesprächspartner ernst nimmt und ihnen als Heranwachsende zunehmend Rechte im Diskurs zugesteht.

Schülerinnen und Schüler der Sekundarstufe I sind in einer Entwicklungsphase, die vom Nicht-mehr-Kind-Sein und Noch-nicht-Erwachsen-Sein geprägt ist. Eine personale Identität muß sich erst entfalten, und dieser Prozeß verläuft in zunehmendem Maße krisenhaft. Innerhalb einer Lerngruppe befinden sich zudem Jugendliche aus stärker autoritären, mehr partnerschaftlichen oder auch laissez-faire-Familien, Jugendliche, die mit beiden Elternteilen zusammenleben, die von einem Elternteil erzogen werden oder die in neueren familialen Strukturen aufwachsen, Jugendliche, die bald aus dem „Schonraum Schule" in eine Ausbildung gehen wollen, andere, die Entscheidungen noch hinausschieben können, weil sie länger die Schule besuchen werden, und nicht zuletzt Jugendliche unterschiedlicher kultureller Prägungen, seien es ausländische Jugendliche, Deutsche aus osteuropäischen Ländern oder aus einem jeweils anderen Teil Deutschlands.

Prozeß der Identitätsfindung verläuft zunehmend krisenhaft

Zudem belasten die Jugendlichen unklare und vom Abstieg bedrohte Schullaufbahnen, ungewisse ökonomische Zukunftsperspektiven angesichts der „Risikogesellschaft", Ohnmachtsgefühle hinsichtlich der ökologischen Entwicklung und schwierige Selbstfindungsprozesse, vor allem der männlichen Jugendlichen in der Geschlechtsrolle („Wann ist man ein Mann?").[5] Diese Probleme führen teilweise – um sich selbst fühlen und erleben zu können – zu Fluchtbewegungen (Drogen, Sekten,

Fluchtbewegungen, Agressionen und Autoagressionen

Rechtsextremismus), zu Aggressionen untereinander (Machismo, Gangbildung) oder – vor allem bei Mädchen, die eher „Wut und Haß, Neid und Rachegelüste, die eigentlich anderen gelten, gegen sich selbst wirksam werden lassen" (Lehner 1992, 146) – zu Autoaggressionen (bis hin zu Bulimie, Anorexie).

Ohne daß Schule nun für alles zuständig gemacht werden soll und schon gar nicht die Grenzen zwischen pädagogischen und therapeutischen Veranstaltungen verwischt werden sollen, muß Schule doch mit den aus den angedeuteten Problemen resultierenden Schwierigkeiten umgehen. Es wäre erforderlich, daß sich Lehrerinnen und Lehrer frei machen von Stoff- und Lehrplandruck und vor allem auch trotz des engen Zeitbudgets gleichberechtigt neben der Aufgabe der Wissensvermittlung ihre Aufgabe als Erzieher sehen. Notwendig wären deshalb Rahmenpläne, die diesen Raum in allen Fächern geben.

Stoff- und Lehrplandruck erschweren die erzieherische Aufgabe

Die Realität ist jedoch dadurch geprägt, daß sich fast alle Fachlehrerinnen und -lehrer einem enormen „Stoffdruck" ausgesetzt sehen bzw. sich ihm unterwerfen. Nicht selten passiert es dann den Sozialkunde- bzw. Gesellschaftslehre-Kolleginnen und -Kollegen, daß ihnen von wohlmeinenden Lehrkräften anderer Fächer, die die Not ihrer Schülerinnen und Schüler wenigstens sehen, mitgeteilt wird, daß das Klima in der Klasse wieder einmal ganz mies sei: „Sie als Sozialkundelehrerin sollten doch mal mit denen darüber reden." So wird dann neben all den Funktionen, die sie als schulische Feuerwehr und Allzweckmittel sowieso kaum erfüllen kann (z. B. Verkehrserziehung, Umweltbildung, Sexualerziehung), die Sozialkunde auch noch zum allein zuständigen seelischen Reparaturbetrieb für die Schäden erklärt, die die Selektionsmühle Schule mit produziert.

Ingesamt besteht nach wie vor der Eindruck, daß die Forderung nach „politischer Bildung" als Prinzip in allen Fächern zwar nach wie vor beschworen wird, daß aber die Alltagspraxis an ihrer Umsetzung noch lange zu arbeiten haben wird.

4. Didaktische Überlegungen

4.1 Lerntheoretische Voraussetzungen

Ausgang didaktischer Überlegungen müssen zwei Fragen sein: - Welche Voraussetzungen bringen die Schülerinnen und Schüler mit, wie denken sie, wie lernen sie? - Welche Lernziele sind in unserem politisch-gesellschaftlichen System notwendig, um es zu erhalten und auszugestalten? Dabei muß die Situation der Schülerinnen und Schüler berücksichtigt werden.

Auf diese Fragen lassen sich die Grundlinien eines den Schülerinnen und Schülern angemessenen und in unserer freiheitlichen Grundordnung notwendigen politischen Unterrichts - hier für die Jugendlichen der Sekundarstufe I - ableiten.

Jugendliche erfahren die Welt heute weitgehend sekundär

Unter Punkt 3 wurde das Problem der Identitätsfindung in einer auch für die Jugendlichen unsicheren Welt genannt. Diese Situation verschärft sich dadurch, daß die Jugendlichen die Welt in starkem Maße nicht primär - in Natur, Arbeitsvollzügen, eigenen Handlungen - erfahren, sondern sekundär - besonders durch Fernsehen, zunehmend durch Videos, elektronische Spiele oder virtuelle Realitäten (vgl. von Hentig 1985).

Deshalb müssen Schülerinnen und Schüler, um die Welt zu verstehen, in ihr eine Identität zu entwickeln und handlungsfähig zu werden, realitätsnah und handlungsnah Lernprozesse vollziehen. Die in Vorschule und Grundschule vorherrschende Organisation von Lernprozessen muß in der Sekundarstufe fortgeführt werden. Dafür sprechen noch weitere theoretische Gründe.

Notwendig sind realitäts- und handlungsnahe Lernprozesse

Identitätsbildung verlangt „haltbare" Theorien über die Welt

Zunächst müssen die Jugendlichen weiter lernen, die sie umgebende physische und gesellschaftliche Realität wahrzunehmen. Menschen können nur das sehen, hören, fühlen, für das sie - zumindest ansatzweise - Wahrnehmungsmuster entwickelt haben. Die - zumeist nur unvollständig wahrgenommene - Welt wird gedeutet, interpretiert. Bleibt sie in weiten Teilen unüberschaubar, nicht verstehbar, entwickelt sich Angst, entstehen Fluchtreaktionen (vgl. Punkt 3). Interpretationen, Deutungen der Welt müssen nach und nach zu „haltbaren" Theorien ausdifferenziert werden, auch wenn die Welt heute mehr und mehr unüberschaubar wird. Neben der Entwicklung neuer Wahrnehmungsmuster müssen die auf diesen aufbauenden Interpretationen durch die Schülerinnen und Schüler bearbeitet werden. Damit zusammenhängend müssen auch die bis dahin erworbenen Wertungsgewohnheiten immer wieder überprüft werden. Durch neue im Umgang mit der Welt erworbene Erfahrungen, können die bis dahin vorhandenen Interpretationen und Wertungen mit den neuen Eindrücken in Widerspruch geraten. Es entstehen kognitive Dissonanzen, die Lernprozesse einleiten können.

Widersprüchliche Erfahrungen können Lernprozesse einleiten

Verhalten, insbesondere auch die Art und Weise der Kommunikationsfähigkeit, ist erlernt worden. Es muß durch Rückmeldung auf eigenes Verhalten und Erleben von Folgen eigenen Verhaltens, z. B. Reaktionen auf Äußerungsformen, wahrgenommen und reflektiert werden. So wird das Verhaltensrepertoire erweitert und letztlich Lernprozesse ermöglicht.

4.2 Realkontakte - mediale Vermittlung

Daraus ergibt sich, daß auch in der Sekundarstufe I, nicht nur in der Grundschule, Realbegegnungen, Kontakte mit anderen notwendig sind. Nur mediales Bearbeiten hat weniger emotionale Seiten, ist bei der vorwiegend medialen Prägung der Schülerinnen und Schüler oft unwirksam. Nur durch Erkundungen und Gesprächen mit anderen – selbstgeplant und selbstgesteuert –, auch außerhalb der Schule – nur durch einen nicht medial vorgegebenen Umgang mit der realen Welt sind nachhaltige Änderungen in Wahrnehmung, Interpretation, Wertung und Verhalten überhaupt erst möglich.

Nachhaltige Veränderungen sind nur durch Auseinandersetzung mit der realen Welt möglich

4.3 Ziele des politischen Unterrichts in der Sekundarstufe I

Die Ziele des politischen Unterrichts sind in den Plänen der Bundesländer – wenn auch mit recht unterschiedlichen Schwerpunkten, die sich auch aus dem Umfang dieses Unterrichts ergeben – beschrieben. Sie lassen sich wie folgt zusammenfassen: Die Schülerinnen und Schüler sollen in die Grundwerte, Grundideen, Grundzüge, Grundtatsachen der Bundesrepublik und der internationalen Beziehungen eingeführt werden. Der Schwerpunkt liegt dabei in den ersten Artikeln des Grundge-

Einführung in die demokratische Grundordnung

setzes – Würde des Menschen, persönliche Freiheit – und in den ab Artikel 20 GG folgenden Grundprinzipien der freiheitlichen demokratischen Ordnung und ihrer konkreten Ausformungen. Sie sollen – so die Pläne – diese demokratische Grundordnung akzeptieren, verstehen und ein entsprechendes Verhalten entwickeln.

Diese Ziele sind allerdings ergänzungsbedürftig. Entsprechende Ergänzungen sind in den meisten Plänen auch vorhanden, sollen hier allerdings, um die aktuelle Situation des politischen Unterrichts in der Sekundarstufe I zu berücksichtigen, in bestimmter Weise zentriert werden:

Lernen, in Widersprüchen zu leben

In demokratischen Gesellschaften müssen Menschen unterschiedlichen Geschlechts, unterschiedlicher Herkunft, mit unterschiedlichen Zielen und Interessen, mit unterschiedlichen Lebenschancen, aus unterschiedlichen Parteien zusammenleben und zusammenwirken. So ist ein – häufig nicht deutlich genug beschriebenes – Ziel politischen Unterrichts in der Sekundarstufe I, die Ausformung einer jeweils eigenen Identität zu fördern (vgl. Teil 3), mit Menschen anderer Identität umzugehen, mit ihnen einerseits solidarisch zu handeln und zu kooperieren, ihre Andersartigkeit andererseits zu ertragen und eigene Interessen zu verfolgen. Die Schülerinnen und Schüler müssen also lernen, in Widersprüchen zu leben.

Daß es beim politischen Unterricht um das Umstrittene gehen und daß politischer Unterricht Kontroversen als Mittelpunkt haben muß, ist seit Ende der 60er mehr oder weniger anerkannt. Daß es sich jedoch oft um schwer veränderbare Widersprüche, um Dilemmata handelt, mit denen die Menschen leben müssen, soll es nicht zu schweren Krisen kommen, wird mehr und mehr erkannt. Nicht nur internationale Beziehungen, wie z. B. der Krieg in Bosnien, zeigen vielfältige Dilemmata.

Auch das Konkurrenzverhalten in der auf Wettbewerb basierenden Marktwirtschaft steht im Widerspruch zu dem sozialen Verhalten, das im zwischenmenschlichen Umgang wie auch im Verhalten in den meisten Bereichen der Gesellschaft erwartet wird. So stehen mehr traditionelle Werte, deren Bewahrung und Vermittlung immer wieder eingefordert wird,

Partnerschaftliches Verhalten und Konkurrenzsituation

wie Zuverlässigkeit, Vertrauen, Redlichkeit, Duldsamkeit, und soziales Verhalten, wie Zuhören, auf andere eingehen, also Empathie und Hilfsbereitschaft, Kooperation, Solidarität, in eklatantem Widerspruch zu dem Verhalten, das zumindest bei den Akteuren auf dem Markt in der Marktwirtschaft notwendig und vorherrschend ist, nämlich Ausnutzen der eigenen Position, Nutzen jeden rechtlich möglichen Vorteils, um den Mitbewerber auszukonkurrieren. Andererseits setzt sich in großen Unternehmen mehr und mehr lean production durch, bei der gerade intensive Kooperation notwendig ist, d. h. vertrauensvoller, kooperativer, partnerschaftlicher Umgang aller im Unternehmen in allen Ebenen tätigen Mitarbeiter und Mitarbeiterinnen, was jedoch auch dazu führen kann, daß einzelne Arbeiter/ Arbeiterinnen überflüssig werden.

Toleranz

Christliche Werte und Symbole haben - gerade in der Sekundarstufe I - für muslimische oder religionsfern aufgewachsene Schülerinnen und Schüler keine oder eine andere Bedeutung als für christlich erzogene Schülerinnen und Schüler. Die Jugendlichen müssen diese Spannungen „auszuhalten" lernen.

Das heißt: Vor allem in der Sekundarstufe I - nach Vorbereitung in der Primarstufe - müssen die Schülerinnen und Schüler lernen, in und mit den Widersprüchen unserer Gesellschaft oder auch der verschiedenen Gesellschaften untereinander zu leben. Im Alter zwischen 10 und 16 Jahren können und müssen die Jugendlichen damit konfrontiert werden, auch wenn sich (moralisches) Verhalten erst in den folgenden Jahren voll entwickelt.

4.4 Didaktische Folgerungen für den politischen Unterricht

Ein nur kognitiver, auf Kritik und Aufzeigen von Streit und Streitlösungen angelegter Unterricht - wie er oft noch vorherrscht -, wird nicht nur wegen seiner mehr oder weniger belehrenden Form abgelehnt. Er widerspricht auch lerntheoretischen Grundlagen. Vom Schwinden von Motivation bis hin zur Frustration reichen die Folgen eines solchen Unterrichts in der Sekundarstufe I. Er stärkt nicht die notwendige Fachkompetenz, Methodenkompetenz und die notwendigen persönlichen Kompetenzen wie Ambiguitätstoleranz, die notwendig sind, wenn eine gewisse Stabilität der Gesellschaft erstrebt wird. Ein solcher Unterricht „funktioniert“ bestenfalls - meist jedoch noch nicht einmal das. Weder zur Sache, noch zu deren interpretativer Verarbeitung und Bewertung, noch zu demokratischen Verhaltensweisen, erfolgen wesentliche Lernfortschritte. Deshalb muß Unterricht - auch in der Sekundarstufe I - den Schülerinnen und Schülern Erkenntnisse und Reflexionen auf der Sachebene wie auch auf der kommunikativen Ebene ermöglichen. Dazu muß aber an die Fragen, Bedürfnisse, Unsicherheiten der Schülerinnen und Schüler „angebunden“ werden, damit die Schülerinnen und Schüler bereit sind, sich mit dem angebotenen Lernfeld zu beschäftigen. Das ist mit Aussicht auf Erfolg möglich, wenn sie handelnd tätig werden und nicht nur hören, lesen und schreiben müssen. Weiter muß ihre Planungs-und Entscheidungsfähigkeit gestärkt werden, müssen sie Methoden entwickeln, muß ihnen ein von der Sache und Arbeit her getragenes (Erfolgs-)Erlebnis vermittelt werden, wenn politischer Unterricht etwas bewirken soll.

Ein rein kognitiver Unterricht widerspricht den lerntheoretischen Grundlagen

Politischer Unterricht in der Sekundarstufe I muß deshalb versuchen, an die Situation der Schülerinnen und Schüler anzuknüpfen.[6] Die Schülerinnen und Schüler können zu Lernprozessen auf der sachlichen Ebene (Wahrnehmungen, Wissensaneignung, Interpretationen, Wertungen) kommen, wenn sie nicht nur passiv oder nur kognitiv Sachverhalte „mitgeteilt“ bekommen, sondern sie „erfahren“, sie sich aktiv erarbeiten. Das ist das eine „Standbein“ politischen Unterrichts.

Politischer Unterricht muß an die Erfahrungen der Schüler anknüpfen

Zweitens geht es um das - ebenso wichtige - Verhalten. Dazu müssen die Schülerinnen und Schüler immer dann, wenn „Störungen“ eintreten, diese Probleme bearbeiten, lernen, Rückmeldung zu geben und annehmen zu können.

5. „Modell“ für politischen Unterricht in der Sekundarstufe I

Ein methoden- und handlungsorientierter politischer Unterricht bietet die Möglichkeit, die oben beschriebene Misere des politischen Unterrichts in der Sekundarstufe I zu überwinden. Er geht von der oben dargestellten Situation in der Sekundarstufe I aus, berücksichtigt lerntheoretische Prämissen und basiert zusätzlich auf der Theorie des Exemplarischen. Die erstrebten sachlichen Ziele können nur an Beispielen bearbeitet werden. Diese Beispiele können vom Lehrer/ von der Lehrerin vorgegeben oder von den Schülerinnen und Schülern ausgewählt werden. Die Auswahl durch die Schülerinnen und Schüler hat den Vorteil, daß die beschriebene Situation der Jugendlichen berücksichtigt wird. Sie müssen nicht fremdbestimmt etwas über die ihnen noch weitgehend unbekannten Zusammenhänge lernen, sondern können die Lernprozesse an ihren Fragen, Problemen vornehmen. Konkret: das Lernfeld wird benannt und ggf. kurz umschrieben. An welchen einzelnen Schwerpunkten aber gearbeitet wird, entscheiden die Schülerinnen und Schüler.

Exemplarische Betrachtung

Das abgebildete Ablaufschema (aus: Nonnenmacher 1995, 3) zeigt den Verlauf eines solchen Unterrichts.

In A wird einmal davon ausgegangen, daß die Lehrpläne bestimmte Themen vorsehen, die zum Ausgangspunkt genommen werden können/ müssen. Aber auch Probleme, Fälle, Konflikte im Umfeld der Schülerinnen und Schüler können von diesen oder von der Lehrerin bzw. dem Lehrer eingebracht werden.

Themenwahl

In der als B bezeichneten Phase des Unterrichts werden mit verschiedenen Methoden – wie Brainstorming, Metaplan, Blitzlicht – oder auch einfach in einem offenen Gespräch die Anknüpfungsstellen, die Anbindungsmöglichkeiten festgestellt. Entscheidend dabei ist, daß die Schülerinnen und Schüler bemerken, daß hier die erste Steuerung des Unterrichts erfolgt und sie selbst die Möglichkeit haben, das, was sie interessiert, bedrückt, bedrängt, was ihnen fragwürdig ist, einzubringen. Ob und in welchem Umfang in dieser Phase B die Schülerinnen und Schüler oder die Lehrerinnen und Lehrer schon kurze Informationen einbringen, richtet sich danach, ob und in welchem Umfang solche Informationen schon notwendig oder gewünscht sind.

Schülerinteresse

Daraus entwickeln sich in C und D die Fragestellungen und Ziele und daraus die Ansätze zu einer – möglichst mit Realbegegnungen verbundenen – durch die Schülerinnen und Schüler

Erarbeitung von Fragestellungen und Vorgehensweisen

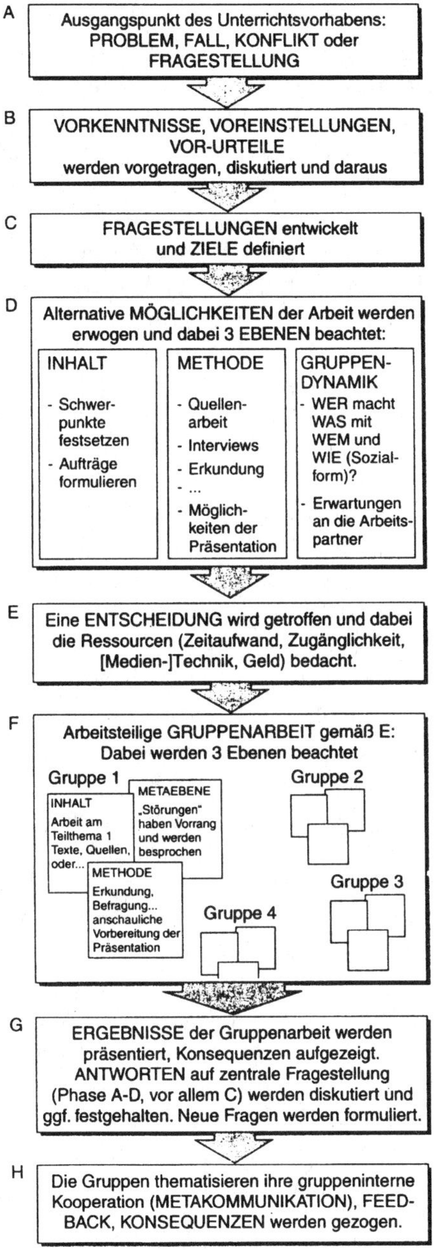

Aus:
Frank Nonnenmacher: Sich einmischen und Politikmachen, Praxis Politik, Frankfurt/M., Heft 3/1995

selbstbestimmten Arbeit. Diese Arbeit muß inhaltlich präzisiert werden, d. h. es muß festgelegt werden, welche sachlichen Teilstücke eine Gruppe bearbeitet. Dazu werden Methode und Arbeitsverteilung überlegt. Dabei werden in unterschiedlichen Schulformen und Altersstufen unterschiedliche Fragestellungen, Zugänge, Aneignungs- und Bearbeitungsweisen eine Rolle spielen. Während manche Lerngruppen z. B. sehr schnell ein Thema nach sie selbst betreffenden Vor- und Nachteilen befragen, gehen andere eher ethischen Fragen nach, wieder andere stellen normative Regelungen in den Mittelpunkt. Bei dieser Arbeit werden nicht nur Methoden gelernt, Kooperation vollzogen, sondern inhaltlich Sachverhalte festgestellt, die Grundlage für eine Reflexion, d. h. für Interpretationen und Wertungen sein können.

Lernen, Entscheidungen zu treffen

Daneben müssen bei der Entscheidung die Ressourcen der Schülerinnen und Schüler, Zeitbudget und Kontaktmöglichkeiten berücksichtigt werden. Entscheidungen sind im politischen Leben zu treffen, Entscheidungen müssen die Schülerinnen und Schüler vornehmen, z.B. am Ende der Sekundarstufe I für Berufsausbildung oder weiteren Schulbesuch. Entscheiden läßt sich nur durch den Vollzug von Entscheidungen lernen, durch das Erleben der Vor- und Nachteile einer teils rational, teils emotional getroffenen Entscheidung.

Durchführung der zuvor geplanten Arbeiten

Die ersten fünf Phasen dienen der Verhandlung und Entscheidung darüber, was wie von wem gearbeitet wird. In der sechsten Phase, in der – im Regelfall arbeitsteiligen – Gruppenarbeit, werden dann von den Schülerinnen und Schülern die Tätigkeiten geplant und vollzogen, die dazu dienen sollen, Wissen zu erarbeiten, Erfahrungen zu machen, Sachverhalte festzustellen und Stellungnahmen zu erarbeiten. Dafür werden nicht nur die traditionellen Verfahren des Unterrichts wie Lesen, Schreiben oder Zuhören verwendet, sondern Erkundungen und Befragungen vorgenommen, gezählt, gemessen oder verglichen. Dabei finden Reflexionen über die Methode, den Inhalt und auch die Kooperation statt.

Präsentation und Reflexion der Ergebnisse

Unter G werden die Ergebnisse vorgestellt und im Hinblick auf A – den Ausgangspunkt, das Problem, den Fall, den Konflikt – reflektiert. Ein Ergebnis dabei kann sein, daß neue Erkundungen vorgenommen werden, d. h. zu einem weiteren Teilthema gearbeitet wird. In dieser Phase herrscht die Reflexion auf der Sachebene vor.

Metakommunikation

In H, dem Meta-Unterricht am Ende, geht es vor allen Dingen um die Reflexion der Beziehungsebene, der Kommunikation, des Verhaltens, aber auch der Methoden der getroffenen Entscheidung.

Insgesamt zeichnet sich der methoden- und handlungsorientierte Unterricht dadurch aus, daß – möglichst in der Realität – handelnd gelernt wird mit dem Ziel der Selbstaufklärung durch Reflexion auf der Sachebene und auf der Beziehungsebene.

6. Zusammenfassung

Politisches Lernen in der Sekundarstufe I erfolgt in einer Phase der jugendlichen Entwicklung, in der es gilt, Fachkompetenz, Methodenkompetenz, Sozialkompetenz und Ichkompetenz zu erwerben. Traditionelle Verfahren und die Beschränkungen auf Lehrgänge oder auf mehr oder weniger unverbindliche Diskussionen führen zu dem Bild eines „Laberfaches", ohne daß die dringenden Probleme der Jugendlichen zureichend angesprochen oder gar gelöst werden.

Lernprozesse im politisch-gesellschaftlichen Bereich sind zwar – was Grundeinstellungen und auch Verfahren betrifft – schon in der Grundschule notwendig und möglich und sollten auch in der Sekundarstufe II fortgeführt werden. Trotzdem ist die Sekundarstufe I die Zeit, in der Weichen für politisches Verständnis und politisches Handeln gestellt werden.

Durch einen an den Interessen der Schülerinnen und Schüler angebundenen Unterricht, der sie die Welt, d. h. die sie umgebende politisch-gesellschaftliche Realität erleben läßt, besteht die Chance, Grunderfahrungen zu machen und Kenntnisse zu erwerben und diese auf der Sach- und Beziehungsebene zu reflektieren. So können die Schülerinnen und Schüler Haltungen und Einstellungen, basierend auf selbständig erworbenen Erfahrungen, Informationen und Reflexionen, erwerben, die in einer Demokratie notwendig sind. Das erfordert auch einen Unterricht, der die Jugendlichen anspricht, ihnen in gewissem

Umfang Erfolgserlebnisse vermittelt und so dazu beiträgt, das Hauptziel politischen Unterrichts zu erreichen, nämlich die Fähigkeit, in einem demokratischen Gemeinwesen zu leben, dieses in verantwortungsvoller Weise weiterzuentwickeln und es als die Form anzuerkennen, in der die Rechte und Bedürfnisse jedes Menschen in einem höheren Maße berücksichtigt werden als in anderen Formen des Zusammenlebens.

7. Anmerkungen

1 In ihrer nach wie vor ausgezeichneten Darstellung beschreibt Lange-Quassowski die frühen Versuche, sich an diese Tradition anzulehnen, die dabei erfolgten Uminterpretationen und ihr weitgehendes Scheitern (Lange-Quassowski 1979, 213 ff.).

2 Die Möglichkeit, die Gesellschaftslehre durch eine einzige Note im Zeugnis auszuweisen, wurde z.B. in Hessen durch ein Urteil des Staatsgerichtshofs 1981 gestoppt. Das Gericht sah vor allem die verfassungsmäßig gebotene „Eigenständigkeit" des Faches Geschichte nicht mehr gegeben, wenn sich dieses nicht durch eine eigene Note im Zeugnis repräsentiere. Erst durch das neue Hessische Schulgesetz (§ 6 Abs. 3 HschG v. 17.6.1992) wird im Zuge der Verstärkung des Subsidiaritätsprinzips der Schulkonferenz die Entscheidungskompetenz für eine zusammengefaßte Note gegeben. Eine erneute Verfassungsklage der hessischen CDU wandte sich auch gegen diese Möglichkeit und wurde durch Urteil des Staatsgerichtshofes vom 4. Oktober 1995 zurückgewiesen. Vgl. Staatsanzeiger für das Land Hessen, Nr. 44/1995, S. 3391 ff., vor allem S. 3420.

3 Wolfgang Sander zeichnet die Entwicklung und den Stand der „Politischen Bildung als Prinzip" nach (Sander 1989, 158 ff.).

4 Ausführlich zum politischen Lernen in den Einzelfächern siehe: Frank Nonnemacher (Hrsg.) 1996.

5 Aus der Fülle der Literatur hierzu seien nur die Werke von Enders-Dragässer/Fuchs 1989 und Böhnisch/Winter 1993 genannt. Weitere Hinweise finden sich in dem Beitrag von Dagmar Richter „Geschlechtsspezifische Zusammenhänge politischen Lernens" in diesem Band.

6 Zur Frage nach geeigneten Inhalten und nach Auswahlkriterien vgl. ausführlich: Nitzschke, Volker 1995 (Lehrerband), 5 ff.

8. Literatur

Böhnisch, Lothar/Winter, Reinhard 1993: Männliche Sozialisation. Bewältigungsprobleme männlicher Geschlechtsidentität im Lebenslauf. Weinheim/München

Enders-Dragässer, Uta/Fuchs, Claudia 1989: Interaktion der Geschlechter. Sexismusstrukturen in der Schule. Weinheim/München

von Hentig, Hartmut 1985: Das allmähliche Verschwinden der Wirklichkeit. München

Lange-Quassowski, Jutta-Barbara 1979: Neuordnung oder Restauration. Opladen

Lehner, Karin 1992: Die Entwicklungslinie der Aggression aus affekttheoretischer Sicht. In: Camenzind, E./Knüsel, K. (Hrsg.) 1992: Starke Frauen, zänkische Weiber? Frauen und Aggression. Zürich

Nitzschke, Volker 1995: Politik – Lernen und Handeln für heute und morgen. (3 Bde. mit jew. Lehrerband). Frankfurt/M.

Nonnenmacher, Frank (Hrsg.) 1995: Praxis Politik. Bausteine für einen handlungsorientierten Unterricht, H. 3. Frankfurt/M.

Nonnenmacher, Frank (Hrsg.) 1996: Das Ganze sehen. Schule als Ort politischen und sozialen Lernens. Schwalbach/Ts.

Sander, Wolfgang 1989: Zur Geschichte und Theorie der Politischen Bildung. Allgemeinbildung und fächerübergreifendes Lernen in der Schule. Marburg

Georg Weißeno

Politikunterricht in der gymnasialen Oberstufe

1. Ein geschichtlicher Rückblick

Mit der Saarbrücker Vereinbarung von 1960 wurde der politische Unterricht in der Oberstufe eingeführt. Im Rahmen des Faches Gemeinschaftskunde (Geschichte/Erdkunde/Sozialkunde) wurde Politik für alle Schultypen ein vorgeschriebener Lerngegenstand. Hierzu beschloß die Kultusministerkonferenz 1964 Rahmenrichtlinien, in denen es heißt: „In der Gemeinschaftskunde soll der junge Mensch in einem angemessenen Umfang lernen, unsere gegenwärtige Welt in ihrer historischen Verwurzelung, mit ihren sozialen, wirtschaftlichen und geographischen Bedingungen, ihren politischen Ordnungen und Tendenzen zu verstehen und kritisch zu beurteilen. Er soll die Aufgaben des Bürgers unserer Demokratie nicht nur erkennen, sondern auch fähig und bereit werden, sich im praktischen Gemeinschaftsleben der Schule und später in der gesellschaftlichen, politischen und wirtschaftlichen Welt zu entscheiden und verantwortlich zu handeln" (KMK-Beschlüsse, 175-9). Nachdem bis dato politische Bildung überwiegend als Unterrichtsprinzip in allen Fächern begriffen worden war, zeigte dieser schulpolitische Schritt den Willen zur stärkeren Förderung politischen Unterrichts.

Mit dem Fach Gemeinschaftskunde wurde der politische Unterricht in die Oberstufe eingeführt

Da jedoch die Leistung in den drei Fächern der Gemeinschaftskunde mit einer gemeinsamen Note zu beurteilen war, entstand sofort eine Kontroverse darüber, ob Gemeinschaftskunde ein auf Integration angelegtes Fach oder eine Klammer für bestehende Fächer ist. Ein Dauerstreit zwischen Historikern, Geographen und Politiklehrern war geboren. Im übrigen gab es nur wenige ausgebildete Lehrer und Lehrerinnen für den Sozialkundeunterricht, so daß es die noch junge politische Didaktik in jenen Jahren schwer hatte, dem Einfluß und Anspruch der Verteidiger des Faches Geschichte zu begegnen. Gleichwohl wurde „Ende der fünfziger/ Anfang der sechziger Jahre in der wissenschaftlichen, aber auch in der politischen Öffentlichkeit die Notwendigkeit einer wissenschaftlichen Theoriebildung für die Didaktik eines eigenständigen Politikunterrichts in der Schule deutlich gesehen" (Sander 1989, 100). In dieser Diskussion wurde der Anspruch der Fächerintegration von vielen nicht mehr aufgegriffen. Dennoch gibt es heute z. B. in Hessen Richtlinien für ein Integrationsfach Gemeinschaftskunde. Insgesamt gesehen wird aber in der alltäglichen Praxis bis heute mehr kooperiert als integriert; man geht mehr von den spezifischen Beiträgen der Fächer aus (Fischer 1979, 200). Selbst das heute propagierte fächerübergreifende Lernen findet in der Oberstufe eher selten statt.

Statt der angestrebten Integration dominierten fachspezifische Fragestellungen

Mit der Vereinbarung über die Neuordnung der gymnasialen Oberstufe von 1972 wurden die Weichen eindeutig in Richtung Fachunterricht, der in Grund- und Leistungskursen zu erteilen ist, gestellt. Die Reform der Studienordnungen an den Hochschulen und die verstärkte Ausbildung von Politiklehrerinnen und Politiklehrern begleiteten diesen Prozeß. Politischer Fachunterricht kann sich in der Folge allmählich etablieren, wenngleich er heute insbesondere in CDU-regierten Bundesländern gegenüber dem Geschichtsunterricht immer noch benachteiligt wird. 1995 jedenfalls ist der jüngste Versuch einiger CDU-Länder in der KMK gescheitert, Geschichte neben Deutsch, Mathematik, Fremdsprache für die Jahrgangsstufen 11 bis 13 als Hauptfach verbindlich vorzuschreiben. Dies hätte den Schülern die Wählbarkeit von Politik/Sozialkunde massiv erschwert. Zwar bleibt damit das Fach Politik/Sozialkunde in der Oberstufe weiter verankert und kann – wie z. B. in Nordrhein-Westfalen – einen gleichwertigen Platz neben Geschichte einnehmen, jedoch gibt es auch heute noch Länder wie z. B. Bayern, in denen Gemeinschaftskunde weiterhin aus drei Einzelfächern besteht und mit einer Endnote beurteilt wird.

Mit der Neuordnung der gymnasialen Oberstufe 1972 etablierte sich politische Bildung als Unterrichtsfach

2. Politische Bildung im Kontext der Fächer der Oberstufe

Zu einer sachgerechten Vorbereitung auf das Erwerbsleben in der Industriegesellschaft gehört ein Mindestmaß an systematischer geistiger Vorbildung. „Die kulturelle Erfindung ‚Unterricht' erlaubt uns, unsere ursprüngliche Verhaftung an die Unmittelbarkeit des alltäglichen Lebens zu überschreiten und ‚auf Vorrat' zu lernen, nämlich für noch unbekannte spätere Verwendungssituationen" (Giesecke 1995, 98). Der Unterricht hat mit der fachwissenschaftlichen Arbeit in Forschung und Entwicklung als Ausgangspunkt ein zu lösendes Problem gemein, er orientiert sich aber stärker an der Lebenswelt und an den verschiedenen Anwendungsfeldern. Auch Industrievertreter fordern heute seltener hochspezialisiertes Wissen von Schülern, sondern mehr die Orientierung des Unterrichts an Schlüsselqualifikationen. Deshalb wenden sie sich gegen stupides Stofflernen und betonen immer mehr die Entwicklung und Förderung sozialer Fähigkeiten. Gleichwohl erfolgt die Allgemeinbildung in der Schule ohne Ausrichtung an einen von außen vorgegebenen Zweck, wie z. B. in der Berufsausbildung oder in einem Rhetorikseminar für ‚professionelle' Politiker.

Unterricht ist stärker an der Lebenswelt orientiert

Das systematische Lernen läßt sich im übrigen nicht in Anlehnung an irgendeine Wissenschaftssystematik begründen, sondern bedarf jeweils einer besonderen fachdidaktischen Strukturierung. Zwar kann man grundsätzlich davon ausgehen, daß alle Wissenschaften lehrbar sind, indessen ist die These von der gleichen Bildungskraft aller Wissenschaften sicher fragwürdig. Wenn man aber „Menschenbildung" im Zusammenhang von Bildung und Gesellschaftsstruktur betrachtet, kann insbesondere die politische Bildung einen wichtigen Beitrag zur Allgemeinbildung leisten, indem sie auf die Verständigungsfähigkeiten in der Industriegesellschaft abzielt. Dadurch wird die Ausbildung einer „ethischen und politischen Entscheidungs- und Handlungsfähigkeit" zu einer „konstruktiven Komponente allgemeiner Bildung" (Klafki 1990, 301). Politische Bildung gehört zur „Grundbildung als Ermöglichung verantwortlicher Teilnahme am Politischen für den

Politische Bildung zielt ab auf die Verständigungsfähigkeiten in der Industriegesellschaft

Normalbürger" (Sutor 1990, 320). Neben Kenntnissen aus anderen Fächern gehört hierzu zum einen das Verstehen politischer Situationen, die sich mit fachspezifischen Kategorien aufschließen lassen. Hilligen, Sutor, Giesecke u. a. haben hierfür geeignete Vorschläge unterbreitet, wie z. B. Menschenwürde, Konflikt, Interesse, Überwindung sozialer Ungleichheit. Zum anderen zählt hierzu die Bildung in den sozialen und politischen Grunddimensionen menschlicher Fähigkeiten. Mit Hilfe dieser Dimensionen läßt sich die spezifisch politische Sichtweise bei der Bearbeitung von Schlüsselproblemen erreichen.

Der Rekurs auf Verwendungssituationen, politische Alltagssituationen, Allgemeinbildung und Teilnahme am Politischen macht bereits deutlich, daß in der Oberstufe keine Spezialbildung vermittelt, keine Mini-Politologen oder Berufspolitiker ausgebildet werden sollen. Vielmehr ist es ein Ziel, die politische Grundbildung zum Normalbürger einzupassen in die Grundfragen des heutigen Zeit-, Gesellschafts- und Weltverständnisses. Hierzu trägt der Sozialkundeunterricht durch die Frage nach den Möglichkeiten und Grenzen politischer Problembewältigung bei. Als allgemeines Lernziel auf allen Jahrgangsstufen erscheint deshalb das Folgende konsensfähig: „Politikunterricht soll die Jugendlichen zum politischen Denken, d. h. zur politischen Analyse und zum politischen Urteil befähigen und dadurch auf eine politische Beteiligung in einer Demokratie vorbereiten" (Breit/Gagel 1995, 7). Politischer Unterricht eröffnet die Chance, daß jeder Schüler bzw. jede Schülerin die Unverzichtbarkeit eigener Urteilsbildung, reflektierter Entscheidung und eigenen Handelns in einer Demokratie erkennt.

Politische Grundbildung zum Normalbürger mit der Fähigkeit der politischen Beteiligung in einer Demokratie

3. Politische Bildung in der Oberstufe zwischen Wissenschaftspropädeutik und Öffnung von Schule

Die Tatsache, daß nicht alle Themen in allen Jahrgangsstufen unterrichtet werden, verweist bereits auf einige Besonderheiten oberstufengemäßen Lernens. Gleichwohl müssen in einer

Demokratie die Ziele für alle Jahrgangsstufen zunächst gleich sein, weil „eine gleichwertige politische Bildung für alle gewährleistet oder zumindest angestrebt wird" (Nitzschke 1982, 143). Indessen soll in der Oberstufe stärker wissenschaftspropädeutisch gearbeitet werden. Wenngleich die Forderung nach Wissenschaftsorientierung in den 70er Jahren für alle Stufen erhoben wurde, so ist sie in besonderem Maße Bestandteil des Selbstverständnisses der Gymnasiallehrer und -lehrerinnen geworden. Das Gymnasium ist traditionell von einem intellektuell-wissenschaftlichen Anspruch geprägt. Dies hängt mit der Ausbildung und der Diskussion über „Abiturstandards" zusammen, die in schöner Regelmäßigkeit die Bildungspolitiker führen. Hierzu zählt der Anspruch, daß im Oberstufenunterricht etwas vom Geist der echten Wissenschaft sichtbar werden soll. Keineswegs ist aber Wissenschaftspropädeutik im Unterricht mit akademischer Wissenschaftlichkeit gleichzusetzen. Wissenschaftspropädeutische Arbeitsweisen - insbesondere im Leistungskurs - dienen vielmehr dem Kennenlernen von Strukturen und Methoden, aber auch Grenzen der Sozialwissenschaften. Exemplarisch kann in einzelne speziellere wissenschaftliche Verfahrens- und Erkenntnisweisen eingeführt werden. Schließlich gehören hierzu Verfahrensweisen, die die Reflexions- und Urteilsfähigkeit fördern, sowie fächerübergreifende und interdisziplinäre Fragestellungen.

Wissenschaftspropädeutik im Unterricht der Oberstufe

Die Tatsache, daß die Reform von 1972 die Oberstufe enttypisierte, macht indes deutlich, daß sich der Anspruch einer Verbindung von zweckfreier Bildung und Wissenschaftspropädeutik nicht auf Kernfächer reduzieren läßt. Der Fortschritt in den spezialisierten Einzelwissenschaften zeigte, daß die damalige Organisation der Oberstufe keine Antwort auf die technisch-ökonomische Verwertbarkeit ihrer Bildung geben konnte. 1995 wird dieser Verwertungsaspekt aus anderer Perspektive neu diskutiert. Die Kultusminister legen Deutsch, Mathematik, eine Fremdsprache als Kernfächer fest, um unterschiedlichen Ansprüchen zu genügen. Zum einen soll den Klagen über eine angeblich mangelnde Studierfähigkeit von seiten der Hochschule entgegengewirkt, zum anderen der Forderung der Wirtschaft nach sicherer Beherrschung der Mutter-

Unterschiedliche Erwartungen seitens der Hochschulen und der Wirtschaft

sprache, Flexibilität, Teamfähigkeit entsprochen werden. Offen bleibt aber in der Diskussion, ob aus der Perspektive der Abnehmerorientierung nicht zwei Arten des Abiturs, eines gymnasialen und eines berufsorientierten, nötig werden, so wie es z. B. die Rau-Kommission fordert (Bildungskommission NRW 1995, 229).

Durch die Neuauflage der Diskussion um die Kernfächer besteht die Gefahr, daß der Beitrag der politischen Bildung zu den Zielen der gymnasialen Oberstufe wieder an den Rand gedrängt wird. Dabei erfordert sowohl die Studienvorbereitung als auch das Erlernen von Qualifikationen für das Berufsleben die Vermittlung zwischen verschiedenen Wissensformen. Im Unterricht muß zwischen einem wissenschaftlichen Wissen, dem Alltagswissen von Lehrern und Lehrerinnen sowie Schülerinnen und Schülern, dem institutionellen Wissen über die Möglichkeiten und Grenzen des Lernens in der Schule, dem Professionswissen von Lehrerinnen und Lehrern sowie dem schulbezogenen Handlungswissen von Schülern und Schülerinnen über die Fächer vermittelt werden (Weißeno 1993, 243 ff.). Die Kommunikation im Klassenzimmer ist immer mitgeprägt von gesellschaftlichen Erwartungen, die in die Wirklichkeitskonstruktionen von Lehrern und Schülern einfließen. Das Vorwissen über politische und soziale Gegenstände fließt in den Vermittlungsprozeß ein (Grammes 1995) und bedarf deshalb auch einer fachspezifischen Ausrichtung und Klärung. Denn jeder Schüler und jede Schülerin interpretiert politische Vorgänge, und diese Bedeutungszuweisung bzw. dieses Wissen steuert ihr Verhalten. Eine Veränderung dieses alltäglichen Vorgangs in der Schule kann meist nur dann erreicht werden, wenn eine fachspezifische politische Bildung erteilt und als ein Teil der Allgemeinbildung angesehen wird. Ansonsten könnte es im Unterricht oft nur zu einer Verdopplung von Alltagsgewißheiten kommen.

Vermittlung zwischen verschiedenen Wissensformen zur Vorbereitung für Studium und Beruf

Politische Bildung wirkt der bloßen Verdopplung von Alltagsgewißheiten entgegen

Heute geht man von der Notwendigkeit einer Erweiterung des Bildungsanspruchs in der Oberstufe im Hinblick auf die Studierfähigkeit und das Berufsleben aus. Deshalb soll das Lernen in der Oberstufe für das Leben geöffnet werden. Bezüge zur „wirklichen Wirklichkeit" (von Hentig) sind erforderlich.

Methodisch werden hierfür meist fächerübergreifendes Lernen und Handlungsorientierung vorgeschlagen. Der Frontalunterricht habe angesichts von lean-management ausgedient, eine Ent-Intellektualisierung des Unterrichts sei dringend erforderlich. Fachlichkeit und überfachliches Lernen, individuelle und soziale Erfahrung, Praxisbezug und theoretische Einsichten sollen verknüpft werden. Dadurch können die Schüler unterschiedliche wissenschaftliche Ansätze (z. B. aus den Natur- und Sozialwissenschaften) kennenlernen sowie vernetztes Denken üben. Fächerübergreifender Unterricht mit handlungsorientierten Methoden fördere die Selbständigkeit, die Arbeit im Team, die individuelle Gestaltung und Reflexion des Arbeitsprozesses, die Kreativität. Bildung verlange heute „geradezu die stärkere Öffnung des Gymnasiums zum Leben hin, das Zusammenführen schulischer und außerschulischer Erfahrungsräume, die Annäherung an die gegenwärtige Berufs- und Arbeitswelt. Sie verlangt auch ... ein Denken und Handeln in fächerübergreifenden, über den Schonraum Schule hinausreichenden, gleichzeitig vereinheitlichenden und differenzierenden Bezügen" (Frommer 1991, 643).

Zusammenführung schulischer und außerschulischer Erfahrungsräume

Angesichts der aktuellen Reformeuphorie sind indessen auch einige skeptische und relativierende Bemerkungen angezeigt. Gerade die politische Bildung hat im Sinne ihrer Zielformulierungen auch in der Oberstufe immer schon die politische Praxis einbeziehen und auf die Praxis als Normalbürger vorbereiten wollen. Insofern wird die Wissenschaftspropädeutik hier im Zusammenhang mit praktischen Erfordernissen gesehen. Wissenschafts- und Handlungsorientierung bilden keinen Gegensatz oder sind alternativ zu sehen, sondern sie ergänzen sich gegenseitig. Systematisches Lernen und das Hineinholen außerschulischer Kontexte in den Unterricht sind erforderlich, um zu einem Austausch zwischen dem Wissen aus den verschiedenen Bereichen zu kommen. Die verschiedenen Realitäten, zu denen z. B. die Hochschule, die Berufspraxis, die politischen Konflikte, die gesellschaftlichen Probleme und Strukturen zählen, gehören in den politischen Unterricht und ermöglichen erst eine individuelle Verarbeitung im Denken und Handeln. Der politische Unterricht basiert auf unterschiedli-

Wissenschafts- und Handlungsorientierung ergänzen einander

chen Quellen wie Medien, alltäglicher Erfahrung, wissenschaftlicher Erkenntnis, Diskussion mit Mitschülerinnen und Mitschülern, Lehrenden und Eltern, die nicht gegeneinander auszuspielen sind und in ihrer fächerübergreifenden Struktur zugleich fachspezifisch zu analysieren sind.

Handlungsorientierte Methoden wie Rollen- und Planspiel, Talkshows, Fallanalysen, Sozialstudien, Expertenbefragungen, Diskussionsrunden etc. werden seit den 70er Jahren propagiert und bieten vielfältige Möglichkeiten der Vermittlung zwischen den Wissensformen. Solch einer diskutativen politischen Bildung geht es zugleich um das Methodenlernen (Wolfgang Hilligen); die Schüler und Schülerinnen können auf vielfältige Weise bei den Unterrichtsentscheidungen mitwirken. Politischer Unterricht sollte eine demokratische, aufgeklärte und weltoffene Polis bereits im Unterricht vorwegnehmen. Sicher können diese Ansprüche in der Praxis aus den unterschiedlichsten Gründen nicht verwirklicht werden, doch besteht die Zielsetzung der Vermittlung zwischen der Öffnung von Schule und Wissenschaftspropädeutik im Fach Sozialkunde/Politik schon länger. Vor dem Hintergrund dieser Erfahrungen läßt sich zeigen, daß die Faszination der Erkenntnis im Unterricht vermittelbar ist. Die eigenständige Bearbeitung problemhaltiger Aufgaben in methodisch gesicherten Formen trägt zur Sicherung einer politischen Grundbildung bei und fördert ein zeitgemäßes Lernen für erwachsene Menschen.

Politischer Unterricht soll die aufgeklärte Polis vorwegnehmen

4. Leistungsbeurteilungen und Prüfungsanforderungen

In den Grund- und Leistungskursen ist ein breites Spektrum an Überprüfungsformen möglich. Generell soll bei der Leistungsbeurteilung nicht nur auswendig Gelerntes abgefragt werden, sondern zugleich die Möglichkeit von Erkenntnisfortschritten für den Schüler bzw. die Schülerin und den Kurs eingeschlossen sein. Sowohl die Überprüfungen als auch der Unterricht sind als systematische Vorbereitung auf die Abiturprüfung anzusehen. Das Niveau der Leistungsanforderungen ist nicht abstrakt bestimmbar, sondern es muß kriterienorientiert sein

Systematische Vorbereitung auf Abiturprüfung

und zugleich Bezug nehmen auf die konkrete Lerngruppe. Die Beurteilungen beziehen sich auf schriftliche und mündliche Leistungen, die in unterschiedlichsten Formen erbracht werden können: Beteiligung am Unterricht, Beteiligung an Gruppenaktivitäten, Referat, Protokoll, Hausaufgaben, kleinere schriftliche Übungen, Klausuren, Materialsammlungen, Ausstellung, Collage, Video, Hörspiel etc. Die Schülerinnen und Schüler können in diesen Formen sowohl inhalts- als auch methodenbezogene Fähigkeiten nachweisen.

Beurteilung unterschiedlichster Leistungen

Die von der KMK beschlossenen „Einheitlichen Prüfungsanforderungen in der Abiturprüfung" beschreiben die Lern- und Prüfungsbereiche und die Leistungsanforderungen. Drei fachspezifische Anforderungsbereiche werden unterschieden: Der erste – Wiedergeben und Kennen – „umfaßt

Wiedergeben und Kennen

- die Wiedergabe von Sachverhalten aus einem abgegrenzten Gebiet im gelernten Zusammenhang,
- die Beschreibung und Darstellung gelernter und geübter Arbeitstechniken in einem begrenzten Gebiet und einem wiederholenden Zusammenhang" (EPA, 13).

Der zweite – Anwenden – „umfaßt

Anwenden

- selbständiges Erklären, Bearbeiten und Ordnen bekannter Sachverhalte
- selbständiges Anwenden und Übertragen des Gelernten auf vergleichbare Sachverhalte" (EPA, 15).

Der dritte – Beurteilen – „umfaßt

Beurteilen

- das planmäßige Verarbeiten komplexer Gegebenheiten mit dem Ziel, zu selbständigen Begründungen, Folgerungen, Deutungen und Wertungen zu gelangen" (EPA, 16).

Die Aufgaben und der Unterricht müssen so angelegt sein, daß Fähigkeiten und Kenntnisse in allen drei Anwendungsbereichen nachgewiesen werden können. Die Anforderungen im Grund- und Leistungskurs unterscheiden sich vor allem im Hinblick auf den Grad der Differenzierung und Abstraktion von Inhalten, die Methodenbeherrschung und die Selbständigkeit.

So sinnvoll die Beschreibung der Anforderungsbereiche über die Leistungsanforderungen für die Verständigung in der Schulbürokratie nicht zuletzt auch wegen des in einigen Ländern,

z. B. Bayern, vorhandenen Zentralabiturs ist, so problematisch ist die Auslegung der benutzten Begriffe in der Praxis durch die Lehrerinnen und Lehrer. Wo genau die Grenzen zwischen Wiedergeben - Anwenden - Beurteilen liegen, läßt sich in einer Schülerantwort selten eindeutig diagnostizieren, so daß es z. B. in einer Prüfungskommission im Abitur schnell zu unterschiedlichen Auffassungen über die Note kommt. In der alltäglichen Unterrichtspraxis ist die Unterscheidung noch schwieriger, da die Schülerinnen und Schüler sich eher in kürzeren Beiträgen äußern, die nicht wie in einer Klausur vorliegen und länger verfügbar sind, sondern ohne breiter entfaltete Kontexte situativ unter Handlungsdruck beurteilt werden müssen. Insofern ist die Beurteilung durch das Wissen sowie die analytischen und diagnostischen Fähigkeiten des Lehrers bzw. der Lehrerin mitbedingt.

Probleme bei der Auslegung in der Praxis

5. Literatur

Bildungskommission NRW 1995: Zukunft der Bildung - Schule der Zukunft. Neuwied

Breit, Gotthard/Gagel, Walter 1995: Einführung: Zur Verwendbarkeit der folgenden Unterrichtsbeispiele. In: Politische Bildung Nr. 1, S. 5 ff.

EPA - Einheitliche Prüfungsanforderungen in der Abiturprüfung. Sozialkunde/Politik 1989. Neuwied

Fischer, Kurt Gerhard 1979: Vom Unterrichtsprinzip zur Fächerintegration. Ein Beitrag zur Diskussion über die Politische Bildung in der Sekundarstufe I. In: Mickel, Wolfgang W.: Politikunterricht im Zusammenhang mit seinen Nachbarfächern. München

Frommer, Helmut 1991: Praktisches Lernen und Gymnasien. In: Neue Sammlung Nr. 4, S. 628 ff.

Giesecke, Hermann 1995: Wozu ist Schule da? In: Neue Sammlung Nr. 3, S. 93 ff.

Grammes, Tilman 1995: Brücken von der Mikro- zur Makrowelt. In: Massing, Peter/Weißeno, Georg: Politik als Kern der politischen Bildung. Opladen

KLAFKI, WOLFGANG 1990: Allgemeinbildung für eine humane, fundamental-demokratisch gestaltete Gesellschaft. In: Bundeszentrale für politische Bildung: Umbrüche in der Industriegesellschaft. Bonn

NITZSCHKE, VOLKER 1982: Stufenprobleme im politischen Unterricht. In: Nitzschke, Volker/Sandmann, Fritz: Neue Ansätze zur Methodik des politischen Unterrichts. Stuttgart

SAMMLUNG DER BESCHLÜSSE DER KMK 1982. 3. Aufl. Neuwied

SANDER, WOLFGANG 1989: Zur Geschichte und Theorie der politischen Bildung. Allgemeinbildung und fächerübergreifendes Lernen in der Schule. 2. Aufl. Marburg

SUTOR, BERNHARD 1990: Politische Bildung als Allgemeinbildung. In: Bundeszentrale für politische Bildung: Umbrüche in der Industriegesellschaft. Bonn

WEIßENO, GEORG 1993: Forschungsfelder und Methoden einer empirisch arbeitenden Politikdidaktik. In: Sander, Wolfgang: Konzepte der Politikdidaktik. Hannover

Hans-Joachim von Olberg

Politikunterricht an berufsbildenden Schulen

1. Entstehung und Entwicklung

Zwei Mindestvoraussetzungen mußten gegeben sein, bevor sich „Politikunterricht an berufsbildenden Schulen" überhaupt etablieren konnte: Erstens die Existenz einer Schulform für Jugendliche, die den Beruf ins Zentrum ihrer Pädagogik rückte und zweitens die Einführung eines Unterrichts mit explizit politischen Inhalten. Beide Bedingungen sind im deutschen Bildungswesen erst gegen Ende des wilhelminischen Kaiserreichs erfüllt. In den ersten beiden Jahrzehnten des 20. Jahrhunderts konstituierte sich dann mit der Umwandlung der allgemeinen Fortbildungsschulen in öffentliche Berufsschulen, die sich zugleich dem Ziel der staatsbürgerlichen Erziehung verschrieben, der Gegenstand, von dem dieser Artikel handelt.

Erziehung zum Bürger im Staat in den Schulen des 18. und 19. Jahrhunderts

Zwar hatte es in mittleren, „realistischen" Schulen des 18. Jahrhunderts durchaus bereits eine utilitaristische Standeserziehung zum Bürger im Staat gegeben, und auch die polytechnischen (höheren technischen) Schulen im 19. Jahrhundert kannten eine Nationalerziehung für die industrielle Gesellschaft; aber in ihnen wurde weder das Verständnis des öffentlichen Lebens geschweige denn die Beteiligung an ihm – also Politik im allerweitesten Sinne – in einem eigenen Unterrichtsbereich thematisiert. Vor dem Ersten Weltkrieg trat die Bürgerkunde im Verbund mit Lebenskunde oder allgemeiner Berufskunde als Fach im Stundenplan der (zu der Zeit noch so genannten) ‚beruflichen Fortbildungsschulen' auf. Soziale Umgangsformen im Alltag und lediglich gesetzes- und institutionenkundliche Themen im unmittelbaren Anschluß an die Fachkunde waren demgemäß Stoff dieses Unterrichts (Überblick: Böttcher 1980).

Die Verfassung der Weimarer Republik deklarierte 1919 in

Artikel 148: „Staatsbürgerkunde und Arbeitsunterricht sind Lehrfächer der Schulen". Während an den beruflichen Schulen wirklich das Fach Staatsbürgerkunde neu eingeführt wurde, begnügten sich die allgemeinbildenden Schulen zumeist mit einigen staatsbürgerkundlichen Stunden, die in Fortschreibung des traditionellen Fächerkanons dem Geschichtsunterricht nur angefügt wurden. Damit etablierten sich in den Schulen auf dem Felde der politischen Sozialisation der Schülerinnen und Schüler für einige Jahrzehnte zwei unterschiedliche curriculare Wege.

Unterschiedliche curriculare Strukturen für berufliche und allgemeinbildende Schulen

Didaktisch bleiben allerdings die wilhelminische Bürgerkunde und die Weimarer Staatsbürgerkunde trotz zwischenzeitlicher Novemberrevolution darin weitgehend gleich, daß sie den Beruf zum Ansatzpunkt und Mittel der politischen Erziehung machten. Sowohl die preußischen Berufsschulrichtlinien von 1911 als auch die von 1922 formulierten nahezu identisch als Aufgabe des Unterrichts, „den Zusammenhang des Einzelnen und seiner Berufsarbeit mit dem Gemeinschaftsleben in Familie und Schule, in Betrieb und Berufsverband, in Gemeinde, Staat und Reich zu Bewußtsein zu bringen, das Wirken (1911: Werden, v. O.) und Wesen wichtiger Einrichtungen des öffentlichen Lebens zu erklären, die Achtung vor der bestehenden Verfassung und Rechtsordnung, die Liebe zu Heimat, Vaterland und Volkstum zu pflegen und Ziele für die freudige Mitarbeit im Staat vor Augen zu stellen." Im Verhältnis dazu brachen die Nationalsozialisten geradezu mit der Tradition. Sie lösten den Staatsbürgerkundeunterricht an Berufs- und Fachschulen weitgehend von seinem Berufsbezug ab. Nach 1933 hieß das Fach häufig nationalpolitischer Unterricht oder Reichskunde; es wurde von der rassisch-völkischen Ideologie her dominiert und damit auf eine widersprüchliche Weise auch politisiert, indem Berufsarbeit als Dienst und Kampf für die Volksgemeinschaft umgedeutet wurde (v. Olberg 1987; Seubert 1992).

Kaiserreich und Weimarer Republik verknüpften politische Erziehung mit beruflicher Ausbildung

Berufsarbeit als Dienst und Kampf für die NS-Volksgemeinschaft

In Westdeutschland suchte man dieser ideologischen Politisierung in der ersten Zeit nach 1945 durch einen Rückgriff auf Kerschensteiners These von der Identität staatsbürgerlicher Erziehung und beruflicher Bildung zu entgehen. Wiederum sollte Staatsgesinnung aus der Vermittlung von Arbeitstugenden entwickelt werden. Schon in der Preisschrift von 1901 (zuletzt 1966 publiziert) hatte Georg Kerschensteiner seinen didaktischen Weg für den staatsbürgerlichen Unterricht skizziert:

Arbeitstugenden als Grundlage für die Staatsgesinnung nach 1945

a) „er muss zunächst den egoistischen Berufsinteressen des Schülers Rechnung tragen, aber langsam und ungezwungen auf das Gebiet der allgemeinen Staatsinteressen hinüber führen
b) er muss so lange als möglich mit konkreten Fällen der jeweiligen Berufsgruppe arbeiten …
c) er muss sich freihalten von jeglicher Politik
d) er muss wirkungsvolle Momente der vaterländischen Geschichte oder charaktervolle sittliche Gestalten zwanglos in den Lehrgang mit einbeziehen" (Kerschensteiner 1901, 51).

Diese schon immer rückwärtsgewandte Versöhnung von ständischem Berufsbegriff und idealistischem Staatsverständnis durch sittliche Erziehung erzeugte einen „politikfreien Staatsbürgerkundeunterricht" (Böttcher 1980, 72) auf der Grundlage von „Gemeinschaftsideologie und Staatsmetaphysik" (Weinbrenner 1992, 284).

Rückgriff auf die didaktischen Vorstellungen Kerschensteiners

Im Zusammenhang mit der Aktualisierung berufsbildungstheoretischen Denkens in den fünziger Jahren reformulierte Eduard Spranger noch einmal mit kulturphilosophischen Argumenten die Gleichsetzung von beruflicher und politischer Bildung. Erst Theodor Litt sprach ansatzweise von der Verschiedenartigkeit der technisch-ökonomischen und der politisch-gesellschaftlichen Lebensbereiche. Indem die Berufsbildungstheoretiker allgemein-pädagogische und fachdidaktische Überlegungen (des Staatsbürgerkunde- oder Gemeinschaftskundeunterrichts an beruflichen Schulen) immer „aus einem Guß" vortrugen, harmonisierten sie zugleich die Beziehung zwischen Wirtschaft und Öffentlichkeit und vermochten nicht die sozialen Spannungsverhältnisse in einer demokratisch und sozialstaatlich verfaßten Industriegesellschaft didaktisch adäquat zu fassen. Berufsbildungstheoretische Versuche der Begründung politischer Bildung waren an ihr Ende gekommen und mußten konsequenterweise jenen Ansätzen weichen, die die Fachdidaktik politischer Bildung als Bestandteil allgemei-

Leugnung der sozialen Spannungsverhältnisse in einer demokratisch verfaßten Industriegesellschaft

ner Bildung unter Einschluß der beruflichen Schulen entwarf (vgl. von Olberg 1986).

In kritischer Absetzung von Partnerschaftserziehung einerseits und Staatserziehung andererseits entwickelte diese Politikdidaktik seit den sechziger Jahren ihre Konzepte im Hinblick auf die Bürgerrolle eines jeden Jugendlichen. Sie sollten mit Fähigkeiten zu kritischem Urteil und aktiver Beteiligung ausgestattet werden, um in den gesellschaftlichen Interessenauseinandersetzungen der pluralistischen Gesellschaft bestehen zu können. Politische Bildung sollte das Recht auch der Berufsschüler auf gleiche demokratische Teilhabe an der Politik absichern. An den berufsbildenden Schulen adaptierte man beispielsweise allgemeine fachdidaktische Konzepte der Konflikt-, Lernziel- und Schülerorientierung und rezipierte intensiv Autoren wie K. G. Fischer, W. Hilligen und H. Giesecke. Bewirkt wurde dadurch eine didaktische Modernisierung, die die altväterliche Anstandserziehung und trockene Gesetzeskunde beendete, aber zugleich den vordem konstitutiven Berufsbezug politischer Bildung an beruflichen Schulen ausblendete. Ihren formalen Ausdruck fand diese Entwicklung darin, daß Ende der sechziger Jahre die letzten Bundesländer die Fachbezeichnung *Bürgerkunde* abschafften. Neben Gemeinschaftskunde oder Sozialkunde nennen seitdem viele Länder den Unterricht an den beruflichen Schulen schlicht *Politik*. Lediglich an den beruflichen Schulen des Gesundheitswesens heißt das Fach stellenweise weiterhin *Staatsbürgerkunde*.

Erst die Politikdidaktik der 60er Jahre löste sich von den Modellen einer Partnerschafts- bzw. Staatserziehung

Seit Mitte der achtziger Jahre wird unter anderen Prämissen wieder intensiv an der konzeptionellen Neuformulierung einer arbeits- und berufsorientierten politischen Bildung für berufsbildende Schulen gearbeitet. Auf einer Reihe von Fachtagungen der Bundeszentrale für politische Bildung (Bundeszentrale 1987) und auf den Hochschultagen für berufliche Bildung (Weinbrenner 1987, 1989, 1991; Grammes 1995) sind Bedingungsanalysen, didaktische Zugänge und Unterrichtsbeispiele vorgelegt worden, die gleichzeitig eine politische Durchdringung des berufsfachlichen Unterrichts und eine Arbeitsorientierung des Politikunterrichts anstreben. Fortschreibungen der allgemeinen Politikdidaktik und einer kritischen Berufspäd-

Seit Mitte der 80er Jahre gilt Berufsarbeit als eine Form politisch-gesellschaftlichen Handelns agogik trafen sich hier in einem sozialwissenschaftlichen Begriff von *Berufsarbeit als einer Form politisch-gesellschaftlichen Handelns*. Von diesem Ansatzpunkt aus postulieren neuere Richtlinien einiger Bundesländer eine didaktische Aufgabe, die, über funktionale Qualifizierung für die Arbeitswelt hinausgehend, die kritische Auseinandersetzung mit gesellschaftlichen Handlungsalternativen in der Berufspraxis (vgl. Mickel 1990, 216) umfaßt: „Der Politikunterricht muß daher den Schülern und Schülerinnen die Zusammenhänge zwischen Berufstätigkeit und zentralen gesellschaftlichen Entwicklungen und Problemen wie z. B. Umweltzerstörung, Rüstung ... verdeutlichen." „Es ist notwendig, daß sich der Politikunterricht sowohl vorgreifend als auch ausgleichend zur Wirklichkeit der Berufsarbeit stellt" (Der Kultusminister des Landes Nordrhein-Westfalen 1987, 37).

Reflexion der gesellschaftlichen Konsequenzen beruflichen Handelns

In der DDR hat es im Fach Staatsbürgerkunde an Berufsschulen bis Ende 1989 eine ideologische Erziehung gegeben, die primär auf ökonomische Leistungsmotivation und politische Systemintegration zielte. Thematisiert wurden hier nicht etwa die konkreten Fragen der politischen Gestaltung von Lebens- und Arbeitsbedingungen der Berufstätigen, sondern ganz generell marxistisch-leninistische Theorie und das Selbstverständnis des sozialistischen Staates. Der irrationale Anspruch, Unterricht solle „Gefühle des Hasses und des Abscheus gegenüber dem Klassenfeind wecken und vertiefen" (Lehrplan für die sozialistische Berufsausbildung Staatsbürgerkunde 1986, zitiert nach Niermann 1989, 228), stand im umgekehrten Verhältnis zu der rapide nachlassenden Wirkung dieses Staatsbürgerkundeunterrichts bei Berufsschülern in den achtziger Jahren. Dementsprechend wurde auch in der DDR seine Beseitigung bereits durch die SED-geführte Modrow-Regierung im Winter 1989/90 ohne jeden Widerspruch akzeptiert.

Ideologische Ausrichtung der Staatsbürgerkunde in der DDR

2. Institutionelle Bedingungen und Lernvoraussetzungen

Mehr als 70% der Jugendlichen im Alter zwischen 16 und 19 Jahren in der Bundesrepublik Deutschland besuchen eine berufsbildende Schule. Etwa drei Viertel von ihnen lernt im dualen System, das heißt, sie besuchen neben der betrieblichen Ausbildung die Berufsschule in Teilzeitform; circa ein Viertel lernt in beruflichen Vollzeitschulen, von denen das Berufsgrundbildungsjahr, die Berufsfachschule, die Fachoberschule und das Berufs- oder Fachgymnasium die verbreitetsten Formen sind. Das System berufsbildender Schulen ist äußerst komplex und differenziert aufgebaut und hat - auch in den einzelnen Klassen - eine sehr heterogene Schülerschaft, die das gesamte soziale Spektrum der Bevölkerung sowie die weitverzweigte Spezialisierung und Arbeitsteilung der modernen Wirtschaftsgesellschaft widerspiegelt. In gewissem Sinne sind die beruflichen Schulen und auch selbst die Berufsschule „Gesamtschulen": Von Lernenden, die die Sekundarstufe I ohne Schulabschluß verlassen haben, bis zu Abiturienten arbeiten und lernen hier alle mit dem Ziel, eine berufliche Qualifikation für das Erwerbsleben zu erhalten.

Heterogene Schülerschaft

In den letzten 25 Jahren stieg das durchschnittliche Niveau der schulischen Vorbildung enorm an: Der Anteil von Schülern ohne Hauptschulabschluß ist gesunken und die Anzahl der Schüler, die bereits einen studienqualifizierenden Schulabschluß mitbringen, ständig angewachsen. Vielfach durchlaufen die Schülerinnen und Schüler nacheinander mehrere Formen beruflicher Schulen und erwerben dabei zunehmend auch weiterführende Bildungsabschlüsse neben ihrem Beruf. Auch ihr Durchschnittsalter ist gestiegen, so daß weitgehend der Typus des „halbwüchsigen Stiftes" von dem des jungen Erwachsenen abgelöst worden ist. Angesichts struktureller Arbeitslosigkeit ist der Eintritt in das Berufsleben nach abgeschlossener Ausbildung für viele ein problematischer Übergang, der sich negativ in ihren sozialen und politischen Orientierungen niederschlägt.

Höheres Niveau der schulischen Vorbildung

Nach den Stundentafeln der Berufsschulen aller Bundesländer wird mindestens eine Politikstunde im Rahmen des durchschnittlich 10-12stündigen Berufsschulunterrichts pro Woche erteilt. Lediglich die Stadtstaaten Bremen, Hamburg und Berlin haben in der Berufsschule einen Fachunterricht im Umfang von 2 Wochenstunden, der allerdings auch wirtschaftskundliche

Anteil der politischen Bildung am Stundenplan

Inhalte mit abdeckt. Berufliche Vollzeitschulen bieten in der Regel ein zweistündiges Fach der politischen Bildung an, das aber zum Teil mit Geschichte kombiniert unterrichtet wird; lediglich Bayern beschränkt sich hier ganz auf Geschichtsunterricht (Schöngart 1988). Dieser fachbezogene Befund zeigt an, daß berufliche Vollzeitschulen eine Zwitterposition zwischen allgemein- und berufsbildenden Schulen einnehmen; als Problemlösungen sind curriculare Konzeptionen der Integration politischer und historischer Bildung im Umfeld der Schulversuche zur Verbindung beruflicher und allgemeiner Bildung entwickelt worden (vgl. Krause 1985; Rohlfing 1986), die auch für die studienqualifizierenden Formen beruflicher Bildung gelten können. Manche Bundesländer wie z. B. Berlin und Niedersachsen haben dagegen an ihren Berufs- oder Fachgymnasien für die historisch-politische Bildung einfach das entsprechende Fach samt Lehrplan der gymnasialen Oberstufe übernommen.

Faktisch findet politischer Unterricht häufig nicht statt

Eine Reihe schulorganisatorischer Faktoren bewirkt, daß dieser nominell ausgewiesene Politikunterricht erst gar nicht stattfindet. Zwar fällt unter den allgemeinen Fächern an den beruflichen Schulen der Politikunterricht in relativ geringem Umfang ersatzlos aus (in NRW im Schuljahr 1994/95 z. B. zu 15%), dafür wird er aber überproportional häufig von fachfremd unterrichtenden Lehrerinnen und Lehrern erteilt (zu ca. 35%). Hinzu kommt oft eine schleichende Aushöhlung der politischen Bildung dadurch, daß die Politikstunden für die Erarbeitung fachtheoretischer und berufskundlicher Lerninhalte zweckentfremdet werden.

Politischer Unterricht wird wesentlich von den eingesetzten Lehrbüchern bestimmt

Das Politik-Curriculum wird intensiv von den eingesetzten Schulbüchern bestimmt. Der verhältnismäßig geringe Grad von Fachprofessionalität auf Lehrerseite bedingt, daß das eingesetzte Politikbuch zum strukturierenden Medium des gesamten Unterrichtsgeschehens wird. Zwar sind die konservativen und affirmativen Bürgerkunde-Lehrbücher der Nachkriegszeit mit ihrer Konzentration auf institutionen- und rechtskundliche Wissensbestände und Regeln konformen Sozialverhaltens in einem Modernisierungsschub während der siebziger Jahre durch problemorientierte Arbeitsbücher ersetzt worden, die den Schülern Materialien zur selbständigeren Erarbeitung von politischen Einsichten und Urteilen anbieten (Gericke 1992). Aber auch dieser Buchtypus hat nicht die Funktion eingebüßt, Unterrichtsinhalte und Arbeitsformen weitgehend festzulegen. Erst die neueste Buchgeneration, die den Schülern Anregungen und Hilfen für das Erlernen von methodischen Erschließungsformen gesellschaftlicher Wirklichkeit und politischer Entscheidungsfragen bereitstellt, fordert sowohl die aktive Eigentätigkeit der Lernenden als auch die didaktische Gestaltungskompetenz des Lehrenden als verantwortliche Organisatoren des politischen Lernprozesses (z. B. Kaiser 1994).

Hohe Übereinstimmung der Unterrichtsinhalte in den einzelnen Bundesländern bei gleichzeitiger Differenz ihrer Richlinienkonzepte

Die Politikrichtlinien der Bundesländer für Teilzeitberufsschulen wirken vor allem indirekt auf den Unterricht durch ihre Steuerungsfunktion bei der Schulbuchzulassung; ihr direkter Einfluß dürfte - wie bei den Rahmenlehrplänen für andere Schulformen auch - eher gering einzuschätzen sein. Eine Vergleichsstudie zu den Richtlinien aller Bundesländer in den achtziger Jahren hat ein hohes Maß an Übereinstimmung bei den Unterrichtsinhalten festgestellt; die größten thematischen Abweichungen waren beim Umfang der Einbeziehung von Stoffen der Wirtschaftslehre und beim Ausmaß der Berücksichtigung historischer Lerngegenstände zu konstatieren (Sygusch/Henning 1987). Eine neuere Untersuchung betont dagegen eher die Differenzen zwischen den Richtlinienkonzepten, die zwischen einer eher geschlossenen, wertvermittelnden und systembezogenen Form (z. B. Baden-Württemberg) und einer offenen, partizipationsorientierten und subjektbezogenen Form (z. B. Nordrhein-Westfalen) variieren (Henkel 1991, 57-67). Neueste Entwicklungen sind einerseits als Adaptionen der Richtlinienkonzepte der Partnerländer (für die neuen Bundesländer) und andererseits als Fortschreibungen des arbeits- und berufsorientierten Ansatzes (vgl. oben S. 213; z. B. in Niedersachsen, Bremen) zu kennzeichnen.

Eine wesentliche, bislang unzureichend eingelöste Aufgabe der Richtlinien der Bundesländer sehen Fachdidaktiker in der offensiven Abgrenzung des schulischen Politikunterrichts gegenüber dem Einfluß der Berufsabschlußprüfung vor den Kammern (zuletzt: Weidinger 1992, 521). Das in den Kammerprüfungen obligatorische vierte Teilgebiet „Wirtschafts- und Sozialkunde" ist in Wahrheit schon lange der illegitime heimliche Lehrplan des Politikunterrichts der Berufsschulen. Weit wirksamer als die Richtlinien der Länder ist der Beschluß der KMK über die „Elemente für den Unterricht der Berufsschule im Bereich Wirtschafts- und Sozialkunde gewerblich-technischer Ausbildungsberufe" (Bundeszentrale 1987, 487-489). Diese Einschätzung gilt paradoxerweise obwohl (oder gerade weil) dieser Beschluß alle explizit politischen Inhalte ausklammert; sechs Lerninhalte sind hier verbindlich festgeschrieben: Berufsbildung, Betrieb in Wirtschaft und Gesellschaft, Arbeits- und Tarifrecht, Mitbestimmung, Sozialversicherung, Arbeitsgerichtsbarkeit. Weil sie in der Kammerprüfung vorkommen, die Note des schulischen Politikunterrichts aber völlig irrelevant für den Erwerb des Berufsabschlusses ist, entfalten diese Inhaltsfestlegungen normierende Kraft: Die Schüler wollen verständlicherweise vor allem die Prüfung schaffen, die Lehrer – natürlich schülerorientiert – den Auszubildenden dabei helfen, und die Kammern klammern ganz konform zu § 35 Berufsbildungsgesetz des Bundes alle Gegenstände politischer Bildung aus der Prüfung aus. Heraus kommt dabei ein Pauken von scheinobjektiven Fakten aus Wirtschaft und Recht längs der pädagogisch unsäglichen Multiple-Choice-Bögen vergangener Prüfungsjahre im Politikunterricht. Ohne daß irgendein Beteiligter offen etwas gegen politisches Lernen in der Berufsschule unternimmt, wird es faktisch gelähmt.

Konkurrenz zwischen schulischem Unterricht und den obligatorischen Inhalten der Kammerprüfungen

Diese Fremdbestimmung ist in einer systematischen, mehrdimensionalen Bedingungsanalyse des Politikunterrichts an der Berufsschule ihr zentrales „Kammersyndrom" (Weinbrenner 1987, 20) genannt worden. Es spiegelt die allgemeine strukturelle Asymmetrie im „dualen" System der Berufsausbildung wider, in welchem die Interessen der ausbildenden Wirtschaft an funktionaler Qualifikation gegenüber Bildungszielen dominieren. Viele erziehungswissenschaftliche Experten und pädagogische Fachverbände halten eine Reform für erforderlich, die das Zeugnis der Berufsschule unter Einschluß der politischen Bildung als theoretischen Teil gleichwertig neben der Kammerprüfung in den Berufsabschluß einbezieht.

Die Unterrichtspraxis an den Berufsschulen wird dem Anspruch der politischen Bildung weitgehend nicht gerecht

Überlagert von berufsfachlichen Lernanforderungen, die primär auf betriebliche und arbeitsmarktbezogene Nutzung rekurrieren, hat es ein Politikunterricht, der auf die Befähigung zur demokratischen Mitgestaltung im öffentlichen Leben abstellt, besonders schwer. Dies gilt um so mehr, als sich die Marginalität des Politikunterrichts auch in den Relevanzstrukturen der beteiligten Gruppen niederschlägt. Arbeitgeber halten den Berufsschulpolitikunterricht oft schlicht für überflüssig, Schüler stufen ihn bestenfalls drittrangig ein (Weinbrenner 1987, 18), und viele Lehrer praktizieren ein entpolitisiertes Fachverständnis (Henkel 1991a, 83 f.). Diesen subjektiven Wahrnehmungsmustern entsprechend, haben eine größere Anzahl empirischer Untersuchungen zur Unterrichtspraxis aus den siebziger und achtziger Jahren belegt, daß politische Bildung in den Berufsschulen überwiegend dem Anspruch, die Lernenden zu politischem Handeln zu befähigen, nicht genügt (zusammenfassend: Henkel 1994, 489 f.).

Widersprüchliches Verhältnis von beruflicher und politischer Sozialisation

In diesem schwierigen Kontext unterrichtlicher Rahmenbedingungen und bewußtseinsmäßiger Lernvoraussetzungen darf nicht das grundsätzlich sehr widersprüchliche Verhältnis von beruflicher und politischer Sozialisation übersehen werden. Die Vorherrschaft von Zweckdienlichkeit, Sachgerechtigkeit und Effizienzdenken in der Sphäre beruflichen Handelns ruft einerseits einen nüchternen Blick auf gesellschaftliche Gegebenheiten hervor, andererseits reduziert sie auch Perspektivenreichtum, den Sinn für Alternativen und andere fachliche Beurteilungen. Mit dem Beruf sind zudem häufig materielle und soziale Abhängigkeiten verbunden, die die Entwicklung politischer Handlungsbereitschaft und Handlungsfähigkeit beschränken. Die berufliche Sozialisationsforschung hat vielfältig zeigen können, wie sich die Erfahrung betrieblicher Wirklichkeit in der Ausbildung bei Jugendlichen einengend auf die Entfaltung politischer Interessen auswirkt (Überblick: v. Olberg 1988; eine jüngste, kritische Zusammenschau gibt: Claußen 1996, 115-125). Trotzdem sind die Effekte beruflicher Sozialisation auf das politische Lernen nicht linear und einsinnig; je größer Handlungsspielräume, offenes Konfliktverhalten der Ausbilder, Solidaritätserfahrungen, arbeitsinhaltliche Orientierungen und Identifikationsmöglichkeiten in der Berufsarbeit sind, desto höher fallen demokratische Sozialisationseffekte und auch die politische Aktivitätsbereitschaft aus (neuerdings: Harbordt/Geiger 1995, 334-336). Prinzipiell aber bleiben die Arbeitserfahrungen ambivalent in bezug auf politische Lernpotentiale (Beck u. a. 1980, 234-271). Erst dann, wenn politische Urteils- und Kritikfähigkeit allgemein in der Arbeitswelt auch als ökonomisch unerläßliche Mitarbeiterqualifikation angesehen würde, könnte sich dieses Spannungsverhältnis auflösen. Daß es hierzu manche Hinweise in der modernen Arbeitsorganisation gibt, mischt Hoffnungsschimmer unter die Skepsis.

3. Das Verhältnis von beruflicher und politischer Bildung: fachdidaktische Konzepte und Perspektiven

Im Alltag der Berufsausbildung wird seit langem eine strikte Separierung von beruflicher und politischer Bildung praktiziert: hier berufsspezifisches Lernen in Betrieb und fachtheoretischer Unterricht der Berufsschule – dort gesellschaftsbezogenes Lernen in den allgemeinbildenden Fächern, besonders im Politikunterricht der Berufsschule. Demgegenüber hat die berufsdidaktische Theorie immer wieder integrative Modelle entwickelt (vgl. Greinert 1991):

Integrative Modelle:

1. Das *konservative* Modell der staatsbürgerlichen Erziehung von Georg Kerschensteiner, das die soziale Integration in den bestehenden Staat durch die Vermittlung beruflicher Qualifikationen und Arbeitstugenden gesichert sah.

   Soziale Integration

2. Das *emanzipatorische* Modell (um 1970 u. a. vertreten von Wolfgang Lempert), welches berufliches Lernen als Befähigung zur Mitwirkung an der Humanisierung von Arbeit und der Demokratisierung der Wirtschaft entwarf.

   Gesellschaftliche Mitwirkung

3. Das *individualistisch-kritische* Modell alternativer Berufspraxis (nach Beck 1980 und 1993), in dem auf die politischen Gestaltungspotentiale in der arbeitsinhaltlichen und gebrauchswertbezogenen Dimension professionellen Handelns abgestellt wird.

   Politische Gestaltungspotentiale

Greinert hat all diesen Integrationsmodellen vorgehalten, mit der Vorstellung, berufsfachliche und politische Kompetenzen könnten weitgehend im gleichen Lernprozeß erworben werden, eine realitätswidrige berufspädagogische Illusion gepflegt zu haben. Die weitgehende Autonomie gesellschaftlicher Teilsysteme in modernen Industriegesellschaften erlaube weder die wechselseitige Anwendung systematischer Teilrationalitäten (beispielsweise zwischen Politik und Ökonomie) aufeinander, noch deren Subsumtion unter eine übergeordnete gesamtgesellschaftliche Zielperspektive.

Primat der Politik gegenüber Wirtschaft und Technik?

Gegen diese völlige Ablehnung der Möglichkeiten politischer Bildung im Medium des Berufs hat Peter Weinbrenner (1992) wiederum geltend gemacht, daß die integrativen Ansätze durchaus zu Recht den Blick gelenkt hätten (1) auf das Erlernen unverzichtbarer sozialer Normen in der Arbeit, (2) die kompensatorische Funktion schulischen Politiklernens im Verhältnis zu Strukturen betrieblichen Handelns und (3) die Entwicklung alternativ-kritischer Problemlösungen in fachprofessionellen Wissensformen. Er betont aber selbst die prinzipiellen Widersprüche zwischen technisch-ökonomischen Rationalitätskriterien (z. B. Produktivität) einerseits und gesellschaftlich-politischen Rationalitätskriterien (z. B. Verständigung) andererseits. Die Durchsetzung des Primats der Politik gegenüber Wirtschaft und Technik hält er allerdings für *die* Überlebensfrage unserer Gesellschaft.

Spezialisierung versus Universalisierung

In Überwindung der Dilemmata integrationstheoretischer Didaktikansätze wird man wohl gegenwärtig mit der Betonung des spannungsreichen Verhältnisses von Beruf (= Spezialisierung) und Politik (= Universalisierung) einen fachdidaktisch fruchtbareren Ansatz beschreiten. Allein die faktische Relativierung der Berufsförmigkeit von Arbeit in postindustriellen Gesellschaften und durch die Vervielfältigung von Arbeitsformen (z. B. Eigenarbeit, Ehrenamt, Teamarbeit, Nebentätigkeit, Berufswechsel und Berufswandel) verbietet jede Fixierung auf *den* Beruf ebenso wie seine pädagogisch-bildungstheoretische Idealisierung.

Andererseits hat die subjektbezogene Theorie der Berufssoziologie auf den eng vernetzten Zusammenhang der beruflichen und politischen Aspekte im Handeln des einzelnen aufmerksam gemacht, wenn sie Berufe nicht nur als Orte der Erzeugung und Reproduktion politisch-gesellschaftlicher Probleme, sondern auch als Orte ihrer Bearbeitung und Lösung begreift. In der Zusammenschau mit den Tendenzen zur Entpolitisierung des politischen Teilsystems (z. B. die Verselbständigung symbolischer Politik) und der Politisierung ehedem politikferner Bereiche (z. B. in der Reproduktionsmedizin) fällt damit ein neues Licht auf den „Beruf als politisches Handeln" (Beck 1993, 241). Im beruflichen Handeln wird demnach nicht lediglich politische Herrschaft stabilisiert, sondern auch Subpolitik im Sinne der Entwicklung alternativer Lösungen für gesellschaftliche Probleme möglich. Entsprechend der Dialektik von Allgemeinem und Speziellem sind auch politische und berufliche Bildung als *dialektischer* Zusammenhang zu begreifen, der politisches Lernen im Beruf und über den Beruf hinaus erforderlich und möglich macht.

Dialektisches Verhältnis von beruflicher und politischer Bildung

Eine arbeits- und berufsbezogene Politikdidaktik wird deshalb die fachverständige professionelle Bearbeitung von gesellschaftlichen Aufgaben (wie den Schlüsselproblemen von Wolfgang Klafki), die alle angehen, aber von einzelnen Berufstätigen erledigt werden, ins Zentrum rücken. Peter Weinbrenner hat deshalb immer sowohl die Politisierung des berufsfachlichen Unterrichts als auch den selbständigen sozialwissenschaftlichen Politikunterricht an beruflichen Schulen für notwendig erklärt. Vornehmlich an ökologischen Fragen hat er didaktisch aufgezeigt, wie berufliche Kompetenz und politisches Zusammenhangsdenken bei umweltpolitischen Problemlösungen und somit auch im Bildungsprozeß aufeinander angewiesen sind. Propagiert hat er Zukunftwerkstätten und Szenariotechnik als didaktisch-methodische Handlungsformen, in denen berufliches Lernen an politische Gestaltungsfähigkeit herangeführt werden kann (Weinbrenner 1987, 1988, 1991, 1992). Das duale System beruflicher Bildung erscheint für ein solches Konzept als prinzipiell chancenreicher Rahmen, wenn auch in seiner aktuell asymmetrischen Struktur als ausgesprochen hinderlich.

Berufliche Kompetenz und politisches Denken sind zur Lösung gesellschaftlicher Fragen aufeinander angewiesen

Die berufsbezogene Politikdidaktik erhielt weiterhin Anregungen aus den Versuchen zur Integration beruflicher und allgemeiner Bildung in der Sekundarstufe II. So hat die Kollegschule Nordrhein-Westfalen die politische Kritik von Wissenschaft und Berufsarbeit bereits in ihre bildungstheoretische Grundlegung aufgenommen. Das Lernen in dieser Jugendschule wird nicht mehr nach Schulformen organisiert, sondern nach Bildungsgängen, die auf interdisziplinär vertiefte Weise jeweils für den Einzelberuf qualifizieren. Jeder Bildungsgang enthält einen Lernbereich *Schwerpunkt,* der die berufsspezifischen Fächer bündelt, und einen Lernbereich *Obligatorik,* der ein für alle Lernenden der Schulstufe fachlich gleichgeschnittenes Angebot politischen, muttersprachlichen, philosophisch-ethischen bzw. religiösen Unterrichts bietet. Auf diese Weise wird ein politisches Lernen möglich, das das jeweilige berufsfachliche Lernen kritisch begleitet und gesellschaftlich einordnet sowie unabhängig vom angestrebten Abschluß das Recht auf gleiche demokratische Teilnahme sichert. In einer Reihe von curricularen Materialien wurde gezeigt, wie im fächerparallelen Unterricht und konzentriert in Phasen mit fächerübergreifenden Lernaufgaben historisch-sozialwissenschaftlich integriertes Lernen z. B. zu Themenbereichen wie „Zukunft der Arbeit" und „sozialverträgliche Technikgestaltung" realisiert werden kann (Krause 1985; Schulte 1989; v. Olberg 1991).

Versuche zur Integration beruflicher und allgemeiner Bildung

Aus der Sorge heraus, daß eine historisch reflektierende und soziologisch analysierende Gesellschaftslehre nicht zu politischen Gestaltungsaufgaben vorzudringen vermag, hat Tilman Grammes gerade für die Bildung im Medium des Berufs eine Fallstudiendidaktik vorgeschlagen, die Inhalte der betrieblichen *Mikropolitik* fokussiert. Mikropolitisches Lernen im berufsfeldbezogenen Politikunterricht der Berufsschule wäre eine re-konstruierende, d. h. auch eine methodisch Politik nachgestaltende Analyse von Interessenkonflikten, Perspektivenkontroversen und Aushandlungsprozessen in den Betrieben als Organisationen der Arbeitswelt. „Wenn es stimmt, daß globale Probleme wesentlich durch ‚betriebliches', einzelwirtschaftliches sowie beruflich professionalisiertes Handeln verursacht sind, dann muß politische Bildung auch im Medium des Berufs aufschließbar sein" (Grammes 1991 a, 213; vgl. auch Grammes 1991b und 1991c). An der Thematisierung und Simu-

Rekonstruierende Analyse von Interessenkonflikten, Perspektivenkontroversen und Aushandlungsprozessen in Betrieben

lation von Teilen eines dokumentierten Konflikts um die Weiterbeschäftigung von Auszubildenden in einem Großbetrieb hat Grammes exemplifiziert, wie gerade die Einübung praktischer Hermeneutik im politischen Unterricht der Berufsschule zur Wahrnehmung von politischen Gestaltungsspielräumen des Arbeitsalltags verhelfen kann.

Einen anderen Weg, der im Modell *pädagogischer Transformation* die Umformung von wissenschaftlichen Aussagen über Politikinhalte zu unterrichtlichen Lernthemen in den Mittelpunkt der didaktischen Theoriebildung rückt, hat Ludwig Henkel ausgeführt. In diesem Transformationsprozeß spielen die Rezeptionsstruktur und die Handlungskompetenz der Adressaten des Unterrichts als intervenierende Variablen eine Schlüsselrolle. Die didaktische Transformation von Makro- und Mikroebene ist hier kompetenzentwicklungstheoretisch hochdifferenziert begründet und und soll den Anforderungen der Sinnerhaltung, der Komplexitätsreduktion und der Kompetenzbildung genügen. In dieser Perspektive rückt insbesondere der kognitive und sprachliche Entwicklungsstand der Auszubildenden/Berufsschüler in den Vordergrund der politikdidaktischen Modellbildung, und es wird geschlossen, „daß die Anforderungen komplexer Handlungssituationen in solche an Alltagserfahrungen Auszubildender anknüpfende Problemsituationen zu transformieren sind, die einem niedrigen oder gemäßigt niedrigen Niveau kognitiver Strukturiertheit entsprechen" (Henkel 1991 b, 280). Im Anschluß an Wolfgang Lemperts Forschungen zur sozio-moralischen Entwicklung von Jugendlichen in der Berufsausbildung (Lempert 1988) sollen auch im Politikunterricht „moralische Aspekte beruflicher und betrieblicher Strukturen bewußt gemacht werden" (Henkel 1991a, 232). Henkel verdeutlicht an einem Unterrichtsbeispiel zur Problematik der Müllverbrennung, wie die Berufsschüler durch eine Bestandsaufnahme des Müllaufkommens in ihren Ausbildungsbetrieben einen Einstieg in die umweltpolitische Fragestellung der Unterrichtsreihe finden (Henkel 1993).

Ausrichtung des Unterrichts am kognitiven und sprachlichen Entwicklungsstand

In den siebziger und achtziger Jahren sind noch eine Fülle weiterer didaktischer Vorschläge des Handlungslernens zur autonomiezentrierten Arbeitsgestaltung im Sinne arbeitneh-

Politische Mitarbeiterqualifizierung im Interesse modernen Personalmanagements

merorientierter politischer Bildung vorgelegt worden, die das Ziel der Befähigung zur Wahrnehmung von Rechten und zur Durchsetzung von Interessen anstreben. So rückt Eberhard Jung die *Gestaltung von Arbeits- und Lernsituationen* in den Mittelpunkt seines theoretisch und methodisch durchstrukturierten Ansatzes. Auf der Grundlage eines u. a. auch im Rückgriff auf angloamerikanische Konzepte der Arbeitspsychologie und Lerntheorie (McGregor und Rotter) entfalteten Verständnisses von Arbeit als Lern- und Gestaltungsprozeß, entwickelt er ein didaktisches Modell des Erfahrungslernens im schulischen Politikunterricht (Jung 1993b). Aus der betrieblichen Wirklichkeit entnommene Gestaltungssituationen werden in Plan- und Rollenspielen analysiert und nachgestellt. Beispielsweise das Verlangen eines Arbeitgebers nach Mehrarbeit von Auszubildenden in einem Kleinbetrieb wird zum Ausgangsfall einer unterrichtlichen Lernsequenz, in der auf die gemeinsame Festlegung der Situation und der Definition von anzustrebenden Qualifikationen eine methodische Vereinbarung zur kompetenzvermittelnden Spielhandlung folgt, die nach ihrer Durchführung kritisch reflektiert wird (Jung 1993a, 133-137). Partizipationsfähigkeit und Kontrollbewußtsein sind hierbei zentrale didaktische Kategorien (Jung 1991).

Entwicklung von Gestaltungskompetenz für Arbeitssituationen

Gegenwärtig deutet sich ein Perspektivenwechsel an, der die politische Mitarbeiterqualifizierung auch als betriebswirtschaftliches Erfordernis modernen Personalmanagements akzentuiert. Eine solche „Politisierung der Berufsarbeit“ aus ökonomischem Interesse (vgl. Sander 1996) würde die pädagogischen Konsequenzen des industriegesellschaftlichen Konflikts zwischen Arbeit, Kapital und Staat ein Stück weit relativieren und die (listige) Option einer politischen Berufsbildung für die Demokratie eröffnen.

4. Literatur

Beck, Ulrich u. a. 1980: Soziologie der Arbeit und der Berufe. Reinbek

Beck, Ulrich 1993: Die Erfindung des Politischen. Zu einer Theorie reflexiver Modernisierung. Frankfurt/M.

Böttcher, Winfried 1980: Zur Politischen Bildung in der Berufsschule. Ein historischer Überblick. In: Gegenwartskunde H. 1, S. 61 ff.

Böttcher, Winfried 1985: Versuch einer Beschreibung des Alltags politischer Bildung an Berufsschulen. In: Zeitschrift für Berufs- und Wirtschaftspädagogik H. 4, S. 291 ff.

Bundeszentrale für politische Bildung (Hrsg.) 1987: Politische Bildung an Berufsschulen. Schriftenreihe Bd. 242. Bonn

Claußen, Bernhard 1996: Politisches Lernen am beruflichen Arbeitsplatz zwischen Broterwerb und kollegialer Solidargemeinschaft. In: Claußen, Bernhard/Geißler, Rainer (Hrsg.): Die Politisierung des Menschen. Instanzen der politischen Sozialisation. Ein Handbuch. Opladen, S. 113-147

Dehnbostel, Peter u. a. (Hrsg.) 1985: Bildung und Beruf. Zur Stellung der allgemeinbildenden Fächer in berufsbildenden Schulen. Königstein/Ts.

Geissler, Karlheinz A. u. a. (Hrsg.) 1992: Von der staatsbürgerlichen Erziehung zur politischen Bildung (1901-1991). 90 Jahre Preisschrift Georg Kerschensteiner. Berlin/Bonn

Gericke, Richard 1992: Analyse von Berufsschullehrbüchern für das Fach Bürgerkunde 1945 bis 1991. In: Geisler 1992, S. 491 ff.

Grammes, Tilmann 1989: Was heißt berufsfeldorientierter Politikunterricht? In: Weinbrenner, Peter 1989, S. 107 ff.

Grammes, Tilmann 1991a: Beruf und Politik. Möglichkeiten didaktischer Verknüpfung in integrierten Bildungsgängen. In: Landesinstitut 1991, S. 202 ff.

Grammes, Tilmann 1991b: Wahrnehmungen von Arbeit, Mikropolitik im Betrieb und die ‚Humanisierung der Berufsschule'. In: Claußen, Bernhard (Hrsg.): Herausforderungen Antworten. Politische Bildung in den neunziger Jahren. Opladen, S. 237

Grammes, Tilmann 1991c: Schlüsselqualifikation Gestaltungskompetenz. In: Weinbrenner 1991, S. 9 ff.

Grammes, Tilman (Hrsg.) 1995: Fachtagung Politik/Wirtschafts- und Sozialkunde. Handlungsorientierung – ein didaktisches Prinzip politischer Bildung an Berufsschulen auf dem Prüfstand. Neusäß

Greinert, Wolf-Dietrich 1991: Hat der Beruf als Medium politischer Bildung ausgedient? In: Die berufsbildende Schule H. 2, S. 80 ff.

Harbordt, Steffen/Geiger, Dorothea (Hrsg.) 1995: Demokratie lernen im Alltag? Führung, Konflikte und Demokratie in Ausbildung und Elternhaus. Opladen

Henkel, Ludwig 1991a: Zur pädagogischen Transformation in der politischen Bildung. Ein integrativer Ansatz für die Praxis in der Berufsschule. Frankfurt/M./Bern/New York/Paris

Henkel, Ludwig 1991b: Pädagogische Transformation – ein integrativer Ansatz für die Praxis der politischen Bildung in der Berufsschule. In: Zeitschrift für Berufs- und Wirtschaftspädagogik H. 4, S. 270 ff.

HENKEL, LUDWIG 1993: Politikunterricht in der Berufsschule. Unterrichtsplanung im Sinne pädagogischer Transformation. In: Zeitschrift für Berufs- und Wirtschaftspädagogik H. 5, S. 510 ff.

HENKEL, LUDWIG 1994: Vermittlung politischer Handlungskompetenz – Ein Beispiel aus der Praxis der Berufsschule. In: Gegenwartskunde H. 4, S. 489 ff.

JUNG, EBERHARD 1991: Schlüsselqualifikation Partizipationsfähigkeit. In: Weinbrenner 1991, S. 83 ff.

JUNG, EBERHARD 1993a: Eine Methode zur Gestaltung von Lebens- und Arbeitssituationen. In: Mickel, Wolfgang W./Zitzlaff, Dietrich (Hrsg.): Methodenvielfalt im politischen Unterricht. Schwalbach/Ts. 1995, S. 121 ff.

Jung, Eberhard 1993b: Politische Bildung in Arbeit und Beruf. Die Gestaltung von Arbeits- und Lebenssituationen. Frankfurt/M./Berlin/Bern

KAISER, HEINZ u.a. 1994: Zukunft gestalten. Politik. Methodenorientiertes Lernen. Neusäß

KERSCHENSTEINER, GEORG 1901: Staatsbürgerliche Erziehung der deutschen Jugend. Gekrönte Preisarbeit. Erfurt

KRAUSE, JOACHIM 1985: Historisch-politische Bildung in einer integrierten Sekundarstufe II. In: Dehnbostel 1985, S. 268 ff.

DER KULTUSMINISTER DES LANDES NORDRHEIN-WESTFALEN (Hrsg.) 1987: Richtlinien für den Politikunterricht. 3. Aufl. Frechen

LANDESINSTITUT FÜR SCHULE UND WEITERBILDUNG (Hrsg.) 1989: Demokratieentwicklung und ökologische Verantwortung. Teilzeitschulische Kurse für den obligatorischen Lernbereich (13.1/13.2). Soest

LANDESINSTITUT FÜR SCHULE UND WEITERBILDUNG (Hrsg.) 1991: Perspektiven der Kollegschule. Lebensbedingungen und gesellschaftliche Lernerfordernisse. Soest

LEMPERT, WOLFGANG 1988: Moralisches Denken. Seine Entwicklung jenseits der Kindheit und seine Beeinflußbarkeit in der Sekundarstufe II. Essen

MICKEL, WOLFGANG W. 1990: Didaktische Kernprobleme des politischen Unterrichts an berufsbildenden Schulen. In: Die berufsbildende Schule H. 4, S. 216 ff.

NIERMANN, JOHANNES 1989: Der neue Lehrplan für den Staatsbürgerkundeunterricht an den Berufsschulen in der DDR. In: Zeitschrift für Berufs- und Wirtschaftspädagogik H. 3, S. 216 ff.

VON OLBERG, HANS-JOACHIM 1986: „Berufsbezogenheit" politischer Bildung. Zur Notwendigkeit, eine didaktische Kategorie neu zu bestimmen. In: Der Politikunterricht der achtziger Jahre – Kritik und Impulse. Festschrift für Walter Gagel zu seinem 60. Geburtstag. Politische Bildung H. 3, S. 59 ff.

VON OLBERG, HANS-JOACHIM 1987: Von der Zahnpflege zum Konflikt! Ein Streifzug durch die staatlichen Lehrpläne für den Politischen Unterricht an den Berufsschulen im 20. Jahrhundert. In: Gewerkschaft Erziehung und Wissenschaft – Landesverband NRW (Hrsg.): Politische Bildung im Medium des Berufs. Essen, S. 30 ff.

VON OLBERG, HANS-JOACHIM 1988: Sozialisationsbedingungen als Faktoren für politisches Lernen an berufsbildenden Schulen. In: Gagel, Walter/Menne, Dieter (Hrsg.): Politikunterricht. Handbuch zu den Richtlinien NRW. Opladen, S. 123 ff.

von Olberg, Hans-Joachim 1991: Beruf und Politik. Erfahrungen mit der didaktischen Verknüpfung in integrierten Bildungsgängen. In: Landesinstitut 1991, S. 191 ff.

Rohlfing, Gerd 1985: Geschichte in berufsbildenden Schulen. In: Bergmann, Klaus u. a. (Hrsg.): Handbuch der Geschichtsdidaktik. Düsseldorf, S. 555 ff.

Rohlfing, Gerd 1986: Geschichte in Beruflichen Schulen. In: Zeitschrift für Berufs- und Wirtschaftspädagogik H. 5, S. 438 ff.

Sander, Wolfgang 1996: Beruf und Politik. Von der Nützlichkeit politischer Bildung. Schwalbach/Ts.

Schöngart, Lothar 1988: Die historisch-politische Bildung im berufsbildenden Schulwesen in der Bundesrepublik Deutschland. In: Leidinger, Paul (Hrsg.): Geschichtsunterricht und Geschichtsdidaktik vom Kaiserreich bis zur Gegenwart. Festschrift des Verbandes der Geschichtslehrer Deutschlands zum 75jährigen Bestehen. Stuttgart, S. 220 ff.

Schulte, Walter 1989: Politisch-historische Bildung in teilzeitschulischen Bildungsgängen der Kollegschule. In: Weinbrenner 1989, S. 75 ff.

Seubert, Rolf 1992: Der Berufsbegriff als Instrument politischer Integration im NS-Staat. In: Geisler 1992, S. 352 ff.

Sygusch, Frank/Henning, Bernd 1987: Inhaltliche Schwerpunkte politischer Bildung nach den Rahmenplänen der Bundesländer. In: Bundeszentrale für politische Bildung 1987, S. 363 ff.

Weidinger, Dorothea 1992: Lehrpläne und Lehrplankonzeptionen für das Fach Sozialkunde/Politik/Gemeinschaftskunde (etc.) in der Berufsschule in den Ländern der Bundesrepublik Deutschland. In: Geisler 1992, S. 513 ff.

Weinbrenner, Peter (Hrsg) 1987: Zur Theorie und Praxis der politischen Bildung an beruflichen Schulen. Alsbach

Weinbrenner, Peter (Hrsg.) 1989: Politische Bildung an beruflichen Schulen zwischen Kammerprüfung und eigenständigem Bildungsauftrag. Alsbach

Weinbrenner, Peter (Hrsg.) 1991: Schlüsselqualifikationen für die politische Bildung an beruflichen Schulen. Wetzlar

Weinbrenner, Peter 1992: Der Wandel der Politikdidaktik in der Berufsschule (1945-1991). In: Geisler 1992, S. 276 ff.

Volkmar Baulig

Politikunterricht an Sonderschulen

1. Zum gesellschaftlichen Stellenwert und den politischen Rahmenbedingungen des Sonderschulwesens

Will man den politischen Unterricht an Sonderschulen verstehen und gestalten, so ist es wichtig, sich die Entstehung und den aktuellen Stellenwert des Sonderschulwesens deutlich zu machen. Diese politischen Dimensionen zu analysieren stellt m. E. eine entscheidende Hilfe dar, um die Schüler in ihren pädagogischen Vorerfahrungen, aber auch in ihren aktuellen Erlebnisdimensionen als Sonderschüler besser verstehen zu können.

Mit dem Begriff Sonderschule, vor allem dann, wenn er in einen politischen Kontext gestellt wird, wird vorrangig die frühere Sonderschule für Lernbehinderte assoziiert. Dieser jetzt „Schule für Lernhilfe" oder auch Förderschule genannte Schultyp wird von mehr als der Hälfte aller Sonderschüler besucht. Aber nicht nur die Überrepräsentanz dieses Schultyps im Vergleich zu den anderen 10 Sonderschulformen, sondern der konkrete politische Kontext, in den dieser Schultyp eingebunden ist, bewirkt die landläufige Assoziation Sonderschule - Schule für Lernhilfe. Diese Gleichsetzung läßt im Volksmund in der Assoziation Sonderschule - Dummschule die bedenkliche Stigmatisierung deutlich werden, die diesem Schultyp anhaftet. Es ist der am Leistungsbegriff orientierte Prozeß der Selektion, der dem einzelnen als Gescheitertem subjektiv die Schuld zuweist (Valtin 1984, 14). Nicht in den pädagogischen Zentrifugalkräften der Schule, die manche Schüler an den Rand drängen, sondern in vermeintlich individuellen Merkmalen des Selektierten wird die Ursache gesucht.

Stigmatisierung der Sonderschule als „Dummschule"

Diese selektiven Tendenzen im Schulsystem führten in den 60er Jahren zum Aufbau und zur Ausgliederung des separaten

Sonderschulsystems (Valtin 1984, 14). Die Legitimität und auch die Subjektivierung der schulischen Auslese fand ihre Absicherung in einem leistungsdiagnostisch ausdifferenzierten Überprüfungsverfahren mit der Gefahr der negativen Merkmalsbündelung beim Schüler. Diese starre Zuschreibung drückt sich aus in dem jahrzehntelang üblichen Begriff der Lernbehinderung, der die Möglichkeiten einer Verhaltensrevision einschränkt (Aab 1974, 11).

Leistungsorientierte schulische Auslese in den 60er Jahren

Die radikale Institutionenkritik im Gefolge der 68er Bewegung wandte sich vorwiegend gegen geschlossenere Institutionen, wie zum Beispiel Heime, Psychiatrien und Strafanstalten und tangierte auch das Selbstverständnis der Sonderschulen. Vorwürfe an die Sonderpädagogik richteten sich nicht nur auf den Vollzug des Ausleseprozesses durch die Sonderschuleinweisung, sondern auch gegen die damit vollzogene soziale Isolation der Sonderschüler (Valtin 1984, 34).

Kritik an Ausleseprozeß und sozialer Isolation im Gefolge der 68er Bewegung

Die generelle Sensibilisierung für pädagogische Themen und die Verbesserung der pädagogischen Rahmenbedingungen in den 70er Jahren führten zur Etablierung einer Pädagogik vom Kinde aus und zu einer Krise traditioneller Institutionen wie Familie, Kindergarten und Grundschule. In den pädagogischen Diskussionen führten Themen wie „Übergangsprobleme", „Wohin mit den 5jährigen?" und „Binnendifferenzierung" zu einer deutlichen Wahrnehmung von frühen und subtilen Selektionstendenzen. Mit dieser vermehrten pädagogischen Bewußtheit für die Ausleseprozesse gingen in den 80er Jahren zwei sonderpädagogisch bedeutsame Veränderungsprozesse einher.

Zum einen nahm die Zahl der Sonderschuleinweisungen deutlich ab. Die „Integration zum Nulltarif", d. h. der Verbleib hilfsbedürftiger Kinder an der Regelschule, etablierte sich mit dem Effekt, daß die Sonderschulen einen bedenklichen Schrumpfungsprozeß erfuhren, ohne daß zugleich eine hinreichende Betreuung für diese Kinder an der Regelschule geleistet werden konnte. Zum anderen verbreitete sich aber auch der Gedanke einer wirklich kindgerechten und kindzentrierten Integration. Diese Entwicklung stellt eine zweifache Kritik am Leistungsvermögen der traditionellen Pädagogik dar:

Forderungen nach einer kindgerechten und kindzentrierten Integration

- Es ist die Kritik an einem Schulsystem, das trotz demokratischer Verfassung nicht allen Kindern gerecht wird.
- Integrative Pädagogik hat aber auch deutlich werden lassen, daß vermeintlich habituelle Merkmale behinderter oder gestörter Kinder Folgen verfestigter Zuschreibungsprozesse sind, die pädagogisch subtil transferiert wurden.

Sonderschulen verlieren kritisches Potential

Die derzeitige Sonderschule ist von diesen integrativen Überlegungen nicht unberührt geblieben. Eltern wehren sich vermehrt gegen Sonderschuleinweisungen und engagieren sich für eine integrative Betreuung. Für die Sonderschulen bedeutet dies den Verlust engagierter Elterngruppen und eine erneute sonderschulbezogene Grundsatzdiskussion. Diese Repolitisierung der Sonderschuldiskussion tangiert Sonderschüler und Sonderschullehrer in analoger Weise. Die Frage nach dem richtigen Förderungsort stellt sich dringlich und verunsichernd, ohne daß dafür derzeit eine plausible und ad hoc praktizierbare pädagogische Schlußfolgerung gezogen werden kann. Tendenzen zur Pseudosicherheit durch die Rückkehr in alte, scheinbar abgesicherte Bahnen machen sich bei vielen Sonderschullehrern breit (Feuser 1993, 3).

2. Akzente und Prinzipien des politischen Unterrichts an Sonderschulen

Die Literaturdurchsicht zum Thema „Politischer Unterricht an Sonderschulen" läßt einen Mangel an grundsätzlichen Untersuchungen und Konzepten deutlich werden. Es überwiegen didaktische Aufrisse, in denen es um die konkrete Umsetzung und Ausgestaltung politischer Themen geht. Es ist offensichtlich aber nicht gelungen, dem Fach eine eigenständige Profilbildung zu geben, die sich an der Lebens- und Erlebnissituation von Sonderschülern orientiert.

Beeinträchtigung des politischen Unterrichts durch unzureichende Schulbücher

Den oft aktualisierungsbedürftigen Lehrplänen entspricht ein völlig unzureichender Stand der Schulbücher (Feldt 1983, 291). Dies führt dazu, daß die Sonderschullehrer sich in ihrem politischen Unterricht durch eine mangelnde Materialausstattung beeinträchtigt fühlen (Feldt 1983, 283). Auf der Schülerebene wirkt sich dies im oft beklagten Motivationsmangel aus

(Feldt 1983, 283). Nur dann, wenn Schüler in ihrer konkreten gesellschaftlichen Position angesprochen werden, sind sie für politische Themen aktivierbar (Feldt 1983, 281 f.). Lernbehinderte Schüler, die von früh an Objekte der Politik geworden sind (Langenohl 1972, 61), sollen sich m. E. in einem aktualisierten Politikunterricht als pädagogische Subjekte erfahren lernen.

Lernbehinderte Schüler sollten sich als pädagogische Subjekte erfahren können

Wie eine solche thematische Konfrontation, ein persönliches Angesprochen- und Betroffensein erreicht werden kann, dazu sollen im folgenden Anregungen gegeben werden. Drei thematische Schwerpunktsetzungen sollen m. E. als inhaltliche Leitlinien des Politikunterrichts gelten:

- Zunächst einmal gilt es, das Stigmatisierungserleben aufzuarbeiten;
- sodann gilt es, den multikulturellen Austausch zur verbesserten Verständigung vor Ort zu fördern;
- schließlich kann die Berufsorientierung Entwicklungsprozesse zur Selbständigkeit anbahnen helfen.

2.1 Analyse von Stigmatisierungseffekten

Die Sonderschulen haben als Folge der reduzierten Schülerzuführung durch die Grundschulen eine erhebliche Umstrukturierung des Schülerpotentials zu verzeichnen, die zunehmend Stigmatisierungseffekte auslöst. Konkret bedeutet dies, daß vermehrt Leistungsschwächere diese Schulen besuchen als noch 10 Jahre zuvor und daß andere gesellschaftliche Gruppen von pädagogischer Selektion bedroht sind. Obwohl mangelnde Deutschkenntnisse nicht zum Selektionskriterium werden dürfen, wird für immer mehr ausländische Schüler, insbesondere für Flüchtlingskinder, die Sonderschule zu ihrem Lernort (Baulig 1994, 6).

Sonderschulen werden zunehmend zum Lernort für Flüchtlingskinder

Die verbreitete Neigung zu Etikettierungen in unserer Gesellschaft, konkret verstärkt durch die Integrationsidee, konfrontiert Sonderschüler mit einem intensiver werdenden Stigmatisierungsdruck. Immer größer wird der Vorbehalt der Eltern, insbesondere der ausländischen Eltern gegen einen Sonderschulaufenthalt, mit einem pädagogisch bedenklichen Doppeleffekt: Man engagiert sich nicht für die ungeliebte Schule des eigenen Kindes, wenn man schon die Sonderschuleinweisung nicht verhindern konnte. Zudem läßt man das Kind spüren, daß man an seinen sonderschulischen Erfahrungen kaum Anteil nimmt.

Vorbehalte gegen den Besuch der Sonderschule seitens der Eltern und Schüler

Dieser Stigmatisierungseffekt führt zu einer bedenklichen Paradoxie: Schüler distanzieren sich auf eigentümliche Weise von einer Schule, deren flexible Zugewandtheit sie vom früheren Lerndruck entlastet und in der sie sich eigentlich wohl fühlen. Der Lehrer ist ebenfalls in Gefahr, in diesem politisierten Spielfeld in den Strudel des Stigmatisierungsdrucks zu geraten.

Meines Erachtens ist es ein fataler pädagogischer Fehler, daß die Sonderpädagogik diesen Stigmatisierungseffekt in Theorie und Praxis zu wenig beachtet hat. So spielt zum Beispiel diese Problematik auch im Entwurf zu den neuen hessischen Rahmenlehrplänen für die Schule für Lernhilfe keine Rolle, obwohl die pädagogischen Grundgedanken relativ schülerorientiert abgefaßt sind (Hessisches Kultusministerium 1994). Der unbearbeitete Stigmatisierungseffekt absorbiert nach meiner Erfahrung pädagogisch nutzbare Energie und fördert allzuoft ein Klima gegenseitiger narzißtischer Entwertung (Baulig 1984, 881).

Das Konfliktfeld Sonderschule läßt sich im Unterricht nur sinnvoll bearbeiten, wenn das Fühlen und Wollen der Schüler, wie in der Gestaltpädagogik, im Vordergrund steht, wenn die Frage nach den Themen, die im wahrsten Sinne des Wortes im Raum stehen, gestellt wird (Baulig 1989, 5). Konkret bedeutet dies, der Stigmatisierungseffekt ist eines der zentralen politischen Themen sonderschulischer Arbeit.

Pädagogisch-politische Fragestellung

In dieser Themenstellung lassen sich folgende pädagogisch-politische Fragestellungen verdichten: Die Frage nach der Gestaltung des Schulsystems; das Ausmaß an Wertschätzung durch Leistung in unserer Gesellschaft; die Bedeutung erfolgreichen Lernens für die gesellschaftliche Eingliederung; die Formen der Etikettierung in der Gesellschaft für Menschen, die dem üblichen Standard nicht entsprechen; die Funktion der Ausgliederung für das Fortkommen der Erfolgreichen; die Frage nach der eigenen Lehrermotivation, sich für die sozial Schwachen zu engagieren.

Die Arbeit an den Stigmatisierungseffekten stellt somit eine elementare Chance dar, das politisch durchsetzte Beziehungsgeflecht an der Sonderschule deutlich werden zu lassen. Erst wenn diese eminent politische Perspektive effektiv angesprochen worden ist, läßt sich das Selbstbewußtsein der Schüler aktivieren, und ein leistungsbezogener Start wird möglich.

Auseinandersetzung mit Stigmatisierungseffekten ist eine elementare Chance für Schüler und Lehrer

Der pädagogische Umgang mit Stigmatisierungseffekten stellt ein Thema dar, das sich in vielen Facetten bearbeiten läßt. Die Reflexion der eigenen Lernbiographie, die Analyse der Wirkungen der Regelschule, das Kennenlernen von integrativen und alternativen Schulkonzepten, die Versöhnung mit der eigenen Rolle und die aktive Bearbeitung von Stigmatisierungseffekten durch gezieltes öffentliches Auftreten (Pressearbeit mit Schülern, Umfragen über die eigene Problematik, Betriebspraktika etc.) – all dies sind methodisch variantenreiche Formen, dem Entwertungsgefühl aktiv zu begegnen.

2.2 Kulturelle Unterschiede erfahren und als Vielfalt erleben

Wie bereits oben angedeutet, ergibt sich ein weiteres zentrales politisches Problemfeld aus der multikulturellen Herkunft der Schüler. Dabei bestimmen nicht nur die Diskrepanzen zwischen verschiedenen Sprachen, Kulturen und religiös geprägten Wertsystemen die Beziehungsmuster in den Sonderschulen; diese lassen sich mit multikulturell offenem und erfahrungsorientiertem Unterricht pädagogisch bereichernd ansprechen (Baulig 1989, 7 ff. bzw. 1991, 6 ff.). Diskrepanzerlebnisse ergeben sich vor allem durch die traumatisch-biographischen Vorerfahrungen vieler ausländischer Kinder, ihren ungesicherten Aufenthaltsstatus, ihre gesellschaftlich gewollte Desintegration, ihre enorme Affektbelastung zwischen Heimatverlust, sozialer Entwurzelung und durch drohende Abschiebung. Wie soll eine „Hier-und-Jetzt-Pädagogik" gelingen, wenn die Kinder sich nicht sicher sind, ob sie sich in der provisorischen Welt einrichten können? Jeder Psychotherapeut weiß, daß die eigenen biographischen Erfahrungen nur zur Verhaltensrevision zugelassen werden, wenn man sich sicher genug fühlt, um sich auf Neues einlassen zu können.

Verarbeitung biographischer Erfahrungen muß zum Bestandteil des Unterrichtes werden

Wie aber mit Flucht, mit Krieg und Heimatverlust umgehen, wenn keine neue Welt in Aussicht steht? Wir haben pädagogisch nur die Wahl, diese Themen anzusprechen, da sie ansonsten depressiv zerstörerisch eingebracht werden und eine erneute Randgruppenbildung an der Sonderschule entsteht, die im Gebrauch des Wortes „Asylant" als Schimpfwort ihren deutlichen Ausdruck findet.

Flüchtlingskinder sind Zeitzeugen politischer Prozesse, die wir nur aus den Medien kennen

Mit Flüchtlingskindern haben wir nachhaltige Zeitzeugen für Realitäten, die wir ansonsten über die Medien gefiltert nur bruchstückhaft erfahren. Diese Kinder mit ihren zuweilen auch traumatischen Erlebnisdimensionen einzubeziehen stellt nicht nur eine wichtige Integrationshilfe dar. Wir erfahren durch diese Kinder auch das notwendige Maß an Konkretheit und Betroffenheit, das mediengeschädigte Sonderschüler brauchen, um wieder neugierig und einfühlend zu werden. Wenn wir behutsam mit diesen oft traumatisierten Zeitzeugen umgehen, kann nicht nur Offenheit gefördert werden, sondern auch der Wunsch geweckt werden, etwas über deren Welt, über andere Kulturen und politische Systeme zu erfahren. Über konkrete Fluchtmotive läßt sich schließlich Zugang zu den zugrundeliegenden politisch-historischen Verflechtungen finden. Aber auch über unser System vor Ort läßt sich einiges am Beispiel der Flüchtlinge in Erfahrung bringen. Wie leben diese Menschen? Wer betreibt mit welchem Interesse die Flüchtlingsheime? In welchem Verhältnis stehen die realen Ausgaben für Flüchtlinge zu anderen Einnahmen, die wir aus Wirtschaftsbeziehungen mit dem Ausland erhalten? Hier gilt es durch das Prinzip von Einfühlung und nachvollziehbarer Information der Entstehung nationalistischer Plattitüden vorzubeugen. Denn die Gefahr nationalistischer Verführbarkeit, die Tendenz zur Übernahme simplifizierender Politthesen ist bei medienorientierten Sonderschülern ohnehin gegeben.

Lernen durch Information und Einfühlung

Stellt der Abbau des Stigmatisierungserlebens die Voraussetzung dar, um sich nicht faschistoid auf Kosten noch Schwächerer erhöhen zu wollen, so gibt der zweite dargestellte Themenblock die Chance zu Einfühlung, Solidarität und zu einem Eine-Welt-Erleben.

3. Berufsorientierung als Chance zur Handlungsorientierung

Politischer Unterricht an Sonderschulen sollte jedoch über die konkreten Beziehungen in der Gruppe hinaus zur personalen Handlungskompetenz führen. Hier stellt das Prinzip der Berufsorientierung in der Hauptstufe eine dritte wichtige Schwerpunktsetzung des politischen Unterrichts an Sonderschulen dar. Die gesellschaftliche Eingliederungsfähigkeit als zentrales Ziel sonderpädagogischen Handelns ist zentriert auf die Erziehung zur Berufsfähigkeit.

Gesellschaftliche Integration verlangt Erziehung zur Berufsfähigkeit

In diesem Prinzip Berufsorientierung verdichten sich in besonderer Weise fächerübergreifende Vorgehensweisen, die für die sonderschulische Arbeit unabdingbar sind. Vom Aspekt des politischen Unterrichts her impliziert Berufsorientierung die folgenden Themen: Kenntnisse über Berufe, konkrete Arbeitsbedingungen und Belastungen am Arbeitsplatz, Rechte und Pflichten als Auszubildender und Arbeitnehmer, Wissen um die Interessengegensätze zwischen Arbeitgebern und Arbeitnehmern, soziale und politische Absicherungssysteme für die Lebens- und Arbeitswelt, Selbsterfahrungen in der Arbeitswelt und Einblick in Produktionsabläufe.

Für die jugendlichen Schüler ist es wichtig zu vermitteln, daß Selbstbestimmung ihres Lebensschicksales über Stigmatisierungseffekte und Chancenungleichheit hinweg zum Prinzip ihres weiteren Lebens werden muß. Die Berufsorientierung drückt diese notwendige Entwicklung von Eigenständigkeit in besonderer Weise aus. Ein besonders hohes Maß an Konfrontation und Konkretheit sind in dieser Lebensphase erforderlich. Statt Schuldzuweisung ist Eigeninitiative gefragt, statt Entpflichtung soziale Konfrontation mit außerschulischer Realität, die zur Etablierung einer eigenen Lebensgestaltung führt.

Eigeninitiative statt sozialer Entpflichtung

Ermutigung und Bewußtheit für die eigene Existenz, um sich auf dem Feld allseitiger Konkurrenz als vermeintlich Behinderter plazieren zu können, sind wichtige pädagogisch-politische Prinzipien in dieser Entwicklungsphase. Einfühlende Berufsberatungen, gut vorbereitete und pädagogisch begleitete Betriebspraktika, Betriebsbesichtigungen und Besuche in

Ermutigung durch einfühlende Berufsberatung

weiterführenden Bildungseinrichtungen helfen Mut zu machen, das Berufsthema permanent variantenreich und mit Anregungen für die eigene Lebensplanung zu vermitteln.

Berufsorientierung als pädagogisch-politisches Prinzip darf allerdings nicht verschweigen, daß Arbeit für alle ein leider illusionärer Anspruch in unserer Gesellschaft ist. Es darf auch nicht verschwiegen werden, daß die Jugendlichen als Sonderschüler nicht nur schulisch, sondern auch gesellschaftlich und damit auch konkret beruflich benachteiligt sind. Sonderschüler sind gänzlich ungeeignet, als „Fußtruppen der Revolution" zu fungieren; es hieße aber, sie auf eine pseudo-dankbare Versorgungsmentalität zu fixieren, wenn die Gesetze des Arbeitsmarktes unbenannt blieben.

Aufklärung über Arbeitsmarktsituation

Zu wissen, daß die Eingliederung ins Berufsleben besonders schwierig ist, ist wichtig, damit sich die Schüler nicht in einer vorschnellen Etikettierung wieder die Globalschuld am vermeintlichen Scheitern selbst geben. Systemisches Denken hilft auch hier, wie im Bereich der Auseinandersetzung mit Stigmatisierungseffekten, weiter. Das Wissen um den selektierenden Effekt sozialer Institutionen, um die Allgegenwart des Konkurrenzprinzips kann zur Selbstaktivierung durch subjektive Entlastung bei Sonderschülern beitragen. Hier kann der politische Unterricht einen wichtigen Beitrag zu Selbstbewußtsein und Handlungskompetenz von Sonderschülern leisten.

4. Literatur

AAB, JOHANNA u. a., 1974: Sonderschule zwischen Ideologie und Wirklichkeit. München

BAULIG, VOLKMAR 1984: Stigmatisierungserleben Lernschwacher. In: Zeitschrift für Heilpädagogik, H. 12, S. 880 ff.

Ders. 1989: Familie im Unterricht. In: Sonderschulmagazin, H. 12, S. 5 ff.

Ders. 1991: Sonderschüler und ausländische Mitbürger. In: Sonderschulmagazin, H. 10, S. 5 ff.

Ders. 1994: Der Traum von Afghanistan mit der Waffe in der Hand - Flüchtlingskinder werden immer öfter in die Sonderschulen abgeschoben. In: Frankfurter Rundschau vom 13.10., S. 6

FELDT, KLAUS 1983: Zum Stand und zur Wirkung des politischen Unterrichts in der Sonderschule für Lernbehinderte. Dissertation vorgelegt an der Hochschule Hildesheim

FEUSER, GEORG 1993: Integration und/oder Kooperation? In: Behindertenpädagogik, H. 1, S. 3 ff.

HESSISCHER KULTUSMINISTER 1980: Rahmenlehrpläne für die Schule für Lernbehinderte (Geschichte/Sozialkunde)

Ders. 1994: Entwurf für die Rahmenlehrpläne für die Schule für Lernhilfe

LANGENOHL, HERMANN 1972: Politische Bildung bei Lernbehinderten. In: Sonderpädagogik, H. 2, S. 58 ff.

SCHENK, WOLFGANG 1988: Arme Länder und reiche Länder. In: Sonderschulmagazin, H. 12, S. 19

SCHMIDT, HANS-PETER 1992: Gewalt im Fußballstadion. In: Sonderschulmagazin, H. 1, S. 23 ff.

VALTIN, RENATE u. a. 1984: Gemeinsam leben - gemeinsam lernen. Frankfurt/M.

WACKER, GERHARD 1974: Politischer Unterricht in der Schule für Lernbehinderte. In: Sonderpädagogik, H. 2, S. 66 ff.

Wolfgang Sander

Politische Bildung als fächerübergreifende Aufgabe der Schule

1. Ein Beispiel zur Einführung: Umwelterziehung zwischen allen (Fächer-)Stühlen

„Umwelt" ist unbestritten einer der Sach- und Problembereiche, die zum Gegenstandsfeld politischer Bildung gehören, ist doch die ökologische Krise eines jener „permanent aktuellen" Themenfelder, deren Bedeutung für die politische Bildung sich wohl von jeder fachdidaktischen Konzeption aus begründen läßt. Ebenso offensichtlich aber ist „Umwelt" nicht nur ein Themenbereich des Politikunterrichts als Fach. Blättert man etwa das von Jörg Calließ und Reinhold E. Lob herausgegebene Handbuch „Praxis der Umwelt- und Friedenserziehung" durch, so fällt im Band „Umwelterziehung" nicht nur auf, daß alle Fächer der Schule Beiträge zur Umwelterziehung leisten können, sondern mehr noch, daß es im einzelnen beträchtliche thematische Überschneidungen gibt: So erscheint „Wasser" als Lerngegenstand in Biologie, Geographie, Chemie und Sport, „Müll" in Biologie, Chemie, Arbeitslehre und Haushaltslehre, „Luftreinhaltung" in Biologie, Chemie, Mathematik und Geographie (vgl. Calließ/Lob 1987). Bezüge dieser drei umweltpolitischen Problemfelder zu weiteren Fächern ließen sich leicht herstellen, zu Geschichte etwa oder zu Philosophie oder zu Kunst – und natürlich zum Sozialkunde- bzw. Politikunterricht.

Vielfältige Bezüge umweltpolitischer Problemfelder zu verschiedenen Unterrichtsfächern

Diese zahlreichen thematischen Brücken bieten grundsätzlich die Chance für eine „bunte", perspektivenreiche Auseinandersetzung mit der Umweltproblematik, die von den sich ergänzenden und in Spannung zueinander stehenden Sichtweisen verschiedener Fächer lebt. In der Praxis der meisten Schulen dürfte aber etwas anderes geschehen: ein strukturloses

Nebeneinander der Fächerbeiträge, womöglich ohne sinnvolle Reihenfolge verteilt auf die Schuljahre, mit der Gefahr der langweilenden Wiederholung und der absehbaren Schülerreaktion: „Schon wieder Umwelt!"

Was am Themenbereich „Umwelt" vielleicht besonders deutlich sichtbar ist, gilt freilich auch für andere Inhaltsbereiche politischer Bildung, für das Geschlechterverhältnis beispielsweise, für „Familie", „Medien", „Frieden" oder „multikulturelle Gesellschaft". Viele Themenfelder des Politikunterrichts stehen in engen sachlichen Beziehungen zu denen anderer Fächer. Vielfach läßt sich der *politische* Kern einer Problematik ohne den Bezug auf Beiträge anderer Fächer gar nicht bearbeiten (Beispiel: die Frage nach politischem Regelungsbedarf bei der Bio- und Gentechnik kann ohne biologische Sachinformation nicht entschieden werden), aber auch umgekehrt: eine Fülle von Themen und Fragestellungen anderer Fächer haben von der Sache her einen politischen Bezug (Bio- und Gentechnik ist eben per se nicht nur eine biologische Thematik, sondern wegen möglicher Folgen für das gesamtgesellschaftliche Zusammenleben auch ein Politikum).

Auseinandersetzung mit den Sichtweisen verschiedener Fächer

2. „Bausteine" politischer Bildung in der Schule

Politische Bildung in der Schule greift daher zu kurz, wenn sie nur als Aufgabe *eines* Faches verstanden wird. Kurt Gerhard Fischer hat deshalb zwischen politischem Unterricht und politischer Erziehung in der politischen Bildung in der Schule unterschieden und beiden Dimensionen noch einmal je zwei Aspekte politischen Lernens zugeordnet, die sich gewissermaßen als „Bausteine" für ein fächerübergreifendes Gesamtkonzept schulischer politischer Bildung verstehen lassen (Fischer 1973, 93 ff.; vgl. die Übersicht auf der folgenden Seite).

Aspekte politischen Lernens:

Politische Handlungserfahrungen als Aspekt schulischer politischer Bildung können Schülerinnen und Schüler vor allem in der Schule selbst machen, bei der Mitwirkung an den gemeinsamen Angelegenheiten durch Schülervertretung und andere Formen der Vertretung eigener Interessen. Soziales Lernen als Aspekt politischer Bildung bezieht sich bei Fischer

– Politische Handlungserfahrung

– Soziales Lernen

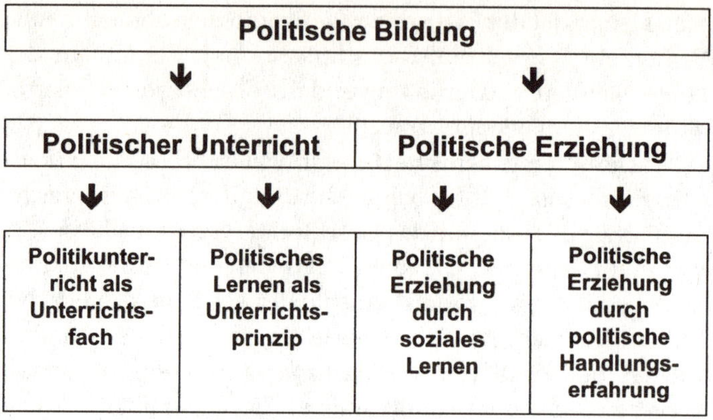

auf den Interaktionsstil und auf Unterrichtsformen, die den Zielen demokratischer politischer Bildung nicht widersprechen dürfen (vgl. den Beitrag von Peter Henkenborg in diesem Buch, S. 241 ff.).

– Politische Bildung als Fach und als Unterrichtsprinzip

Zentral konzentriert sich die Problematik fächerübergreifender politischer Bildung aber auf das Verhältnis von politischer Bildung als eigenem Fach und politischer Bildung als Unterrichtsprinzip der anderen Fächer der Schule. Als Unterrichtsprinzip realisiert sich politische Bildung in der unterrichtlichen Reflexion der politischen Implikationen eines Unterrichtsfaches, wobei sich solche politischen Implikationen in allen Fächern nachweisen lassen (vgl. Sander 1985). Damit ist keine künstliche Politisierung anderer Fächer gemeint, keine Indienstnahme für sachfremde Zwecke und keine Unterordnung der ganzen Schule unter die Ansprüche der politischen Bildung. Solche „Fehlformen" politischer Bildung als Unterrichtsprinzip hat es historisch bekanntlich gegeben, zuletzt im Nationalsozialismus und in der DDR. Die Reaktion vieler Lehrerinnen und Lehrer auf diese Erfahrungen in den 50er Jahren in Westdeutschland und in den 90er Jahren in Ostdeutschland, der Rückzug auf eine scheinbar unpolitische „reine Sachlichkeit" in anderen Fächern und die Delegation der politischen Bildung alleine an den Politikunterricht, ist zwar psychologisch nachvollziehbar, aber dennoch nur eine Art negativer Politisierung: „Auch der unpolitische Lehrer hat sich politisch entschieden, und er unternimmt es ständig, seine Schüler auf seine Seite herüberzuziehen" (Fischer 1973, 132). Die politischen Bezüge eines Faches verschwinden nicht dadurch, daß man sie ignoriert; sie auszublenden verfälscht auch den fachlichen Gegenstand selbst und bringt die Gefahr einer politischen Indoktrination durch die unreflektierte Vermittlung von Ressentiments gegen Politik mit sich.

3. Begründungen für einen fächerübergreifenden Zugang in der politischen Bildung

Politische Bildung als Unterrichtsprinzip ist in der Geschichte der modernen Schule, die sie von Anfang an begleitet, auf sehr unterschiedliche Weise begründet und praktiziert worden; dies kann hier nicht nachgezeichnet werden (vgl. Sander 1989). Die folgenden Begründungen beziehen sich auf aktuelle Diskussionszusammenhänge, von denen aus in sehr unterschiedlicher, sich aber auch ergänzender Weise eine Öffnung der politischen Bildung über die Grenzen eines Faches hinaus zwingend erscheint.

Aktuelle Diskussionszusammenhänge

3.1 Politiktheoretische Perspektiven: Entgrenzung von Politik

In den Sozialwissenschaften wird seit den 80er Jahren wieder eine intensivere Debatte über die „Reichweite des Politischen" geführt. Was ist „Politik" – und damit möglicher Gegenstand politischer Bildung? Ulrich Beck hat die These von der „Entgrenzung der Politik" (Beck 1986) oder der „Entkernung des Politischen" (Beck 1993) ins Gespräch gebracht, Michael Greven spricht von der „Allgegenwart des Politischen" (Greven 1994). Offenbar ist die Reduktion des Politikbegriffs auf das politische System und die damit verbundene begriffliche Trennung von (politischem) Staat und (unpolitischer) Gesellschaft problematisch (geworden) – auf der einen Seite werden beispielsweise ökonomische und technologische Entscheidungen nicht selten durch die schiere Reichweite ihrer Wirkungen zum Politikum, auf der anderen Seite ist staatliches Handeln in modernen Gesellschaften vielfach nur *Reaktion* auf Entwick-

Reduktion des Politikbegriffs auf das politische System ist problematisch geworden lungen in anderen gesellschaftlichen Bereichen. In der Terminologie Becks wandert das Politische quasi aus dem politischen System in andere soziale Zusammenhänge aus, wird der Staat zunehmend vom Handlungs- zum Verhandlungsstaat. Diese „Metamorphose des Staates" (Beck 1993) zeigt sich unmittelbar auch im Rückzug des Staates aus vielen Handlungsfeldern und in einer deutlichen Tendenz zu einem Wandel im Selbstverständnis der öffentlichen Verwaltung von einem hoheitlichen Selbstbild zu einem Dienstleistungsbetrieb. In neueren programmatischen gesellschaftstheoretischen Ansätzen wie dem der „Zivilgesellschaft" oder wie im amerikanischen Kommunitarismus wird dieser Rückzug des Staates und die bewußte Übernahme politischer Funktionen durch formelle und informelle gesellschaftliche Zusammenhänge geradezu zum politischen Programm.

Rückzug des Staates wird zum politischen Programm

Zum Politikum kann hiernach nahezu jede soziale Situation und jede Umgebung werden, in der Menschen leben: die Pflege alter Menschen, der Dorfbach, eine Unternehmensgründung (oder -schließung), Sexualität, eine Werbekampagne, ein Verbraucherboykott, eine technische Erfindung, ein Roman, die Verteilung der Hausarbeit, das Kopftuch eines türkischen Mädchens, die Glatze von Jugendlichen, die Zahl unserer Mülltonnen, die Luft, die wir atmen. Politisch werden solche Situationen dann (aber auch: *nur* dann und nur in diesem Sinne), wenn sie in einer Beziehung stehen zu der Art, wie wir *als Gesellschaft* miteinander leben wollen, also zu gesamtgesellschaftlichen Entscheidungen, zu Macht- und Herrschaftsstrukturen.

3.2 Bildungstheoretische Perspektiven: neue Allgemeinbildung

Wolfgang Klafki hat Mitte der 80er Jahre einen theoretischen Rahmen für ein zeitgemäßes Allgemeinbildungskonzept vorgelegt, der auf eine breite Resonanz gestoßen ist und der eine bildungstheoretische Begründung für ein fächerübergreifendes Konzept politischer Bildung ermöglicht (Klafki 1991). Klafki sieht den inhaltlichen Kern von Allgemeinbildung zum einen in der „Bildung in allen Grunddimensionen menschlicher Interessen und Fähigkeiten" im Sinne eines vielfältigen, sehr viel breiter als in heutigen Schulen angelegten Angebotes an Lernmöglichkeiten, und zum anderen in einer Bildung „im Medium des Allgemeinen" im Sinne der Auseinandersetzung mit solchen Fragen und Problemstellungen, die alle Menschen objektiv gemeinsam angehen. Dieses zweite Merkmal ist für die politische Bildung von höchstem Interesse: „Allgemeinbildung bedeutet in dieser Hinsicht, ein geschichtlich vermitteltes Bewußtsein von zentralen Problemen der Gegenwart und – soweit voraussehbar – der Zukunft zu gewinnen, Einsicht in die Mitverantwortlichkeit aller angesichts solcher Probleme und Bereitschaft, an ihrer Bewältigung mitzuwirken. Abkürzend kann man von der Konzentration auf *epochaltypische Schlüsselprobleme* sprechen" (Klafki 1991, 56).

Allgemeinbildung verstanden als „Konzentration auf epochaltypische Schlüsselprobleme"

Dieses Verständnis allgemeiner Bildung ist unmittelbar anschlußfähig an die politikdidaktische Diskussion; es rückt genuine Gegenstände politischer Bildung ins Zentrum schulischen Lernens, betrachtet sie aber nicht (allein) als Gegenstand eines Faches. Klafki selbst nennt fünf solcher Schlüsselprobleme (im folgenden abkürzend formuliert):
- die Friedensfrage angesichts der Möglichkeiten zur Massenvernichtung;
- die Umweltfrage;
- soziale Ungleichheit, innergesellschaftlich und weltweit;
- Gefahren und Möglichkeiten neuer Technologien;
- die Entwicklung von Subjektivität, Mündigkeit und Verantwortung in Ich-Du-Beziehungen.

An anderer Stelle habe ich vorgeschlagen, diese Liste um zwei Probleme zu erweitern:
- die Sicherung und Entwicklung demokratischer Kontrolle und Entscheidungsstrukturen angesichts wachsender gesellschaftlicher Komplexität;
- die Transnationalisierung von Politik (vgl. Sander 1993).

Offensichtlich handelt es sich bei diesen Problemen ganz überwiegend um politisch zu nennende Probleme; und ebenso offensichtlich ist für ihre perspektivenreiche Bearbeitung der Bezug zu Gegenstandsbereichen anderer Fächer unerläßlich. Unabhängig von der Frage, ob diese Aufzählung von Schlüsselproblemen inhaltlich bereits ausreichend, in sich stimmig und (in den Originaltexten) hinreichend genau formuliert ist, kann dieses Verständnis von allgemeiner Bildung einen Referenzrahmen für die curriculare Struktur fächerübergreifender politischer Bildung bieten – die Beiträge des Politikunterrichts und die anderer Fächer zur politischen Bildung könnten im Bezug auf Schlüsselprobleme miteinander koordiniert werden.

3.3 Schulpädagogische Perspektiven: innere Schulreform

Perspektivenwechsel vom Schulsystem auf die Binnenstruktur der Schule

In der aktuellen schulpädagogischen Debatte ist ein Perspektivenwechsel von der Konzentration auf die institutionelle Makrostruktur zur Konzentration auf die Binnenstruktur der Schulen, ihre interne Lernorganisation und ihre Lernkultur zu verzeichnen (vgl. hierzu auch Kapitel I, 4.4). In der Schulpädagogik wird die Schule immer weniger als eine Institution zur Weitergabe (relativ) gesicherter, fachbezogener Wissensbestände gesehen als vielmehr als Ort eines begleiteten Einlassens auf Unbekanntes, auf Lernprozesse mit offenem Ausgang, mit einer starken Betonung selbständigen Schülerhandelns. Die Auseinandersetzung mit der außerschulischen Realität soll stärker durch eine beobachtende, analysierende, „forschende" Arbeit an Realsituationen und weniger mit deren didaktisierter Aufbereitung erfolgen – Realsituationen lassen sich aber vielfach nicht eindeutig Schulfächern zuordnen. Eine Schule als Lebens- und Erfahrungsraum (von Hentig), die Öffnung für außerschulische Lernorte, die Entwicklung von neuen Zeitstrukturen – diese (und andere, hier nicht im einzelnen zu erörternden) Perspektiven der neuen Schulreformdebatte vertragen sich denkbar schlecht mit der Segmentierung des Lernens in der tradierten gefächerten Unterrichtsschule. In einer solcherart „offenen Schule" wird politische Bildung zur Aufgabe der ganzen Schule, die sich als „polis" insgesamt der Erziehung zur Politik widmet (Hentig 1993).

3.4 Bildungsökonomische Perspektiven: neue Schlüsselqualifikationen

Diese neue Schulreformdebatte erfährt Unterstützung aus einer ökonomischen Perspektive. Immer deutlicher wird erkennbar, daß neue Produktionsstrukturen veränderte Qualifikationsanforderungen nach sich ziehen:

„Isolierungen und Spezialisierungen weichen zunehmend der Integration und Verzahnung getrennter Aufgabenbereiche. Die Unternehmen greifen zu neuen Formen der Arbeitsstrukturierung. Der Trend der Vergangenheit, Arbeit immer weiter zu zerlegen, verlangsamt sich und wird in vielen Bereichen sogar rückgängig gemacht. Die Smith-Taylor-Epoche ständig zunehmender Arbeitszerlegung geht vorüber. Arbeitsbereicherung, Arbeitserweiterung, Zunahme von Dispositionsspielräumen sind Begriffe, die den Trend der Zukunft umreißen. Gebraucht werden Breitenqualifikationen, Übersichtswissen und Vernetzungsfähigkeit. ... Das Zeitalter uniformer Massenproduktionen geht vorüber, Kunst und Design werden zu entscheidenden Produktionsfaktoren. Kreativität, Phantasie und Gestaltungskraft sind hochgefragte Mitarbeitereigenschaften" (Schlaffke 1988, 54).

Nach dem Ende der Taylorisierung sind neue Mitarbeitereigenschaften gefragt

Die Debatte um diese neuen Mitarbeitereigenschaften wird seit den 80er Jahren unter dem Stichwort „Schlüsselqualifikationen" geführt. Hierbei handelt es sich um Fähigkeiten, die jenseits traditioneller Berufsbilder liegen, die gesamte Persönlichkeit betreffen und kaum in einem stoffzentrierten, isolierten Fachunterricht vermittelt werden können. Nicht zufällig fordert Schlaffke, Geschäftsführer am Institut der deutschen Wirtschaft, deshalb in einem Interview von der Schule: „Ein Kollegium könnte sich doch mal gemeinsam bemühen, die Puzzlestücke ihrer Fächer zu einem Bildungsmosaik zusammenzusetzen. Sie würden drei Fliegen mit einer Klappe schlagen: zeigen, wie ein Team arbeitet, zu welch besseren Resultaten Zusammenarbeit führt und Schülern die existentielle Frage beantworten, wie Dinge zusammenhängen" (Focus Nr. 3/1994, 222).

Die politische Bildung kann, sofern sie sich über die Grenzen des Fachunterrichts öffnet, originäre Beiträge zur Vermittlung solcher Schlüsselqualifikationen in der Schule leisten (vgl. hierzu ausführlicher Sander 1996).

4. Übergänge: Schritte zum fächerübergreifenden Lernen

So sehr die aktuellen bildungstheoretischen und schulpädagogischen Debatten um eine innere Schulreform dem Anliegen einer fächerübergreifenden Organisation politischer Bildung entgegenkommen, so fatal wäre es, fächerübergreifendes Lernen bis zu einer grundlegenden Reform der schulischen Organisationsstrukturen gewissermaßen zu vertagen. Es gibt im schulischen Alltag (und mehr noch auf der Ebene der – landesweiten wie schulinternen – Curriculumentwicklung) eine Fülle von pragmatischen Ansatzmöglichkeiten für fächerübergreifende Kooperation in der politischen Bildung. Diese Kooperation soll und kann, solange es das Fächerprinzip in der Schule gibt, den Politikunterricht nicht ersetzen, denn ohne dessen originäre fachliche Kompetenz dürfte sich das Politische in fächerübergreifenden Lernvorhaben kaum angemessen repräsentieren lassen. Es kommt aber darauf an, die Grenzen des Faches schrittweise zu öffnen und politische Bildung zu einem curricularen Netzwerk in der Schule zu entwickeln, das sich thematisch auf die Auseinandersetzung mit Schlüsselproblemen der Gegenwart und der absehbaren Zukunft konzentriert.

Politische Bildung als curriculares Netzwerk:

Schritte zu einem solchen Netzwerk können auf drei Ebenen unternommen werden:

- Die Bezugnahme des Politikunterrichts auf den Gegenstandsbereich anderer Fächer oder die Bezugnahme politischer Bildung als Unterrichtsprinzip in anderen Fächern auf den Gegenstandsbereich des Politikunterrichts.

Abstimmung der Fachlehrer

Diese „einfachste" Ebene setzt zunächst wenig mehr voraus als eine gewisse, im Schulalltag aber keineswegs selbstverständliche Transparenz zwischen den Fächern und ein Mindestmaß an gegenseitiger Information der Fachlehrer. Weitergehend ist eine Abstimmung bei der zeitlichen Verteilung von Themen – es wäre beispielsweise wenig sinnvoll, wenn der Politikunterricht sich mit Fragen der Bio- und Gentechnik ein halbes Jahr vor dem Biologieunterricht beschäftigt. Noch weitergehender, aber auch verhältnismäßig leicht organisierbar, sind schulinterne Fachkonferenzen nicht (nur) entlang der Fächergrenzen, sondern zu fächerübergreifenden Aufgaben wie z. B. der Umwelterziehung.

Kooperation bei der Unterrichtsplanung

- Die Absprache über eine gezielte Abstimmung parallel laufender oder aufeinander folgender Unterrichtseinheiten im Politikunterricht und in anderen Fächern.

Diese Ebene geht insofern weiter, als es hier um die zeitliche, inhaltliche und ggf. auch methodische Absprache zwischen Lehrern verschiedener Fächer in einer Klasse geht, also um eine Arbeitsskooperation in der konkreten Unterrichtsplanung für ein Vorhaben in zwei oder mehr Fächern.

Durchbrechung des Fächerprinzips

- Die thematisch und zeitlich begrenzte Integration des Politikunterrichts mit anderen Fächern.

Bei dieser dritten Ebene geht es gewissermaßen um eine Durchbrechung des Fächerprinzips auf Zeit. Organisatorisch wird dies am ehesten in Projektwochen möglich sein, methodisch bieten sich neben dem Projekt auch andere komplexe, nicht auf Fächergrenzen festgelegte Lernmethoden an wie Zukunftswerkstätten oder auch Erkundungen und Exkursionen.

Auf allen drei Ebenen kann in Schulen gehandelt werden, ohne daß es institutioneller Veränderungen als „Vorleistung" bedarf. Eher kommt es im Sinne einer „Schulentwicklung von unten" darauf an, neue Lernformen jenseits der Fächergrenzen in den Schulen selbst zu entwickeln - der Weg zur Schule des 21. Jahrhunderts wird nicht der Erlaßweg sein.

5. Literatur

Beck, Ulrich 1986: Risikogesellschaft. Auf dem Weg in eine andere Moderne. Frankfurt/M.

Beck, Ulrich 1993: Die Erfindung des Politischen. Zu einer Theorie reflexiver Modernisierung. Frankfurt/M.

Calließ, Jörg/Lob, Reinhold E. (Hrsg.) 1987: Praxis der Friedens- und Umwelterziehung. Bd. 2: Umwelterziehung. Düsseldorf

Fischer, Kurt Gerhard 1973: Einführung in die Politische Bildung. Ein Studienbuch über den Diskussions- und Problemstand der Politischen Bildung in der Gegenwart. 3. Aufl. Stuttgart

Greven, Michael Th. 1994: Die Allgegenwart des Politischen und die Randständigkeit der Politikwissenschaft. In: Leggewie, Claus (Hrsg.): Wozu Politikwissenschaft? Über das Neue in der Politik. Darmstadt

Hentig, Hartmut von 1993: Die Schule neu denken. Eine Übung in praktischer Vernunft. München/Wien

Klafki, Wolfgang 1991: Grundzüge eines neuen Allgemeinbildungskonzepts. Im Zentrum: Epochaltypische Schlüsselprobleme. In: Ders.: Neue Studien zur Bildungstheorie und Didaktik. Zeitgemäße Allgemeinbildung und kritisch-konstruktive Didaktik. 2. Aufl. Weinheim/Basel

Sander, Wolfgang (Hrsg.) 1985: Politische Bildung in den Fächern der Schule. Beiträge zur politischen Bildung als Unterrichtsprinzip. Stuttgart

Sander, Wolfgang 1989: Zur Geschichte und Theorie der politischen Bildung. Allgemeinbildung und fächerübergreifendes Lernen in der Schule. 2. Aufl. Marburg

Sander, Wolfgang 1993: Vom Fach zum Bildungsbereich. Ein Plädoyer für Grenzüberschreitungen in der politischen Bildung. In: Ders. (Hrsg.): Konzepte der Politikdidaktik. Aktueller Stand, neue Ansätze und Perspektiven. Hannover

Sander, Wolfgang 1996: Beruf und Politik. Von der Nützlichkeit politischer Bildung. Schwalbach/Ts.

Schlaffke, Winfried 1988: Bewältigung technischen Fortschritts durch Schlüsselqualifikationen. In: Literatur- und Forschungsreport Weiterbildung Nr. 22

Peter Henkenborg

Politische Bildung durch Demokratie-Lernen im Schulalltag

1. Demokratie-Lernen und die Krise der Unterrichtsschule

Seit Beginn der Bundesrepublik hat die politische Bildung eine wichtige Funktion in der Entwicklung von Demokratie übernommen. Nach dem Ende des Nationalsozialismus sollte sie als ein notwendiges Fundament der Demokratie deren Einbürgerung durch eine Erziehung zur Mündigkeit unterstützen. Der Politikunterricht wollte „Demokratie-Lernen" (Fischer) ermöglichen und zu vernünftiger Selbstbestimmung, zur Freiheit des Denkens und Handelns, zur Reflexivität und Kritikfähigkeit, zu politischem Engagement und Verantwortung befähigen. Kinder und Jugendliche sollten nicht nur darüber informiert werden, wie das Leben in einer parlamentarischen Demokratie funktioniert, sondern insbesondere lernen, den Prinzipien der westlichen Demokratie zuzustimmen, die Demokratie wirklich als ihre eigene Sache und sich selbst als Subjekte des politischen Prozesses zu begreifen. Den gesellschaftlich-pädagogischen Sinn des „Demokratie-Lernens" hat Kurt Gerhard Fischer in einem einfachen Satz formuliert: „Politik und Demokratie wollen gelernt sein, um gelebt werden zu können." Die politische Bewußtseinsbildung gilt als „Mittelpunkt aller Bemühungen politischer Bildung" (als Fach- und Unterrichtsprinzip) und der „erziehende Unterricht" als der ausgezeichnete Ort des Demokratie-Lernens (Fischer 1986). Im Zentrum des theoretischen Selbstverständnisses und der Praxis politischer Bildung stand und steht eine „Grundfigur von Schule": die Idee der öffentlichen Schule, die die „Erziehung der Familie in der Form von Bildung durch Unterricht fortsetzt" (von Hentig 1993, 17). Sicher reflektiert Politikdidaktik die Bedeutung der Schule als

Selbstbestimmung, Reflexivität und Verantwortung

Fortsetzung der Erziehung durch Bildung

eines sozialen Erfahrungsraumes empirisch (z. B. Kritik des heimlichen Lehrplans) und normativ (Forderung nach einer „pädagogischen Atmosphäre der Selbstentfaltung"). Dennoch trifft es wohl zu, daß die pädagogische Gestaltung der „Sozialität der Schule" (Ziehe), also des schulischen Lebens- und Erfahrungsraumes in der Theorie und Praxis der politischen Bildung - wie in der Schule überhaupt - eine untergeordnete Rolle gespielt hat.

Schule als Erfahrungsraum für politisches Handeln

Seitdem sich die Krise der Unterrichtsschule nicht länger verdrängen läßt und die Schule erneut in „pädagogische Bewegung" (Tillmann 1993, 5) geraten ist, rückt die Frage der pädagogischen Gestaltung des Lebensraums Schule wieder verstärkt ins Aufmerksamkeitszentrum von Schultheorie und Didaktik. Erziehung, so die These, kann sich nicht alleine auf verbale Argumentation stützen, sondern erfordert „Modellernen", d. h. die Chance, sich an modellhaften Personen, Objekten, Sachverhalten oder Beziehungen zu orientieren, sie zu beobachten, zu erfahren und zu verarbeiten. Die „Sozialität der Schule" (Ziehe) selbst - und nicht alleine der Unterricht - soll die Funktion einer Erziehung zur Politik übernehmen, indem Schüler und Schülerinnen durch eigene Erfahrungen und eigenes Handeln in der „Schulpolis" erleben und begreifen, daß „Politik die gemeinsame bewegliche Regelung gemeinsamer Angelegenheiten ist" (von Hentig 1993, 214).

2. Schulalltag als Schulkultur: Begriff und Motive

„Schulkultur" als neues Paradigma

In der neuen pädagogischen Diskussion über eine Reform der Schule wird der Schulalltag als „Schulkultur" beschrieben. Das Paradigma „Schulkultur" will die „ganze Schule" in den Blick nehmen, d. h. Schule als ein Ganzes aus Wertorientierungen, Vorstellungen, Einstellungen, Maßnahmen, Regeln, Ritualen und Personen betrachten, durch die soziale Beziehungen (z. B. zwischen Angehörigen verschiedener Klassen, Rassen, Altersgruppen und der Geschlechter) in einer Schule geschaffen, strukturiert und reproduziert werden. Der Begriff ‚Kultur' benennt dabei die Art und Weise, wie Lehrende, Schülerinnen und Schüler sowie auch Eltern ihre Schulwelt wahrnehmen, strukturieren, und welchen Sinnzusammenhang sie daraus konstruieren (Rolff 1993, 106 ff.).

Das Rahmenkonzept „Gestaltung und Öffnung des Schullebens" (GÖS) in Nordrhein-Westfalen will Schulen zur Gestaltung ihres Schullebens und zur Öffnung ihrer Schule anregen, die dezentralen Ansätze in den einzelnen Schulen aufgreifen und auf der Grundlage gemeinsamer Leitideen verbinden und weiterentwickeln: Die pädagogischen Leitideen des Konzepts (Intensivierung sozialer Beziehungen, Selbsttätigkeit, produktorientiertes Lernen und Arbeiten, Bedeutung unterschiedlicher Standpunkte, Förderung kreativer Fähigkeiten und individueller Fähigkeiten und Interessen) orientieren sich an einem neuen Paradigma von Schule: Die Schule wird nicht länger zur reinen Unterrichtsanstalt verkürzt, sondern ganzheitlich als eigenständiger „Lebens- und Erfahrungsraum" von Kindern und Jugendlichen und von Lehrerinnen und Lehrern verstanden. Die Ziele und Handlungsansätze dieses erneuerten Verständnisses von Schule werden in vier Handlungsfeldern konkretisiert:

Beispiel Nordrhein-Westfalen

a) Handlungsfeld Unterricht (Ziele: stärkere Berücksichtigung der Lebens- und Lernsituation von Schülern, Verknüpfung von Fächerprogrammen und außerschulischen Angeboten, verstärktes fächerübergreifendes Lernen, kooperatives und soziales Lernen mit entsprechenden Lernformen);
b) Schulleben (Stärkung der sozialen Beziehungen, Schule als Ort politisch-sozialer Grunderfahrungen, Konkretisierung des Erziehungsauftrages, Förderung der Urteils- und Entscheidungsfähigkeit);
c) Schule und Umfeld (verstärkte Wahrnehmung des lebensweltlichen Umfelds, Erschließung neuer Lerngegenstände);
d) Schule als Begegnungsstätte (kulturelles gesellschaftliches Leben in der Schule, Begegnung mit (inter-)kulturellen, künstlerischen, politischen Traditionen und Entwicklungen, Verknüpfung außerschulischer Angebote mit schulischem Lernen.

Das Rahmenkonzept drückt einen Paradigmenwechsel in der Schulentwicklung aus, den Rolff als Wechsel von der „Makropolitik zur Mikropolitik" beschreibt: Eine Reform der Schu-

Wechsel von der Makro- zur Mikropolitik

le soll sich auf die einzelne Schule als „pädagogische Handlungseinheit" stützen und optimaler Unterricht sich „am Ganzen der Schule orientieren", weil eine „Qualitätsverbesserung von Unterricht ohne eine „Qualitätsverbesserung von Schule und d. h. in erster Linie ohne eine Änderung der Schulkultur nicht leistbar" ist (Rolff 1993, 117). Der Unterricht bildet in diesem Konzept das „Gestaltungszentrum" jeder Schulreform und die Schulkultur deren „Bezugspunkt" (ebd., 117). Dadurch soll eine neue Balance zwischen fachlich-systematischen und lebensweltlichen Elementen in der Schule gefunden werden.

Balance zwischen fachlich-systematischen und lebensweltlichen Elementen

Solche schultheoretischen Ansätze, die versuchen, Schulkultur und Unterricht systematisch als Einheit zu denken, werden besonders durch drei Motive bestimmt:

1) Die gesellschaftliche Modernisierung (Individualisierung, Pluralisierung) führt zu einem tiefgreifenden Wandel von Kindheit und Jugend und zu einer wachsenden Kluft zwischen Bildungsangebot und Schülerhorizont. Schule und politische Bildung müssen sich deshalb in ihren Inhalten und Methoden auf eine neue Konstellation von gestiegenen Chancen (z. B. Rationalisierung von Sinnentscheidungen, größere Autonomie, Vermehrung der Möglichkeiten, neue Anerkennungsformen, Erlebnisvielfalt) und gleichzeitig erhöhten Risiken (Orientierungskrisen, Zukunftsbedrohungen durch Aneignungsrisiken, Bürokratisierung, Kommerzialisierung oder Mediatisierung jugendlicher Lebenswelten, Erosion der traditionellen Anerkennungsformen, neue Störungsmuster wie Schwäche, Unsicherheit und Enttäuschung) bei Kindern und Jugendlichen einstellen. Am Ausgang des 20. Jahrhunderts bleibt Demokratie-Lernen angesichts der Rationalitätskrise der Demokratie und einer wachsenden Demokratieverdrossenheit auch bei Jugendlichen (Unzufriedenheit mit der Praxis der Demokratie, wachsende Distanz zu Institutionen und zur institutionenbezogenen Politik, sinkende Bereitschaft zum Engagement) eine Herausforderung der politischen Bildung. Die heranwachsende Generation muß „stärker zu Selbständigkeit, Individualität, Kritikfähigkeit, Konfliktbereitschaft, zu Risiko, Offenheit und Improvisation erzogen werden", gleichzeitig jedoch auch zu „Selbstdisziplin, Gemeinsinn, Pflichterfüllung" (von Hentig 1995, 10).

Neue Konstellation von gestiegenen Chancen und erhöhten Risiken

2) Das Bildungs- und Qualifizierungsprofil der traditionellen Schule gerät unter einen doppelten Druck von veränderten Lebens- und Lernbedingungen von Kindern und Jugendlichen einerseits und von veränderten gesellschaftlichen Qualifikationsanforderungen (Wirtschaft, Staat, Hochschulen) andererseits. Die Schule soll erstens neue Schlüsselqualifikationen statt eines engen Fachwissens vermitteln, zweitens die Erziehungsfunktion (Vermittlung von Werten und Normen) gegenüber der Dominanz des Fachunterrichts stärken, drittens konsequenter als bislang zur Persönlichkeitsentwicklung beitragen und viertens mithelfen, die Risiken der Modernisierung zu kompensieren.

Veränderte Lebensbedingungen und veränderte Anforderungen an Qualifikation

3) Die Strategien der neuen Schulreform (z. B. Schulautonomie, Selbsterneuerung, innere Schulreform, Schulprogramm, Organisationsentwicklung) wollen die Einzelschule aus drei Gründen systematisch als „pädagogische Handlungseinheit" rekonstruieren (Fleischer-Bickmann 1995, 19 ff.): a) Die Qualität von Schule wird nicht alleine durch Systembedingungen entschieden, sondern stark lokal durch die Kultur der einzelnen Schule, durch ihre konkreten Interaktionen, beeinflußt; b) Die Grenzen traditioneller Schulreformstrategien (Scheitern flächendeckender Reformen, Grenzen der Steuerbarkeit durch top-down-Verfahren, Distanz der Lehrerschaft zu verordneten Innovationen, die Krise der öffentlichen Finanzen) werden zunehmend bewußter; c) Die Einzelschule wird als eine lernende Organisation verstanden, die durch Formen der Selbstorganisation und Selbststeuerung ihre „Problemlösungskapazität" dadurch erhöhen soll, daß die Mitglieder der Schule selbst „Diagnosen durchführen, gemeinsame Bedeutungen, kognitive Schemata, Symbole oder Rituale produzieren, Ziele klären, Entscheidungen selbständig und selbstverantwortlich treffen, Handlungspläne entwerfen und ausführen" (Rolff 1993, 140).

Bedeutung der Einzelschule als „Pädagogische Handlungseinheit"

Das Paradigma Schulkultur plädiert zusammengefaßt für eine bewußt geplante Gestaltung und Veränderung der einzelnen Schule. Es betont deskriptiv die Bedeutung der Einzelschule als pädagogische Handlungseinheit und soll als regulative Idee normativ darüber aufklären, was die Ziele einer guten Schule sein können oder worin die Qualität von Schule und Unterricht liegt (Berg/Schulze 1995, 46 f.).

3. Schulkultur der Anerkennung und Demokratie-Lernen

Aus der Perspektive einer interaktionistischen Schultheorie (Brumlik/Holtappels 1993, 89 ff.) wird Schule durch einen „Kampf um Anerkennung" charakterisiert: Die Beteiligten ringen trotz ihrer ungleichen Durchsetzungschancen miteinander darum, „wer sie sind, und wie sie von den jeweils anderen behandelt werden wollen". Wenn sich Schulkultur als Anerkennungskultur begreifen läßt, kann die normative Konstruktion einer demokratischen Schulkultur an die Theorie der Anerkennung des Sozialphilosophen Axel Honneth (1992) anknüpfen. Eine demokratische Schulkultur zeichnet sich dann dadurch aus, daß sie drei Formen der Anerkennung garantiert: in der Erfahrung von emotionaler Zuwendung die Chance des Selbstvertrauens (3.1), in der Erfahrung von kognitiver Achtung die der Selbstachtung (3.2) und in der Erfahrung von Solidarität oder sozialer Wertschätzung schließlich die der Selbstschätzung (3.3). Empirisch lassen sich diese Anerkennungsformen mit Ergebnissen der Forschungen über Qualität von Schule und Unterricht verbinden.

Demokratische Schulkultur garantiert drei Formen der Anerkennung

3.1 Schulkultur und emotionale Zuwendung: Demokratie-Lernen und pädagogisches Verhältnis

Reformpädagogische Konzepte denken Schule als einen Lebensraum neben der Familie, der Nachbarschaft oder der peer-group, der das Anerkennungsvakuum bei Kindern und Jugendlichen kompensieren soll: „A place to grow up in", sollte die Schule in erster Linie sein, weil das den Kindern am meisten fehle, fordert von Hentig in der Tradition der Reformpädagogik (1985, 112). Sicher gibt es bei der Renaissance eines reformpädagogischen Kompensationsverständnisses Risiken und Grenzen, trotzdem bleibt der Grundgedanke richtig: Schule wird heute, mehr denn je, mit der Frage konfrontiert, durch welche Unterstützungen sie als ein Element im sozialen „Netzwerk" die Modernisierungsbelastungen von Kindern und Jugendlichen kompensieren und eine „unterstützende Bejahung von Selbständigkeit" ermöglichen kann. Die Schule soll ein systematisches Netz zur emotionalen und sozialen Unterstützung (z. B. Freizeit), zur kognitiven Orientierung und Beratung und für materielle Hilfe und Dienstleistung entwickeln.

Beispiel: Steinwaldschule

Im Schulprogramm der Steinwaldschule - einer Gesamtschule mit besonderer pädagogischer Prägung im ländlichen Raum Hessens (bei Kassel) - wird Schule als Netzwerk gestaltet. „Erziehung zur Selbständigkeit" heißt das in Schulkultur und Unterrichtskultur verankerte pädagogische Ziel der Schule. Zum besonderen Profil der Schule gehören a) das Team-Stammgruppen-Modell, bei dem die Klassen eines Jahrgangs räumlich zusammengefaßt sind und von kleinen, überschaubaren Lehrerteams (verantwortlich z. B. für Stundenplan, Vertretungen, Koordination) betreut werden; b) Gesellschaftslehre bildet durch die Zusammenlegung der Fächer Geschichte und Erdkunde einen Lernbereich, in dem der Unterricht nach thematischen Schwerpunkten mit fächerübergreifenden Intentionen erfolgt; c) der traditionelle (45-Minuten) Zeittakt wurde durch eine Reihe von Maßnahmen kontinuierlich aufgebrochen: Reduzierung der 45-Minuten-Stunde um fünf Minuten; dafür Einrichtung eines dem Unterricht vorgeschalteten Frühbereiches mit Förder- und Wahlangeboten; gleiche Anfangs- und Endzeiten für alle Schüler; offene Wahlangebote in den Pausen; dezentrale Unterrichtsangebote in den Einzugsgemeinden der Schule am Nachmittag; Einrichtung eines neuen Lernbereiches „Selbständiges Lernen"; d) ein reichhaltiges, den Kindern und Jugendlichen entgegenkommendes Schulleben in der Form von Wahlunterricht (an vier Nachmittagen während der Woche z. B. Sport, Video- und Filmwerkstatt, Foto-AG), besonderen Angeboten (Sommerkursprogramm, Reiten), Freundschaftskontakten und Partnerschaften (Schüleraustausch mit anderen Ländern, Aufbau eines jahrgangseigenen Kulturprogramms für die Region).

Betreuung nach Jahrgangsstufen

Fach-übergreifende Gesellschaftslehre

Abkehr vom traditionellen Zeittakt

Wahlunterricht und Freizeitangebote

Das Konzept der Steinwaldschule kann insbesondere drei grundsätzliche Aspekte einer Schule als Netzwerk verdeutlichen.

1) *Emotionale Unterstützung:* Die Frage, was den „Kern pädagogischer Professionalität im Lehrerberuf" ausmacht, beantworten neue Untersuchungen durch die These, daß erfolg-

reiches Lehrerhandeln fünf wichtige Arbeitsaufgaben bewältigen muß. „Unterrichten" bleibt im Mittelpunkt der Lehrertätigkeit, und ebensowenig kann Schule auf die Aufgabe des „Erziehens" verzichten. Unter den veränderten Bedingungen und Herausforderungen professioneller Tätigkeit gewinnen zusätzlich die Aufgabenfelder „Beraten", „Betreuen" und „Schule entwickeln" an Bedeutung. Erfolgreiches Lehrerhandeln besteht darin, daß Lehrer diese fünf Aufgaben „gut bewältigen" (Bauer/Kopka 1994, 269). Dafür lassen sich einige Orientierungspunkte benennen.

Fünf Aufgabenfelder: Unterrichten, Erziehen, Beraten, Betreuen, Schule entwickeln

a) Schülerorientierung: Empirische Untersuchungen sehen eine zentrale „Schlüsselvariable" für die Gestaltung einer „guten Schule" darin, wie eine Schule zu ihren Schülern steht. Im Konzept der Steinwaldschule werden notwendige Elemente von Schülerorientierung deutlich: optimistische Einstellungen, bezogen auf die Schüler, und Konfrontation mit Erwartungen und Anforderungen (z. B. Lernbereich selbständiges Lernen), Bereitschaft zu persönlichen Gesprächen, Selbstverpflichtung besonders für die Lernergebnisse, gleiche Aufmerksamkeit für leistungsstarke und leistungsschwache Schüler (Steffens/Bargel 1993, 72).

Gleiche Aufmerksamkeit für alle Schüler

b) Interaktionsfähigkeit: Politiklehrer und -lehrerinnen sollten ihren Schülern und Schülerinnen Klarheit darüber geben, „was in der Beziehung zu erwarten ist und was nicht". Gefordert sind soziale Kommunikationsfähigkeit, Verbindlichkeit, Fairneß und Gerechtigkeit, pädagogische Kompetenzen und fachliches Wissen (Koring 1992, 55 f.).

Verbindlichkeit, Fairneß, Gerechtigkeit

c) Engagement: Für die Entwicklung der Beziehungsstrukturen übernimmt, nach Fends Untersuchungen zum Schulklima, das Engagement von Lehrern, d. h. das Ausmaß, mit dem sich Lehrer mit emotionaler Beteiligung unterrichtlich betätigen", eine Schlüsselfunktion (Fend 1977, 111). Professionelles Engagement erfordert Autonomie, Bindung an ein pädagogisches Ethos, kontinuierliche Kooperation mit Kollegen, Reflexion und Supervision und eine wissenschaftliche Grundhaltung (Bauer/Kopka 1994, 267).

Autonomie, pädagogisches Ethos, Kooperation

d) Vermittlungsemphatie: Politisches Lernen besitzt die Dimension einer „strukturellen Identifikation": Schüler und

Schülerinnen lernen durch die „Art des Gegenstandsverhältnisses" ihrer Politiklehrer und Politiklehrerinnen. Zu den Fähigkeiten eines „guten Politiklehrers" zählt dann, was Ziehe „Vermittlungsemphatie" (z. B. Kompetenz, Schärfe, Exponiertheit, Emphatie, Widerspruch) nennt (1991, 70 ff.) und was Loch als „Darstellungsfähigkeit" (z. B. fachliches Interesse, Affektivität, Überzeugungskraft) und „Aktivierungsfähigkeit" (Faszination, Konstruktivität, dramaturgisches Geschick, Anspruchsniveau) beschreibt (Loch 1990, 101 ff.).

Kompetenz, Empathie, Widerspruch

e) Grenzen: Die Steinwaldschule zeigt die Ambivalenz professionellen Lehrerhandelns in der heutigen Schule: Einerseits werden die Anforderungen zunehmend komplexer und schwieriger, gleichzeitig werden die „Grenzen" der Schule bewußter und Strategien der „Begrenzung" des pädagogischen Mandats notwendig. Die Professionalität der Lehrertätigkeit liegt darin, die ambivalenten Handlungskonflikte (z. B. Nähe/Distanz, Inhalt/Subjekt, Einheit/Differenz, Interaktion/Organisation, Autonomie/Heteronomie) nicht einseitig aufzulösen, sondern auf der Grundlage pädagogischer Prinzipien auszubalancieren. Zu den Schwierigkeiten des Lehrerberufes gehört allerdings, daß die Anforderungen an die „Selbsterhaltungsfähigkeit" (z. B. Lieben-Können, Selbstbehauptung, Selbstvertrauen, Lernfähigkeit, Selbstreflexion, Selbstkonzept, Selbstverantwortung) von Pädagogen wachsen (Loch 1990, 122).

Ambivalente Handlungskonflikte ausbalancieren

2) *Soziale Unterstützung:* Die aktuelle Schuldiskussion (z. B. über Ganztagsschule, Öffnung und Gemeinwesenorientierung von Schulen) zeigt, daß Schule ihren Bildungs- und Erziehungsauftrag heute ohne soziale Unterstützungsleistungen für einen Teil der Schülerschaft oft nicht mehr erfüllen kann. Nach einer Untersuchung von Holtappels kann die Schule zwar weniger gut „gering ausgeprägte soziale Netze kompensieren", sie eignet sich aber durchaus als „Lern- und Erfahrungsfeld, Freizeitort und Begegnungsraum und Treffpunkt zur Entwicklung von Freundschaften" (1994, 241). So kann sich die schulische Freizeit in der Interpretation der Schülerinnen und Schüler zwar nur sehr schwer

Verbindung von Lernen und Freizeit

aus ihrem normativen Charakter von Leistung, Wissen und Aufgabenorientierung lösen. Die Jugendlichen begreifen die schulische Freizeit eher als eine veränderte Form von Schule. Trotz dieser Grenze äußern Schüler und Schülerinnen auf Freizeitangebote bezogene Wünsche (z. B. im eigentätig-kreativen und kognitiven Bereich und im Zusammenhang mit schulischen Qualifizierungen), die für Schulen „ungeahnte Möglichkeiten eröffnen, das Schulleben attraktiv zu machen und Lernen und Freizeit zu verbinden" (ebd., 238 f.). Das gilt, denkt man z. B. an die Freizeitangebote der Steinwaldschule auch für politische Bildung als Prinzip (z. B. Kulturprogramm) und als Fach (z. B. Mediothek, Video- und Filmwerkstatt).

3) *Kognitive Orientierung und Beratung:* Persönlichkeitsentwicklung als zentrales Ziel und kognitive Orientierung und Beratung dementsprechend als eine Aufgabe von Schule und politischer Bildung (als Fach und Unterrichtsprinzip) zu begreifen – das bedeutet auf der bildungs- und qualifikationstheoretischen Ebene, die Frage nach einem neuen Begriff allgemeiner Bildung zu stellen. Das Konzept einer Bildung im Medium des Allgemeinen – von Klafki gedeutet als Auseinandersetzung mit den Schlüsselproblemen der Gegenwart und absehbaren Zukunft – ist ein erster Ansatz für ein neues Konzept allgemeiner Bildung. Ein zweiter Ansatz verbindet sich mit dem Konzept „Lebensthemen":

Offen sein für Fragen der alltäglichen Lebensführung

Schule muß (wegen der wachsenden Bedeutung von neuartigen Wahlmöglichkeiten und Entscheidungszwängen für Kinder und Jugendliche) und politische Bildung kann (Life politics = Politisierung existentieller Fragen der Lebensführung) offen sein für Fragen der alltäglichen Lebensführung und der Selbstverwirklichung (besonders gilt dies für Lebensthemen, die Beziehungen und Ich-Entwürfe betreffen) von Kindern und Jugendlichen. In einer demokratischen Schulkultur fällt der politischen Bildung als Orientierungsraum für orientierungslose oder orientierungssuchende Kinder und Jugendliche eine besondere Verantwortung zu.

3.2 Schulkultur und kognitive Achtung: Demokratie-Lernen und Rechte

In der Schule sollen Kinder und Jugendliche lernen, sich aus der Perspektive ihrer Interaktionspartner als gleichberechtigte Träger von Rechten zu begreifen. Eine Schulkultur, die diesem Ziel entgegenkommt, zeichnet sich durch pädagogische Verkehrsformen aus, die Chancen für Selbsttätigkeit, Partizipation und Verantwortung eröffnen. Die Grundfiguren einer „politischen Ordnung" der Schule, die Schülern solche Rechte garantiert, beginnen nach von Hentig „ganz unten" und heißen: Reviere bilden, Regeln machen, Rituale einhalten (1993, 212 ff.). Dazu ein Beispiel aus einer Schulversammlung:

Selbständigkeit, Partizipation, Verantwortung

„Zwei Schüler und zwei Lehrer eröffnen die Sitzung mit einer Glocke. Sie kündigen die Tagesordnung an. Es sind jene Themen, die die Vorbereitungsgruppe aus den Klassen erhalten und eine hohe Priorität erlangt haben. Zuerst wird das Problem durch einen kurzen Vortrag oder durch die Verlesung einer Klage etc. vorgestellt. Dann folgen erste Wortmeldungen, wobei diese immer Handlungsvorschläge beinhalten sollten. Um die Gesprächsintensität zu erhöhen, wird anschließend das Problem in Spontangruppen diskutiert. Es folgt das zentrale Plenumsgespräch, das auf die Begründung vorliegender Vorschläge hinausläuft. Dabei sind Regeln wichtig, wie diejenigen, daß nie jemand ausgelacht werden darf, daß der Verlauf durch Geschäftsordnungsanträge verändert werden kann etc. Abschließend erfolgen Abstimmung und Eintragung in das ‚Konstitutionsbuch'. Es folgt die schwierige Diskussion darüber, was bei Eintragungen zu geschehen habe" (Oser/Althof 1994, 388).

Beispiel: Schulversammlung

Dieser Bericht macht drei entscheidende Zusammenhänge einer politisch-demokratischen Kultur deutlich, die kognitive Anerkennung ermöglicht:

1) Schule muß im Sinne von Demokratisierung und Partizipation verstärkt Möglichkeitsräume eröffnen, in denen die „grundsätzliche Gleichwertigkeit der Beteiligten als normatives Regulativ unterstellt (wird), eine Koordination von Erwartungen sowie ein Interessenausgleich zum Ziel … und die rationale Begründung von gegenseitigen Erwartungen

Eröffnung von Möglichkeitsräumen

zur zentralen Pflicht" gemacht werden (Fend 1977, 102). Das bezieht sich zunächst auf die Partizipation an den Willensbildungs- und Entscheidungsprozessen einer Schule (z. B. Schülermitverantwortung, Schulkonferenzen, Schülerzeitungen). Es bezieht sich zweitens auf die Herausforderungen von Selbsttätigkeit durch problem-, handlungs- und projektorientierte Unterrichtsformen.

Aufmerksamkeit für die „inneren Formen der Demokratisierung"

2) Demokratische Institutionen und Zusammenkünfte in der Schule an sich sind für Demokratie-Lernen notwendig, aber nicht hinreichend. Um bei Schülern die Identifikation mit selbstgegebenen Regeln zu entwickeln, bedarf Demokratie-Lernen (in Schule und Klassenzimmer) der Aufmerksamkeit für die „inneren Formen der Demokratisierung", durch „demokratisierende Regeln" (Oser/Althof 1992, 387). Die Schule als öffentlichen Raum zu inszenieren, in dem „Gruppeninnenpolitik" und „Gruppenaußenpolitik" stattfindet, erfordert ebenso symbolische Strukturen (Formen, Rituale), die Bedeutsamkeiten stiften können.

Gemeinsame Anstrengung von Schülern, Lehrern und Eltern

3) Zur Substanz einer demokratischen Schulkultur gehören deshalb gemeinsame Suchbewegungen von Schülern und Schülerinnen, Lehrern und Lehrerinnen sowie Eltern darüber, welche Reviere, Regeln und Rituale in einer demokratischen Schule anschlußfähig und anschlußwert sind, wie sie entstehen und verändert werden können, wie mit Verstößen umgegangen werden soll und in welchen institutionalisierten Formen dieser Streit ausgetragen werden kann.

3.3 Schulkultur und soziale Wertschätzung: Demokratie-Lernen und Wertgemeinschaft (Solidarität)

Die Schulgüteforschung kann zeigen, daß solche Schulen erfolgreicher sind, die sich auf einen Orientierungsrahmen von Zielen und Werten und auf die Bedingungen ihrer Realisierung verständigen können (Steffens/Bargel 1993, 60 ff.). Hier liegt ein empirischer Hinweis dafür vor, daß sich in der Schule, wie in der Gesellschaft überhaupt, Anerkennung in Form von Selbstachtung nur entwickeln kann, wenn die Mitglieder einer Gemeinschaft sich „reziprok im Lichte von Werten ... betrachten, die die Fähigkeiten und Eigenschaften des jeweils anderen als bedeutsam für die gemeinsame Praxis erscheinen lassen" (Honneth 1992, 210). Deshalb benötigen Schulen ein „Schulethos", d. h. einen offenen Orientierungsrahmen, in dem die Werte und Ziele formuliert sind, deren Zusammenhang das kulturelle Selbstverständnis einer Schule ausmacht. Nach der Entwicklung einer „nachtraditionellen Sittlichkeit" (Pluralisierung, Subjektivierung, Kontextualisierung, Relativierung von Wertentscheidungen) kann ein solcher Orientierungsrahmen auch in Schulen wohl nur durch eine kontroverse, offene und stets prekäre „Verständigung durch Kommunikation" (Münch 1991, 58) von den Akteuren selbst „im Zuge durchgestandener Konflikte und Differenzen" (Dubiel 1994, 114) erzeugt werden.

Verständigung über ein „Schulethos" und über die Bedingungen seiner Realisierung

Das in Nordrhein-Westfalen seit 1988 an drei Schulen (Hauptschule, Realschule, Gymnasium) in Anlehnung an Kohlbergs „just-community"-Ansatz durchgeführte Projekt „Demokratie und Erziehung in der Schule" (DES) ist ein Versuch, „Minimalbedingungen" für eine gerechte „Schulgemeinschaft" zu etablieren. Das Ziel des Projekts besteht darin, in der Schule die Bedingungen für „Demokratie-Lernen" zu verbessern. Das pädagogische Prinzip des Projektes läßt sich in einem programmatischen Kern zusammenfassen: Demokratie-Lernen und moralisches Lernen sollen als „Lernen am Gegenstand" realisiert werden: Die Probleme, Konflikte und Themen, die eine Klasse oder die Schule wirklich betreffen, werden als „lebendiges Lernmaterial" für die Entwicklung moralischer Fähigkeiten und demokratischer Kultur durch die Beteiligung aller genutzt. Zur Struktur einer „just community" zählen danach:

Projekt-Beispiel: „Demokratie und Erziehung in der Schule"

a) regelmäßige Sitzungen einer überschaubaren Gemeinschaft als Entscheidungsorgan und Zentrum der „gerechten Schulgemeinschaft" (fünf bis sechs Klassen, ca. 80-120 Schüler sowie deren Lehrer),
b) Vorbereitungsgruppe (wechselnde Abgeordnete der Klassen, je ein Lehrer pro Klasse; Aufgabe: Planung der Gruppensitzungen),
c) Fairneßkomitee (stabile Zusammensetzung aus Vertretern aller Klassen und der Lehrerschaft; Aufgabe: auf Ausfüh-

Probleme und Themen, die Schule oder Klasse betreffen, dienen als „lebendiges Lernmaterial"

rung von Beschlüssen achten, Beratung mit Schülern, die Regeln übertreten, Koordination),

d) ein Curriculum, in dem ein bis zwei moralische Dilemma-Diskussionen (allgemeine Dilemmata, echte in der Klasse auftretende Konflikte oder fächerspezifische moralische Dilemmata) behandelt werden,
e) regelmäßige Sitzungen der beteiligten Lehrer,
f) Information und Mitarbeit der Eltern und
g) dauernde Evaluation (z. B. unter den Kollegen und Kolleginnen).

Das DES-Projekt zeigt nach ersten empirischen Ergebnissen trotz der Schwierigkeiten (z. B. Integration fachspezifischer Dilemmata in den Fachunterricht, fehlender Raum und fehlende Zeit in der Schulorganisation, Außenseiter in der Lehrerschaft, juristische Blockierungen) einen hohen „Effekt der pädagogischen Intervention", der „über dem normalen Effekt allgemeiner Bildungsprozesse liegt". Die höhere Partizipation von Lehrern und Schülern hat die moralische Atmosphäre der Schule (verbesserte Einhaltung der Regeln durch die Schüler, repektvolleres Verhalten der Lehrer, erhöhtes Ansehen der Schule als Gemeinschaft) und die moralisch-kognitive Entwicklung der Schüler (Zunahme der moralischen Urteilskompetenz und des Verantwortungsurteils) gefördert (Oser 1993; Oser / Althof 1992, 337 ff.; Lind 1993, 81).

Förderung der sozialen Kompetenz wie auch der moralisch-kognitiven Entwicklung

Das Minimum einer demokratischen Schulkultur als „Modell" für Demokratie-Lernen wird in diesem Ansatz in dreifacher Weise sichtbar: Die Schule sollte von Schülern und Schülerinnen als eine Institution erlebt werden, „die auf Kontroversen und Konflikte nicht nur notgedrungen reagiert, sondern die aus pädagogischer Verantwortung darauf aufmerksam macht und sich mit ihnen offen auseinandersetzt" (Klafki 1991, 39). Schule und politische Bildung sollten zweitens dazu beitragen, daß Kinder und Jugendliche lernen, ihr Leben an individuell wählbaren ethischen Sinndeutungen zu orientieren und gemeinschaftsstiftende Deutungsmuster in einem offenen Prozeß demokratischer Verständigung selbst zu erzeugen. Eine demokratische Schulkultur, die einen hegenden Umgang mit Konflikten, Dissensen und Ambivalenzen ermöglichen will,

Offene Auseinandersetzung mit Konflikten

Individuelle und gemeinschaftsstiftende Deutungsmuster

muß sich nicht zuletzt an zwei Erziehungsaufgaben orientieren: im Sinne einer „Regelmoral" geht es zunächst um die Entwicklung politisch-moralischer Urteilsfähigkeit und um Raum und Zeit für „wertbezogenes Argumentieren" (Schulze 1993, 231). Darüberhinaus bedarf Schulkultur der Aufmerksamkeit für Tugenden einer „demokratischen Sittlichkeit" (Wellmer 1993, 70). Schulkultur und Unterricht müssen offen sein für Auseinandersetzungen um „lobenswerte Charaktereigenschaften" wie auch um die (ethische) Frage „Wie wünscht man, daß alle handeln oder sind" (Tugendhat 1993, 227). Radikale Toleranz, Zivilcourage, Solidarität, Gerechtigkeit und die Bereitschaft zu rationaler Kommunikation bilden ein Minimum von „civic virtues", die eine Schulkultur der Anerkennung benötigt.

Entwicklung politisch-moralischer Urteilsfähigkeit

4. Schluß

Zu den Grunderfahrungen der politischen Bildung im „Zeitalter der Ambivalenz" gehört, daß Politiklehrer und -lehrerinnen lernen, Ambivalenzen professionell zu gestalten. Das betrifft auch die Forderung, Demokratie-Lernen im Lebens-, Erfahrungs- und Lernraum der Schule zu verankern. Die Schule in diesem Sinne neu zu denken und eine Schulkultur der Anerkennung zu gestalten ist eine Herausforderung für die politische Bildung. Sie muß sich auf die neuen und veränderten Aufgaben einlassen, ohne sich bei der Erneuerung zu überfordern: „Groß denken, aber klein anfangen" (Fleischer-Bickmann 1995, 29). Der Umbau der Schule wird ohne „Wirklichkeitssinn" nicht gelingen, also nicht ohne die Analyse von Gefahren und Risiken und ohne eine Reflexion von Handlungsgrenzen und der Schere zwischen Handlungsnotwendigkeiten und Handlungsmöglichkeiten. Trotzdem trifft auch für eine Reform der Schule zu, „daß immer mehr möglich als wirklich ist" (Musil). Die entscheidende Frage aber ist, „ob wir die Schule als Lebens- und Erfahrungsraum der künftigen Bürger wirklich wollen" (von Hentig 1995, 10).

5. Literatur

BAUER, KARL-OSWALD/KOPKA, ANDREAS 1994: Vom Unterrichtsbeamten zum pädagogischen Profi – Lehrerarbeit auf neuen Wegen. In: Rolff, Hans-Günter u. a. (Hrsg.): Jahrbuch der Schulentwicklung, Bd. 8. Weinheim/München, S. 267 ff.

BERG, HANS CHRISTOPH/SCHULZE, THEODOR 1995: Lehrkunst. Lehrbuch der Didaktik, Bd. 2: Lehrkunst und Schulvielfalt. Berlin

BRUMLIK, MICHA/HOLTAPPELS, HEINZ GÜNTER 1993: Mead und die Handlungsperspektive schulischer Akteure – interaktionistische Beiträge zur Schultheorie. In: Tillmann, Klaus Jürgen (Hrsg.): Schultheorien. Hamburg, S. 89 ff.

DUBIEL, HELMUT 1994: Ungewißheit und Politik. Frankfurt/M.

FEND, HELMUT 1977: Schulklima: Soziale Einflußprozesse in der Schule. Weinheim/Basel

FISCHER, KURT GERHARD 1982: Das Problem der Lerninhalte für den politischen Unterricht. In: Bundeszentrale für politische Bildung (Hrsg.): Zur Situation der politischen Bildung in der Schule. Bonn, S. 95 ff.

FISCHER, KURT GERHARD 1986: Erziehung zur Demokratie. In: Ders. (Hrsg.): Zum aktuellen Stand der Theorie und Didaktik der politischen Bildung. Stuttgart, S. 50 ff.

FLEISCHER-BICKMANN, WOLFF 1995: Paradigmenwechsel in der Schulentwicklungspolitik. In: Politisches Lernen 1995, Nr. 1-2, S. 9 ff.

HENTIG, HARTMUT VON 1995: Behaltet die Nerven. In: Die Zeit 1995, Nr. 37, S. 10

HENTIG, HARTMUT VON 1993: Die Schule neu denken. München/Wien

HOLTAPPELS, HEINZ GÜNTER 1994: Ganztagsschule und Schulöffnung. Perspektiven für die Schulentwicklung. Weinheim/München

HONNETH, AXEL 1992: Kampf um Anerkennung. Frankfurt/M.

KLAFKI, WOLFGANG 1991: Perspektiven einer humanen und demokratischen Schule. In: Hessisches Institut für Bildungsplanung und Schulentwicklung (Hrsg.): Schulqualität und Schulvielfalt. Das Saarbrücker Schulgütesymposium '88. Wiesbaden, S. 31 ff.

KORING, BERNHARD 1992: Grundprobleme pädagogischer Berufstätigkeit. Bad Heilbrunn

KULTUSMINISTER NRW (Hrsg.) 1988: Rahmenkonzept Gestaltung des Schullebens und Öffnung von Schule. Frechen

LIND, GEORG 1993: Demokratie und Erziehung in der Schule: Ausgangslage und Ziele des DES-Projektes in Nordrhein-Westfalen. In: Hessisches Institut für Bildungsplanung und Schulentwicklung (Hrsg.): Erziehung und Demokratie in der Schule. Wiesbaden, S. 19 ff.

LOCH, WERNER 1990: Für Lehrer erforderliche Fähigkeiten. In: Loch, Werner/Muth, Jakob: Lehrer und Schüler – alte und neue Aufgaben. Essen

MÜNCH, RICHARD 1991: Dialektik der Kommunikationsgesellschaft. Frankfurt/M.

OSER, FRITZ/ALTHOF, WOLFGANG 1992: Moralische Selbstbestimmung. Modelle der Entwicklung und Erziehung im Wertebereich. Stuttgart

OSER, FRITZ 1993: Lernen durch die Gestaltung des Schullebens – Der Ansatz der „Gerechten Gemeinschaft". In: Hessisches Institut für Bildungsplanung und Schulententwicklung (Hrsg.): Erziehung und Demokratie in der Schule. Wiesbaden, S. 27 ff.

ROLFF, HANS-GÜNTHER 1993: Wandel durch Selbstorganisation. Theoretische und praktische Hinweise für eine bessere Schule. Weinheim/München

SCHULZE, GERHARD 1992: Die Erlebnisgesellschaft. Frankfurt/M.

STEFFENS, ULRICH/BARGEL, TINO 1993: Erkundungen zur Qualität von Schule. Neuwied

TILLMANN, KLAUS JÜRGEN (Hrsg.) 1993: Schultheorien. Hamburg

TUGENDHAT, ERNST 1993: Vorlesungen über Ethik. Frankfurt/M.

WELLMER, ALBERT 1993: Endspiele: Die unversöhnliche Moderne. Frankfurt/M.

ZIEHE, THOMAS 1991: Zeitvergleiche. Jugend in kulturellen Modernisierungen. Weinheim/München

Benno Hafeneger

Politische Bildung in der außerschulischen Jugendbildung

1. Der politische Rahmen der Jugendbildung

Politische Bildung für Jugendliche und junge Erwachsene[1] hat zwei zentrale Lernorte: die schulischen und die außerschulischen (nachschulischen) Bildungsangebote. Beide basieren auf unterschiedlichen politischen Vorgaben, rechtlichen Rahmenbedingungen und organisatorischen Grundlagen; sie haben unterschiedliche Inhalte, Strukturen und Lernformen. Gleichzeitig gibt es seit einigen Jahren erste Ansätze von Kooperation und auch von produktiven Lernverhältnissen. Die außerschulische Erziehung und Bildung hat in diesem Jahrhundert eine Tradition, die auf nationaler Ebene im Reichsjugendwohlfahrtsgesetz (RJWG), im Jugendwohlfahrtsgesetz (JWG) und seit 1990 im Kinder- und Jugendhilfegesetz (KJHG) als öffentlich-rechtliche Aufgabe niedergeschrieben wurde; sie ist damit für die entstehende, eigenständige und sich sukzessive verlängernde Jugendphase zu einem lebensbegleitenden Lernangebot geworden. Das steuerungs- und förderungspolitische Instrument des Bundes ist seit dem Jahre 1950 der Bundesjugendplan (als Fond), die inhaltlichen und förderungspolitischen Instrumente der Länder sind in Landesjugendplänen und Jugendbildungsgesetzen geregelt, und auf kommunaler Ebene gibt es – orientiert am gesetzlichen Rahmen des Bundes und der Länder – spezifische Kreisjugendpläne, Förderungsrichtlinien und -programme. Daneben gibt es in mehreren Bundesländern seit Mitte der siebziger Jahre unterschiedlich akzentuierte Freistellungsgesetze auch für die politische Bildung, die auch für Jugendliche und junge Arbeitnehmer gelten (insb. das Instrument des Bildungsurlaubs). Im KJHG und in der Geschichte des Bundesjugendplans ist ein Bildungskanon aufgelistet, in dem die politische Bildung neben der sozialen, kulturellen, interna-

Förderung von Jugendbildung auf Bundes-, Landes- und kommunaler Ebene

tionalen, arbeitsweltbezogenen, sportlichen Bildung ein Lernaspekt ist.

Politische Bildung ist in der Geschichte der Bundesrepublik zu einem wichtigen Bestandteil und zeitweise auch übergeordneten Prinzip der außerschulischen Jugendarbeit und -bildung geworden; sie ist strukturell dem Subsidiaritätsprinzip und dem politischen Pluralismus (Förderungswürdigkeit) der freiheitlich-demokratischen Grundordnung verpflichtet. Außerschulische politische Jugendbildung ist rechtlich und strukturell wiederum ein Teil von Jugendarbeit (-pflege) und von Jugendhilfe als dem gesamten Feld der außerschulischen Erziehung; damit bleibt sie angesiedelt im Spannungsfeld von Zielen, Aufgaben und Interessen der Jugendhilfe-/Sozialpolitik einerseits und der Bildungspolitik andererseits.

2. Nachkriegsgeschichte der politischen Jugendbildung

Wechselnde Zielsetzungen der politischen Jugendbildung

Die Förderung und die Konjunkturen von politischer Bildung können für die Geschichte der Bundesrepublik materialreich rekonstruiert werden. Sie sind mit ihren Zielsetzungen und Leitmotiven vor allem abhängig von den jeweiligen politischen Konstellationen und Interessen, von den Problemlagen und den Äußerungsformen von Jugendlichen sowie von der Diskussion „über" Jugend[2]. Jugendarbeit und politische Bildung sind „als Orte demokratischer Erziehung" mit sich historisch wandelnden „Vergesellschaftungsinteressen" verbunden und in korporatistische Strukturen eingebunden (vgl. Münchmeier 1991, 86 ff.). Der Beginn der außerschulischen politischen Bildung nach 1945 kann auf den ersten Bundesjugendplan datiert werden; mit dessen staatlicher Förderung (dann folgten auch die Bundesländer) ab dem Jahre 1950 (er hieß zunächst „Bundesaktion zur Förderung der Jugend") begann eine erste Phase – auch der engen Zusammenarbeit zwischen Staat und freien Trägern – in der Bundesrepublik (vgl. Keil 1969; Nickles 1976; Collm 1989; Seitz 1993). Der größte Teil der Mittel (etwa zwei Drittel von 18 Millionen DM) wurde für die Behebung der Jugendberufsnot und die Förderung in Notstandsgebieten bestimmt. Es gibt aber bereits Ansätze einer „staatspolitischen Erziehung" wie auch internationaler Jugendarbeit sowie der Förderung von Jugendverbänden. Der Bundesjugendplan kennt keinen Rechtsanspruch des Geförderten, „von Anbeginn an war jedoch auch die Förderung der politischen Bildung ein angestrebtes Ziel" (Lüers 1979, 63). Neben der Behebung der materiell-sozialen Not der Nachkriegsjugend ging es nach dem Bundesjugendplan um solche politischen Bildungsangebote, die Orientierungen und Verhaltensweisen vermitteln sollten, mit der die Aufbauphase der jungen Demokratie gesichert und Gefährdungen der Demokratie („von links und rechts") verhindert werden sollten. Politische Bildung wurde in den fünfziger Jahren als staatspolitische Aufgabe und „positiver Verfassungsschutz" sowie als ein Instrument im Kalten Krieg verstanden. Ende der fünfziger Jahre bis zum Beginn der sechziger Jahre wurden die Bundesjugendpläne vor allem als ein Instrument begründet, das sich mit der „Antisemitismuswelle" (Hakenkreuzschmierereien, Schänden von jüdischen Friedhöfen) in der Bundesrepublik auseinandersetzen sollte. Ab 1958 werden die Bildungsausgaben im Bundesjugendplan sukzessive erhöht; insbesondere auch für politische Jugendbildung, die „durchgehend bis 1970" (Seitz 1993, 69) zu den Großfeldern der Förderung gehört. Gleichzeitig setzt bei den Trägern – vor allem den Jugendverbänden – ab Ende der fünfziger Jahre ein Reflexionsprozeß über die Aufgaben im Spannungsfeld von „politischer Bildung und unbewältigter Vergangenheit" ein. Krusche schreibt u. a.: „Die jungen Menschen empfinden sehr deutlich, daß Autorität und guter Rat dort in Frage gestellt sind, wo Reden und Handeln auseinanderklaffen, wo staatsbürgerliche Bildung als Alibi für das eigene uneingestandene Versagen gut sein soll und wo viele Menschen der älteren Generation ausweichen, wenn nach der jüngst vergangenen Epoche der deutschen Geschichte gefragt wird" (zit. nach Faltermaier 1982, 91). In der Jugendarbeit beginnt zu dieser Zeit ein Prozeß der Neudefinition, in dem die politische Bildung stärker akzentuiert wird; so heißt es u. a. anläßlich des Grundsatzgespräches des Bundesjugendringes in St. Martin/Pfalz im Jahre 1962 zu den Aufgaben der Jugendverbände: „Sie sehen ihr Aufgaben-

Die 50er Jahre konzentrierten sich auf die materiell-soziale Not und den Aufbau der Demokratie

In den 60er Jahren übernimmt Jugendarbeit eine erzieherische Funktion

feld im außerschulischen Bildungs- und Erziehungsbereich. Sie erfüllen bewußt eine ergänzende Erziehungsfunktion neben Elternhaus und Schule und isolieren sich dabei nicht vom gesellschaftlichen Leben" (Deutscher Bundesjugendring 1962, 449). Politische Bildung wird unter Gesichtspunkten wie „Ganzheitlichkeit des Lernens" zur Grundlage jedweder Jugendarbeit erklärt. Unter diesem Prinzip werden Bereiche wie soziale, sportliche, ökologische, technische, kompensatorische und internationale Jugendarbeit zusammengeführt. Im Selbstverständnis von Trägern setzt sich – theoretisch gestützt – im Zeitraum Mitte der sechziger bis Mitte der siebziger Jahre eine subjektbezogene, gesellschaftskritische und emanzipatorische Orientierung durch. Politische Bildung wird zu einem Instrument erklärt, das Emanzipation und Demokratisierung fördern helfen soll, das ein einmischendes und experimentelles Lernfeld ist.

Bis Mitte der 70er Jahre hat sich ein emanzipatorisches Verständnis von Jugendarbeit etabliert

Mit Beginn der siebziger Jahre stagniert die Förderung durch den Bundesjugendplan und wird langsam rückläufig; gleichzeitig verabschieden mehrere Bundesländer Jugendbildungsgesetze und stellen die Förderung (Personal, Veranstaltungen und auch Freistellungen) auf eine neue inhaltliche, rechtliche und förderungspolitische Basis. Seitz bilanziert die Wandlungen in den Zielvorstellungen, die wechselnden Schwerpunktsetzungen und die sich ausdifferenzierte Programmvielfalt des Bundesjugendplanes – in dem politische Bildung nur ein bescheidener Teil ist und politisch-emanzipatorische Ausrichtungen eher unbedeutend sind – folgendermaßen: „Bis in die fünfziger Jahre hatte der Bundesjugendplan sehr starken Fürsorgecharakter, weil er der Behebung der Kriegsfolgen diente. Zunächst verharrte er auch ab 1957 in seinen Grundstrukturen, besonders mit der starken Beziehung zur Familienförderung. ... In der Zeit von 1965 bis 1969/70 tritt dann mehr und mehr die außerschulische Bildungsförderung, besonders die politische Bildung in den Vordergrund" (1993, 102). Während die Länder ab Mitte der siebziger Jahre ihre Förderung absichern und zunächst kontinuierlich steigern, reduziert sich der Anteil der politischen Bildung im Bundesjugendplan im Zeitraum von 1980 von prozentual 3,52 auf 2,34 vom Gesamtvolumen im Jahre 1990. Auch in der Länderförde-

Die finanzielle Förderung verlagert sich während dieser Zeit vom Bund auf die Länder

rung setzen Ende der siebziger und Anfang der achtziger Jahre Stagnation und Abbauprozesse ein; zwischen staatlicher Politik und Trägern, aber auch innerhalb von Trägern kommt es zu erheblichen Auseinandersetzungen um die Ziele und Aufgaben, das Selbstverständnis und die Spielräume von politischer Bildung (angelegt im Spannungsfeld zwischen Kontrolle und Autonomie) wie auch über die Arbeit der hauptamtlichen Jugendbildungsreferenten (vgl. Damm u. a. 1978). Innerhalb der Träger (vor allem in Jugendverbänden) wird die politische Bildung, die lange Zeit konstitutiv war, reduziert: „In keinem Bereich waren die nun forcierten Veränderungsprozesse so deutlich sichtbar wie in der Auseinandersetzung um die politische Bildung. Einst das Kernstück emanzipatorischer Jugendarbeit, wurde nun immer häufiger ihr Übergewicht gegenüber anderen Handlungsbereichen kritisiert" (Krafeld 1991, 100). Mit der Spardiskussion und Konsolidierung der öffentlichen Haushalte stagniert seit Ende der achtziger Jahre die Förderung von politischer Bildung, das Lernfeld ist von politischem Bedeutungsverlust gekennzeichnet. Diese Tendenz geht in der ersten Hälfte der neunziger Jahre mit dem förderungspolitischen Rückzug von staalicher Seite weiter; dies ist gleichzeitig mit der paradoxen Aufforderung verbunden, sich im Rahmen von politischer Bildung mit den demokratiegefährdenden Tendenzen (Fremdenfeindlichkeit, Gewalt, Rechtsextremismus) auseinanderzusetzen (vgl. Hafeneger 1995). Mitte der neunziger Jahre ist die politische Bildung eingebunden in Krisendebatten und eine Sparpolitik, in denen sich die bildungspolitischen Rahmenbedingungen verschlechtern und neue Diagnosen über die Strukturen und Entwicklungen der modernen Gesellschaft – mit den Stichworten: Risiko-/ Zivil-/ Ein-Drittel-Zwei-Drittel-Gesellschaft, Individualisierung, Modernisierung, Pluralisierung – angeboten werden.

Kontrolle oder Autonomie? Im Streit um die Aufgaben politischer Bildung reduzieren die Träger ihre Zuwendungen

Seit Ende der 80er Jahre stagniert die Förderung jugendpolitischer Arbeit

3. Selbstverständnis und Theorien

Die Entwicklung der politischen Bildung ist begleitet und beeinflußt von der wissenschaftlichen Diskussion und einer Tradition von Theorieangeboten, die sich vor allem um Begriffe wie Emanzipation, Erfahrungs-, Interessen- und Bedürfnisorientierung zentrieren. Damit wird ab Mitte der sechziger Jahre ein Perspektivenwechsel eingeleitet, mit dem die TeilnehmerInnen nicht mehr Objekt, sondern Subjekt politischer Bildung sein sollen; es geht in den theoretischen Begründungen und der praktischen Ausgestaltung von Lernprozessen um deren Erfahrungen, Lebenszusammenhänge und Lernmotive. In den Veröffentlichungen „Erziehung und Emanzipation" (Mollenhauer 1968) und „Erziehung zur Mündigkeit" (Adorno 1970) wird – im Rahmen einer dann folgenden regen und auch kontroversen Theoriediskussion zur progressiven, antikapitalistischen, emanzipatorischen Bildungsarbeit – der theoretische Grundstein der Emanzipationspädagogik gelegt, in der die kritischen, parteinehmenden und demokratisierenden Bildungschancen profiliert werden. Politische Bildung als „kritisches Potential", als spannungs- und konfliktreiches Lernfeld wird mit Befähigungskategorien wie Mündigkeit im individuellen und gesellschaftlichen Sinne, politischem Engagement, gesellschaftlichen Veränderungen, kritischer Rationalität und Aufklärung verbunden[3]. Tietgens (1965) verweist in diesem Prozeß der „Ortsbestimmung" darauf, daß bei vielfältigen methodischen Arrangements, die keinen Spielraum für beliebige Manipulationen bekommen dürfen, Bildung immer Lernen, „letztlich immer Bewußtseinsbildung ist". In der weiteren Geschichte wird eine „Ortsbestimmung" der politischen Bildung auszubalancieren versucht, die einerseits einem Pluralismuskonzept (Träger, Themen, Lernformen, Selbstverständnis) unterliegt, andererseits aber gemeinsame politisch-pädagogische Leitmotive akzentuiert; dazu gehören ihr eigenständiger Bildungsbeitrag im Spannungsfeld des Bildungs- und Jugendhilfesystems (u. a. über Jugendbildungsgesetze der Länder gesichert) und die Begründung von subjektzentrierten Lernangeboten und -prozessen, die sich an den Teilnehmern, deren Erfahrungen, Bedürfnissen und Motiven orientieren. Damit schließt die außerschulische politische Bildung als freiwilliger und sich selbst tragender Bildungsprozeß – in Abgrenzung zur schulischen Pädagogik – grundsätzlich jegliche Form von oktroyierten „Maßnahmen", von Überbürdung aus. Die theoretischen Fundierungen differenzieren sich, sie reichen von dezi-

Vom Objekt zum Subjekt politischer Bildung

Differenzierung der theoretischen Konzepte

diert gesellschaftskritischen (kapitalismuskritischen) Dimensionen bis hin zu mehr konkretem, trägerbezogenem und sozialpolitischem Engagement. Alltags- und lebensweltbezogene Begründungen und Lernkonzepte akzentuieren seit Ende der achtziger Jahre – auf dem Hintergrund von ökonomisch-sozialen Wandlungsprozessen und Krisen sowie kulturellen Erosionsprozessen der modernen Gesellschaften – vor allem Kompetenzen und Orientierungen im Bereich von politischen, sozialen, ökologischen und kulturellen Schlüsselqualifikationen, um die pädagogische Diskussion wieder politikfähig zu machen.

Trend zur Entpolitisierung

Dies reflektiert auch Entwicklungen innerhalb der politischen Bildung, deren Verrechtlichung, Institutionalisierung, Bürokratisierung und Pädagogisierung in den achtziger und neunziger Jahren – so lassen sich die Trends markieren – auch zu ihrer Entpolitisierung beigetragen haben. Ziehe plädiert auf dem Hintergrund der veränderten Jugendphase, von neuen Lebensformen und Alltagskulturen, der Potenzierung und Trivialisierung von Jugendlichsein sowie den notwendigen Identitätserprobungen für eine „Lernkultur, die ... gerade Fremdheitserfahrungen einführen und fördern sollte" (1994, 259). Negt favorisiert auf dem Hintergrund von Existenzfragen der Demokratie kreative Lernprozesse und akzentuiert als gesellschaftliche Schlüsselqualifikationen: Kompetenz der Selbst- und Fremdwahrnehmung, technologische, ökologische, historische und Gerechtigkeitskomptenz (1994, 283 ff.).

Widersprüchliche Erwartungen an politische Bildung

Die Debatten „über" Jugend und deren Krisen haben in der ersten Hälfte der neunziger Jahre vor allem auch deren niedrige Wahlbeteiligung, die Politik- und Parteienverdrossenheit zum Thema. Dafür wird von Vertretern der institutionalisierten Politik entweder die politische Bildung mitverantwortlich gemacht oder aber sie soll als „Feuerwehr" helfen, Entfremdungseffekte und -prozesse gegenüber dem politischen System und den demokratischen Parteien zu korrigieren. In der Distanz von Jugendlichen zur Politik – und die Wahlbeteiligung ist hierfür nur ein Indikator – zeigen sich Probleme der (fehlenden) politischen Partizipation, die im gesamtgesellschaftlichen Kontext mit ihren Modernisierungskrisen, Umbrüchen und Erosionen gesehen werden müssen (Koopmann 1994). Die komplexen gesellschaftlichen Modernisierungsprozesse werden in der ersten Hälfte der neunziger Jahre zu einem bedeutsamen Thema in der politischen Bildung. Mit Blick auf deren Folgen für die Jugend und ihrer „Aneignung von Welt" (Rezeptionsweisen) pendelt in der wissenschaftlichen und konzeptuellen Diskussion die Positionssuche der politischen Bildung zwischen Neuformulierung und -begründung (u. a. alltags- und lebensweltliche, sozialökologische Orientierung) ihres Lernortes bis hin zu generellen Infragestellungen (Thole 1995).

Politische Bildung zwischen Neubegründung und genereller Infragestellung

4. Themen, Träger und Lernfelder

Politische Bildung ist ein eigenständiges Lernfeld, dessen Angebote vor allem im Rahmen von kurzzeitpädagogischen Veranstaltungen organisiert werden. Neben einem breiten Verständnis und übergeordneten Anspruch, nach dem jegliche Jugendarbeit (Gruppenarbeit, Projektarbeit, Kultur-/ Medienarbeit, internationale Begegnungen etc.) und vor allem die politische (kulturell oder medial gestützte) Aktion (Praxis) politische Bildung sind, sind nach dem engeren Verständnis – rechtlich und förderungspolitisch abgesichert – der Kongreß, die Tagung, das Seminar, der work-shop, die kontinuierliche Arbeitsgemeinschaft und vor allem der in 10 von 16 Bundesländern rechtlich abgesicherte Bildungsurlaub die zentralen Lernformen der politischen Bildung. Das letztere Instrument mit dem bezahlten Freistellungsanspruch von meist fünf Arbeitstagen zum Zwecke der politischen Bildung und der beruflichen Weiterbildung ist ein dominierendes Lernfeld. Die jährliche Inanspruchnahme (Teilnehmerquote) verbleibt seit dem Inkrafttreten der Freistellungsgesetze jedoch auf einem niedrigen Niveau; in den meisten Ländern liegt der Anteil aller Anspruchsberechtigten, die vom Bildungsurlaub Gebrauch machen, unter drei Prozent (vgl. Hafeneger/Wittmeier [Hrsg.] 1983; Meder 1995; Ochs/Seifert 1995; Wagner 1996).

Bildungsurlaub als zentrale Lernform für politische Jugendbildung

Die Lernform des Bildungsurlaubs – wie auch anderer Zeitformen – zeigen in den inneren Entwicklungen eine enorme Produktivität bezüglich Themen, Lernformen, Methoden und Zielgruppen. Neben den Bildungsurlaubsangeboten für Auszubildende und junge Beschäftigte gibt es Angebote für Schüler

Breites Themenangebot

(z. B. Schulabgangsklassen), für Mädchen und junge Frauen, Jugendgruppenleiter in Jugendverbänden und vielfältige andere Zielgruppen. Die thematischen Angebote umfassen alle die Themen, die in der gesellschaftlichen und politischen Diskussion sind und die konkreten Lebenssituationen berühren oder beeinflussen (u. a. Demokratie und Demokratiegefährdung, Ausbildung/Arbeit, Armut, Ökologie, Wohnen, Technologie, Medien, Geschlechterfrage, Sexualität).

Die größten Trägergruppen sind die öffentlichen Träger (Jugendpflege, kommunale Bildungswerke, Volkshochschulen, staatliche Bildungsstätten), die freien Träger (insb. das breite Spektrum der Jugendverbände, Bildungsstätten, Wohlfahrtsverbände und Institutionen) sowie viele Initiativen auf lokaler Ebene. Die inhaltliche Diskussion über die Organisation von Lernprozessen, über Wirkungen und Reichweiten hat zu einem produktiven Nebeneinander von Lernformen beigetragen; diese reichen vom „klassischen" Seminar in einer Bildungsstätte über projektbezogene Arbeit (u. a. Medien, Theater, Musik, Geschichte), tätige Untersuchungs- und Aneignungsformen (u. a. Aufenthalte in anderen Ländern und Begegnungen mit fremden Kulturen, kombiniert u. a. mit Wanderungen, Besichtigungen) bis hin zur Verknüpfung von kurzzeitpädagogischen Lernangeboten mit dem Alltag von Jugendlichen (z. B. Einrichtungen der Jugendhilfe, in Jugendhäusern, Betrieben, Vereinen und Verbänden, im Stadtteil). Neben der Kategorie „Vernetzung" mit ihrer Bedeutung für die Organisation von Lernprozessen hat vor allem die pädagogische Diskussion um kulturell-ästhetische, mediale, abenteuer- und bewegungsorientierte Ansätze die politische Bildung produktiv beeinflußt (vgl. Dewe 1994).

Produktives Nebeneinander von Lernformen

5. Verrechtlichung und Professionalisierung

Es gab bis Ende der sechziger Jahre bei den Trägern erhebliche Vorbehalte und Bedenken gegenüber der Einstellung von hauptamtlichen Referenten, pädagogischen Mitarbeitern und der Professionalisierung der politischen Bildung. Ende der sechziger und zu Beginn der siebziger Jahre setzte innerhalb der freien Träger – stimuliert durch die Jugendbewegungen und flankiert durch die staatliche Förderung – ein Prozeß der programmatischen Neuorientierung in der Jugendarbeit ein, in dem politische Bildung zu einem übergeordneten Verständnis und Handlungsprinzip wurde. Unter den Stichworten Demokratisierung, Interessenorientierung und Emanzipation gab es auch Debatten über die Bedeutung und Aufgaben der Professionalisierung. Mit der Förderung im Rahmen des Bundesjugendplanes und der Ländergesetze wurden in der ersten Hälfte der siebziger Jahre (in NRW bereits 1967) die ersten Bildungsreferenten eingestellt; dem folgten bis etwa Mitte der achtziger Jahre weitere Professionalisierungsschübe bei freien und öffentlichen Trägern. Mit der Einstellung von Bildungsreferenten und pädagogischen Mitarbeitern haben die Träger ihre Strukturen und Angebote erweitert und eine ausgewiesene pädagogische (fachliche, didaktische und methodische) Kompetenz entwickelt. Zum professionellen Leitmotiv wurde – bei allen Differenzierungen und Auseinandersetzungen innerhalb von Trägern, zwischen Trägern und staatlicher Förderung –, den Jugendlichen die Chance zu einem erfahrungs- und interessengeleiteten, selbstverantwortlichen Lernen zu geben. Der außerschulische Lernprozeß – so gerade auch die Abgrenzung gegenüber der schulisch organisierten politischen Bildung – belehrt und unterrichtet nicht „Fächer", sondern er schafft Lernorte und -zeiten, und er fördert für Jugendliche solche Lernsituationen und -prozesse, die auf Autonomie, Reflexivität und Kompetenz (im Negtschen Sinne) setzen[4].

Professionalisierung der Jugendarbeit

Abgrenzung gegenüber der schulischen politischen Bildung

6. Perspektiven

Vor dem Hintergrund von Krisendebatten und Abbauprozessen in den letzten Jahren können für die Zukunft der politischen Jugendbildung zwei Perspektiven angedeutet werden: Eine ist eher beruhigend und beschwichtigend, die andere eher alarmierend und besorgniserregend. Die erste Perspektive kann mit Argumenten wie „politische Bildung war immer Konjunkturen unterworfen", „politische Bildung hat es – mit einem gewissen Auf und Ab – in der Geschichte der Bundesrepublik immer gegeben und wird es weiter geben; wenn vielleicht auch auf niedrigerem Niveau". Damit wird auf ökonomisch und für

Entscheidend für die zukünftige Perspektive politischer Jugendbildung:

die staatlichen Haushalte bessere Zeiten verwiesen. Die zweite Perspektive sieht - unabhängig von der staatlichen Finanzsituation - einen deutlichen, schon länger anhaltenden Prozeß der Abkehr von politischer Jugendbildung, erkennt andere Prioritäten und - im Kontext von Umbau, Privatisierung und Markt - den generellen Rückzug des Staates aus bisherigen sozialen und bildungspolitischen Aufgaben (Hafeneger/Nuissl 1995). Es gibt für beide Positionen vielfältige Hinweise und gute Argumente; in der Auseinandersetzung mit ihnen sind für die Perspektiven von politischer Jugendbildung vor allem drei Herausforderungen zentral:

– Verständigung über originäre Bedeutung

1. Der politischen Jugendbildung - ihren Theorien, Trägern und Mitarbeitern - muß es gelingen, ihre originäre (eigene und vernetzte) Bedeutung in der politischen Sozialisation von Jugendlichen heute plausibel zu begründen und zu vertreten. Es gibt für die Originalität dieses Lernfeldes gute Gründe; sie reichen von prinzipiellen Hinweisen wie „Orte und Zeiten für Nachdenken", des Probehandelns und „Lernfeld Demokratie" bis hin zu konkreten - und gleichzeitig basalen - politischen, sozialen und kulturellen Befähigungen wie Streiten, Zuhören, Kompromisse schließen, Toleranz zu lernen.

– Verteidigung eines flexiblen und freien Handlungsfelds

2. Politische Bildung muß ihr flexibles, experimentelles und freies Handlungsfeld erhalten; in ihm kann risikoarm Lernen ausprobiert und eine einladende Lernkultur erfahren werden. Dies ermöglicht vielen Jugendlichen neue Wahrnehmungs-, Erfahrungs- und Denkdimensionen, und damit kann politische Bildung für sie biographisch interessant und prägend werden.

– Lernangebote neben Konsum und Medien

3. Politik und Gesellschaft müssen sich in der Auseinandersetzung mit ihrer Zukunft und den lebenswerten Perspektiven der jungen Generation entscheiden, welche absichtsvollen Erfahrungen und Lernangebote (als Option) sie ihnen in der Freizeit - neben Konsum, Moden, Medien, Kommerz - machen will. Dabei geht es um Kompetenzen, die für die sozialen Grundlagen und die weitere Entwicklung einer partizipativen Demokratie, für Problemlösungen, für die Austragung von Konflikten und den Zusammenhalt sowie den Solidaritätsbestand der Gesellschaft von Bedeutung sind.

7. Anmerkungen

1 Mit den Sammelbegriffen Jugendliche, junge Erwachsene, Schüler, Jugendgruppenleiter, Teilnehmer, pädagogische Mitarbeiter, Jugendbildungsreferenten sind immer beide Geschlechter gemeint.

2 Die Geschichte des Bundesjugendplanes wird mit seinen unterschiedlichen Phasen und jugendpolitischen Interessen in der Studie von Seitz (1993) systematisch rekonstruiert. Für die Jugendpolitik eines Bundeslandes - hier Hessen - vgl. die Studie von Ulf Lüers (1979).

3 Dabei schwingen immer auch Reste von einem „Mythos Jugend" mit; Teile der Erwachsenengeneration und auch Wissenschaft und Pädagogik erhoffen sich, daß von der Jugend (als historischer Kraft) bedeutende gesellschaftliche, kulturelle und politische Veränderungen (Neuerungen) ausgehen.

4 Hier sei darauf hingewiesen, daß auch in solchen Lernangeboten und intendierten Lernprozessen die Teilnehmer ihren Eigensinn haben, daß deren Lernmotive „quer liegen" können, daß mit unterschiedlichen Strategien von Widerständen und Lernblockierungen gerechnet werden muß.

8. Literatur

ADORNO, THEODOR, W. 1970: Erziehung zur Mündigkeit. Frankfurt/M.

BÖHNISCH, LOTHAR/MÜNCHMEIER, RICHARD 1987: Wozu Jugendarbeit? Weinheim/München

COLLM, STEFAN 1989: 40 Jahre Bundesjugendplan - ein kritischer Rückblick. In: Deutscher Bundesjugendring (Hrsg.): Texte zur Zeitgeschichte (Kein Alter zum Ausruhen. 40 Jahre DBJR). Düsseldorf, S. 238-246

GIESECKE, HERMANN 1993: Politische Bildung. Weinheim / München

HAFENEGER, BENNO 1995: Gewalt und Rechtsextremismus . Herausforderungen für die politische Jugend- und Erwachsenenbildung. In: Hufer, Klaus-Peter (Hrsg.): Politische Bildung in Bewegung. Schwalbach/Ts., S. 15- 40

HAFENEGER, BENNO/NUISSL, EKKEHARD 1995: Politische Jugend- und Erwachsenenbildung. In: hessische jugend, H. 2/1995, S. 4-7

DAMM, DIETHELM u. a. 1978: Jugendpolitik in der Krise. Frankfurt/M.

DEUTSCHER BUNDESJUGENDRING 1962: Selbstverständnis und Wirklichkeit der heutigen Jugendverbandsarbeit. In: deutsche jugend, H. 10, S. 449- 452

DEWE, BERND 1994: Grundlagen nachschulischer Pädagogik. Bad Heilbrunn

KEIL, ANNELIE 1969: Jugendpolitik und Bundesjugendplan. München

KOOPMANN, KLAUS 1994: Die politische Beteiligung junger Menschen: (k)ein Thema für die politische Bildung? In: Aus Politik und Zeitgeschichte, B 45-46/94 (11. November 1994), S. 23-28

KRAFELD, FRANZ JOSEF 1991: Von der Politisierung zur Pädagogisierung. In: Böhnisch, Lothar u. a. (Hrsg.): Handbuch Jugendverbände. Weinheim/ München, S. 93-101

KRUSCHE, PETER 1983: Warten auf Bewegung. In: Faltermaier, Martin (Hrsg.): Nachdenken über Jugendarbeit. München, S. 87-93

LÜERS, ULF 1979: Jugendarbeit im Zugriff von Verwaltung und Politik. Frankfurt/M.

MEDER, CHRISTOPH 1995: Die Rechtsprechung der Arbeitsgerichte und das Verhalten der Arbeitgeber. In: hessische jugend, H. 2 (Thema: Bildungsurlaub), S. 11-14

MOLLENHAUER, KLAUS 1968: Erziehung und Emanzipation. München

MÜNCHMEIER, RICHARD 1991: Die Vergesellschaftung der Jugendverbände. In: Böhnisch, Lothar u. a. (Hrsg.): Handbuch Jugendverbände. Weinheim/ München, S. 86-92

NEGT, OSKAR 1984: Wir brauchen eine zweite, eine gesamtdeutsche Bildungsreform. In: ders. (Hrsg.): Die zweite Gesellschaftsreform. Göttingen

NICKLES, BRUNO 1976: Jugendpolitik in der Bundesrepublik Deutschland. Opladen

OCHS, CHRISTIANE/SEIFERT, HELMUT 1995: Weiterbildungszeit: Arbeitszeit oder Freizeit. Düsseldorf

SEITZ, WALTER 1993: Der Bundesjugendplan 1950 bis 1990. Strukturwandlungen eines jugendpolitischen Instrumentariums. In: Jahrbuch für Jugendsozialarbeit (Bd. 14). Köln, S. 49-133

THOLE, WERNER 1995: Kinder- und Jugendarbeit: Freizeitzentren, Jugendbildungsstätten, Aktions- und Erholungsräume. In: Krüger, Heinz-Herrmann/Rauschenbach, Thomas (Hrsg.): Einführung in die Arbeitsfelder der Erziehungswissenschaft. Opladen, S. 107-123

TIETGENS, HANS 1965: Jugendarbeit als Jugendbildung? In: deutsche jugend, H. 3

WAGNER, ANJA 1996: Teilnahme am Bildungsurlaub. Düsseldorf (Bundesarbeitskreis Arbeit und Leben)

ZIEHE, THOMAS 1994: Jugend, Alltagskultur und Fremdheiten. Zur Reform der Lernkultur. In: Negt, Oskar (Hrsg.): Die zweite Gesellschaftsreform. Göttingen 1994, S. 258-265

Klaus-Peter Hufer

Politische Bildung in der Erwachsenenbildung

1. Lernorte und Infrastruktur

Es gibt keinen exklusiven Anspruch auf *den* authentischen Ort politischer Erwachsenenbildung. In einer demokratischen Gesellschaft hat ein Erwachsener potentiell jederzeit die Gelegenheit, sich politisch (weiter) zu bilden. Im folgenden soll der Blick konzentriert werden auf die organisierten und intentionalen politischen Bildungsprozesse Erwachsener. Darunter sind solche zu verstehen, die innerhalb der Einrichtungen und Institutionen der Erwachsenenbildung stattfinden, im voraus geplant wurden und entweder als Vorträge einmalig (üblicherweise anderthalb Stunden lang), als Abend-/Tageskurse und -seminare in einem wöchentlich wiederkehrenden Turnus oder als Wochen- oder Wochenendseminare in kompakter Form durchgeführt werden. Die Einrichtungen stellen ReferentInnen, KursleiterInnen, Räume und ihre technischen Möglichkeiten zur Verfügung, schreiben die Veranstaltungstexte aus und werben bei den AdressatInnen.

Organisationsformen der Erwachsenenbildung

Thema und Lerngegenstand sind – oft lange vor der Veranstaltung – im voraus festgelegt und pädagogisch geplant worden. Daneben gibt es auch eine nichtinstitutionalisierte oder -organisierte politische Bildung. Diese findet im Alltag der Menschen statt. Dort ergeben sich Anlässe und Situationen, die zu Reaktionen von Betroffenen oder Interessierten führen, meistens mit der Absicht, entsprechend politisch zu handeln. Dabei werden in der Gruppe, die sich zusammengefunden hat, Kenntnisse und Sachzusammenhänge erarbeitet und erworben. Das Wissen und die Informationen haben primär einen instrumentellen Charakter – sie sollen zum beabsichtigten Handlungserfolg führen. Lern- und Bildungsziel sind im Unterschied zum Handlungsziel zunächst nicht beabsichtigt.

Genau umgekehrt verhält es sich bei der institutionalisierten

Bildungsarbeit. Hier wird üblicherweise zunächst über einen Stoff und allenfalls daraus abgeleitet (und keineswegs immer) über eine Aktion verhandelt. Die institutionalisierte politische Erwachsenenbildung läßt sich in drei Trägergruppen gliedern (siehe im folgenden Hufer/Unger 1989; Hufer 1992; 62-95; Hufer 1993). Einmal gibt es die öffentlich getragenen Bildungseinrichtungen, deren Auftrag es ist, sich an alle BürgerInnen zu wenden oder aber, falls sie mit einigen Angeboten spezielle Zielgruppen ansprechen, sich mit ihrem vollständigen Programm nicht nur und ausschließlich an diese zu richten. Die bekanntesten Einrichtungen sind die Volkshochschulen. Sie sollen in ihrer politischen Bildungsarbeit insgesamt neutral und „ausgewogen" sein. Lernen und Handeln werden getrennt.

Öffentliche Träger

Die zweite Gruppe setzte sich aus den Einrichtungen zusammen, die sich in „freier" Trägerschaft befinden. Dabei handelt es sich überlicherweise um weltanschaulich gebundene Gruppen und Organisationen (daher ist das Attribut „frei" irreführend), die ihre partiellen Ziele verfolgen. Es ist nicht ausgeschlossen, sondern legitim, daß Trägerzugehörigkeit und -ziele auch in der von diesen Einrichtungen organisierten politischen Bildungsarbeit zum Ausdruck kommen. Einrichtungen dieser Art werden unterhalten von Parteien, Kirchen, Gewerkschaften und Wirtschaftsverbänden.

„Freie" Träger

Die dritte Gruppe ist die jüngste: Aus Protest gegen die Etabliertheit der Einrichtungen in öffentlicher und freier Trägerschaft und frustriert von den Grenzen dort (z. B. bürokratische Strukturen und keine politischen Handlungsmöglichkeiten bei den Volkshochschulen und nur weltanschaulich motivierte bzw. trägerinteressengeleitete Aktivitäten bei den anderen Einrichtungen) sind im Zuge der Ökologie-, Friedens-, Frauen- und Alternativbewegung viele Menschen in selbstorganisierten Gruppen und Initiativen aktiv geworden. Aus vielerlei praktischen Gründen heraus sind in den siebziger Jahren „alternative" Einrichtungen, Bildungshäuser, -werkstätten und -läden entstanden. Dort sind feste MitarbeiterInnen eingestellt und entsprechende Arbeits- und Entscheidungsformen aufgebaut worden. Die wesentlichen bildungspolitischen Ansprüche sind nach wie vor Basis- und Handlungsorientierung.

Selbstorganisierte Gruppen

2. Was ist „politisch“, was „Bildung“?

Mit dieser eher formalen Beschreibung ist noch nichts über die Qualität der in den jeweiligen Einrichtungen angebotenen und durchgeführten politischen Bildung gesagt worden. Trotz der immer wiederkommenden Kontroversen um die Vorstellungen von Politik und Bildung dürften die folgenden drei Kriterien konsensfähig sein:

Konsensfähige Kriterien für politische Bildung

- Der Lern-, Diskussions- und Verhandlungsgegenstand leitet sich aus „der Politik“ ab und/oder hat zumindest politische Relevanz. Bei der Bestimmung dessen, was „Politik“ oder „politisch“ ist, ist es sinnvoll, die drei Dimensionen von Politik - polity (die institutionelle Form), politics (der prozessuale Verlauf), policy (der normative Inhalt) (von Alemann 1994, 143) - der Auswahl des Gegenstandes der Betrachtung zugrunde zu legen.

Politische Relevanz des Gegenstands

- Politische Bildung ist keine politische Werbung, sie will also keine emotional beeinflußten Loyalitäten erzeugen oder festigen. Unkritische Anpassung an das Gegebene oder vorbehaltlose Vereinnahmung stehen im Widerspruch zu echter Bildung. Denn diese soll frei machen von - auch unbewußt wirkenden und affektiv gesteuerten - Abhängigkeiten, Interessen und Konstellationen. „Bildung als Widerspruch zur Herrschaft“ (Claußen 1994, 21) ist ein nach wie vor aktuelles Motto für politische und politisierende Bildung.

„Bildung als Widerspruch zur Herrschaft“

- Bildung meint Subjekterweiterung in dem Sinne, daß die Individuen festgefahrene Rollenmuster, Stereotypen, Klischees, Vorurteile und autistisch wirkenden Selbstbezug durch Kenntnisnahme anderer Perspektiven überprüfen, gegebenenfalls in Frage stellen und verlassen. Daher sind Diskurs und Kommunikation sowohl Medium als auch Verfahren von Bildung. Bei Politik werden stets und gerade die „öffentlichen Dinge“ thematisiert, also ist der kommunikative Diskurs genuiner und evidenter Bestandteil politischer Bildung.

Diskurs und Kommunikation als genuine Bestandteile

3. Spezifika politischer Erwachsenenbildung

Heterogene Zusammensetzung

Im Unterschied zur politischen Bildung in den Schulen wendet sich die politische Erwachsenenbildung an Menschen mit längeren Vorläufersozialisationen. Diese prägen erheblich die Bereitschaft zur Teilnahme an den Veranstaltungen sowie die Art und Weise, wie das Dargebotene und Vermittelte aufgenommen wird. Die Wirkungen politischer Bildung sind andere als die in der Schule, beispielsweise durch ausgeprägtere kognitive Dissonanzen. Daher sind entsprechende didaktische und methodische Konsequenzen - eben erwachsenengerechte - zu ziehen.

Freiwillige Teilnahme

Demokratische politische Erwachsenenbildung basiert auf der Freiwilligkeit der TeilnehmerInnen. Sie erreicht demzufolge wohl immer nur eine Minderheit. Dabei müssen sich politische ErwachsenenbildnerInnen mit der Frage auseinandersetzen, ob es die „richtige" Minderheit ist, die an den Kursen teilnimmt, oder ob sie - was allerdings auch nicht wenig ist - mit ihren Angeboten lediglich eine Politisierung der bereits Politisierten betreiben. Die Zahlen, die zu solchen Zweifeln berechtigen, sind eindeutig: So nahmen 1991 zwar immerhin 37 % der Deutschen im Alter von 19 bis 64 Jahren an Weiterbildungsveranstaltungen teil (Kuwan 1992b, 10), doch die Teilnahmequote lag für die politische Bildung lediglich bei 1% (Kuwan, 1992b, 20).

4. Etappen und Phasen in der Geschichte

Eine profunde Darstellung der Geschichte der politischen Erwachsenenbildung sollte zwischen Ideen- und Realgeschichte unterscheiden. Denn zwischen den postulierten Zielabsichten und den bildungspolitisch garantierten Möglichkeiten gab es immer eine erhebliche Diskrepanz.

Die Geschichte der Ideen, Leitvorstellungen und Bildungsziele zeigt Parallelen mit dem politisch-kulturellen Klima in der Gesamtgesellschaft der Bundesrepublik und mit den Etappen und Zäsuren in der allgemeinen politischen Bildung.

So lassen sich bis Mitte der siebziger Jahre die folgenden,

einander ablösenden Phasen feststellen (genauer siehe Hufer 1985 und 1992, 14-23):

- Der Neubeginn (1948 bis 1959), bei dem es zunächst darum ging, das Individuum von der Gefahr der Vermassung zu erlösen. Das Verständnis von Staat war pathetisch und bekennerisch: Er wurde verstanden als „geistig-sittliche Organisation", die Volkshochschule beispielsweise sollte ihm als „pädagogische Hinleitung" dienen (Krug 1952, 21). Der später bestimmende Gedanke war der von der „Mitbürgerlichkeit". Dieses von Fritz Borinski mit großer Resonanz eingebrachte Prinzip wurde explizit als Beitrag zur politischen Bildung verstanden. Der „Mitbürger" sollte „zur positiven politischen Verantwortung und Entscheidung" erzogen werden (Borinski 1976, 326; zu dieser Zeit siehe auch Hufer 1991a).

Erziehung zum „Mitbürger"

- Die Zeit der „realistischen Wende" (1959 bis 1968): Modernisierung, Fortschrittsglauben und Qualifizierung waren die allgemeinen erwachsenenbildnerischen Leitvorstellungen dieser Jahre. Es wurde für eine „Verschulung" der Erwachsenenbildung plädiert. Die politische Bildung wurde von dem vorherrschenden Pragmatismus mitgeprägt: Rationalität, Urteils- und Kritikfähigkeit, aber auch die Bereitschaft zum vernunftgesteuerten politischen Handeln waren die Zielkategorien.

Ausbildung von Urteils- und Kritikfähigkeit

- Das emanzipatorische Intermezzo (1968 bis 1973) folgte aus dem Einfluß kritischer Gesellschaftstheorien und der entsprechenden Didaktik sowie dem Hineinwirken der Studentenbewegung in die Institutionen der Erwachsenenbildung. Diese sollten Partei ergreifen im Prozeß der Demokratisierung, angestrebt wurde eine Veränderung der Gesellschaft. Zwischen politischem Lernen und politischer Aktion wurde ein unmittelbarer Zusammenhang gesehen.

Teilhabe am Prozeß der Demokratisierung

5. Gesetzliche Regelungen und „Verrechtlichung"

Die Etablierung der Erwachsenenbildung erfolgte in den siebziger Jahren; zwischen 1970 und 1975 wurden in neun Bundesländern Erwachsenen- und Weiterbildungsgesetze verabschiedet. Diese Gesetze differieren stark in ihren politischen Grundsatzansichten zur Erwachsenenbildung, etwa in der Frage, welcher Stellenwert jeweils den Weiterbildungseinrichtungen in öffentlicher oder freier Trägerschaft eingeräumt wird. Hier gibt es einen deutlichen Unterschied zwischen den damals die Gesetze tragenden SPD- oder CDU-Mehrheiten.

Weiterbildungsgesetze

Zwischen 1992 und 1994 wurden in vier der fünf neuen Bundesländer gesetzliche Regelungen geschaffen.

Zusätzlich wurden zwischen 1970 und 1993 in zehn Bundesländern Bildungsurlaubsgesetze bzw. Gesetze zur Freistellung von Arbeitnehmern beschlossen. Diese enthalten auch die politische Weiterbildung, was zu vehementen Widerständen und Klagen von Arbeitgeber- und Unternehmensverbänden führte. Im Dezember 1987 wies der Erste Senat des Bundesverfassungsgerichtes eine Verfassungsbeschwerde zurück und erklärte die Gesetze zum Bildungsurlaub und zur Arbeitnehmerweiterbildung – und mit ihnen die dort enthaltene politische Bildung – als mit dem Grundgesetz vereinbar.

Bildungsurlaubsregelung

Eine gesetzliche Regelung auf Bundesebene, die allen ArbeitnehmerInnen eine bezahlte Freistellung für allgemeine und politische Bildung ermöglicht, fehlt nach wie vor.

Die Erwachsenen- und Weiterbildungsgesetze schufen zweifelsohne eine – teilweise auch gute – Grundlage für Ausbau und Kontinuität der Erwachsenenbildung. Die gesetzliche Regelung brachte aber auch „Verrechtlichung" mit sich. Das führte zu verstärkten Legitimationsanforderungen gerade für die politische Erwachsenenbildung. Die emanzipatorischen Bildungs- und Handlungskonzepte sollten in hierarchischen und bürokratischen Großorganisationen, in denen beispielsweise die VHS als kommunale Einrichtung eingebunden wurde, durchgeführt werden. Das führte mancherorts zu Reibungen, Spannungen, Eingriffen in die politisch-pädagogische Arbeit und zur Disziplinierung von Mitarbeitern.

Hierarchische und bürokratische Einbindung

Im Kern ging es bei den Auseinandersetzungen vor Ort und in den Institutionen immer wieder um die verordnete Zurücknahme von handlungsorientierten Bildungsabsichten. Die Folge: Wer mit politischer Bildung aktionsbezogen politisieren wollte, wurde selbst initiativ. Erster Höhepunkt dieser neuen

Lernbewegung war die „VHS Wyhler Wald", eine von der Bürgerinitiative gegen das Atomkraftwerk Wyhl am Oberrhein getragene alternative Volkshochschule – freilich ohne kommunale Einbindungen und bürokratische Entscheidungsstrukturen.

6. Zwischen Qualifizierung und Subjektivierung

Die bildungspolitischen und programmatischen Eckpunkte der achtziger Jahre waren die „Qualifizierungsoffensive" einer- und die Entdeckung der „neuen Subjektivität" andererseits. Vordergründig betrachtet, schien der Kontrast kaum größer zu sein. Zum einen wurde Weiterbildung als arbeitspolitisches und arbeitsplatzstrategisches Qualifizierungsinstrument entdeckt. Mit der fortschreitenden Einführung und rasanten Verbreitung der neuen Informations- und Kommunikationstechniken wurde für die Arbeitnehmer eine entsprechende berufliche Anpassungsqualifizierung propagiert. Der Run auf die Computer- und EDV-Kurse setzte ein, in den Erwachsenenbildungseinrichtungen boomten die entsprechenden Sparten. Beispielsweise wuchsen die Belegungen im Bereich „Informatik Datenverarbeitung" in den Volkshochschulen zwischen 1977 und 1986 um das 35fache! (Pädagogische Arbeitsstelle 1989, 32) Angesichts dieser Entwicklung wurde die politische Erwachsenenbildung zur bildungspolitischen und -statistischen Randerscheinung. Darüber hinaus stand sie vor einem erheblichen Dilemma. Denn wollte sie ihre kritische und aufklärerische Rolle weiter wahrnehmen, dann mußte sie eminente Vorbehalte anmelden gegenüber der eingetretenen Entwicklung, in deren Zug Bildung immer mehr zur Ware verkam und in der Erwachsenenbildung nicht frei von der Tendenz war, ein ideologischer Zubringer zu sein für die kapitalstarke technologische Innovation mitsamt ihren illusionären arbeitsmarktpolitischen Verheißungen. Aber wie und wo konnte politische Bildung diese Kritik legitimieren und in Bildungsarbeit realisieren, wenn die TeilnehmerInnen in die Kurse, die „nur" weiterqualifizieren wollten, regelrecht strömten?

Run auf Computer- und EDV-Kurse

Zubringerdienste für technologische Innovation

Von der politischen Erwachsenenbildung wurde (und wird) ganz und gar nicht erwartet, daß sie ein Gegengewicht zu dieser eingetretenen Entwicklung sein sollte - im Gegenteil: „die Akzeptanz der technischen Entwicklung in breiten Schichten der Bevölkerung" sollte durch Weiterbildung gesichert werden, forderte beispielsweise die damalige Bundesministerin für Bildung und Wissenschaft (Wilms 1986, 23).

Abschied von kollektiven Politisierungsvorstellungen

Diese Funktionalisierung und Instrumentalisierung der Erwachsenenbildung sowie die weitergehende Marginalisierung der politischen Bildung führten zu einer quasi dialektischen Gegenentwicklung. In Tagungsberichten und Programmankündigungen nahmen die Hinweise auf eine Änderung im Verständnis von politischer Erwachsenenbildung zu. Auch die Diskussionsgrundlage zwischen den pädagogischen MitarbeiterInnen verschob sich. Alles in allem wurde eine „Wende zum Subjekt" (Thomssen u. a. 1988, 613) erkennbar: weg von den kollektiven Politisierungsvorstellungen der sechziger und frühen siebziger Jahre, hin zur Auseinandersetzung des einzelnen mit sich und der Art und Weise, wie er Umwelt erfährt. Von „klassischen" Leitkategorien und Definitionen von Politik wie Herrschaft, Macht, Interesse, Konflikt wurde ebenso abgerückt wie von der Beschäftigung mit Strukturen, Systemen oder Klassen. Statt dort wurde Politik allenthalben, vornehmlich im Alltag, aber auch in den Individuen selbst verortet. In der Tendenz waren die entsprechenden Bildungsvorgänge weniger kognitiv, vor allem nicht rezeptiv lernend orientiert. Vielmehr standen Befindlichkeiten und emotional-sinnliche Erlebnismöglichkeiten ebenso im Vordergrund wie die Interaktion der Gruppe und die Reflexion derselben.

Entdeckung des Politischen im Alltag

Der Ausgangspunkt der pädagogischen Prozesse war die Lebenswelt, von hier konnte - mußte aber nicht - die Systemebene erschlossen werden. Ernährung, Wohnen, Umwelt und Kultur wurden als Felder entdeckt, in denen „Politisches" erfahren werden konnte. Diese Entwicklungsphase ist noch nicht abgeschlossen, sie bestimmt nach wie vor die Diskussionen in der politischen Erwachsenenbildung und die Auseinandersetzung um das professionelle Selbstverständnis ihrer MitarbeiterInnen (siehe Ahlheim 1990; Hufer 1990; Landesinstitut 1991; Ciupke 1994; Ciupke/Reichling 1994a u. b; Körber 1994; Pluskwa/Matzen 1994).

Berufliche Sozialisation

Das Aufkommen der „neuen Subjektivität" in der politischen Erwachsenenbildung ist sicherlich als Reaktion auf die „Qualifizierungskampagne" zu verstehen. Es gibt daneben aber auch gut begründete Hinweise, daß die Biographien und beruflichen Sozialisationsverläufe der mittlerweile „in die Jahre gekommenen" ehemaligen „68er" diese pädagogische Umorientierung mitbewirkt haben (Hinweise finden sich in den Interviews der Studie von Thomssen u. a. 1988).

7. Politische Bildung in der ehemaligen DDR

Völlig anders als das pluralistische System der Bundesrepublik war die Erwachsenenbildung in der ehemaligen DDR konstituiert. Spezielle Einrichtungen der politischen Erwachsenenbildung gab es nicht, von Funktionärsschulungen einmal abgesehen. Die politische und ideologische Erziehung sollte „integrierter Bestandteil aller Bildungsmaßnahmen" (Siebert 1970, 167) sein. Entsprechend eindeutig war die Rolle der Erwachsenenerzieher: Sie unterrichteten als „Funktionäre" des Staates und der Partei (siehe Siebert 1970, 176).

Intensive Ideologievermittlung

Im Gegensatz zur Programmvielfalt der westdeutschen Volkshochschulen waren die Pendants in der DDR stark beruflich-qualifizierend ausgerichtet (siehe Knoll/Sommer 1992). Als Quintessenz kann festgehalten werden: „Wir können davon ausgehen, daß sich politische Erwachsenenbildung vor der Wende für einen Großteil von DDR-BürgerInnen als intensive Ideologievermittlung in apologetischer Form, als schulische Instanz der Kenntnisvermittlung und Überzeugungsarbeit und damit als mehr oder weniger starke Pflichtveranstaltung, die wenig mit den subjektiven Interessen der Teilnehmenden zu tun hatte, dargestellt hat" (Osang/Pingel 1991, 88).

Dementsprechend ist bei den Menschen in den neuen Bundesländern „der Begriff der ‚Politischen Bildung' in breiten Kreisen diskreditiert und alles, was damit in Zusammenhang steht, (findet) daher kein Interesse … oder (stößt) zumindest auf Mißtrauen …" (Osang/Pingel 1991, 95; s. a. Hufer 1991b).

Einer im Auftrag des Bundesministers für Bildung und Wissenschaft durchgeführten Umfrage zufolge hielten 1991

Hypotheken der Vergangenheit

63% der befragten Erwachsenen im Osten politische Weiterbildung für nicht oder weniger wichtig - im Westen waren es 45% (Kuwan 1992, 23). Es ist also eine schwierige Aufgabe, „die politische Weiterbildung von den Hypotheken der Vergangenheit zu befreien" (Kuwan 1992a, 25; zur Illustration sei die Lektüre der Praxisschilderungen empfohlen in: Außerschulische Bildung 3/94).

8. Die Diskussion in den 90er Jahren

Die gegenwärtige Lage in der politischen Erwachsenenbildung ist von einer widersprüchlichen Situation gekennzeichnet: Einerseits haben Verunsicherungen, Resignation und Krisenlamentos breiten publizistischen Raum eingenommen (z. B. Thomssen u. a. 1988; Nuissl u. a. 1992). Andererseits aber ist eine grundlegende Reflexion in Gang gekommen, bei der Stichworte und gesellschaftliche Tendenzen der Gegenwart ebenso aufgegriffen werden wie fundamental erscheinende Analysen. In den letzten Jahren hat die Zahl der Veröffentlichungen zugenommen, in denen wieder grundsätzlich über den Stellenwert, den ökonomischen und politischen Rahmen und die Angebote politischer Erwachsenenbildung nachgedacht wird.

„Theoriedefizit in der außerschulischen politischen Bildung"

Dabei ist aber nirgendwo eine theoretisch solide, umfassende und auch empirisch gestützte Konzeption in Sicht, mit der Legitimation, Ziele und Handlungsmöglichkeiten politischer Erwachsenenbildung begründet dargestellt werden. Wie Wolfgang Sander zu Recht feststellt, „ist ein Theoriedefizit in der außerschulischen politischen Bildung unverkennbar. Didaktische Konzeptionen, die in vergleichbarer Weise wie die für den schulischen Politikunterricht entwickelten Ansätze wissenschaftlich reflektierte Kriterienzusammenhänge für Angebotsplanung, didaktische Strukturierung von Kursen und Seminaren sowie für die Durchführung und Analyse von Unterricht zur Verfügung stellen würden, liegen nicht vor" (Sander 1993, 16).

Dennoch hat die Grundsatzdiskussion über Form, Stil, Methoden und Absichten der politischen Erwachsenenbildung in den letzten Jahren an Farbe und Leben gewonnen.

Diskussion um Form, Stil, Methode und Absichten

Im Kern geht es derzeit um die folgenden Fragen und Streitpunkte:

- System oder Lebenswelt: Woraus leitet politische Bildung ihren Stoff und ihre Fragestellungen ab, und wohin adressiert sie (wenn überhaupt) ihre handlungsorientierten Bildungsziele?
- Politik: Was ist sie, wo findet sie statt? Wie eng oder „entgrenzt“ soll/kann sie definiert werden?
- Individualisierungsprozesse in der Gesellschaft: Sind solidarische Aktionen und gesamtgesellschaftlich orientierte Bildungsziele noch realistisch oder plausibel?
- Pluralisierung und Auseinanderdriften der sozialen Milieus: Abschied von der Klassengesellschaft? Welche sozialen Milieus können auf welche Weise von der politischen Bildung angesprochen und erreicht werden?
- Integration oder Eigenständigkeit: Gibt es eine unter den Prämissen von Erwachsenenbildung einsichtige originäre Politikdidaktik? Oder sollte sie eingehen und integriert werden in/mit berufliche(r), kulturelle(r) oder ökologische(r) Bildung? Ist überhaupt ein eigenständiger politisch-bildnerischer Fachbereich noch themen-, zeit- und teilnehmeradäquat?
- Wissen und Vermittlung: Soll das Wissen deduktiv vermittelt oder induktiv erschlossen werden? Sind Kursleiter noch Dozenten oder Fachexperten oder eher Moderatoren und Animateure?
- Öffentlichkeit als Auftrag und Prinzip: Welche Gesellschaftsmodelle ermöglichen kommunikative Verständigung über die „öffentlichen und allgemeinen Dinge“? Gibt es diese überhaupt noch? Was kann politische Erwachsenenbildung leisten, um zu diesen Vorstellungen von Gesellschaft hinzuführen?
- Massenmedien und Bildung: Inwieweit ver-/behindert die Vielfalt der Massenmedien Bildung und Aufklärung? Wo werden sie zur übermächtigen Konkurrenz? Inwieweit können sie andererseits für die Bildungsarbeit genutzt werden?

9. Perspektiven

Die Erwachsenenbildung hat ein differenziertes und für ihre Arbeitsbedingungen sowie für die Voraussetzungen und Erwartungen aller TeilnehmerInnen spezifisches Repertoire an Lern- und Bearbeitungsformen gefunden: Werkstätten (Zukunfts-, Geschichts-, Radio- und Schreibwerkstätten), biographisches Lernen, Sokratisches Gespräch, politische Erkundungsfahrten per Fahrrad (im Rahmen des Bildungsurlaubs) etc.

Doch diese Lernformen sind nur im Rahmen umfassender Seminarzeiten pädagogisch sinnvoll und realistisch. Aber die Verhältnisse haben sich geändert, die Einrichtungen der Erwachsenenbildung werden zunehmend unter das Diktat des „Bildungsmarktes" gestellt. Ein Ende dieser Entwicklung, die zum Aus für die institutionalisierte Erwachsenenbildung führen kann, ist nicht in Sicht.

10. Literatur

AHLHEIM, KLAUS 1990: Mut zur Erkenntnis. Über das Subjekt politischer Erwachsenenbildung. Bad Heilbrunn/Obb.

ALEMANN, ULRICH VON 1994: Grundlagen der Politikwissenschaft. Ein Wegweiser. Opladen

AUSSERSCHULISCHE BILDUNG 1994: Politische Bildung in den neuen Bundesländern - Erfahrungen und Perspektiven. Nr. 3

BORINSKI, FRITZ 1976: Das mitbürgerlich-politische Ziel der Deutschen Volkshochschulen. In: Hessische Blätter für Volksbildung Nr. 4, S. 324-327 (erstmals 1953)

CIUPKE, PAUL 1994: Unbestimmtheitsrelationen - Politische Erwachsenenbildung zwischen suchenden Subjekten, instabilen Werten und unübersichtlichen Strukturen. In: Außerschulische Bildung Nr. 2, S. 142-146

CIUPKE, PAUL/REICHLING, NORBERT 1994a: Politische Erwachsenenbildung als Ort öffentlicher Verständigung. In: Aus Politik und Zeitgeschichte Nr. 45-46, S. 13-21

CIUPKE, PAUL/REICHLING, NORBERT 1994b: „Verdächtige Subjekte" und die Erneuerung demokratischer Öffentlichkeiten. Bemerkungen zur Krise und Krisenrhetorik in der politischen Erwachsenenbildung. In: Jahrbuch Arbeit - Bildung - Kultur Nr. 12, S. 319-339

CLAUSSEN, BERNHARD 1994: Heimvolkshochschulen als Ort der Bildung. Überlegungen im Spannungsfeld von Pädagogik und Politik (H. 13 der Reihe Einblicke in die Arbeit von Heimvolkshochschule). Leck

HUFER, KLAUS-PETER 1985: Politische Erwachsenenbildung. Ihre Geschichte und Entwicklung in der Bundesrepublik. In: Aus Politik und Zeitgeschichte Nr. 50, S. 19-31

HUFER, KLAUS-PETER 1990: Die neue Subjektivität - ihre Bedeutung für politische Bildung. In: Sarcinelli, Ulrich u. a.: Politikvermittlung und politische Bildung. Bad Heilbrunn/Obb., S. 123-142

HUFER, KLAUS-PETER 1991a: Nur ein Blick zurück? Die fünfziger Jahre und die politische Erwachsenenbildung. In: Claußen, Bernhard/Girbig, Ralf-Jürgen/Hufer, Klaus-Peter: Entwicklungen der Demokratie und politische Erwachsenenbildung. Für Joachim Oertel zum 65. Geburtstag. Hamburg, S. 11-25

HUFER, KLAUS-PETER 1991b: Herausforderungen für die politische Erwachsenenbildung. Konsequenzen nach der Einigung. Schwalbach/Ts.

HUFER, KLAUS-PETER 1992: Politische Erwachsenenbildung. Strukturen, Probleme, didaktische Ansätze - Eine Einführung. Schwalbach/Ts.

HUFER, KLAUS-PETER 1993: Unterschiede und Grenzüberschreitungen in der politischen Erwachsenenbildung. Selbstorganisierte Lernprozesse, alternative und etablierte Institutionen. In: Jahrbuch 1993, hrsg. von der Friedrich-Ebert-Stiftung. Bonn, S. 23-40

HUFER, KLAUS-PETER/UNGER, ILSE 1989: Zwischen Abhängigkeit und Selbstbestimmung. Institutionalisierte und selbstorganisierte politische Erwachsenenbildung seit den siebziger Jahren. Opladen (auch erschienen als Bd. 4 der Schriften zur politischen Bildung in Nordrhein-Westfalen, hrsg. von der Landeszentrale für politische Bildung Nordrhein-Westfalen. Düsseldorf)

KNOLL, JOACHIM H./SOMMER, ULRIKE (Hrsg.) 1992: Von der Abgrenzung zum Beitritt. Erwachsenenbildung/Weiterbildung in der Bundesrepublik Deutschland und der Deutschen Demokratischen Republik vor und nach der „Wende". Ehningen bei Böblingen

KÖRBER, KLAUS (Hrsg.) 1994: Politische Weiterbildung zwischen Gesellschafts- und Subjektorientierung (Bremer Texte zur Erwachsenen-Bildungsforschung 2). Bremen

KRUG, KONRAD MARIE 1952: Volkshochschule und Staat. In: Volkshochschule im Westen Nr. 2-3, S. 21

KUWAN, HELMUT 1992a: Einstellungen zur Weiterbildung. Ergebnisse von Umfragen in den alten und neuen Ländern im Vergleich (Reihe Bildung - Wissenschaft - aktuell 1/92, hrsg. vom Bundesminister für Bildung und Wissenschaft). Bonn

KUWAN, HELMUT 1992b: Berichtssystem Weiterbildung. Ergebnisse der Repräsentativbefragung zur Weiterbildungsbeteiligung in den alten und neuen Bundesländern (Reihe Bildung - Wissenschaft - aktuell 12/92, hrsg. vom Bundesminister für Bildung und Wissenschaft). Bonn

LANDESINSTITUT FÜR SCHULE UND WEITERBILDUNG (Hrsg.) 1991: Selbstverständnis der politischen Erwachsenenbildung. Positionen und Kontroversen. Soest

NUISSL, EKKEHARD u. a. 1992: Verunsicherungen in der politischen Bildung. Bad Heilbrunn/Obb.

OSANG, ULRIKE/PINGEL, ANDREA 1991: Neue Ansätze politischer Erwachsenenbildung in der ehemaligen DDR. Eine identitätstheoretische Analyse ausgewählter Beispiele, hrsg. vom Bildungswerk für Demokratie und Umweltschutz e.V. Berlin

PÄDAGOGISCHE ARBEITSSTELLE DES DEUTSCHEN VOLKSHOCHSCHUL-VERBANDES 1989: Material zur Entwicklung von Kursusveranstaltungen an Volkshochschulen 1977 bis 1987 nach Fachgebieten. Frankfurt/M.

PLUSKWA, MANFRED/MATZEN, JÖRG (Hrsg.) 1994: Lernen in und an der Risikogesellschaft. Analysen - Orientierungen - Vermittlungswege (Dialog 16. Beiträge aus Praxis und Theorie regionaler Bildungs- und Forumsarbeit in der Evangelischen Heimvolkshochschule). Bederkesa

SANDER, WOLFGANG 1993: Politik-Lernen in der Demokratie. Zur Theoriegeschichte der politischen Bildung nach 1945. In: Jahrbuch 1993, hrsg. von der Friedrich-Ebert-Stiftung. Bonn, S. 9-22

SIEBERT, HORST 1970: Bildungspraxis in Deutschland. Schule und Erwachsenenbildung der BRD und der DDR im Vergleich. Düsseldorf

THOMSSEN, WILKE u. a. 1988: Politische Kultur und Sozialwissenschaften. Zum Aufklärungspotential sozialwissenschaftlichen Wissens in der Praxis von Volkshochschulen. Universität Bremen

WILMS, DOROTHEE 1986: Wissenstransfer als Grundlage des Fortschritts - Geht die Weiterbildung mit? In: Informationen Weiterbildung in NRW Nr. 2, S. 23-25

IV.

Inhaltsbezogene Aufgabenfelder politischer Bildung und Erziehung

Peter Massing

Institutionenkundliches Lernen

In der Politikdidaktik häufen sich in jüngster Zeit Versuche, „Institutionenkundliches Lernen" neu zu denken (Raschke 1975; Deichmann 1979; Claußen 1988; Gagel 1989; Sutor 1990; Sarcinelli 1991; Grammes 1994). Es scheint sich langsam eine Übereinstimmung darüber herauszubilden, daß Politikunterricht, der gesellschaftliche und politische Institutionen ausblendet, politische Wirklichkeit weitgehend verfehlt.

Institutionenkunde in den 60er Jahren

Die Abwendung von der Institutionenkunde Anfang der 60er Jahre war zwar aus dem richtigen Gedanken erfolgt, daß eine bloß formale und abstrakte, von den jeweiligen Individuen und ihren Erfahrungen losgelöste „Kunde" eine angemessene Vorstellung von Politik in seiner Interessen- und Zielorientierung und in seinem Prozeß- und Handlungscharakter nicht ermöglichen kann. Die weitgehende Vernachlässigung des Institutionellen jedoch, die diesem Verdikt folgte, führte ebenfalls zu einem einseitigen und verzerrenden Verständnis von politischer Realität. Notwendig scheint daher für die Politikdidaktik heute eine Wiedergewinnung der institutionellen Perspektive, ohne damit die „alte" Institutionenkunde neu zu beleben.

Inwieweit „der Verlust" und die „Wiederentdeckung" der Institutionen über die fachdidaktische Diskussion hinaus Wirkung gezeigt hat, läßt sich kaum zuverlässig sagen. In den Lehrplänen jedenfalls wurde immer ein gewisses Maß an Institutionenkenntnis verlangt, und auch Schulbücher behandelten unbeeindruckt von den Konjunkturen fachdidaktischer Diskussion die zentralen Institutionen des politischen Systems. Die Bedeutung der Institutionen in der alltäglichen Unterrichtspraxis ist noch schwieriger abzuschätzen. Empirische Ergebnisse dazu liegen kaum vor. Einerseits deuten qualitative Untersuchungen von Fachleiterdidaktiken (Weißeno 1995) und Interviews mit Politiklehrerinnen und -lehrern (Massing 1995) eher darauf hin, daß strukturelle und kategoriale Fragen eben-

Probleme der Institutionenkunde im heutigen Unterricht

so wie Institutionen hinter einem weiten und diffusen Politikbegriff und einem überwiegend lebensweltlich orientierten Sozialkundeunterricht zurücktreten, andererseits äußern Schülerinnen und Schüler ihre Enttäuschung darüber, daß sie sich aktuelle Politik und Durchblick versprochen hätten, aber im Sozialkundeunterricht vor allem mit Staatstheorien und Institutionen konfrontiert worden seien (Rothe 1993, 174). Alltäglicher Politikunterricht scheint also häufig aus einer eigenartigen Gemengelage von lebensweltlichen Themen einerseits und abstrakter Institutionenkunde andererseits zu bestehen. Gefühlsmäßig tendieren Lehrerinnen und Lehrer zur Lebenshilfe und zum sozialen Lernen, rational halten sie die Institutionen des politisch-demokratischen Systems für wichtiger. Sie zu unterrichten fällt ihnen aber schwer, vor allem, weil sie zu komplex und kompliziert erscheinen und von dem unmittelbaren Erfahrungsbereich der Schülerinnen und Schüler zu weit entfernt sind. Die Behandlung der politischen Institutionen gerinnt ihnen dann „oft zu einer Auflistung der Funktionen von Staatsorganen und zur Darstellung der formalen Aspekte des Willensbildungsprozesses in legislativen Organen" (Deichmann 1979, 106), eben zur „bloßen" Institutionenkunde. Wenn diese vermieden werden soll, stellt sich die Frage, welche anderen Möglichkeiten bestehen, „institutionenkundliches Lernen" in den Politikunterricht zum Zwecke politischer Bildung zu integrieren.

Entfernung vom Erfahrungsbereich der Schüler

Um sie beantworten zu können, ist es zunächst notwendig, eine andere Frage zureichend zu klären. Was ist an Institutionen so wichtig, daß sie zum Gegenstand von politischen Lernprozessen gemacht werden müssen? Dies ist zwar eine fachdidaktische Frage, sie läßt sich aber ohne Rückgriff auf die Fachwissenschaften nicht beantworten.

1. Zum Begriff der „Institution"

Der Begriff „Institution" in der Politikwissenschaft

Damit sind jedoch eine Reihe von Schwierigkeiten verbunden. Denn trotz der zentralen Stellung, die dem Institutionenbegriff innerhalb der Sozialwissenschaften im allgemeinen und der Politikwissenschaft im besonderen zukommt, wird dieser Terminus in der einschlägigen wissenschaftlichen Literatur nicht nur häufig unscharf und mit verschiedenen Bedeutungen gebraucht (Massing 1979, 185), sondern auch in einer sprachlichen Allgemeinheit, die sich kaum präzisieren läßt. Obgleich in der Politikwissenschaft ein wiedererwachtes Interesse an Institutionen festzustellen ist, kann von einem einheitlichen Verständnis politischer Institutionen nicht die Rede sein. Gerhard Göhler versucht sich daher dem Problem, politische Institutionen begrifflich zu fassen, pragmatisch zu nähern.

Der Begriff der politischen Institutionen nach Göhler

Unter politischen Institutionen versteht er

- im engeren Sinn den Staat mit Regierung (Staatsoberhaupt, Kabinett, Ministerien), Parlament, Verwaltung, Gerichte, föderative und kommunale Einrichtungen;
- im weiteren Sinn gesellschaftliche Organisationen (Parteien, Verbände, Massenmedien) sowie verbindliche, insbesondere rechtlich normierte gesellschaftliche Verhaltensmuster (Verfassung, Gesetze, Wahlen, Mehrheitsprinzip usw.) (Göhler 1987, 18).

Politisch nennt er diese Institutionen, weil sie Regelsysteme, zur Herstellung und Durchführung allgemeinverbindlicher Entscheidungen sind (ebenda). Gleichzeitig stellen sie einen Sonderfall gesellschaftlicher Institutionen dar und besitzen auch deren Merkmale. Sie sind „relativ auf Dauer gestellte, durch Internalisierung verfestigte Verhaltensmuster und Sinnorientierungen mit regulierenden sozialen Funktionen", relativ stabil und damit auch von einer gewissen zeitlichen Dauer. „Ihre Stabilität beruht auf der temporären Verfestigung von Verhaltensmustern. Sie sind soweit verinnerlicht, daß die Adressaten ihre Erwartungshaltung, bewußt oder unbewußt, auf den ihnen innewohnenden Sinn ausrichten. Institutionen sind prinzipiell überpersönlich und strukturieren menschliches Verhalten; sie üben insoweit eine Ordnungsfunktion aus" (ebenda, 17).

Der Begriff „Institution" in der Sozialwissenschaft

Daraus folgt, daß die Frage, was denn an Institutionen so zentral ist, daß es im Politikunterricht gelernt werden soll, nicht allein von der Politikwissenschaft beantwortet werden kann, sondern eine fächerübergreifende sozialwissenschaftliche Erörterung erfordert. Die Sozialwissenschaften kennen jedoch keine allgemein anerkannte Theorie der Institutionen. Es konkurrieren verschiedene Zugänge, die hier, auch in komprimierter Form, nicht dargestellt werden können.

2. Anforderungen an institutionenkundliches Lernen

Drei Ergebnisse sozialwissenschaftlicher Institutionentheorie:

Dennoch lassen sich zumindest drei Ergebnisse sozialwissenschaftlicher Institutionentheorie nennen, die „institutionenkundliches Lernen" im Politikunterricht berücksichtigen muß.

– Institutionen konstituieren Sinnzusammenhänge

1. In fast allen institutionentheoretischen Ansätzen findet sich, mehr oder weniger stark ausgeprägt, die Annahme einer real wirkenden Leitidee, sei es als „idee directrice" (Hauriou) oder als „charter" (Malinowski). Institutionen konstituieren demnach Sinn bzw. Sinnzusammenhänge, sie sind Verobjektivierungen des in Interaktionen gemeinten Sinns (Göhler 1987, 25; Berger/Luckmann 1979). Diese Vorstellung trifft jedoch heute auf ein öffentliches Bewußtsein, das gekennzeichnet ist durch zunehmende Distanz gegenüber Institutionen, die immer öfter in einen schleichenden „Marsch aus den Institutionen" (Elma Wiesendahl) mündet. Das Unverständnis und die Abneigung gegen Institutionen resultiert in der alten Bundesrepublik aus einem Wandel gesellschaftlicher Wertvorstellungen, verbunden mit einer Individualisierung von Lebensstilen. Beides zusammen hat zu einer Lockerung institutioneller Bindungen geführt und zu einem „Sinnverlust" von Institutionen überhaupt. In den neuen Bundesländern dagegen wird das „neue" Institutionensystem als ein Gestrüpp von Normen, Regeln, Strukturen, Verfahren wahrgenommen, das vor allem als institutionalisierte Autorität erfahren wird, deren „Sinn" aber weitgehend verborgen bleibt (Sarcinelli 1991).

– Gefahr des Sinnverlusts

Beide Male geht es im wesentlichen um den *Sinn* von Institutionen, und „der aktuelle Defizienzbefund, der zu beschreiben wäre, hieße: drohender Sinnkenntnisverlust im Hinblick auf die Welt unserer Institutionen" (Guggenberger 1985, 495), u. a. als die Folge eines Einsichtsverlusts, weniger in das *wie* als vielmehr in das *was* und *warum* politischer Institutionen. Eine politische Kultur aber, „welche um Voraussetzung, Sinn und

– Gefahr des Einsichtsverlusts

Wert von Institutionen nicht mehr weiß, vermag auch Konsistenz und Kontinuität dieser Institutionen nicht zu verbürgen" (ebenda, 496). Institutionenkundliches Lernen im Politikunterricht hat daher die Aufgabe, Schülerinnen und Schülern zu verdeutlichen, daß Institutionen Sinn konstitutieren, daß sie in einer Idee gründen und daß die faktische Ausgestaltung und das Agieren einer Institution an ihrer Idee gemessen werden kann (Gagel 1989, 83).

Konsequenzen für den Unterricht

Die Frage nach dem Sinn von Institutionen ist für den Politikunterricht entscheidend. Dies bedeutet nicht, daß Fragen nach dem Aufbau und nach der Funktion der Institutionen vernachlässigt werden sollen. Im Gegenteil, durch sie hindurch wird die Sinnfrage erst möglich. „Aber bis zu ihr, als die wichtigste Frage einer wirklich politischen Institutionenkunde, muß der Unterricht vordringen" (Sutor 1990, 325).

2. Das zweite wichtige Ergebnis sozialwissenschaftlicher Institutionentheorie ist die Erkenntnis, daß Institutionen, wie auch immer objektiviert, von Menschen gemacht sind und deshalb neu von ihnen gemacht werden können. Als „Dauerleistungen menschlicher Akteure" (Waschkuhn) können sie zwar nicht beliebig neu gemacht werden, aber sie sind prinzipiell veränderbar und historischem Wandel unterworfen.

Institutionen sind von Menschen gemacht

Der Mensch wirkt aktiv auf seine Umwelt ein, vergegenständlicht sich in ihr und produziert Institutionen im Verlauf eines unaufhörlichen Prozesses der „Externalisierung" (Berger/Luckmann). Institutionen, die den Menschen vom Druck seiner Interessen entlasten, indem sie deren Befriedigung auf Dauer stellen, treten dem einzelnen als vergegenständlichte „objektive" Wirklichkeit entgegen. Sie bringen aber über ihre Entlastungsleistung neue, weitergehende Folgeinteressen hervor und eröffnen die Möglichkeit, daß bisher latente Interessen manifest werden, auf Geltung drängen und dabei die bestehenden Institutionen so verändern oder neu schaffen, daß auch ihre Befriedigung auf Dauer gesichert ist. Dieser Prozeß der fortgesetzt abgeleiteten Interessenentwicklung, bei Sedimentierung und Dauerbefriedigung der jeweils vorgelagerten Interessen durch Institutionalisierung, kennzeichnet die gesamte historische und gesellschaftliche Entwicklung des Menschen.

Interessenbefriedigung

Daraus folgt: Institutionen lassen sich auch unter dem Gesichtspunkt von Interessen analysieren, und man sollte dabei von der Hypothese ausgehen, daß ihre Existenz irgend einem ausreichend relevanten Interesse dient (Greven 1983, 519). Auch demokratische Institutionen, Regeln und Verfahrensweisen besitzen einen Interessenaspekt. „Politische Institutionen sind so etwas wie historisch geronnene Interessen. Politische Institutionalisierung ist somit ein gar nicht gering einzuschätzendes Mittel und Instrument gesellschaftlicher Interessenverwirklichung" (Rohe 1994, 39). Wenn Institutionen die auf „Dauer gestellte Befriedigung von Interessen" (Bernhard Willms) sind, und wenn Institutionalisierung als Prozeß der Interessendurchsetzung analysiert werden kann, dann ist dies, angesichts des unvermeidlich partiellen Charakters jeglichen Interesses in geschichtlichen Gesellschaften, in der Regel ein konflikthafter Prozeß der Konstitutionalisierung durch Herrschaft. Institutionen haben also neben dem Interessenaspekt immer auch einen Herrschaftsaspekt. Ihre empirische Analyse ist Grundlage jeglicher Institutionenkritik.

Interessen-verwirklichung

Eine wirklich politische und kritische Institutionenkunde im Politikunterricht muß daher auch den Interessen- und Herrschaftscharakter von Institutionen in den Blick nehmen. Erst dann ist die Frage berechtigt und sinnvoll, „ob und wo und warum vorhandene Institutionen nicht mehr ausreichen, reformiert, weiterentwickelt, durch neue ergänzt werden müssen" (Sutor 1991, 326).

Erkennen des Herrschafts-charakters

3. Ein weiteres wichtiges Ergebnis für Institutionenkundliches Lernen im Politikunterricht kommt im wesentlichen aus der aktuellen institutionentheoretischen Diskussion in der Politikwissenschaft. Diese untersuchte traditionell politische Institutionen vor allem im Hinblick auf ihre strukturelle Dimension. In jüngster Zeit besteht jedoch weitgehend Übereinstimmung darüber, daß eine solche Institutionenlehre, die über die bloße Beschreibung politisch-administrativer Organisationsformen und Verfahrensweisen sowie ihrer historischen Veränderungen nicht hinauskommt, wenig oder nichts von den eigentlich interessanten politischen Phänomenen erklärt (Scharpf 1985, 164). Gefordert wird daher ein „aufgeklärter

Verhältnis zwischen Institutionen, Prozessen und Inhalten

Institutionalismus", in dem die politischen Institutionen (polity), die politischen Prozesse (politics) und die Politikinhalte (policies) als korrespondierende Konzepte begriffen und in ihrer wechselseitigen Abhängigkeit und in ihrem Spannungsverhältnis zueinander definiert und analysiert werden. Für sich allein kann keines der drei Konzepte politische Wirklichkeit hinreichend erfassen.

Für den Politikunterricht bedeutet dies, daß trotz aller didaktisch notwendigen Komplexitätsreduktion diese Komplexität im Prinzip gewahrt bleiben muß. Institutionenkundliches Lernen läßt sich letztlich nur rechtfertigen, wenn es gelingt, auch im Unterricht die politischen Institutionen als Teil der polity-Dimension in Beziehung zu setzen zu den politischen Prozessen (politics) und zu den Politikinhalten (policies) (Gagel 1989, 390).

Fazit der sozialwissenschaftlichen Diskussion

Zusammenfassend lassen sich als Ergebnis der sozialwissenschaftlichen institutionentheoretischen Diskussion drei inhaltliche Anforderungen an „Institutionenkundliches Lernen" im Politikunterricht formulieren:

1. Institutionenkundliches Lernen muß nach dem Sinn von Institutionen fragen. „Wenn wir nicht wissen, was Institutionen geistig zusammenhält, wissen wir nichts über sie" (Bernd Guggenberger).
2. Institutionenkundliches Lernen muß nach dem Interessen- und Herrschaftscharakter von Institutionen fragen. Dies ist die Grundlage jeglicher Institutionenkritik.
3. Institutionenkundliches Lernen muß politische Institutionen in Zusammenhang mit politischen Prozessen und Politikinhalten beschreiben und analysieren. Nur so läßt sich die Komplexität politischer Wirklichkeit angemessen erfassen und vermitteln.

Fehlende Nähe zu den Erfahrungen der Schüler

Damit ist jedoch ein zentrales Problem noch überhaupt nicht angesprochen. Institutionen sind und bleiben in der Regel abstrakt und alltagsfern. Sie lassen sich nicht unvermittelt in die kognitive Struktur junger Menschen integrieren. „Deshalb wird es für die politische Bildung darauf ankommen, Wege aufzuzeigen, wie die Zusammenhänge lebensweltlicher Subjektivität und politisch-institutioneller Objektivität aufgeklärt und transparent gemacht werden können" (Sarcinelli 1991, 50).

3. Prinzipien didaktischer Erschließung

Vier Prinzipien didaktischer Erschließung:

Vier *miteinander verknüpfte* Prinzipien didaktischer Erschließung bieten sich dabei an: *Erfahrungsorientierung, Problemorientierung, Binnenorientierung und Handlungsorientierung* (Sarcinelli 1991, 50; Sarcinelli 1993, 455; Massing 1995 a, 8 ff.).

Erfahrungsorientierung: Dieses Prinzip hat zum Ziel, Lernprozesse zu initiieren, die eine Brücke schlagen zwischen Alltagswelt und Politik (Gagel 1989).

– Erfahrungsorientierung

Dabei sind zwei prinzipiell unterschiedliche Zugangsweisen vorstellbar: eine subjektbezogene und eine objektbezogene.

Beim subjektbezogenen Zugang knüpft der Unterricht unmittelbar an den Alltagserfahrungen der Jugendlichen an, hebt diese ins Bewußtsein und versetzt dann die Schülerinnen und Schüler in eine aufgabenhaltige Situation im Zusammenhang mit gesellschaftlichen und/oder politischen Institutionen. Der Brückenschlag von der „Mikro- zur Makrowelt" erfolgt also im wesentlichen über Institutionen (Grammes 1995). Mit ihrem Handeln und dem Handeln ihrer Akteure können Schülerinnen und Schüler u. a. über direkte Begegnungen, über Fallbeispiele oder über Simulationen in Kontakt gebracht werden.

Subjekt- oder objektbezogen

Der objektbezogene Zugang geht den umgekehrten Weg. Er setzt auf der Ebene der zentralen politischen Institutionen an. Die didaktische Aufgabe besteht darin, die Bedeutung politischer Institutionen für die Lebenswelt in den Erfahrungshorizont der Schülerinnen und Schüler hereinzuholen, ihnen ihre „Betroffenheit" durch Institutionen bewußt zu machen und sie dazu zu befähigen, politische Institutionen trotz Abstraktheit und Ferne zu „verstehen".

Problemorientierung: Institutionen können nicht *an sich* Thema des Politikunterrichts sein. Damit aus ihnen ein Bildungsinhalt wird, bedarf es eines politischen Problems. Ein problemorientierter Zugang läßt sich über die Analyse wichtiger politischer Kontroversen gewinnen. Dabei können exemplarisch an Hand politischer Entscheidungsprozesse (wie z. B. dem Asylkompromiß, der Pflegeversicherung, dem Einsatz der Bundeswehr außerhalb des Natogebietes, der Einführung der EU-Währung usw.) Strukturen und Funktionen politischer Institu-

– Problemorientierung

tionen erschlossen, die Frage nach ihrem Sinn sowie nach ihrem Interessen- und Herrschaftsgehalt sowie die Verknüpfungen, Vernetzungen und Abhängigkeiten der Institutionen von den prozessualen und inhaltlichen Dimensionen des Politischen analysiert werden. Problemorientierung läßt sich dabei sowohl aus der Akteurs-Perspektive, d. h. aus der Perspektive der politisch Handelnden, als auch aus der Betroffenen-Perspektive, d. h. aus der Perspektive der Adressaten von Politik verstehen.

Analyse der Kontroversen

Verschiedene Perspektiven

Binnenorientierung: Damit ist ein Zugang zur institutionellen Wirklichkeit gemeint, in dessen Mittelpunkt vor allem die Auseinandersetzung mit dem Handeln ihrer Akteure steht: die Analyse ihrer Einstellungen, Interessen und ihrer Motive im Spannungsfeld von Handlungsspielräumen und institutionellen Zwängen. Tilman Grammes hat hierfür einen interessanten Vorschlag entwickelt. Er fragt: „Welche *didaktische Perspektive* ermöglicht künftig eine adäquatere Erschließung von Institutionen für Lernprozesse? Antwort: Nur über die verstärkte Einbeziehung der Binnenperspektive der in Institutionen handelnden Akteure ist realistische Bildungsarbeit möglich. Institutionendidaktik benötigt eine organisationssoziologisch inspirierte Perspektive, die die *Mikropolitik*, die politischen Aushandlungsprozesse und die Spannung von formellem und informellem Handeln pädagogisch sichtbar, erfahrbar und damit der Reflexion zugänglich macht" (Grammes 1994, 183). Schülerinnen und Schüler lernen „Institutionen at work" kennen.

– Binnenorientierung

Motivation der Akteure

Handlungsorientierung: Dieses Prinzip hat in bezug auf Institutionenkundliches Lernen mehrere Aspekte. Zum einen ist damit der zentrale *inhaltliche* Bezugspunkt des Unterrichts gemeint, die institutionelle Praxis, das Handeln der Institutionen und das Handeln in den Institutionen. Dabei sollte möglichst von beobachtbaren bzw. zu erschließenden Handlungsabläufen ausgegangen werden (vgl. dazu das Prinzip der Problemorientierung und der Binnenorientierung).

– Handlungsorientierung

Inhaltlicher Bezugspunkt

Handlungsorientierung meint auch die Fähigkeit der Schülerinnen und Schüler, sich die Institutionen z. B. durch Gegenüberstellen von „Idee" und „Realität" selbst zu erschließen.

Bezug zur Schülerwelt

Handlungsorientierung bezieht sich drittens auch auf den Einsatz von bestimmten Unterrichtsmethoden. Die Sinnlosig-

Möglichkeiten für den Unterricht

keit, politische Institutionen so zu pauken wie subtropische Insektenarten (Fiederle/Kempf 1977, 491), hat sich zwar auf der Bewußtseinsebene der Lehrerinnen und Lehrer mittlerweile durchgesetzt, im Unterricht hat diese Einsicht jedoch noch wenig Spuren hinterlassen. Der Einsatz schüleraktivierender Methoden im Rahmen institutionenkundlichen Lernens ist immer noch eher die Ausnahme.

„Institutionenfrei … ist Politik nicht zu haben. Und das ‚Ja' zur Demokratie ist immer zugleich ein ‚Ja' zum verfaßten Staat, zu Institutionen mit Zuständigkeiten, Kompetenzen und Verfahren. Dies schließt Kritik am Handeln von politischen und gesellschaftlichen Institutionen ausdrücklich ein" (Sarcinelli 1991, 53).

Institutionenfrei ist auch Politikunterricht nicht zu haben. Politikunterricht, der Verständnis für Politik wecken und Einsichten in politische Zusammenhänge ermöglichen will, kann dies nur über die Einbeziehung und ausdrückliche Thematisierung von gesellschaftlichen und politischen Institutionen.

4. Ein Beispiel: das Bundesverfassungsgericht

Diese Überlegungen sollen kurz am Beispiel des Bundesverfassungsgerichts verdeutlicht werden. Damit gerät eine zentrale Institution unseres politischen Systems in den Blick, die in jüngster Zeit zunehmend in die Kritik geraten ist und die auch von daher für den Politikunterricht interessant sein dürfte.

Beispiel: die Arbeit der BVG

In der Institution Bundesverfassungsgericht konkretisiert sich im wesentlichen *die Idee des Grundrechtestaats*. Damit ist gemeint, daß der einzelne gegenüber dem Staat natürliche, d. h. vorstaatliche Rechte, insbesondere Freiheitsrechte besitzt, in die der Staat nicht oder nur unter genau beschriebenen Bedingungen eingreifen darf. Grundrechte sind Rechte, die nicht vom Staat erteilt werden, sondern die dem Staat selbst noch zugrundeliegen. Sie stecken einen gesellschaftlichen Teilbereich ab, innerhalb dessen jede staatliche Tätigkeit unter dem „Vorbehalt des Gesetzes" steht. Darüber hinaus wird dem

Idee

Gesetzgeber selbst verboten, Gesetze zu erlassen, die den Wesensgehalt dieser Grundrechte antasten. Die Verwirklichung *der Idee eines Grundrechtestaats* erfordert eine Institution wie die des Bundesverfassungsgerichts, das allein die Kompetenz besitzt, darüber zu entscheiden, ob die in der Verfassung gesetzten Grenzen eingehalten werden.

Struktur und Funktion

Für die Behandlung des Bundesverfassungsgerichts im Politikunterricht ist es daher grundlegend, neben Struktur und Funktion des Verfassungsgerichts diese Idee zu klären, ihre theoretischen Wurzeln und ihre historischen Voraussetzungen, durch die die Verfassungsgerichtsbarkeit „in reinster Form und in umfassender Weise in einer westlichen Demokratie verwirklicht ist" (Laufer).

Verhältnis von Recht und Politik

Der Herrschafts- und Interessencharakter des Bundesverfassungsgerichts spiegelt sich auf einer allgemeinen Ebene in der Frage nach dem Verhältnis von Recht und Politik. Sind damit zwei prinzipiell (in ihrem Wesen) verschiedene Handlungssysteme gemeint, oder ist Recht nichts anderes als geronnene Politik? Wird durch den Versuch jeder politisch wirksamen Macht, ihre politischen und gesellschaftlichen Vorstellungen in geltendes Recht umzugießen, Recht zum Zweck und zum Produkt von Politik? Ist jede Rechtsordnung auch Ausdruck gesellschaftlicher Macht- und Herrschaftsverhältnisse sowie bestimmter Interessen und Werte? Inwieweit enthüllt sich in der Verfassungsgerichtsbarkeit, die den Aufbau des Staates berührt und den politischen Prozeß in erheblichen Ausmaß kraft letztinstanzlicher Entscheidung reguliert, der grundsätzlich politische Charakter des Rechts?

Konsequenzen für die Legislative

Auf der konkreten Ebene läßt sich jede Entscheidung des Bundesverfassungsgerichts danach befragen, welche Interessen darin stärker, welche weniger stark und welche überhaupt nicht berücksichtigt sind, oder welche Konsequenzen die jeweilige Entscheidung für die Machtverteilung in der Gesellschaft hat. So führte z. B. das Urteil des BVG über Auslandseinsätze der Bundeswehr zu einem Machtgewinn des Parlaments.

Am Beispiel dieser Institution kann auch die Komplexität des Politischen im Spannungsverhältnis der Dimensionen „polity, politics, policy" verdeutlicht werden. Zum einen beeinflußt das BVG als „Akteur" den politischen Willensbildungs- und Entscheidungsprozeß, zum anderen stellt sich die Frage, welche Konsequenzen die zunehmende Auflösung politischer Beziehungen in Rechtsbeziehungen und die Verlagerung parlamentarisch vermittelter Entscheidungen auf das Bundesverfassungsgericht für den politischen Prozeß hat.

Die Prinzipien didaktischer Erschließung im Beispiel

Die vier Prinzipien didaktischer Erschließung können am Beispiel des Bundesverfassungsgerichts ebenfalls angewendet werden. Versucht der Politikunterricht die Institution und ihr Handeln über ihre jeweiligen Entscheidungen zu erschließen, so lassen sich allein in jüngster Zeit an den Urteilen zum § 218, zu den Auslandseinsätzen der Bundeswehr und zur Kruzifixpflicht in bayerischen Schulen Erfahrungsorientierung und Problemorientierung miteinander verknüpfen. Aus der Analyse der jeweiligen Urteile und ihrer Begründungen, aus dem Vergleich der Mehrheitsentscheidung mit den Minderheitsvoten sowie aus der Konfrontation mit der besonderen Methode der Entscheidungsfindung ergibt sich eine Binnenorientierung, in deren Mittelpunkt das Handeln der Akteure (Richter) steht, ihre Spielräume und ihre Grenzen zwischen Recht und Politik. Die Binnenorientierung eröffnet gleichzeitig die Möglichkeit der Handlungsorientierung im Unterricht etwa über Rollenspiele oder Planspiele, in deren Mittelpunkt z. B. der Prozeß der Entscheidungsfindung des Gerichts steht.

Folgen für den Unterricht

Allerdings müßten hier Lehrerinnen und Lehrer, wie bei Institutionen überhaupt, die spezifischen schüleraktivierenden Methoden, die auf konkreten politischen (rechtlichen) Kontroversen beruhen, erst entwickeln, da gerade im Zusammenhang mit politischen Institutionen ausgearbeitete und schon erprobte Methoden kaum existieren.

Abschließend läßt sich festhalten: Institutionenkundliches Lernen ist nicht „im Handformat" zu haben. Es verlangt die Anstrengung des Begriffs, der Analyse, der kategorialen Durchdringung, der Abstraktion und nicht zuletzt der methodischen Vielfalt.

5. Literatur

BERGER, PETER L./LUCKMANN, THOMAS 1979: Die gesellschaftliche Konstruktion der Wirklichkeit. Frankfurt/M.

CLAUßEN, BERNHARD 1988: Institutionenkundliche Aspekte sozialen und politischen Lernens. Reflexionen zum subjektiven Faktor in herrschaftskritischer Absicht. In: Luthardt, Wolfgang/Waschkuhn, Arno (Hrsg.): Politik und Repräsentation. Marburg 1988, S. 79-105

DEICHMANN, CARL 1979: Politische Institutionen und Bürgeralltag. In: Gegenwartskunde SH, S. 105-136

FIEDERLE, XAVER/KEMPF, UDO 1977: Parlamentarismus im Unterricht - Planspiel für Sekundarstufe I: Ladenschlußgesetz. In: Gegenwartskunde H. 4, S. 491-520

GAGEL, WALTER 1989: Renaissance der Institutionenkunde? Didaktische Ansätze zur Integration von Institutionenkundlichem in den politischen Unterricht. In: Gegenwartskunde H. 3, S. 387-418

GÖHLER, GERHARD (Hrsg.) 1987: Grundfragen der Theorie politischer Institutionen. Opladen

GRAMMES, TILMAN 1994: Institutionenbewußtsein und Institutionendidaktik, Willensbildungsprozesse in Institutionen und ihre Erscheinungsformen in Alltagsbewußtsein und Schule. In: Sarcinelli, Ulrich (Hrsg.): Öffentlichkeitsarbeit des Parlaments, Politikvermittlung zwischen Public Relations und Parlamentsdidaktik. Baden Baden, S. 170-192

GRAMMES, TILMAN 1995: Brücken von der Mikro- zur Makrowelt. In: Massing/Weißeno, S. 133-159

GREVEN, MICHAEL TH. 1983: Institutionelle Aspekte. In: Hartwich, Hans-Hermann (Hrsg.): Gesellschaftliche Probleme als Anstoß und Folge von Politik. Opladen, S. 510-525

GUGGENBERGER, BERND 1985: Parlamentarische Parteiendemokratie, Bürokratie und Justiz. Aspekte der Theorie und Praxis politischer Institutionen in der Bundesrepublik. In: Fetscher, Iring/Münkler, Herfried (Hrsg.): Politikwissenschaft. Begriffe - Analysen - Theorien. Ein Grundkurs. Reinbek bei Hamburg, S. 494-544

MASSING, PETER 1979: Interesse und Konsensus. Zur Rekonstruktion normativ-kritischer Elemente neopluralistischer Demokratietheorie. Opladen

MASSING, PETER 1995: Wege zum Politischen. In: Massing/Weißeno, S. 61-98

MASSING, PETER 1995a: Parlamentarismus. In: Wochenschau-Methodik, H. 5

MASSING, PETER/WEIßENO, GEORG (Hrsg.) 1995: Politik als Kern politischer Bildung. Wege zur Überwindung unpolitischen Politikunterrichts. Opladen

RASCHKE, JOACHIM 1975: Zur Revision der Institutionenkunde. In: Gegenwartskunde H. 3, S. 269-288

ROHE, KARL 1994: Politik. Begriffe und Wirklichkeiten. 2. Aufl. Stuttgart/Berlin/Köln

ROTHE, KLAUS 1993: Schüler und Politik. Opladen

SARCINELLI, ULRICH 1991: Politische Institutionen, Politikwissenschaft und politische Bildung. Überlegungen zu einem „aufgeklärten Institutionalismus". In: Aus Politik und Zeitgeschichte, B 50, S. 41-53

SARCINELLI, ULRICH 1993: Parlamentsbesuche: Wege und Hindernisse bei der

Auseinandersetzung mit der parlamentarischen Wirklichkeit. In: Gegenwartskunde H. 4, S. 449-459

SCHARPF, FRITZ 1985: Plädoyer für einen aufgeklärten Institutionalismus. In: Hartwich, Hans-Hermann, Policy-Forschung in der Bundesrepublik. Ihr Selbstverständnis und ihr Verhältnis zu den Grundfragen der Politikwissenschaft. Opladen, S. 164-170

SUTOR, BERNHARD 1990: Institutionen und politische Ethik: Über den Zusammenhang zweier vernachlässigter Aufgaben politischer Bildung. In: Mols, Manfred u. a. (Hrsg.): Normative und institutionelle Ordnungsprobleme des modernen Staates. Festschrift zum 65. Geburtstag von Manfred Hättich. Paderborn/München/Wien/Zürich, S. 311-327

WEIßENO, GEORG 1995: Welche Wege zum Politischen werden Referendaren in der Ausbildung vermittelt? In: Massing/Weißeno, S. 27-60

Peter Weinbrenner

Ökonomisches Lernen

1. Zum Verhältnis von Ökonomie und Politik

Das Verhältnis von Ökonomie und Politik bzw. von Wirtschaft und Staat kann nur theoretisch bestimmt werden, da die mit diesen Begriffen charakterisierten Gesellschaftsbereiche der unmittelbaren Erfahrung nicht zugänglich sind. Es hängt also vom jeweiligen Politikverständnis einerseits (z. B. enger oder weiter Politikbegriff) und der jeweiligen ökonomischen Grundposition andererseits (z. B. Neoklassik, Keynesianismus, Politische Ökonomie usw.) ab, welche Zusammenhänge und Probleme ins Blickfeld geraten.

Nähert man sich dem Problem in historischer Perspektive, dann wird allerdings sofort deutlich, daß die Nationalökonomie als eine Vorkämpferin von Ideen und Werten anzusehen ist, ohne die unsere freiheitlich-demokratische Gesellschaftsordnung nicht vorstellbar wäre (vgl. Hanusch 1993, 112).

Für die Klärung der vielfältigen *Interdependenzen* von *Politik* und *Wirtschaft* im Kontext politischer Bildung empfiehlt sich eine spiegelbildliche Analyse, die sowohl die ökonomischen Bedingungsfaktoren der Politik als auch die politischen Bedingungsfaktoren der Wirtschaft untersucht.

1.1 Ökonomische Bedingungsfaktoren der Politik

Dieter Grosser hat recht, wenn er darauf hinweist, daß die meisten politischen Konflikte *Verteilungskonflikte* sind (vgl. Grosser 1988, 555). Es ist geradezu ein Signum unserer Zeit, daß die Verteilungskonflikte national und international zunehmen, so daß aus dieser Konstellation ein enormer *politischer Handlungsdruck* entsteht. Wenn in den vergangenen hundert Jahren das Sozialprodukt um mehr als das Hundertfache gestiegen ist und wenn der rasche Ausbau des Sozialleistungssystems primär die Folge der Stimmenmaximierungsstrategie konkurrie-

Politische Konflikte sind Verteilungskonflikte

render Parteien war, dann stellt sich zu Recht die Frage, ob angesichts zunehmender ökologischer Probleme und abnehmender Ressourcen demokratische Politik bei Null- oder gar Minuswachstum zur Lösung von Verteilungskonflikten überhaupt noch in der Lage ist (vgl. ebenda).

Die Folgen der Wirtschaftskrise

Das politische System gerät offensichtlich in die Krise, wenn es sich nicht durch regelmäßige Wohlstandsversprechungen der Ökonomie legitimieren kann. Zunehmende Wählerabstinenz, insbesondere auch der Jugend, Parteien- und Politikverdrossenheit sowie Tendenzen zur Radikalisierung am linken und rechten Rand sind Indizien für eine solche *Legitimationskrise des demokratischen Staates*. Die Rede von der *Schönwetterdemokratie* charakterisiert zutreffend diesen engen Zusammenhang zwischen ökonomischer Wohlfahrt und politischem Bewußtsein.

1.2 Politische Bedingungsfaktoren der Ökonomie

In dieser Sichtweise tritt der Staat bzw. die Wirtschaftspolitik als ordnender, steuernder und gestaltender Bedingungsfaktor in Erscheinung. Die Diskussion über Art, Umfang und Eingriffstiefe der staatlichen Einflußnahme auf die Wirtschaft ist bis heute höchst kontrovers.

Neoliberalismus

Während die *Ordnungstheorie des Neoliberalismus* auf einen starken Staat setzt und die soziale wie ökologische *Bändigung des Marktes* durch zahlreiche Rahmenbedingungen (z. B. Wettbewerbsrecht, Arbeits- und Sozialrecht, Umweltrecht usw.) zu erreichen sucht, setzen die Vertreter der *Neoklassik* auf die Selbstheilungskräfte des Marktes und verfolgen eine Strategie der Privatisierung, Deregulierung und des Abbaus von Subventionen. In letzter Konsequenz fordern diese Theoretiker auch eine Liberalisierung des Arbeitsmarktes sowie eine Rücknahme standortschädlicher und wettbewerbsverzerrender Sozialleistungen und Umweltschutzstandards.

Neoklassik

Durch die *Internationalisierung der Märkte* und den europäischen Einigungsprozeß werden nationale Souveränitätsrechte (z. B. die Währungshoheit) an übergeordnete Instanzen abgegeben, und die deutschen Märkte sind zunehmend einem verstärkten internationalen Wettbewerbsdruck ausgesetzt.

2. Ökonomische Paradigmen und politische Konsequenzen am Beispiel der ökologischen Frage

Ökonomische Paradigmen

Nachstehend sollen am Beispiel der ökologischen Herausforderung der *Sozialen Marktwirtschaft* die wichtigsten ökonomischen Paradigmen charakterisiert werden, da das Verhältnis von Ökonomie und Politik in entscheidender Weise von dem jeweils gewählten bzw. vorherrschenden Paradigma abhängt. Paradigmen sind in dieser Betrachtungsweise in Anlehnung an Thomas Kuhn (1973) *wissenschaftliche Interpretationsschemata*, durch die Methoden, Normen, Fragestellungen und Probleme eines Gegenstandsbereiches bestimmt werden. Sie steuern sowohl staatliches als auch individuelles Handeln und umfassen insofern das Insgesamt der Bewußtseins-, Denk- und Wissensformen, mit denen wir uns mit der sozialen Wirklichkeit auseinandersetzen.

Eine solche paradigmatische Auseinandersetzung ist für den Politikdidaktiker von besonderem Interesse, weil sich die moderne Nationalökonomie in einer Krise befindet, und zwar gerade deshalb, weil sie „zur Zeit einfach keine zufriedenstellenden Antworten zu geben weiß auf dringende Probleme der Gegenwart – sei es die Massenarbeitslosigkeit in vielen Industrieländern, sei es das stürmische Bevölkerungswachstum, gekoppelt mit Elend und Armut in den unterentwickelten Regionen des Südens, sei es die Zerstörung der natürlichen Lebensverhältnisse, oder sei es die zunehmende Verkrustung und Bürokratisierung von Institutionen, gepaart mit einem schier unersättlichen Finanzbedarf von Staat und Sozialsystem" (Hanusch 1993, 113). Ein *Paradigmenwechsel* ist nach Kuhn immer dann angesagt, wenn ein vorherrschendes Paradigma auf die drängenden Fragen der Zeit keine befriedigenden Antworten zu geben und damit auch keine wirksamen Lösungsvorschläge anzubieten vermag. Insofern sollen die nachfolgenden Paradigmen auf ihre Lösungskompetenz für die Bewältigung der ökologischen Krise der Sozialen Marktwirtschaft befragt werden.

2.1 Das neoliberale Paradigma

Neoliberalismus:

Walter Eucken, Wilhelm Röpke, Franz Böhm, Alfred Müller-Armack, Ludwig Erhard u. a. stehen als geistige Väter an der Wiege der sog. „Sozialen Marktwirtschaft". Das Präfix „neo" macht darauf aufmerksam, daß der Sozialcharakter dieser Wirtschaftsordnung nicht der Logik bzw. Systemdynamik der Marktwirtschaft entspringt, sondern als *metaökonomische Komponente* der Wirtschaftsordnung zu begreifen ist. „Sozial" ist dann eine sozial-ethische Norm bzw. ein Werturteil im Sinne der Sozialverpflichtetheit der Wirtschaftsordnung und der in ihr handelnden Akteure. Damit erweisen sich alle ökonomischen Bestimmungsversuche des Sozialen als Ergebnis bestimmter Markt- bzw. Wettbewerbsautomatismen als unbefriedigend und unzureichend. So verweist schon Müller-Armack auf den Primat der Politik, der nur durch einen starken Staat, der für die Wirtschaftsordnung klare Rahmenbedingungen setzt, durchgesetzt werden kann. Die ökonomischen Rationalitätsprinzipien werden also schon bereits im Neoliberalismus durch gesellschaftlich-politische Rationalitätsprinzipien eingegrenzt und in ihre Schranken verwiesen.

– Primat der Politik

– gesellschafts-politische Rationalität

Insofern ist es verständlich, wenn Lutz Wicke angesichts der ökologischen Krise unserer Wirtschaftsordnung nach einem „Ludwig Erhard des Umweltschutzes" (1986, 242) sucht und gleichzeitig beklagt, daß wir von der Realisierung einer wirklich marktorientierten Umweltpolitik, die die Marktkräfte für den Umweltschutz einspannt, noch sehr weit entfernt sind (vgl. ebenda, 244). Analog zur Erhardschen Wirtschaftsordnungspolitik der 50er Jahre fordert er, den bestehenden Rahmen der Umweltpolitik so umzugestalten, „daß die stärkste Kraft jedes Wirtschaftssystems, das Streben nach Gewinn und Konsumnutzen, für und nicht wie bisher gegen den Umweltschutz wirkt" (ebenda, 248). Für einen Neoliberalen ist danach auch heute noch klar, daß das Versagen der Marktwirtschaft im Umweltschutz nicht ihren Funktionsmechanismen anzulasten ist, sondern letztlich eine Form von Politik- bzw. *Staatsversagen* darstellt. Umweltpolitik ist in diesem Verständnis Ordnungspolitik und damit eine genuine Aufgabe des Staates.

– Macht des Stärkeren

Umweltschutz ist allein Aufgabe des Staates

2.2 Das neoklassische Paradigma

Die neoklassische Antwort auf die ökologische Herausforderung der Marktwirtschaft ist dagegen eine ganz andere, insofern, als sie die ökologische Krise als eine spezifische Form von *Marktversagen* charakterisiert, und zwar im Umkehrschluß zum Neoliberalismus gerade dadurch, daß staatliche Interventionen zu einer Verzerrung der Marktpreise und damit der Allokationsmechanismen führen. Die Neoklassiker bliesen zum Rückzug des Staates und beschworen wieder die *Selbstheilungskräfte* des Marktes. Das konstatierte Marktversagen ist danach prinzipiell korrigierbar, und zwar durch eine „erweiterte Marktpreisrechnung" (vgl. Leipert/Steppacher 1986, 13, 17 f. und 22). Durch die Marginalisierung und Monetarisierung ökologischer Folgen des Wirtschaftsprozesses in einem gleichgewichtsorientierten zeitlosen Modell behauptet somit die Neoklassik eine systemimmanente Lösung der Ökologieproblematik und sieht keinen Anlaß, von ihren methodologischen Grundprämissen der Meßbarkeit, Quantizifierbarkeit, Homogenisierbarkeit und Monetarisierbarkeit ökologischer Effekte abzugehen.

Neoklassik:

– Primat der Wirtschaft

Umweltschutz ist Aufgabe des Marktes

2.3 Das keynesianische Paradigma

Im keynesianischen Denken haben Natur und Umwelt keinen Platz. Umweltpolitik ist hier nur als Nachfrage- und Beschäftigungspolitik denkbar. Ähnlich wie die Neoklassik arbeitet der Keynesianismus ausschließlich mit monetären Größen (Geld, Zins, Steuern usw.), verlagert allerdings seine Parameter von der Mikro- zur Makroebene, also zu wirtschaftlichen Variablen wie Volkseinkommen und Beschäftigung, Sparen und Investieren.

Hinzu kommt, daß das Modell von Keynes sich weitgehend auf die nationale Volkswirtschaft beschränkt und die weltwirtschaftlichen Zusammenhänge und Verflechtungen ignoriert. Es vernachlässigt die überwältigende politische Macht der multinationalen Konzerne, achtet nicht auf die politischen Rahmenbedingungen und läßt die sozialen und Umweltkosten wirtschaftlicher Aktivitäten aus dem Spiel (vgl. Capra 1987, 280). Das keynesianische Paradigma erscheint insofern am wenigsten geeignet, um ökologisches Denken in den Wirt-

Keynesianismus:

– Außschließlich monetäre Größen

– Nationale Politik

Für Umweltschutz unbrauchbar

schaftswissenschaften und damit auch für Zwecke praktischer Wirtschaftspolitik fruchtbar zu machen.

2.4 Das institutionalistische Paradigma

Institutionenökonomie

Die *Neue Institutionenökonomie*, die sich im deutschsprachigen Raum erst in den 80er Jahren herausgebildet hat, ist das Ergebnis einer ganzen Reihe von Theorie-Defiziten der bisher referierten Paradigmen. Im Hinblick auf das Ökologieproblem kann das institutionalistische Paradigma geradezu als ökologisches Anti-Paradigma zur herrschenden Ökonomie (Heterodoxie) angesehen werden. Dies wird besonders deutlich im Werk von Karl William Kapp, einem der wichtigsten Wegbereiter und Theoretiker dieser Denkrichtung. Kapp ist bis heute einer der radikalsten Kritiker der herrschenden Theorie und gilt als „Vater des Sozialkostenbegriffs" (vgl. ebenda, 6). Die von Christian Leipert und Rolf Steppacher im Jahre 1987 veröffentlichten Aufsätze unter dem Titel „Für eine ökosoziale Ökonomie" enthalten „eine radikale Kritik an den theoretischen Grundlagen sog. ‚ökonomischer' marktwirtschaftlicher Lösungen der Umweltpolitik im Lichte einer Deutung des Umweltproblems als Hauptgefährdungsherd menschlicher Lebensqualität und menschlichen Überlebens und wichtigste Herausforderung des Menschen im letzten Drittel des 20. Jahrhunderts" (ebenda, 8).

– Ökosoziale Ökonomie

Kapp stellt das neoklassische Paradigma regelrecht auf den Kopf: „Anstatt von gegebenen Technologien, vorbestimmten Verhaltensmustern und individuellen Präferenzen auszugehen und den Allokationsmechanismus eines hypothetisch geschlossenen Systems mit autonomen und zu einem Gleichgewicht hin tendierenden Marktkräften unter Annahme eines rationalen Optimierungsverhaltens von Produzenten und Konsumenten zu erklären, stellt sich als neue Aufgabe der Ökonomie aufzuzeigen, wie kollektiv bestimmte gesellschaftliche Ziele am wirksamsten und mit einem vom gesellschaftlichen Standpunkt aus definierten Minimum an Kosten zu erreichen sind" (Kapp 1987, 46).

– Kollektiv bestimmte Ziele

Damit wird von Kapp wieder – wie bereits im Neoliberalismus – der *Primat der Politik gegenüber dem Wirtschaftsprozeß* gefordert. Institutionen sind hier keine politischen Instanzen,

– Primat der Politk

sondern „stabilisierte Verhaltensformen, Denkweisen und Lebensstile" (ebenda, 54). Mit der Reformulierung eines realistischen Menschenbildes als Voraussetzung einer „Rehumanisierung der ökonomischen Theorie" (Leipert/Steppacher 1987, 9), der Erweiterung des ökonomischen Rationalitätskonzepts durch das Konzept der substantiven Rationalität, das in einer Theorie existentieller Minimalbedürfnisse begründet ist, legt Kapp wichtige begrifflich-theoretische Grundlagen für eine ökologische und politische Neuorientierung der Ökonomie als Sozialwissenschaft.

Ökonomie als Sozialwissenschaft

3. Politische Brennpunkte der Ökonomie

3.1 Das Beschäftigungsproblem

Seit über 20 Jahren wird in ganz Westeuropa ein hoher und immer noch steigender Stand der Arbeitslosigkeit beklagt. Die offiziellen Zahlen von 3 bis 4 Millionen Menschen täuschen darüber hinweg, daß die tatsächliche Arbeitslosigkeit zwischen 7 und 8 Millionen beträgt, wenn man die sog. „verdeckte Arbeitslosigkeit" (nicht beim Arbeitsamt gemeldete, Menschen, die in „Maßnahmen" der Arbeitsämter sind, ABM-Stellen, Kurzarbeiter, Vorruheständler usw.) hinzuaddiert. Die Ursachen sind vielfältig und werden kontrovers diskutiert:

Beispiel Arbeitslosigkeit

Ursachen

- Die Sättigung der Märkte verhindert Wachstumsschübe, wie sie in der Nachkriegszeit üblich waren;
- die Einführung neuer Technologien (z. B. Mikroelektronik) ermöglicht kostensparende Rationalisierungen der Produktion, aber auch im Verwaltungs- und Dienstleistungsbereich;
- die steigende Erwerbsneigung (z. B. der Frauen) vergrößert das Angebot am Arbeitsmarkt;
- das hohe Lohn- und Sozialleistungsniveau der Bundesrepublik führt zur Abwanderung ganzer Industriezweige ins Ausland (z. B. Unterhaltungselektronik, Textilien, Spielwaren usw.);
- fehlende Qualifikation und Mobilitätsbereitschaft der Arbeitnehmer führen zu „friktioneller Arbeitslosigkeit";
- die starke Stellung der D-Mark auf den Weltmärkten er-

Arbeitmarkt- und Beschäftigungspolitik in der politischen Kontroverse

Vertreter	Position	Problem
1 Horst Siebert (Präsident des Kieler Instituts für Weltwirtschaft)	Der Arbeitsmarkt muß wieder in Kraft gesetzt werden. Viele institutionellen Regelungen des Arbeitsmarktes schützen nur diejenigen, die Arbeit haben, aber nicht die, die ohne Arbeit sind und draußenstehen (z. B. Kündigungsschutz, Tarifverträge).	Beide Forderungen sind politisch kaum durchsetzbar. Die Tarifautonomie hat als „Produktivitätspeitsche" gewirkt und zu einer hervorragenden Wettbewerbsstellung der deutschen Industrie auf dem Weltmarkt geführt.
2 Rudolf Hickel (Ökonomie-Professor an der Universität Bremen)	Zwischen Markt und Staat sind öffentlich zu gewährleistende Beschäftigungsfelder zu organisieren (zweiter Arbeitsmarkt). Statt die Menschen in die Arbeitslosigkeit zu schicken, betraut man sie mit gesellschaftlichen Aufgaben, etwa im Bereich des Umweltschutzes.	Die Kosten für solche Beschäftigungsformen müssen vom Staat bzw. den Sozialkassen aufgebracht werden. Dies würde zwangsläufig zu einer Erhöhung der Abgabenlast führen und dadurch wieder Konjunktur und Beschäftigung schwächen.
3 Hans-Peter Stihl (Präsident des deutschen Industrie- und Handelstages)	Was uns in Deutschland fehlt, sind Arbeitsverhältnisse mit einer Entlohnung unterhalb der gültigen Tarifverträge. Wir brauchen wieder die Möglichkeit, geringerwertige Arbeit auch gering bezahlen zu können.	Arbeitsplätze mit Billigstlöhnen würden nur dann nachgefragt, wenn das soziale Netz entsprechend stark beschnitten wird. Wer dauerhaft die Profitrate der Unternehmen auf Kosten der Löhne steigern will, muß die Macht der Gewerkschaften brechen. Mit dem sozialen Frieden, einem der wichtigsten Argumente für den Standort Deutschland, wäre es dann vorbei.
4 André Gorz (französischer Sozialphilosoph)	Wir müssen von heute 1.500 Arbeitsstunden auf 1.200 Stunden und schließlich auf 1.000 Stunden/Jahr heruntergehen. Die Umverteilung der Arbeit muß langfristig angelegt und der Aufgabe gerecht werden, das schrumpfende Arbeitsvolumen kontinuierlich auf die Gesamtheit der arbeitenden Bevölkerung zu verteilen.	Arbeitszeitverkürzung wird schon seit Jahrzehnten praktiziert, ohne daß sie nachhaltig die Arbeitslosigkeit beseitigen konnte. Das Patentrezept wird begrenzt durch regionale Ungleichheiten und unterschiedliche Qualifikationen. Außerdem muß Arbeitszeitverkürzung mit Lohnsenkung verbunden werden, wenn sie zum Abbau von Arbeitslosigkeit führen soll.
5 Horst Afheldt (Sozialwissenschaftler)	Abschottung des Marktes durch ein Europa, das gewillt ist, politische Ziele wie soziale Gerechtigkeit, Erhaltung der Umwelt und der kulturellen Identität zu Zielkriterien des Marktes zu machen statt Unterwerfung der Politik unter das Diktat des Weltmarktes.	Die Europäische Union müßte ihre Außengrenzen etwa so mit Mauer und Stacheldraht sichern wie die ehemalige DDR. Eine solche „Insel-der-Seeligen-Politik" ist nicht nur zynisch, sondern für eine so eng in den Weltmarkt eingebundene Volkswirtschaft wie die deutsche lebensgefährlich.

schwert den Export von Gütern und Dienstleistungen ins Ausland;
- eine rigorose Stabilitäts- und Zinspolitik der Bundesbank hemmt die Investitionsneigung der Unternehmen.

In kaum einem Bereich der Wirtschaftspolitik sind die Therapievorschläge so zahlreich und kontrovers wie in der Arbeitsmarkt- und Beschäftigungspolitik. Auch hier spielt die wirtschaftstheoretische bzw. paradigmatische Position sowie die ideologische Interessenlage der Kontrahenten (z. B. Arbeitgeber/Arbeitnehmer) eine entscheidende Rolle. Die voranstehende Übersicht möge dies belegen (vgl. Gürtler 1995).

3.2 Die Globalisierung der Märkte

Beispiel Globalisierung der Märkte

Die Globalisierung der Wirtschaft hat einen Strukturwandel in Gang gesetzt, der z. T. ebenso dramatische Veränderungen der Lebensverhältnisse und Zukunftschancen der Menschen bewirkt hat wie der Übergang von der vorindustriellen zur industriellen Gesellschaft. Insbesondere die Vernetzung internationaler Kommunikationssysteme und die Erschließung aller Kontinente durch moderne Verkehrssysteme bis hin zur Außensteuerung des Planeten durch moderne Nachrichten- und Kommunikationssatelliten haben den Planeten zu einem „global village" schrumpfen lassen.

Konsequenzen

Diese Globalisierung der Wirtschaft bedeutet, daß die nationalen Grenzen bei Investitions-, Produktions-, Angebots-, Nachfrage- und Finanzierungsentscheidungen zunehmend an Bedeutung verlieren. Die Herausbildung integrierter Weltmärkte für zahlreiche Waren, Dienstleistungen und Finanzprodukte führt zu einer *Internationalisierung der Produktion,* bei der die einzelnen Komponenten eines Produkts oft aus vielen Ländern stammen.

Auswirkungen auf den Arbeitsmarkt

Damit einher geht eine Globalisierung der Arbeitsmärkte, die eine erhebliche Zunahme grenzüberschreitender Wanderungen von Arbeitskräften aufgrund des z. T. großen Einkommens- und Lohngefälles mit sich bringt (vgl. Hesse 1993). Diese Globalisierung führt zu einer wechselseitigen Abhängigkeit, aber auch Verletzbarkeit der nationalen Staaten und Volkswirtschaften sowie zu einem Verlust nationaler Souveränitätsrechte und autonomer Entscheidungen der Wirtschaftspolitik. „So kann heute kein Land mehr Regelungen im Bereich der *Sozial- oder Umweltpolitik* ohne Blick auf die internationale Konkurrenzfähigkeit seiner Industrie treffen. Vor allem die ärmeren Staaten sind hier von den Vorgaben auf den Weltmärkten abhängig ..., wenn - wie im Falle des Faktors Arbeit - der grenzüberschreitende Austausch von Leistungen beschränkt ist, steht den Unternehmen die Option offen, Teile ihrer Produktion an Standorte mit günstigeren Lohnkosten zu verlegen ... Dieser vom Weltmarkt kommende Druck auf einzelne Sektoren und Unternehmen ist das mikroökonomische Gegenstück der Begrenzung des Freiraums für eigenständige nationale Politikmaßnahmen" (ebenda, 408). Dieser Außendruck kann zu erheblichen ökonomischen, ökologischen und sozialen Verwerfungen auf den globalisierten Märkten und zwischen den beteiligten Staaten führen. Es besteht eine *Tendenz zur ökonomischen Konzentration* auf den Weltmärkten und zu einer *Entmachtung der Politik* zugunsten der Finanzmacht multinationaler Konzerne. Die internationale Wirtschaftspolitik findet nicht mehr in den Parlamenten souveräner Nationalstaaten statt, sondern in rechtsfreien Räumen, in denen die Lebens- und Umweltbedingungen der Weltbevölkerung verhandelt werden (vgl. Koch 1995). Eine solche Entwicklung kann auf die Dauer gerade in fortgeschrittenen Industriegesellschaften wie der Bundesrepublik die Fundamente des Sozialstaats untergraben und die mühsamen Ansätze einer wirksamen Umweltpolitik wieder zunichte machen. Die Demontage sozialstaatlicher und tarifpolitischer Besitzstände ist in der Bundesrepublik bereits in vollem Gange. So stellt z. B. der Bundesminister für Wirtschaft fest: „Unzeitgemäße Rituale der Lohnfindung, starres Festhalten an vermeintlichen Besitzständen, mangelnde Flexibilität - alles dies sind ... ernstzunehmende funktionale Mängel unseres Arbeitsmarktes. Deshalb mein offenes Plädoyer für mehr Flexibilität bei Zeiten und Tarifen, für Selbstbeschränkung in den Tarifverträgen auf unverzichtbare Mindestregelungen, für mehr Raum für Lohndrift, für mehr Öffnungsklauseln in Tarifverträgen" (Rexrodt 1995, 702).

Entmachtung der Politik zugunsten der Konzerne

Auflösung der Sozialstruktur

Das gleiche gilt für die *ökologische Globalisierung*. Die bereits im Zuge der EU-Integration zu beobachtende Tendenz zur Nivellierung der europäischen Umweltstandards auf niedrigem Niveau wird durch die Globalisierung der Wirtschaft noch verstärkt. Jakob von Uexküll, der Begründer des Right Livelihood Award (alternativer Friedensnobelpreis) fordert daher einen „Rat für nachhaltige Globalisierung", „eine Institution, die die Rahmenbedingungen für eine nachhaltige Globalisierung festsetzt ... Das Recht auf Umweltressourcen wäre nicht länger dem vorbehalten, der sie kaufen kann. Die weltweite Herrschaft des Geldes wäre zurückgedrängt auf einen Platz *innerhalb* der ökologischen, sozialen und kulturellen Ordnung unserer Gesellschaft" (Uexküll 1995, 1 f.).

Folgen für den Umweltschutz

Die mit der Globalisierung der Märkte aufgeworfenen *politischen* Fragestellungen hat Kerstin Müller in ihren Thesen zur Strategiedebatte bei den BÜNDNISGRÜNEN auf den Punkt gebracht:

- Ist die Idee der sozialstaatlich verfaßten Gesellschaft angesichts globalisierter Weltmärkte ein zwar sympathischer, aber reichlich naiver Romantizismus?
- Droht nicht der Exodus deutscher Unternehmen in die Niedriglohnländer Osteuropas und Südostasiens?
- Ist im Zeitalter der ‚*Global Players*' – der international operierenden Unternehmen – sozialstaatliche Souveränität zu retten?
- Stellt sich sogar die existentielle Frage, ob zukünftig in Deutschland und anderswo das sozialstaatliche Umverteilungsvolumen überhaupt noch erarbeitet werden kann? (Müller 1995)

Hat der Nationalstaat noch eine Zukunft?

4. Didaktische Ansätze für eine politische Bildung im Lernfeld Wirtschaft

Solange sich die politische Bildung ausschließlich auf die Politikwissenschaft als einzige Bezugswissenschaft bezog, kamen wirtschaftswissenschaftliche Themen und Fragestellungen überhaupt nicht in den Blick. Erst die *sozialwissenschaftliche* Orientierung der politischen Bildung wies der Ökonomie den ihr gebührenden Platz im Curriculum der Schule und in den

Umsetzung der Beispiele im Unterricht

Studienordnungen der Hochschulen zu. Das führte zu einer z. T. nicht mehr zu bewältigenden Stofffülle des Faches, da die ökonomischen Studien- bzw. Unterrichtsanteile einfach additiv zu den bestehenden Curricula angehängt wurden (vgl. z. B. die Übersicht über die Curricula und Lehrerbildungskonzepte bei Knütter 1974).

Erst die in den neueren Lehrplänen als Selektions- und Legitimationskriterien zugrunde gelegten didaktischen Prinzipien der *Qualifikations-, Problem- und Situationsorientierung* brachten eine gewisse Entlastung und stärkten die Entscheidungsfreiheit der LehrerInnen bzw. der Fachkonferenzen. Ökonomische Inhalte – wie alle Inhaltsentscheidungen der politischen Bildung – bestimmen sich danach nicht mehr nach ihrer Stellung innerhalb der Fachsystematik der Bezugsdisziplin, sondern primär nach dem spezifischen Beitrag der Inhalte und Themen für die Vermittlung bestimmter Qualifikationen bzw. nach ihrem Beitrag zur Analyse und Lösung gesellschaftlicher Schlüsselprobleme (vgl. Klafki 1985, 21). Curriculare Pionierarbeit für eine fachwissenschaftliche und didaktische Grundlegung eines politikrelevanten Wirtschaftsunterrichts haben insbesondere Heinz Klippert (1980 und 1981) und Bernd Henning (1985) geleistet. Beide Autoren arbeiten mit einer multifunktionalen Entscheidungs- bzw. Lernmatrix und ermöglichen insofern eine rationale Diskussion unterrichtsrelevanter Inhalte und Themen.

Entscheidungs- bzw. Lernmatrix nach Klippert und Henning

Auch die *Bundesfachgruppe für ökonomische Bildung* hat in zahlreichen Tagungen und Publikationen wesentliche Anstöße und Hilfen für die Auswahl und Strukturierung relevanter Themen und Probleme im Lernfeld Wirtschaft gegeben (vgl. Bundesfachgruppe für ökonomische Bildung 1988 und 1995).

Methodendimension

Neuere Arbeiten zur Didaktik der ökonomischen Bildung konzentrieren sich vor allem auf die bisher stark vernachlässigte Methodendimension und bieten eine Fülle von Anregungen und Unterrichtsbeispielen für eine methodische Durchdringung des Lernfelds Wirtschaft im Politikunterricht (vgl. Klippert 1984 und 1994; Kruber 1994; Kaiser/Kaminski 1994 und Steinmann/Weber 1995). Auch die neuesten Komplexmethoden, wie Zukunftswerkstatt, Szenariotechnik und Produktlinienanalyse, sind hervorragend geeignet, politische, ökonomische und ökologische Fragen in einem handlungs-, problem- und zukunftsorientierten Zusammenhang zu bearbeiten (vgl. zu diesen neueren Ansätzen Weinbrenner/Häcker 1991 und Weinbrenner 1995a und 1995b).

Literatur

Bundesfachgruppe für ökonomische Bildung (Hrsg.) 1988: Ökonomische Bildung. Aufgaben für die Zukunft. Bergisch-Gladbach

Bundesfachgruppe für ökonomische Bildung (Hrsg.) 1995: Handlungsorientierung und ökonomische Bildung. Bergisch-Gladbach

Capra, Fritjof 1987: Das neue Denken. Aufbruch zum neuen Bewußtsein. München

Grosser, Dieter 1988: Stichwort „Wirtschaftswissenschaft". In: Mickel, Wolfgang W./ Dieter Zitzlaff, (Hrsg.): Politische Bildung. Ein Handbuch für die Praxis, S. 555-558

Gürtler, Detlef 1995: Rezepte für mehr Jobs. In: Wochenpost Nr. 32, S. 26-28

Hanusch, Horst 1993: Ökonomische Theorie: Wissenschaft vor dem Paradigmenwechsel - Bilanz einer Zeit-Serie. In: Zeit-Spezial Nr. 3, S. 12-114

Henning, Bernd 1985: Didaktik der Wirtschaftslehre - politische Bildung im Lernfeld Ökonomie. Heilbrunn

Hesse, Helmut 1993: Stichwort „Globalisierung". In: Lexikon der Wirtschaftsethik. Hrsg. von Georges Enderle u. a. Freiburg/Basel/Wien, S. 402-410

Kaiser, Franz-Josef/ Kaminski, Hans 1994: Methodik des Ökonomieunterrichts. Grundlagen eines handlungsorientierten Lernkonzepts mit Beispielen. Heilbrunn

Klafki, Wolfgang 1985: Konturen eines neuen Allgemeinbildungskonzepts. In: Ders.: Neue Studien zur Bildungstheorie und Didaktik. Beiträge zur kritisch-konstruktiven Didaktik. Weinheim/Basel, S. 12-30

KLIPPERT, HEINZ/SIEGE, HANNES 1980: Lernfeld Wirtschaft. Theoretische und didaktische Grundlegung. Weinheim/Basel

KLIPPERT, HEINZ 1981: Didaktik des Lernbereichs Wirtschaft. Fachwissenschaftliche und didaktische Grundlegung eines problemorientierten Wirtschaftsunterrichts. Weinheim/Basel

KLIPPERT, HEINZ 1984: Wirtschaft und Politik erleben. Planspiele für Schule und Lehrerbildung. Weinheim/Basel

KLIPPERT, HEINZ 1994: Methodentraining. Übungsbausteine für den Unterricht. Weinheim/Basel

KNÜTTER, HANS-HELMUTH 1974: Ökonomische Lernstoffe im Fach Sozialwissenschaften. Ein Curriculumvorschlag für die wirtschaftliche Lehrerbildung. In: Materialien zur politischen Bildung Nr. 4, 52-60

KOCH, CLAUS 1995: Die Gier des Marktes. Die Ohnmacht des Staates im Kampf der Weltwirtschaft. München.

KUHN, THOMAS 1973: Die Struktur wissenschaftlicher Revolutionen. Frankfurt/M.

LEIPERT, CHRISTIAN/STEPPACHER, ROLF 1987: K. William Kapps Beitrag zu einer ökonomischen Theorie der Zukunft. In: Dies.: K. William Kapp – Für eine ökosoziale Ökonomie. Frankfurt/M., S. 5-29

MÜLLER-ARMACK, ALFRED 1966: Wirtschaftsordnung und Wirtschaftspolitik. Studien zur Sozialen Marktwirtschaft und zur europäischen Integration. Freiburg

MÜLLER, KERSTIN 1995: Wider schwarz-grüne Optionen mit einem romantischen Überbau. Thesen zur Strategiedebatte bei den BÜNDNISGRÜNEN. In: Frankfurter Rundschau Nr. 236 v. 11.10.1995, S. 12

REXRODT, GÜNTER 1995: Die Globalisierung der Märkte erfordert eine lebendige Wettbewerbskultur. In: Bulletin Nr. 70 v. 19.09.1995, S. 700-704

STEINMANN, BODO/ WEBER, BIRGIT (Hrsg.) 1995: Handlungsorientierte Methoden in der Ökonomie. Neusäß

UEXKÜLL, JAKOB VON 1995: Rat für nachhaltige Globalisierung. In: Pro Zukunft, 9. Jg. (1995) 2, S. 1 f.

WEINBRENNER, PETER/HÄCKER, WALTER 1991: Zur Theorie und Praxis von Zukunftswerkstätten. Ein neuer Methodenansatz zur Verknüpfung von ökonomischem, ökologischem und politischem Lernen. In: Bundeszentrale für politische Bildung (Hrsg.): Methoden in der politischen Bildung – Handlungsorientierung. Bonn, S. 115-149

WEINBRENNER, PETER 1995a: Auto 2010 – Ein Szenario zum Thema „Auto und Verkehr". In: Steinmann, Bodo/Weber, Birgit (Hrsg.): Handlungsorientierte Methoden in der Ökonomie. Neusäß, S. 432-441

WEINBRENNER, PETER 1995b: Joghurt ist nicht gleich Joghurt – Die Produktlinienanalyse als Entscheidungshilfe für ökologisches Verbraucherverhalten. In: Schriften zur Didaktik der Wirtschafts- und Sozialwissenschaften Nr. 48, Universität Bielefeld

WICKE, LUTZ 1986: Die ökologischen Milliarden. Das kostet die zerstörte Umwelt – so können wir sie retten. München

Heinrich Oberreuter

Rechtserziehung

1. Einleitung

In jedem menschlichen Zusammenleben, jeder Gesellschaft und jedem politischen System gibt es Vorstellungen darüber, was Recht und Unrecht ist. Danach bestimmen sich Verhaltensweisen und Regeln des Zusammenlebens, die allgemein akzeptiert, erforderlich und zumutbar erscheinen. Nach so unterschiedlichen Denkern wie Hobbes und Kant schuldet das Individuum dem sozialen Verband, dem es zugehört, jenes Verhalten, das es auch sich selbst gegenüber erwartet. Die Idee eines verbindlichen Normenkonsensus, auf welchen sich letztlich auch die politisch-soziale Ordnung stützt, steht im politischen Denken in unauflösbarem Zusammenhang zur Vergesellschaftung des Individuums überhaupt. Für das, was recht ist, gibt es Normen von unterschiedlich einlösbarer Verbindlichkeit. *Soziale Normen* begründen im Alltag eine Fülle von Verhaltensvorschriften oder -erwartungen. Da ihre Einlösung stark auf Konvention und Interaktion beruht, ist ihre Einhaltung nicht verläßlich. Dagegen ist die Verbindlichkeit von *Rechtsnormen* mit Sanktionen bewehrt, um sie nötigenfalls gegenüber allen Mitgliedern der Gesellschaft zur Wahrung der Ordnung und des inneren Friedens durchzusetzen. Für die Verbindlichkeit von Rechtsnormen gibt es so gut wie keine Spielräume.

Verhaltensweisen und Regeln des Zusammenlebens

Verbindlichkeit von Rechtsnormen

2. Sozialen Normen, Rechts- und Gerechtigkeitsgefühl

Die gesellschaftlichen Vorstellungen von dem, was Recht ist, erschöpfen sich in den Rechtsnormen nicht. Sie sind von sozialen Normen, Rechts- und Gerechtigkeitsgefühl umlagert. Die staatliche Rechtsordnung verdichtet nur einen Teil dieser Vorstellungen zu Vorschriften, solange sie auf ein freiheitliches Gesellschaftsprinzip verpflichtet bleibt, welches die Autonomie von Individuen und Gesellschaft nicht über das notwendi-

Autonomie von Individuen und Gesellschaft

ge, Zusammenleben, Rechtssicherheit und soziale Chancengleichheit gewährleistende Maß hinaus einschränkt. In diesem Falle unterliegt keineswegs das gesamte gesellschaftliche Leben verbindlichen Rechtsnormen. Diktaturen charakterisieren sich dagegen durch enorme Fülle, Dichte und Reichweite von Vorschriften, die letztlich eine Identität des gesamten gesellschaftlichen Rahmens mit dem Bereich der sanktionsbewehrten, politisch durchgesetzten allgemeinen Verbindlichkeiten anstreben (bislang freilich nie gänzlich erreicht haben). Damit entfällt die Unterscheidung von öffentlich und privat, Staat und Gesellschaft, Vereinbarung (soziale Normen) und Verpflichtung (Rechtsnormen). Der freiheitliche Rechtsstaat beruht auf der Unterscheidbarkeit und der spannungsreichen Koexistenz dieser Bereiche.

Koexistenz von öffentlich und privat, Staat und Gesellschaft

3. Prämissen, Moral- und Ethikprinzipien

Aus dem eingangs erwähnten Zusammenhang in politiktheoretischen Ansätzen zwischen Gesellschaftsbildung und Ordnungskonsens ergibt sich, daß Rechtsnormen in aller Regel nicht willkürlichen und abstrakten Setzungen entspringen, sondern Folgerungen aus anthropologischen Prämissen, Moral- und Ethikprinzipien sowie aus auf beide bezogenen Vorstellungen über eine angemessene politische Ordnung sind. In jeder Rechtsordnung drücken sich die jeweils dominierenden Werte aus. Im Nationalsozialismus diente das Recht der Erfassung des einzelnen als Teil der Volksgemeinschaft, der Durchsetzung des Rassismus und der Führerdiktatur, bis es schließlich gänzlich durch Führerbefehle ersetzbar wurde. Die sozialistischen Systeme erfaßten das Individuum als Teil des Kollektivs, begriffen das Recht als parteiisches Instrument des Klassenkampfes und der Parteidiktatur, bis schließlich das Politbüro faktisch zur obersten rechtsetzenden Instanz wurde. Die Demokratie geht von der Freiheit der Person, der Pluralität der Gesellschaft und einer Rechts- und Herrschaftsordnung aus, welche die zum Zusammenleben und zur Entscheidungsfindung notwendigen allgemeinen Verbindlichkeiten und die schlechthin systemtypischen Individualitäts- und Pluralitäts-

Freiheit der Person und Pluralität der Gesellschaft

ansprüche auszubalancieren sucht: spannungsfreie Perfektion wird sie dabei nicht erreichen können. Doch entscheidender bleiben die einer Rechtsordnung zugrunde liegenden normativen Prinzipien, die zugleich ihre unverwechselbaren und differenzierenden Kriterien sind. Wertvorstellungen liegen der Rechtsordnung voraus, Grundwerte sind z. B. das Fundament von Grundrechten.

Gänzlich irrig ist daher die Auffassung, das Recht besitze lediglich formalen Charakter und die Befassung mit ihm gehöre nicht zum zentralen Gegenstandsbereich politischer Bildung. Vielmehr verfehlt diese Ansicht durch Rechtsfremdheit ihren zentralen Gegenstand: die politische Ordnung. Zu illustrieren ist dies besonders am Beispiel des Verhältnisses von Recht und Politik nach dem Grundgesetz der BRD. Das dort normierte System hat das Bundesverfassungsgericht als „wertgebundene Ordnung" definiert. Aufgrund geschichtlicher Erfahrung (Wertrelativismus der Weimarer Republik, Wertvernichtung durch den Nationalsozialismus) sind die wichtigsten, Humanität in Staat und Gesellschaft stiftenden Prinzipien auf Dauer gestellt und jeder Änderung entzogen. Aufgrund des Vorrangs der Verfassung kann kein Gesetz sich zu ihr in Gegensatz stellen. Die Politik ist dem Grundgesetz unterworfen. Sie kann sich nicht unter Berufung auf die Volkssouveränität darüber hinwegsetzen. Notfalls ist sie vom Verfassungsgericht in die Schranken zu weisen. D.h., über dem sich im Mehrheitsentscheid zum Ausdruck bringenden Volkswillen steht die Bindung an fundamentale Wert- und Rechtsgrundsätze, die nicht erst der Staat in Geltung setzt. Sie sind vielmehr vorausgesetzt, politischer Verfügung entzogen und sollen dauerhaft verpflichtend wirken. Ins Grundgesetz sind sie ausdrücklich aufgenommen worden – Menschenwürde, Freiheit, Recht auf Leben –, wodurch sie einen zusätzlichen Geltungsgrund besitzen, wodurch aber vor allem dessen verfassungspolitisches Programm gekennzeichnet wird.

Zentraler Gegenstand: die politische Ordnung

Nachgeordnetes Recht bleibt an diese Vorgaben gebunden. Es kann durch verfassungsgerichtliche Normenkontrolle daraufhin überprüft werden. Dadurch soll die normative Orientierung der gesamten Rechtsordnung gewährleistet werden.

4. Zum Verständnis des Rechtssystems

Aus diesen rechtsgültigen Prinzipien ergeben sich für ein angemessenes Verständnis des Rechtssystems einige Präzisierungen:

Das Recht bindende normative Grundsätze

a) Recht ist kein Instrument der „Herrschenden" (ganz abgesehen davon daß es sich im demokratischen Staat nicht um autoritäre Obrigkeit, sondern um vom Volk legitimierte Herrschaftsträger handeln würde). Vielmehr bewegen wir uns in einem Staat, der auf der Herrschaft des Rechts beruht. Die entscheidende Frage ist nicht: Wer (z. B. welche politische Gruppierung) setzt das Recht? Sondern: Beherrschen die das Recht bindenden normativen Grundsätze Rechtsetzung und Rechtspraxis?

Konsens über die Grundwerte

b) Die verfassungsrechtliche Ewigkeitsgarantie grundlegender normativer Bindungen für die Rechtsordnung unterliegt im sozialen Wandel durchaus nicht der Gefahr, anachronistisch zu werden, solange nicht der Konsens über die genannten Grundwerte verfällt. Doch sobald Freiheit, Menschenwürde, Pluralität ihre Geltung verlieren, verliert sich auch die Idee einer menschengemäßen Rechtsordnung in einem Unrechtsstaat. Solange sie gelten, schafft sozialer Wandel Anpassungsprobleme im wesentlichen im nachrangigen Gesetzesrecht, die zu der Überlegung herausfordern, wie unter den jeweils gegebenen Umständen die optimalen Lösungen im Detail gefunden werden können. Zumindest der Idee nach wirken die grundlegenden Rechtsüberlegungen steuernd auf den sozialen Wandel ein: humane Gesellschaft und Demokratie sollen ja nicht mehr zur Disposition stehen. Doch auch in der Praxis wird die Autorität dieser Orientierungen keineswegs preisgegeben. Das Bundesverfassungsgericht hat z. B. die Abtreibung keineswegs freigegeben, sondern nur in ethisch begründeten Ausnahmefällen und im Rahmen einer gesetzlichen Regelung, die sich grundsätzlich am Gebot des Lebensschutzes orientiert, straffrei gestellt und damit die rechtsethischen Maximen verteidigt. Angesicht der Allgemeinheit dieser orientierenden Grundsätze (-werte) bleiben im Detail fast immer unterschiedliche

Lösungsansätze möglich und folglich die Frage legitim, warum eine Alternative sich durchgesetzt hat und ob nicht auch eine andere angemessen(er) sein könnte. Insoweit steht das Recht auch immer im Streit der Politik und der Interessen. Es entwickelt sich dynamisch. Unterbunden werden lediglich Entwicklungen gegen die das Rechtssystem strukturierenden Werte: im Beispielfall also Alternativen, die sich nicht primär am Schutz des Lebens orientieren.

Recht im Streit der Politik und der Interessen

c) Das Recht gibt der dynamischen gesellschaftlichen Entwicklung Form. Es unterliegt dieser Entwicklung aber auch seinerseits und ist selbst ein dynamisches, wenn auch in seinen wesentlichen Grundsätzen sich selbst erhaltendes System. Konservativ ist es lediglich in bezug auf jene Fundamente, die den Grundkonsens über politisches und gesellschaftliches Zusammenleben stiften und ohnehin nicht willkürlich politischer Veränderung preisgegeben sein sollen nach dem Weimarer Motto, daß jede beliebige Mehrheit sie verrücken dürfe. Insoweit ist die in den 70er Jahren in der didaktischen Diskussion vielfach bezogene Position unhaltbar, die Beschäftigung politischer Bildung mit dem Recht sei grundsätzlich konservativ. Vielmehr weist sie auf „Chancen für Veränderungen" (Sandmann 1975, 102) und auf die in jedem politischen System anzutreffende Spannung zwischen Wandel und Konstanz hin.

Recht gibt der dynamischen gesellschaftlichen Entwicklung Form

5. Bedeutung von Rechtsfragen

Politische Bildung kann Rechtsfragen schon deswegen nicht ausklammern, weil das Recht den Menschen im Alltag wie eine zweite Haut umgibt: Die Entfaltungsfreiheit der Person muß gewährleistet, zugleich aber auch sozial-verträglich geregelt sein. Folglich müssen Normen Freiheit und Ordnung stiften. Der Normbedarf nimmt zu, je mehr das Individuum Daseinsvorsorge von öffentlichen Systemen erwartet und Anspruch auf Leistungen erhebt. Auch diese dürfen nicht wirklich zugewiesen, sie müssen rechtlich verläßlich geregelt sein. Recht entlastet zunächst durch Rechtssicherheit. Es setzt verbindliche Verhaltensmaßstäbe und vermeidet die – Schwächere immer

Rechtssicherheit und verbindliche Verhaltensmaßstäbe

benachteiligende – Notwendigkeit für den einzelnen, sich „sein Recht" selbst zu nehmen, woraus Willkür statt Verläßlichkeit entsteht.

Konfliktregelung
Konfliktvermeidung

Gemeinhin wird Recht definiert als Instrument zur Konfliktregelung. Dem voraus liegt aber schon seine Funktion der Konfliktvermeidung durch Fixierung von Regeln, deren allgemeine Beachtung den Rechtsfrieden gewährleisten würden, z. B. von der Straßenverkehrsordnung über das Privatrecht bis hin zum Strafrecht. Stets ist es zunächst Zweck der Normen, störungsfreies Zusammenleben zu ermöglichen, sodann erst Störungen zu regeln und letztendlich durch Sanktionen zu beenden. Immer geht es darum, daß der einzelne zu seinem Recht kommt, jedoch nicht auf Kosten der Rechtsgemeinschaft. Das gilt für immaterielle Güter (z. B. innerer Friede) wie für materielle (z. B. Sozialleistungen), und es gilt auch im Verhältnis von Bürger und Staat: Recht beschränkt die Staatsmacht, begrenzt die Mehrheitsherrschaft und schützt die Minderheit sowie deren Chance, selbst Mehrheit zu werden. Rechtsstaatliche Sanktionsgewalt – bis hin zum Monopol legitimer Gewaltanwendung – besteht nicht zum Zweck obrigkeitlicher Machtentfaltung, sondern zum Schutz der im Rechtsfrieden verharrenden Rechtsgenossen vor friedensstörenden Rechtsbrechern. Im übrigen unterliegt die Recht- und Verhältnismäßigkeit entsprechenden staatlichen Handelns selbst gerichtlicher Überprüfung.

Im privaten wie im öffentlichen Leben umgibt die Rechtsordnung nicht nur permanent den Bürger. Ihr Funktionieren liegt vielmehr offensichtlich im Interesse seiner Entfaltungschancen. Gelegentlich können Rechtsnormen auch im wesentlichen substituierenden Charakter besitzen, solange etwa im privatrechtlichen Bereich internalisierte Normen wirken (z. B. Familie), die rechtliche Verfaßtheit folglich nachrangig bleibt und erst dann Bedeutung gewinnt, wenn Privatpersonen sich nicht (mehr) einigen können und zur Schlichtung einen autorisierten neutralen Dritten benötigen (Reinhardt 1986, 8).

6. Rechtserziehung

Rechtserziehung muß im wesentlichen in die hier skizzierten Zusammenhänge einführen und sie transparent machen. Der einzelne sollte die politische Funktion des Rechts für sich selbst und die Rechtsgemeinschaft erkennen und beurteilen können. Er sollte die Fähigkeit gewinnen, den Rechtsstaat nicht als formale, sondern auf Gerechtigkeit und die Verwirklichung fundamentaler ethischer Maximen verpflichtete Ordnung zu verstehen. Begreifen und nach kritischer Prüfung der Alternativen akzeptieren sollte er diese Maximen als Grundlagen eines humanen Gemeinwesens. Bewußt gemacht werden sollte schließlich die Rechtsunterworfenheit des Politischen und die dafür notwendige Unabhängigkeit der (Verfassungs-) Gerichtsbarkeit als Dritte Gewalt. Da das Recht selbst ein kritischer Maßstab ist, sollte Rechtserziehung auch einen Beitrag dazu leisten, diesen Maßstab an die Realität anlegen zu können.

Rechtserziehung führt zum Erkennen der politischen Funktion des Rechts und der Rechtsgemeinschaft

Angesichts der fundamentalen Bedeutung des Rechts für Individuum, Gesellschaft und politische Ordnung ist Rechtsmündigkeit zentrales Anliegen der Erziehung. Dies muß gegen Unrecht sensibilisieren und sollte dazu befähigen, Partei für das Recht zu ergreifen. Weil es unteilbar und für alle gleich ist – alles andere wäre Willkür – sollte der einzelne nicht nur fähig sein, sein eigenes Recht zu verfolgen, sondern auch für das Recht insgesamt einzutreten.

Rechtserziehung kann kein verkleinertes Abbild der Rechtswissenschaft und ihrer Systematik (Perschel 1988, 577 ff.) und sollte auch nicht bloß Rechtskunde zur Bewältigung typischer Alltagsprobleme (z. B. wie ein Kaufvertrag zustande kommt) sein. Doch scheint es durchaus möglich, anhand solcher Rechtsfälle (z. B. Jugendstrafrecht, Jugendschutz, Familienrecht, Eigentums- und Vertragsrecht) psychologische und gesellschaftliche Hintergründe wie auch die zugrunde liegenden Rechtsgrundsätze zu verdeutlichen (Mickel 1995, 765), nach ihren historischen und gesellschaftlichen Bedingtheiten, nach potentiellen leistungsfähigen Alternativen sowie nach eventuellen Kollisionen mit den weitergespannten rechtsphilosophischen Grundlagen des Gemeinwesens zu fragen.

Anhand von Rechtsfälle können psychologische und gesellschaftliche Hintergründe sowie zugrunde liegende Rechtsgrundsätze verdeutlicht werden

7. Literatur

BREIT, GOTTHARD (Hrsg.) 1995: Die Bedeutung des Grundgesetzes für die politische Bildung. In: Politische Bildung Bd. 2/1995. Schwalbach/Ts.

DEMOKRATIE UND RECHT 1982: (Red. W. Eltrich), Schriftenreihe der Bundeszentrale für politische Bildung, Bd. 179, Bonn

HESSE, KONRAD 1995: Grundzüge des Verfassungsrechts der Bundesrepublik Deutschland, 20. Aufl. Karlsruhe

MICKEL, WOLFGANG W. 1995: Rechtserziehung als Teil der politischen Bildung. In: GEP 12/1995, S. 763 ff.

PERSCHEL, WOLFGANG 1988: Rechtswissenschaft. In: Mickel, Wolfgang W./ Zitzlaff, Dietrich (Hrsg.): Handbuch zur politischen Bildung. Opladen, S. 577 ff.

REINHARDT, SIBYLLE 1986: Stundenblätter. Der Fall Christian. Fallstudie zum Familienrecht für die Klassen 8 -10. Stuttgart

SANDMANN, FRITZ 1975: Didaktik der Rechtskunde. Paderborn

SUTOR, BERNHARD 1976: Grundgesetz und politische Bildung. Mainz

Bernhard Sutor

Historisches Lernen als Dimension politischer Bildung

Das Thema wird hier verstanden als Frage nach Ort und Funktion der Geschichte in der politischen Bildung. Darin sind im wesentlichen zwei Teilfragen enthalten: die eine nach der angemessenen Berücksichtigung der geschichtlichen Herkunft und Bedingtheit der Gegenstände des Politikunterrichts; die andere nach der Bedeutung historischer Bildung und damit des Geschichtsunterrichts für politische Bildung. Auch wenn hier die erste Teilfrage im Vordergrund steht, so kann sie nicht ohne die Berücksichtigung der zweiten angemessen beantwortet werden.

1. Exemplarische Zugänge

Politikunterricht kann je nach dem thematischen Zugriff auf seine Gegenstände deren Geschichtlichkeit in unterschiedlicher Weise berücksichtigen. Die wichtigsten davon sollen hier an Beispielen erläutert werden.

1.1 Problemanalyse unter geschichtlichem Aspekt

Ein erstes Beispiel sei der Krieg auf dem Balkan nach dem Zerfall Jugoslawiens. Eine politische Problemanalyse wird den Konflikt und die schreckenerregenden Formen seiner Austragung verstehbar machen unter der Leitfrage nach den Beteiligten und nach Möglichkeiten seiner friedlichen Beilegung. Dazu gehören Fragen wie die nach den Machtverhältnissen und den Interessengegensätzen, nach Kompromiß- und Vermittlungsmöglichkeiten. Aber es leuchtet unmittelbar ein, daß dieser tiefgreifende Konflikt ohne die Frage nach seinen geschichtlichen Wurzeln unverständlich bleibt. Vordergründig stoßen wir dabei auf das Faktum, daß der Vielvölkerstaat Jugoslawien zerfiel, als die Klammer des kommunistischen Regimes zerbrach. Aber warum zerfiel er, warum waren die Gegensätze mit der Folge haßerfüllter Exzesse mächtiger als die Gemeinsam-

Beispiel Jugoslawien

keiten? Die Frage führt über den Zweiten Weltkrieg, die Zeit der deutschen Besetzung und des Partisanenkrieges zurück bis zur Gründung Jugoslawiens aus der Erbmasse der Donaumonarchie nach dem Ersten Weltkrieg. Von da aus könnte man den weiteren geschichtlichen Hintergrund erschließen, müßte dabei jedoch über ganze Jahrhunderte zurückgreifen und den Balkan verstehen als Raum des Zusammentreffens von lateinischem und orthodoxem Christentum und dem Islam; als einen Raum, welchen die Großreiche der Habsburger, der russischen Zaren und der Osmanen über Jahrhunderte konflikthaft beherrschten. Von daher finden die Siedlungsgrenzen und die Vermischungen der ethnisch-religiösen Gruppen, ihre Gegensätze und auch ihr zeitweilig friedliches Zusammenleben ebenso ihre Erklärung wie die politische Intensivierung alter Spannungen durch den modernen Nationalismus.

Eine didaktisch vergleichbare Problemanalyse durch Rückgriff auf die Geschichte, der freilich hier noch weiter zurückreichen müßte, wäre am Beispiel des Konflikts zwischen Israel und seinen arabischen Nachbarn nötig. Das methodisch nicht leicht zu bewältigende Problem des Politikunterrichts liegt in solchen Fällen darin, daß er nicht zum Geschichtsunterricht werden bzw. diesen ersetzen kann. Er kann nur eine knappe Orientierung geben, etwa in Form der Reaktivierung vorhandenen Geschichtswissens unter Zuhilfenahme des Geschichtsbuches, wobei sich das Schülerreferat als eine besonders geeignete Arbeitsform anbietet.

1.2 Strukturanalyse und Selbstverständnis aus der Geschichte

Beispiel Parteien in Deutschland

Wir nehmen hier als Beispiel das Vorhaben, unsere parlamentarische Parteiendemokratie solle in ihrer Grundstruktur verstehbar gemacht werden. Vordergründig, auf die Gegenwart bezogen, wird die Struktur des Parteiensystems erkennbar durch Erhebung und Vergleich von Mitgliederstand, Wählerpotential und programmatischer Ausrichtung. Dabei mag das bekannte Links-Rechts-Schema ein orientierendes Hilfsmittel sein, es ist aber seinerseits auf seine geschichtliche Herkunft zusammen mit dem Parteiensystem zu befragen. Die historische Rückfrage kann nicht bei 1945/49 stehenbleiben; die Frage sprengt den Rahmen der „Zeitgeschichte". Die Antwort liegt in der Formierung der politischen Kräfte im 19. Jahrhundert in Auseinandersetzung um Nation und Demokratie einerseits, um Industrialisierung und Soziale Frage andererseits. Die Basis unserer Parteienstruktur bildeten über mehr als ein Jahrhundert soziale Milieus, die bis heute nachwirken, auch wenn sie sich allmählich auflösen bzw. von neuen Konfliktlinien und Integrationsmustern überlagert werden.

Didaktisch geht es hier wie bei der Problemanalyse darum, die geschichtliche Genese zur Erklärung politischer Strukturen zu Hilfe zu nehmen. In diesem Falle ist die Frage jedoch verknüpft mit dem weltanschaulich-politischen Selbstverständnis von Individuen und Gruppen unserer eigenen Gesellschaft. Wir haben es keineswegs nur mit objektiven Strukturen zu tun, sondern auch mit Mentalitäten, das heißt mit biographisch und sozial geprägten Einstellungen, die aus milieuspezifischer Verarbeitung geschichtlich-politischer Erfahrungen erwachsen sind und eine gewisse Dauer und Festigkeit aufweisen. Politische Bildung hat nicht die Aufgabe, solche Mentalitäten aufzulösen; sie darf und soll sie allerdings bewußt und damit reflektierbar machen und so das Zusammenleben von Gruppen unterschiedlicher Prägung in einer demokratisch verfaßten pluralistischen Gesellschaft erleichtern.

Eine vergleichbare Thematik, die die gleiche didaktische Aufgabe stellt, wäre etwa die Frage nach Deutschland als Nation im gegenwärtig sich schrittweise integrierenden Europa. Auch hier müßte die historische Genese zurückgreifen bis zur Französischen Revolution und dem Ende des Alten Reiches, den Befreiungskriegen und der deutschen Einigung im 19. Jahrhundert in der Austragung des Preußisch-Österreichischen Dualismus.

1.3 Geschichte als Alternative

Wir nehmen hier als Beispiel die Thematik der Menschenrechte. Der Politikunterricht, zumal in Sekundarstufe I, wird sich darauf konzentrieren, einzelne Menschenrechte beispielhaft in ihrer Bedeutung als Grundrechte für den Bürger zu erörtern, etwa im Konfliktfall mit der Staatsgewalt, mit Behörden, mit den Rechten anderer. Ein tieferdringendes Verständnis der Menschenrechte als vorstaatliche, individuell und universal geltende Rechte der menschlichen Person ist jedoch angewiesen auf die Erschließung ihrer Herkunft und ihrer Durchsetzung seit der Aufklärung, in der amerikanischen Unabhängigkeit, in der Französischen Revolution und in weiteren, mehr oder weniger erfolgreichen konstitutiven Akten bis hin zu den Universalisierungsversuchen im Rahmen der Vereinten Nationen in unserer Zeit.

Beispiel Menschenrechte

Gerade die heute aufbrechende Problematik der Universalität der Menschenrechte und ihrer verschiedenartigen Interpretation in unterschiedlichen Kulturkreisen wirft auch die Frage nach geschichtlichen Alternativen auf. Die Eigenart der neuzeitlichen individuellen Menschenrechte wird erst begreifbar vor dem Hintergrund der durch die Revolutionen abgelösten Ständegesellschaft. Indem wir diese begreifen als eine anders begründete und strukturierte Ordnung, wird die unsere in ihrer Eigenart und geschichtlichen Besonderheit verständlicher. Verständlicher wird aber auch, weshalb heute in anderen Kulturkreisen die Ideen von Menschenrechten und Demokratie teils mit Skepsis betrachtet, teils anders interpretiert und teils in kulturell spezifischen Strukturen realisiert werden.

Geschichte stellt uns Alternativen vor Augen und relativiert damit unsere Ordnungsformen und Wertorientierungen. Darin mag man eine Gefahr sehen, aber historische Relativierung ist unumgänglich; sie muß keineswegs zu Wertrelativismus führen, sondern kann mit besserem Verständnis auch eine höhere Wertschätzung vermitteln.

1.4 Geschichte als universaler Horizont

Wir nehmen hier als Beispiel möglicher Themen des Politikunterrichts Umwelt- und Ökologiefragen. Wie der Unterricht hier Einzelprobleme präzise in Anwendung bekannter didaktischer Modelle kategorial-politischer Analyse bearbeiten kann, ist in didaktischer Literatur vielfach dargestellt. Die tieferdringende Frage, die uns auch hier wiederum in den Horizont der Geschichte führt, ist bereits in der Motivation zur Themenwahl bzw. in unserer vielberedeten Betroffenheit von der Problematik enthalten. Sie wird auch ausgedrückt in bekannten reduzierenden und symbolisierenden Schlagworten wie „Grenzen des Wachstums" und „Risikogesellschaft". Denn damit ist angedeutet, daß wir heute, und zwar nicht nur die Industriegesellschaften, sondern die Menschheit insgesamt, vor neuen Problemen stehen, an Grenzen stoßen, die man früher nicht kannte. Darin ist die universalhistorische Frage enthalten, wo wir heute im Prozeß der Nutzung der Natur, ihrer Kultivierung und der Entwicklung einer industriell-technisch bestimmten Zivilisation stehen.

Beispiel Umweltschutz

Auch hier sind historische Teilschritte und Rückfragen möglich, etwa die Frage nach dem Neuen beim Übergang von der Agrar- zur Industriegesellschaft, von der Bedarfsdeckungs- zur Erwerbswirtschaft im Zuge der Durchsetzung kapitalistischer Wirtschaftsweisen. Aber Umweltkrisen, wenn auch nicht im heutigen Ausmaß, gab es schon zuvor. Eben deshalb steht das Grundproblem im universalhistorischen Horizont unter der Frage nach der Entwicklung der Kulturstufen und Produktionsweisen und nach dem prinzipiellen Verhältnis des Menschen zur Natur und zum Erdraum. Die Frage stellt sich uns heute deshalb neu, weil wir an möglicherweise absolute Grenzen stoßen. Die Ressourcen der Erde sind ebenso begrenzt wie ihre Aufnahmefähigkeit für Abfälle. Deshalb ist auch die Zahl der Menschen begrenzt, die auf und von der Erde leben können, auch wenn wir nicht wissen, wie viele es sein können. Wenn es nicht gelingt, die Sonnenenergie in technisch realisierbarer und ökonomisch tragfähiger Weise zu nutzen, dann ist die Menschheit insgesamt tatsächlich auf das enge „Raumschiff Erde" angewiesen und steht vor der Aufgabe, sich in ihm zu arrangieren.

Die Ökologie-Problematik ist nicht die einzige, die den universalhistorischen Horizont in den Blick bringt. In vergleichbarer Weise gilt das, wie schon angedeutet, für die Bevölkerungs- und damit für die Entwicklungsfrage. Es gilt für die Frage nach der Möglichkeit universaler Friedenssicherung angesichts der modernen Waffenentwicklung, die das Verharren im heutigen Zustand der Staatenwelt oder gar den Rückfall in die blanke

Interessenpolitik souveräner Staaten nicht erlaubt. Es gilt auch für das Thema Europa jedenfalls dann, wenn wir dabei nicht nur Prozesse und Institutionen der Integration, sondern auch deren geschichtlich-kulturelle Basis und also europäisches Selbstverständnis im Vergleich mit anderen Kulturräumen erfassen wollen.

Weltgeschichte als Korrelat der Politik

An den unter 1.3 und 1.4 skizzierten Beispielen bestätigt sich eine These, die bereits in der Gründungsphase von Politikwissenschaft und politischer Bildung in der Nachkriegszeit formuliert wurde: „Wird Politik zur Weltpolitik, so ist die weltgeschichtliche Besinnung ihr notwendiges Korrelat" (Bergsträßer 1963, 36). Allerdings ist das, was dazu an historischer Bildung zu vermitteln ist, nicht allein im Politikunterricht zu leisten. Dieser ist vielmehr angewiesen auf die Beiträge des Geschichtsunterrichts.

2. Die didaktische Aufgabe: Klärung des geschichtlich-politischen Bewußtseins

Unsere Beispiele haben deutlich gemacht, daß Politik- und Geschichtsunterricht sich nicht nur berühren, sondern sich sowohl inhaltlich als auch kategorial in ihren Fragen überschneiden. Sie überschneiden sich aber nur teilweise, sie unterscheiden sich auch und können sich deshalb nicht gegenseitig ersetzen, müssen sich vielmehr ergänzen.

Erarbeitungsformen der Beispiele im Politikunterricht

Die methodischen Möglichkeiten, im Politikunterricht der geschichtlichen Dimension seiner Gegenstände gerecht zu werden, werden in der oben gewählten Reihenfolge unserer Zugangsweisen immer geringer. Bei den Thementypen 1.1 und 1.2 genügt in der Regel der rekonstruierende Rückgriff auf Geschichte im Politikunterricht selbst, um die Genese gegenwärtiger Probleme und Strukturen wenigstens in Grundzügen zu erfassen. Je breiter inhaltlich und tiefer zeitlich man die Rekonstruktion anlegen möchte, um so mehr gerät allerdings Politikunterricht an seine Grenzen und ist auf Geschichtsunterricht angewiesen.

Die unter 1.3 und 1.4 dargestellten Zugänge zur Geschichte können im Politikunterricht nicht hinlänglich erschlossen werden. Sie erfordern die querschnittartige Erarbeitung geschichtlicher Epochen unter bestimmten Fragestellungen mit historischer Methode sowie den schrittweisen Aufbau und die Erweiterung bzw. Fundierung einer Gesamtvorstellung der Menschheitsgeschichte sowie in diesem Rahmen „unserer" Geschichte als Deutsche und Europäer (vgl. die Thementypen nach Süssmuth 1988, 546).

Je weiter also die Kategorie der Geschichtlichkeit politischer Probleme gefaßt wird, um so weniger genügt der „Sehschlitz" der politischen Akualität; um so unentbehrlicher wird eigenständige Arbeit des Geschichtsunterrichts mit seiner Perspektive (Formalobjekt): Was bzw. wie ist es gewesen? Der auf das Gewesene und Gewordene blickende Geschichtsunterricht beantwortet andererseits nicht die politische Frage nach dem, was in der gegebenen Situation möglich und wünschenswert ist. Deshalb müssen für politische Bildung Formen der Koordination und der Kooperation der beiden Fächer gefunden werden. Die Diskussion darüber ist so alt wie die über politische Bildung insgesamt; sie kann hier nicht dargestellt werden (vgl. Schörken 1978; Behrmann u. a. 1978).

Gemeinsamkeiten und Unterschiede zwischen Geschichts- und Politikunterricht:

Die intensive Diskussion über Theorie und Didatik beider Fächer ist in den beiden letzten Jahrzehnten kontrovers verlaufen und kennt bis heute vielfältige Positionen. In Folgendem jedoch darf wohl Konsens festgestellt werden:

– Historische Aufklärung

- Politische Bildung darf Geschichte nicht zum „Steinbruch" degradieren, politisch instrumentalisieren; sie muß vielmehr um ihrer selbst willen Geschichte als historische Aufklärung der Gegenwart, aber auch in ihrem Kontrastcharakter zur Gegenwart ernst nehmen.

– Erkenntnisinteresse für die Gegenwart

- Geschichtsunterricht ist selbst ein politisches Fach, weil seine Fragen unserem gegenwärtigen Erkenntnisinteresse entspringen und weil sich in seinen Kategorien und Methoden heute das geisteswissenschaftlich intepretierende Verstehen und das sozialwissenschaftlich strukturierende Erklären miteinander verbinden (vgl. Rohlfes 1986).

Seit etwa 20 Jahren hat die Geschichtsdidaktik das Phänomen des Geschichtsbewußtseins in das Zentrum ihrer Überlegungen gerückt und versteht sich selbst als Wissenschaft von Inhalt und Struktur, von Faktoren und Beeinflussungsmöglichkeiten dieses Bewußtseins. Von diesem Ansatz her ist am ehesten auch eine konsensfähige Verbindung zur Didaktik politischer Bildung herzustellen. Er vermeidet nämlich die Einseitigkeiten sowohl einer traditionalistischen als auch einer emanzipatorischen Orientierung des Geschichtsunterrichts. Dieser soll nicht einer naiven Traditionspflege dienen, und er kann nur indirekt zur Identitätsfindung seiner Adressaten beitragen, indem er sie historisch aufklärend rational erst ermöglicht. Er soll aber auch nicht einseitig vor der Folie eines humanitär-emanzipatorischen Ideals das Werden und die Struktur unserer Gegenwart aus der Vergangenheit als nur defizitär darstellen und sich in den Dienst einer parteiischen Gesellschaftskritik begeben.

– Vermeidung traditionalistischer und emanzipatorischer Orientierung

Der Ausgang der didaktischen Bemühungen vom Phänomen des Geschichtsbewußtseins setzt voraus, daß Geschichte mehr ist als Vergangenheit; Geschichte ist die in der Erinnerung der Menschen wirksame Gegenwart von Vergangenheit, sie ist Teil ihres gegenwärtigen Selbstverständnisses, ein Element „gesellschaftlicher Konstruktion der Wirklichkeit" (Jeismann 1990, 46). Geschichtsbewußtsein ist ebenso individuell-biographisch wie sozial-kulturell bestimmt, und es ist von eminent politischer Bedeutung, weil es das Verständnis von Gegenwart und die Zukunftserwartungen mitbestimmt. Wir müssen deshalb, den Gegenstand der Geschichtsdidaktik erweiternd, von geschichtlich-politischem Bewußtsein sprechen. Unser Bewußtsein von den politischen Problemen der Gegenwart und unsere Vorstellungen, Wünsche und Intentionen zu ihrer Lösung sind mit Geschichtsbildern und Geschichtsdeutungen eng verflochten. Geschichtsdeutung beeinflußt politisches Meinen und Wollen, aber dieses bedient sich auch der Geschichte, welche häufig zum Arsenal für politische Argumentation und Legitimation wird. Das gilt individuell wie sozial; auch Großgruppen und politische Verbände leben mit Geschichtsbildern, sie suchen ihre Identität in Auseinandersetzung mit ihrer Vergangenheit, die sie deuten und zugleich als wirksam erfahren. In allen politischen Auseinandersetzungen ist Geschichte anwesend. „Ein historisch-politisches Standortwissen ist gleichsam ‚sprungbereit' von seiner Deutung der Geschichte und der

Bedeutung des Geschichtsbewußtseins

Historische Identität von Individuen und Gruppen

gegenwärtigen Situation auf die Zukunft gerichtet" (Bergsträßer 1963, 14).

Geschichte als Zusammenhang von Vergangenheit und Gegenwart

Geschichts- und Politikunterricht haben das nicht einfach zu bestätigen, sondern zum Gegenstand gemeinsamer Reflexion und Bearbeitung in Orientierung an ihren Bezugswissenschaften zu machen. Als Gesamtaufgabe ist dies in folgender Formulierung prägnant auf den Begriff gebracht: „Geschichte ist derjenige Zusammenhang zwischen Vergangenheit und Gegenwart, den handelnde Individuen und Gruppen reflektieren müssen, wenn sie ihr Handeln sinnhaft in einer Zukunftsperspektive orientieren wollen" (Rüsen 1977, 48). Ein Geschichtsunterricht, der diesem Ansatz folgt, zielt auf den reflektierenden Umgang mit Geschichte im Bewußtsein der perspektivischen Bedingtheit und der Relativität historischer Erkenntnis. Er darf und soll von unserem gegenwärtigen Erkenntnisinteresse ausgehen; denn wir fragen nach *unserer* Geschichte, nur dürfen wir heute dieses „unser" nicht mehr auf den nationalen Rahmen einengen. Der Unterricht darf und soll auch unsere Wertmaßstäbe einbringen, wenn es um Urteilsbildung geht. Er muß aber bewußt machen, daß dies unsere Maßstäbe sind, und er muß zuvor die methodischen Instrumente der Geschichtswissenschaft so weit wie möglich zur objektivierenden Erkenntnis genutzt haben.

Recht und Grenzen heutiger Maßstäbe

Karl-Ernst Jeismann unterscheidet diesbezüglich drei methodische Operationen historischer Aufklärung und Selbstvergewisserung: die Beschreibung und Analyse; die historische Bedeutungszuweisung, das heißt den Versuch, Zusammenhänge zu erklären; das historische Werturteil durch Bezugnahme auf uns selbst (Jeismann 1990, 62). Daran wird deutlich, daß mit historischer Aufklärung im Sinne dieses didaktischen Ansatzes keineswegs eine positivistisch halbierte Aufklärung gemeint ist, sondern ein Vordringen bis zu verantwortbarer gegenwartsbezogener Urteilsbildung. Geschichtsunterricht kann angesichts des wissenschaftlichen und gesellschaftlichen Pluralismus kein einheitliches oder gar verbindliches Geschichtsbild vermitteln, auch keine eindeutigen „Lehren aus der Geschichte" formulieren. Er bringt vielmehr die Pluralität von Erklärungen und Deutungen zur Sprache, unterwirft sie der

Methoden historischer Aufklärung nach Jeismann

kritischen Reflexion und trägt so bei zu einem „diskursfähigen Geschichtsbewußtsein" der gesellschaftlichen Kräfte mit ihren unterschiedlichen politischen Intentionen (Jeismann 1990, 69). Es ist dies das Konzept des Geschichtsunterrichts einer freiheitlich-demokratisch verfaßten Gesellschaft, das gerade im Verzicht auf ein verbindliches Geschichtsbild zur politischen Kultur beiträgt, weil es die Multivalenz historischer Deutungen unserer gemeinsamen Geschichte für die Rationalisierung unseres geschichtlich-politischen Bewußtseins fruchtbar macht.

Multivalenz historischer Interpretationen

Aus diesen Überlegungen ergibt sich folgendes Fazit für das historische Lernen im Kontext politischer Bildung:

- Politische Bildung hat zum Ziel die Entwicklung von Partizipationsfähigkeit und -bereitschaft des demokratischen Bürgers durch Entwicklung seiner Fähigkeit zur Analyse politischer Problemfälle/Konflikte, zur Erkenntnis politischer Handlungs-und Entscheidungsmöglichkeiten und zur verantwortlichen politischen Urteilsbildung mit Hilfe begründbarer Maßstäbe. Dazu hat die Didaktik politischer Bildung Kategorien/Frageweisen und Strukturmodelle entwickelt. Die Geschichtlichkeit unserer gegenwärtigen Konflikte, Probleme und Strukturen ist *eine* dieser Kategorien, und sie ist von besonderem Gewicht.

Ziel der politischen Bildung

- Dennoch kann Geschichte nicht mit Hilfe der Anwendung dieser Kategorie im Politikunterricht gleichsam nebenher mit „erledigt" werden; dieser „Sehschlitz" ist zu eng.
- Politische Bildung braucht neben dem Politikunterricht das gleich starke zweite Standbein einer eigenständigen Bearbeitung von Geschichte als Bemühen um historische Ortsbestimmung der Gegenwart und um Klärung unseres geschichtlich-politischen Bewußtseins.

Eigenständigkeit des Geschichtsunterrichts

Man kann dieses Plädoyer für die zwei Pfeiler politischer Bildung auch so begründen: Geschichtlichkeit ist nicht eine Kategorie neben anderen zum Verständnis des Politischen, sie durchdringt vielmehr alle anderen Kategorien; auch diese haben geschichtlichen Charakter. Die heute wirksamen Interessen und ihre Interpretationen, die Ideologien und die sozialen Strukturen, das geltende Recht und die Institutionen, die Machtverhältnisse und schließlich auch unsere normativen Vorstellungen von Legitimität und Zumutbarkeit, von Freiheit, Gerechtigkeit und Frieden sind allesamt geschichtlich geworden und bedürfen deshalb um politischer Bildung willen historischen Verstehens. Geschichte trifft auf unsere Gegenwart nicht gleichsam in einem einzigen Punkt, sondern sie bestimmt diese als breiter Strom, der aus der Vergangenheit auf uns zukommt. Geschichte ist deshalb nicht punktuell von einzelnen Problemen und Konflikten der Gegenwart her angemessen erfaßbar. Sie darf daher nicht reduziert werden auf die Bearbeitung der Genese heutiger Probleme; vielmehr muß der Geschichtsunterricht didaktisch-kategorial eigenständig strukturiert sein, wenn historische Ortsbestimmung der Gegenwart nicht an einem zu engen Ansatz scheitern soll.

Historische Ortsbestimmung der Gegenwart

Schließlich muß der Verfechter politischer Bildung im Sinne unserer freiheitlichen Ordnung auch respektieren, daß es neben dem politischen Interesse an der Geschichte auch andere legitime Interessen der Menschen gibt, sich mit ihrer Geschichte zu befassen. Im Blick auf die Schule bedeutet dies, unbeschadet der hier dargestellten engen Beziehung zwischen Geschichts- und Politikunterricht, daß Geschichte auch ihre Bedeutung hat etwa für das Verständnis von Literatur und Kunst, von Philosophie, Religion und christlichem Glauben. Zum Selbstverständnis einer freien Gesellschaft gehört es auch, nicht alles nur unter politischem Aspekt zu sehen oder gar ständig politisieren zu wollen.

Notwendigkeit des Perspektivenwechsels

3. Zeitgeschichte und politische Bildung

Einen Sonderfall historisch-politischen Lernens stellt die Zeitgeschichte dar. Gerade weil zuvor von der notwendigen Offenheit für die „ganze Geschichte" die Rede war, muß das Verhältnis der Zeitgeschichte zur politischen Bildung gesondert erörtert werden.

Zeitgeschichte steht für eine besonders hohe Intensität der Verbindung von geschichtlichem und politischem Bewußtsein. Das läßt sich schon aus den Versuchen der Definition und Abgrenzung von Zeitgeschichte erkennen. Hans Rothfels definierte sie zu Beginn der neuen zeitgeschichtlichen Forschungen

Die Relevanz der Zeitgeschichte

nach dem Zweiten Weltkrieg als die „Epoche der Mitlebenden und ihre wissenschaftliche Behandlung" (Rothfels 1953, 2). Forschungspraktisch setzte er sie damals gleich mit der Zeit von 1917-1945. Das war zugleich eine für politische Bildung hochbedeutsame Entscheidung, weil damit der Wissenschaft wie dem Unterricht ein wesentlicher Teil der Aufgabe zugewiesen wurde, die man als „Aufarbeitung der Vergangenheit" bezeichnete. Diese selbst kann hier nicht dargestellt werden (vgl. Claußen 1989; Sutor 1979 und 1984).

Definition 1953

Nun verschiebt sich jedoch die „Epoche der Mitlebenden" laufend. Inzwischen sind wir mehr als 50 Jahre vom Ende des Zweiten Weltkrieges entfernt; zur Zeitgeschichte gehört die Geschichte der Nachkriegszeit, des Kalten Krieges, der Bundesrepublik Deutschland, der DDR, der Deutschlandfrage und ihrer Lösung, darüber hinaus aber auch das Hervortreten und die Globalisierung neuer Probleme (vgl. 1.4). Dennoch und trotz zunehmender „Historisierung" wird in Wissenschaft, Didaktik und öffentlicher Diskussion die Notwendigkeit der weiteren Beschäftigung speziell mit der nationalsozialistischen Vergangenheit durchweg betont. Deshalb sprechen manche Autoren heute von einer „doppelten Zeitgeschichte", womit sie erstens die Zeit von 1917-1945, zweitens die Zeit von 1945 bis in unsere Gegenwart meinen (vgl. Bracher 1986). Da nach dem Zusammenbruch des Kommunismus und mit dem Ende der DDR eine zweite Form der „Aufarbeitung von Vergangenheit" ansteht, gibt es sogar den Vorschlag, künftig von „drei Zeitgeschichten" in ihren vielfältigen Verknüpfungen zu sprechen (vgl. Peter/Schröder 1994, 32). Forschungspraktisch erfaßt die Zeitgeschichte heute das gesamte 20. Jahrhundert und versucht es zu erklären und zu deuten als das Jahrhundert der Weltkriege und der Weltkrisen, des Kampfes der Ideologien und der Herausbildung der Probleme unserer heutigen Welt. Die Bedeutung historischer Einsichten in diese Zusammenhänge für das Verständnis unserer Gegenwart und damit für politische Bildung bedarf keiner weiteren Begründung.

Definition 1986

Definition 1994

Hervorgehoben werden muß jedoch die besondere Art der Aufgabe, die im Verständnis von Zeitgeschichte als „Epoche der Mitlebenden" angedeutet ist. Die Mitlebenden sind immer mehrere Generationen und unterschiedliche Gruppen, die ihre geschichtlichen Erfahrungen aus ihrer jeweiligen Perspektive unterschiedlich, vielfach auch in einer politisch bedeutsamen Weise kontrovers deuten. Deutungen von Zeitgeschichte gehen unmittelbar in politisches Urteilen ein, weil uns das Erlebte geprägt hat, noch bewegt und umtreibt. Deshalb ist Zeitgeschichte viel elementarer politisch wirksam als unsere Kenntnis von Vergangenheit, die jenseits unserer unmittelbaren Erinnerung liegt. Hinzu kommt die perspektivische Verschiebung zwischen den Generationen. Weil sie objektiv Verschiedenes erlebt haben, verarbeiten und deuten sie auch das gemeinsam Erlebte subjektiv unterschiedlich. Sozialpsychologen sprechen von der „Zeitallee" und von „Schlüsselerlebnissen", die die Deutungsperspektiven einer Generation bestimmen (vgl. Wiesbrock 1980, 308). Aus diesem Phänomen erklären sich manche Schwierigkeiten und auch Defizite, die im Hinblick auf die Auseinandersetzung mit der NS-Vergangenheit immer wieder beklagt wurden. Was Zeitperspektive und Schlüsselerlebnisse bedeuten, konnte man zuletzt in der öffentlichen Diskussion etwa am Streit um die Deutung des 8. Mai 1945 beobachten: War er der Tag der Niederlage oder der Befreiung? Richard von Weizsäcker hatte als Bundespräsident schon zum 40. Jahrestag dazu das treffende Wort gefunden, indem er die unterschiedlichen Schlüsselerlebnisse der Deutschen von 1945 mit Respekt formulierte, zugleich aber vom „Tag der Befreiung" sprach. Dennoch wurde auch 10 Jahre später die Diskussion erneut mit Leidenschaft geführt.

Generationsspezifische Geschichtsbetrachtung

Beispiel 8. Mai 1945

Die Folgerung aus solchen Überlegungen für politische Bildung heißt nicht nur, Zeitgeschichte und Politikunterricht eng miteinander zu verzahnen; sie muß darüber hinaus verstanden werden als ein Kommunikationsprozeß zwischen den unterschiedlichen Gruppen und vor allem Generationen unserer Gesellschaft. Wie mühsam er ist, zeigt sich auch an den Auseinandersetzungen um die DDR-Vergangenheit, in welchem Kontext immer wieder die Forderung auftaucht, wir müßten uns gegenseitig unsere Lebensgeschichte erzählen. An dieser Stelle wird auch deutlich, welch gewichtigen Beitrag die „Alltagsgeschichte" für das Gelingen dieser Kommunikation leisten kann.

Konsequenzen für den Politikunterricht

Am konkreten Beispiel wird vieles anschaulich erklärbar, was sonst leicht nur leerer Begriff bleibt. Freilich muß das Alltägliche und das individuell Erlebte im Kontext der größeren Zusammenhänge erklärt und auf den Begriff gebracht werden, damit es nicht blind bleibt und nur der Bestätigung vorgefaßter Meinungen und Deutungen dient.

Orientierungs- und Urteilskompetenz

Auf die Unterscheidung und Zuordnung von Schulfächern bezogen ergibt sich die Konsequenz, das Zentralfach politischer Bildung (hier bisher Politikunterricht genannt) als politisch-zeitgeschichtlichen Unterricht anzulegen mit dem Ziel, der nachwachsenden Generation den Erwerb von Orientierungs-, Urteils- und Handlungskompetenz in politischen Gegenwartsfragen im Kontext ihrer Geschichte zu ermöglichen, unbeschadet dessen, was oben (vgl. S. 328 ff.) über den eigenständigen Geschichtsunterricht in seiner Bedeutung für politische Bildung gesagt wurde.

4. Literatur

Behrmann, Günter C./Jeismann, Karl-Ernst/Süssmuth, Hans 1978: Geschichte und Politik. Didaktische Grundlegung eines kooperativen Unterrichts. Paderborn

Bergmann, Klaus 1988: Zeitgeschichte in der politischen Bildung. In: Mikkel/Zitzlaff, a.a.O., 1988, S. 549 ff.

Bergsträßer, Arnold 1963: Geschichtliches Bewußtsein und politische Entscheidung. In: Geschichte und Gegenwartsbewußtsein, Festschrift für Hans Rothfels. Göttingen, S. 9 ff.

Bracher, Karl-Dietrich 1986: Doppelte Zeitgeschichte im Spannungsfeld politischer Generationen. In: Hey/Steinbach, a.a.O., 1986, S. 53 ff.

Claußen, Bernhard: Vergangenheitsbewältigung und politische Bildung. In: Oesterle/Schiele, a.a.O., 1989, S. 119 ff.

HÄTTICH, MANFRED (Hrsg.) 1992: Politische Bildung nach der Wiedervereinigung. München
HEY, BERND/STEINBACH, PETER (Hrsg.) 1986: Zeitgeschichte und politisches Bewußtsein. Köln
JEISMANN, KARL-ERNST 1985: Geschichte als Horizont der Gegenwart. Über den Zusammenhang von Vergangenheitsdeutung, Gegenwartsverständnis und Zukunftsperspektive. Paderborn
JEISMANN, KARL-ERNST 1990: „Geschichtsbewußtsein" als zentrale Kategorie des Geschichtsunterrichts. In: Niemetz, a.a.O., 1990, S. 44 ff.
KOSTHORST, ERICH (Hrsg.) 1977: Geschichtswissenschaft. Didaktik - Forschung - Theorie. Göttingen
KUHN, ANNETTE 1985: Geschichte. In: Sander, a.a.O., 1985, S. 46 ff.
MICKEL, WOLFGANG W./ZITZLAFF, DIETRICH (Hrsg.) 1988: Handbuch zur politischen Bildung. Bonn/Opladen
NIEMETZ, GEROLD (Hrsg.) 1990: Aktuelle Probleme der Geschichtsdidaktik. Stuttgart
OESTERLE, KLAUS/SCHIELE, SIEGFRIED (Hrsg.) 1989: Historikerstreit und politische Bildung. Stuttgart
PETER, MATTHIAS/SCHRÖDER, HANS-JÜRGEN 1994: Einführung in das Studium der Zeitgeschichte. Paderborn
ROHLFES, JOACHIM 1986: Geschichte und ihre Didaktik. Göttingen
ROTHFELS, HANS 1953: Zeitgeschichte als Aufgabe. In: Vierteljahrshefte für Zeitgeschichte Nr. 1, S. 1 ff.
RÜSEN, JÖRN 1977: Historik und Didaktik. Ort und Funktion der Geschichtstheorie im Zusammenhang von Geschichtsforschung und historischer Bildung. In: Kosthorst, a.a.O., 1977, S. 48 ff.
SANDER, WOLFGANG (Hrsg.) 1985: Politische Bildung in den Fächern der Schule. Beiträge zur politischen Bildung als Unterichtsprinzip. Stuttgart
SCHÖRKEN, ROLF (Hrsg.) 1978: Zur Zusammenarbeit von Geschichts- und Politikunterricht. Stuttgart
SCHÖRKEN, ROLF (Hrsg.) 1981: Der Gegenwartsbezug der Geschichte. Stuttgart
SÜSSMUTH, HANS 1988: Kooperation von Geschichte und Politik. In: Mickel/Zitzlaff, a.a.O., 1988, S. 542 ff.
SUTOR, BERNHARD 1979: Geschichte als politische Bildung. In: Mickel, Wolfgang W. (Hrsg.): Politikunterricht im Zusammenhang mit seinen Nachbarfächern. München, S. 82 ff.
SUTOR, BERNHARD 1984: Neue Grundlegung politischer Bildung, 2 Bde. Paderborn
WIESBROCK, H./VON LILIENFELD-TOAL, G. 1980: Zeithorizont und politisches Verhalten - Ein psychologischer Beitrag zur Grundlegung politischer Pädagogik. In: Hartmann, Klaus D. (Hrsg.): Politische Bildung und politische Psychologie. München, S. 295 ff.

Sibylle Reinhardt

Moral- und Werteerziehung

1. Das Problem

„Es ist unbestreitbar, daß eine ihren eigenen Grundsätzen und Prinzipien nach demokratische Gesellschaft in hohem Maße auf demokratieförderliche kognitive, normative und handlungsleitende Bewußtseinsinhalte der Gesellschaftsmitglieder angewiesen ist, weil die Demokratie ihrem Wesen nach nicht allein durch Institutionen und Rechte garantiert werden kann, sondern auf der aktiven Mitwirkung mindestens eines relevanten Anteils der Bürgerschaft beruhen muß." (Greven 1994)

Integration, Identität und Wertewandel

Individuelle und kollektive Bildungsprozesse rücken in einer Zeit wieder ins Zentrum der Aufmerksamkeit, in der die Ausbildung indivueller Identität und die Herstellung gesellschaftlicher Integration als gefährdet erscheinen. Unter dem Stichwort „Werte-Wandel" ist in den vergangenen Jahrzehnten die Tatsache diskutiert worden, daß von einem widerspruchsfreien Wertesystem mit der dadurch gegebenen Stabilität und Integration nicht (mehr) die Rede sein kann.

Individualisierungsthese

Die Individualisierungsthese von Beck ist das aufs Individuum bezogene Gegenstück zur Pluralisierungsthese, die eine Zunahme von institutionell möglichen Wegen bezeichnet. Biographie wird nach Beck „aus vorgegebenen Fixierungen herausgelöst, offen, entscheidungsabhängig und als Aufgabe in das Handeln jedes einzelnen gelegt" (Beck 1986, 216). Die Vorgaben institutioneller und lebensgeschichtlicher Art sind wie Bausätze, aus denen der einzelne seine Biographie bastelt (ebenda, 217). In diese Bastel-Aufgabe gehört auch die Wahl von Wertorientierungen, da nicht mehr von ungebrochener Tradierung kollektiver Definitionen ausgegangen werden kann. (Vgl. auch „Entgrenzung" und „Wahl" bei Schulze 1993 und 1992, Kap. 1)

Das Integrationsproblem moderner Gesellschaften wird von Habermas auch darin gesehen, daß sie „nicht nur sozial, über Werte, Normen und Verständigungsprozesse, sondern auch systemisch, über Märkte und administrativ verwendete Macht, integriert" (Habermas 1992, 58) werden. Dieses Nebeneinander von unterschiedlichen Integrationsressourcen enthält Sprengkraft, besonders in einer Zeit, in der die einzig zur Gesamtintegration geeignete Ressource – nämlich gesellschaftliche Solidarität – besonders gefährdet sei (ebenda, Vorwort). Letzten Endes spricht Habermas die Aufgabe der Integration der Teilsysteme dem staatlich institutionalisierten Recht zu.

Integrationsprobleme moderner Gesellschaften nach Habermas

Der Gesamtzusammenhang läßt sich mit Hilfe von Habermas so formulieren: „Über eine Selbstbestimmungspraxis, die von den Bürgern die gemeinsame Ausübung ihrer kommunikativen Freiheiten erfordert, speist das Recht seine sozialintegrative Kraft letztlich aus Quellen der gesellschaftlichen Solidarität." (ebenda, 59; auch Kap. 8 und 9)

Individuelle Bildungsprozesse in Richtung auf postkonventionelle Identitäten sind im Prozeß der Modernisierung im Sinne von Individualisierung die einzige Chance, daß einzelne ihr Leben verständlich integrieren können und sich zugleich über die normativen Implikationen dieser Art Identität in eine neue Art der sozialen Einbindung begeben können. „Diese neue Art der sozialen Einbindung müßte als Eigenleistung der Individuen gedacht werden." (Habermas 1988, 238)

Wenn Traditionen und andere Vorgegebenheiten nicht mehr unbefragt gelten, wenn die Zunahme an Wahlmöglichkeiten die Eigentätigkeit und auch Verantwortlichkeit der Individuen steigert, dann werden organisierte Bildungsprozesse wichtiger: Auf das individuelle Bewußtsein zielende Lernprozesse, die in sozialer Auseinandersetzung organisiert sind, stellen die einzige sichtbare Verklammerung zwischen den Gegenwartsaufgaben der persönlichen Identität und der gesellschaftlich-politischen Integration dar.

Relevanz organisierter Bildungsprozesse

Politische Bildung hat – auch – zum Ziel die Förderung politisch-moralischen Urteilsvermögens. Dieses Ziel ist mit zunehmender Unsicherheit und Unbestimmtheit des individuellen und kollektiven Lebens eine unabweisbare Aufgabe geworden.

Der Mangel an (nicht thematisierten) Selbstverständlichkeiten, die für kollektive und individuelle Integrität sorgen können, erzeugt die Notwendigkeit des gemeinsamen Erwerbs von Gemeinsamkeiten. Nur über konfliktreiche Auseinandersetzungen können in der Moderne tragfähige Konsense erreicht werden.

Kontroversprinzip der politischen Bildung

Das Kontroversprinzip der politischen Bildung wird erneut wichtig: 1. Moralische Fragen, die nicht (mehr) durch Konventionen vorentschieden sind, entstehen häufig als Dilemma zwischen Werten; dieser Werte-Konflikt (vgl. die Auseinandersetzung um den Schwangerschaftsabbruch bzw. § 218 StGb) verlangt eine Entscheidung von einzelnen und auch vom Gesetzgeber. 2. Der inhaltliche Dissens veröffentlicht sich als sozialer Konflikt; Interessen- bzw. Überzeugungsgruppen streiten. 3. Die angeführten Gründe enthalten i. d. R. unterschiedlich weite soziale Perspektiven; diese strukturelle Widersprüchlichkeit ergibt kognitive Dissonanzen. 4. Die angeführten Gründe betreffen – häufig unaufgeklärt und Verwirrung stiftend – entweder Tatsachen oder Werte; wenn Konsequenzen, also tatsächliche Folgen, von wertbezogenen Entscheidungen mit berücksichtigt werden, geht Gesinnungs- in Verantwortungsethik über.

Für eine neue Streitkultur

Streitkultur in Unterricht und Gesellschaft würde bedeuten, das vierfache Verständnis von moralischem Konflikt zu akzeptieren und zu handeln. Nötig ist dafür nicht nur der direkte, unvermittelte Streit, der womöglich wilder und blinder Zank ist, sondern auch die Betrachtung und Beurteilung des Streitens.

Reflexivität

Reflexionen der moralischen Werte, der sozialen Konflikte, der Gründe für Wertungen und Reflexivität der Qualität von Argumenten (Werte/Tatsachen; Gesinnung/Verantwortung) sind nötig. Die Aufklärung des Streitprozesses ist der wohl einzig mögliche Weg, zu Konsens und zu Toleranz zu gelangen.

2. Fachdidaktische Grundsätze

2.1 Politisch-moralische Urteilsbildung

Moralische Entscheidungszwänge

Moralische Dilemmata haben im Unterricht die Kraft, Schülerinnen und Schüler in Auseinandersetzungen über moralische Fragen zu verwickeln, sie zur Klärung ihrer Entscheidungen zu befähigen und die Notwendigkeit und Möglichkeit von Begründungen erfahren zu lassen, wie der schulpraktische Modellversuch „Demokratie und Erziehung in der Schule" des Landes Nordrhein-Westfalen gezeigt hat (Landesinstitut für Schule und Weiterbildung 1991 und 1993, Ministerium 1995). Ein solches moralisches Dilemma stellt ein Individuum vor die Entscheidung zwischen (mindestens) zwei Werten, die in etwa gleichgewichtig sind, so daß die Entscheidung einen wichtigen Wert verletzt und deshalb begründet werden muß.

Mängel moralisierenden Politikunterrichts

Bernhard Sutor hat die Probleme betont, die sich aus bloß moralisierendem Politikunterricht ergeben würden. Er hat diese Bedenken besonders im Zusammenhang mit Kohlbergs Vorschlägen (vgl. Kohlberg 1987; Oser 1987) geäußert: „Politische Situationen und Entscheidungen mobilisieren zwar beim Beobachter mit Recht moralische Prinzipien, aber mit diesen allein verliert er sich leicht in ein unpolitisches Moralisieren." (Sutor 1980, 248) „Oberste formale Prinzipien (können – S. R.) keine Antwort geben auf die zentralen politischen Fragen:

- nach der jeweiligen Situation und nach den sie bedingenden Faktoren, nach der Interessen- und Machtkonstellation und deren Genese;
- nach Möglichkeiten und Grenzen politischer Lösungen in der gegebenen Situation;
- nach den dabei zu beachtenden und zu nutzenden rechtlich-institutionellen Vorgaben;
- nach Partizipationschancen, nach Koalitions- und Kompromißmöglichkeiten." (Sutor 1989, 10)

Die Behandlung eines Dilemmas als Entscheidungsnotwendigkeit eines Individuums zwischen Werten, die in dem Dilemma berührt sind, wäre tatsächlich eine Engführung, wenn der Unterricht bei dieser individualisierenden Sichtweise stehen

Politisierung des Dilemmas

bliebe. Das moralische Problem bliebe eines von Einzelwesen und wäre von politischen Regelungen im Sinne der allgemeinen Festlegung von Antworten und Rahmenbedingungen abgeschnitten. Deshalb sollte, wenn dies Sinn macht, die Dilemmabearbeitung eine Phase der „Politisierung" (in der die Rahmenbedingungen und politischen Alternativen verhandelt werden) enthalten.

Beispiel Dilemma um Export

An einem Beispiel will ich dies verdeutlichen: Christine Lutter-Link hat im Frühjahr 1991 das Dilemma einer Unternehmerin konstruiert, die vor der Entscheidung steht, einen Auftrag zur Lieferung einer Laboranlage in ein Land des Nahen Ostens anzunehmen oder abzulehnen (vgl. Lutter-Link/ Reinhardt 1993):

> Die Firma Waba erhält einen Großauftrag zum Bau einer Laboranlage für Gifte in ein Land des Nahen Ostens, das versichert, daß die Gifte gegen Insekten eingesetzt werden sollen. Der Geschäftsleitung ist jedoch bekannt, daß Oppositionelle dieses dikatatorischen Regimes mit Gift umgebracht wurden und daß die mit Hilfe dieser Anlage produzierbaren Gifte die Umwelt stark belasten.
> Die Firma Waba ist ein mittelständischer Betrieb und von Großaufträgen dieses Umfangs abhängig. Die Erfüllung dieses Auftrages würde der Firma Waba wirtschaftlich gut tun und sogar kurzfristig die Schaffung neuer Arbeitsplätze bedeuten. Wenn der Auftrag nicht angenommen würde, müßten Arbeitnehmerinnen und Arbeitnehmer entlassen werden.
> Frau Großkopf, die Eigentümerin und Geschäftsführerin der Firma, bittet Herrn Ringelhuber (Kaufmännischer Leiter) und Herrn Tüftel (Technischer Leiter) zu sich. „So meine Herren – wie sehen Sie die Lage?"
> Herr Ringelhuber: „Frau Großkopf, ich denke, daß wir auf jeden Fall den Auftrag annehmen müssen. Die finanzielle Lage der Firma erfordert dies. Es geht doch um unsere Gewinne und die Arbeitsplätze."
> Herr Tüftel: „Frau Großkopf, ich denke, wir müssen den Auftrag ablehnen. Wir könnten doch in Konflikt mit dem Außenwirtschaftsgesetz geraten. Denken Sie auch an die Konsequenzen, wenn die Gifte Menschen töten."
>
> Wir würdest Du entscheiden? Wie sollte Frau Großkopf entscheiden?

Dieses Dilemma hat einen politischen Kontext, und zwar auch im Zusammenhang mit „Europa". Das persönliche Dilemma ist ein Dilemma nur solange, wie diese Gesellschaft in ihrer staatlichen Organisationsform die in Rede stehende Entscheidung dem einzelnen Bürger überläßt bzw. zumutet, also nicht politisch (und mit rechtlicher Sanktionsgewalt) vorentscheidet.

Die in dem Dilemma geschilderte Frage war für die Unternehmerin dann keine mehr, als die Lieferung von dual-use-products an restriktive Bedingungen geknüpft wurde (vgl. Reinhardt u. a. 1996, Anl. 2). Gemeinsame europäische Regelungen könnten möglicherweise die relativ (zu anderen europäischen Staaten) strengen deutschen Vorschriften beenden.

Entscheidung auf staatlicher Ebene

Die Erfahrungen mit der Diskussion des Dilemmas zeigen, daß die politische Frage nach einer zu treffenden allgemeinen Regelung sich entweder in der Auseinandersetzung der Schüler von selbst ergibt oder leicht anzustoßen ist.

Meine These ist, daß Konflikte um und Reflexionen über moralische Dilemmata von Personen einen dynamischen Weg zur Erörterung politischer Entscheidungen öffnen. Dieses Argument ist besonders in einer Zeit der Politik-Distanz und der Politiker-Verdrossenheit auch bei Schülerinnen und Schülern didaktisch wichtig. Zugleich muß der moralische Konflikt des Individuums in den gesellschaftlich-politischen Zusammenhang gefügt werden.

2.2 Reflexion der Gründe

Die zweite These, die ich betonen möchte, besagt, daß die Reflexion der vorgebrachten Gründe bei moralischen Streitfragen zu Distanz und Entscheidungsfähigkeit führen kann. Diese Reflexion bedarf der Instrumente und Verfahren.

Reflexion moralischer Gründe (mit Stufenmodell)

1. Das – ursprünglich entwicklungspsychologische – Stufen-Modell von Kohlberg (vgl. S. 7) stellt ein Instrument dar, dessen Einsatz die soziale Reichweite von Argumenten klären hilft. Die Abfolge der Stufen ist gekennzeichnet als Entwicklung von Außen- zu Innenlenkung, von konkret zu abstrakt, von Straforientierung über Verinnerlichung zu moralischer Autonomie, von Egozentrismus über Konven-

I. Das präkonventionelle Stadium Moralische Wertung beruht auf äußeren, quasi-physischen Geschehnissen, schlechten Handlungen, oder auf quasiphysischen Bedürfnissen statt auf Personen und Normen.	*Stufe 1:* Orientierung an Bestrafung und Gehorsam. Egozentrischer Respekt vor überlegener Macht oder Prestigestellung bzw. Vermeidung von Schwierigkeiten. Ojektive Verantwortlichkeit. *Stufe 2:* Naiv egoistische Orientierung. Richtiges Handeln ist jenes, das die Bedürfnisse des Ich und gelegentlich die der anderen instrumentell befriedigt. Bewußtsein für die Relativität des Wertes der Bedürfnisse und der Perspektive aller Beteiligten. Naiver Egalitarismus und Orientierung an Austausch und Reziprozität.
II. Das konventionelle Stadium Moralische Wertung beruht auf der Übernahme guter und richtiger Rollen, der Einhaltung der konventionellen Ordnung und den Erwartungen anderer.	*Stufe 3:* Orientierung am Ideal des „Guten Jungen". Bemüht, Beifall zu erhalten und anderen zu gefallen und ihnen zu helfen. Konformität mit stereotypischen Vorstellungen vom natürlichen oder Mehrheits-Verhalten, Beurteilung aufgrund von Intentionen. *Stufe 4:* Orientierung an Aufrechterhaltung von Autorität und sozialer Ordnung. Bestrebt, „seine Pflicht zu tun", Respekt vor der Autorität zu zeigen und die soziale Ordnung um ihrer selbst willen einzuhalten. Rücksicht auf die Erwartungen anderer.
III. Das postkonventionelle Stadium Moralische Wertung beruht auf Konformität des Ich mit gemeinsamen (oder potentiell gemeinsamen) Normen, Rechten oder Pflichten.	*Stufe 5:* Legalistische Vertrags-Orientierung. Anerkennung einer willkürlichen Komponente oder Basis von Regeln und Erwartungen als Ausgangspunkt der Übereinstimmung. Pflicht definiert als Vertrag, allgemein Vermeidung der Verletzung von Absichten oder Rechten anderer sowie Wille und Wohl der Mehrheit. *Stufe 6:* Orientierung an Gewissen oder Prinzipien. Orientierung nicht nur an zugewiesenen sozialen Rollen, sondern auch an Prinzipien der Entscheidung, die an logische Universalität und Konsistenz appellieren. Orientierung am Gewissen als leitendes Agens und an gegenseitigem Respekt und Vertrauen.

Aus: Kohlberg, L.: Zur kognitiven Entwicklung des Kindes. Frankfurt/M., 1974, S. 60 f.
(Überschriften ergänzt von S. R.)

tionsabhängigkeit zu einer umgreifenden sozialen Perspektive. Die Stufen können auch als Klassifikationen aufgefaßt werden, die zur Analyse von Argumenten beitragen.

2. Die Betrachtung der Argumente in einer Meta-Phase, also einer Phase der Reflexion auf Gedachtes, ist ein wohl notwendiges Verfahren (vgl. Landesinstitut 1991). Diese Phase schafft Distanz zur vorhergegangenen (auch emotionalen) Auseinandersetzung. Der Streit während der unvermittelten Konfrontation mit einer moralisch relevanten Frage muß notiert werden (z. B. vom Lehrer in Stichworten) und für die Meta-Phase vorliegen.

Meta-Phase: Reflexion der Diskussion

Erfahrungen aus dem Unterricht zeigen (Reinhardt 1984 a, b; u. a. zu Wehrdienstverweigerung und Todesstrafe), daß Schüler und Schülerinnen die – auch inhaltlich entgegengesetzten – Argumente anderer ernster nehmen, wenn sie realisieren, an welchem Punkt die Positionen differieren. Der strukturelle Bezug eines Argumentes kann gleich sein (z. B. Egoismus oder Gruppenkonformität oder ein universalisierungsfähiges Prinzip), und doch kann die inhaltliche Antwort unterschiedlich ausfallen. Das kann am Konflikt zwischen gleichwertigen Werten liegen (moralisches Dilemma), aus unterschiedlichen Interessen resultieren, aus verschiedenen Realitätsannahmen (Tatsachen, Vermutungen) oder aus der unterschiedlichen Gewichtung von Gesinnungs- und Verantwortungsethik.

Die Analyse der Argumentationen in bezug auf von Konsens und Dissens hin fördert Toleranz; nicht gleichgültiges Desinteresse läßt die andere Meinung wie ein beliebiges Geschmacksurteil stehen, sondern der Nachvollzug der sozialen Logik des Urteils führt zur reflektierten Akzeptanz auch bei Verschiedenheit oder zur begründeten Zurückweisung. Moralische Verdächtigungen werden seltener; der Unterschied zwischen moralischen und sozialwissenschaftlichen Bezügen wird deutlicher. Dieser Prozeß des Analysierens kann, da er Schüleräußerungen zum Gegenstand hat, auf großes Interesse stoßen.

Streitgespräche erhöhen die Toleranzfähigkeit

Instrument und Verfahren sind – da sie als Versatzstücke einsetzbar sind – vielseitig verwendbar und machen kein kompliziertes Ablaufschema für eine gesamte Unterrichtsreihe nötig (wie bei Sander, 1988, 196, dessen Intentionen ich teile).

Schüler und Schülerinnen der Oberstufe können selbst das Stufenmodell von Kohlberg, wenn sie es kennengelernt haben, als Instrument benutzen (ihre Methodenkompetenz wird damit erhöht). Im Unterricht der Sekundarstufe I wird das Schema einen Referenzrahmen für Lehrer bzw. Lehrerin darstellen, mit dessen Hilfe sie den Schülern bei der Formulierung in der Meta-Phase helfen können.

Methoden-kompetenz

2.3. „Datenschutz" statt Öffentlichkeit

Relevanz moralischer Urteile

Moralische Urteile sind objektiv relevant, weil sie das In-Beziehung-Setzen von Menschen zueinander auf der personalen, institutionellen und gesellschaftlichen Ebene betreffen. Diese Urteile sind deshalb auch subjektiv relevant, weil sie zugleich das Individuum zu anderen und zu sich selbst in ein Verhältnis setzen. Moralische Identifikation ist zentral für die Frage nach der Identität.

Schutz vor Veröffentlichung

Die subjektive Relevanz einer Diskussion zum Beispiel des Schwangerschaftsabbruchs macht es nötig, daß Schüler und Schülerinnen sich „verstecken" können. Urteile und Einschätzungen sind zudem – dies ist ein Merkmal von Bildungsprozessen – nicht endgültig; in der Schule darf vieles ausprobiert werden, ohne daß damit eine Festlegung erfolgen muß – dies ist der Vorteil der Handlungsentlastetheit von institutionalisierten Lernprozessen.

Schüler und Schülerinnen müssen vor der Veröffentlichung ihrer persönlichen Urteile u. U. geschützt werden, damit sie nicht (selbst-)etikettiert und damit verfestigt werden können. Durch entsprechende Verfahren kann die Diskussion dem „Ich" entzogen werden, wobei das Ich sich trotzdem einbringen kann – aber in distanzierter, verfremdeter Form.

Verfahren

Entscheidungen können über anonyme Zettel mitgeteilt und per Losverfahren vorgetragen werden. Das moralische Dilemma kann durch einen Fall konkretisiert (statt der Frage: „Was würde ich tun?") und durch die Diskussion gegebener Argumente (und nicht des Falls selber) noch weiter distanziert werden. Argumente können über anonyme Befragungen erhoben und dann – genügend verfremdet – untersucht werden (vgl. Reinhardt 1993).

3. Allgemeine pädagogische Konsequenzen: Werte-Reflexion

Allgemeine Folgerungen für Schule und Unterricht

1. „Werte-Erziehung" kann in einer modernen Gesellschaft nicht Werte-Vermittlung im Sinne von Werte-Indoktrination sein; der Vorgang muß reflexiv sein.
2. „Werte-Reflexion" muß sachgebunden erfolgen. Die Isolierung der Wertedimension von den Dimensionen der Realität würde die Gefahr von bloßer Gesinnungsethik und sachfremder Emotionalität provozieren.
3. Die Beschäftigung mit Normen und Werten in reflexiver Einstellung muß als Teil der Allgemeinbildung erfolgen und nicht in (z. B. konfessionell) segmentierter Form.
4. Der Werte-Bezug ist der Beschäftigung mit allen Gegenständen immanent. Deshalb ist Werte-Reflexion ein Unterrichtsprinzip und nicht die Sache von Spezialfächern.
5. Reflexivität als Merkmal der Moderne und des ihr gemäßen Lernens verlangt ein interaktionistisches Lernkonzept, in dem die lernenden Subjekte den Prozeß aktiv mit konstruieren.
6. Dem Werte-Bezug einer Demokratie muß auch das Schulleben entsprechen. Schülervertretung, „just community", Verkehrs- und Interaktionsformen in Schule und Unterricht sind Weisen des Handelns, die das Urteilen verwirklichen sollen und nicht dementieren dürfen.

4. Literatur

Beck, Ulrich 1986: Auf dem Weg in eine andere Moderne. Frankfurt/M.

Gagel, Walter/Menne, Dieter (Hrsg.) 1988: Politikunterricht. Handbuch zu den Richtlinien NRW. Opladen

Greven, Michael Th. 1994: Thesen zur politischen Bildung (unveröffentlicht). Darmstadt

Habermas, Jürgen 1988: Individuierung durch Vergesellschaftung. Zu G. H. Meads Theorie der Subjektivität. In: Ders.: Nachmetaphysisches Denken. Philosophische Aufsätze. Frankfurt/M., S. 187-241

Habermas, Jürgen 1992: Faktizität und Geltung. Beiträge zur Diskurstheorie des Rechts und des demokratischen Rechtsstaats. Frankfurt/M.

KOHLBERG, LAWRENCE 1974: Zur kognitiven Entwicklung des Kindes. Frankfurt/M.

KOHLBERG, LAWRENCE 1987: Moralische Entwicklung und demokratische Erziehung. In: Lind/Raschert (Hrsg.), a.a.O., S. 25-43

LANDESINSTITUT FÜR SCHULE UND WEITERBILDUNG (Hrsg.) 1991: Schule und Werteerziehung - ein Werkstattbericht. Soest

LANDESINSTITUT FÜR SCHULE UND WEITERBILDUNG (Hrsg.) 1993: Werteerziehung in der Schule - aber wie? Soest

LIND, GEORG/RASCHERT, JÜRGEN (Hrsg.) 1987: Moralische Urteilsfähigkeit. Eine Auseinandersetzung mit Lawrence Kohlberg. Weinheim

LUTTER-LINK, CHRISTINE/ REINHARDT, SIBYLLE 1993: „Export einer Chemiefabrik" - Schüler/innen diskutieren eine moralische Frage. In: Grammes, Tilman/ Weißeno, Georg (Hrsg.) 1993: Sozialkundestunden. Politikdidaktische Auswertungen von Unterrichtsprotokollen. Opladen,S. 35-51 (Wiederabdruck in Landesinstitut [Hrsg.] 1993, S. 114-130)

MINISTERUM FÜR SCHULE UND WEITERBILDUNG 1995: Das Projekt „Demokratie und Erziehung in der Schule - Förderung moralisch-demokratischer Urteilsfähigkeit" (DES). Düsseldorf (hektographiert)

REINHARDT, SIBYLLE 1984: Erziehung zu Werten - von rechts oder links? In: Claußen, Bernhard (Hrsg.): Texte zur politischen Bildung 1. Frankfurt/ M., S. 167-205

REINHARDT, SIBYLLE 1984: Förderung der Urteilsfähigkeit - am Beispiel „Todesstrafe". Vorschlag für ein Instrument zur selbständigen Kärung und Diskussion von Werten durch Schüler der Oberstufe. In: Gegenwartskunde H. 4, S. 433-443

REINHARDT, SIBYLLE 1991: Didaktische Reflexionen. In: Landesinstitut für Schule und Weiterbildung (Hrsg.), a.a.O., S. 191-228

REINHARDT, SIBYLLE 1993: Betroffenheit und Distanz beim moralischen Urteil - die Balance im Unterricht. In: Mickel, Wolfgang/Zitzlaff, Dietrich (Hrsg.): Methodenvielfalt im politischen Unterricht. Hannover, S. 148-162

REINHARDT, SIBYLLE/ RICHTER, DAGMAR/ SCHERER, KLAUS-JÜRGEN 1996: Politik und Biographie. Schwalbach/Ts.

SANDER, WOLFGANG [Münster] 1988: Methoden der politischen Entscheidungsanalyse und der politisch-moralischen Urteilsbildung. In: Gagel/ Menne (Hrsg.), a.a.O., S. 189-199

SCHULZE, GERHARD 1992: Die Erlebnisgesellschaft. Kultursoziologie der Gegenwart. Frankfurt/M.

SCHULZE, GERHARD 1993: Entgrenzung und Innenorientierung. Eine Einführung in die Theorie der Erlebnisgesellschaft. In: Gegenwartskunde H. 4, S. 405-419

SUTOR, BERNHARD 1980: Das Konzept der moralischen Entwicklung in der politischen Bildung - Fragen aus der Sicht der Fachdidaktik. In: Schmitt, Gisela (Hrsg.): Individuum und Gesellschaft in der politischen Sozialisation. Tutzing, S. 242-257

SUTOR, BERNHARD 1989: Politikunterricht und moralische Erziehung. Zum Verhältnis von politischer Bildung und politischer Ethik. In: Aus Politik und Zeitgeschichte - Beilage zur Wochenzeitung „Das Parlament" B 46/ 89 v. 10. Nov. 1989, S. 3-14

Reinhold E. Lob

Umwelterziehung/Umweltbildung

1. Zur Begriffsdefinition

Der seit etwa 20 Jahren im deutschen Sprachraum üblich gewordene Begriff „Umwelterziehung" ist eine direkte Übersetzung des anglo-amerikanischen Terminus „environmental education" und wurde bei uns zunächst nur auf die schulische Bildungsarbeit angewandt. Inzwischen wird der gesamte Bereich der vorschulischen, schulischen und außerschulischen Aus- und Fortbildung (inklusive Erwachsenenbildung) oft eher als Umweltbildung bezeichnet.

Stand der Umweltbildung

Der heutige Stand der Umweltbildung in Deutschland ist das Ergebnis eines mehr als 20jährigen Prozesses, der sich in mehrere Phasen grob unterteilen läßt. Hierüber informiert die Abbildung 1 und macht deutlich, daß lange Jahre allein die schulische Umwelterziehung betrieben wurde, bis dann in den späten 80er Jahren eine breite Entfaltung des Themas in nahezu alle Bildungsbereiche hinein erfolgte. Die Abbildung 2 zeigt neben dem allgemeinbildenden Schulwesen die übrigen Bereiche, in denen heute Umwelterziehung und Umweltbildung in unterschiedlichsten Ausprägungen betrieben werden. Zu all diesen Gebieten mit ihren vielfältigen Untergliederungen sind in den letzten Jahren zahlreiche Arbeiten und Grundlagenbände erschienen sowie Modellversuche durchgeführt worden.

Entsprechend wird auch in den folgenden Ausführungen nicht nur der schulische Bereich dargestellt, vielmehr werden die wichtigsten anderen formalen Bildungs- und Ausbildungsbereiche „Universität", „Berufliche Aus- und Fortbildung" sowie private Einrichtungen und Aktivitäten zur Förderung der „Umweltbildung" mit einbezogen.

Abbildung 1 Entwicklungsphasen der Umwelterziehung bzw. Umweltbildung

1. Phase
1972 – ca. 1978

Anstoß durch UNESCO
- Breite Grundlagendiskussion über Bildungsziele und Begründungszusammenhänge
- Gesellschaftliche und politische Kenntnisnahme

2. Phase
ab ca. 1975

Beginn der schulischen Umwelterziehung gekennzeichnet durch:
- Beschränkung auf klassische Themen (Luft, Wasser ...)
- singuläre Umweltschutzstunden
- "Katastrophenunterricht"
- Beschränkung auf naturwissenschaftlich-technische Fächer (Biologie, Geographie, Sachunterricht ...)

3. Phase
ab ca. 1983/84

Ausweitung der schulischen Umwelterziehung
- auf andere Fächer (Religion, Geschichte ...)
- durch curriculare Integration
- durch neue Arbeitsweisen (Projekttage, außerschulische Lernorte ...)
- durch Entdeckung des positiven eigenen Handlungsansatzes

4. Phase
ab ca. 1988

Weiterentwicklung der schulischen Umwelterziehung hinsichtlich der Überprüfung der didaktischen Ansätze und meth. Zugänge auf ihre Wirkung hin. U. a. Korrelationen zwischen:
- Unterrichtsfach
- Inhalt
- Vermittlungsform
- Zielgruppe

Rasante Entwicklung der außerschulischen Umweltbildung
- außerschulische Lernorte
- berufliche Ausbildung
- berufliche Fort- und Weiterbildung
- allgemeine Erwachsenenbildung
- Neue Berufsfelder im Umweltschutz

Gesing/Lob 1994

Abbildung 2 Arbeitsbereiche der Umweltbildung

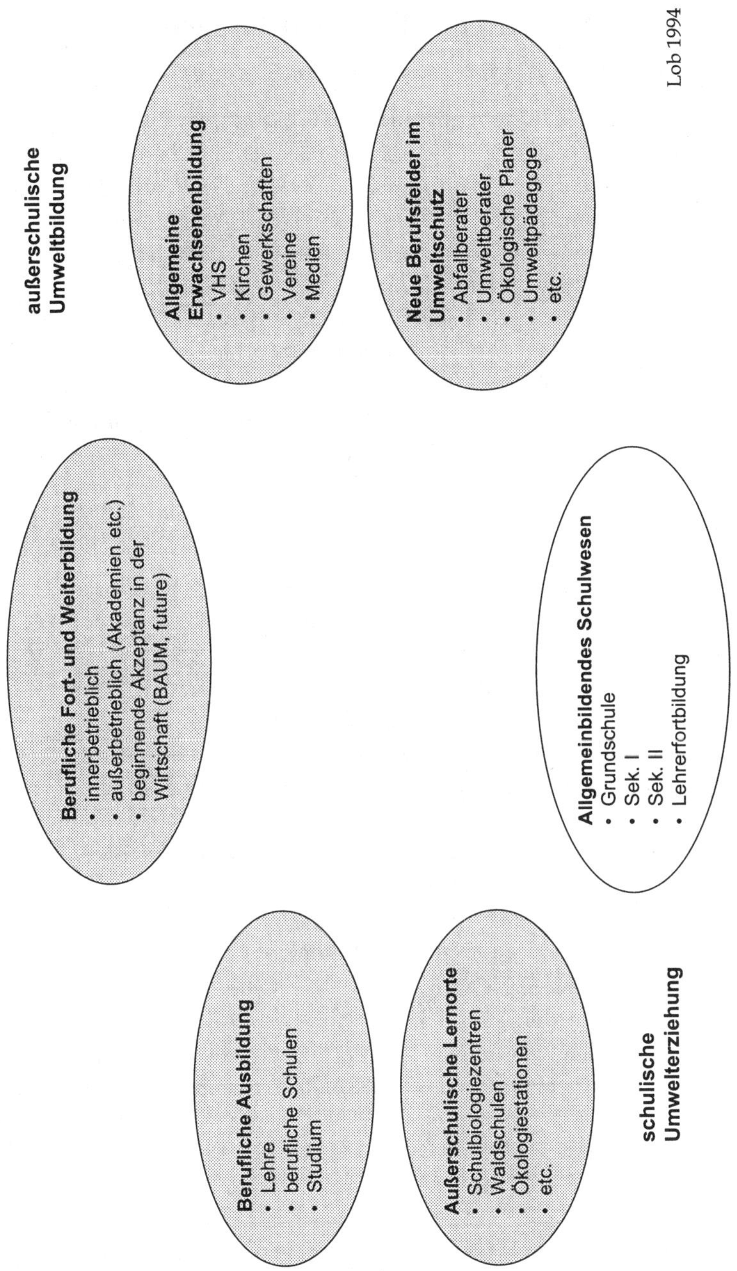

2. Unterschiedliche methodisch-didaktische Ansätze

Methodisch-didaktische Ansätze

Neben dem allgemein-übergreifenden Begriff „Umwelterziehung" mit der Zielgruppe Schule und dem eher auf die außerschulischen Bildungsfelder zielenden Wort „Umweltbildung" wurde von den verschiedensten Autoren eine Fülle anderer Begriffe genannt und als jeweils besondere Schwerpunktsetzung definiert oder auch nur vage beschrieben. Hierzu gehörten etwa die sogenannte „Ökopädagogik", das „Ökologische Lernen", die „Naturbezogene Pädagogik" und die „Naturnahe Erziehung". Die Palette der „Denkschulen" reichte von philosophisch-pädagogischen über historisch-pädagogische Denkansätze bis hin zu radikal-politischen Forderungen nach einer Änderung der Gesellschaft, die schließlich doch die Natur zerstöre, um dann erst eine pädagogisch sinnvolle Arbeit leisten zu können.

Orientierungsschwerpunkte

In zahlreichen Beiträgen zur Umwelterziehung wurden auch sogenannte Prinzipien oder Grundsätze formuliert. Hierzu gehören die „Problemorientierung" genauso wie die „Handlungsorientierung" oder das „Denken in vernetzten Systemen". Es soll „ganzheitlich" gelernt werden, „mit allen Sinnen" und natürlich „ein Leben lang". Umwelterziehung soll ästhetische Erziehung sein, mit der Fähigkeit des Erlebens von Schönheit und Zerstörung, sie soll „betroffen" machen. Sie soll mit all diesen Aspekten die jungen Menschen befähigen, verantwortungsvoll mit ihrer Umwelt umzugehen und auch entsprechend im eigenen Lebensumfeld und in der Gesellschaft politisch zu handeln. Selten sind wohl in der Pädagogik-Geschichte einer Erziehungsaufgabe so viele Forderungen beigemischt worden. Hierzu kontrastiert die schulische Wirklichkeit erheblich, die zeigt, daß die tatsächliche Verwirklichung in den einzelnen Fächern größtenteils noch unbefriedigend ist (siehe etwa Eulefeld et al. 1993). Der praktischen Bildungsarbeit in- und außerhalb der Schule haben also diese eher akademisch-theoretischen Abhandlungen wenig gebracht.

Schon wirkungsvoller waren praktisch erprobte Modelle, die zunehmend auch publiziert wurden und längerfristige

Modell-Projekte, die zahlreiche nachahmenswerte Anregungen boten (siehe hierzu die Liste des BMBW mit den geförderten Bund-Länder-Modell-Versuchen zur Umweltbildung). Nur sehr zögerlich schreitet die Integration umweltbezogener Lehrinhalte in Lehrpläne und Schulbücher voran, so daß hier noch ein weites Arbeitsfeld vor nahezu allen Fächern liegt.

Erlebnispädagogik

Besonders lebendig entwickelt sich in den 90er Jahren die ganze Palette der Aktivitäten, die mit dem Begriff „Naturerlebnis-Pädagogik" umschrieben werden und etwa die „Umweltspielepädagogik" und die „Waldpädagogik" mitumfassen.

Hier geht es um möglichst viel erlebnishaftes Lernen draußen in der Natur, so daß „außerschulische Lernorte" aller Art (Schulbiologie-Zentren, Ökologische Stationen, Waldschulen etc.) eine zentrale Rolle spielen. Diese bieten vielfältige Programme und Betreuungen an, sehen sich aber auch vielfach finanziellen Problemen ausgesetzt. Solche Inhalte und Arbeitsweisen sind solange sehr zu begrüßen, wie sie auf der anderen Seite ergänzt werden durch Aspekte des politischen Handelns mit den wirtschaftlichen Seiten unseres Umweltgeschehens. Obwohl Umwelterziehung nicht indoktrinieren darf, so führt sie doch zwangsläufig zum wirtschaftlichen und politischen Entscheidungshandeln im persönlichen und gesellschaftlichen Umfeld. Hier steht neben einer methodisch-didaktischen Diskussion vor allen Dingen noch die praktische Umsetzung in Lehrplänen, Schulbüchern und Unterrichtsmodellen aus.

Integration des Umweltschutzes in die Lehrpläne

3. Grundschulen

Im Unterschied zu den Schulen der Sekundarstufen mit ihren zahlreichen Fächern haben wir in der Grundschule nur wenige Lernbereiche, in denen der Unterrichtsstoff jeweils weitgehend ganzheitlich behandelt werden kann. Diese Tatsache kommt der Behandlung komplexer Umweltthemen sehr entgegen. Bereits seit Beginn der 70er Jahre wird in den Grundschulen der Bundesrepublik Deutschland der Bereich Umweltschutz beachtet. Diese Aufgabe erwuchs aus dem Naturschutz, der schon immer ein Bestandteil der Schule war. Nun aber erkannte man die weit umfassenderen Umweltprobleme unserer Zeit auch als Themen für diese frühe Stufe der schulischen Bildung. Im Vordergrund standen dabei zunächst Themen wie Müll und Wasserverschmutzung. Hinzu kamen bald die übrigen „klassischen" Umweltthemen wie Luftbelastung, Bodenschutz, Energiesparen sowie Kenntnisse über Pflanzen, Tiere und ihre Gefährdungen. Die Einbeziehung dieser Themen geschieht auf der Grundlage staatlicher Richtlinien und Lehrpläne, die immer wieder dem neuesten Entwicklungsstand angepaßt werden müssen.

Umweltschutz im Sachunterricht

Mittelpunkt des Umweltschutzunterrichtes in der Grundschule ist das Fach „Sachunterricht", ein Lernbereich mit biologischen, geographischen und sozialkundlichen Themenfeldern. Nur sehr wenig Umweltschutzthemen gibt es bisher in den übrigen Fächern (Lernbereichen) der Grundschule: Sprache, Musik, Religionslehre, Sport und Kunst/Werken. Hier finden wir in unserem Land eine ähnliche Situation wie in den weiterführenden Schulen der Sekundarstufen: Naturkundliche Themen dominieren sehr stark, während die anderen Aspekte des Umweltschutzes sehr schwach vorhanden sind. Erste schulpraktische Arbeiten gibt es derzeit insbesondere im Fach Religion und in der Kunsterziehung. Auch ästhetische Aspekte unserer Umwelt werden in einigen Fällen angesprochen.

Ähnlich wie bei den Schulen der Sekundarstufen liegt die Zukunftsaufgabe der Grundschulen darin, den gesamten Bereich des Lernstoffes - d. h. alle Lernbereiche - mit den Aufgaben des Umweltschutzes zu durchdringen.

4. Schulen der Sekundarstufen I und II

Seit ca. 20 Jahren werden in der Bundesrepublik Deutschland verstärkte Anstrengungen unternommen, Umwelterziehung in den Schulen der Sekundarstufen I und II zu verankern. Inzwischen sind erhebliche Erfolge zu verzeichnen, und man kann feststellen, daß insbesondere in den Fächern Geographie, Biologie und Chemie eine weitgehende Aufnahme des Themas erreicht wurde.

Aufnahme des Umweltschutzes in den Sekundarstufenunterricht

Für diese und einige andere Fächer sind in den staatlichen Richtlinien und Lehrplänen seit langem Umweltthemen für alle Länder der Bundesrepublik vorgeschrieben. Die neue Aufgabe wurde von Lehrern und Schülern mit großem Interesse aufgenommen. Gegenwärtig befindet sich unser Land in einer zweiten Phase, die dadurch gekennzeichnet ist, daß Umweltschutzthemen nunmehr in alle Fächer der Schulen integriert werden.

Umweltschutz in der Geisteswissenschaft

Die nicht-naturwissenschaftlichen Unterrichtsfächer in den Schulen haben das Thema „Umweltschutz" in den letzten Jahren ebenfalls zunehmend entdeckt und in ihre Arbeit aufgenommen. Hierzu fehlen jedoch bislang in den meisten Fällen die staatlichen Grundlagen in den Lehrplänen und Richtlinien, so daß diese Fächer sich derzeit in einem Stadium des Suchens, des Anfangs und der Erprobung befinden. Dies wurde deutlich in einer Grundlagenuntersuchung, die in den Jahren 1985 bis 1987 von der Zentralstelle für Umwelterziehung an der Universität in Essen durchgeführt wurde (Lob/Wichert, 1987). Danach können nahezu alle Fächer thematische Beiträge zum Umweltschutzunterricht in der Schule leisten.

Nach dem Stand der Richtlinien und Lehrpläne und den erkennbaren Bemühungen in der Schulpraxis läßt sich im Bereich der nicht-naturwissenschaftlichen Schulfächer mit Evangelischer Religionslehre und Politik/Sozialkunde eine führende Gruppe feststellen. Sie wird gefolgt von Philosophie, Geschichte, Katholische Religionslehre, Arbeitslehre/Wirtschaft, Kunst, Haushaltslehre und Technik als jene Schulfächer, die schon einige Jahre am Thema arbeiten und sich in einer lebhaften Phase der Diskussion und Verwirklichung befinden. Schlußlichter sind nach unserer Studie Textilgestaltung, Sport, Deutsch und Musik.

5. Der Universitätsbereich

Integration des Umweltschutzes in das Lehramtsstudium

In den Lehramtsstudiengängen sind Themen zum Umweltschutz besonders stark in den Fächern Biologie, Geographie und Chemie verwirklicht. Aber gegenwärtig sind auch alle anderen Ausbildungsfächer für Lehrer dabei, diese Aspekte in ihre Vorlesungen und Seminare aufzunehmen. In die Ausbildung aller naturwissenschaftlich/technischen Berufe (Ingenieure, Techniker, Chemiker, Physiker) werden an unseren Universitäten immer mehr Anteile an umweltbezogenen Stoffen integriert.

Alle bio- und geowissenschaftlichen Ausbildungsberufe (Stadt- und Landschaftsplaner, Raumplaner, Regionalplaner, Verkehrsplaner etc.) sind heute ohne starken Umweltbezug in ihrer Ausbildung nicht denkbar. Aber auch in den Bereichen Rechtswissenschaft, Wirtschafts- und Betriebswissenschaften etablieren sich neue Themenfelder des Bereiches Umwelt. So gibt es etwa inzwischen einen festen Bestandteil „Umweltrecht". Ähnliches gilt für zahlreiche andere Disziplinen an den Universitäten. Der jeweilige Entwicklungsstand der Integration von Umweltthemen ist sehr unterschiedlich, doch die Aufgabe ist nahezu überall erkannt und wird in den nächsten Jahren und Jahrzehnten weitergehen.

Neue Themenfelder

Dank der Mitarbeit von 228 Pädagogen, Fachdidaktikern, Erziehungs- und Fachwissenschaftlern aus nahezu allen Universitätsdisziplinen, aber auch aus den Bereichen Politik, Wirtschaft, Kirchen, Verwaltung, Umweltschutzverbände, Verwaltung und Gewerkschaften konnte in den Jahren 1987 und 1988 ein dreibändiges Handbuch zu allen Bereichen der Umwelt- u. Friedenserziehung publiziert werden (Calließ/Lob, 1987/88).

6. Berufliche Aus- und Fortbildung

In zahlreichen Berufsfeldern – vom Landwirt über den Handwerker bis zum höheren Management – spielt heute der Umweltschutz eine zentrale Rolle. Deshalb werden mehr und mehr Ausbildungsgänge mit Umweltschutzinhalten angereichert. Das gilt für die Berufsschule und die betriebliche Ausbildung. Darüber hinaus ist es wichtig, alle schon im Beruf Tätigen durch Weiterbildungsangebote zum Umweltschutz zu erreichen. Daher werden heute von den berufsständischen Organisationen, den Handwerkskammern z. B., spezielle Kurse angeboten. Sie können ergänzt werden durch Seminar-Angebote der Universitäten, staatlicher Fachinstitute oder privater Anbieter. Die Grundidee ist dabei, Fragen des Schutzes unserer Umwelt in möglichst vielen Berufen praktisch zu verankern.

Berufsschule und Erwachsenenbildung

Daneben gibt es eine Reihe von spezifischen Umwelt-Berufen, so z. B. die Berufspalette der Landschaftsplaner und ökologischen Planer. In den Gewerbe- und Industriebetrieben hat sich in den letzten Jahren aus dem staatlich vorgeschriebenen „Immissionsschutzbeauftragten" praktisch so etwas wie ein „Betrieblicher Umweltschutzexperte" entwickelt. Parallel hierzu erlebt unser Land derzeit einen Boom an neuen Einrichtungen zur Umweltbildung und Umweltinformation: Umwelt-Akademien, Öko-Stationen, private Büros und Institutionen zur allgemeinen und speziellen beruflichen Umweltberatung.

Umweltberufe

7. Private Einrichtungen zur Förderung der Umweltbildung

Den *Schulen* unseres Landes werden für ihre Arbeiten zur Umwelterziehung nicht nur Hilfen von staatlicher Seite angeboten, wie sie etwa in den *Schulbiologiezentren* zahlreicher Städte vorhanden sind. Darüber hinaus gibt es eine Fülle von *ökologischen Bildungsstätten,* die von privaten Vereinen getragen und betrieben werden. Hierzu gehören z. B. Schulbauernhöfe, Jugendherbergen und biologische Stationen in Naturschutzgebieten. Lehrer können mit ihren Klassen für einige Stunden oder mehrere Tage dorthin gehen und ausgewählte Themen in Theorie und Praxis erleben. Gerade diese Möglichkeiten des direkten Erlebens der Naturzusammenhänge, der Naturschönheit, aber auch der Gefährdungen sind außerordentlich wichtig für die Herausbildung des Umweltbewußtseins bei Kindern und Erwachsenen.

Außerschulische Bildung im Umweltschutz

Zahlreiche private Verbände, Vereine, Institutionen und Hobby-Gruppen haben inzwischen Umweltthemen in ihre tägliche Arbeit, aber auch in die Aus- und Fortbildung ihrer Mitglieder aufgenommen. Vorträge und Exkursionen zu Umweltthemen finden großes Interesse und rege Anteilnahme. Dies insbesondere dann, wenn die Inhalte praktische Vorschläge zur Änderung des eigenen Alltagsverhaltens erwarten lassen.

Die großen Naturschutzorganisationen und Umweltverbände der Bundesrepublik Deutschland bieten umfangreiche Fortbildungsprogramme, z. T. sehr hochrangig spezialisiert.

Darüber hinaus erreichen sie mit eigenen Zeitschriften einen erheblichen Teil der interessierten Bürgerschaft.

8. Angebote der Medien

Das steigende Umweltbewußtsein in unserem Lande hat inzwischen einen eigenen Medienmarkt zum Umweltschutz für alle Bildungsbereiche entstehen lassen. Für die Schulen kann zunächst festgestellt werden, daß die regulären Schulbücher entsprechende Themen mit einer gewissen Zeitverzögerung aufnehmen. Sie sind in ihrem Inhalt abhängig von den staatlichen Richtlinien und Lehrplänen der einzelnen Fächer. Dabei dominieren bisher – dem allgemeinen Stand entsprechend – die naturwissenschaftlichen Themen absolut. Lediglich im Fach Geographie werden oft Verbindungen zu sozialen Aspekten des Umweltthemas geknüpft. Hier wird sich in den nichtnaturwissenschaftlichen Schulfächern mit verbesserten staatlichen Richtlinien zukünftig auch der Anteil von Umweltthemen verstärken. Bisher ist die Integration der Umweltschutzaspekte in den Inhalt der Lehrbücher noch unvollkommen: Es sind zu häufig noch gesonderte Kapitel. Wünschenswert wäre hingegen, wenn der Aspekt des Schutzes unserer Umwelt in möglichst viele Themen unseres Schulcurriculums als selbstverständlicher Bestandteil aufgenommen würde. Neben den offiziellen Schulbüchern veröffentlichen die fachdidaktischen Zeitschriften für die Lehrer regelmäßig gute und nachahmenswerte Unterrichtsbeispiele zum Umweltschutz. Mehrere Verlage geben inzwischen eigene Heftreihen mit Unterrichtseinheiten zum Umweltschutz heraus. Auch die großen Umweltschutzverbände haben eigene Zeitschriften mit Unterrichtsbeispielen für zahlreiche Themen.

Offizielle Lehrmittel hinken hinterher

Die Alternative: fachdidaktische Zeitschriften

9. Derzeitige Hauptentwicklungen

Umwelterziehung/Umweltbildung und Umweltinformation sind in Deutschland zu einem gesamtgesellschaftlichen Anliegen geworden. Wir befinden uns derzeit in einer Phase der Durchdringung des gesamten Bildungs- und Ausbildungsbereiches unseres Landes mit dieser epochalen Bildungsaufgabe. Die Hauptentwicklungslinien dabei sind derzeit:

Gegenwärtige Tendenzen

- In den Grund- und Sekundarschulen, aber auch in Kindergarten und Vorschule ist der naturkundliche Einstieg ins Thema vollzogen. Derzeit werden die geisteswissenschaftlichen, sozialen, ethisch-religiösen und künstlerisch-musischen Aspekte aufgegriffen und einbezogen.
- In Städten und Landkreisen werden in den letzten Jahren immer mehr Umweltberater eingestellt, die den Bürger in seinen Alltagsfragen zum Umweltschutz beraten, etwa zu Fragen der Mülleinsparung, Energiereduzierung, des ökologischen Gartenbaus und gesunder Ernährung, aber auch zu Fragen der Baubiologie und der Verwendung von Chemie im Haushalt. Einige Städte haben spezielle Beratungsdienste für den Bildungsbereich eingerichtet: den kommunalen Umweltpädagogen.
- Kennzeichnend für die letzten Jahre ist auch das Bemühen um die Integration von Umweltschutzaspekten in möglichst viele Berufe: in der Aus- und in der Fortbildung. Hierzu gehört ein immer besser werdendes Angebot an Weiterbildungsveranstaltungen und speziellen „Umweltakademien".
- Ökologische Bildungsstationen - für Schule und Erwachsenenbildung - nehmen an Zahl, Qualität und Leistungsangebot deutlich zu.
- Die Universitäten stellen sich - neben der Grundlagenforschung zum Umweltschutz - insbesondere verstärkt die Aufgabe, Umweltschutz als Teil der Ausbildung in möglichst viele Fächer zu integrieren.

Trotz einer Reihe von insgesamt ermutigenden Entwicklungen muß doch ernüchternd hinzugefügt werden, daß Umweltschutz und Umweltbildung in der Mitte der 90er Jahre ihre dominante Position im öffentlichen Bewußtsein verloren haben: Fragen des Sozialumbaus, der Standortsicherung und der Arbeitslosigkeit nehmen nunmehr erste Plätze ein, obwohl immer deutlicher wird, daß nur eine ökologisch orientierte Wirtschaft und Gesellschaft auch ökonomisch überlebensfähig sein wird.

10. Literatur

Beinke, Lothar / Kruse, Klaus (Hrsg.) 1992: Veröffentlichungen der Pädagogischen Arbeitsstelle Verband Deutscher Schullandheime e. V.: Umwelterziehung – Impulse für Berufsorientierung und Berufsausbildung, Bd. 3: Didaktische Probleme und Lösungen. Hamburg

Bolscho, Dietmar 1986: Umwelterziehung in der Schule. Ergebnisse aus der empirischen Forschung. IPN-Schriftenreihe 107. Kiel

Calließ, Jörg / Lob, Reinhold E. (Hrsg.) 1987/1988: Handbuch Praxis der Umwelt- und Friedenserziehung. 3 Bde. Düsseldorf

Eulefeld, Günter / Bolscho, Dietmar / Rost, Jürgen / Seybold, Hansjörg 1988: Praxis der Umwelterziehung in der Bundesrepublik Deutschland. IPN-Schriftenreihe 115. Kiel

Eulefeld, Günter / Bolscho, Dietmar / Rost, Jürgen / Seybold, Hansjörg 1993: Entwicklung der Praxis schulischer Umwelterziehung in Deutschland. Hrsg.: Institut f. d. Päd. d. Naturwissenschaften an der Universität Kiel. Kiel

Eulefeld, Günter / Winkel, Gerhard (Hrsg.) 1986: Umweltzentren. Stätten der Umwelterziehung. IPN; ANL; SBN; FEEE. Kiel / Hannover

Göpfert, Hans 1988: Naturbezogene Pädagogik. Weinheim

Hellberg-Rode, Gesine (Hrsg.) 1991: Umwelterziehung – Theorie und Praxis. Münster / New York

Kochanek, H.-M. / Pleines, Stefani (Hrsg.) 1991: Umweltzentren in Deutschland, Mülheim / R.

Lob, Reinhold E. / Wichert, V. (Hrsg.) 1987: Schulische Umwelterziehung außerhalb der Naturwissenschaften. Frankfurt / M., Bern / New York / Paris

Lob, Reinhold E. / Wichert, V. 1988: Schulische Umwelterziehung als Beitrag zu-künftiger Umweltpolitik. In: Simonis, U.-E. (Hrsg.): Lernen von der Umwelt – Lernen für die Umwelt. Berlin

Lob, Reinhold E. 1988: Umwelterziehung vor neuen Aufgaben: Von der Notwendigkeit der Einbeziehung nicht-naturwissenschaftlicher Fächer. In: Zentralstelle für Umwelterziehung (Hrsg.): Internationales Symposium „Umwelterziehung auf neuen Wegen – Aktuelle Entwicklung in den nicht-naturwissenschaftlichen Fächern". Beiträge zur Umwelterziehung, Bd. 8. Essen

Lob, Reinhold E. 1989: Environmental Education in the Federal Republic of Germany: an Inventory 1989. In: Environmental Education and Information, Volume 8, No. 2, S. 81-89. Manchester

Wessel, Johannes / Gesing, Harald (Hrsg.) 1995: Spielend die Umwelt entdecken – Handbuch Umwelt-Bildung. Neuwied / Kriftel / Berlin

Hans Nicklas

Friedenserziehung – Erziehung zur Friedensfähigkeit im Umbruch

Die Friedenspädagogik befindet sich in einer Umbruchphase. Das Ende des Ost-West-Konflikts und die Veränderung der Welt machen es notwendig, neue Überlegungen anzustellen, was in dieser Situation Erziehung zur Friedensfähigkeit bedeuten kann.

Friedenserziehung im Kalten Krieg

Während des Kalten Krieges stand die Friedenserziehung im Banne des Ost-West-Konflikts, der Dynamik der Hochrüstung und der zunehmenden Militarisierung der beiden Blökke. Für die Friedensforschung war die Analyse der „organisierten Friedlosigkeit" (Senghaas) zentrales Thema, des planvoll erzeugten und scheinbar naturwüchsig sich entwickelnden Systems des Unfriedens und seiner Verknüpfung mit gesellschaftlichen Herrschaftsstrukturen. Die Friedenspädagogik versuchte in dieser Lage, ein kritisches Bewußtseinspotential heranzubilden; sie hatte die Kritik der Bedingungen des kollektiven Unfriedens und des internationalen Drohsystems zum entscheidenden Inhalt ihres Selbstverständnisses gemacht (Wulf 1973). In dieser Phase entwickelte Johan Galtungs Begriff der „strukturellen Gewalt" eine außerordentlich starke Wirkung in der Friedenserziehung (Galtung 1975). Ziel war die Analyse und die Kritik der Gewalt auf den verschiedenen Ebenen: von den Sedimenten der Gewalt in der Psyche der Menschen über die gesellschaftlichen Gewaltstrukturen bis hin zum Gewaltpotential der asymmetrischen Strukturen des internationalen Systems. So richteten sich die Bemühungen der Friedenserziehung ebenso auf die Ebene der frühkindlichen Sozialisation wie auf die Ebene der Lernfähigkeit ganzer Systeme.

„Strukturelle Gewalt" nach Galtung

Mit dem Ende des Ost-West-Konflikts ist an die Stelle der Bipolarität der Weltpolitik eine globale „neue Unübersichtlichkeit" (Habermas) getreten. Neue Fronten und Gräben haben sich aufgetan, ein neuer Konflikttypus tritt in den Vordergrund, der mit dem traditionellen Ausdruck „Bürgerkrieg" nur unzureichend beschrieben ist. Die Auseinandersetzungen entzünden sich an Problemen der Ethnien, der Nationalitäten und der Religionen. Es werden Abgrenzungs-, Verteilungs- und Vorherrschaftskämpfe ausgetragen. Solche Konflikte gab es freilich schon lange. Aber sie wurden vom Ost-West-Konflikt überlagert, gleichsam „unter der Decke gehalten". Aber mit der Schwächung der Nationalstaaten in Europa und dem Zerfall des Ostblocks sind sie mit großer Virulenz zum Vorschein gekommen und werden vermutlich die typischen Konflikte der Zukunft sein. In den Ländern der Dritten Welt werden sich diese Konflikte, hervorgerufen durch ungleiche Entwicklungschancen, Disparitäten im Modernisierungsprozeß und ethnischen oder religiösen Fanatismus, in Zukunft wahrscheinlich verstärken.

Die heutigen Formen der Abgrenzung

Eine der beängstigenden Entwicklungen ist das Aufleben eines neuen Nationalismus. Während in Westeuropa die Grenzen fallen, werden in Osteuropa neue errichtet. Daß die Selbstbestimmung für die osteuropäischen Völker eine so große Bedeutung besitzt, ist verständlich. Aber wenn sie zur Errichtung neuer Grenzen, zu Ethnozentrismus und zur Unterdrükkung von Minderheiten führt, stellt sich die Frage, ob diese Entwicklung friedensfördernd ist. Es ist erschreckend zu sehen, wie die neuen Staaten in Osteuropa sich als erstes all die zweifelhaften Attribute des Nationalstaates zulegen, wie Fahnen, Wappen und Militär, die für das Trennende, die Abgrenzung stehen. Dieser neue Nationalismus remobilisiert alle nationalen, ethnischen und religiösen Gegensätze und ist ohne Zukunftsperspektive.

Der neue Nationalismus

Für Westeuropa bedeutet die Frage, wie Menschen verschiedener Nationalität und ethnischer Herkunft friedlich zusammenleben können, noch in einem anderen Sinn eine neue Herausforderung. Seit Mitte der achtziger Jahre hat eine verstärkte Wanderungsbewegung zwischen den europäischen Regionen und von außereuropäischen Gebieten nach Europa eingesetzt, deren Umfang und weitere Entwicklung noch nicht abschätzbar sind. Auch in den vorhergehenden Jahrzehnten gab es diese Wanderungsbewegung, aber in den achtziger und neunziger

Die Zunahme der Migrationsströme

Jahren hat sie eine neue Dimension angenommen. Die größten Wanderungsbewegungen finden freilich zwischen Entwicklungsländern statt, aber die westlichen Industriestaaten (einschließlich Japan) sind immer mehr das Ziel der Migrationsströme.

In allen europäischen Ländern regt sich fremdenfeindlicher Widerstand gegen diesen Zustrom von Menschen anderer ethnischer Prägung, anderer Religion und anderer soziokultureller Normen und Standards. Der Begriff „Ausländerfeindlichkeit" greift zur Analyse des Phänomens zu kurz, obwohl aggressive Vorurteile dabei ein wichtiges Ingredienz sind, wie wir in Deutschland schmerzlich erfahren mußten.

Xenophobie und Ausländerfeindlichkeit

Damit sind nur einige Punkte einer Bilanz nach dem Ende des Ost-West-Konflikts genannt, die für die Friedenserziehung von Bedeutung sind. Welche Folgerungen ergeben sich aus dieser Entwicklung, die wir nur knapp skizzieren konnten, für die Friedenserziehung? Dabei wollen wir zwei Aspekte ausklammern: die Umwelt- und die Dritte Welt-Problematik. Zu beiden Aspekten gibt es spezielle pädagogische Bemühungen: die Umwelterziehung und die Dritte Welt-Pädagogik. Dies ist sicher eine unzulässige Begrenzung. Alle drei Bereiche überschneiden sich. Kriterien dafür, welche Aspekte der Umwelt- und der Dritte Welt-Erziehung legitimerweise zur Friedenspädagogik gehören, wären abzuleiten von der Frage, inwieweit sie Gewalt implizieren oder Gewalt hervorrufen. Wir wollen uns hier auf den engeren Bereich der Friedenspädagogik beschränken. Wir haben versucht, die Aufgaben der Friedenserziehung in fünf Schwerpunkten zu bündeln:

1. Gewalt

Die Gewalt, die personale wie die struktuelle, ist auch weiterhin das zentrale Thema der Friedenserziehung. Mit dem Ende des Ost-West-Konflikts hat die Gewalt auf der Welt keineswegs abgenommen. Es werden dutzende von Kriegen und Bürgerkriegen geführt, und auch die innergesellschaftliche Gewalt scheint eher zuzunehmen. Brutalisierung des Alltags, Gewalt gegen Kinder, Jugendgewalt in den Schulen, Anwachsen der Gewaltkriminalität, rechtsextreme Gewalt sind nur einige Stich-

Anstieg von Gewalthandlungen

worte für diese Entwicklung. Auf der anderen Seite sind jedoch positive Tendenzen festzustellen: Es wächst die Sensibilität immer größerer Gruppen von Menschen für diese Gewalt. Man könnte als Beleg für diese Sensibilisierung anführen, daß eine ganze Reihe von Gewaltphänomenen, die eine lange Geschichte besitzen, erst in den letzten Jahrzehnten öffentliche Aufmerksamkeit gefunden haben: etwa die Gewalt gegen Kinder und die Gewalt gegen Frauen. In den neuen sozialen Bewegungen findet dieser Protest gegen das Gewaltspektrum in unseren Gesellschaften seinen Ausdruck. Besondere Bedeutung hat dabei das Mann-Frau-Verhältnis für die Friedenserziehung. Kriegerische Gewalt ist immer männliche Gewalt, aber auch Frauen sind nicht nur Opfer der Gewalt, sondern ebenfalls Täter – freilich auf andere Art als Männer. Es ist eine wichtige Aufgabe der Friedenserziehung, zu sensibilisieren für unsere eigene Täterschaft: Wir fühlen uns oft als Opfer der Gewalt und sehen nicht, daß wir immer auch als Täter den Kreislauf der Gewalt in Gang halten.

Vermehrte Sensibilität

Für die Friedenserziehung stellt sich die Aufgabe, diesen Prozeß der *Sensibilisierung für Gewalt* zu fördern. Ich möchte dies an einem Beispiel verdeutlichen. Norbert Elias sieht als das entscheidende Moment im Zivilisationsprozeß die Fähigkeit zur Affektkontrolle an (Elias 1969). Durch das Dichterwerden der zwischenmenschlichen Beziehungen, das wechselseitige Aufeinanderangewiesensein der Menschen, muß ihre Fähigkeit zur individuellen Selbstkontrolle wachsen. Sie lernen, ihre spontanen Impulse zurückzuhalten und zu überformen. Norbert Elias zeigt, wie in der Entwicklungsgeschichte der Menschheit immer mehr Sperren aufgebaut werden gegen das unmittelbare Ausagieren aggressiver, verletzender körperlicher Gewalt. Die Gesellschaften errichten ein umfangreiches System von Sicherungen gegen den unmittelbaren Ausbruch von Gewalt. Es handelt sich dabei nicht nur um äußere, durch den Staatsapparat auferlegte Zwänge, sondern die Menschen verinnerlichen die Affektkontrolle; sie wird zu einem Teil ihres Denkens und Fühlens. Die wichtigste Sperre gegen den unmittelbaren Ausbruch der Gewalt bildet nach Elias die Ekelschranke. Wenn noch in der Völkerwanderungszeit die Angriffslust

Affektkontrolle nach Elias

und die Verletzung des Gegners lustvolle Empfindungen erweckten, so hat sich durch die zunehmende Affektkontrolle im Menschen ein System der Hemmungen und des Ekels gegen unmittelbare Gewaltausübung entwickelt. Ein zerfetzter Menschenkörper weckt keine Lustgefühle mehr, sondern Ekel und Brechreiz. An die Stelle der unzivilisierten Lust am Kämpfen und Töten ist die höchstvermittelte Augenlust an sportlichen Wettkämpfen getreten. Wir halten das Verletzen und Töten von Menschen heute für zutiefst inhuman.

Historischer Wandel der Affektkontrolle

Freilich ist diese zivilisatorische Errungenschaft keineswegs gesichert. Es droht immer wieder der Rückfall, und alle Bemühungen müssen darauf gerichtet sein, diesen zivilisatorischen Fortschritt zu erhalten und weiterzuführen. Das Lernziel, das man aus diesen Überlegungen ableiten kann, lautet: *für Gewalt sensibilisieren und die Ekelschranke erhöhen.* Es müßte dahin kommen, daß wir uns erbrechen müssen, wenn wir sehen, wie ein Kind geschlagen wird.

Sensibilisierung für Gewalt und Erhöhung der Ekelschranke

Dem könnte man entgegenhalten, daß – auch in „zivilisierten" Gesellschaften – Millionen von Kindern geprügelt, Menschen gefoltert und getötet werden (Büttner/Nicklas 1983). Ebenso könnte man einwenden, daß Gewaltanwendung im Krieg immer abstrakter wird, d. h., daß derjenige, der Waffen bedient, gar nicht mehr unmittelbar sinnlich die Wirkung seiner Handlung wahrnehmen kann. Auch begegnen wir der kriegerischen Gewalt in der Regel nur in der Vermittlung durch die Massenmedien. Das bedeutet, daß die Schreckensbilder zu denaturierten, ästhetischen Produkten werden, denen die unmittelbare Sinnlichkeit fehlt. Als weiteres Lernziel wäre also zu formulieren: *abstrakte Gewalt sinnlich wahrnehmen können.*

Wie können solche Lernziele in die Praxis umgesetzt werden? Bei der Gewaltthematisierung müssen wir verhindern, daß entstehende Aggressionen sich nach innen wenden und dort unbemerkt ein um so größeres Gewaltpotential schaffen, das irgendwann zum Ausbruch kommen kann. Wir müssen also Gelegenheit schaffen, in denen Aggressivität sich unverstellt Luft machen kann – und zugleich der Affektkontrolle unterworfen wird. Dies ist am ehesten möglich und sollte gefördert werden im geschützten Raum des Spiels. Nicht das

Aggressionslenkung auf die spielerische Ebene

Raufen der Kinder z. B. ist zu unterdrücken, sondern es sollten Situationen geschaffen werden, in denen über die subjektive Bedeutung gesprochen wird, die es im Spiel für das einzelne Kind gehabt hat. Nicht die Tabuisierung von Aggressivität und Gewaltbedürfnis, sondern ihre kontrollierte Äußerung unter Beachtung allgemein akzeptierter Regeln in der Spielgruppe und ein anschließendes gemeinsames Aufarbeiten des erlebten Vorgangs - also Mitteilung der jeweiligen Wahrnehmungen und Empfindungen - kann die Affektkontrolle weiter ausbauen (Nicklas 1990). Möglich wäre das mit Kindern z. B. im Rollenspiel, das Szenen erlittener oder ausgeübter Gewalt nachstellt oder freier Phantasie folgt; mit Jugendlichen und jungen Erwachsenen beim Theaterexperiment in kleinen Gruppen, mit Kindern wie Jugendlichen im Erfinden oder auch gemeinsamen Produzieren von Geschichten, die teils vom Erzieher erzählt, teils von Kindern gespielt werden. Beim Besprechen solcher Experimente und Produktionsprozesse werden gerade sublime Formen zwischenmenschlicher Gewalt zutage treten und thematisiert werden: die Angst oder Lust beim Erleiden oder Ausüben von Gewalt. Entscheidend dabei ist auch, daß der Erzieher seine eigenen Wahrnehmungen und Empfindungen nicht ausspart, auch nicht die „bösen" (Steinweg 1983).

Reflexion der gespielten Gewaltszenen

2. Kommunikationsfähigkeit

Für Elias ist das immer dichter werdende Beziehungsgeflecht zwischen Menschen die Voraussetzung für die Entwicklung von Affektkontrolle und Friedensfähigkeit. Zugleich zwingt diese Beziehungsdichte zur Entwicklung dieser Kompetenzen. Dem steht gegenüber, daß Gewalt in unseren Gesellschaften und im internationalen System - immer noch - ein häufig angewendetes Mittel der Konfliktlösung darstellt, obwohl die Folgen und Kosten dieses Konfliktlösungsverhaltens für Täter und Opfer hoch sind. Eine Ursache ist die Unfähigkeit, andere Konfliktlösungsmuster zu praktizieren. Unsere Untersuchung zur Gewalt in der Familie hat gezeigt, daß Menschen dann zur Gewalt greifen, wenn sie unfähig sind, kommunikative Mittel zu verwenden. (Greifen Frauen signifikant weniger zum Mittel

Funktion der Kommunikation in der Gesellschaft

der körperlichen Gewalt, weil sie eine höhere kommunikative Kompetenz besitzen?) Kommunikative Strategien sind die potentiell gewaltfreie Alternative zur Gewalt. Wie die Möglichkeiten einer kommunikativen Ethik (Apel, Habermas) für die Erziehung zur Friedensfähigkeit nutzbar gemacht werden können, ist noch weithin Desiderat. Die Entwicklung der Kommunikationsfähigkeit wäre der Weg, auf dem man alternative Konfliktlösungsmuster anstelle der bisherigen gewaltförmigen einüben könnte. Das gilt für alle Konfliktebenen, von der individuellen über die gesellschaftliche bis hin zum internationalen System. Aufgabe der Friedenspädagogik ist es, Modelle für gewaltfreie, kommunikative Konfliktlösungen zu erarbeiten und in der Praxis einzuüben.

Kommunikationsfähigkeit reduziert Gewaltbereitschaft

Für die Praxis der Friedenserziehung bedeutet dies, daß die Formen der Verhandlung, des Kompromisses und des Interessenausgleichs thematisiert werden sollten. Auch hier bieten sich wiederum spielerische Formen des Lernens wie Rollen- und Planspiel an.

3. Neue multiple Loyalitäten

Wir wollen im Anschluß an den traditionellen politikwissenschaftlichen Wortgebrauch unter *Loyalitäten* die Zugehörigkeitsgefühle von Menschen zu Gruppen, territorialen Einheiten oder ethnischen, kulturellen oder religiösen Gemeinschaften verstehen. Mögliche Konnotationen wie Unterordnung oder Gehorsam sind nicht gemeint.

Eine der stärksten Loyalitäten im 19. und beginnenden 20. Jahrhundert war die nationale Loyalität. Hier sind in Europa zwei gegensätzliche Entwicklungen festzustellen. In den westeuropäischen Staaten gehen diese nationalen Bindungen immer weiter zurück. In Deutschland und Frankreich geben beispielsweise nicht einmal mehr ein Drittel der Bevölkerung an, stolz darauf zu sein, Deutscher bzw. Franzose zu sein. In Osteuropa dagegen ist eine beängstigende Revitalisierung der nationalen oder ethnischen Loyalitäten festzustellen. Für eine höhere Friedensfähigkeit ist aber die Entwicklung von übergreifenden Loyalitäten notwendig. Dies ist – besonders mit

Die Rolle nationaler Loyalitäten

dem Blick auf Ost- und Südosteuropa - schwierig. Es ist abzusehen, daß es wohl Generationen dauern wird, bis auf dem Gebiet Jugoslawiens oder des Balkans wieder eine übergreifende Loyalität möglich sein wird.

Auch für die multikulturellen Gesellschaften Westeuropas ist die Frage der Loyalitäten von großer Bedeutung. Eine multikulturelle Gesellschaft ist nur denkbar, wenn die Menschen mehrstufige oder multiple Loyalitäten herausbilden, also beispielsweise gleichzeitig eine türkische, eine deutsche und eine europäische Loyalität leben können. Vielleicht führt ein Weg über gemeinsame lokale oder regionale Loyalitäten. Ansätze dazu gibt es bereits. So fühlen sich viele junge Ausländer der zweiten Generation in Frankfurt zugleich als Italiener oder Jugoslawen und als Frankfurter. Dies ermöglicht eine Relativierung des ethnischen Absolutismus. Allerdings ist eher eine entgegengesetzte Tendenz, ein Trend zur Abgrenzung und Ausgrenzung festzustellen.

Die Funktion kulturgeprägter Denkschemata

Die Entwicklung der Fähigkeit, mehrstufige und multiple Loyalitäten herauszubilden, zählt zu den wichtigsten Aufgaben der Friedenserziehung.

4. Interkulturelle Kompetenz

Ein weiteres Feld manifester und struktureller Gewalt entsteht durch die Wanderungsbewegungen in und nach Europa, die ihrerseits Ergebnis der Gewalt sind. Die europäischen Staaten waren in der Vergangenheit (relativ) homogene Kulturen. Es gab zwar in allen europäischen Staaten „Einwanderer“ - die Auffassung, daß beispielsweise Frankreich und Deutschland im Gegensatz zu den USA und Australien keine Einwanderungsstaaten gewesen seien, war schon immer eine Fiktion –, aber die Anmutung der aufnehmenden Staaten und auch der Wille der Einwanderer war die Assimilation. Dies bedeutet, daß der in die USA eingewanderte Deutsche möglichst rasch Amerikaner, der nach Frankreich eingewanderte Algerier möglichst rasch Franzose werden wollte.

Assimilation versus Beibehaltung nationaler Identität

Es ist die Frage, ob dieses Modell der Assimilation heute noch durchhaltbar oder auch wünschenswert ist. Zunächst macht die große Zahl der Einwanderer diese Form der Integration schwierig. Zum anderen wollen große Gruppen der Zuwanderer ihre ethnische und religiöse Identität behalten. Das ist ein legitimer Wunsch. Große Teile der europäischen Bevölkerung sind aber noch nicht fähig, die kulturelle Flexibilität und Toleranz aufzubringen, die dazu notwendig wäre. Die Gewalt von Hoyerswerda und Rostock, aber auch die blutigen Konflikte in den Vorstädten von Paris und Lyon sind Anzeichen dieser Unfähigkeit, Multikulturalität zu leben. Man mag und muß das bedauern, aber die offensichtliche Grenze der sozialen Akzeptanz ist ein Faktum, das nicht durch gutgemeinte Demonstrationen, Resolutionen und Plakataktionen aus der Welt zu schaffen ist. Lösen läßt sich dieses Problem nur durch Lernprozesse, die die interkulturelle Kompetenz der Mehrheit der Bevölkerung erhöhen. Dies bedeutet:

Sozial bedingte Unfähigkeit zur Multikulturalität

Notwendige Lernprozesse

1. *Die Erweiterung der Wahrnehmungsfähigkeit für Fremdes.* Diese Fähigkeit setzt voraus, daß wir imstande sind, Verunsicherung und Angst zu ertragen, die daraus folgten, daß wir Fremdes nicht ohne weiteres in unser Weltbild einordnen können. Ambivalente Situationen erzeugen Angst, weil wir auf sie nicht mit unseren gewohnten Reaktionen antworten können. Deshalb vermeiden wir sie. Ziel muß sein, für solche Situationen offen zu sein und sie fruchtbar machen zu können.

Erweiterung der Wahrnehmungsfähigkeiten für Fremdes

2. *Die Fähigkeit, das andere als anders zu akzeptieren.* Bei der Begegnung mit Fremdem gibt es zwei falsche Reaktionen: Die erste ist, die Andersartigkeit zu leugnen und damit das Objekt des Lernens zu beseitigen; die zweite ist, das andere negativ zu besetzen, ein Feindbild aufzubauen und mit Furcht und Aggression zu reagieren.

Akzeptanz des Fremden

Die Vorstellung, daß kulturell unterschiedlich geprägte Menschen problemlos miteinander leben könnten, ist eine Illusion. Jede Kultur stellt ein Netz von Werten, Normen und Verhaltensregeln dar, das die Banalitäten des Alltags ebenso wie die wesentlichen Aspekte des Zusammenlebens von Menschen regelt. Ein paar Beispiele: Gesprächsabstand, Zeitverständnis, Gesprächsrituale, Selbstverständnis der weiblichen und männlichen Rolle, Verhältnis der Geschlechter usw.

Eine Reihe dieser kulturell geprägten unterschiedlichen Stan-

Die Grenzen kultureller Annäherungsmöglichkeit

dards sind koexistenzfähig, andere nicht. Unterschiedliche Kleidung und Eßgewohnheiten sind koexistenzfähig, unterschiedliches Zeitverständnis, unterschiedliche Auffassung der Geschlechtsrollen und der sexuellen Beziehungen sind es nicht. Es hat den Anschein, als ob gerade die zentral den Kern der Person betreffenden Normen nicht koexistenzfähig sind. Wir möchten an den Konflikt um die Beschneidung von Mädchen in Frankreich erinnern.

Flexibilität des Normenkonzeptes

Einfache Lösungen für das Problem der nicht koexistenzfähigen Werte gibt es nicht. Auch wenn die Forderung, die Menschenrechte als eine gemeinsame Basis zu reklamieren, auf den Widerspruch stößt, daß damit das westliche Normenkonzept den anderen Kulturen aufgezwungen werden soll, scheint es unverzichtbar zu sein, daß es bei Menschen, die in einer Gesellschaft zusammenleben, einen Grundkonsens, eine Basis gemeinsam geteilter Werte und Normen geben muß. Aber auch *Normenflexibilität* ist notwendig. Am Anfang steht dabei die Erkenntnis, daß die eigenen Normen keineswegs „natürlich" sind, sondern historisch entstanden und relativ.

5. Vorurteile und Feindbilder

In multikulturellen Situationen werden Vorurteile wirksam, die Ausgrenzung der „Fremden" und deren Diskriminierung zur Folge haben. Die Vorurteilsproblematik gehört zu den ältesten Themen der Friedenserziehung. In der Gründungscharta der UNESCO, der Organisation der Vereinten Nationen für Erziehung, Wissenschaft und Kultur von 1945 heißt es: „Da Kriege in den Köpfen der Menschen beginnen, ist in den Köpfen der Menschen Vorsorge für den Frieden zu treffen". Vorurteile sind zwar nicht die einzigen Ursachen von Kriegen, wie dieser Satz nahelegen könnte, aber sie begleiten Konflikte und verschärfen sie. Vorurteile sind tendenziell Feinderklärungen und machen Gruppen zu Zielen von Gewalt.

Ursachen von Vorurteilen

Neuere Forschungen zur Vorurteilsproblematik haben gezeigt, daß Vorurteile nicht Folge bornierten Denkens sind, sondern zusammenhängen mit dem Wunsche von Menschen nach einer positiven Identität (Tajfel 1982). Dieser Wunsch, die eigene Person positiv zu sehen, sich selber akzeptieren zu können, bezeichnet einen wichtigen Aspekt im Selbstverständnis von Menschen. Gelingt diese positive Identität nicht, so sind Selbstzweifel, Depressionen und psychische Störungen die Folge. Einen wichtigen Teil der individuellen Identität bildet die soziale Identität, die durch die Zugehörigkeit zu sozialen Gruppen bestimmt wird. Eine soziale Gruppe kann aber nur dann einen Beitrag zur positiven individuellen Identität leisten, wenn sie selber positiv bewertet wird. Diese positive Bewertung wird durch Vergleichsprozesse hergestellt, in denen die eigene Gruppe erhöht und idealisiert, die Fremdgruppe abgewertet und mit negativen Attributen versehen wird.

Die begrenzten Möglichkeiten des Vorurteilsabbaus:

Dieser Zusammenhang von Vorurteilen mit der positiven Identität von Menschen macht ihre Bekämpfung schwierig. Deshalb sind in der Regel Versuche, durch Aufklärungskonzepte Vorurteile zu verändern, erfolglos. Gegen Vorurteile zu argumentieren muß scheitern, weil sie die Stützen des schwachen Ichs sind. Dies bedeutet, daß neben dem Konzept der „Gegeninformation", also dem Versuch, Vorurteile durch bessere und vollständigere Informationen zu verändern, zwei weitere pädagogische Ansätze notwendig sind:

– Formierung stabiler Identitätsstrukturen

- der Versuch, Menschen anzuleiten, stabile Identitätsstrukturen aufzubauen, ohne dabei zu Kategorisierungen und Vergleichsprozessen Zuflucht zu nehmen, d. h. ohne andere Menschen oder Gruppen zum Zweck der Selbststabilisierung abzuwerten. Dazu gibt es freilich kaum pädagogische Konzepte;

– Unterstützung von Erkenntnisprozessen

- der Versuch, die psychischen Mechanismen zu thematisieren, die zur Vorurteilsbildung und zur Diffamierung anderer Gruppen führen. Damit ist das gemeint, was Mitscherlich „Affektbildung" genannt hat, also die Fähigkeit, die unbewußten Triebmechanismen und ihre Funktion für unser Denken und Handeln zu durchschauen und mit ihnen besser umgehen zu können (Mitscherlich 1983).

6. Literatur

BÜTTNER, CHRISTIAN/NICKLAS, HANS u. a.1984: Wenn Liebe zuschlägt. Gewalt in der Familie. München

ELIAS, NORBERT 1969: Über den Prozeß der Zivilisation. Soziogenetische und psychogenetische Untersuchungen. Bd.1: Wandlungen des Verhaltens in den westlichen Oberschichten des Abendlandes. Bd. 2: Wandlungen der Gesellschaft. Entwurf zu einer Theorie der Zivilisation. Bern

GALTUNG, JOHAN 1975: Strukturelle Gewalt. Reinbek

MITSCHERLICH, ALEXANDER 1983: Auf dem Weg zur vaterlosen Gesellschaft. Ideen zur Sozialpsychologie. In: Gesammelte Schriften, Bd. III. Frankfurt/M.

NICKLAS, HANS 1990: Erziehung zum Ekel vor Gewalt. Überlegungen zur Frage der Affektkontrolle in der Friedenserziehung. In: Steinweg, Reiner (Red.): Vom Krieg der Erwachsenen gegen die Kinder. Möglichkeiten der Friedenserziehung (Friedensanalysen 19). Frankfurt/M.

OSTERMANN, ÄNNE/NICKLAS, HANS 1984: Vorurteile und Feindbilder, 3. Aufl. Weinheim

STEINWEG, REINER u. a. 1993: Alltag, Gewalt, Sinnlichkeit. Theaterspielen als Instrument der außerschulischen Friedenserziehung. In: Steinweg, Reiner (Red.): Faszination der Gewalt. Politische Strategie und Alltagserfahrung (Friedensanalysen 17). Frankfurt/M.

TAJFEL, HENRI 1982: Gruppenkonflikt und Vorurteil. Entstehung und Funktion sozialer Stereotypen. Bern

WULF, CHRISTOPH 1973: Kritische Friedenserziehung. Frankfurt/M.

Ernst-Günter Dieckmann

Medienerziehung als Aufgabe politischer Bildung

1. Plädoyer für ein erweitertes Verständnis von Medienerziehung im Rahmen der politischen Bildung

Schule wie außerschulische Bildung können nicht die Tatsache ignorieren, daß wir in einer von Medien geprägten Welt leben und daß unsere Kinder in der sogenannten „Medien- und Informationsgesellschaft" aufwachsen. Die Vermittlung von Medienkompetenz wird daher zu einer zentralen Bildungsaufgabe.

Dies wird durch den Orientierungsrahmen zur Medienerziehung in der Schule der Bund-Länder-Kommission für Bildungsplanung und Forschungsförderung herausgestellt: „Medienerziehung ist als schulische Aufgabe im Zusammenhang mit den allgemeinen und verbindlichen Erziehungs- und Bildungsvorstellungen zu sehen. Geht man von dem Grundgesetz und den Länderverfassungen aus, so hat das Recht auf freie Entfaltung der Persönlichkeit in sozialer Verantwortung als Leitidee für den Erziehungs- und Bildungsbereich zu gelten. Nimmt man bildungspolitische Auslegungen und fachliche Konkretisierungen hinzu, so kann als allgemeine Leitvorstellung für Erziehung und Bildung ein sachgerechtes, selbstbestimmtes und kreatives Handeln in sozialer Verantwortung postuliert werden. An dieser Leitvorstellung muß sich auch die Medienerziehung orientieren und zugleich messen lassen" (Bund-Länder-Kommission 1995, 15).

Kreatives Handeln in sozialer Verantwortung

Die hier gesetzten Ziele gehen weit über das bisherige Verständnis von Medienerziehung im Rahmen des politischen Unterrichts hinaus.

2. Entwicklungen bei den Massenmedien

„Die Rolle der Massenmedien in unserer Gesellschaft" und „Der Einfluß der Medien auf den einzelnen" sind Themen der politischen Bildung, die aus gutem Grund fest in den Lehrplänen verankert sind. Ihre Berücksichtigung wird proportional mit der Zunahme der auf uns „einstrahlenden" Sender auch immer notwendiger.

Besonders drei aktuelle Tendenzen machen die Behandlung dieser Themen im politischen Unterricht dringlicher denn je:

Von der Information zum „Infotainment":
Die Veränderung der Berichterstattung in den Medien

Kaum ein Ereignis läßt sich von den Agenturen „vermarkten", das nicht durch Bildmaterial belegt wird. Die Bilder werden dadurch oft wichtiger als die Informationen; und je schockierender diese Aufnahmen sind, desto größer ist die Wahrscheinlichkeit, daß sie auch gesendet werden. In Deutschland hatte die Jagd nach Bildern um jeden Preis eine tragische Wende: die Live-Interviews mit den Geiselgangstern von Gladbeck; vor laufenden Kameras unterhielten sich Journalisten mit den schwerbewaffneten Straftätern, während die Geiseln um ihr Leben fürchteten. Allerdings hat auch in diesem Fall die öffentliche Diskussion um die Rolle der Medien nicht lange angehalten. Der Zwang zum Bild hatte in einzelnen Fällen zur Folge, daß selbst für Nachrichtensendungen Bilder und Ereignisse nachgestellt wurden, ohne daß dieses Verfahren für die Zuschauer offensichtlich wurde.

Die Zunahme des „Infotainments"

Mittlerweile bekommen die seriösen Nachrichtensendungen der öffentlich-rechtlichen Sender Konkurrenz durch Sendungen, die bewußt im Boulevard-Stil gehalten sind. Viele Zuschauer möchten nicht nur informiert, sondern gleichzeitig auch unterhalten werden. Dies führte zu Präsentationsformen, die eine bewußte Vermischung der Genres „Informationssendung" und „Entertainment" darstellen. Gerade dieses „Reality-TV" findet immer mehr Zuschauer.

Maßstab Boulevard-journalismus

Bei Kindern und Jugendlichen hat das Fernsehen eine hohe Glaubwürdigkeit. Es muß somit ein Ziel des medienpädagogischen Handelns in der Schule sein, Zweifel zu säen, indem das allzu Offensichtliche und Selbstverständliche fragwürdig gemacht wird: „Wirklichkeit ist eine Sache des Blickwinkels".

Zum anderen soll gelernt werden, die über Medien vermittelte Wirklichkeit richtig einschätzen zu können. Hierbei ist die Wahrnehmung und das Verständnis der Eigenart verschiedener Medien hinsichtlich ihrer Darstellung von Wirklichkeit wichtig.

Die Darstellung von Gewalt und Grausamkeiten zur Unterhaltung

Anstieg der Fernsehgewalt

Das deutsche Fernsehen zeigt täglich etwa 70 TV-Morde. Besonders in Sendungen für Kinder und Jugendliche wird die exzessive Darstellung von Gewalt als Element eingesetzt, das Spannung erzeugen soll. In vielen dieser Produktionen wird Gewalt als probates Mittel der Konfliktlösung vorgeführt, die „Guten" siegen dadurch, daß sie auf Provokationen mit der Auslöschung des „bösen" Gegners reagieren. Diese Handlungen der „Helden" sind oftmals dadurch gerechtfertigt, daß sie im Auftrag irgend einer „Weltorganisation" oder eines „Komitees" handeln. Dies berechtigt sie dann auch, in ihrem Kampf Methoden anzuwenden, die auf die radikale Zerstörung des Gegners abzielen.

Die Schaffung von Feindbildern

Die bei den Kindern beliebtesten Video- und Fernsehfilme wurden zum größten Teil vor einigen Jahren in Amerika oder England produziert. Gerade die „Actionfilme" spiegeln daher oft alte, von der damals gültigen Weltpolitik geförderte Feindbilder wider. Bei kritischer Analyse lassen sich gerade in den Vorabend-Serien rassistische und ideologische Diskriminierungen entdecken, die in die Rollen integriert sind, etwa die Überlegenheit der „freien" kapitalistischen Welt.

Filme vermitteln zumeist simple schwarz/weiß-Muster

In vielen Filmen wird noch der Kampf der freien kapitalistischen Welt gegen die totalitären kommunistischen Systeme geführt. Zur Bestätigung der Zuschauer gewinnen immer die „Guten". Die politischen Entwicklungen der letzten Jahre scheinen die Ideologie dieser Filme sogar noch zu bestätigen.

Neben die Verwendung von überholten und Schaffung von neuen Feindbildern nach dem Wegfall des Feindbildes UdSSR und den damit verknüpften Warnungen vor dem Weltkommunismus wird in der jüngsten Zeit das Feinbild des „fanatischen

Arabers" und die Abwehr der Bedrohung, die vom „Islamischen Fundamentalismus" ausgeht, als Motivation der „guten Kämpfer" gestellt.

Ethnische und rassistische Diskriminierung

Hinzu kommt die Überlegenheit der gesunden, weißen Rasse. Die „Bösen" in den Filmen sind oft farbig oder gehören einer ethnischen Minderheit an. Sollten sie ausnahmsweise zu den „Guten" gehören, haben sie meistens nur dienende Funktionen, in denen sie ihre „angeborenen Fähigkeiten" wie Kraft oder Ausdauer der intellektuellen Überlegenheit des Weißen unterordnen.

Reaktionen der öffentlich-rechtlichen Sender

Die Fernsehsender ARD und ZDF haben auf diese Entwicklungen reagiert; als Kontrastierung zu den privaten Fernsehanbietern haben sie ihre bereits früher festgelegten Richtlinien aktualisiert und ihre ethischen Grundsätze neu formuliert (vgl. Media-Perspektiven 1993, 1 ff.).

Gewaltszenen erhöhen die Quoten

Die Erklärung der ARD spricht sich gegen Gewaltdarstellungen zur Unterhaltung und als Mittel zur Erhöhung der Einschaltquote aus. Besonders im fiktionalen Bereich soll sowohl bei Eigenproduktionen wie bei der Ausstrahlung von Fremdproduktionen auf Gewaltszenen verzichtet werden, die Gewalt als geeignetes Mittel zur Lösung von Konflikten verherrlichen. Die Richtlinien für die Sendungen des ZDF verpflichten sich dem Grundgesetz der Bundesrepublik Deutschland und sind ein Bekenntnis zu den Menschenrechten, zur Demokratie und zur Einigung Europas.

An diesen Beispielen sollte gezeigt werden, daß auch die Analyse der Inhalte von Informationssendungen und von Unterhaltungsfilmen dringliche Themen der politischen Bildung sind. Die klassischen Themenbereiche, die im schulischen Unterricht bisher eher medienkundlich behandelt wurden, müssen dabei durch Elemente der aktiven und kreativen Medienarbeit ergänzt werden.

Als Kontrastprogramm zu den kurzen Aufmerksamkeitsspannen, Spannungsbögen und Informationshäppchen, die ohne Notwendigkeit, sich damit ernsthaft auseinanderzusetzen, bleiben, verlangt die Medienpädagogik: Verstehen, Vertiefung, persönliche Aneignung.

3. Von der Education zum „Edutainment" – die Rolle der Informationstechnologien

Neu in der öffentlich geführten pädagogischen Diskussion sind die Themen „Multimediaanwendung im Unterricht" –„Multimedia" als „Wort des Jahres" 1995 – und „Lernen im Internet". Hierbei wird in den Medien oftmals der Eindruck erweckt, als könnten in greifbarer Zukunft die Lehrerinnen und Lehrer in ihrer Rolle als Informationsvermittler abgelöst werden.

Unterrichtssoftware auf CD-ROM

Neue Wege durch CD-ROMs

Nahezu alle Schulbuchverlage arbeiten an Computersoftware, die die traditionellen Unterrichtswerke ergänzen oder sogar ersetzen könnten. Alleine im Jahr 1995 gab es über 4.000 Neuerscheinungen. Ziel dieser Lernprogramme ist es nicht nur zu belehren, sondern die Benutzer auch durch Unterhaltung zum Lernen zu motivieren (Motivation durch Animation). Den Kindern soll das Lernen (wieder) Spaß machen, vor allem jedoch sollen sie spielerisch lernen. Die riesige Speicherkapazität der CD-ROMs ermöglicht multimediale Darstellungen selbst von komplexen Themen. Fachwissenschaftliche Inhalte können nach eigenem Interesse als Kombinationen von Texten, Grafiken, animierten Bildern, Tönen und Videosequenzen abgerufen werden. Diese Möglichkeiten übertreffen fast alle anderen Präsentationsformen. Daneben lassen sich auf dem Computer auch Planspiele und Simulationen von wirtschaftlichen und politischen Abläufen realisieren, die faszinierende Einblicke in die realen Zusammenhänge bieten. Gerade in diesem Bereich gibt es schon einige hervorragende Computerprogramme, die sich sowohl in der Schule wie in der außerschulischen politischen Bildung bewährt haben. Einige dieser Programme sind über die Bundeszentrale für politische Bildung sogar kostenlos zu beziehen.

Zugang der Schulen zu den Datennetzen

Mangel an Computern in den Schulen

Neben die Schule als Ort der Wissensvermittlung treten Online-Dienste mit einem Informationsangebot, das jederzeit abrufbar ist. Viele weltweite Anbieter von (aktuelleren) Informationen konkurrieren mit den traditionellen Lehrinstitutionen. Die Notwendigkeit der Öffnung der Schule durch mediengestütztes Lernen wird allgemein geteilt. Jedoch verfügten Ende 1995 erst ungefähr 300 von etwa 35.000 allgemeinbildenden Schulen über eine multimediale Computerausstattung mit Zugang zu einem Netzwerk. Der Fachverband Informationstechnik rechnet mit Investitionen von jährlich 1,4 Milliarden DM, die von den Schulträgern ausgegeben werden müßten, um Schulen mit der erforderlichen Computertechnik auszustatten. Obwohl Computer mit CD-ROM-Laufwerk und Modem ständig günstiger werden, wird es für die meisten Schulen fast unmöglich, ihren Schülern genügend Geräte zur Verfügung zu stellen, da einzelne Schüler oder Kleingruppen eine Computereinheit bzw. einen Anschluß für unvorhersehbare Zeit belegen. Selbst bei einer gesicherten Grundausstattung werden bei den derzeitigen Sparmaßnahmen im Bildungsbereich die anfallenden Telefongebühren und Kosten für die einzelnen Info-Dienste das Budget der Schulen überfordern. Zudem müßten die Schulen mit genügend Anschlüssen ausgestattet werden; erst der ISDN-Anschluß, der mit dem herkömmlichen Kupferkabel der Telekom auskommt, könnte einen Ausweg schaffen.

Der Aufbau von eigenen „pädagogischen Netzen"

Die Chancen pädagogischer „Netze"

Verschiedene Bildungseinrichtungen wie einige Landesmedienzentren, aber auch große Schulbuchverlage, die zu diesem Zweck eine Kooperation eingehen, wollen einen kostengünstigen Einstieg in die Kabelnetze bieten. Eine weitere finanzierbare Alternative wäre der Anschluß der Schulen an bereits bestehende Behördennetze. Bereits die bestehenden Datennetze bieten die Möglichkeiten des unbegrenzten Datenaustauschs und damit den Vorteil der Information aus möglichst unterschiedlichen Quellen. Doch nur durch Einschränkungen des Zugangs kann bisher verhindert werden, daß Schülerinnen und Schüler während der Schulzeit Zugang zu rechtsradikalem Gedankengut oder zu Pornographie haben. Bei der Vielzahl der Anbieter und bei der liberalen Grundidee des uneingeschränkten grenzenlosen Austausches wird es kaum andere Möglichkeiten des Jugendschutzes geben.

Die Gefahr der Computerisierung

Die Gefahren der Computerisierung des Unterrichts werden dabei je nach persönlichem oder politischem Standpunkt unterschiedlich eingeschätzt.

Nach Schätzungen des Fachverbandes Informationstechnik in Frankfurt erreicht der Umsatz der Informationstechnik 1996 ein Jahresvolumen von etwa 85 Milliarden DM, im Jahr 2000 werden 100 Milliarden erwartet. Im Jahr 2000 werden zwei Drittel der Arbeitnehmer für ihre Berufsausübung Computerkenntnisse benötigen. Die meisten Befürworter verknüpften mit der Einführung der Computertechnologie in die Schule die (Wunsch)vorstellung, daß die Schülerinnen und Schüler dadurch ihre Scheu vor der Technik ablegen. Bei der IBM-Jugendstudie gaben auch etwa 3/4 der befragten 2402 Jugendlichen zwischen 14 und 24 Jahren an, daß sie im Computereinsatz mehr gesellschaftliche Vorteile als Nachteile sehen (vgl. Institut für Empirische Psychologie 1995). Bereits die Hälfte der Jugendlichen verfügt über einen eigenen PC. Etwa 40% haben den Umgang mit dem Computer in der Schule gelernt. Dennoch wird von den Vertretern der Industrie die Vorbereitung auf das Informationszeitalter durch die Schule immer noch als mangelhaft bezeichnet.

Der Nutzen computergestützten Unterrichts

Selbst wenn alle technischen und finanziellen Probleme gelöst sind, bleibt immer noch die Frage zu klären: Wie kann sichergestellt werden, daß die Schülerinnen und Schüler nicht nur durch das Netz „surfen", sondern auch „trawlen", d. h. auch unterrichtlich relevante Informationen aus den Netzen mitbringen? Werden die Lehrkräfte dann zu „Navigatoren" durch die Computernetze? (Vgl. der SPIEGEL 51/1995, 57)
Je mehr Informationen angeboten werden, desto genauer müssen die Aufgaben formuliert werden. Nur eine zielgerichtete Suche verhindert, daß man sich in den Maschen des Informationsnetzes verfängt. Die Lehrkräfte sollten sich durch die Technik nicht auf die Rolle eines menschlichen „browsers" durch die „Online-Welten" oder eines Arrangeurs von CBT-Angeboten (Computer-Based-Training) festlegen lassen.

4. Ziele einer kreativen, aktiven Medienarbeit in der politischen Bildung

An der aktuellen Diskussion über den Anschluß von Schulen an die Datennetze überrascht die implizite Unterstellung, daß es in der heutigen Schule nicht genügend Zugang zu aktuellem Wissen geben würde. Es drängt sich eher der Eindruck auf, als würden bereits die Kinder mit Informationen überschüttet (der Zugang zu Informationen beschränkt sich ja nicht auf den „pädagogisch durchgestylten" Vormittag). Doch wo können sie erlernen, wie man mit dieser „Informationsflut" umgeht?

Vorraussetzung jeden Wissens

Damit Informationen in Verstehen und Wissen (in Bildung) übergehen, müssen sie

- methodisch aufbereitet werden;
- strukturiert und vernetzt werden;
- angewendet werden, sonst bleiben sie „totes Wissen", das sehr schnell wieder vergessen wird;
- an andere weitervermittelt werden.

Es wird also auch in Zukunft nicht genügen, sich einzelne Textpassagen oder Tabellen aus dem „Datenpool" zu fischen. Es müssen somit Methoden entwickelt werden, wie die Inhalte von den Bildschirmen nicht nur kopiert, sondern von den Schülerinnen und Schülern intellektuell bewältigt und weiterverarbeitet werden können. Hierzu werden sie weiterhin die traditionellen Grundtechniken benötigen. Die Integration des Computers in den Unterricht wird schon in absehbarer Zeit das schulische Lernen verändern. Trotz der „begrenzten Haltbarkeit" des in der Schule vermittelten technikbedingten Wissens wird Lernen jedoch nicht überflüssig werden. Sehr zum Leidwesen einiger Schülerinnen und Schüler (und Finanzpolitiker) werden auch in Zukunft die Lehrerinnen und Lehrer nicht durch intelligente Maschinen ersetzt werden, doch die Rolle der Lehrenden wird sich verändern.

Intellektuelle Verarbeitung

„Die Hauptfrage bleibt, ob ein eigener, persönlicher Zugang zur Sache, zu den geistigen Gehalten des Schullernens eröffnet wird. Das Medium der Schule ist die Gründlichkeit, die Systematik, die Vertiefung. Ihr Ziel ist Verstehen, Anteil gewinnen, Interesse gewinnen an der Art von Auseinandersetzung, die

Das Ziel jeden Lernens

mit der Welt des Geistes, der Künste, der Politik, der Technik dort stattfinden darf. Wo das große Privileg, das in dieser geistigen Arbeit liegt, in beiderseits ungeliebten Stoffpensen untergeht, da hat die Schule ihre Existenzberechtigung verloren; da kann sie - heute oder morgen - in der Tat von anderen Informationsträgern überholt und schließlich auch abgelöst werden" (Flitner 1995).

Erfahrungen in der konkreten Lebenswelt statt Erlebnisse in der „virtual reality"

Das „Weltbild" unserer Kinder wird bereits stärker durch die Massenmedien geformt als durch die „originäre Begegnung". Wegen der Zunahme medienvermittelter Wirklichkeit sollte die politische Bildung einen authentischen Wirklichkeitsbezug entwickeln. Das Unterrichtsprinzip der „originären Begegnung", das Kinder zum Fragen und zum Staunen anregt, muß wieder ernstgenommen werden. Es geht hierbei um starke, vielfältige Erfahrungen aufgrund unmittelbar sinnlicher Wahrnehmungen, die Aktivierung *aller* Sinne durch die Vermittlung von Primärerlebnissen. Gerade im Zeitalter der Digitalisierung bekommt das Prinzip des mehrkanaligen Lernens wieder Sinn: Alles in möglichst großem Umfang den Sinnen vorführen; nämlich das Sichtbare dem Gesicht, das Hörbare dem Gehör, das Riechbare dem Geruch, das Schmeckbare dem Geschmack, das Fühlbare dem Tastsinn; und wenn sich etwas mit mehreren Sinnen zugleich erfassen läßt, soll es mehreren zugleich dargeboten werden. Die Vision von Menschen, die alle ihr persönliches „notebook" mit integriertem Internet-Modem auf ihrem Tisch haben, kann mit diesem lebensnahen Prinzip nicht konkurrieren.

„Virtual reality" und die reale Erfahrung

Die Verwendung von Computern im Unterricht kann Schülerinnen und Schüler in neue Lernwelten versetzen, doch wo lernen sie, sich für ihre reale Umwelt zu engagieren? Wenn permanent der Eindruck vermittelt wird, daß alle Probleme durch die geschickte Anwendung des richtigen Programms gelöst werden können, entwickelt sich eine Technikgläubigkeit, die den realen Problemlösungen entgegensteht. Die fundamentalen Probleme, die unsere Gesellschaft in absehbarer

Simulation und Realität

Zeit lösen muß, werden indes nicht einfacher, sondern im Gegenteil noch unkalkulierbarer, noch chaotischer.

Bei den Wirtschaftssimulationsspielen kann nach dem Bankrott oder nach der Zerstörung des Lebensraums das Spiel von Neuem gestartet werden. Ist dann nicht die Flucht in die virtuellen Welten ein verlockender, programmierter Ausweg? Bereits heute schon erwecken manche politischen Entscheidungen den Eindruck, daß es eine zweite Welt von der Festplatte gäbe.

Erweiterung der operativen Kompetenz und Erwerb von medienspezifischen Fähigkeiten

Beispiele für medienspezifisches Engagement:

Kreative Medienproduktionen verlangen, daß man sich der Realität nähert, daß man sich mit ihr auseinandersetzt. Dies ist der erste Schritt für ein persönliches Engagement. Dazu einige Beispiele, die sowohl in der Schule als auch in der außerschulischen politischen Bildung zu realisieren sind:

– Reportagen

Schülerinnen und Schüler mit Notizblock, Kassettenrecorder und Fotoapparat oder Videokamera erstellen Reportagen über unterrichtlich relevante Themen oder Ereignisse, an denen sie persönlich interessiert sind.

– Flugblätter und Schülerzeitungen

Kinder und Jugendliche äußern sich schriftlich über Themen, die sie bewegen. Auch Erwachsene lernen so (ohne Zensur) die Ansichten der Kinder kennen, nur interessieren müssen sie sich dafür - und es muß von ihnen ein Echo kommen. Gerade Schülerzeitungen sind eine Möglichkeit der öffentlichen politischen Stellungnahme, sie bieten die Chance des demokratischen Meinungsaustausches. Auf die Redakteure von Schülerzeitungen sollte kein Druck ausgeübt werden, selbst wenn die Tendenzen der Beiträge manchem mißfallen. Lieber sollte man eine Verärgerung in Kauf nehmen, als diese liberale Einrichtung in Frage zu stellen, mit der Kinder und Jugendliche einüben können, sich politisch zu betätigen.

– Radiosendungen

Das Radio ist ein Jugendmedium, das fast ununterbrochen konsumiert wird. Leider wird an den wenigsten Schulen Kindern und Jugendlichen die Möglichkeit gegeben, ihr eigenes Radioprogramm zu gestalten. Dieses Programm mit Live-Moderation, selbst recherchierten Beiträgen zu Themen, die Kinder und Jugendliche besonders fesseln, selbst ausgewählten aktuellen Kurznachrichten könnte einmal wöchentlich während der Pause im Pausenhof ausgestrahlt werden. Bei entsprechender Erfahrung können sogar sendereife Produktionen entstehen, die teilweise den Lokalsendern zur Ausstrahlung angeboten werden können. Diese Form der öffentlichen Stellungnahme eignet sich besonders für die außerschulische politische Bildung. Sie kann eine öffentliche Diskussion zwischen verschiedenen gesellschaftlichen Gruppen und politischen Meinungen bewirken.

– Fotos und Plakate

Schule ist ein Lebensraum, der auch mit persönlichen Dingen gestaltet werden muß, damit der einzelne Heimat findet. Die Präsentation von Schülerarbeiten und Ergebnissen von Wettbewerben, die von der Schule selbst veranstaltet wurden oder an denen einzelne Schüler teilgenommen haben, können der Identifikation mit dieser Institution dienen. In Fotografien und Plakaten können Kinder ihre eigene Weltsicht, ihre eigenen Wünsche und Utopien kreativ darstellen. Besonders in Wahlkampfzeiten werden von den politischen Parteien Plakate als Mittel der Beeinflussung genutzt. Aber auch bei dem Kampf von Bürgerinitiativen und bei politischen Demonstrationen finden Plakate als Ausdrucksmittel Verwendung. Schon immer wurden innovative Techniken gerade von politisch interessierten Künstlern zur Visualisierung ihrer Ideen genutzt. Die kreativen Möglichkeiten der Grafikprogramme für den Computer sollten daher auch in diesem Bereich eingesetzt werden.

– Video

Dies gilt auch für Videoproduktionen, wenn sie nicht nur im Rahmen der Video-AG gezeigt, sondern über Kopien an alle Interessierten verbreitet werden. Eine weitere Möglichkeit, die die Arbeit in der Schule nach außen dokumentiert, ist die Einspeisung von Produktionen in den Bürgerkanal. Die Möglichkeit der Kooperation mit den „Offenen Kanälen" wird von viel zu wenigen politisch interessierten Gruppen genutzt. In diesem demokratischen Instrument, das eingerichtet wurde, damit alle (im Rahmen des im Grundgesetz Erlaubten) Stellung zu aktuellen Fragen beziehen können, werden eher die Prämierungen der Hasenzüchter gezeigt, als Produktionen, die aktuellen, politischen Themen gewidmet sind.

– Kabarett

An Schulen, an denen das Engagement der Schüler gefördert wird und die politische Meinungsäußerung der Schüler erwünscht ist, da gedeihen auch Gruppen, die nicht nur bei Abiturfeiern politisches Kabarett aufführen.

– Teilnahme an Computernetzen

Die Computernetze sind virtuelle Marktplätze für die Diskussionsforen, an denen sich jeder beteiligen kann und sich auch politische Gruppen vorstellen können; sie bieten so eine Möglichkeit der politischen Meinungsbildung. Das Internet ist bereits dadurch in Verruf geraten, daß rechtsextreme politische Gruppierungen hier unverhohlen NS-Propaganda und weltweite Kontaktpflege betreiben. Eine kreative Möglichkeit der politischen Bildungsarbeit kann es somit auch sein, daß politisch interessierte Gruppen aktiv an den offenen Foren teilnehmen und dem faschistischen Gedankengut weltweit die eigenen Vorstellungen entgegenstellen.

> Neben den operativen Fähigkeiten können durch kreative Medienarbeit auch umfassende medienspezifische Kenntnisse erworben werden. „Und das schließlich ist Bildung: einen eigenen Zugang finden zu den Wegen und Möglichkeiten einer geistigen Auseinandersetzung mit dieser Welt, mit ihrer Erforschbarkeit, ihren Sozialproblemen, ihrer Kultur“ (Flitner 1995).

Einübung von kooperativen Arbeitsformen

Vertreter von Wirtschaftsunternehmen beklagen schon seit längerem eklatante Defizite bei den benötigten Schlüsselqualifikationen der Schul- und Universitätsabsolventen. Die immer komplizierter werdenden Zusammenhänge und Techniken können vielfach nicht mehr durch einzelne Spezialisten überblickt und beherrscht werden, sondern erfordern die Teamarbeit einzelner Fachleute. Doch in der Schule werden diese Formen der Kooperation nicht genügend geübt, obwohl jeder Lehrer in seiner Ausbildung schon etwas von den Vorteilen der Gruppenarbeit gehört hat.

Der Vorteil der Teamarbeit

Eine kreative Medienarbeit, die auch auf die Erstellung eines vorführbaren Produkts ausgerichtet ist, erfordert in der Regel die kooperative Planung und Ausarbeitung in Gruppen. Jeder der Beteiligten kann sich mit seinen besonderen Fähigkeiten für die Realisierung engagieren. Die selbstgesetzten Zielvorgaben werden zur Motivation für die gesamte Arbeit.

Schulische Schwerpunkte

Schule muß dort ihre Schwerpunkte setzen, wo ihre Stärken liegen: unterschiedlich strukturierte Kinder auf möglichst vielfältigen Wegen zu Erfolgserlebnissen beim gemeinsamen Lernen zu führen. Kinder wieder zum Staunen und zum kreativen Denken anzuregen. Der Vereinzelung vor dem Bildschirm muß sie die Möglichkeiten der direkten Kommunikation und Kooperation entgegensetzen.

> Kreative Medienarbeit macht Menschen handlungsfähig, so daß sie eigenverantwortlich Kenntnisse und Kompetenzen erwerben können.

5. Voraussetzungen für eine kreative Medienarbeit im politischen Unterricht

Basis der Medienarbeit in der Schule:

– Kreativität und Unterstützung durch den Lehrer

1. Kreative Medienarbeit verändert und bewirkt einen anderen Blick auf die Schule. Dort, wo kreatives Arbeiten ernsthaft praktiziert wird, ändert sich die herkömmliche Auffassung von Lehren und Lernen: Die Schule wird zum Freiraum für Erfolge, aber auch für Lernversuche mit produktiven Fehlern und auf Umwegen. „Man lernt am meisten durch Fehler" – dieser Spruch gilt in der Schule oft nur in der Form, daß die Fehler mit dem Rotstift markiert (und damit lernpsychologisch besonders wirksam hervorgehoben) werden. Den Kindern wird immer wieder bestätigt, was sie (noch) nicht beherrschen, während sie nur selten für ihre Fähigkeiten gelobt werden.

– Angepaßte Lehrpläne

2. Kreative Medienarbeit erfordert neue Lehrpläne. Auf zwei Entwicklungen muß die Schule zur Zeit reagieren:

Auf der einen Seite nimmt das öffentlich zugängliche Fachwissen explosionsartig zu; auf der anderen Seite nimmt die sogenannte „Halbwertszeit" des Wissens rapide ab, auf den innovativen Gebieten beträgt sie nur noch wenige Jahre.

Doch leider wird selbst in dieser Situation von vielen Lehrenden die Erfüllung des Lehrplans noch immer als oberstes

Richtziel angesehen. Bei Unterrichtsbesuchen entsteht der Eindruck, als ob dies am sichersten dadurch zu erreichen wäre, daß der Stoff den Schülern durch die Lehrperson „beigebracht" wird (zumindest kurzfristig, also bis zum nächsten Test). Der Zwang zum Erfüllen des Lehrplans führt dazu, daß den Lehrkräften die Luft und die Lust zum Experimentieren mit anderen Unterrichtsformen genommen wird. Hier brauchen die Lehrerinnen und Lehrer unbedingt Entlastung durch eine gründliche „Durchforstung" des Lehrplans. Auf das ständigen Anwachsen an Wissen auf allen Fachgebieten kann die Schule nicht mehr dadurch reagieren, daß die Inhalte der Lehrpläne immer weiter ergänzt werden. Die reine wissenschaftliche Ausrichtung der Lehrpläne mit Blick auf das einzelne Unterrichtsfach muß aufgebrochen werden zugunsten der exemplarischen methodischen Erarbeitung von Wissen und den Möglichkeiten der Informationsbeschaffung über den aktuellen fachwissenschaftlichen Kenntnisstand. Diese Änderung kann den Lehrkräften, die sich als Fachwissenschaftler verstehen, größere Schwierigkeiten bereiten. Doch gerade eine interdisziplinäre Zusammenarbeit mit anderen kann solche Frustrationen beseitigen. Der „Blick über den Zaun" bzw. der Blick in die andere Fachwissenschaft kann wieder neue Herausforderungen und damit eine neue Motivation in das Berufsleben bringen. Lehrende können so wieder zu Lernenden werden: Dies ist die beste Voraussetzung für eine lebendige Schule.

Abkehr von der rein wissenschaftlichen Ausrichtung

Interdisziplinäre Zusammenarbeit

Modifizierende Unterrichtsmethoden

3. Kreative Medienarbeit erfordert andere Unterrichtsmethoden. Nicht allein der Stoff darf im Zentrum des Unterrichts stehen, sondern den Schülerinnen und Schülern müssen Methoden der Aneignung von Wissen und Formen der Präsentation ihres Wissens geboten werden.

Gruppenarbeit

Kreative Medienproduktionen sind in der Regel die Ergebnisse von Gruppenarbeiten. Unter dem Druck der Transparenz der einzelnen Note nutzen viele Lehrkräfte nicht die bereits vorhandenen Möglichkeiten der Benotung von Gruppenarbeiten. Zu den traditionellen Arbeitstechniken wird auch die computergestützte Gruppenarbeit als weitere Arbeitsform kommen. Sie wird ergänzt werden durch die Einzelrecherche am

Bildschirm zu Hause. Fächerübergreifendes Lernen und Projektunterricht sind besonders geeignet, die Brücken zwischen den Lernorten zu schlagen.

Positives Schülerbild

4. Kreative Medienarbeit verlangt ein positives Schülerbild. Wenn Schüler nur als unfertige (unfähige) Menschen angesehen werden, denen erst noch alles beigebracht werden muß, dann wird kaum die Grundlage für eine fruchtbare, vertrauensvolle Zusammenarbeit gegeben sein. Man muß Schülern etwas zutrauen, man muß sie fordern und fördern, nur dann werden sie es zu eigenständigen Lernerfolgen bringen. „Wenn Kinder sagen: ‚Das will ich können und wissen, das geht mich an, das interessiert mich', sind das Momente des Gelingens dessen, was wir Lehrenden mit unserer Arbeit wollen" (Flitner 1995).

Engagierte Lehrer

5. Kreative Medienarbeit benötigt den kreativen, engagierten Lehrer. Nach einer 1991 abgeschlossenen Befragung von 6.000 bayerischen Lehrkräften aller Schularten muß bereits das Auflegen einer Folie auf den Overheadprojektor als „bemerkenswerter Medieneinsatz" gewürdigt werden, selbst wenn die Folien aus gekauften Sammlungen stammen. Nur etwa ein Achtel der Lehrkräfte setzten in ihrem Unterricht vielfältige Medien ein (Sacher 1994). Solch eine Ignoranz ist natürlich kein Vorbild für eine sinnvolle kreative Medienarbeit, auf der anderen Seite sollte sich die Rolle der Lehrenden nicht auf das Arrangieren von komplexen Medienszenarien reduzieren. Erst wenn im Fachunterricht ganz selbstverständlich vielfältige Medien eingesetzt werden, dann sind auch die Schüler bereit, ihre eigenen Produkte in den Unterricht einzubringen.

Verändertes Lehramtsstudium

Die Voraussetzungen für eine Verbesserung der mediendidaktischen Ausbildung müssen bereits im Lehramtsstudium geschaffen werden. Auch in der Lehrerfortbildung sollten geeignete Angebote gemacht werden, die dem Erfahrungsaustausch über die Chancen einer kreativen Medienarbeit dienen.

Positives Menschenbild

6. Kreative Medienarbeit benötigt ein positives Menschen- und Weltbild. Es gibt über 10.000 Computerprogramme, die Krieg- und Kampfhandlungen darstellen. Die Szenarien der überwie-

genden Zahl der Computer- und Konsolenspiele zeigen eine düstere Zukunft, in der sich nur der Stärkere im Kampf gegen „Andersartige" durchsetzen kann. Dieser „Darwinismus auf der Festplatte" deckt sich mit den Inhalten vieler Science-fiction-Filme, die besonders bei Jugendlichen beliebt sind.

Leider gelingt es auch vielen Lehrkräften nicht mehr, ein positives Bild der Zukunft zu zeichnen. Dieser fehlende Optimismus wird von vielen Schülern wahrgenommen und beeinflußt so auch ihre Weltsicht. Trotz der offensichtlichen Distanz zwischen den Heranwachsenden und den Lehrkräften (und dem damit verbundenen Verlust der Vorbildfunktion) ist die Schule der Ort, an dem versucht werden muß, Kindern ein positives Menschenbild und ein optimistisches Bild der Zukunft zu vermitteln. Die Verwirklichung kann natürlich nur durch das Engagement aller erreicht werden, ganz im Gegensatz zu den medialen Beispielen, in denen oft nur einige Starke und Mächtige verantwortlich sind für das Schicksal der ganzen Menschheit. Deshalb ist es sehr wichtig, daß eine kreative Medienarbeit an den Themen ansetzt, wo Kinder durch ihr Engagement auch etwas verändern können. Nichts ist lähmender als das Gefühl der Hilflosigkeit!

Schulgerechte Ausstattung in ausreichender Anzahl

7. Kreative Medienarbeit benötigt schulgerechte Geräte. Unsere Kinder wachsen in einer technisierten Umwelt auf, die sich auch in der Geräteausstattung der privaten Haushalte widerspiegelt. Während viele Schüler daheim ganz selbstverständlich mit teuren Apparaten umgehen, werden ihnen in der Schule gleichwertige Geräte aus Angst vor deren Beschädigung oder Zerstörung vorenthalten. Nur durch die Anschaffung robuster, qualitativ hochwertiger Geräte kann eine geeignete Grundlage für befriedigende Schülerproduktionen gelegt werden.

Das Handwerkszeug des Schülers muß erweitert werden. Neben Tinte und Heft sollten in allen Fächern Overheadfolie, Plakatwand, Computergrafik und technische Medien wie Kassettenrecorder, Fotoapparat, Videokamera selbstverständlich verwendet werden.

Öffentlichkeit

8. Kreative Medienarbeit braucht Öffentlichkeit. Die öffentliche Vorstellung der Ergebnisse einer kreativen Medienarbeit hat zur Folge, daß sich die Schule nach außen öffnet. Neben den etablierten Formen der öffentlichen Präsentation gibt es Möglichkeiten, die bisher kaum genutzt werden: Foto- oder Plakat-Ausstellungen, Aufführungen, Vorstellungen von selbstgedrehten (Video)-Filmen im Rahmen des Bürgerkanals, Hörspiele von Schülern im Lokalsender. Die Schule wird auch durch solche Aktivitäten zum (Er-)Lebensraum und zur Lernumgebung für Schüler, Lehrer und im Idealfall auch für Eltern. So können nach dem Vorbild der Community Schools richtige Nachbarschaftsschulen entstehen. Diese Öffnung der Schulen zu den kommunalen, lokalen und regionalen Kulturräumen bewirkt auch eine stärkere Identifikation der Kinder mit ihrer Heimat; auf der anderen Seite erfährt die Schule eine Integration in das kulturelle Leben der Stadt und Gemeinde.

Es gibt bereits einige Schulen, die sich über das Internet vorstellen und so auch Kontakte mit interessierten Menschen auf dem gesamten Globus bekommen können. Es gibt aber auch viele andere Formen, die lokale und regionale Öffentlichkeit zu erreichen, die es zunächst zu nutzen gilt.

6. Literatur

Bund-Länder-Kommissionen für Bildungsplanung und Forschungsförderung 1995: Medienerziehung in der Schule - Orientierungsrahmen. Bonn

Der Spiegel Nr. 51/1995

Flitner, Andreas 1995: Bildung, Moderne und Schule. In: Deutsche Lehrerzeitung 9/1995

Institut für Empirische Psychologie 1995: „Wir sind o.k.!" Stimmungen, Einstellungen, Orientierungen der Jugend in den 90er Jahren. Die IBM-Jugendstudie. Köln

Media Perspektiven Dokumentation 1/1993

Sacher, Werner unter Mitarbeit von Bauer, Wolfgang und Eckert, Hubertus 1994: Audiovisuelle Medien und Medienerziehung in der Schule. Strukturelle und typologische Ergebnisse einer Repräsentativuntersuchung. München

Marie-Theres Albert/Helmut Essinger

Interkulturelles Lernen

1. Einführung

Interkulturelles Lernen (IKL) wurde in den 80er Jahren unter der Bezeichnung Interkulturelle Erziehung (IKE) sowohl in der BRD (Auernheimer 1995) als auch in klassischen Einwanderungsländern wie z. B. Frankreich, Schweden, den Niederlanden oder Großbritannien bekannt. Als IKE war sie eine auch theoretisch begründete Weiterentwicklung der Ausländerpädagogik der 70er Jahre, die in ihrer kompensatorischen Funktion als pädagogische Reaktion auf die Arbeitsimmigration der 50er und 60er Jahre als gescheitert angesehen wurde (vgl. Marburger 1991, 19 ff.).

Im Kontext der Arbeitskräfteanwerbung war es zu Kulturbegegnungen unterschiedlichster Art gekommen, deren Reibungsflächen durch die Versuche der Anpassung der ausländischen Schüler und Schülerinnen an die Lern- und Leistungsvoraussetzungen des bundesdeutschen Bildungssystems - so wie es die Ausländerpädagogik vorsah - nicht zu bearbeiten waren. Auch die mit der Konfrontation von Kulturen gerade bei der Mehrheitsgesellschaft sich herausbildenden Rassismen blieben von der Ausländerpädagogik ausgespart.

Der IKE ging es dann zunächst darum, Bewußtseinsbildung für andere als die eigenen kulturellen Ausdrücke der Mehrheitsgesellschaft zu betreiben. Allerdings wurde dabei häufig das Prozeßhafte einer jeden Kultur, also auch das Prozeßhafte der Migrantenkultur übersehen. Der der IKE zugrunde gelegte Kulturbegriff folklorisierte bis etwa in die Mitte der 80er Jahre die Migrantenkulturen; er war zugleich statisch. Erst in der zweiten Hälfte der 80er Jahre führten mehrere Autoren einen Kulturbegriff in die IKE ein, der Kultur als die Gesamtheit der Lebensausdrücke einer Gruppe von Menschen oder einer Ethnie innerhalb einer bestimmten Zeit und in einem Raum ver-

Interkulturelle Erziehung in den 80er Jahren

stand und das dynamische Element von Kultur hervorhob (Essinger/Kula 1987; Nestvogel 1987; Albert 1989). In der Folge dieser Entwicklungen wurde die IKE dann definiert als:

Definition nach Borelli/Essinger

- eine auf Dialog und Begegnung gründende und die Provinzialität der eigenen Herkunft sprengende Erziehung;
- eine die Solidarität mit ethnischen und kulturellen Minderheiten fördernde Erziehung;
- eine kritische, auf das Humanum hin ausgerichtete Erziehung (Borelli/Essinger 1987, 67).

Geht man von dieser Definition aus, dann kann IKE nie als Fach oder bloßes Unterrichtsthema verstanden werden, das sich in einem einmaligen Projekt oder einer singulären Stunde abhandeln ließe. IKE stellt sich vielmehr als prozessuales Geschehen unabhängig von den Fächern dar. Für den Unterricht ist IKE ein Arbeitsprinzip: es ist eine Maxime, die die interkulturelle Orientierung zur Voraussetzung des Denkens und Handelns im Unterricht macht. Die Sachverhalte, die verhandelt werden, die Materialien, die verwendet werden sollen, und die gesamte Unterrichtsplanung sind daraufhin zu überprüfen, ob sie dieser Maxime gerecht werden.

Interkulturelle Erziehung als Prozeß begreifen

Die Praxis hatte sich in den vergangenen Jahrzehnten weitgehend an den vermeintlichen Bedürfnissen der ImmigrantInnen und ihrer Kinder ausgerichtet. Für die Schule wurden Forderungen auf Unterricht in der Muttersprache erhoben, im Bereich des Gemeinwesens wurden Beschäftigungsstellen für „ausländische MitbürgerInnen" eingerichtet und entsprechende Angebote für Jugendliche gemacht.

In diesem Bestreben, Arbeit für AusländerInnen zu machen, Angebote im Gemeinwesen für ZuwandererInnen zu entwikkeln, verfestigte sich „die Mauer im eigenen Kopf" (Barkowski 1984, 166 ff.), und der politische Kontext der schulischen und außerschulischen pädagogischen Arbeit wurde vernachlässigt. Im Rückblick läßt sich konstatieren, daß die Entwicklung von Unterrichtsmodellen und -materialien, von Lehr- und Lernkonzepten für die IKE zwar notwendig, jedoch nicht ausreichend war. Zwar vollzog sich in der Pädagogik allmählich ein Wandel , was sich u. a. in einer fächerübergreifenden Vermittlung IKL auch an Universitäten dokumentierte. Im politischen

Vernachlässigung des politischen Kontextes

Bereich des Gemeinwesens konnte sich der bis dahin latent vorhandene Rassismus in der Dominanzkultur etablieren.

2. Facetten des IKL

Der Begriff „Dominanzkultur" wurde 1990 von Birgit Rommelspacher in einem Interview der Berliner Tageszeitung über neue rechtsradikale Auswüchse in die deutsche Öffentlichkeit gebracht (Rommelspacher 1995). Er wird seither auch in der interkulturellen Diskussion, aber insbesondere im Kontext der patriarchatskritischen antirassistischen Diskussion, wie sie im „Berliner Ansatz" von Albrecht-Heide u. a. geführt wird, verwandt. Mit unterschiedlichen Zugängen zentriert sich der „Berliner Ansatz" auf Herrschaftskritik (Albrecht-Heide 1995, 191 ff.)

Dominanzkultur und Dominanzstruktur

Dominanzkulturen verfügen über Dominanzstrukturen. Einer der Gründe, worauf die Etablierung von „Dominanzstrukturen" auch und gerade in der IKE zurückzuführen ist, ist ihre Reduzierung in vielen Ansätzen auf den Spracherwerb. Schon in der Anfangsphase der IKE nahm in der theoretischen Reflexion wie auch in der Praxis das Sprachenproblem einen relativ breiten Raum ein. Wie ein Blick in das Register des Handwörterbuches Ausländerarbeit unter dem Stichwort „Sprache" bestätigt (Auernheimer 1984, 375), wurden Migrationsprobleme in erster Linie als Sprachprobleme definiert und interpretiert.

Schwerpunkt Spracherwerb

Der Schwerpunkt des Spracherwerbs als IKL hat sich bis heute erhalten und hat in vielen Fällen zu einer inflationären Verwendung der Idee des IKL geführt. Hier sind vorzugsweise solche Entwicklungen zu nennen, in denen IKL als Sprach- und Fremdsprachenerwerb oder als Training von Führungskräften in multi- und transnationalen Unternehmen organisiert ist (Hofstede 1993).

Zweisprachigkeit

Im Gegensatz dazu stehen bis heute solche Konzeptionen, die sich mit den sprachlichen Barrieren von Migrantenkindern nun schon der dritten Generation in bundesdeutschen Bildungseinrichtungen beschäftigen. Hier sind vorrangig Nehr u. a. zu nennen, die in dem Berliner Modell „Zweisprachige Erziehung türkischer Schulkinder" den Prozeß des Erlernens der Muttersprache und den des Erlernens der Zweitsprache

Deutsch gleichzeitig organisieren und entsprechende Lehr- und Lernmaterialien in einem antirassistischen Kontext entwickeln (Nehr 1993, 184 ff.).

Als gegenseitiges Lernen sind die Tandem-Lernmodelle organisiert. In ihnen verläuft der interkulturelle Prozeß diskursiv. Schließlich ist noch auf solche Ansätze hinzuweisen, die den Sprachlernprozeß im Kontext der multikulturellen Gesellschaft organisieren und den Spracherwerb in den Prozeß des Verstehens fremder Menschen und Kulturen einbetten (Hohmann 1989, Pommerin-Götze 1992).

Spracherwerb in der multikulturellen Gesellschaft

Eine andere Qualität erhielt IKL im Kontext der Entwicklung der europäischen Gesellschaften hin zur Politischen Union. Denn die Union ist durch eine kulturelle Vielfalt genauso geprägt wie durch eine Sprachenvielfalt und benötigt daher „sprachliche Bildung" in einer „grenzüberschreitend mobilen Gesellschaft" (Gogolin 1994, 113).

Ein weiteres Feld des IKL ist der internationale Jugendaustausch mit dem Ziel der Völkerverständigung. Obwohl entsprechend der Einwanderungspopulationen in den verschiedenen europäischen Gesellschaften an diesen Programmen auch türkische oder algerische, indische oder marokkanische Kinder teilnehmen, sind die Programme dennoch auf die Verständigung von deutschen und französischen, britischen oder spanischen Kindern und Jugendlichen zugeschnitten und realisieren sich weitgehend in Jugendbegegnungs- oder Jugendaustauschprogrammen (Albert 1993, 92 ff.).

Internationaler Jugendaustausch

Schließlich ist in diesem Kontext noch das Ausländerstudium zu nennen. Auch hier war der interkulturelle Lernprozeß über einen langen Zeitraum weitgehend als Sprachlernprozeß organisiert und auf den Erwerb des Deutschen als Fremdsprache reduziert. Sprachprobleme von ausländischen Studierenden galten als Ursache für überlange Studienzeiten und unverhältnismäßig hohe Abbrecherquoten und haben neben den Sprachlernprogrammen für Migrantenkinder dem Bereich Deutsch als Fremdsprache (DaF) zu einem linguistischen und fachdidaktischen Boom verholfen.

Ausländerstudium in Deutschland

Weniger unter Gesichtspunkten des Spracherwerbs, jedoch auch ohne den dialogischen und kritischen Gedanken des IKL als Weiterentwicklung der IKE sind in diesen Facetten abschließend noch die Entwicklungen im Feld der Entwicklungspolitik zu nennen. Unter dem Eindruck, daß die Entwicklungspolitik der 60er und 70er Jahre, die als Strategie der Modernisierung der Länder der Dritten Welt durchgeführt wurde, gescheitert war, hielt das IKL Mitte der 80er Jahre Einzug in die Entwicklungspolitik. Das Schlagwort, unter das IKL in diesem Feld subsumiert wurde, war der „sozio-kulturelle Faktor", den es für die folgenden Entwicklungsdekaden zu berücksichtigen galt. Gemeint war damit, daß die Lebensgewohnheiten, die Sitten und Gebräuche der verarmten Massen in Ländern des Südens in der entwicklungspolitischen Praxis stärker zu berücksichtigen seien (Albert 1993, 83 ff.).

Der „sozio-kulturelle" Faktor des interkulturellen Lernens

3. Rassismus in der Dominanzkultur

Konnte die IKE in ihren disziplinären Begründungsansätzen noch weitgehend als Weiterentwicklung der „emanzipatorischen Pädagogik" angesehen werden, so war das IKL zu Beginn der 90er Jahre fester Bestandteil diverser Einzeldisziplinen geworden. Ihr kleinster gemeinsamer Nenner bestand in der Bearbeitung von Desorientierungen der Menschen mit unterschiedlichen Ausprägungen. Diese ergaben sich aus den immer extensiver und intensiver auftretenden Kulturkontakten, die durch die grenzüberschreitenden Entwicklungen ausgelöst worden waren. Von dem ursprünglichen emanzipatorischen Potential, was die IKE noch auszeichnete, war in den meisten Facetten nicht viel übrig geblieben. In vielen Ansätzen war es konzeptionell nicht gelungen, immanente Dominanzstrukturen als „weiße", „eurozentrische" hinter sich zu lassen.

Vorherrschaft der deutschen Kultur

IKL, sofern es sich auf die Zielgruppe der MigrantInnen bezog, vollzog sich konzeptionell und praktisch im Kontext der wirtschaftlichen Entwicklung in Deutschland und der mit den Auf- und Abschwüngen einhergehenden Verschärfungen und Entspannungen in der Ausländergesetzgebung. Insofern boomte IKL immer dann, wenn sich historisch herausgebildete strukturelle Rassismen und Nationalismen der deutschen Bevölkerung entluden. So zuletzt seit Beginn der neunziger Jahre

Zusammenhang zwischen Gesetzgebung und Immigrantenzahlen

angesichts der Welle brutaler Mord- und Brandanschläge gegen Ausländer in Deutschland.

Die Eskalation des Rassismus

Trotz dieser Welle von vielfach rassistisch motivierter Gewalt meinen wir, daß die Strategien des IKL nicht versagt haben. Jedoch lassen die Eskalationen von Rassismus erkennen, daß IKL konzeptionell durch eine Revision der Ziele wie der Zielgruppen weiterentwickelt werden muß. Bezogen auf die Revision der Ziele gewinnt die bereits am 18. April 1966 von Theodor W. Adorno aufgestellte Forderung, „daß Auschwitz nicht noch einmal sei", neue Aktualität:

„Die Forderung, daß Auschwitz nicht noch einmal sei, ist die allererste an Erziehung. Sie geht so sehr jeglicher anderen voran, daß ich weder glaube, sie begründen zu müssen noch zu sollen. Ich kann nicht verstehen, daß man mit ihr bis heute so wenig sich abgegeben hat. Sie zu begründen, hätte etwas Ungeheuerliches angesichts des Ungeheuerlichen, das sich zutrug. Daß man aber die Forderung, und was sie an Fragen aufwirft, so wenig sich bewußt macht, zeigt, daß das Ungeheuerliche nicht in die Menschen eingedrungen ist, Symptom dessen, daß die Möglichkeit der Wiederholung, was den Bewußtseins- und Unbewußtseinsstand der Menschen anbelangt, fortbesteht. Jede Debatte über Erziehungsideale ist nichtig und gleichgültig diesem einen gegenüber, daß Auschwitz nicht sich wiederhole. Es war die Barbarei, gegen die alle Erziehung geht" (Adorno 1969, 85).

In der Dimension dieser Erfahrung nach Auschwitz muß IKL als antirassistisches Lernen neu bestimmt werden. Das setzt voraus, daß anders als bisher die Zielgruppen bestimmt werden. Bisher war IKL ein Lernen zwischen Mehrheiten und Minderheiten. Es war ein Lernprozeß, der zwar auf das kulturelle Erbe der Minderheiten bezugnahm, das der Mehrheitsgesellschaft jedoch außer acht ließ. Dennoch ist es dieses Erbe, in dem die strukturelle Dominanz und ein latenter Nationalismus und Rassismus verankert sind. Es ist also das kulturelle Erbe gerade der Mehrheitsgesellschaft, das in Prozessen eines interkulturell antirassistisch angelegten Lernens bearbeitet werden muß und als intra-kultureller Prozeß konzipiert werden sollte.

Interkulturelles Lernen als antirassistisches Lernen

4. IKL als antirassistisches Lernen

Am 28. September 1945 schrieb Klaus Mann in einem Brief an einen Freund folgende Sätze: „Der große F.D. Roosevelt hat einmal gesagt, die gegenwärtige Generation von Amerikanern sei zu einem Rendezvous with Destiny ausersehen. Aber das Schicksal bittet nicht mehr bestimmte Rassen oder Völker zum Stelldichein. Der Appell gilt sämtlichen Nationen. Sie, der Deutsche, sind ebenso dringlich aufgerufen wie irgendein Russe, irgendein Amerikaner. Dies Jahrhundert, welches nicht das ‚deutsche' geworden ist, soll auch nicht das ‚amerikanische' oder ‚russische' werden. Es wird entweder das Jahrhundert der beginnenden Weltzivilisation, oder es wird des Jahrhundert der beginnenden Weltbarbarei" (Zitat nach Winkel 1989, 114).

Obwohl sich am Ende dieses Jahrhunderts gerade in Europa auch der Nationenbegriff aufzulösen scheint, ist doch die Absage an alle rassenideologischen Ansprüche deutlich. Doch gerade diese Feststellung bedarf einer kritischen Analyse.

Ausprägungen des Rassismus

Der Rassismus unserer Zeit hat sich weder von seinen völkischen noch von seinen biologistischen Begründungen verabschiedet. Er hat sich lediglich eine zeitgemäßere Begrifflichkeit zugelegt, indem er den Rassebegriff durch den der Ethnie ersetzt hat. „You say culture - and you mean colour; you say ethnicity - and you mean race" (Mullard zit. in Essinger 1990, 402 f.) warf der britische Rassismusforscher Chris Mullard schon vor langer Zeit einer harmonisierenden IKE polemisch vor. Und wie die niederländische Rassismusforscherin Philomena Essed in ihrer Untersuchung über den niederländischen Alltagsrassismus nachwies, sind die Übergänge von Ethnizismus zum Rassismus fließend (Essed/Mullard 1991, 14).

Ausländer und Ausländerinnen sind Personen mit nichtdeutscher „Volkszugehörigkeit" und einer nationalen Zugehörigkeit zu einem anderen Staat. Diese Definition gilt für alle Nicht-Deutschen, und mit Einschränkungen gilt sie auch für EG-Bürger und andere weiße AusländerInnen. Dennoch besteht zwischen diesen und schwarzen AusländerInnen ein qualitativer Unterschied, der die rassistischen Strukturen in unserer Gesellschaft verdeutlicht.

Der Unterschied in der Behandlung weißer und schwarzer Ausländer

Zunächst sind auch EG-Bürger bezogen auf die quantitativ dominierenden Deutschen Minderheiten. Eine Benachteiligung, die sich aus der Majorität der Deutschen und ihrer Sitten und Gebräuche in Kommunikations- und Interaktionsprozessen ergeben müßte, ist jedoch bei dieser Gruppe weitaus weniger ausgeprägt als bei schwarzen AusländerInnen. Im alltäglichen Umgang mit dieser Gruppe wird ihnen wegen biologisch definierter Merkmale eine kulturelle und nationale Identität zugeordnet, die zugleich an sozio-ökonomische und technische Merkmale geknüpft und unter den Begriff Entwicklung subsumiert ist. Weiße AusländerInnen sind nicht nur weiß, sondern auch entwickelt (Albert 1993, 76 ff.).

Biologische Definition nationaler Identität

Im Unterschied dazu gelten schwarze AusländerInnen nicht nur als schwarz, sondern auch als unterentwickelt. Der Rassismus, der dem gesellschaftlichen Umgang mit schwarzen AusländerInnen nicht zuletzt auch im Alltagsbewußtsein der Bevölkerung zugrunde liegt, wird an der Umkehrung deutlich. Schwarze Deutsche genießen uneingeschränkt die im Grundgesetz verankerten Rechte. Jedoch verweigert ihnen die Gesellschaft die Akzeptanz dieser Rechte. Auch schwarze Deutsche werden als kulturell und menschlich weniger wert klassifiziert; auch sie werden in dieser Gesellschaft rassistisch verfolgt. Die Prinzipien einer antirassistischen Erziehung setzen daher dort an, wo die des IKL nicht mehr greifen.

Obwohl rassistische Auswüchse nicht nur in Deutschland seit Ende der 70er Jahre quantitativ und qualitativ zunahmen, fanden die Ergebnisse der Rassismusforschung erst in den 90er Jahren – und auch da oft nur sporadisch – ihren Niederschlag im IKL. In dieser Entwicklung eines IKL als antirassistisches Lernen formulierte Chris Mullard in den von ihm entwickelten „Grundlegungen für eine antirassistische Erziehung“ folgende Prinzipien:

Zunahme rassistischer Auswüchse seit den 70er Jahren

„Erstens ist die antirassistische Erziehung die einzige Form der Erziehung, die Verbindungen zu nicht-sexistischer und klassenfreier Erziehung herstellen und zusammen mit diesen Formen zu einer neuen Bestimmung dessen führen kann, was Erziehung sein soll und muß, damit die gesellschaftlich erzieherischen Beziehungen der Befreiung geschaffen und befestigt

Antirassistische Erziehung nach Mullard

werden können. Zweitens ist eine antirassistische Perspektive mit ihren Praktiken innerhalb und außerhalb der Erziehung die einzige Perspektive, die in Opposition zu allen Bezügen, Prozessen und Institutionen des Rassismus steht und diese auf rekonstruktive Weise in der Auseinandersetzung konfrontiert. Und schließlich ist der Kampf innerhalb und außerhalb der Erziehung ein ethisch-moralischer Kampf, er fordert den sofortigen Aufbau einer Bewegung oder einer Kampagne gegen das gesellschaftliche Verbrechen des Rassismus – eine Bewegung, die vom ,Selbst' ausgeht (Orientierung), sich auf die Wahrnehmung stützt (Observation) und welche die grundlegende Veränderung durch rekonstruktive Konfrontation herbeiführen will (Opposition). Dies ist unbedingt notwendig, weil ohne die grundlegende Änderung der rassistischen Machtstrukturen und -beziehungen kein Ende des Rassismus herbeigeführt werden kann; und ohne das Ende des Rassismus kann es für Weiße keine ethische oder moralische Zukunft geben" (Mullard 1991, 115 f.).

5. IKL als intra-kultureller Prozeß eines antirassistischen Lernens

Die Notwendigkeit des „Intrakulturellen"

Wie wir aufgezeigt haben, hat die vielfältige und breite Anwendung des Paradigmas des IKL rassistische und nationalistische Auswüchse in Deutschland und in anderen europäischen Ländern nicht aufhalten können. Ursachen dafür sind dort zu suchen, wo das historische Erbe der „Dominanzkultur" unzureichend reflektiert worden ist und damit Eurozentrismus und Ethnozentrismus manifestiert wurden.

Individuelle und kollektive Wertmaßstäbe sind Produkte von Verallgemeinerungen. Diese gilt es in interkulturellen Lernprozessen in ihre konstituierenden Bestandteile zu zerlegen. Das erfordert, den Begriff „interkulturell" neu zu definieren. Inter in interkulturellen Lernprozessen soll nicht mehr ausschließlich als eine Beziehung zwischen zwei oder mehreren Kulturen verstanden werden, sondern auch als ein intra, als die Analyse der Beziehung zwischen Wertmaßstäben und den sie konstituierenden Erfahrungen. Das heißt, interkulturelles

Lernen ist als Hineinblicken in die eigene Kultur zu organisieren. Es geht darum, den eigenen Standort bewußt zu machen, aber auch darum, ihn zu akzeptieren.

In Anlehnung an Jouhy möchten wir daher abschließend einen Weg vorschlagen, der von einem Gegenparadigma zu bisherigen Konzeptionen des IKL ausgeht. IKL soll als ein Lernprozeß organisiert werden, der die Wirkungen und Auswirkungen des kulturellen Erbes der an diesem Lernprozeß beteiligten Zielgruppen kulturimmanent versteht und, wie schon eingangs gefordert, auch in der Schule als prozessuales Geschehen organisiert ist. Nehmen wir als Beispiel den Geschichtsunterricht und dort die „Zeit der großen Entdeckungen". Intra-kulturelles Lernen heißt hineinzugehen in diese Zeit und sowohl die an diesen Entdeckungen Beteiligten zu benennen als auch die Umstände zu analysieren, die zu diesen „Entdeckungen" geführt haben.

Die Funktion des Perspektivenwechsels im interkulturellen Lernen

Bereits die Beteiligtenanalyse zeigt, daß diese historische Epoche mindestens zwei Seiten aufzuweisen hat; nämlich die der Entdecker und die der Entdeckten. Sie zeigt weiter, daß die Entdeckten diesen Prozeß nicht nur anders bewerten als die Entdecker, sondern auch anders benennen. Was für die Europäer die „Zeit der Entdeckungen" ist, heißt etwa für Lateinamerikaner die „Zeit der Unterwerfung" ihrer Völker durch die Europäer (weitere Beispiele vgl. in Essinger/Ucar 1993, 131 ff.).

Intra-kulturelles Lernen heißt, beide Seiten des gleichen historischen Prozesses zu bearbeiten und dabei den eurozentrischen Generalisierungen auf die Spur zu kommen, die immer wieder neu das eigene historisch herausgebildete Weltbild bestätigen. Intra-kulturelles Lernen heißt auch, das Subjekt-Objekt-Verhältnis aufzubrechen; sei es negativ als Entdecker oder als Kolonisator, sei es positiv als Inter- oder Multikulturalist.

Die Bewußtmachung des eigenen Standorts

Sich den eigenen Standort in interkulturellen Lernprozessen bewußtzumachen und ihn zu akzeptieren, bedeutet das reflektierte Eingeständnis von Macht bzw. Ohnmacht innerhalb personell- und institutionenübergreifender Machtkonstellationen. Was als Ziel interkulturellen Lernens übrigbleibt, ist eine Erkenntnis der Wirklichkeit, die – weil sie Ungleichheit als Voraussetzung für interkulturelles Lernen anerkennt - die Chance auf Gleichberechtigung beinhaltet.

Unseren Beitrag widmen wir dem Andenken des am 6. Juli 1995 verstorbenen türkischen Schriftstellers, Pädagogen und Humanisten Aziz Nesin.

6. Literatur

ADORNO, THEODOR W. 1969: Erziehung nach Auschwitz. In: Stichworte - Kritische Modelle. Frankfurt/M.

ALBERT, MARIE-THERES 1989: Ethnozentrismus und interkulturelles Lernen. In: Zeitschrift für Kulturaustausch Nr. 2, S. 213 ff.

ALBERT, MARIE-THERES 1993: Weltweite Entwicklungen und kulturalistische Bildung. Eine Kritik. Weinheim

ALBRECHT-HEIDE, ASTRID 1995: Herrschaftssubjekt und Dominanzkultur - Über die Konstruktion der neuzeitlichen dichotomischen Geschlechterhierarchie als ein Element der Dominanzkultur. In: Bertrams, Annette (Hrsg.): Dichotomie. Dominanz. Differenz. Weinheim

AUERNHEIMER, GEORG (Hrsg.) 1984: Handwörterbuch Ausländerarbeit. Weinheim/ Basel

AUERNHEIMER, GEORG 1995: Einführung in die interkulturelle Erziehung. Darmstadt

BARKOWSKI, HANS 1984: Interkulturelles Lernen oder die Mauer im eigenen Kopf - Überlegungen nach einem Jahrzehnt DfaA. In: Essinger, Helmut/ Ucar, Ali (Hrsg.): Erziehung in der multikulturellen Gesellschaft - Versuche und Modelle zur Theorie und Praxis interkultureller Erziehung. Baltmannsweiler

BORELLI, MICHELE/ ESSINGER, HELMUT 1987: Politische Bildung in Klassen mit Schülern anderer kultureller Herkunft. In: Nitzschke/Sandmann (Hrsg.). Stuttgart

ESSED, PHILOMENA/MULLARD, CHRIS 1991: Antirassistische Erziehung - Grundlagen und Überlegungen. Felsberg

ESSINGER, HELMUT/KULA, ONUR 1987: Pädagogik als interkultureller Prozeß - Beitrag zu einer Theorie Interkultureller Pädagogik. Felsberg

ESSINGER, HELMUT 1990: Die Integration von ausländischen Schülerinnen in die deutsche Schule - Zur Problematik eines politischen Begriffs im pädagogischen Raum. In: Zubke, Friedhelm (Hrsg.): Politische Pädagogik - Beiträge zur Humanisierung der Gesellschaft. Weinheim

ESSINGER, HELMUT/UCAR, ALI (Hrsg.) 1993: Erziehung: Interkulturell - Politisch - Antirassistisch. Von der interkulturellen zur antirassistischen Erziehung. Felsberg

GOGOLIN, INGRID 1994: „Europäische Kultur und Bildung" - Die „europäische Integration" als Herausforderung an die Pädagogik. Beobachtungen und Thesen. In: Luchtenberg, Sigrid/Nieke, Wolfgang (Hrsg.): Interkulturelle Pädagogik und Europäische Dimension. Münster/ New York

HOFSTEDE, GEERT 1993: Interkulturelle Zusammenarbeit. Wiesbaden

HOHMANN, MANFRED 1989: Interkulturelle Erziehung - Eine Chance für Europa? In: Ders./Reich, Hans H.: Ein Europa für Mehrheiten und Minderheiten. Diskussionen um interkulturelle Erziehung. Münster

MARBURGER, HELGA 1991: Von der Ausländerpädagogik zur Interkulturellen Erziehung. In: Dies. (Hrsg.): Schule in der multikulturellen Gesellschaft. Frankfurt/M.

MULLARD, CHRIS 1991: Die „Drei O". In: Essed/Mullard, a.a.O.

NEHR, MONIKA 1993: Zweisprachige Erziehung in der Schule - Ein Konzept gegen Ausländerfeindlichkeit und Rassismus? In: Essinger/ Ucar, a.a.O.

NESTVOGEL, RENATE 1987: Interkulturelles Lernen ist mehr als Ausländerpädagogik. In: Informationsdienst zur Ausländerarbeit Nr. 2

POMMERIN-GÖTZE, GABRIELE (Hrsg.) 1992: Es geht auch anders! Leben und Lernen in der multikulturellen Gesellschaft. Frankfurt/M.

ROMMELSPACHER, BIRGIT 1995: Dominanzkultur. Texte zur Fremdheit und Macht. Berlin

WINKEL, RAINER 1989: Schulreform konkret. In: Forum Pädagogik H. 3, S. 107 ff.

Dagmar Richter

Geschlechtsspezifische Zusammenhänge politischen Lernens

1. Zur Relevanz der Kategorie Geschlecht in politischen Lernprozessen

Politische Bildung trägt durch Ausdifferenzierung von vorhandenem Alltagswissen, also von Wahrnehmungs-, Reflexions- und Handlungsstrukturen dazu bei, daß Lernende Identität, Vernunft und Kompetenz erwerben, die sie zum demokratischen Handeln und zur Selbstverfügung befähigen. Mit diesem Verständnis ist das Geschlecht als soziale Kategorie auf verschiedenen Ebenen in Lehr-Lern-Prozessen relevant:

Einfluß des Geschlechts:

1.1 Lernende und Lehrende sind immer auch Geschlechtscharaktere, d. h. in Prozessen ihrer Sozialisation haben sie ihre Identität u. a. in bezug auf das Geschlecht bzw. auf Geschlechterverhältnisse ausgebildet. Dies beeinflußt ihr Alltagswissen, da sie Wirklichkeit im „geschlechtsperspektivisch geformten Blickfeld" wahrnehmen (Rauschenbach 1995, 36).

– in Prozessen der Sozialisation

1.2 Die gesellschaftlichen Bereiche, für die Lernende Selbstverfügung erlangen sollen, sind durch tradierte hierarchische Geschlechterverhältnisse als Herrschaftsverhältnisse strukturiert; sie sind Teil politischer Realität (vgl. z. B. Biester et al. 1994).

– in Herrschaftsverhältnissen

1.3 Ziele politischer Bildung, wie die Achtung und Durchsetzung von Menschenwürde oder sozialer Gerechtigkeit, sind unvereinbar mit geschlechtsspezifischen Diskriminierungen von Frauen als Individuen und als sozialer Gruppe, deren Leistungen, Bedürfnisse sowie Interessen und deren Lebenszusammenhänge abgewertet und ausgegrenzt werden. In den didaktisch-methodischen Planungen und den Realisierungen von Lehr-Lern-Prozessen dürfen Diskriminierungen daher nicht stattfinden.

– in didaktisch-methodischen Planungen und Realisierungen

2. Nötige Kenntnisse über Wirkungsweisen von Geschlechtsstereotypen

Lehrende müssen Kenntnisse über Wirkungsweisen von Geschlechtsstereotypen und über strukturelle Trennlinien in der Gesellschaft haben, wenn sie im Unterricht bestehende Diskriminierungen und Herrschaftsverhältnisse nicht perpetuieren wollen. Zu diesen Kenntnissen gehören:

2.1 Kenntnisse über geschlechtsspezifische Normen, die in konkreten Beispielen zu erkennen sind und wo nach Möglichkeiten der Veränderung zu suchen ist. Des weiteren Kenntnisse über konkrete Wirkungsweisen der Diskriminierung: Individuen werden qua Genus klassifiziert und entweder der sozialen Gruppe der Frauen oder der der Männer zugeordnet. Damit werden Individuen weibliche oder männliche Stereotype zugeschrieben, sie werden danach bewertet und nicht in ihrer möglichen Vielfalt wahr- und ernstgenommen. Stabilisiert wird diese klassifizierende Aufspaltung zum einen auf der Ebene des Bewußtseins: Stereotype über die Geschlechter wirken sich aus als weibliche und männliche Leitbilder. Sie wirken auf die individuellen wie kollektiven Selbstverständnisse von Mädchen und Jungen bzw. Frauen und Männern. Stabilisiert wird die Aufspaltung zum anderen auf einer materialen Ebene, d. h. durch gesellschaftliche Institutionen, Verhältnisse und Verfahrensweisen: Stereotype reproduzieren sich über tradierte strukturelle Trennlinien in der Gesellschaft. Diese diskriminieren Frauen als Gruppe und weisen ihnen einen gesellschaftlichen Ort zu, der sie quasi zum Annehmen von Frauenrollen zwingt – entsprechendes gilt für Männer mit dem Unterschied, daß ihre Orte und Rollen im Vergleich sozial, ökonomisch und politisch gesehen privilegierte sind. Die gesellschaftlichen Strukturen konstituieren weibliche und männliche Lebenszusammenhänge. Dies wirkt zurück auf die Selbst- und Fremdwahrnehmungen der Individuen als Geschlechtscharaktere: Ein Kreislauf, der nur schwer zu durchbrechen ist.

Definition qua Geschlecht

Gesellschaftliche Trennlinien

2.2 Kenntnisse über pädagogische Möglichkeiten und Grenzen: Hierzu gehört zunächst das Wissen, daß Weiblichkeits- und Männlichkeitsstereotype von Kindern schon früh, d. h. im

Vorschulalter internalisiert werden. Des weiteren, daß Menschen sich nur dann aus der Abhängigkeit ihrer geschlechtlich vordefinierten Lebenszuschreibungen lösen können, wenn sie der Geschlechterrealität kritisch begegnen. Sie müssen also eine distanzierende Haltung zu sich selbst und ihren Lebenszusammenhängen einnehmen, sie müssen ihre Erfahrung mit und in der Realität in ein Wissen über die Realität verwandeln. Aber: Sowohl der eigenen Persönlichkeit als auch den gesellschaftlichen Strukturen im Alltag gegenüber läßt sich nur partiell eine distanzierte Haltung erlangen; sie können keiner individuellen Erfahrung vollständig gegenwärtig sein. Und hierzu gehört das Wissen, daß es aus dem binären Diskurs des Weiblichen und des Männlichen kein Entkommen gibt. Als Frauen oder Männer sind wir vor aller Reflexion immer schon auf das Geschlecht verwiesen. Unsere Reflexionen bleiben im Binären verankert, das dennoch aufgebrochen werden soll.

Der Geschlechterrealität kritisch begegnen

Angesichts dieser Schwierigkeiten, möglicherweise gegen eigene Intentionen zu einer Verfestigung der Stereotype beizutragen, ist wichtig festzuhalten:

Die Perspektive der Zweigeschlechtlichkeit ist allein zur Verdeutlichung struktureller Verankerungen gesellschaftlicher und sozialer Probleme zu nutzen. Sie ist als kritisches Analyseinstrument zu verstehen, das Geschlechtstypika aufdeckt, in Frage stellt und ggf. als einengende Strukturen bei der Entfaltung von Persönlichkeit und bei dem Streben nach Selbstverfügung kritisiert. Die Kategorie des Geschlechts dient der Kritik am Bestehenden, nicht aber der Beschreibung von Individuen oder gar der Entwicklung von Leitbildern künftiger Mädchen und Jungen. Probleme und Fragen von Mädchen und Jungen dürfen nicht ontologisch behandelt werden; Probleme und Fragen des Geschlechterverhältnisses dürfen nicht als personalisierte thematisiert werden. Beides fördert klassifizierendes Denken. Statt dessen sind Geschlechterdifferenzen auf personaler und gesellschaftlicher Ebene im Kontext ihrer Entstehungsbedingungen zu zeigen.

Aufdeckung von Geschlechtstypika

Entstehungsbedingungen

3. Ansatzpunkte für politische Bildung für Mädchen und Jungen

Politische Lehr-Lernprozesse sind geschlechtsspezifisch zu differenzieren, denn es kann weder darum gehen, die einen an die anderen anzupassen, noch darum, sie auf eine scheinbare Geschlechtsneutralität zu verpflichten. Es geht statt dessen darum, im Sinne einer Erweiterung von Interessen und Kompetenzen bzw. eines Verschiebens von normativen Interessens- und Handlungsgrenzen einzugreifen und Erkenntnisprozesse zu initiieren.

Analyseebenen:

3.1 Dies bedeutet Differenzierungen auf verschiedenen Ebenen, die hier zu analytischen Zwecken getrennt werden:

– kognitiv

3.1.1 Zum einen *auf kognitiver Ebene*, so daß einerseits geschlechtstypische Bezüge des Politischen zur eigenen (gegenwärtigen und antizipierten) Situation deutlich werden und andererseits Erkenntniszugänge zu geschlechtsdiskriminierenden gesellschaftlichen Strukturen und Inhalten eröffnet werden, die für die Lebenswirklichkeiten der SchülerInnen relevant sind. Politische Inhalte stoßen schon bei Grundschulkindern auf geschlechtstypisch unterschiedliche Interessen. Themen interessieren meist nur dann, wenn sie mit der eigenen Situation bzw. mit den eigenen Lebenszusammenhängen in Verbindung gebracht werden können. Zumindest durch Antizipation zukünftiger Lebensläufe scheinen sich diese bei Kindern ähnlich wie bei Erwachsenen zu unterscheiden, d. h. Mädchen interessieren sich eher für den sogenannten ‚Nahbereich', für nachwachsende Generationen oder sorgen sich um ‚die Zukunft', während Jungen eher ökonomische Aspekte oder außenpolitische Themen interessant finden (Köcher 1994).

– emotional

3.1.2 Daneben ist *auf emotionaler Ebene* so anzusetzen, daß Weiblichkeit etwa nicht mit ‚unpolitisch' bzw. das Politische nicht mit ‚unweiblich' assoziiert wird. Eine Beachtung frauenspezifischer Sichtweisen auf Politisches, die sich z. B. in einer ‚anderen' Erlebnisintensität ausdrücken kann, führt zu einer ganzheitlicheren Betrachtung von allen Lernenden, da sogenannte ‚weibliche Anteile' faktisch auch in männlichen Geschlechtscharakteren zu finden sind.

3.1.3 Schließlich ist *auf der Handlungsebene* politisches Handeln als eine normale Form des Handelns in die Selbstwahrnehmung von Jungen und Mädchen zu integrieren. Konkretisiert im Hinblick auf politisches Handeln gibt es im Lernort Schule unterschiedliche Möglichkeiten: Angefangen bei Analysen geschlechtsspezifischer Interaktionen des Unterrichts und dem Reflektieren von Entscheidungsprozessen über das Mit-Planen von Unterricht bis hin zur SchülerInnenverwaltung, wo SchülerInnen oft selbst darauf achten, daß Mädchen und Jungen gleichermaßen berücksichtigt werden. Lernende sind frühzeitig daran zu gewöhnen, an schulischen und außerschulischen Öffentlichkeiten zu partizipieren, damit sie ihre Bedürfnisse und Interessen wahrnehmen und entsprechende Ausdrucksformen selbsttätig entwickeln können.

– handelnd

3.2 Diese Ebenen lassen sich mit Hilfe hermeneutischer, ideologiekritischer und realutopischer Lernziele verbinden (vgl. Kuhn 1991):

Lernziele:

3.2.1 *Hermeneutische Lernziele*: Schülerinnen und Schüler sollen befähigt werden, mit Hilfe von Fallbeispielen, Biographien, Textauslegungen usw. die Perspektiven von Mädchen und Frauen als eigenständig und berechtigt zu erkennen. Scheinbar individuelle Probleme sind als strukturelle aufzuzeigen: Lebenszusammenhänge binden Personen funktional in Gesellschaft ein und führen zu bestimmten Formen des Moralbewußtseins und Erfahrungen, andere werden verhindert. Die eigene Sozialisation kann im Sinne von Aktionsforschung als gesellschaftlich-politisch beeinflußte sowie individuell besondere politische Sozialisation beleuchtet werden. Dies kann Einsichten vermitteln über die eigene Existenz als Mädchen und als Junge.

– hermeneutisch

3.2.2 *Ideologiekritische Lernziele*: Patriarchale Denk- und Deutungsmuster sind als verkürzte Sichtweisen in erfahrungsorientierten Themen zu entlarven; z. B. in Rollenspielen etc. Dem liegt die These zugrunde, daß Vorurteile zuerst ausgesprochen werden müssen, bevor sie verändert werden können.

– ideologiekritisch

3.2.3 *Realutopische Lernziele*: Sie sollen soziale Phantasie befördern und Perspektiven für eine Zukunft ohne Diskriminierungen entwickeln helfen, die den Sinn für politisches En-

– realutopisch

gagement verdeutlichen, z. B. in Zukunftswerkstätten. Das geschlechtsgetrennte Bauen von Traumstädten, das Entwerfen von Spielstädten oder die schönsten Freizeitaktivitäten verdeutlichen unterschiedliche Sichtweisen von Mädchen und Jungen sowie jeweilige Verkürzungen.

Geschlechtsspezifische Lernstile

3.3 Zu differenzieren ist auch in methodischer Hinsicht, so daß unterschiedliche *Lernstile und Lernverhalten* von Mädchen und Jungen berücksichtigt werden können. Mädchen haben beispielsweise ein größeres Absicherungsbedürfnis beim Lernen, was sich auch im häufigeren Nachfragen und größerer Vorsichtigkeit ausdrückt; sie arbeiten lieber in Gruppen ohne Leistungsdruck und Konkurrenzdenken, wo sie „dialogische Lernformen" anwenden können (Gieseke 1993; weiteres siehe in Veröffentlichungen zur Koedukationsdebatte).

4. Kategorien für geschlechterdifferenzierende politische Lernprozesse

Verbindung individueller und gesellschaftlicher Ebenen

Diese Leitideen sind, verknüpft mit anderen Prinzipien politischer Bildung, kategorial in didaktischen Konzeptionen zu verankern, wenn eine adäquate Berücksichtigung der Geschlechterverhältnisse Erfolg haben und der Strukturierung und Auswahl von Lerninhalten und -prozessen dienen soll. Werden in diesem Sinne Prozesse der Sozial- und Systemintegration beachtet, also individuelle und gesellschaftliche Ebenen miteinander verbunden, entspricht es zugleich dem sich seit einigen Jahren wandelnden Politikverständnis zugunsten basisdemokratischer Aktivitäten. Dieses kann im Folgenden nur exemplarisch angedeutet werden.

Geschlechterdifferentes Wahrnehmungsvermögen

4.1 Zur kategorialen Erschließung zweigeschlechtlicher Wirklichkeit: Unterschiedliches Wahrnehmen von Wirklichkeit aufgrund verschiedener Lebenszusammenhänge führt zu unterschiedlichen Formen und Inhalten politischen Denkens und Handelns. Erkenntnisprozesse zum Politischen werden mit Kategorien wie Vorstellung und Begriff, Abstraktion und Konkretion sowie Analyse und Synthese beschrieben (Holtmann 1976). Diese sind nunmehr geschlechterdifferenzierend auszuformulieren, so daß das für Kritik- und Urteilsfähigkeit wichtige Denken in

„Gegenbewegungen", in Ambivalenzen und Kontroversen geübt werden kann (vgl. Kattmann/Richter 1996).

Vielfalt statt Bipolarität

4.1.1 *Abstraktion und Konkretion*: Durch kontextuelle Vielfalt ist abstraktes, binäres Denken aufzubrechen, und durch ein Distanzieren vom Konkreten (durch Abstraktion) sind strukturelle Muster aufzuspüren:

- Mit dem Kontextbezug lösen sich Verallgemeinerungen auf, die in Sackgassen führen; etwa die Rede von *den* Interessen der Frauen; statt dessen sind praktische Bündnisse für konkrete Ziele sinnvoller, wie u. a. Frauenpolitik zeigt.

Verstärkung des Kontextbezuges

- Indem Menschen kontextualisiert werden, werden sie als Mädchen und Junge sowohl geschlechtsdifferent als auch geschlechtsindifferent. Im konkreten Kontext prallen verschiedene Faktoren individueller Charakteristika in unterschiedlichen Kombinationsmöglichkeiten aufeinander: verschiedene kulturspezifische Rollen, Gefühle und Denkweisen sowie Geschlecht, Klasse oder ethnische Gruppen. In diesen Kombinationen liegt eine Chance, sowohl die konkrete Einzigartigkeit des einzelnen Individuums zu erkennen als auch seine zu verallgemeinernden Interessen für evtl. nötige Handlungen zu entdecken. Es wird deutlich, daß die einzelnen Faktoren uns nicht völlig determinieren: Wir sind nicht *nur* Frauen oder Männer.

Subjektiv-emotionale Einstellung

- Das Individuum ist nicht abstrakt und körperlos, sondern Mädchen und Jungen haben eine je unterschiedliche subjektiv-emotionale Einstellung zum eigenen Körper. Sie einzubeziehen verdeutlicht Zusammenhänge zwischen geschlechtstypischer Körpererfahrung, Selbstwertgefühl und Politik, die ansonsten unhinterfragt blieben; Stichwörter: politische Partizipation, Kämpfe der Frauen um die Rechte am eigenen Körper (z. B. Abtreibung).

Hinterfragen von Vorurteilen

4.1.2 *Vorstellung und Begriff*: Differenzierendes Denken als Denken gegen den geschlechtstypischen Augenschein; als ein Hinterfragen von Vorurteilen oder als ein Unterscheiden und Anwenden verschiedener typischer Sichtweisen und Zugänge; als ein Feststellen der Korrespondenz von Verschiedenheit und Gleichheit der Geschlechter.

4.1.3 *Analyse und Synthese*: Vielfalt und Offenheit innerhalb

Analyse der Herrschaftsverhältnisse

der Gruppen der Geschlechter erkennen sowie Gleichheit zwischen den Geschlechtern; Fragen sozialer Gerechtigkeit, Zugangsschancen zu Institutionen der Gesellschaft u. ä. stellen; das Private und das Öffentliche aufeinander beziehen; Herrschaftsverhältnisse analysieren.

Die Ebene politisch relevanter Kompetenzen

4.2 *Zur Ebene politisch relevanter Kompetenzen:* Werden die durch geschlechtstypische Sozialisationsprozesse erworbenen Kompetenzen von Frauen einbezogen, erhalten auch die Konkretisierungen der entsprechenden Kategorien eine „Ganzheitlichkeit", indem alle Kompetenzen von Menschen genutzt werden. Aufgrund der hier gebotenen Kürze sollen zu den jeweiligen Kompetenzen unterschiedliche Aspekte von „Ganzheitlichkeit" aufgezeigt werden.

Sprachkompetenz

4.2.1 *Sprachliche Kompetenz*: Mädchen erwerben im Unterschied zu Jungen einen zusätzlichen Sprachstil, der sich durch Reziprozität und durch Verständigungen über Gesprächsbeziehungen auszeichnet (Fried 1990). „Gutes" politisches Handeln setzt solche diskursiven Kompetenzen voraus, was in Verbindung mit dem Sprachstil der Jungen, d. h. deren Konflikt- und Durchsetzungsvermögen, Machtverhalten und Interessenartikulation zu verdeutlichen und zu üben ist.

Rationalitätskompetenz

4.2.2 *Rationalitätskompetenz*: Eine Kritikrichtung bezieht sich auf kulturell tradierte Trennungen, die den Trennlinien zwischen Weiblichkeit und Männlichkeit entsprechen. Zur Lippe beschreibt sie als Subtraktionsanthropologie, die Sinneswahrnehmungen gegen den Verstand isoliert; als Geometrisierung, die sich gegen Momente von Bewegung und gegen Prozesse zugunsten von festen Anfangs- und Endzuständen richtet und als Theoretisierung von Erkenntnis, die Theoretisierende zu Zuschauern werden läßt, die scheinbar nicht an den Vorgängen der Erkenntnis teilhaben. Diese Trennungen werden ansatzweise überwunden in erfahrungsorientierten, handlungsorientierten oder projektorientierten Konzeptionen einerseits, andererseits in sogenannten neuen Lernformen (vgl. Henkenborg/Sander 1993), die – soweit man sieht – Mädchen und Jungen in ihren Interessen und Fähigkeiten entgegenkommen.

Technologische Kompetenz

4.2.3 *Technologische Kompetenz*: Ganzheitlichkeit kann hier bedeuten, daß ein technisch-leibliches Handeln als Gestaltung im Zentrum des Unterrichts steht und nicht die spezialisierten Formen, nicht die Teilphasen technischen Tuns und nicht die vergegenständlichten Resultate. Damit wird eher den Interessen der Mädchen entsprochen, die sich auf technische Auswirkungen auf Menschen statt auf technische Funktionsweisen beziehen.

4.2.4 *Ökologische Kompetenz*: Hier lassen sich einander ähnliche Denkmuster nennen:

Ökologische Kompetenz

- Dichotomien aufbrechen: Ähnlich wie die Mann-Frau-Gegenüberstellung führt die von Natur und Mensch zu Reduzierungen.

Aufbrechen von Dichotomien

- Rekurs auf die geschichtliche Gewordenheit: Frauendiskriminierung und Mechanismen der Naturunterdrückung sind als Prozesse sich wandelnder Verhältnisse aufzuzeigen.
- Erweiterung von Handlungsbegriffen: Moralische Konzepte wie Fürsorglichkeit und Pflege in Handlungsbegriffe integrieren, die sonst lediglich (männlichen) Prinzipien der Gerechtigkeit bzw. systemimmanenter Optimierung folgen.
- Das Prinzip, nicht stets zu subsumieren: Bislang Unterdrücktes entdecken und zur Geltung bringen.

Unterdrücktes entdecken

- Die Schwierigkeit, nicht zu wissen, wie das Künftige sein soll und wie künftige Anforderungen aussehen werden: Wir wissen heute weder, wie künftige Mädchen sein werden noch wie überhaupt die Entwicklung von Individuen und Gesellschaft aussehen wird. Auch im ökologischen Bereich ist die Zukunft vom jetzigen Standpunkt aus offen. Sicher ist nur, daß das Bisherige nicht beibehalten werden darf. Hier wird auch Utopiefähigkeit wichtig: Die Option für Freiräume ist eine höchst demokratische Option und das Anträumen gegen Widrigkeiten der Zeit eine wichtige Fähigkeit.

Weitere Kompetenzen wären entsprechend auszuformulieren, beispielsweise Friedensfähigkeit (strukturelle Gewalt zwischen den Geschlechtern abbauen, gleichberechtigte Formen des Miteinander entwickeln), Teamfähigkeit oder Selbst- und Wahrnehmungskompetenz.

Abbau struktureller Gewalt

5. Thematisches Beispiel: Hausarbeit und Beruf

Die Trennung zwischen Öffentlichkeit und Privatheit ist eine grundlegende Struktur moderner Gesellschaft und damit Gegenstand im Politikunterricht. Eine entsprechende Themenstellung, die sowohl die Bedeutung dieser Struktur für Frauen als auch ihren Beitrag in der Privatheit für die gesellschaftliche Entwicklung angemessen betont, also die wechselseitigen Einflüsse beider Sphären aufzeigt und zudem die Willkür bestehender Grenzen und historische Veränderungen verdeutlicht, könnte „Hausarbeit und Beruf" sein. Mögliche Zielsetzungen lauten:

Unterrichtsbeispiel „Haus und Beruf"

5.1 Ideologische Fundamente in ihrer (politischen) Bedeutung erkennen: Mädchen und Jungen sollen die historische Entwicklung kennen, die zur „Ausbürgerung der Frau" aus der politischen Kultur (z. B. mythische Reste aus dem 19. Jahrhundert wie „Weiblichkeit", „Mütterlichkeit" oder der „Naturhaftigkeit der Frau") und zu ihrer Privatisierung qua Rollenzuschreibung führte. Exemplarische Fallbeispiele aus der ersten Frauenbewegung oder Biographien politisch tätiger Frauen können diese Prozesse veranschaulichen.

Ideologische Fundamente

5.2 Ökonomische Zusammenhänge in der Gesellschaft reformulieren: Mädchen und Jungen sollen die dienende Rolle der Frau in ihrer Bedeutung für die Expansion des Konsums in der modernen Wirtschaft sowie bei der Reintegration bzw. Balancierung randständiger Gesellschaftseffekte erkennen (Rauschenbach 1995, 47). Der Bereich der Hausarbeit ist ökonomisch relevant, auch wenn er nicht materiell entlohnt wird und weitgehend unsichtbar bleibt. Er ist nicht lediglich „Reproduktionsarbeit" (vgl. Stiegler 1993). Versuchsweise sind Bewertungskriterien von Arbeit, wie sie etwa in Lohntarifen festgelegt sind, auf Haus- und Familienarbeit zu übertragen; über den gesellschaftlichen ‚Wert' von Arbeit ist zu diskutieren.

Ökonomische Zusammenhänge

5.3 Unterschiede in der Berufswahl und der politischen Partizipation beider Geschlechter erklären: Für Frauen konkretisiert sich das Arbeits- und Berufsleben als unterschiedlich strukturierte Haus- und Erwerbsarbeit; für Männer überwiegt zeitlich begrenzte Erwerbsarbeit. Entsprechend weist der Ar-

Unterschiedliche Berufswahl

beitsmarkt vertikal und horizontal betrachtet geschlechtstypische Unterschiede auf. Dadurch werden Ressourcen wie Zeit und Geld zwischen den Geschlechtern ungleich verteilt, die als Faktoren für Zugangschancen zur Öffentlichkeit gelten. Die jeweiligen Lebenszusammenhänge beeinflussen politische Interessen und Sichtweisen, die sich im Sinne von Aktionsforschung im Klassenzimmer oder mit Befragungen von Freunden und Verwandten untersuchen lassen: Wer stellt welche Ansprüche an Beruf und Privatleben? (Dazu: Lemmermöhle-Thüsing et al. 1991 ff.).

Komplexität des Privaten

5.4 Die Komplexität des privaten Lebensbereichs erkennen: Sein Management, seine rechtlichen Bedingungen und moralischen sowie sozialen Entscheidungen (vgl. Kaiser 1992). Die Abhängigkeit der Art und des Umgangs mit Hausarbeit von der ökonomischen Stärke des Erwerbstätigen aufzeigen. (Teil-)Aspekte sind Lernenden meistens durch ihr Elternhaus vertraut, so daß an ihren Erfahrungen angeknüpft werden kann, wobei dieser Bereich keinesfalls als feststehend für Mädchen und Frauen akzeptiert werden darf.

Bezüge zu Öffentlichem

5.5 Die Verwobenheit von Privatem mit Öffentlichkeit herausarbeiten: Die Pflegeversicherung, Altersarmut von Frauen (im Zusammenhang mit dem Erwerb von Sozialleistungen und Rentenansprüchen) oder Rechte am eigenen Körper (bezogen auf die Biopolitik, Debatten um den § 218 etc.). Welche Maßstäbe für Recht und Gerechtigkeit werden in den jeweiligen Bereichen angelegt? Fallbeispiele finden sich u. a. in (Frauen-)Zeitschriften.

Eigene Perspektiven entwickeln

5.6 Perspektiven für die (eigene) Zukunft entwickeln, indem gewonnene Einsichten und Überzeugungen in politisches Handeln übersetzt werden: Wie lassen sie sich verallgemeinern und bündeln? Gibt es (potentielle) Bündnispartner? Auf welche Institutionen ist Einfluß zu nehmen? Konkrete Utopien diskutieren: Welche Konsequenzen hätte eine öffentlich organisierte, tariflich bezahlte Hausarbeit? Wie sehen Arbeitsplätze in einer Traum-Gesellschaft aus? Über Möglichkeiten der Quotierung im Privaten nachdenken.

Auch die Ebene der Interaktionen ist im Unterricht zu beachten: Wie nehmen Mädchen und Jungen Probleme wahr? Wie vertreten sie ihre Interessen und tragen Konflikte aus bzw. wie stellen sie Konsens her? Nutzen sie Macht strategisch? Methodisch ist darauf zu achten, daß beide Geschlechter ihre Kompetenzen erweitern, ihre Interessen verfolgen und ihre Bedürfnisse befriedigen können. Da hier Forschungsprozesse fehlen, muß Unterricht selbst zum Forschungsfeld werden.

6. Literatur

BIESTER, ELKE et al. (Hrsg.) 1994: Demokratie oder Androkratie? Theorie und Praxis demokratischer Herrschaft in der feministischen Diskussion. Frankfurt/M./New York

FRIED, LILIAN 1990: Ungleiche Behandlung schon im Kindergarten und zum Schulanfang? In: Horstkemper, Marianne/ Wagner-Winterhager, Luise (Hrsg.): Mädchen und Jungen – Männer und Frauen in der Schule. 1. Beiheft der Zeitschrift Die Deutsche Schule. Weinheim, S. 61-76

GIESEKE, WILTRUD 1993: Frauenfreundliche Lernformen. Lernstrategien von Frauen. In: DIFF (Deutsches Institut für Fernstudien an der Universität Tübingen): Frauen in der Weiterbildung – Lernen und Lehren. Dokumentation der Arbeitstagung 1992. Tübingen, S. 77- 93

HENKENBORG, PETER/SANDER, WOLFGANG 1993: Wider die Langeweile. Neue Lernformen im Politikunterricht. Schwalbach/Ts.

HOLTMANN, ANTONIUS 1976: Didaktisches Denken und Handeln in der politischen Bildung. Vorüberlegungen zu einem Projekt: Absichten und Begründung. In: Politische Didaktik 2, H. 3, S. 2-23

KAISER, ASTRID 1992: Hausarbeit in der Schule? Pfaffenweiler

KATTMANN, ULRICH/RICHTER, DAGMAR 1996: Korrespondenzen zwischen sozial- und naturwissenschaftlichen Konzepten. Unterricht über Rassenunterschiede und -diskriminierung. In: Cech, Diethard et al. (Hrsg.): Lehrerbildung Sachunterricht. Kiel

KÖCHER, RENATE 1994: Politische Partizipation und Wahlverhalten von Frauen und Männern. In: Aus Politik und Zeitgeschichte B 11/94, S. 24 ff.

KUHN, ANNETTE 1991: Leitprinzipien eines feministischen Geschichtsunterrichts. Fachdidaktische Überlegungen zur ‚Stadt der Frau' von Christine de Pisan. In: Claußen, Bernhard et al. (Hrsg.): Herausforderungen – Antworten. Politische Bildung in den neunziger Jahren. Opladen, S. 185-203

LEMMERMÖHLE-THÜSING, DORIS et al. 1991ff: Wir werden was wir wollen! Schulische Berufsorientierung (nicht nur) für Mädchen, 6 Bde., hrsg. vom Ministerium für die Gleichstellung von Frau und Mann des Landes Nordrhein-Westfalen. Düsseldorf

RAUSCHENBACH, BRIGITTE 1995: Erkenntnispolitik als Feminismus. Denkformen und Politikformen im feministischen Bildungsprozeß der Erfahrung. In: Die Philosophin, 6. Jg., H. 11, S. 33-49

STIEGLER, BARBARA 1993: Zur Zukunft der Hausarbeit, hrsg. vom Forschungsinstitut der Friedrich-Ebert-Stiftung. Bonn

Wolfgang W. Mickel

Europabezogenes Lernen

1. Politische Begründung

Deutschland als größtes Kernland mit offenen Grenzen in europäischer Mittellage fordert von seinen Bürgern die Auseinandersetzung mit Europa, seiner Herkunft, Gegenwart und künftigen Entwicklung in transkontinentaler Perspektive. Europa ist eine zentrale Aufgabe deutscher Politik, wie sie in einem Sondervotum der SPD-Mitglieder in der Enquete-Kommission des Deutschen Bundestages beschrieben wurde:

„Deutsche Politik hat im Verbund mit den europäischen Staaten zu handeln. Sie wird im Wissen um die Hypotheken der Geschichte den Ausbau der europäischen Integration voranzutreiben haben, wobei nationale und europäische Identität einander nicht nur nicht ausschließen, sondern sich geradezu gegenseitig bedingen ...

Deutsche Politik im europäischen Verbund

Heute kommt es in Deutschland darauf an, auf der Basis deutscher und europäischer Erfahrungen die Idee der Nation in einen unlösbaren Zusammenhang mit der Idee der auf Menschen-, Bürger- und Sozialrechten gegründeten Demokratie zu bringen." (Bericht 1994, 156)

Darin drückt sich eine Art Programm aus, das die Europäisierung der deutschen (Außen-)Politik und die Förderung der europäischen Integration mit dem Aufbau von Identität(en) im Zusammenwirken mit aufklärerischen Grundsätzen und parlamentarischer Demokratie verbindet.

Jedes Lernen auf diesem Kontinent ist im weiteren Sinne traditionell europabezogen, weil Europa - wie immer es geographisch oder politisch und kulturell definiert wird - den unmittelbaren Bezugsrahmen hergibt. In unserer aufgeklärten Zeit mit ihrer medial-elektronisch vermittelten Lernlage trifft die jahrhundertealte europäische Unmittelbarkeit angesichts

Europäisierung der deutschen Politik

der globalen Vernetzungen längst nicht mehr zu. Das (obsolete) lineare Lernschema Heimat - Nationalstaat - Europa - Welt ist einer synchron-interdependenten Betrachtungsweise gewichen und folgt den jeweiligen Interessen bzw. dem einer Lerngruppe Zumutbaren. Konflikte in Afrika, umweltzerstörende Rodungsaktionen in Südamerika, Drogenkriege zwischen den Kontinenten, Rassenunruhen in Indien oder den USA, Kriegshandlungen und internationale Spannungen in allen Erdteilen, soziale Mißstände überall auf der Welt u. dgl. beschäftigen im Zeitpunkt ihrer Aktualität Schüler/innen aller Altersstufen ebenso wie der Krieg vor der Haustür in Ex-Jugoslawien, Atomtest- und Gen-Versuche weltweit, die innere Entwicklung in den postkommunistischen ost(mittel)europäischen Reformstaaten, die Mafia in Italien oder Rußland usw. All dies relativiert ein europabezogenes Lernen, und es stellt sich die Frage, inwieweit es angesichts der europaüberschreitenden Ereignisse überhaupt noch desiderat ist. Existentiell bedeutsame Entscheidungen für die Europäer fallen teilweise in fremden Kontinenten und können von den Betroffenen kaum beeinflußt werden. Läßt sich auf dieser Folie ein kontinental-europäisches Denken und Handeln noch legitimieren? Die globale Dimension ist kein grundsätzlicher Widerspruch zur regionalen europäischen, wie aus der Geschichte der Staaten hervorgeht. Als Beispiel sind Kants Länder- und Kontinentalgrenzen ignorierende Überlegungen zum „ewigen Frieden" qua Weltregierung zu nennen.

Weltpolitische Auswirkungen auf Europa

Die Unmöglichkeit nationalen Handelns

Dennoch bestand die Prämisse früherer Bemühungen in der unangefochtenen Existenz autonomer Territorien (Reiche, Fürstentümer, Nationalstaaten) und, wenn überhaupt, auf losen übernationalen Zusammenschlüssen. Erst durch die überall spürbare historische Zäsur des Ersten bzw. des Zweiten Weltkriegs entstanden neue internationale Konstellationen und Organisationen (Aufteilung in eine bi- bzw. tripolare Welt, Bündnissysteme in Ost und West, Völkerbund und UNO, verstärkter Welthandel); aber auch im regionalen Rahmen mußten die ehemals eine selbständige (Außen-)Politik betreibenden Staaten in Europa enger zusammenrücken und ihre Interessen koordinieren. Darüber hinaus führte ein gleichge-

Aufhebung der nationalen Autonomie

richteter sozial, ökonomisch usw. induzierter Wandel in den (west-)europäischen Industriegesellschaften zu konvergierenden Systemen. Die politische Nachkriegsentwicklung verlief daraufhin ebenso rasant wie faszinierend und führte schließlich zur Gründung der EWG (1957). Gerade daß die E(W)G/EU kein bloßes internationales Vertragsgebilde mit detailliert stipulierten Rechten und Pflichten, sondern eine (Staaten-)„Gemeinschaft" bzw. „Union" mit offener Zielsetzung sein will, macht sie zum einmaligen, kontinentumspannenden Vereinigungsexperiment der Weltgeschichte. Danach wollen – derzeit 15, später evtl. über 30 – europäische Länder bei Wahrung ihrer je eigenen kulturellen, geschichtlichen usw. Tradition sich in wesentlichen Fragen ihrer nationalen Existenz mehr oder weniger zusammenschließen, um nicht nur einen handlungsfähigen internationalen Faktor darzustellen, sondern dauerhaften Frieden, Freiheit, Gerechtigkeit, allgemeine Wohlfahrt und Demokratie für alle Bürger/innen zu erreichen und zu sichern. Dabei geht es nicht um eine Festungsmentalität, um internationale Abschottung, sondern um den Versuch, ein separierendes, partikular-nationales Denken zugunsten eines regional-kontinentalen, universal-offenen Denkens und Handelns abzulösen. Dies bedingt die Herstellung einheitlicher politischer, wirtschaftlicher, rechtlicher und sozialer Strukturen, kurz die – besonders auch von den ost(mittel)europäischen Staaten gewünschte, zielprojektiv nicht ausformulierte, dynamische, zukunftsorientierte, sich ständig verändernde – Einigung Gesamteuropas.

Entwicklung der Europäischen Union

Vereinheitlichung der Strukturen

Abgesehen von der unbestimmten Position und Rolle Rußlands in einem geeinten Europa stellen sich in einem auszubauenden EU-Europa Fragen nach der Vertiefung (des Bestehenden) und der Erweiterung (durch Beitritte), nach der Regierbarkeit, der (Macht-)Stellung der Organe, besonders des zahlenmäßig anwachsenden Europäischen Parlaments, nach den Abstimmungsmodalitäten in den erweiterten Gremien usw. Ferner wird eine geokulturelle Betrachtungsweise auf die Kulturgrenzen als zuzügliche Verständigungsschwellen in Europa hinweisen. Katholisch-protestantische Länder (Nachfolgestaaten West-Roms) sollen mit orthodoxen Ländern (Nachfolge-

Kulturelle Unterschiede

staaten Ost-Roms, Byzanz) kulturell harmonieren. In Ex-Jugoslawien treffen – infolge des Zusammentreffens von Habsburger und Osmanischem Reich – sogar drei Kulturräume mit den bekannten Konsequenzen zusammen. Außerdem hat die Geschichte unterschiedliche Strukturen ausgeprägt: in Westeuropa vom Feudalismus bis zur bürgerlichen Gesellschaft und parlamentarischen Demokratie, hohem Einsatz von Technik und rationalem Denken, während in Ost- und Südosteuropa solche Entwicklungen nicht stattgefunden haben und sich eine andere Lebensweise (Armutsgrenze) vorfindet. Schließlich warten vor der Tür Europas die islamische Kultur der Türken, weit entfernte Inseln wie Zypern und Malta. Nach dem Ende des Ost-West-Konflikts läßt sich von einer „neuen Unübersichtlichkeit" (Habermas) in Europa sprechen, wo vorher eine gewisse blockbedingte Einheitlichkeit in klaren Grenzen bestand. (Mickel 1994)

„Neue Unübersichtlichkeit" nach Habermas

Neben der Beschäftigung mit den einigungspolitischen Problemen und Tatsachen soll in der Schule und außerhalb eine europäische (Bewußtseins- und Identitäts-)Bildung und (Bürger-)Erziehung stattfinden. Vom Grundsatz her wird die „europäische Dimension"im Unterricht (s. u.) von den Brüsseler und Straßburger Behörden und Institutionen favorisiert sowie von den Kultusministern der EU-Mitgliedstaaten anerkannt; allerdings differiert die praktische Umsetzung noch erheblich.

Eine paradigmatische Besonderheit stellt die deutsche Situation dar. Die Kultusministerkonferenz, eine Vereinigung der Kultusminister der sechzehn Bundesländer, hat in ihrem einstimmigen, von allen Bundesländern in die Lehrpläne übernommenen Beschluß „Europa im Unterricht" (1990) die Grundlage für die europäische Dimension gelegt. Darin heißt es u.a.:

„Europäisierung" des Unterrichts

„Um diese europäische Dimension in Bildung und Erziehung zu verwirklichen, muß die Schule Kenntnisse und Einsichten vermitteln über

- die geographische Vielfalt des europäischen Raumes mit seinen naturräumlichen, sozialen und wirtschaftlichen Strukturen,
- die politischen und gesellschaftlichen Strukturen Europas,
- die prägenden geschichtlichen Kräfte in Europa, vor allem

die Entwicklung des europäischen Rechts-, Staats- und Freiheitsdenkens,
- die Entwicklungslinien, Merkmale und Zeugnisse einer auch in ihrer Vielfalt gemeinsamen europäischen Kultur,
- die Vielsprachigkeit in Europa und den darin liegenden kulturellen Reichtum,
- die Geschichte des europäischen Gedankens und die Integrationsbestrebungen seit 1945,
- den Interessenausgleich und das gemeinsame Handeln in Europa zur Lösung wirtschaftlicher, ökologischer, sozialer und politischer Probleme,
- die Aufgaben und Arbeitsweisen der europäischen Institutionen."

Dabei geht es um

Neue Lehrplaninhalte

- „die Bereitschaft zur Verständigung, zum Abbau von Vorurteilen und zur Anerkennung des Gemeinsamen unter gleichzeitiger Bejahung der europäischen Vielfalt,
- eine kulturübergreifende Aufgeschlossenheit, die die eigene kulturelle Identität wahrt,
- die Achtung des Wertes europäischer Rechtsbindungen und Rechtsprechung im Rahmen der in Europa anerkannten Menschenrechte,
- die Fähigkeit zum nachbarschaftlichen Miteinander und die Bereitschaft, Kompromisse bei der Verwirklichung der unterschiedlichen Interessen in Europa einzugehen, auch wenn sie Opfer zugunsten anderer einschließen,
- das Eintreten für Freiheit, Demokratie, Menschenrechte, Gerechtigkeit und wirtschaftliche Sicherheit,
- den Willen zur Wahrung des Friedens in Europa und in der Welt" (KMK 1991).

Eine Realisierung dieser Postulate soll insbesondere in den sozialwissenschaftlichen Fächern erfolgen.

2. „Integration" als Schlüsselbegriff

Eine in sich abgeschlossene, konkludente didaktische Theorie (Mickel 1993) verbietet sich insofern, als der Gegenstand Europa selbst eine konzeptionelle Vielfalt an integrationspolitischen Modellen, Ideen, Strategien, Perspektiven, Alternativen usw. aufweist und von den jeweils aktuellen politischen Entscheidungen in derzeit 15 EU-Mitgliedsländern sowie – im schwächeren Maße – von 39 Mitgliedstaaten des Europarats abhängig ist. Zentrale Zielbegriffe wie „Europäische Union", „Europäische Gemeinschaft", „Integration" u. a. sind definitorisch nicht festgelegt und unterliegen einer multinationalen Interpretation, oft nach situativen und zeitlichen Bedingungen ad hoc unterschiedlich gebraucht. Das heißt, es gibt weder eine historisch deduzierbare noch eine gegenwartspolitisch begründbare einheitliche Konzeption von Europa.

Europäische Integration

Als Schlüsselbegriff fungiert infolge historischer Erfahrungen wie gegenwärtiger politisch-gesellschaftlicher Konstellationen in Europa und der Welt die „Integration", die als komplexe Wertgrundlage und im Sinne von Weg und Ziel internalisiert und praktiziert werden soll. Integration wird so – im Anschluß an die Staatsrechtler Rudolf Smend und Hermann Heller – zur Chiffre für politische, ökonomische, soziale Verständigung, Zusammenarbeit, Verflechtung und Vereinigung zwischen Staaten und damit zu einem friedenspolitischen und wohlfahrts- und gerechtigkeitsfördernden Programm. Letztlich handelt es sich um die Zusammenführung von nationalen Politikbereichen in supranationale, mit übernationalen Befugnissen ausgestattete organisatorische Strukturen einer bisher noch nicht bekannten und erprobten Qualität unter der Herrschaft des Rechts. Integration zwischen Staaten hängt davon ab, ob sie bereit sind, Souveränitätsrechte aufzugeben. Fortschritte beruhen auf dem Konsens der im Europäischen Rat vereinten nationalen Regierungschefs, auf der Zustimmung von Parlamenten und Parteien, auf deren Willen zur transnationalen und intergouvernementalen Kooperation und Koordination. Solange jedoch der Nationalstaat bevorzugtes Orientierungsfeld und Legitimationsbasis für politisches Handeln ist,

Abgabe von Souveränitätsrechten

bleibt die Durchsetzung integrationspolitischer Ziele und Maßnahmen schwierig.

Im wirtschaftlichen Sinne bedeutet Integration die Verflechtung zweier oder mehrerer Volkswirtschaften durch Beseitigung wesentlicher Hindernisse, z. B. Zölle und Handelsbeschränkungen (Freihandelszone, EFTA). Die höchste Stufe wirtschaftlicher Integration ist die Verschmelzung der Volkswirtschaften zu einem einheitlichen Wirtschaftsraum (EU) mit gemeinsamer Konjunktur- und Währungspolitik (Wirtschafts- und Währungsunion).

Wirtschafts- und Währungsunion

Eine politische Integration findet dort statt, wo die organisierte Zusammenführung von Staaten auf vertraglicher Grundlage und unter Einrichtung gemeinsamer Organe und Institutionen vollzogen wird (z. B. EG-Vertrag, 221). Die beteiligten Staaten übertragen hoheitliche Funktionen auf übernationale gemeinschaftliche Gremien (z. B. Agrar-, Zoll-, Wirtschafts-, Außen-, Verteidigungspolitik in der EU, Militärpolitik in der NATO). Das Ergebnis gemeinsamer Politik in Europa wird sicher von den bekannten Staatenmodellen (Bundesstaat, Staatenbund) abweichen. Nach einem Urteil des Bundesverfassungsgerichts kommt ein „Staatenverbund" in Frage, über dessen Qualität und Zusammensetzung gestritten werden, aber der letztlich nicht die Verfassung der Bundesrepublik Deutschland außer Kraft setzen kann.

Zukünftige Staatsmodelle

Die Bemühungen einer europäischen Integrationspolitik insgesamt können auf der Basis gemeinsamer politischer und kultureller (normativer) Vorstellungen und Wertentscheidungen (die sich mit der Aufnahme fremdkultureller Länder weiter relativieren werden) zu Einsichten leiten

Neue Werte

- in die Notwendigkeit der Befriedigung basaler materieller Bedürfnisse (Abwesenheit von Hunger und Not, Ermöglichung eines menschenwürdigen, kulturbestimmten Lebens),
- in die Herstellung sozialer Gerechtigkeit durch interregionalen Ausgleich,
- in ein Höchstmaß an individueller Freiheit und Freizügigkeit, Garantie der Menschen- und Bürgerrechte, Machtkontrolle und demokratische Legitimation, Rechtssicherheit,

- in das Erfordernis technischen und wissenschaftlichen Fortschritts,
- in innere und äußere Sicherheit und Beitrag zur Weltfriedensordnung,
- in einen Beitrag zum Welthandel und zur Stärkung der Entwicklungsländer.

Solche und andere Einsichten werden an entsprechenden Themen im Rahmen des sozialwissenschaftlichen Unterrichts (Politik, Geschichte, Erdkunde) gewonnen. Als didaktische Argumentationsstränge können bisher ausgemacht werden:

Didaktische Argumentationsstränge

1. der kulturhistorisch-ideengeschichtliche Ansatz (von Karl d. Gr. bis heute): Ziel „Nation Europa" (Herausarbeitung europäischer historischer Gemeinsamkeiten, Zurückdrängung des einzelstaatlichen Nationalismus);
2. konstitutionell-verfassungsmäßiger Ansatz auf der Grundlage eines (verfassungs-)juristisch abgesicherten föderalen Modells (z. Z. sogenannte Wandelverfassung der EU),
3. technizistisch-funktionalistischer Ansatz: existentielle Interdependenz der europäischen Staaten aufgrund (regional- und welt-)politischer und sozio-ökonomischer Daten als funktional-technokratisches Zusammenwachsen (Integrationsmodell). Dabei wird insbesondere auf die (nationalen und übernationalen) Konfliktstrukturen Rücksicht genommen, so daß dieses Modell zugleich ein Konfliktmodell ist,
4. realistisch-konfliktorientierter Ansatz: die objektiven sozioökonomischen und politischen Verhältnisse der Internationalisierung, d. h. die ökonomischen, politischen und sozialen Mechanismen der Konfliktaustragung und Konsensbildung in Europa (besonders in der EU) bilden den Rahmen.

Vier mögliche Ansätze

Für die Präferierung des einen oder des anderen Ansatzes ist die jeweilige Themenstellung zuständig, wobei in der Regel von Mischformen auszugehen ist. Die Priorität sollte auf der Entwicklung nach 1945 liegen und auf alle Fälle die Probleme von Gegenwart und Zukunft einbeziehen, z. B. die Osterweiterung der EU, die anvisierte europäische Währungs- und Wirtschaftsunion, die künftige Rolle der EU in der Weltpolitik usw.

Als Verfahrensweise bieten sich verschiedene Wege zur europäischen Integration an: der föderalistische und der kulturelle Weg. Daraus sind bestimmte Integrationstheorien hervorgegangen, und zwar

Wege zur Integration:

1. die föderalistische Theorie (einmaliger politischer Verfassungsakt zur Schaffung des Vereinigten Europas), – Föderalistisch
2. die funktionalistische Theorie (Zusammenschluß von Funktionsbereichen wie Wirtschaft, Politik, Kultur; durch technische und administrative Kooperation wird ein allmählicher Wandel der einzelstaatlichen Parameter erwartet; nach der neofunktionalistischen Theorie stehen die konfliktregelnden Institutionen im Vordergrund, spezifische integrationsfördernde Variablen werden berücksichtigt und gebündelt zu Hintergrundvariablen und Prozeßvariablen; als wichtigste Variablen gelten die nationalen Interessengruppen, die sich zu regionalen Interessenverbänden mit eigenständigen Entscheidungsstrukturen zusammenschließen und mittels Druck auf mehr Integration hinarbeiten), – Funktionalistisch
3. die systemtheoretische Konzeption und – Systembezogen
4. das neoliberale Konzept (Marktmechanismus als per se freiheitsverbürgendes und wohlfahrtsoptimierendes Grundprinzip). Schließlich hält – Neoliberal
5. die kybernetische Methode die Ausweitung, Regelung und Steuerung grenzüberschreitender Kommunikations- und Transaktionsströme für den grundlegenden Vorgang der transnationalen Gemeinschaftsbildung. – Kybernetisch

Der Vorgang der Integration beruht nicht auf einer Theorie im eigentlichen sozialwissenschaftlichen Sinne, sondern stellt eher ein Beschreibungsschema bestimmter pragmatischer Strategien der Politik dar, Prozeßmodelle für das Zusammenwachsen ökonomischer, politischer und sozialer Systeme, deren Realitätsbezug nicht eindeutig ist. Daher steht neben der Integrationsmethode die (oft realistischere) Kooperationsmethode. Diese fußt auf einem bestimmten Grad von Demokratie in den teilnehmenden Staaten. Soll sich daher die Kooperation in Richtung auf die Integration bewegen, so muß gleichzeitig der Grad an Demokratie erhöht werden.

– Integration durch Kooperation

Im Zusammenhang mit den theoretischen Konzepten werden die folgenden Europa-Modelle diskutiert: der zentralisierte Einheitsstaat, der Bundesstaat (Föderation), der Staatenbund (Konföderation), das Präsidiumsmodell, das Gestraffte Gemeinschaftsmodell und das Duale Modell (Europäisches Parlament und Europäischer Rat). Dabei entstehen jeweils andere Zielkonflikte für die Einzelstaaten, insbesondere im Hinblick auf die (noch verbleibende) Souveränität und die (restlichen) Kompetenzen der Parlamente.

3. Gemeinschaftsbildende Lernminima

Lernziele

Zu einer Erziehung zum „Bürger in Europa" (vgl. Art. 8 EGV) gehört die Festlegung eines Minimums an gemeinsamen Grundwerten. Als konstitutive Wertmerkmale werden in den internationalen Vertragstexten bisher genannt: Frieden, Gerechtigkeit, internationale Zusammenarbeit, gemeinsames Erbe, persönliche und politische Freiheit, Herrschaft des Rechts sowie Demokratie. Inwieweit werden diese – im einzelnen noch zu umschreibenden – Werte gelten, wenn Staaten nicht abendländischer Kulturtradition der EU beitreten? Aus den genannten Begriffen läßt sich kein Wertsystem deduzieren, aber die Richtung wird in wichtigen Punkten angegeben und wird z. B. in der Menschenrechts- und Kulturkonvention sowie in der Sozialcharta des Europarats ebenso wie in der EU-Sozialcharta weiter aufgefaltet. Sie werden in eine Bewußtseinsbildung, die auf die Herstellung von Identität nach rationalen Verfahrensregeln, auf das „Selbstkonzept" in europäischer Dimension zielt, eingebunden. Das europäische Bewußtsein bleibt jedoch infolge der unscharfen europapolitischen Zielprojektionen definitorisch unbestimmt. Es bezieht sich auf die Identifizierung mit der (unvollendeten) Integration und auf die Relativierung des Nationalbegriffs. Es unterscheidet sich durch seine einigungspolitische Zentrierung von einer allgemeinen, diffusen „europäischen Identität" aller Europäer aufgrund des gemeinsamen europäischen Erbes und der (noch) gemeinsamen europäischen Tradition.

Der Einfluß kultureller Differenzen

Aus alledem ergeben sich die folgenden didaktischen Erfordernisse:

Didaktische Erfordernisse

- die Notwendigkeit der Vermittlung eines theoretischen Gerüsts zum Verständnis der Unterschiede zwischen herkömmlicher nationaler Politik und multinationaler Politik in einer kleiner werdenden Welt mit Blick auf die universellen Vorteile und Risiken,
- das Aufzeigen der politischen, wirtschaftlichen und gesellschaftlichen Bedingungen großräumlicher regionaler Systeme als Voraussetzung des Überlebens in Freiheit,
- die Einsicht in qualitativ neue Formen übernationaler Willens- und Entscheidungsbildung im zunehmenden Maße unter multikulturellen Aspekten,
- das Verständnis für den weiteren Verlust von nationaler Staatlichkeit.

Im kognitiven Bereich gehört dazu die Kenntnis der Gemeinsamkeiten und Unterschiede der Völker, Nationen und Staaten Europas in den Sprachen, der Umwelt, dem historischen Hintergrund, den sozio-ökonomischen Daten, den politischen und kulturellen Traditionen sowie in den gegenwärtigen Verhältnissen und ihren Tendenzen.

Das Handlungsziel – die europäische Einigung – muß anhand einer transparenten, realistischen Bilanzierung unterschiedlicher, konfligierender oder konsensualer einzelstaatlicher Interessen und Zielvorstellungen als Bedingung eines rationalen Diskurses stets problematisiert werden. Es kommt auf die partizipatorische Einbeziehung der Jugendlichen in den aktiven politischen Entscheidungsprozeß an, zumindest in eine kritische Betrachtung desselben (z. B. Entwurf von Handlungsstrategien und -modellen, evtl. Verfassungsentwürfe: Rolle der politischen Organe, der Bürger/innen usw.). So sollen die Lernenden ihren Standort in einem sich zusammenfindenden Europa erkennen und darauf vorbereitet werden, ihre Rechte und Pflichten als Bürger/innen in einem (teilintegrierten) Europa wahrzunehmen. Die Grundlage dazu besteht im Erwerb gemeinschaftsbürgerlicher Kompetenz, die u. a. durch Inanspruchnahme der Förderungsprogramme der europäischen Behörden, durch Schulpartnerschaften, Schüler- und Lehreraustausch und anderes als aktivierende Momente erlangt werden kann.

Schulische Kooperationsmöglichkeiten

Im Sinne des in diesem Beitrag vertretenen international-politischen Ansatzes sollte die europäische Einigungsthematik weitere allgemeine Lernziele beachten. Notwendig ist

Themen des Einigungsprozesses im Unterricht

- ein Erkennen der europäischen und globalen Interdependenz der Staaten als wesentliches Merkmal internationaler Politik. Solidarität und Kooperation gilt es als neue Elemente und Grunderfordernisse einer künftigen Staatenordnung zu erkennen;
- die Fähigkeit, die Interessenlage der Einzelstaaten und der Staatengemeinschaft zu analysieren und zu bewerten;
- die Fähigkeit zum Erkennen und Beschreiben von Funktionsweisen und -schwächen der europäischen Einzelstaaten wie des Systems der europäischen Integration;
- die Fähigkeit, die wichtigsten Zielkonflikte herauszufinden und zu beschreiben und Prioritäten für ihre Lösung zu begründen, z. B. den Zielkonflikt zwischen dem politischen Interesse der Bürger/innen an einem Höchstmaß an demokratischer Mitbestimmung und dem Ziel der politischen Integration;
- die Fähigkeit und Bereitschaft, das Problem der Zukunft der europäischen Einigung auch aus der Perspektive der europäischen Nachbarländer zu betrachten, auch solcher, die (noch) nicht daran teilnehmen (können).

Interkulturelles Lernen

Europabezogenes Lernen ist in den sich multikulturell ausprägenden europäischen Gesellschaften im stärkeren Maße als vorher in den homogeneren nationalen Staaten zu einem interkulturellen Lernen geworden. Es richtet sich auf die Aneignung der Standards, Regeln usw. der Majoritätskultur ebenso wie – vice versa – auf die Minoritätskulturen der Zuwanderer. Das gemeinsame Ziel besteht im Kennenlernen, Beurteilen, Vergleichen und eventuell Übernehmen (von Teilen) anderer Denk- und Verhaltensweisen oder in der Herausarbeitung überethnischer, übernationaler Werte und Normen. Als thematische Basis für eine interkulturelle Auseinandersetzung dienen etwa die Familien- und Gesellschaftsstrukturen, die politischen Ideen, Institutionen und Systeme, die Wirtschaftsordnungen und Rechtsformen, die Ideologien, die Religion(en) und Philosophie(n), die Sprache und die Tradition(en). Dabei ist eine allgemeine Verständigung auf die oft gleichlautenden Begriffe nicht immer leicht, da sie infolge je andersartiger historischer Entwicklungen semantisch unterschiedlich besetzt sind. Ein Begriff wie „Demokratie" wird in Deutschland stark partizipativ auf allen Ebenen des politischen und sozialen Lebens verstanden, während er anderswo mehr repräsentativ oder gar autokratisch verstanden wird. Oder: Wie kann man das von den meisten europäischen Staaten abgelehnte politische Reizwort „Föderalismus" (ein Zentralbegriff deutscher Bundesstaatlichkeit) umgehen (als „Subsidiarität" im Maastrichter Vertrag)? Bei der Bewertung dieser und anderer Unterschiede kommt es sehr auf die Berücksichtigung der geschichtlichen Erfahrungen einzelner Staaten, auf jahrhundertealte Gewohnheiten, Mentalitäten, aktuelle Politikverhältnisse und -verständnisse an. Das europäische Zusammenwachsen verlangt tendenziell gemeineuropäische Denkweisen und Strukturen. Dies geschieht nur in längerfristigen internationalen politischen, wirtschaftlichen, justiziellen usw. Annäherungsprozessen. Veränderungen finden statt auch durch internationale Zwänge (z. B. Verordnungen der EU, Entscheidungen des EuGH), die das Leben in Europa in andere, gemeinsame Bahnen lenken (sollen), sowie durch (vor allem positive) (Alltags-)Erfahrungen von Millionen von Menschen (Migranten, Touristen) im europäischen Ausland. Die Ländergrenzen werden sich dadurch mehr und mehr relativieren, Regionen werden sich organisieren. Dann werden in Unterricht und Erziehung nicht mehr die je nationalen Überlieferungen ohne weiteres das prioritäre Bezugsfeld sein können, sondern eher den Rahmen für notwendige Orientierungen abgeben.

Ein neues Denken in Europa

4. Literatur

Bericht der Enquete-Kommission „Aufarbeitung von Geschichte und Folgen der SED-Diktatur in Deutschland". Deutscher Bundestag, 12. Wahlperiode, Drs. 12/7820 v. 31.5.1994

KMK-Beschluß „Europa im Unterricht". In: Sammlung der Beschlüsse der Ständigen Konferenz der Kultusminister in der BRD. Neuwied/Rh. 1991

Mickel, Wolfgang W. 1993: Lernfeld Europa. Didaktische Grundlagen einer europäischen Erziehung, 2. Aufl. Opladen

Mickel, Wolfgang W. (Hrsg.) 1994: Handlexikon der Europäischen Union. Köln

Schleicher, Klaus (Hrsg.) 1993: Zukunft der Bildung in Europa. Nationale Vielfalt und europäische Einheit. Darmstadt

V.

Methoden politischer Bildung

Georg Weißeno

Aus Quellen lernen: Arbeit mit Texten, Grafiken, Karikaturen, Fotos und Film

Kritiker verbinden mit Quellenarbeit oftmals die Abtrennung des Unterrichts von der Praxis und Erfahrungswelt der Schüler. Der Vorwurf lautet, daß die Quellenarbeit die Erfahrungsferne vergrößert. Die Schule solle vielmehr demokratische Erziehung mit praktischem Lernen verbinden, also nicht nur das Wissen über Politik, sondern die Erfahrung der Politik ermöglichen. Deshalb sollen sich die Schüler am öffentlichen Leben und an der praktischen Aufgabe des Gemeinwesens beteiligen. Freies und selbständiges Lernen erfordere die Entfaltung der Phantasietätigkeit und Kreativität, die durch die bloße Rezeption von Wissen aus Quellen zu sehr eingeengt würden. *Handlungsorientierter Unterricht* führe weg vom traditionellen, reproduktiven Informationsunterricht und forciere einen produktiven Explorationsunterricht. „Das politische Leben gerinnt zu mehr oder weniger trockenem Unterrichtsstoff, zu Merksätzen, Zeitungsartikeln, Sachtexten, Graphiken, Tabellen oder entsprechenden Lehrerinstruktionen. Im Vordergrund stehen die Erfahrungen und Ansichten anderer, nicht die der Schüler. Nur selten wird ihnen Zeit und Gelegenheit gegeben, politische Erfahrungen selbst zu sammeln und politische Erkenntnisse selbsttätig zu gewinnen, d. h. produktiv zu erarbeiten." (Klippert 1988, 78)

Kritik der Quellenarbeit

Die Kritiker rücken die Quellenarbeit in die Nähe eines herkömmlichen, verworteten und verkopften Unterrichts. Sie erwecken den Eindruck, als gäbe es einen Gegensatz zwischen Handlungsorientierung und Quellenarbeit, als würde in der Praxis ein falsches Bild von Politik vermittelt. Oberlehrerhaft wird mit leichter Hand ein Mangel des Politikunterrichts diagnostiziert, ohne die Gefahren der eigenen, vorschnellen Urteile zu sehen. Auf den zweiten Blick lassen sich nämlich eine Reihe von Problemen erkennen, die mit einem allmählichen Verschwinden der Quellenarbeit aus dem Unterricht verbun-

Die Gefahren des Verschwindens der Quellenarbeit

den sind. Denn die *Rekonstruktion politischer Wirklichkeit aus Quellen* ist oftmals der einzige Weg, um am politischen Leben teilnehmen zu können. Dies gilt für die Kommunalpolitik wie für die Außenpolitik gleichermaßen. Öffnung von Schule darf nicht bedeuten, daß wichtige politische Inhaltsbereiche, die sich eben nur über Quellen erschließen lassen, herausgenommen werden. Der Entleerung des Faches muß entgegengewirkt werden.

Inhaltliche Aufarbeitung ist notwendig

Zwar läßt sich ein Inhalt mit vielen (handlungsorientierten) Methoden vermitteln, doch ist die *Methodenfrage* nicht das einzige Kriterium. Methoden können sich nämlich im Blick auf das gewünschte Ziel als kontraproduktiv erweisen. Eine erlebnisorientierte Unterrichtsgestaltung allein reicht selten aus, um die Denkwelt des Politischen zu erschließen. Das Buchstabieren, Verworten von Eindrücken aus der politischen Welt will auch inhaltlich aufgearbeitet und über das Alltagsverständnis (Stammtischgerede, Zeitungslektüre) hinaus kritisch analysiert werden. Hierzu bedarf es unterschiedlicher Quellen und Methoden: Ein Film z. B. zeigt Ausschnitte aus einer Bundestagsdebatte, eine Foto und eine Karikatur geben selektive Momentaufnahmen der Debatte in einer Zeitung wieder, politikwissenschaftliche Texte decken die hinter der Debatte stehenden strukturellen und ideologischen Gesichtspunkte auf, in einer unterrichtlichen Talkshow mit unterschiedlichen Rollen (Bürger, Politiker, Wissenschaftler, Unternehmer etc.) werden die erarbeiteten Inhalte von den Schülern neu in Beziehung gesetzt und auf Handlungsmomente hin überprüft. Der Unterricht muß zum Kern des Politischen (Massing/Weißeno 1995) vordringen, indem er verschiedenste Formen und zugleich möglichst viel Wirklichkeit (Inhalt) in den Unterricht hineinholt. Nur so kann er auf die Dialektik subjektiver und objektiver Zusammenhänge in der Erkenntnis abzielen. „Es geht im Lernen einmal darum, den Bedeutungszusammenhang der Realität zu erschließen, sie in ihrer Erscheinungsfülle aufzunehmen und als einen kulturellen Kontext zu verstehen, in den man selbst eingeschlossen ist; zum anderen geht es aber immer auch darum, die eigene Person zu aktivieren, das subjektive Vermögen und die eigenen Kräfte zu steigern." (Duncker 1994, 464)

Verschiedenste Formen in den Unterricht holen

1. Die Konstruktion von Wirklichkeit bei der Quellenarbeit

Praxisprobleme im Umgang mit Quellen verweisen auf eine Vielzahl schulischer, beruflicher, medialer, gesellschaftlicher Bedingungen, die sich - kurz gesagt - in unseren Erfahrungswirklichkeiten zeigen. Jeder Lehrer oder Schüler nimmt Politik nicht an sich wahr, sondern seine *Wirklichkeitskonstruktion* erklärt erst sein Handeln im Alltag und im Unterricht. Anders formuliert: Die Wahrnehmung einer Quelle ist Interpretation, ist Bedeutungszuweisung, und dieses Wissen steuert das Verhalten. Das, worüber im Unterricht gesprochen wird, erhält seine politische Orientierung bzw. Ausrichtung erst durch die individuelle kognitive Verarbeitung. Die Arbeit an Quellen ist demnach subjektabhängig, was im besonderen Maße für den Lehrer gilt, der den Schülern bei der Erschließung der Quellen ebenso helfen soll wie beim Wissenserwerb.

Quellenarbeit ist Interpretationsarbeit

In der unterrichtlichen *Verwendungssituation* kommen viele Wirklichkeitskonstruktionen zum Tragen. Dies zeigt sich etwa in der subjektabhängigen Verwendung und Anwendung wichtiger Begriffe: Jeder Schüler und Lehrer hat seine eigenen Beobachtungen zum Regierungshandeln, zur Asylpraxis, über die Parteien. Sie sind komplex oder oberflächlich, politisch oder unpolitisch, alltäglich oder reflektiert, nützlich oder überflüssig etc. Die Beobachtungen basieren auf unterschiedlichen Erfahrungen: Medien, alltägliche Erfahrung, wissenschaftliche Erkenntnis, Diskussion mit Berufskollegen, Eltern oder Mitschülern. Von daher ist einsichtig, daß Schüler und Lehrer oftmals über politische Ereignisse sprechen, Sinn und Bedeutung aber erst klar werden, wenn sie Parallelen zwischen ihren Wirklichkeits- und Wissensstrukturen feststellen. Entscheidend ist deshalb im Unterricht die gemeinsame Konstruktion von politischer Wirklichkeit durch Beschreibung und durch Austausch von Erfahrungen und Wissen. Dies geschieht, indem Schüler und Lehrer politische Wirklichkeit über Quellen in den Unterricht „hereinholen" und sie mit Wissen aus unterschiedlichen Welten bearbeiten.

Der Einfluß unterschiedlicher Erfahrungsebenen

Eine Quelle tritt mit ihrem Eigenleben zwischen Schüler,

Lehrer und politische Wirklichkeit; sie stellt eine eigene Welt dar, die überdies durch die Wertorientierung, Perspektive, Auswahl, Meinung, Erfahrung des Autors/Zeichners/Regisseurs geprägt ist. Durch die Verknüpfungen mit den Welten der Lehrer und Schüler sowie des Politischen ergibt sich ein mehrfacher, vieldeutiger Sinn. Keine steht demnach isoliert im Raum, sondern ist immer zu anderen Erfahrungen, Wahrnehmungen und Wertungen in Beziehung zu setzen. Bei der Behandlung von Quellen im Unterricht sind des weiteren die fachdidaktischen Zielvorstellungen für die Unterrichtsreihe sowie die zu erarbeitenden fachwissenschaftlichen Perspektiven zu berücksichtigen, so daß die Aussagen der Quelle auf mehreren Ebenen rekonstruiert werden. Diese Ebenen generieren selbstredend eine Vielzahl von Deutungen und Interpretationen, die nur mit angemessener Methodik deutlich und verständlich werden können (Weißeno 1993, 14 ff.).

Die Mehrdeutigkeit des Politischen

Ebenen der Analyse von Quellen im Sozialkundeunterricht

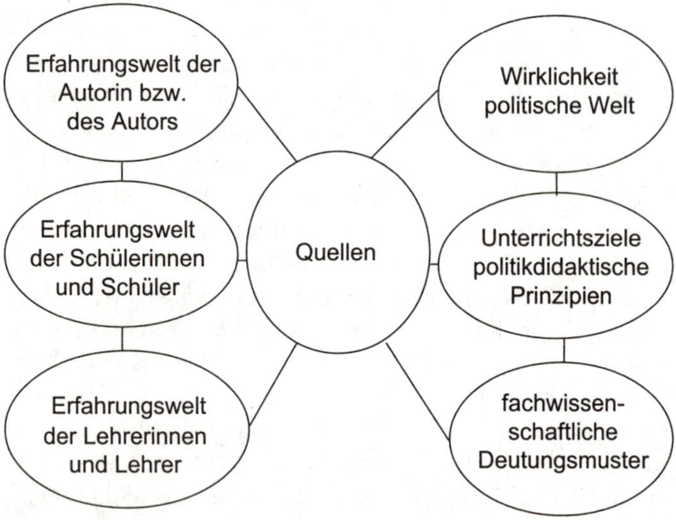

Im Unterricht geht es im Unterschied zum alltäglichen Umgang mit Quellen um Rekonstruktionsversuche, die den Quellen eine besondere *Sinn- und Relevanzstruktur* geben. Die Quellen sind gezielt ausgesucht worden und werden intensiver als im Alltag untersucht. Die LehrerInnen wählen eine Quelle nach fachdidaktischen Gesichtspunkten mit Blick auf fachwissenschaftliche Erfordernisse aus. Grundsätzlich gilt dabei, daß bei jeder Quellenanalyse der Bezug zur Wirklichkeit unterrichtlich mitvermittelt werden muß. Somit wird der Unterricht mit Hilfe von Quellen zugleich zum Unterricht über Quellen. Quellen, die im Zentrum unterrichtlicher Reflexionen stehen, machen immer Aussagen über die politische, gesellschaftliche, ökonomische Realität. Dabei ist die Wirklichkeit durch den Autor in eine Quelle bereits übersetzt worden. Menschen haben die wahrgenommene Wirklichkeit schriftlich vertextet oder verbildert und bringen dabei in jeweils unterschiedlichem Maße ihr Wissen darüber zum Ausdruck. Aber diese hervorgebrachten Dokumente sind nie die Wirklichkeit, da eine Quelle in jedem Fall auch anderes enthält als die beschriebene Wirklichkeit. Um diese Filtereffekte bei der eigenen Interpretation zu berücksichtigen, ist „jede textauslegende Arbeit darauf verwiesen, sich zu erinnern, woher ihre Texte stammen, wer sie gemacht hat, wie sie produziert wurden" (Soeffner 1989, 91). Wenn man in einem ersten Schritt Aussagen über die Wirklichkeit gewinnen will – und darauf kommt es im Politikunterricht maßgeblich an – ist man folglich auf die Rekonstruktion einer Quelle bezüglich ihres Wirklichkeitsgehaltes angewiesen. Für den Unterricht bedeutet das, daß die Aussagen einer Quelle in einem zweiten Schritt in Wirklichkeit zurückverwandelt werden müssen.

Das Verhältnis Quelle – Wirklichkeit

Indem Schüler und Lehrer ihr Wissen über die Wirklichkeit in die Rückübersetzung der Quelle einbringen, entstehen allerdings ein weiteres Mal Filtereffekte. Jede unterrichtliche Rückverwandlung der Quelle in lebendige Handlungen des politisch-gesellschaftlichen Lebens bedeutet durch die Vielzahl denkbarer Deutungen grundsätzlich eine Erhöhung der Komplexität im Unterricht. Nicht Reduktion ist demnach das Ziel unterrichtlicher Quellenarbeit, sondern die Erhöhung der *Komplexität* durch die Rückübersetzung in Wirklichkeit. Gleichwohl gilt, daß weder die Quellen noch die unterrichtliche Rückübersetzung die Wirklichkeit sind.

Filtereffekte

2. Politikdidaktische Überlegungen zur Auswahl der Quellen

Politikdidaktisch ist unbestritten, daß bei der Auswahl von Lerninhalten „bestimmte didaktische Prinzipien wie Kontroversität, Problemorientierung, exemplarisches Lernen, Schülerorientierung und Handlungsorientierung zur Geltung kommen müssen" (Sander 1991, 23), um die politische Urteilsfähigkeit der Schüler in der Auseinandersetzung mit Ausschnitten aus der Wirklichkeit herauszubilden. Im Unterricht müssen dabei Bezüge zwischen den verschiedenen Erfahrungswelten hergestellt werden, um durch die unterschiedlichen Perspektiven politisches Lernen im Subjekt zu befördern. Das Tagesgeschäft des Politikunterrichts erfordert daher eine hohe Vermittlungsaufgabe zwischen den Ansprüchen der Politikdidaktik, der Fachwissenschaft, den verschiedenen Alltagswelten, der Wirklichkeit und schließlich der konstruierten Welt einer Quelle.

Die Bezüge zwischen verschiedenen Erfahrungswelten

Indem nun LehrerInnen die Quellen, die sie für eine Reihe aussuchen, auf die fachdidaktische und politische Relevanz hin prüfen, entwickeln sie ihre Zielvorstellungen für die Sequenz. Jede Quelle für sich kann unter den entwickelten Prämissen immer nur unvollständig sein; ihre Aussagen bedürfen demnach meist der Ergänzung, der Einordnung, der Relativierung, der Positionierung, der Kritik im Unterrichtsgespräch. Unterricht ist mehr als ein Erlebnismilieu, in dem sich die Schüler nur selbst bilden können, und verlangt vom Lehrer zielgerichtetes Handeln, das dem *Buchstabieren von Eindrücken* aus den verschiedensten Welten und dadurch dem Demokratie-lernen dient. Die Bedeutung einer Quelle für das Leben bzw. für den zukünfigen Staatsbürger ergibt sich selten auf den ersten Blick und ist auch nicht erlebnistechnisch herstellbar, sondern sie bedarf der Reflexion. Auch die politischen Dimensionen (policy, polity, politics) sind nicht immer augenscheinlich, so daß erst in dem Gespräch über die Quelle die Schüler auf politische Probleme, Prozesse und Strukturen aufmerksam werden. Dabei können durchaus Erfahrungschancen arrangiert und inszeniert werden, jedoch trägt der Lehrer die Verantwortung dafür,

Unterrichtsformen zur Quellenarbeit

Die Bedeutung von Quellen

daß positive Erfahrungen durch den Austausch von Wissen unterschiedlicher Ebenen möglich und ein angemessenes Bild von der Politik ohne überzogene Ansprüche aufgebaut werden.

Im Informationsverarbeitungsprozeß entstehen für LehrerInnen eine Reihe von Praxisproblemen. Sie sind zum einem bedingt durch die *Transformation* wissenschaftlichen Wissens als Übersetzung in das eigene Begriffssystem sowie in das der Schüler. So wird z. B. Politik in der Profession und im Alltag anders definiert als in der Wissenschaft. Zum anderen entstehen Praxisprobleme in der Situation selbst, wenn dem Lehrer die Geistesgegenwart fehlt, um mit den Angeboten der Schüler und des Materials adäquat umzugehen. Die Dynamik von Unterschieden und Widersprüchen, die sich im Austausch der Erfahrungen auf unterschiedlichen Ebenen ergeben, entspricht zwar der Offenheit und Vielschichtigkeit unserer politischen Kultur, sie schafft aber für Lehrer und Schüler zusätzliche Probleme. Die Komplexität heutiger Verhaltensanforderungen verlangt deshalb von LehrerInnen die Fähigkeit, die Argumentationen auf den verschiedensten Ebenen zu diagnostizieren und zu changieren.

Probleme der Wissenstransformation

Politikdidaktische Kategorien bzw. Optionen können dem Lehrer Orientierungshilfe bei der Aufgabe, den Erfahrungen der Schüler Wissen zur Bearbeitung beizugeben, bieten. Die Schüler müssen Rückfragen an die Quellen stellen lernen, um den Stellenwert alltäglicher politischer Diskussionen zu verstehen. Der Lehrer ist in diesem Prozeß ein Experte, dem es um die planmäßige Klärung einer Sache geht. Kontroversen dürfen nicht im beliebigen Gegenüberstellen von Quellen oder von mediengeprägten Meinungen enden, sondern müssen es dem Schüler erlauben, kriterienorientiert zum Kern der Sache bzw. des Politischen vorzudringen. Wenn das Bedeutsam-Allgemeine eines politischen Sachverhalts aus unterschiedlichen Quellen und mit handlungsorientierten Methoden herausgearbeitet werden soll, bedarf es eines zielorientierten Arrangements von Quellen, dem eine klare Gliederung der Inhalte durch den Lehrer/die Lehrerin vorangeht.

Das Verhältnis Lehrer – Schüler

Der Unterricht muß darüber hinaus den Konstruktcharakter seiner Quellen reflektieren und die Sachverhalte in Gesprächen

Reflexion der Quellen

oder Handlungen wieder verlebendigen. Die Quellen sollen den Schülern eine Aufgabe stellen und sie zu intensiver Auseinandersetzung anregen – mehr als das im alltäglichen Medienkonsum der Fall ist. Hierfür ist es ratsam, Kontroversen, Konflikte, Situationen, Fälle in den Quellen zu berücksichtigen. Dabei entdecken die Schüler das Politische aus der Perspektive der Autoren, Bürger, Wissenschaftler, Politiker etc. und können ihr Wissen neu konstruieren. Weniger das Ergebnis einer Sitzung, der Beschluß, das Gesetz kommen so in den Vordergrund als vielmehr der Entstehungsprozeß mit allen seinen Verästelungen. Um Demokratie lernen zu können, bedarf es der Verlebendigung unterschiedlicher Standpunkte und der kritischen Auseinandersetzung mit den jeweiligen Machtverhältnissen. Hierzu ist ein breites Angebot an Wissensbeständen nötig, damit die Schüler verschiedene Möglichkeiten und Formen des politischen Selbstausdrucks entwickeln und gestalten können.

Lernziel: Demokratie-lernen

3. Methodische Schritte bei der Analyse von Quellen

Die methodischen Schritte können sich an die bekannten hermeneutischen Verfahren aus den Sozialwissenschaften anlehnen bzw. an ihnen orientieren. Die *hermeneutische Quelleninterpretation* ist eine Methode, mit der man etwas Neues aufdecken kann: Im Prozeß der Interpretation tritt der Interpret zu seinen Alltagswelten in ein reflexives Verhältnis und versucht auf diese Weise zu neuen Erfahrungen bzw. Erkenntnissen zu gelangen. Mit Hilfe dieser rekonstruktiven Einstellung wenden sich Lehrer und Schüler vergleichend der Wirklichkeit und der Quelle zu. Die Interpretationsanstrengung besteht dann im Auslegen und Verstehen der Aussagen einer Quelle in ihren typischen und typisierbaren Beziehungen zu allgemeinen Strukturen der Wirklichkeit (Erkenntnisgewinnung).

Hermeneutische Quellen-interpretation

Überdies läßt sich die hermeneutische Methode mit dem *fachmethodischen* Prinzip Hilligens „Sehen – Beurteilen – Handeln" verknüpfen (Hilligen 1985, 203). Dieser Dreischritt ist insofern gut geeignet, als er die kontroversen Wahrnehmungen und Deutungen der Wirklichkeit erschließen hilft: Im Sehen können in einem offenen Unterricht die unterschiedlichsten Emotionen, Kenntnisse, Meinungen, Einstellungen zugelassen werden, die sodann in der Beurteilung mit komplexeren Strukturen, Rationalisierungen, Konsequenzen, Informationen in Verbindung gebracht werden und schließlich im Aufzeigen von Handlungsmöglichkeiten (oder gar Handlungen) beteiligter Akteure münden.

Erkennen kontroverser Wahrnehmungen (nach Hilligen)

Bevor man allerdings mit der hermeneutischen Rekonstruktion beginnt, ist in einem ersten Schritt das Sehen bzw. Lesen der Quelle angezeigt. Hierzu sind, wenn kein spontanes gemeinsames Gespräch über die Quelle geplant ist, Erschließungsfragen erforderlich. Außerdem sind Fragen immer dann hilfreich, wenn die Methode noch nicht Besitz der Lerngruppe ist. Dies gilt sicher für alle Klassen der Sekundarstufe I, die aufgrund des geringen Stundendeputats kaum Gelegenheit haben, sich einen Bestand an wiederkehrenden Schlüsselfragen anzueignen.

Erschließen der Quellen

Schüler und Lehrer sollen in diesem ersten Schritt des Sehens bzw. der formulierenden Darstellung der Quelle bereits eine rekonstruktive und damit ‚forschende' Einstellung einnehmen, die sich von der natürlichen Einstellung des Alltags unterscheidet. Im alltäglichen Handeln reflektiert man nicht sein Wissen, sondern lebt es. Eine rekonstruktive Einstellung ist demnach zugleich eine reflexive. Dies bedeutet, daß es im Unterricht zu unterschiedlichsten Lesarten einer Quelle kommt. Denn die Rezeption von Quellen besteht nicht darin, „daß man die Gehalte einfach zur Kenntnis nimmt, sondern darin, daß man sie in der Rezeption auch geistig mit- und neugestaltet" (Mannheim 1980, 279). Unterschiedliche Seh- und Lesarten sind von daher förderlich für die tiefergehende Auseinandersetzung mit dem Sinngehalt, und sie sollten von LehrerInnen nicht bewertend mit der eigenen Lesart zurückgewiesen bzw. kanalisiert werden.

Rekonstruktion des Materials

Anwendung unterschiedlicher Seh- und Lesarten

Die Rekonstruktion des Sinngehaltes schafft die Grundlage für eine gemeinsame Erarbeitung der thematischen Struktur der Quelle, die sich gleichsam als Ergebnis der formulierenden Darstellung im Deutungsprozeß herausbildet. Wenn alle unterschiedlichen Deutungen zu den Passagen der Quelle vorge-

Erarbeitung der thematischen Struktur

tragen sind, sucht man gemeinsam nach „zusammenfassenden Formulierungen im Sinne von Oberbegriffen, Überschriften oder Themen" und gewinnt „auf diese Weise eine Übersicht" über die Quelle (Bohnsack 1991, 132 f.). Diese Erarbeitung der thematischen Struktur ist die Voraussetzung für die weiteren Schritte und verdeutlicht den Schülern den Standort eigener und fremder Reflexionen.

Reflexion von Standpunkten

Während eine formulierende Darstellung dem Auffinden der Themen mit seinen Untergliederungen gilt, „zielt die reflektierende Interpretation auf die Rekonstruktion und Explikation des Rahmens, innerhalb dessen das Thema abgehandelt wird." (Bohnsack 1991, 134). Der zweite Schritt der reflektierenden Interpretation steht und fällt mit den Vergleichshorizonten, die auf Gedankenexperimenten, hypothetischen Vorstellungen, empirischer Fundierung oder der jeweiligen Erfahrungsbasis beruhen können. Die eingangs geschilderten Welten werden in Beziehung gesetzt und in den Diskurs im Klassenzimmer eingebracht. Dadurch entsteht die gemeinsame Konstitution von Bedeutung des Stoffes durch Lehrer und Schüler im Prozeß der unterrichtlichen Kommunikation.

Reflektierende Interpretation

In dieser Phase der Bearbeitung arbeitet sich eine Klasse sukzessive an den Themen ab; dabei wird der Rahmen, innerhalb dessen die Themen bearbeitet werden, immer dichter, komplexer und konturierter herausgearbeitet. Es vollzieht sich eine wechselseitige Steigerung im Gespräch, eine extensive Auslegung und Erfahrung von Wirklichkeit. Am Ende läßt sich dann der Versuch der Verallgemeinerung wagen, der über die Besonderheit des Falles/Textes/Filmes hinausgeht und nach Typischem sucht. Kontextwissen wird vergleichend in den Interpretationfluß hinzugezogen und fügt der Welt der Quelle immer mehr hinzu. Viel Geduld, Zeit und interessiertes Nachfragen sind für den Erfolg dieses Prozesses wichtig.

Versuch der Verallgemeinerung

Pädagogisches Handeln in der Schule erfordert einen weiteren Schritt, damit sich Lernende an der Lösung von Problemen bzw. Konflikten beteiligen können. Insofern zielt dieser dritte Schritt auf kompetentes und verantwortliches Handeln im politischen Alltag bzw. in den eigenen Erfahrungswelten. Das Interesse richtet sich auf die vertrauten Interaktionsräume und möchte zu einem kognitiven Stil des Alltags, der sich weder dem Reflektieren verschließt noch nach vereinfachenden Abkürzungstrategien im Denken sucht, befähigen. Letztlich geht es hier um die Entwicklung einer „Vorstellung vom Möglich-Besseren" (Hilligen). Die Erarbeitung einer Handlungsperspektive wendet sich den Gestaltungsmöglichkeiten der Politik zu. Eine Entscheidungsituation kann annäherungsweise in den Unterricht geholt und produktiv für Probehandeln genutzt werden.

Lernziel: kompetentes und verantwortliches Handeln

4. Selbstbestimmter und kreativer Umgang mit Quellen

Während die bisherigen Überlegungen mehr die Notwendigkeiten des Einsatzes und die grundsätzlichen Analyseschritte bei der Bearbeitung von Quellen aufgezeigt haben, geht es im Folgenden um Anregungen für methodische Arrangements beim Einsatz der genannten Quellen. Ein Text kann mit und ohne Erschließungsfragen versehen, als Hausaufgabe vorbereitet oder im Unterricht verteilt, für eine Gruppen- oder Einzelarbeit gedacht, selbständig beschafft oder vom Lehrer vorgegeben werden. Die Präsentation wiederum kann vom Schüler oder Lehrer gesteuert werden, als Vortrag von Einzelnen oder Gruppen erfolgen, in ein simulierendes Rollenhandeln integriert werden, als Kommentar, Flugblatt, Leserbrief, Plakat, Rede oder Drehbuch umgeschrieben oder in ein Schemabild für die Tafel übersetzt werden. Die erarbeitende Diskussion von Zeitungsartikeln, Gesetzen, Parteiprogrammen, Dokumentationen, Berichten von Betroffenen, Protokollen, Vereinbarungen, Beschlüssen, Memoranden, Anträgen, Reden, wissenschaftlichen Texten, (Auto-)Biographien, Liedtexten usw. kann demnach durchaus in kreativen Formen erfolgen. Die Orientierung an den gerade skizzierten Analyseschritten strukturiert das Vorgehen und bietet die Gewähr dafür, daß das Alltagswissen im Unterricht nicht beliebig verdoppelt wird, sondern die Chance zur Erweiterung des Wissensbestandes besteht.

Methodische Arrangements

Wenn die Arbeit an Texten nicht schon Teil einer Methode

Präsentationsformen

wie Simulation, Plan- oder Rollenspiel, Erkundung ist, so besteht im Anschluß an die Phasen der Texterarbeitung immer die Möglichkeit, die Diskussion über die Handungsperspektiven methodisch als Pro-Contra-Diskussion, als Talkshow, als Podiumsdiskussion, als Parteiratssitzung, als Koalitionsgespräch o. ä. zu gestalten. Dabei werden die vorab analysierten und beurteilten Zielkonflikte noch einmal unter der Perspektive, welche Entscheidungen warum und von wem getroffen werden sollen, verhandelt. Damit wird überdies eindeutig auf das Politische Bezug genommen, indem sowohl die Verhaltensmöglichkeiten des Einzelnen als auch die gestaltenden Institutionen, Gremien, Behörden, Parteien, Medien ins Spiel gebracht werden.

Die Verwendung von Grafiken

Der Umgang mit Grafiken ist eine Besonderheit des Politikunterrichts. Zum einen können Daten bzw. Informationen für Schemabilder oder Statistiken selbst erhoben, umgerechnet und visualisiert werden (Weißeno 1992), zum anderen finden sie sich täglich in der Zeitung und erfordern spezielle Lesarten. Vielfach werden sie in der Praxis aber nur dazu benutzt, den Unterricht des Lehrers belegstellenartig zu unterstützen. Ähnlich verfahren Zeitungen, die den Lesern meist gefilterte Informationen anbieten. Gerade deshalb ist die unterrichtliche Problematisierung der durch die Gestaltung intendierten Aussagen von besonderer Bedeutung. „Nichts ist so leicht manipulierbar wie die scheinbar so objektive Zahl. Eine geschickte Wahl von Bezugsgrößen oder Größenklassen kann eine Statistik oftmals verfälschen." (Ackermann/Gaßmann 1991, 40)

Ein selbstbestimmter Umgang mit Grafiken erfordert indessen vom Schüler das Durchdringen aller Informationen einer Grafik und die Relationierung der Informationen, um zu Aussagen über die Wirklichkeit – und sei es auch nur über statistische Durchschnittsgrößen – zu kommen. Dabei wird die Aufmerksamkeit der Schüler gelenkt auf den Zeitraum, die Bezugsgröße, eine lineare oder überhöhte Darstellung, die Auswahl und Definition der Variablen etc. Die Darstellung von Schemabildern, Tabellen, Diagrammen ist für die Schüler eine Aufgabe, die den kritischen Umgang mit Informationen und das Verstehen von Grafiken fördert. Aber auch hier gilt, daß die

Deutung selten ohne Vorkenntnisse oder Zusatzinformationen aus anderen Wissensbeständen vorgenommen werden kann.

Karikaturen und Fotos

Karikaturen und Fotos sind bei Lehrern und Schulbuchautoren sehr beliebt, um einen Einstieg in eine Unterrichtsreihe zu finden. Da aber hinter einer Karikatur bzw. einem Foto oft mehr steckt, als auf den ersten Blick zu vermuten ist, kommt es im Unterricht aufgrund von Verzerrungen, Überspitzungen, Manipulationen, selektiven Darstellungen von Problemen häufig zu längeren (unbeabsichtigten) Diskussionen. Es ist nicht leicht zu beurteilen, wie weit die Darstellungsweise der Karikatur/des Fotos von der Realität entfernt ist. Gerade weil bei Fotos und Karikaturen oftmals auch ästhetische Kriterien für die Interpretation wichtig werden, sind die Aussagen vielfältig und komplex. Die Fähigkeit, Bilder bewußt wahrzunehmen und auf sich wirken zu lassen, muß geübt werden.

Einsatzmöglichkeiten

Entsprechend schwierig und oftmals auch unterschätzt ist deshalb das Aufnehmen von Fotos für den Unterricht (Karikaturen verlangen noch mehr künstlerische Talente). Gleichwohl lassen sich mit der Kamera Fotoromane nachstellen (z. B. „Auf dem Arbeitsamt"), Fotos für die Schülerzeitung oder Tageszeitung machen, Bildberichte (etwa über das Praktikum) anfertigen, Fotodokumentationen (z. B. über die Situation von Asylbewerbern) zusammenstellen und dadurch Öffentlichkeit herstellen. Insbesondere dokumentarische Fotos „können eine Hilfe zum Begreifen der Wirklichkeit sein, nur solche Fotos eignen sich auch als Mittel in der politischen Auseinandersetzung" (Dieckmann, 1991, 153 f.).

Einsatz von Fernsehen und Filmen

Im Politikunterricht können Filme und Fernsehsendungen viele Zusammenhänge anschaulich und aktuell vermitteln. Sie sind wichtig, weil sie in Ausschnitten politische Ereignisse, die meist entfernt stattfinden, einer Analyse zugänglich machen. Zwar ist die Konstruktion von Wirklichkeit in Filmen oftmals äußerst wertbesetzt und selektiv, doch kann der Lehrer die Faszination von audio-visuellen Medien für den Unterricht nutzen. „Methodisch überlegter Umgang mit Medien kann die Lernenden dazu befähigen, die Machart der Medien sachkundig und mit kritischer Distanz erkennen und einschätzen zu können, sowohl in technischer Hinsicht (Wahl bestimmter

Vorteile audiovisueller Medien

Kameraeinstellungen, Übergänge, Ausschnitte, Blenden, Bildkompositionen) als auch inhaltlich und dramaturgisch (Untersuchung von Absichten und Zielen des Films, der gewählten Inszenierungs- und Darstellungsformen, der Sprache, Dialoge, Texte)." (Frenz 1982, 313)

Folgende Typen von Filmen lassen sich für die politische Bildung unterscheiden. 1) Die Übertragung eines politischen Ereignisses (Vertragsunterzeichnungen, Bundestagsdebatten), 2) kommentierende Filme mit Zusammenstellungen von Aussagezusammenhängen (Magazinsendungen, Talkshows), 3) Reportagen (über Arbeitsplätze, andere Länder), 4) Werbefilme (Wahlspots), 5) Spielfilme mit politischen Inhalten (Antikriegsfilme). Solange die Aussage eines Films nicht für sich stehenbleibt, sondern im Unterricht aus der Perspektive unterschiedlicher Wissensbestände reflektiert wird, trägt der Einsatz zum aktiven Medienkonsum bei und fördert politisches Denken. Auf diese Weise können alle in diesem Beitrag diskutierten Medien eine Alternative zur Verdoppelung von Alltagsgewißheiten bieten.

5. Literatur

ACKERMANN, PAUL/GAẞMANN, REINHARD 1991: Arbeitstechniken politischen Lernens kurzgefaßt. Stuttgart

BOHNSACK, RALF 1991: Rekonstruktive Sozialforschung. Einführung in Methodologie und Praxis qualitativer Forschung. Opladen

DIECKMANN, ERNST-GÜNTER 1991: Kreative Medienarbeit am Beispiel Umwelt. Themenzentrierte Fotografie und Fotoreportage. In: Bundeszentrale für politische Bildung (Hrsg.): Methoden in der politischen Bildung. Bonn, S. 150 ff.

DUNCKER, LUDWIG 1994: Die Kraft der Imagination. Zur Bedeutung der Phantasie für das Lernen. In: Neue Sammlung Nr. 3, S. 459 ff.

FRENZ, WILHELM 1982: Medien im politischen Unterricht. In: Nitzschke, Volker/Sandmann, Fritz (Hrsg.): Neue Ansätze zur Methodik des politischen Unterrichts. Stuttgart

HILLIGEN, WOLFGANG 1985: Zur Didaktik des politischen Unterrichts, 4. Aufl. Opladen

KLIPPERT, HEINZ 1988: Durch Erfahrung lernen. Ein Prinzip auch für die politische Bildung. In: Bundeszentrale für politische Bildung (Hrsg.): Erfahrungsorientierte Methoden der politischen Bildung. Bonn

MANNHEIM, KARL 1980: Strukturen des Denkens. Frankfurt/M.

MASSING, PETER/WEIẞENO, GEORG (Hrsg.) 1995: Politik als Kern der politischen Bildung. Wege zur Überwindung unpolitischen Politikunterrichts. Opladen

SANDER, WOLFGANG 1991: Politikdidaktik in der Bundesrepublik als Lernprozeß - Eine Einführung. Schwalbach/Ts.

SOEFFNER, HANS-GEORG 1989: Auslegung des Alltags. Der Alltag der Auslegung. Zur wissenssoziologischen Konzeption einer sozialwissenschaftlichen Hermeneutik. Frankfurt/M.

WEIẞENO, GEORG 1991: Das Tafelbild im Politikunterricht. Schwalbach/Ts.

WEIẞENO, GEORG 1993: Über den Umgang mit Texten im Politikunterricht. Didaktisch-methodische Grundlegung. Schwalbach/Ts.

Monika Mannheim-Runkel

Spielend lernen

Entfaltung personaler Kompetenzen in Interaktionsspielen als Voraussetzung politischer Handlungsfähigkeit

1. Vorbemerkung

Methodische Zugänge in der politischen Bildung sollten sich in den Zielsetzungen und konzeptionellen Grundlagen der Arbeit begründen. Deshalb vorab einige bildungstheoretische und konzeptionelle Überlegungen.

Seit Beginn der 90er Jahre haben sich in den traditionellen Bereichen der außerschulischen politischen Bildung (Parteien, Verbände, Gewerkschaften) Veränderungen vollzogen. Standen in den 80er Jahren noch häufig weltanschaulich geprägte Diskussionen, Aufklärung und kognitive Wissensvermittlung im Vordergrund, wenn auch immer wieder bezogen auf die konkreten Erfahrungen der Teilnehmenden, so kann man nun gleichsam von einem Paradigmenwechsel sprechen.

Veränderung der politischen Bildung in den 90er Jahren

Der gesellschaftliche Modernisierungsprozeß beschleunigte soziale Differenzierungsprozesse, die zu einer enormen Vielfalt von Lebenslagen und zu komplexen Veränderungen in der Arbeitswelt führten. Die Dynamik der technologischen Entwicklung stellt die Ressource Mensch, das „Humankapital", mehr und mehr in den Vordergrund. Die Ausbildung von „Schlüsselqualifikationen", von sozialen bzw. personalen Kompetenzen wie Flexibilität, Teamfähigkeit und Prozeßdenken sind wichtige Bestandteile der neuen Ausbildungsverordnungen. Der Einsatz neuer Technologien, die Weltmarktentwicklung und die Komplexität der gesellschaftlichen Entwicklung erfordern von den Individuen ein umfassendes Orientierungsvermögen, das nur über die Erweiterung personaler Kompetenzen erreichbar ist.

Die politische Bildung kann soziale Kompetenzen in weitaus umfassenderem Sinne vermitteln, als dies auf der effizienzbezogenen Seite der beruflichen Qualifizierung möglich ist. Diese Kompetenzen sind nicht nur beruflich nützlich, sondern auch bedeutsam für gesellschaftliches und politisches Handeln der Individuen. Das bedeutet für die politische Bildung, daß sie Erfahrungsräume schaffen muß, die die sinnliche Entfaltung, die Wahrnehmungsfähigkeit, mit der Wissensaneignung verknüpfen. Nicht nur die Vermittlung eines Wissenskanons, sondern insbesondere die Schulung von Wahrnehmungs-, Orientierungs- und Kommunikationsfähigkeiten fördert eine Persönlichkeitsentwicklung, die den komplexen Veränderungsprozessen gewachsen ist.

Vermittlung sozialer Kompetenzen

Die vielbeschriebenen *Individualisierungstendenzen* bringen einerseits mehr Chancen für Selbstbestimmung, Wahlmöglichkeiten und andererseits Vereinzelung und Entsolidarisierung mit sich. Zielformulierungen politischer Bildung stellen demgegenüber die Kategorie der Verantwortung in den Vordergrund, d. h. die Bereitschaft und Fähigkeit der Individuen zur Übernahme von Verantwortung für das eigene Leben, für gesamtgesellschaftliche Entwicklungen und gegenüber der Natur.

Die zunehmende *Komplexitätssteigerung*, die eine Erweiterung und Vielfalt der Lebensbereiche umschreibt und eine Vernetzung von Lebenswelt, Politik und Wissenschaft mit sich bringt, bedarf auf seiten der politischen Bildung eines umfassenden *Orientierungsvermögens*, welches Wissen mit der Frage nach Maßstäben, Risikoabschätzung und eigenen Werturteilen verknüpft.

Notwendigkeit neuer Formen der Kommunikation

Die häufig genannte *Enttraditionalisierung* der Lebenswelt und die damit einhergehende Entwertung von traditionellen Moral-und Rechtsvorstellungen bedarf neuer Formen von Verständigung, von kommunikativen und gemeinschaftsbildenden Fähigkeiten.

2. Methoden des interaktiven Lernens in Gruppen

Die Grundannahme, daß politisches Engagement der Stärkung personaler Kompetenzen und Entwicklung sozialer Qualifikationen bedarf, hat Auswirkungen auf die Auswahl von Methoden. Eine der wichtigsten Voraussetzungen zum Erwerb personaler und sozialer Kompetenzen ist das interaktive Lernen in Gruppen. Herangehensweisen, die die sozialen Prozesse in der Gruppe thematisieren, haben hierbei eine wichtige Funktion. Sie beziehen sich auf gruppenpädagogische Elemente wie Begegnung, Rückmeldung, Selbsttätigkeit, Kooperation und demokratische Verkehrsformen. Ziel ist es, neben der Wissensvermittlung zwischenmenschliche Beziehungen in einer Gruppe produktiv zu gestalten, d. h. besonders soziale Tugenden erleben und erfahren zu lassen (Geißler/Hege 1991, 192).

Ziel des interaktiven Lernens in Gruppen

„Spielend lernen" im Rahmen der politischen Bildung heißt: interaktives Lernen im gestalterischen Prozeß mit hohen subjektiven und selbstreflexiven Anteilen, verknüpft mit gesellschaftlich relevanten Themenstellungen. Spielend lernen in der Bildungsarbeit ist eine Arbeitsweise, die die Situationsbezogenheit im Gruppenprozeß nutzt und die Gruppe als Medium für Lernerfolge einsetzt.

Die didaktische Entscheidung im spielerischen Lernen wird an der Dynamik der Lehr- und Lernsituation ausgerichtet. Ebenso ist die Integration von Inhalt und Beziehung wesentlich. Die Orientierung am Thema und die Ausrichtung des Themas an den Subjekten und deren individuellen und kollektiven Bedürfnissen ist ausschlaggebend (ebenda 1991, 190).

Integration von Inhalt und kollektivem Bedürfnis

Im Gegensatz zu dem didaktisch-curricular ausgefeilten und zeitlich in Unterrichtseinheiten begrenzten Politikunterricht in der Schule konnte die außerschulische Bildung in den letzten Jahren ein großes Repertoire an methodisch-innovativen Herangehensweisen entwickeln. Die Vielfalt der ganzheitlichen Ansätze, der Reichtum der Kulturpädagogik, die Übernahme zahlreicher Methoden aus der Managementbildung bis hin zu Ansätzen aus dem psychologisch und therapeutisch orientierten Bereich werden mit großer Innovationskraft im projektorientierten Lernen miteinander verknüpft.

Im Nachfolgenden werden einzelne exemplarische Felder der spielerischen Arbeit in der politischen Bildungsarbeit beschrieben. Die Vielfalt der spielpädagogischen Praxis verdeutlichen zwei umfassende Bibliographien zu den Gebieten Kennenlernspiele, Interaktions- und Kommunikationsspiele, Rollenspiele, Wahrnehmungsspiele, Planspiele (für die überwiegend in den 70er Jahre veröffentlichten: Broich 1980; für die 80er Jahre: Fritz 1993).

Vier verschiedene Interaktionsspiele

Im Vordergrund der hier ausgewählten Praxis stehen Interaktionsspiele, die die personale und soziale Kompetenz erweitern. Sie werden, weil hier nur eingeengt möglich, unabhängig vom Kontext des Lernens beschrieben, obwohl sie nur dann für den politischen Bildungsprozeß fruchtbringend sind, wenn sie, wie schon erwähnt, eingebunden sind in die Bearbeitung gesellschaftlich relevanter Themenstellungen.

2.1. Kennenlernspiele

Kennenlernen

Kennenlernen in Seminaren der politischen Bildung ist nicht nur Einstieg und Anfang, sondern eine grundlegende Voraussetzung für die spätere Arbeit am Thema im Gruppenzusammenhang. Für die Atmosphäre in der Lerngruppe, für Offenheit, Vertrauen, gemeinsame Interessen und Lernbereitschaft werden hier Grundsteine gelegt. Gleichzeitig kann dieser Abschnitt mit einer ersten Annäherung an das zu bearbeitende Thema verknüpft werden.

Die Förderung der Interaktion in Gruppen wird mit den vielfältigsten Einstiegsmethoden eingeleitet (vgl. Vopel 1984; Baer 1988). Die Balance zwischen Distanz bewahren und Nähe suchen, anonym bleiben wollen und sich zeigen, Neues erproben und auf Bekanntes nicht verzichten können, Anleitung brauchen und Abhängigkeit vermeiden (Langmaack / Braune-Krickau 1993, 71) muß zu Beginn ermöglicht werden.

Das Schaffen von Beziehungen

Mit dem Ziel, Beziehungen zu schaffen, die eine optimale Lernsituation ermöglichen, geht es darum, die Stellung einzelner und von Teilgruppen im Interaktionsgefüge der Gesamtgruppe abzubilden. Im Gegensatz zu den in psychodramatischen Verfahren (Moreno 1981; Gellert 1993) verwandten soziometrischen Übungen werden hier allgemeinere Merkmale und Beziehungsgefüge erstellt, die den Anfängen in Seminaren der politischen Bildung gerecht werden. Über soziometrische Abbildungen können in kurzer Zeit viele Kontakte und Beziehungen in der Gruppe hergestellt werden. Im nachfolgenden wird an einem Übungsbeispiel der Stellenwert von Gruppe und Teilgruppen im Prozeß des sozialen Lernens verdeutlicht.

Soziometrische Abbildungen

Bei der Übung „Klumpenbildung" gruppieren sich die Teilnehmer soziometrisch im Raum nach vorgegebener Anleitung. Sie bewegen sich bei Musik im Raum und werden bei Musikstopp dazu aufgefordert, sich in Kleingruppen (Klumpen) zusammenzufinden. Zu diesen Gruppierungen werden Anleitungen gegeben:

Es finden sich diejenigen TeilnehmerInnen zusammen, die a) aus näherer Umgebung kommen, b) mehr als 100 km entfernt wohnen und c) mehr als 200 km entfernt wohnen.

Die TeilnehmerInnen, die sich in Klumpen gefunden haben, unterhalten sich kurz über ihren Herkunftsort, solange, bis die Musik wieder hörbar ist. Sie durchqueren abermals den Raum und werden wiederum aufgefordert, sich je nach anderen gefragten Gemeinsamkeiten in Kleingruppen zusammenzufinden. Für die weitere Auswahl ist eine große Spannbreite an Themen möglich, etwa Gruppierungen zu Beruf, Tätigkeit, Qualifikation, Hobbys, Familienkonstellationen, Musikstilen, Urlaubszielen.

Themenspannbreite

Außerdem ist eine erste Annäherung an das Seminarthema möglich: wer hat sich bereits viel, wenig oder gar nicht damit beschäftigt, wer hat überwiegend diese oder jene Erwartungen und Wünsche. Die Detailformulierungen können exakt auf Zielgruppe und thematische Schwerpunkte ausgerichtet werden. Bei einer TeilnehmerInnenzahl von 20 ist es sinnvoll, 2 bis 4 Zuordnungskriterien zu benennen.

Statt oder ergänzend zur Klumpenbildung ist auch eine Skalierung möglich. Die TeilnehmerInnen bilden eine Reihe im Raum nach vorgegebenen Maßstäben: Anordnung nach den Anfangsbuchstaben der Vornamen, nach der Anzahl der Schuljahre oder der Berufserfahrung oder nach Einschätzungen und Wertmaßstäben zu bestimmten Themen.

Skalierung

Diese Art des Einstiegs ermöglicht immer wieder zwischen

den Vorgaben kurze informelle Gespräche, und eine erste Annäherung an Persönliches und Thematisches wird in lockerer Form ermöglicht.

2.2 Interaktionsübungen im kreativ-gestalterischen Bereich

Soziale Kompetenz kann im Seminarzusammenhang durch Lernprozesse auch im unmittelbaren gestalterischen Prozeß erworben werden. Sensibilisieren für Wahrnehmung, Kooperation und Verständigung in der Gruppenarbeit erfahren, fördert eine selbstreflexive Auseinandersetzung mit eigenen Stärken und Schwächen bzw. Erkenntnisse über Gruppengefüge und -strukturen.

Zweiermalen

In der Übung „Zweiermalen" „lernen beide, die Handlungen anderer wahrzunehmen und eigene Antworten im Agieren zu finden" (vgl. Gesellschaft 1986). Die Aufgabenstellung: zwei Personen malen mit flüssiger Aquarellfarbe und großen Pinseln ein Bild in DIN-A 2-Größe, ohne dabei miteinander zu sprechen. Von den drei zur Verfügung gestellten Farben rot, blau und gelb darf jede(r) nur eine für sich auswählen, erhält diese dann jedoch in einer hellen und einer dunklen Nuance.

Der Auftrag, zu zweit ein Bild zu gestalten, verfolgt das Ziel, unmittelbare Erfahrungen im gemeinsamen kreativen Gestaltungsprozeß zu machen und dabei die eigenen und die Handlungen anderer genauer wahrzunehmen. Da jede(r) der Teilnehmer nur „seine" Farbe benutzen darf, wird der Entstehungsprozeß des gemeinsamen Werkes nachvollziehbar, wird deutlich, wo eigene Akzente gesetzt wurden, Signale des anderen übermalt oder ergänzt werden.

Bei diesem selbstreflexiven Lernen im unmittelbaren gestalterischen Prozeß werden aktuelle Erfahrungen gemacht, die es im Anschluß daran ermöglichen, in einem intensiven Auswertungsprozeß Bausteine und Elemente sozialen Verhaltens herauszuarbeiten. Auf Metaplankarten werden die benötigten Qualifikationen für einen kooperativen Prozeß dokumentiert. Dies sind z. B.: Raum geben und nehmen, Dominanz erkennen, sich zurücknehmen können, Grenzen anerkennen, Unterschiede akzeptieren, Position beziehen, sich einmischen.

Bauen

Eine weitere Übung ist das „Bauen", bei der die Förderung der Teamfähigkeit und die konstruktive Kooperation nach einer vorgegebenen Aufgabe in einer Gruppe im Vordergrund stehen (Antons 1993). Dieser Kleingruppe von 4 bis 6 Personen stehen eine begrenzte Anzahl von DIN-A 2-Papierbögen, Kleber, Schere und Bleistift zur Verfügung. Der Auftrag, ein Flugobjekt oder eine Brücke nach bestimmten Maßen und Zeitvorgaben zu bauen, bedingt, daß die Gruppe Planung, Arbeitsteilung, Führungsfunktionen und Gesamtgestaltung selbst erledigen muß. Ein bis zwei Beobachter, die nach vorgegebenen Kriterien den Prozeß verfolgen, geben bei der späteren Auswertung Rückmeldung an einzelne und die Gruppe. Wichtig ist hierbei, daß dominantes, konkurrenzorientiertes Verhalten oder Zurückhaltung nicht bewertet wird, sondern lediglich Wahrnehmungen mitgeteilt werden. Auch dieser gemeinsame Gestaltungsprozeß liefert unmittelbar Einsichten in die Grundbausteine des sozialen und interessengeleiteten Handelns und somit eine Folie, dies auf eigene Betriebserfahrungen oder das Agieren in gesellschaftlichen Feldern zu übertragen.

Grundbausteine sozialen Handelns

2.3 Rollenspiele

Rollenspiele

Kommunikation wird auch durch äußere Einflüsse, institutionelle Bedingungen, durch Erwartungshaltungen und Normen bestimmt. Im Rollenspiel werden subjektive Bedingungen des Rollenträgers mit objektiven Bedingungen der Gesellschaft verknüpft. (Fritz 1993, 185). Die Beteiligten am Rollenspiel lernen, Handlungsregeln und Erwartungsstrukturen einer Rolle zu analysieren und Verhaltensänderungen einzuleiten. Die Widerspiegelung der Welt im Spiel, in der Simulation, präzisiert die Interaktion in Gruppen und ermöglicht ein Lernen in der Situation und aus der Beobachtung.

Die Vielfalt der Einsetzbarkeit von Rollenspielarten kann hier nicht beschrieben werden. Wesentlich ist aber, daß ein gezielter Einsatz eine hohe Motivation bewirkt und daß in der Auswertung Rückmeldungen zu Handlungsalternativen gegeben werden können.

Einsatzmöglichkeiten

Im Rahmen der politischen Bildung wird das Rollenspiel häufig genutzt als ein zielgerichtetes Verfahren, um

a) für zwischenmenschliche Kommunikation zu sensibilisieren - eigene Haltungen und Gefühle zu äußern und besser zu verstehen;
b) durch die Übernahme verschiedener Rollen den Blick zu schärfen für unterschiedliche Sichtweisen, Interessengegensätze und Machtgefüge,
c) Probleme, Verhalten und Ereignisse antizipierend zu bearbeiten und zu erproben.

Die Zieldefinition entscheidet über die Art des Rollenspiels. Die Verwendung eines strukturierten Rollenspiels entspricht einem gesteuerten Lernen mit Vorgaben, Fakten, Informationen und Rollenzuweisungen. Das unstrukturierte Spiel ermöglicht eher entdeckendes Lernen zur Erforschung persönlicher Situationen, der Lernprozeß ist sehr stark selbstgesteuert (van Ments 1985, 55).

Zieldefinition

Die klassische Form der Untersuchung gesellschaftlich relevanter Themenstellungen in Seminaren der politischen Bildung ist die Exploration, d. h. die Teilnehmer gehen nach „draußen" und befragen Menschen in verschiedenen Rollen und Positionen zu dem zu bearbeitenden Thema. Die subjektiv gemachten Erfahren bei solch einer forschenden Gruppenarbeit sind jedoch für die eigene Persönlichkeitsentwicklung und Verbesserung der eigenen Handlungsfähigkeit genauso wesentlich (Grubauer/Mannheim-Runkel/Müller 1991, 71, 178, 269).

Forschende Gruppenarbeit

Hier ist das antizipierende Rollenspiel sehr geeignet, um Probleme vorab zu analysieren, diese aus verschiedenen Perspektiven zu betrachten und gleichzeitig im spielerischen Prozeß soziales Verhalten, Kommunikationsfähigkeit und eigenes Agieren in Gruppen zu ermöglichen.

Eine wesentliche Bedeutung hat die Auswertung (von Ments 1985, 111 f.) sowohl zur inhaltlichen Seite des Spielverlaufs als auch zum Prozeß selbst.

Wieder sind die leitenden Momente:

- das Lernen im Prozeß
- die Sensibilisierung für eigenes Verhalten, Kommunikations- und Interaktionsfähigkeit
- die thematische Vorbereitung und Präzisierung des Themas (welche Fragen haben wir, wie agieren wir selbst?).

2.4 Planspiele

Das Planspiel als eine der klassischen Methoden in der politischen Bildung wurde in den letzten Jahrzehnten sehr umfangreich und vielfältig entwickelt, so daß hier nur auf einige wenige Aspekte eingegangen wird.

Planspiele benötigen mehr Zeit als Rollenspiele, bedürfen einer genaueren Planung bei der Definition der Aufgaben sowie der Spielbeteiligung und laufen nach Regeln ab. Im Planspiel werden komplexere Entscheidungs- und Konfliktsituationen simuliert (z. B. ein Tarifkonflikt). Die Simulation der gesellschaftlichen Wirklichkeit im Planspiel schult Orientierungsvermögen, die Kompetenz, Zusammenhänge herzustellen, Strategiefähigkeit und stärkt die subjektiven Fähigkeiten im Gruppenzusammenhang. Eine der wesentlichsten Grundlagen ist das Fällen von Entscheidungen und deren Begründung im Gruppenzusammenhang. Die SpielerInnen müssen planen, überlegen, Entscheidungen treffen, sich einigen, Beziehungen klären sowohl als Mitspieler als auch als Rollenträger (Sommer 1991).

Entscheidungs- und Konfliktsituationen

Modellbildung

Am Beispiel der Modellbildung werden Grundstrukturen der komplexen Wirklichkeit sichtbar und über die gruppenintensive Spielpraxis erfahrbar gemacht (Zepp 1991).

Einzelne neuere Konzepte für die politische Bildung fördern gezielt die Erweiterung von personalen Kompetenzen bei gleichzeitiger Integration von gesellschaftlich relevanten Themenstellungen (Grubauer et al. 1995). Eine interessante weiterführende Variante des Planspiels in den letzten Jahren arbeitet mit integrierten Computersimulationen (Bossel 1992).

Verknüpfung von Lernebenen

Kernpunkte der angestrebten Verknüpfung von verschiedenen Lernebenen sind:

- Vernetzes Denken und Komplexitätsreduktion
- Kritik und Überprüfung der Wirklichkeitsabbildung im Modell
- Lernen und systematisches Begründen in Gruppen
- Entscheidungsfindung und Begründung, soziale Interaktion am Computer
- Erkennen und Umgang mit Systemstrukturen.

Im Planspiel selbst werden häufig die verschiedensten Elemente vereinigt: Rollenspiele bewirken Selbsterfahrung, Perspektivwechsel aus verschiedenen Rollen und unmittelbares Agieren.

Die Thematik selbst fordert Stellungnahmen und Konfliktlösungsstrategien zwischen unterschiedlichen Interessensgruppen. Computersimulationen präzisieren die Modellbildung, und die Arbeit im Gruppenzusammenhang zwingt zu Kooperation, gemeinsamer Entscheidungsfindung und Entwicklung von Lösungsstrategien.

Entwicklung von Lösungsstrategien

3. Schlußbemerkung

Jeglicher Einsatz von spielerischen Methoden des sozialen Lernens in der politischen Bildung muß sich mit den politisch-pädagogischen Zielsetzungen der Arbeit vereinbaren lassen. Voraussetzung ist, daß Spiele kompetent ausgewählt und deren Wirkungsweise erkannt wird.

Die Abstimmung auf die Lernvoraussetzungen der Teilnehmer, die zielgerichtete Einordnung in den roten Faden des Gesamtkonzeptes, die detaillierte Anleitung und die Auswertung der verwandten Übungen und Spiele haben einen hohen Stellenwert.

Lernen in „Laborsituationen"

Das Lernen in seminaristischen „Laborsituationen" sollte die personalen Voraussetzungen für gesellschaftliches Orientierungsvermögen und verantwortungsbewußtes Handeln stärken.

Hier entspricht „spielendes Lernen" im Gruppenzusammenhang einem Übungsfeld, in dem zeitweise die Grenzen zwischen Wirklichkeit und Fiktion verschwimmen, somit die Erfahrungen im unmittelbaren gestalterischen Prozeß fruchtbar gemacht werden können für gesellschaftliche Veränderungen.

Aus der Vielfalt der spielpädagogischen Praxis diejenigen methodischen Ansätze auszuwählen, die die Verbesserung der personalen und sozialen Kompetenzen mit der thematischen Bearbeitung der gesellschaftspolitisch relevanten Themenstellungen verbinden, ist die eigentliche Herausforderung für die politische Bildung.

4. Literatur

ANTONS, KLAUS 1993: Praxis der Gruppendynamik. Göttingen

BAER, ULRICH 1988: 500 Spiele für jede Gruppe, für alle Situationen. Remscheid

BROICH, JOSEF 1983: Szenen und Spiele für die Gruppenarbeit. Gelnhausen/ Berlin

BOSSEL, HARTMUT 1992: Modellbildung und Simulation. Braunschweig/ Wiesbaden

FRITZ, JÜRGEN 1993: Methoden des sozialen Lernens. Weinheim/ München

GEIßLER, KARLHEINZ A./ HEGE, MARIANNE 1991: Konzepte sozialpädagogischen Handelns. Weinheim/ Basel

GELLERT, MANFRED 1993: Lebendige Soziometrie in Gruppen. In: Bosselmann/ Lüffe-Leonhardt/ Gellert: Variationen des Psychodramas. Meezen

GESELLSCHAFT FÜR AUSBILDUNGSFÖRDERUNG E.V. MÜNCHEN 1986: TIBB-Info Päd. I Künstlerische Übungen – ein Weg zu beruflicher Handlungsfähigkeit. Bonn

GRUBAUER, FRANZ/ MANNHEIM-RUNKEL, MONIKA/ MÜLLER, WOLFRAM 1991: Persönlichkeitsentwicklung, gesellschaftliche Zukunftsgestaltung und solidarisches Lernen, Modelle und Praxiskonzepte für die politische Bildung. Marburg

GRUBAUER, FRANZ et al. 1995: Schlüsselqualifikationen für die Kommunikations- und Informationsgesellschaft, Päd. Konzeptionen, unveröffentl. Manuskript, zu beziehen über Evangelische Trägergruppe für gesellschaftspolitische Jugendbildung, Ev. Akademie 73087 Bad Boll

LANGMAACK, BARBARA/ BRAUNE-KRICKAU, MICHAEL 1993: Wie die Gruppe laufen lernt, Anregungen zum Planen und Leiten von Gruppen. Weinheim

MORENO, JAKOB L. 1981: Soziometrie als experimentelle Methode. Paderborn

VAN MENTS, MORRY 1985: Rollenspiel effektiv, Ein Leitfaden für Lehrer, Erzieher, Ausbilder und Gruppenleiter. München

VOPEL, KLAUS W. 1984: Anfangsphase 1 und 2. Hamburg

ZEPP, JÜRGEN 1991: Das computergestützte Planspiel „Kommstedt“. In: Bundeszentrale für politische Bildung (Hrsg): Methoden in der politischen Bildung – Handlungsorientierung. Bonn

Paul Ackermann

Forschend lernen: Exkursion, Sozialstudie, Projekt

1. Gemeinsame Merkmale

Im folgenden Beitrag werden drei unterschiedliche Methoden vorgestellt, die wichtige Kennzeichen, wenn auch mit unterschiedlicher Akzentuierung, gemeinsam haben. Die methodischen Übergänge zwischen Exkursion, Sozialstudie und Projekt sind fließend. So kann innerhalb einer Exkursion mit der Methode der Sozialstudie gearbeitet und innerhalb eines Projektes können alle genannten Methoden angewandt werden.

Unterschiedliche Herangehensweisen

Wissenschaftsorientierung
Die drei Methoden gehen einmal davon aus, daß die komplexe gesellschaftliche und politische Umwelt der Jugendlichen mit Hilfe der Methoden, Denkmodellen wissenschaftlicher Erkenntnis, erschlossen, geordnet und beschrieben werden können. Die Schülerinnen und Schüler sollen „forschend" lernen, eine Sache, ein Problem nach bestimmten Regeln und so planmäßig und durchsichtig zu untersuchen, daß ihr Vorgehen und ihre Ergebnisse von anderen nachvollzogen und überprüft werden können. Um Kindern und Jugendlichen deutlich zu machen, daß die Methoden der Sozialwissenschaften gewissermaßen realitätserschließende Werkzeuge sind, haben amerikanische Pädagogen einen Werkzeugschrank zusammengestellt, in dem die Hilfsmittel eines Sozialwissenschaftlers vereinfacht dargestellt sind (s. folgende Seite).

Wissenschaftsorientierung

Forschend lernen

Subjektorientierung
Die folgenden Methoden fassen die Schülerinnen und Schüler als Lernsubjekte auf, die ihren Lernprozeß selbst verantworten und organisieren. Das Tätigwerden der Lernenden steht im Vordergrund.

Subjektorientierung

Realitätsbegegnung/Erfahrungsorientierung

Erfahrungsorientierung

In allen drei Methoden wird versucht, die gesellschaftlich-politische Wirklichkeit direkt zu erfahren. Sie gehen über das Symbolische der in Zeichen vermittelten Realität wie Texte, Schaubilder usw. hinaus und versuchen Wirklichkeit so, wie sie erscheint, zu erfassen, zu ordnen, zu analysieren und zu deuten. Die Trennung von Lebenssituationen, für die gelernt wird, und den Lernsituationen soll dabei überwunden werden.

Prozeßorientierung: Der Weg ist das Ziel

Prozeßorientierung

Bei den folgenden Methoden geht es nicht in erster Linie um das Lernergebnis in Form von abfragbarem Wissen; wichtiger ist der Lernprozeß, der methodische Gang des Unterrichts.

Sozialwissenschaftlicher Werkzeugschrank

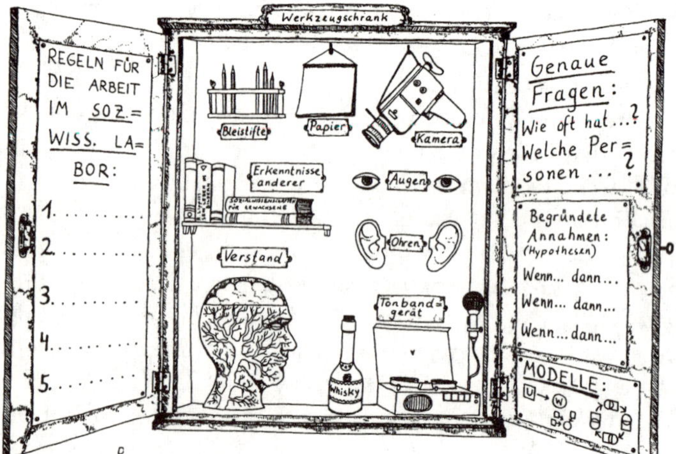

(Lippitt 1985, 109)

2. Lernen vor Ort: Erkundungen – Exkursionen – Studienfahrten

2.1 Begriffliche Hinweise

Der aus der Bergmannsprache stammende Ausdruck „vor Ort" bedeutet für den Unterricht, daß bestimmte Inhalte und Probleme außerhalb des Klassenzimmers „an der Stelle bearbeitet werden, wo sie direkt gesehen, studiert, unterrichtet werden können" (Niemetz 1980, 3). Man spricht von Real- oder originaler Begegnung. In ähnliche Richtung zielt der Begriff der Erkundung, der vor allem im Zusammenhang mit Stadterkundung und Betriebserkundung gebraucht wird. Vom Lerngang spricht man im Sachunterricht der Grundschule, wobei in der Regel Lernorte, die zu Fuß zu erreichen sind (Post, Rathaus), aufgesucht werden.

Sprachliche Definition

Da für diese Zwecke das „Herausgehen" (excurrere, excursio) aus dem Schulgebäude notwendig ist, spricht man in diesem Zusammenhang auch von Exkursion, Studienfahrt. Auch Schullandheimaufenthalte oder Betriebspraktika gehören zu dieser Organisationsform außerschulischen Lernens. Der Begriff der Klassenfahrt hebt stärker auf das Lernen und Zusammenleben in der Gruppe ab.

Die Bezeichnung „Außerschulische Lernorte" wurde vor allem in der Diskussion über berufliche Bildung gebraucht, wo man von einer Pluralität der Lernorte Schule, Betrieb, überbetriebliche Ausbildungsstätte ausgeht.

2.2 Lernchancen

Ohne auf definitorische Probleme und unterschiedliche Akzentuierungen einzugehen, werden dem didaktisch-methodischen Konzept der „Exkursion" folgende besondere Lernchancen zugeschrieben:

2.2.1 Verbindung von abstraktem und konkretem Lernen

Die politische Bildung ist in besonderem Maße in Gefahr, sich von der gesellschaftlich-politischen Wirklichkeit zu entfernen. Die zum Teil als Verkopfung beklagte rein intellektuelle Bearbeitung politischer Probleme hat bei den Schülern in den letz-

Bezug zur Wirklichkeit

ten Jahren nur wenig politisches Interesse wecken können. Daß Sprache und Schrift bisher weitgehend die Auswahl der Inhalte politischer Bildung und die Formen ihrer Bearbeitung bestimmten, liegt unter anderem daran, daß dieses Fach sich in der Schule als Ort der „Schrift- und Sprachkultur" (Duncker 1987, 194) erst etablieren mußte. Die stärkere Einbeziehung der außerschulischen Lernorte soll den Jugendlichen einen direkteren, erlebnisbezogenen Zugang zu wichtigen Politikbereichen ermöglichen, was aber nicht einen Verzicht auf abstraktes Lernen bedeuten soll.

Zugang zu Politikbereichen

2.2.2 Mehrdimensionales Lernen

Exkursionen bieten auch die Chance zu einem mehrdimensionalen oder ganzheitlichen politischen Lernen. Beim Lernen aus der Wirklichkeit nimmt man „sehr viel mehr wahr als nur schwarze Buchstaben auf weißem Papier, man arbeitet mit allen Sinnen, der ganze Mensch ist beteiligt. Auf diese Weise vermittelte Informationen und Zusammenhänge bleiben besser im Gedächnis und besser wieder abrufbar, da intensives Erleben sehr viel mehr Bezugspunkte liefert als das Lesen" (Gunnemann 1983, 308). Doch dürfen die Jugendlichen nicht auf der Ebene der Eindrücke und des unmittelbaren Erlebnisses verhaftet bleiben. Wir müssen ihnen vielmehr Lernsituationen anbieten, die es erlauben, „die Entstehung eines Erlebnisses im Wechselverhältnis von Ich und Ereignis zu untersuchen und zu interpretieren. Sie müssen verstehen, was in dieser Situation mit ihnen passiert ist, welche falschen Vorstellungen, Gefühle und Haltungen durch welche Wahrnehmungen und Handlungen in Frage gestellt wurden und welche Konsequenzen sie daraus ziehen können" (Scheller 1981, 61).

Wechselverhältnis von Ich und Ereignis

2.2.3 Methoden lernen

Bei Exkursionen wird den Schülerinnen und Schülern am ehesten bewußt, daß sie Werkzeuge brauchen, um die gesellschaftlich-politische Wirklichkeit zu erschließen. Exkursionen bieten die Gelegenheit, sozialwissenschaftlich orientierte Verfahren und Arbeitstechniken wie das Beobachten, Fragen, Zählen, Protokollieren oder Vergleichen zu erproben und zu trainieren.

Vermittlung von Arbeitstechniken

Das folgende Schema zeigt die angedeutete Problematik am Beispiel der Informationsbeschaffung und -auswertung.

Produktives Umsetzen von Informationen

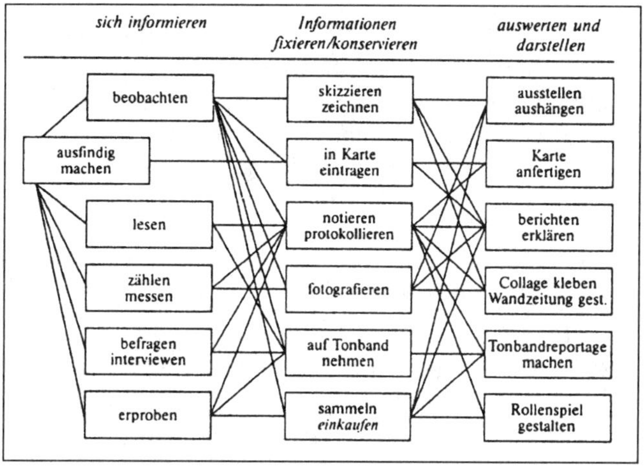

(Praxis Geographie 3/1985)

2.2.4 Fächerübergreifendes Lernen

Während sich der Unterricht in den traditionellen Schulfächern vor allem an Inhalten und Methoden der entsprechenden Bezugswissenschaft orentiert, steht bei Erkundungen die direkte Auseinandersetzung mit einem Problem, an dem bestimmte politische Probleme sichtbar werden, im Mittelpunkt. Dabei können die Schüler feststellen, daß verschiedene Sichtweisen und Zugriffsformen notwendig sind, um die Komplexität dieser Probleme zu erfassen. In diesem Zusammenhang wird ihnen bewußt, daß die Schulfächer z. T. recht künstliche Filter zur Erfassung der Wirklichkeit darstellen und daß deren Zusammenarbeit bei Erkundungen unbedingt notwendig ist.

Perspektivenwechsel

2.2.5 Soziales Lernen/ Schulleben

Besonders wichtig ist bei Exkursionen bzw. Klassenfahrten der Bereich des sozialen Lernens in der Gruppe. Auf der Beziehungsebene ergeben sich neue Kommunikationsmöglichkeiten zwischen Lehrern und Schülern und zwischen den Schülern untereinander. Sie können neue und andere Rollen übernehmen als im Fachunterricht, z. B. als Fotograf, als Journalist, als Organisator oder Sprecher. Aus diesen neuen Beziehungsstrukturen können Konflikte entstehen, die aufgearbeitet werden müssen. Die Schüler können auch über ihre Erkundung in der Schülerzeitung, durch eine Ausstellung oder auch beim Elternabend berichten und damit Schulöffentlichkeit herstellen. Empirische Untersuchungen zur politischen Sozialisation haben gezeigt, daß ein offenes Schulklima viel eher politisches Interesse und soziale Handlungsfähigkeit wecken kann als der traditionelle politische Unterricht.

Neue Beziehungsstrukturen in der Klasse

2.3 Zur Vor- und Nachbereitung und Durchführung von Exkursionen

Die vorhergehenden Hinweise auf die besonderen Lernchancen von Erkundungen haben gezeigt, daß die zu gewinnenden Erfahrungen im Gesamtzusammenhang des jeweiligen Lernprozesses zu sehen sind. „Erkundungen können zur ersten Einführung in ein neues Unterrichtsthema dienen; sie können auf halber Strecke zur Vertiefung und Veranschaulichung der im Unterricht aufgearbeiteten Themenkomplexe genutzt werden; sie können am Schluß einer Unterrichtsphase die Funktion einer Ergebnissicherung erhalten“ (Meyer 1995, 328). Der Erfolg einer Erkundung, die nur episodischen Charakter haben kann und von Einzelinformationen lebt, steht und fällt mit einer gründlichen Vor- und Nachbereitung (Becker 1991). Dabei sind folgende methodischen Einzelschritte zu beachten:

Die Exkursion im Lernprozeß

Ablaufschema einer Erkundung

1. Einstieg (Motivation, Erwartungen, Vorwissen)
2. Vorklärung (Erkundungsabsichten, -möglichkeiten, -sektoren, -aktivitäten, -formen)
3. Planung (Arbeitsschritte, Verantwortlichkeiten, organisatorische Absprachen, Methoden/Techniken der Erkundung)
4. Erkundung (Beobachtung, Befragung, informelles Gespräch)
5. Erkundungseindrücke (spontane Äußerungen, evtl. Aufzeichnungen zu Inhalten, Erlebnissen, Bewertungen)
6. Dokumentation (Dokumentationsinhalte, -formen, Arbeitsteilung)
7. Reflexion (Prüfung der Methoden und des Erkundungsertrages, offene Fragen)

2.4 Eine Auswahl außerschulischer Lernorte

Ausgehend von den Problembereichen politischer Bildung bieten sich ohne Anspruch auf Vollständigkeit folgende außerschulische Lernorte an: Kommunale Institutionen und Projekte, Zeitungsdruckerei und Redaktion, Rundfunk- und Fernsehanstalt, Gerichte, Betriebe, Bundeswehrkasernen, Zivildienstarbeitsplätze, Landtag/Landeshauptstadt, Bundestag, -ministerien, -hauptstadt, europäische Institutionen und Hauptstädte, Schüleraustausch, Politische Tage/Politische Bildung im Schullandheim.

3. Sozialstudie

3.1 Begriff

Funktion der Sozialstudie (nach Rathenow)

Bei dieser Methode „handelt es sich um ein Verfahren, das begrenzte Probleme und Fragestellungen des politischen und gesellschaftlichen Nahraums der Lernenden unter Verwendung empirisch ermittelter Untersuchungsbefunde (Statistiken, Befragungsergebnisse) und anderen primären Quellenmaterials (Zeitungsmeldungen, Parteiprogramme, Flugblätter etc.) untersucht" (Rathenow 1988, 281). Sie steht dem soziologischen Ansatz der Feldforschung nahe. Die Bezeichnung „social studies" für das entsprechende Schulfach in den USA signalisiert, daß dort solche Methoden favorisiert werden.

3.2 Wissenschaftsorientierung und Lehrerrolle

Aufgabe des Lehrers/der Lehrerin

Eine Sozialstudie unterscheidet sich von einer Erkundung dadurch, daß hier von vornherein wissenschaftliche Kriterien eine Rolle spielen. In Anlehnung an die wissenschaftliche Vorgehensweise haben Lippitt et al., die Unterrichtseinheiten für Sozialwissenschaften in der Schule entwickelt haben, folgende Schritte unterrichtlichen Vorgehens vorgeschlagen:

Schritte unterrichtlichen Vorgehens

- Konfrontation mit einem Problem, das Interessen weckt
- Formulierung gezielter Fragen
- Datensammlung
- Interpretation der Daten
- Werte erkennen, ihre Grundlagen erforschen

- Verallgemeinerung der Ergebnisse
- Neue Fragen aufwerfen oder die bisherigen Ergebnisse überprüfen.

(Lippitt 1985)

Der Unterschied zur Exkursion

Der Unterschied zur Erkundung besteht darin, daß hier von vornherein wissenschaftliche Kriterien eine Rolle spielen. „Ausgangspunkt für ein wie immer elementarisiertes wissenschaftliches Vorgehen ist die vorliegende ‚Forschungslage', also die Kenntnis darüber, was von dem, was man selbst erforschen will, bereits wie erforscht ist" (Giesecke 1973, 60). Im Vergleich zur Erkundung übernimmt der Lehrer, der für wissenschaftsorientiertes Vorgehen verantwortlich ist, eine fachlich führendere Rolle. Er muß die Schülerinnen und Schüler mit den verschiedenen Arbeitstechniken der Informationsbeschaffung und -präsentation vertraut machen. Dabei sind unterschiedliche Komplexitätsstufen möglich, etwa bei der Befragung vom einfachen Interview bis zum standardisierten Fragebogen. Im Gegensatz zur Produktion, bei der den kreativen Kräften der Schüler Raum gelassen wird, ist der Lehrer sowohl für eine möglichst planvolle, objektive Informationbeschaffung als auch für die Präsentation mitverantwortlich. Allerdings sollte er bei einer Sozialstudie der Schulklasse auch deutlich machen, daß sozialwissenschaftliche Methoden selbst interessengeleitet und in ihrer Reichweite begrenzt sind.

Themenvorschläge

Für die Sekundarstufe I bieten sich vor allem Themen aus der Lebenswelt der Schüler wie Freizeit oder Konsum an. In der Sekundarstufe II können auch Probleme wie Obdachlosigkeit, Arbeitsverhältnisse, Migration und kommunale Probleme wie Altstadtsanierung oder Verkehr angegangen werden.

3.3 Zum Beispiel: Beobachtung, Beschreibung und Fragebogen

Regeln zur Erarbeitung einer Sozialstudie

Um genaues, begründetes Wissen zu bekommen, sind bei der Planung und Durchführung von Sozialstudien bestimmte Regeln zu beachten, die für alle verbindlich sind und von allen nachvollzogen werden können. Dies soll anhand der Methoden der Beobachtung und Beschreibung aufgezeigt werden.

Sechs Regeln für das Beobachten und Beschreiben

1. Sich klarmachen, was man beobachen will.
2. Sich klarmachen, was man beobachten kann und daß man nicht alles auf einmal beobachten kann.
3. Daran denken, daß man denselben Vorgang (im Verhalten von Menschen!) meist nicht noch einmal beobachten kann. Also Aufzeichnungen machen, wenn es darauf ankommt.
4. An die verschiedenen Aufzeichnungsmöglichkeiten und -geräte denken.
5. An den denken, dem man die Beobachtung mitteilen will, und daran, was er alles nicht weiß.
6. Getrennt angeben, was man beobachtet und was man nur gedeutet hat: „Ich habe gesehen, wie der Stürmer hingefallen ist... Ich vermute, daß ihm der Verteidiger ein Bein gestellt hat."

(Lippitt 1985, S. 74)

Um Meinungen etwas systematischer und vor allem möglichst repräsentativ zu erfassen, bietet sich ein Fragebogen an, der in Zahlen ausdrückbare Angaben liefert. (Ackermann/Gassmann 1991, 38 f.) Mit ihm, dessen Beantwortung überwiegend durch Ankreuzen geschieht, können schon Schülerinnen und Schüler der Sekundarstufe I, aber vor allem der Oberstufe in kurzer Zeit eine Menge Leute befragen. Eine Umfrage als Sozialstudie könnte in folgenden Stufen ablaufen:

Wir führen eine Meinungsumfrage durch:

1. Klärung des Forschungsgegenstandes und Aufstellen von Vermutungen;
2. Forschungsplan: Welche Fragen und wie viele? Hier ist vor allem die Art der Fragen zu überlegen (vgl. Beispiel für einen Fragebogen zur Ernährung, s. Folgeseite).
   Aufbau des Bogens unter dem Gesichtspunkt seiner Auswertung und der Erreichbarkeit des Personenkreises.
3. Durchführung: Wahl des richtigen Zeitpunktes, freundlicher Umgang.
4. Auswertung: Zurückhaltung bei Auswertung. Wie erreiche ich ein möglichst repräsentatives Ergebnis? Welche Form der Präsentation der Ergebnisse wähle ich?

Beispiel für eine Meinungsumfrage

Fragen	Fragen	Fragen
nach Tatsachen, z. B.:		männlich ☐ weiblich ☐ Taschengeld bis 5 DM ☐ bis 10 DM ☐ bis 15 DM ☐ über 15 DM ☐
nach Meinungen, z. B.:	Hältst Du Vollwerternährung für wichtig?	ja ☐ nein ☐ weiß nicht ☐
	Wie schätzt Du das Umweltbewußtsein Deiner Mitschüler ein? (Bitte eine Angabe zwischen 0 und 6 machen)	0 1 2 3 4 5 6 gering hoch

geschlossene Fragen sind Fragen mit Antwortvorgaben zum Ankreuzen, z. B.:

Was verzehrst Du in der großen Pause?

☐ Obst ☐ Brot ☐ Süßigkeiten

☐ nichts

offene Fragen, z. B.: Kannst Du einige Stichworte zur Vollwerternährung nennen?

____

____

Fragen, die manipulieren, und deshalb vermieden werden sollten

Findest Du nicht auch, daß die Umwelt das höchste Gut ist? ja ☐ nein ☐

(Ackermann/Gassmann 1991, 39)

4. Projekt

4.1 Begriff

Das Projekt stellt keine Einzelmethode, sondern „den gemeinsam von Lehrern, Schülern, hinzugezogenen Eltern, Experten usw. unternommenen Versuch dar, Leben, Lernen und Arbeiten derart zu verbinden, daß ein gesellschaftlich relevantes, zugleich der individuellen Bedürfnis- und Interessenlage der Lehrer und Schüler entsprechendes Thema oder Problem innerhalb und außerhalb des Klassenzimmers aufgearbeitet werden kann. Der Arbeits- und Lernprozeß, der durch die Projektidee ausgelöst und organisiert wird, ist dabei ebenso wichtig wie das Handlungsergebnis oder Produkt, das am Ende des Prozesses stehen soll. Projekte eröffnen die Chance, die gesellschaftlich vorgegebene Trennung von Kopf- und Handarbeit ein Stück weit aufzuheben" (Meyer 1994, Bd. I, 143 f.). Der inflationäre Gebrauch dieses Begriffes spiegelt eine gewisse didaktisch-methodische Unsicherheit wieder. Hermann Giesecke bezeichnet das Projektverfahren als „Gesamtüberschrift für alle diejenigen Methoden, die Lernprozesse anders als nach dem klassischen Muster des sich Belehrenlassens organisieren" (Giesecke 1973, 97). Mit den sogenannten Projektwochen wird mit den genannten Zielsetzungen der schulische Regelunterricht zugunsten der Projektarbeit unterbrochen, in der jahrgangs- und schulklassenübergreifende Gruppen gebildet werden. (Duncker 1988, 278)

Definition des Projektes (nach Meyer)

4.2 Phasen

In Anschluß an John Dewey, der den Projektgedanken als einer der ersten entwickelt hat, werden vier Phasen unterschieden:

- Zielsetzung (Diskussion über die gemeinsamen Ziele und Interessen, Formulierung der Projektidee)
- Planung (Arbeitsplan, Verteilung der Aufgaben, Arbeitsmittel, Kooperationspartner wie z. B. Eltern, Experten, Institutionen, Zeiteinteilung)
- Ausführung
- Beurteilung (Kritischer Rückblick auf die Arbeitsergebnisse, bzw. Produkte, evtl. Überarbeitung).

Die Funktion des Lehrers/ der Lehrerin

Der Lehrende ist nicht mehr Mittelpunkt des Unterrichts, er beschränkt sich mehr auf eine initiierende, organisierende und beratende Funktion. Er kann sich vor allem bei den von Frey als „Fixpunkte" bezeichneten organisatorischen Schaltstellen des Projektes einbringen, in denen durch „Metainteraktionen" bzw. Zwischengespräche die Projektteilnehmer sich über bisherigen Stand und weitereres Vorgehen vergewissern, um eine blinde Betriebsamkeit zu verhindern.

4.3 Projektkriterien und Planungshilfen

Heinz Schirp hat unter politikdidaktischen Gesichtspunkten Leitfragen und Planungshilfen für die Projektarbeit zusammengestellt. Konkreter Ausgangspunkt war ein Projekt mit einer 10. Klasse zum Thema: „Unsere Stadt braucht (k)eine Umgehungsstraße!"

Schaubild: Projektbedingungen und Leitfragen

Projektbedingungen		Leitfragen	z.B.
1.7 Gesellschaftliche/Öffentliche Auswirkungen und Initiativen		Können die Projektergebnisse in Richtung auf eine "interessierbare Öffentlichkeit" praktisch umgesetzt werden ?	Inner- und außerschulische Dokumentation der Ergebnisse. Zeitungsartikel, Öffentliche Ausstellungen, Mitarbeit in öffentlichen Gruppen, Vorträge (z.B. in anderen Klassen), Verwendung der Ergenisse durch andere, ...
1.6 Originalität und Innovation	Zielanalyse	Worin liegt das "ganz Andere", das "Neue", das "Originelle" des Projektansatzes zu dieser Thematik ? Welche noch wenig behandelten lokalen Probleme und Zusammenhänge, ... sollten im Vordergrund stehen ?	Neue, spezielle Einsichten und Erfahrungen, spezifische Kenntnisse, neues Verständnis für die Geschichte, Entwicklungen und Strukturen des eigenen Wohnortes, der eigenen Region
1.5 Fächerübergreifendes Arbeiten		Welche spezifischen Lernziele und Lernprozesse sind bedeutsam ? Welche Ziele der jeweils betroffenen Richtlinien und Lehrpläne werden abgedeckt ? Wo entstehen Überschneidungen, Prioritäten, Leerstellen, ...?	Lehrplanbezug in den verschiedenen Schulfächern
		Welche fachspezifischen Lerninhalte und Lernprozesse sind erkennbar ? Welche fachwissenschaftlichen Bezüge sind zu berücksichtigen ?	Historische, politische, ökonomische, geographische, soziologische, technische, kulturelle, ... Bezüge
1.4 Realitätsbezug	Sachanalyse	Eignen sich die erkennbaren Veränderungen zur Aufklärung der gesellschaftlichen Wirklichkeit und der eigenen Lebensperspektive ? Sind sie bedeutsam, exemplarisch ?	Entstehung, Ursachen und Lösbarkeit gesellschaftlicher und individueller Probleme
1.3 Schülereigene Planung		Welche lokalen/regionalen Veränderungen sind durch Schüler selbst erfahrbar, ermittelbar ? Wie steht es mit der Materiallage, der Problemtransparenz, mit Hinweisen auf Ursachen, Folgen, ... ?	Wohnen, Schule, Freizeit, Erholung, Landschaft, Arbeit, Industrie, Landwirtschaft, Bevölkerungszusammensetzung
		Können die Schüler zu den ermittelten Inhalten und Problemen selber planend tätig werden ?	Eigene Arbeitsplanung und Lernorganisation, Möglichkeiten eigener Erfahrungen, Ideen, Interviews, Umfragen, Recherchen, ...
1.2 Handlungsmöglichkeiten	Bedingungsanalyse	Welche Handlungsmöglichkeiten und -fähigkeiten haben die Schüler, welche können sie erwerben, wenn sie sich mit den Entwicklungen und Problemen adäquat auseinandersetzen ?	Erfahrungen mit selbständigen, untersuchenden Arbeiten, Schwierigkeitsgrad der Untersuchungs- , Darstellungsformen, Möglichkeiten der Informationssammlung, -verarbeitung, eigene Handlungschancen und -grenzen
1.1 Interesse und Betroffenheit		Von welchen mit dem Projektthema in Beziehung stehenden Entwicklungen, Strukturen, Problemen, ... sind die Schüler direkt betroffen ? Für welche interessieren sie sich ? Für welche lassen sie sich interessieren? Welche davon haben sie schon bewußt erfahren ? Welche unterrichtlichen Vorkenntnisse haben sie ?	Auswirkungen wirtschaftlicher, industrieller Veränderungen auf die Gemeinde, auf die Stadtstruktur, Auswirkungen auf das Angebot an Arbeits- und Lehrstellen, Veränderungen im Wohn-, Freizeit-, Versorgungsbereich (Infrastruktur, Kultur, Politik, ...)

(Schirp 1988, 207 ff., leicht verändert)

5. Literatur

Ackermann, Paul 1994: Politisches Lernen vor Ort. In: Claußen, Bernhard (Hrsg.): Texte zur politischen Bildung, Bd. 4. Frankfurt/M., S. 9-27

Ackermann, Paul (Hrsg.) 1988: Politisches Lernen vor Ort - Außerschulische Lernorte im Politikunterricht. Stuttgart

Ackermann, Paul/Gassmann, Reinhard 1991: Arbeitstechniken politischen Lernens. Stuttgart

Bastian, Johannes/Gudjons, Herbert 1994: Das Projektbuch, 4. Aufl. Hamburg

Becker, Franz Josef 1991: Politischer Lernen durch Realbegegnung. In: Methoden politischer Bildung - Handlungsorientierung. Bundeszentrale für politische Bildung, Schriftenreihe Bd. 304, Bonn, S. 174-212

Duncker, Ludwig 1988: Projektwochen. In: Mickel, Wolfgang/Zitzlaff, Dietrich (Hrsg.): Handbuch zur politischen Bildung, Bundeszentrale für politische Bildung, Schriftenreihe Bd. 264. Bonn, S. 275-279

Frey, Karl 1982: Die Projektmethode. Mannheim/Basel

Giesecke, Hermann 1973: Methodik des politischen Unterrichts. München

Lippitt, Ronald/Fox, Robert/Schaible, Lucille 1989: Detto und andere - Auswahlband. Stuttgart 1985

Lißmann, Hans Joachim 1995: Sozialstudien zu den Folgen von Migration im Wohnbereich. In: Mickel, Wolfgang/Zitzlaff, Dietrich (Hrsg.): Methodenvielfalt im politischen Unterricht. Schwalbach/Ts.

Meyer, Hilbert 1994: Unterrichtsmethoden. Bd. I und II, 6. Aufl., Frankfurt/M.

Mickel, Wolfgang W./Zitzlaff, Dietrich (Hrsg.) 1988: Handbuch zur politischen Bildung. Bundeszentrale für politische Bildung. Schriftenreihe Bd. 264. Bonn

Rathenow, Hanns-Fred 1988: Erkundung, Sozialstudie, Praktikum. In: Mickel, Wolfgang/Zitzlaff, Dietrich (Hrsg.): Handbuch zur politischen Bildung. Bundeszentrale für politischen Bildung Schriftenreihe Bd. 264. Bonn, S. 279-283

Scheller, Ingo 1981: Erfahrungsbezogener Unterricht. Königstein

Schirp, Heinz 1988: Öffnung von Schule und projektorientiertes Arbeiten. In: Gagel, Walter/Menne, Dieter (Hrsg.): Politikunterricht. Handbuch zu den Richtlinien NRW. Opladen

Carla Schelle

Durch ästhetische Produktionen lernen: Collagen und Video

1. Alltagsästhetik im Kontext politischer Bildung und pädagogischen Handelns

Mit Hilfe ästhetisch-produktiver Arbeitsformen wie beispielsweise Collagetechniken und Videoarbeit können politisch-soziale Lern- und Bildungsprozesse initiiert und gestaltet werden. Der Boom visuell vermittelter Informationen und Botschaften sowie deren Rezeption hat dazu geführt, daß in den unterschiedlichen pädagogischen Arbeitsfeldern Bilder analysiert und interpretiert werden. Darüber hinaus ist es für die politische Bildung interessant, produktive Zugänge – die üblicherweise im künstlerischen Bereich angesiedelt sind – zu nutzen (vgl. George 1991). Dabei werden ganzheitliche Lernformen (vgl. Ackermann 1993) aufgegriffen, die an spezifischen Merkmalen einer modernen Industriegesellschaft orientiert und der Entwicklung einer politischen Urteilsfähigkeit von Kindern und Jugendlichen zuträglich sind (vgl. Henkenborg 1995, 178). Werden Kinder und Jugendliche selbst zu Akteurinnen und Akteuren bei der Auseinandersetzung mit Bilderwelten, beinhaltet dies die Chance, etwa die Entstehung von Bildaussagen und deren Bedeutung im Prozeß nachvollziehen zu können. „Medien sind im Alltag von Jugendlichen allgegenwärtig. In vielfältiger Weise sind sie in ihr soziales Handeln einbezogen. Immer größer wird dabei die Kluft zwischen *medientechnologischen Erneuerungen* und Möglichkeiten zu ihrer *kulturellen Verarbeitung*. In dieser Situation kommt der Förderung kreativer Ausdrucks- und Darstellungsformen mit handhabbaren Medien eine zentrale Aufgabe zu" (Brenner/Niesyto 1993, 9).

Schwerpunkt Bilderwelt

Hinsichtlich der Entwicklung von Identität und gesellschaftlichem Bewußtsein spielen bei Jugendlichen individuelle und gruppenspezifische Ausdrucksformen und ästhetische Arrangements wie beispielsweise Kleidung, Musik oder die gestaltete Posterwand eine zentrale Rolle. Alltagsästhetik und politische Kultur bilden auch in den unterschiedlichen Stilrichtungen von Erwachsenen einen Zusammenhang (vgl. Flaig et al. 1993). Dagegen wurden in der Politikdidaktik bislang „sinnliche und ästhetische Zugänge zur gesellschaftlich-politischen Wirklichkeit" wenig beachtet (Ackermann 1993, 33).

Medienvermittelte Reaktionen Jugendlicher

Erfahrungsberichte über handlungs- und prozeßorientierte Projekte vor allem aus der außerschulischen Bildungsarbeit dokumentieren, daß Jugendliche ein Interesse haben, mit eigenen Videoproduktionen auf brisante Fragen, die ihre Lebenswelt betreffen, zu reagieren und dabei beachtliche Ergebnisse erzielen (vgl. Brenner/Niesyto 1993). Spaß zu haben spielt eine wesentliche Rolle, und der stellt sich insbesondere dann ein, wenn mit Engagement und selbstbestimmten Arbeitsformen überraschende Effekte erzielt werden können. Die unter 3. skizzierten Collage- und Videoprojekte ermöglichen allen Beteiligten, individuelle Ergebnisse und Gruppenergebnisse zu erbringen, die nicht an Kriterien wie „schön" oder „häßlich" vorentschieden und bewertet werden. Vielmehr geht es bei den Projektvorschlägen darum, komplexe Lerngegenstände unter ausgewählten gesellschaftlich und politisch relevanten Fragestellungen inhaltlich zu strukturieren. Dies wird hier am Thema „Lebenswelten in der Werbung" exemplarisch veranschaulicht.

2. Pädagogische, didaktische und methodische Überlegungen

Ästhetisch-produktive Arbeitsformen

Es lassen sich weitere Gründe dafür finden, ästhetisch-produktive Arbeitsformen im Rahmen politischer Bildungsarbeit aufzugreifen. Diese können bezogen auf die hier vorgestellten Techniken (Collage und Videoarbeit) unter pädagogischen, didaktischen und methodischen Gesichtspunkten gebündelt werden, die sowohl die ästhetische als auch die gesellschaftspolitische Dimension betreffen. „Sich auf die Bedürfnisse von

Jugendlichen einzulassen, heißt daher heute, sich mit ihrem Lebensalltag nicht zuletzt bildhaft (medial) auseinanderzusetzen; heißt auch, den Wandlungsprozeß von der Wort- zur Bilderkultur, der in der Jugendszene feststellbar ist, nicht als defizitär zu interpretieren, sondern den potentiellen Identitätszuwachs darin zu erkennen; heißt aber auch, politische Lernprozesse mittels ästhetischer Kategorien zu diskutieren" (Krügler/Röll 1993, 43).

2.1 Chancen und Möglichkeiten ästhetisch-politischer Bildung

Möglichkeiten ästhetischer Bildung

Ästhetisch-politische Lernprozesse sind auf ganzheitliche fächerübergreifende Arbeits- und Lernformen angewiesen, die sowohl sinnlich-spielerische als auch inhaltlich-kognitive Zugänge beinhalten. Hinzu kommen technische Fertigkeiten, die themenzentriert angewendet werden. Nach Ansicht von Gunter Otto ist die ästhetische Erziehung das Salz in der Suppe jeden Unterrichts (Otto 1995, 6).

Förderung von Phantasie und Kreativität

Phantasie und Kreativität werden im Rahmen einer assoziativen Vorgehensweise, wie sie hier mit der Collagetechnik aufgezeigt wird, angeregt und entwickelt. Sie sind an Freiräume geknüpft, die projektorientierte Arbeitsformen nahelegen (vgl. George 1991). „In den letzten Jahren hat sich immer deutlicher gezeigt, daß unsere Probleme nicht mehr allein durch festgelegte Programme gelöst werden können, sondern kreatives Denken und Vorgehen verlangen" (Dieckmann 1988, 178).

Auseinandersetzung mit Bilderwelten

Anhand visueller Materialien, die gesichtet, ausgewählt, zusammengefügt und verändert werden, vollzieht sich die Aneignung von Realität reflexiv, theoretisch und praktisch. Die bewußte Auseinandersetzung mit Bilderwelten enthält Prozesse visueller Kommunikation, ästhetischer Praxis und inhaltlicher Thematisierung. Übliche Sehgewohnheiten werden dabei aufgebrochen; dies fördert die Sensibilität hinsichtlich der Betrachtung, Interpretation und Beurteilung von Bilderwelten, die zumeist Lebenswelten reproduzieren. „Im Bildungsprozeß wird somit Bilddenken *‚erzeugt'*. Diese Befähigung zum Bilddenken entspricht einer Alphabetisierung visueller Kommunikationsformen und soll dazu dienen, den ‚Wahrheitsgehalt' der Medienwirklichkeit besser, adäquater überprüfen zu können" (Krügler/Röll 1993, 44). Die Herstellung einer Collage und die Produktion eines Videofilms vollziehen sich sowohl intuitiv handelnd als auch bewußt arrangierend. Dabei werden inhaltliche Fragestellungen bearbeitet, die gleichzeitig die inhaltlich-didaktische Struktur konstituieren.

Befähigung zum bildlichen Denken

Die Handlungsorientierung bezieht sich auf den Entstehungsprozeß und auf das Produkt. Beide dienen als Medium für die Erkenntnis. Selbständigkeit und Verantwortung werden vor allem hinsichtlich arbeitsorganisatorischer Entscheidungen, die gemeinsam getroffen werden, gefördert. Unterschiedliche Begabungen und Interessen kommen im Teamwork zum Tragen (Dieckmann 1988, 183). Bezogen auf die Videoarbeit bedeutet dies eine Aufgabenverteilung nach individuellen Präferenzen: wer nicht gern „schauspielert", kann sich hinter die Kamera begeben, beim Filmen assistieren, Requisiten besorgen, sich um die Vertonung kümmern oder das Drehbuch layouten. Im Verlauf ästhetisch-produktiven Arbeitens kommen die individuellen Fähigkeiten und Fertigkeiten der Gruppe zugute und erhalten mehr Aufmerksamkeit.

Handlungsorientierung und Gruppenarbeit

Mit dem optischen Bestand eines visuellen Arbeitsproduktes sind für die Besprechung von Zwischenergebnissen und Ergebnissen thematische Anhaltspunkte gegeben. Bei der Rückbindung von Ideen an das Material und dessen Ver- bzw. Bearbeitung (kommunikative Ebene) können Kinder und Jugendliche sich ihre Gedanken besser vergegenwärtigen, systematisch darlegen und eigene Sichtweisen durch Anschauung anderen verdeutlichen. Sie kommen darüber miteinander ins Gespräch und können das vorliegende Ergebnis gemeinsam vor dem Hintergrund der inhaltlichen Frage- bzw. Aufgabenstellung diskutieren (Reflexion). Die einzelnen Arbeitsschritte werden dabei transparent und nachvollziehbar.

Förderung der Kommunikationsfähigkeit

Produktion und Reflexion stehen somit in einem engen Zusammenhang und dienen der inhaltlichen Strukturierung. Vorwissen, subjektive Sichtweisen und die inhaltliche Themenbearbeitung kommen hierbei zum Tragen. Der Diskussion der Ergebnisse und den darin enthaltenen Deutungen, Interpretationen und Perspektiven kommt eine zentrale Bedeutung zu. Sie dient der Sicherung der inhaltlichen Ergebnisse in Hinblick auf subjektive und objektive Zusammenhänge und der Entwicklung von Urteilsfähigkeit.

2.2 Grenzen und Problembereiche

Im Verlauf der verschiedenen Arbeitsschritte müssen die inhaltlichen Fragestellungen immer wieder aufgriffen werden, sonst besteht die Gefahr des Aktionismus, bei dem das eigentliche Anliegen verwässert wird. Besprechung und Diskussion von Zwischenergebnissen helfen dem zu begegnen.

Voraussetzungen eines Projektes

Für die Produktion eines Videofilms, oder besser Videospots, sollten kleine Projekte in Betracht gezogen werden, die klar eingegrenzt sind. Ausgangspunkt müssen die eigenen technischen und vor allem finanziellen Möglichkeiten sein. Diese Aspekte müssen mit Kindern und Jugendlichen vorab thematisiert werden, denn die Orientierung an den Produktionen der Massenmedien kann schnell zu Überforderungen und Frustrationen führen.

Orientierung an Film und Fernsehen

Berücksichtigt werden muß, daß die Geschmäcker und Wertvorstellungen bei Erwachsenen und Jugendlichen unterschiedlich sind. Andreas von Hoeren schreibt bezüglich der Festlegung der Inhalte folgendes: „Die Jugendlichen fordern ein ‚Remake' der von ihnen als interessant befundenen Filminhalte aus Kino und Fernsehen; der Pädagoge empfindet diese als gewaltverherrlichend, frauenfeindlich, gesellschaftlich opportunistisch, politisch gefährdend, unkreativ etc., überfordert damit die Abstrahierungsfähigkeit der Jugendlichen, tabuisiert Sachverhalte mehr oder minder evident theoretisch begründend und läßt die Jugendlichen Werturteile nicht durch eine eigene (Re-)Produktion erfahren und damit ein kritisches Medienbewußtsein selbst entwickeln" (Hoeren 1993, 42).

2.3 Didaktisch-methodische Aspekte der Zielformulierung

Ein Ziel kreativer Medienarbeit im Bereich politischer Bildung ist es, die Jugendlichen nicht auf einen Lernweg festzulegen,

Didaktische Herangehensweisen

sondern ihnen durch eine Vielfalt methodischer Zugänge selbständiges Lernen zu eröffnen (vgl. Dieckmann 1988, 214). „Da die Möglichkeiten direkter sinnlicher Erfahrungen im Politikunterricht begrenzt sind, bieten bildhafte Darstellungen und Präsentationsformen wie Fotografie, Fotomontage, Collage, Zeichnungen usw. die Chance, emotionale und kognitive Zugänge zu verbinden" (Ackermann 1993, 33). Dies bedeutet für die im nächsten Abschnitt skizzierten Projekte, daß ästhetisches Produzieren auf die kognitive Ebene transformiert wird und umgekehrt inhaltliche Gesichtspunkte die praktische Erarbeitung begleiten. Beide Prozesse müssen für die Jugendlichen im Verlauf der einzelnen Arbeitsschritte nachvollziehbar sein, damit sie mit ihren Ideen und Gestaltungsvorschlägen anknüpfen können. Die Aufmerksamkeit richtet sich auf die politischen, sozialen, ökonomischen, historischen, kulturellen und ästhetischen Ausdrucksformen und Zusammenhänge, die durch das Bildmaterial reproduziert werden. Das dynamische Wechselspiel der einzelnen Teilaspekte und deren Funktionsbestimmung wird über die praktische Auseinandersetzung mit dem Bildmaterial - hier zum Thema „Lebenswelt in der Werbung" - aktualisiert. Kriterien und Wesensmerkmale der visuell vermittelten Botschaften und Macharten (z. B. Interesse, Manipulation, Ideologie, Wettbewerb) nehmen im Arbeitsprozeß plastische Gestalt an, können gleichsam herausgearbeitet und systematisiert werden und sind dann der inhaltlichen Diskussion zugänglich.

3. Ästhetisches Produzieren am Beispiel „Lebenswelten in der Werbung"

Vorbemerkung

Die vorgestellten Projekte verstehen sich als Anregung (Umrißplanung), um dem Einfallsreichtum von Jugendlichen nicht vorzugreifen. Exemplarisch und absichtlich weitgefaßt wird das Thema „Lebenswelten in der Werbung" zur Veranschaulichung genutzt. Der Begriff „Lebenswelt" ist nicht im philosophischen Sinne gebraucht, sondern bezeichnet soziale Kontexte und Szenen, deren sich Werbung bedient. Der aktuelle Bezug ist durch die in der öffentlichen - auch der politischen - Diskussion geführten Auseinandersetzung über veränderte Lebensbedingungen, die veränderte Lebenswelt gegeben. Es soll um die Erarbeitung wesentlicher ästhetischer, sozialer, kultureller u. a. Merkmale von Werbung (Decodierung, nicht Demontierung) gehen. Gängige Werbespots mit eindrücklichen Slogans, Erkennungsmelodien und Darstellungsformen kennen die meisten Kinder und Jugendlichen. Sie machen sich oft einen Spaß daraus, diese - auch im schulischen Unterricht - zu imitieren. Auf vorhandenen Informationen kann daher aufgebaut, bereits vorhandenes Wissen kann genutzt werden. Die Bedeutung der Werbung für Jugendliche sollen diese als Expertinnen und Experten im Lernprozeß selbst festlegen.

Soziokulturelle Grundlagen des Projekts

Zunächst werden einige mögliche inhaltliche Aspekte (vgl. Kloepfer/Landbeck 1991) aufgezeigt, die den Pädagoginnen und Pädagogen zur Vorbereitung auf das übergeordnete Themenfeld Werbung dienen. Es kann damit gerechnet werden, daß die unterschiedlichen Zusammenhänge Kindern und Jugendlichen präsent sind, von ihnen aber vermutlich anders formuliert werden.

Analytische Betrachtung von Werbung

(a) Werbung als Information, Botschaft in unterschiedlichen Bereichen:
- kommerziell als Produktwerbung, politisch als Wahlwerbung, präventiv z. B. im Bereich von Umweltschutz usw.
- vermittelt über TV, Rundfunk, Postsendung, Broschüre, Plakat u. a.

(b) Werbung als mächtiger Wirtschaftszweig:
- aus der Schülerperspektive wird möglicherweise in Betracht gezogen, daß Werbeblöcke während spannender Filme stören

(c) Werbung zum Zweck der Absatzsteigerung (Marketing):
- das dargestellte Produkt soll gekauft werden
- Wettbewerb, Angebot und Nachfrage

Aber auch im politischen Wahlkampf:
- die Stimme soll an eine bestimmte Partei gehen

(d) Werbung als Vermittler von Werten und Normen:
- das schönste, schnellste, preiswerteste, beste, umweltschonendste usw. Produkt

(e) Werbung als Scheinwelt:
- „Es gibt einen Ort, du weißt schon wo ..." (Werbeslogan)

(f) Werbung als faszinierendes ästhetisches Ereignis:
- Genuß und Wohlgefallen, ansprechende Macharten, aber auch Witz und verblüffende Effekte

(g) Werbung im Kontext ökonomischer, politischer, kulturhistorischer Bedingungen und Entwicklungen (z. B. im Zeitraum der Nachkriegszeit bis zur Gegenwart oder als internationaler Vergleich):
- man erinnere sich etwa an die Episoden des aufbrausenden Zigaretten-Männchens („Wer wird denn gleich in die Luft gehn ..."). Die Entstehung und Entwicklung dieses Werbetypus liegt mittlerweile als Videodokumentation vor.

(1) Einstieg: Collage als assoziatives Vorgehen

Neben das Verstehen bildsprachlicher Botschaften als neuere Kulturtechnik (vgl. Hönge 1993, 121) tritt das Collage-Prinzip (vgl. Kunst & Unterricht 1986) als eine Möglichkeit, mit dem vorhandenen Bildmaterial aus der Werbung – das immer auch Informationen transportiert – zu experimentieren. Durch Ausschneiden, Zusammenfügen, Beschriften, Übermalen u. a. können mit wenigen Mitteln Veränderungen vorgenommen werden. Eine bestimmte Botschaft kann auf diese Weise erweitert, reformuliert, akzentuiert und verfremdet werden, um die eigene Sichtweise zu verdeutlichen. Formale Kriterien (Anordnung der Bildelemente, Farbe usw.) und inhaltliche Kriterien (Information, Aussage) sind dabei konstituierend. Das benötigte Material (Zeitschriften, Kataloge) kann schnell beschafft werden.

1. Stufe: Montage und Collage

Aus Erfahrung mit der Collage-Technik im schulischen Unterricht ist ersichtlich, daß sich Schülerinnen und Schüler Mühe geben, ihre Collagen ästhetisch zu arrangieren, um bestimmte Auffassungen zum Ausdruck zu bringen. Die Fokussierung auf Inhalte, die der/dem einzelnen wichtig sind, geht damit meist automatisch einher. Beispielsweise hat sich im Kunstunterricht zweier neunter Realschulklassen gezeigt, daß unter der Aufgabenstellung, die in einem formalen Impuls bestand: Die Bildfläche ist in vier Flächen zu teilen und je eine ausgeschnittene und eine gerissene Form darin unterzubringen, Collagen zu Themen wie Umwelt, Krieg und Zerstörung, Schönheit, Werbung u. a. entstanden.

Als soziale Arbeitsform ist Gruppen- und Einzelarbeit denkbar. Gruppentische, auf denen die benötigten Materialen (Zeitschriften, Broschüren, Kataloge) für alle zugänglich sind, bieten die generelle Möglichkeit für Co-Produktionen. Als Einstiegsimpuls kann über die assoziative Vorgehensweise (als eine Art Brainstorming) die Arbeitsgrundlage für die weiteren Schritte geschaffen werden. Thematischer Aufhänger kann ein populärer Werbeslogan sein („Früher oder später kriegen wir Sie").

Die Vorteile der Gruppenarbeit

Arbeitsschritte zur Konkretisierung:
- thematischer Impuls zum Kontext: Alltag und Lebenswelt in der Werbung;
- Anfertigung der Collagen (Ausschneiden, Zusammenfügen, Colorieren, Kommentieren u. a.);
- Präsentation der Ergebnisse (optischer Bestand);
- Aufgreifen inhaltlicher Aspekte als Struktur, die zu Überschriften zusammengefaßt werden, die gleichzeitig systematisierenden Charakter haben;
- Diskussion über die beabsichtigte Bildaussage der Collage;
- Entwicklung eines Kriterienkatalogs für die weitere Arbeit.

Relevante Fragestellungen in Hinblick auf die Untersuchung der abgebildeten Lebenswelten, die (a) das Bildmaterial transportiert und die (b) die veränderten, collagierten Lebenswelten betreffen, können sein:

Analyse der fertigen Collagen

- Welche Handlungen sind dargestellt und wer ist daran beteiligt?
- Welche Rolle spielen Kinder, Jugendliche, ältere Menschen und Familien?
- Welche Rollen spielen Mädchen und Jungen, Frauen und Männer? Wie verhalten sie sich in bestimmten Situationen?
- In welcher Umgebung finden die Handlungen statt?
- Welche Rolle spielt dabei die Umgebung, die Natur?
- Welche Bezüge zeigen die Lebenswelten zur eigenen Lebenswelt, zum Alltag auf?
- Welche Informationen, Botschaften, Sichtweisen enthalten die Lebenswelten, welche Funktionen erfüllen sie?

Aussagen der Werbung zur gesellschaftlichen Realität

- Welche Rolle spiele ich dabei als mögliche Konsumentin, als möglicher Konsument?

Eine mögliche Arbeitsthese könnte sein: Die veränderten Lebensbedingungen am Ausgang unseres Jahrhunderts schlagen sich in der Werbung nieder. Die Frage wäre dann: Inwiefern transportiert die Werbung, transportieren einzelne Werbespots, Werbeanzeigen oder Werbeplakate gesellschaftliche Realität?

Ziele:

- einen Materialpool für die weitere Erarbeitung anlegen: sammeln und strukturieren der inhaltlichen Bezüge;
- Möglichkeiten der Veränderung vorgegebener Bilderwelten experimentell erarbeiten;
- eigene Sichtweisen mit Hilfe von Collage-Technik(en) ausdrücken;
- konstitutive Merkmale der Werbung herausarbeiten: Inhalt, Botschaft, Form, Ausdruck u. a.;
- Bezüge zum sozialen, individuellen und gesellschaftlichen Leben erkennen;
- den kategorialen Unterschied zwischen realer Lebenswelt (Alltag) und simulierter Lebenswelt in der Werbung erkennen.

(2) Vertiefung: Videoproduktion (spielerisch und/oder dokumentarisch)

2. Stufe: Video

Mit den vorliegenden Collagen und den damit erarbeiteten inhaltlichen Fragestellungen und Fokussierungen ist eine Arbeitsgrundlage gegeben, auf die bei weiteren Schritten zurückgegriffen werden kann.

Eine denkbare Aufgabenstellung wäre, einen eigenen Werbespot unter dem Motto: „Kinder und Jugendliche machen Werbung für Kinder und Jugendliche" zu drehen. Oder ein Spot aus dem Werbefernsehen wird zugrunde gelegt und durch Schneiden und Einfügen unter bestimmten Gesichtspunkten verändert. Gedacht werden kann dabei z. B. an die Werbung für einen Kinder-Schokoriegel, der mit dem Versprechen angeboten wird, daß der Verzehr „wie Ferien auf dem Land" ist. Oder die vorbildlich organisierte Arbeitsteilung fröhlicher Familienmitglieder bei der Aufbereitung von Fertiggerichten im Zeitalter des Stress. Eine

Die Erarbeitung eines Videospots

Videoproduktion kann auch collageartig sein, z. B. als „Montage aus Traumsequenzen, symbolischen Anspielungen, Alltagsszenen und fiktiven Spielszenen" (Niesyto 1993, 50). Die angefertigen Collagen selbst können als Standbilder vertont werden und werden so zum Filmmaterial.

Als soziale Arbeitsform ist Gruppenarbeit im Verständnis von echtem „Teamwork" nötig. Absprachen über die Zuständigkeit für die verschiedenen Aufgaben sind vorab notwendig. Bei mehreren Gruppen müssen die Arbeitsschritte auch gruppenübergreifend koordiniert werden. Sinnvoll kann es dann sein, einen abschließenden Drehtermin für alle zu organisieren, bei denen die jeweils nicht agierenden Gruppen zuschauen.

Dem Perspektivenwechsel von der Konsumenten- zur Produzentenrolle kommt im Produktionsprozeß wesentliche Bedeutung zu. Im Zentrum stehen nicht die Endprodukte, sondern vielmehr die Erfahrungen, die während der Produktion gemacht werden (vgl. Dieckmann 1988, 197).

Arbeitsschritte (vgl. Kittelberger/Freisleben 1991):

- Besprechung und Konsens darüber, für welches Produkt geworben werden soll;
- Wahl der Darstellungsform: als ernsthafte Eigenproduktion, als Persiflage, als Re-make;
- Konzeptionelle Entwicklung eines Drehbuches (welche Personen, welche Rollen, welches Ambiente, welche Handlung, welcher Dialog, welche Botschaft/Message soll „rüberkommen"?). Über diese Entscheidungsprozesse und Festlegungen wird die inhaltliche Auseinandersetzung strukturiert. „Die Lerner erarbeiten die Thematik interessenorientiert. Durch das Erstellen eines Videofilms bewerten und gewichten sie, wählen wichtige Aspekte aus und strukturieren den Inhalt ihrem Verständnis entsprechend. Das trägt auch zur ‚Demokratisierung' des Lernprozesses bei" (Kittelberger/Freisleben 1991, 71).

  Konzepterarbeitung
- Erstellen eines Zeitplans;
- Aufteilen der Arbeitsbereiche: Spielerinnen und Spieler vor der Kamera, Filmteam hinter der Kamera, Ton, Requisiten, Layouten des Drehbuches;

- Drehtermin;
- Präsentation der einzelnen Ergebnisse, Reflexion des Entstehungsprozesses und Diskussion der Ergebnisse (auch begleitend zu den einzelnen Arbeitsschritten).

Ziele:

Arbeitsziele

- Erkennen der Funktionen und Macharten simulierter, fiktiver Wirklichkeit;
- Entwicklung eines kritischen Medienbewußtseins durch (Re-)Produktion: die Wirkungsmechanismen der Manipulation durch die eigene Produktion, über die eigene Praxis erkennen;
- eine Vorstellung davon zu gewinnen, was man überhaupt machen muß, um andere von der Wichtigkeit des eigenen Produktes zu überzeugen, um bestimmte Effekte zu erzielen, um eine bestimmte Botschaft medienwirksam zu transportieren, zu „verpacken";
- Entwicklung einer eigenen Urteilsfähigkeit im Umgang mit visualisierten Botschaften.

Präsentation

Abschließend kann gemeinsam überlegt werden, ob die Videoproduktionen öffentlich präsentiert werden sollen (z. B. in der Schule während der großen Pause im Klassenzimmer). Organisatorische Maßnahmen wie der Entwurf eines Plakates als Ankündigung der Präsentation und Information sind dazu notwendig. In der Schule ziehen produktive Arbeitsformen, bei denen aus aufnahmetechnischen Gründen der Klassenraum verlassen werden muß, die Aufmerksamkeit anderer auf sich. Neugierde und Interesse von Mitschülerinnen und Mitschülern können sich bereits während der Produktionsphase motivierend auswirken und bekräftigen dann zumeist den Wunsch, das fertige Produkt zu zeigen. Dies beinhaltet die Möglichkeit, Reaktionen und Rückmeldungen von unbeteiligten Dritten unter anderem in Hinblick auf die beabsichtigte Wirkung zu erhalten. Die Intentionen der Produzentinnen und Produzenten und die Wirkung auf die Rezipientinnen und Rezipienten können so im Nachhinein gegenübergestellt und diskutiert werden. Möglicherweise führen die Auseinandersetzungen zu Erkenntnissen, die bis dahin unberücksichtigt blieben.

4. Schlußbemerkung

Ästhetisches Produzieren im Rahmen politischer schulischer und außerschulischer Bildungsarbeit birgt die Möglichkeit in sich, den Weg der Erkenntnis (z. B. bezüglich der Merkmale und Macharten von kommerzieller Werbung) durch praktisches Tun eigeninitiativ und weitgehend selbstorganisiert zu gehen. Dabei kommt dem Vorwissen, den technisch-spielerischen Fähigkeiten, dem Einfalls- und Ideenreichtum von Kindern und Jugendlichen eine wesentliche Rolle zu. Assoziative Vorgehensweisen fördern die Kreativität und ermöglichen thematische Fokussierungen und inhaltliche Strukturierungen, die im Lernprozeß selbst gesteuert werden. Soziale, gesellschaftliche und politische Zusammenhänge können über die Auseinandersetzung mit simulierten Lebenswelten und Alltagserfahrungen, wie hier am Beispiel der Werbung exemplarisch veranschaulicht wurde, erschlossen werden. Fragen danach, welche Bedeutung und Funktion soziale Rollen haben, welche Muster dabei wirksam werden, welche Wertvorstellungen und Normen darin eingelagert sind und inwiefern diese die Urteilsfähigkeit beeinflussen, werden dabei aufgeworfen und erarbeitet.

Erkennen sozialer und politischer Zusammenhänge durch ästhetisches Produzieren

5. Literatur

ACKERMANN, PAUL 1993: Mehrdimensionales oder gar ganzheitliches politisches Lernen. In: Sander, Wolfgang (Hrsg.): Konzepte der Politikdidaktik. Aktueller Stand, neue Ansätze und Perspektiven. Hannover, S. 23-36

BRENNER, GERD / NIESYTO, HORST (Hrsg.) 1993: Handlungsorientierte Medienarbeit. Video, Film, Ton, Foto. Weinheim / München

DIECKMANN, ERNST-GÜNTER 1988: Kreative Medienarbeit im politischen Unterricht. In: Bundeszentrale für politische Bildung (Hrsg.): Erfahrungsorientierte Methoden der politischen Bildung. Bonn, S. 178-215

FLAIG, BERTHOLD BODO / MEYER, THOMAS / UELTZHÖFFER, JÖRG 1994: Alltagsästhetik und politische Kultur. Zur ästhetischen Dimension politischer Bildung und politischer Kommunikation. Bonn

GEORGE, SIEGFRIED 1991: Kreativität und politische Bildung. In: Bundeszentrale für politische Bildung (Hrsg.): Methoden in der politischen Bildung – Handlungsorientierung. Bonn, S. 54-73

HENKENBORG, PETER 1995: Wie kann die politische Bildung neu denken? Ambivalenzen gestalten. In: Gegenwartskunde Nr. 2, S. 167-181

HOEREN, ANDREAS VON 1993: Clip it. Möglichkeiten und Grenzen der Nutzung von Video in der Jugendarbeit. In: Brenner / Niesyto, a.a.O., S. 36-42

HÖNGE, FOLKER 1993: Medienrealität. In: Brenner / Niesyto, a.a.O., S. 121-123

KITTELBERGER, RAINER / FREISLEBEN, IMMO 1991: Lernen mit Video und Film. Weinheim / Basel

KLOEPFER, ROLF / LANDBECK, HANNE 1991: Ästhetik der Werbung. Der Fernsehspot in Europa als Symptom neuer Macht. Frankfurt / M.

KUNST & UNTERRICHT 1986 Nr. 100. Thema: Prinzip Collage

KRÜGLER, KARSTEN / RÖLL, FRANZ JOSEF 1993: Von der Wort- zur Bild(er)kultur. Video in der Jugendbildung. In: Brenner / Niesyto, S 43-47

NIESYTO, HORST: Erstes Bromischer Fernsehen und Video-Magazin. Jugendliche auf dem Land eignen sich mit Medien soziale Räume an. In: Brenner / Niesyto, a.a.O., S. 48-52

OTTO, GUNTER 1995: „Das Salz in der Suppe jeden Unterrichts" (E&W-Gespräch). In: Erziehung und Wissenschaft Nr. 7/8 1995, S. 4-7

Peter Weinbrenner

Selbstgesteuertes Lernen: Moderation, Zukunftswerkstatt, Szenario-Technik,

1. Selbstgesteuertes Lernen als methodisches Prinzip der politischen Bildung

Die Ausbildung politischer Urteils-, Entscheidungs- und Handlungsfähigkeit verlangt nach Methoden und Arbeitsformen, die selbstgesteuertes Lernen ermöglichen. Selbststeuerung wird in diesem Zusammenhang jedoch primär nicht als individueller Lernprozeß verstanden, sondern als sozialer Lernprozeß, der in Gruppen stattfindet und durch ein hohes Maß an Kooperation und *Kommunikation* gekennzeichnet ist. Es ist ein charakteristisches Merkmal moderner Industriegesellschaften, daß die meisten Arbeits- und Entscheidungsprozesse in Gruppen ablaufen (Stichwort „Lean Production").[1] Darauf macht auch Hans Aebli in seiner Allgemeinen Didaktik aufmerksam, wenn er feststellt: „Wenn man die Art und Weise betrachtet, wie erwachsene Menschen im Beruf und im außerberuflichen Alltag ihre Tätigkeiten ausführen, so stellen wir fest, daß dies fast ausnahmslos in Gruppen geschieht: Wer nicht gerade Schafhirt oder Leuchtturmwächter ist, gehört einer Arbeitsgruppe an." (Aebli 1983, 373).

Selbstgesteuertes Lernen ist ein sozialer Lernprozeß

Selbstgesteuertes Lernen in Gruppen wird auch immer mehr in den Betrieben praktiziert als Arbeitsform eines lernenden Unternehmens bzw. einer Lernkultur, die eine ständige Verbesserung der Organisation und Ablaufprozesse anstrebt. „Kooperative Selbstqualifikation" spielt als die effektivste Form der Aus- und Weiterbildung im Betrieb heute eine herausragende Rolle (vgl. Heidack 1993). Die mit diesem Lernprinzip angestrebten *Schlüsselqualifikationen* gelten als unabdingbare Voraussetzung für Motivation, Arbeitszufriedenheit, Innovationsfähigkeit und Produktivität moderner Unternehmen. Vergleicht man diese Bildungskonzeptionen mit der traditionellen

Kooperative Selbstqualifikation

Wandel der Bildungskonzeption

Lernorganisation der Schule, dann wird eine paradoxe Problemverschiebung deutlich: Während in der Vergangenheit reformpädagogische, d. h. ganzheitliche, schülerorientierte, situations- und problemorientierte Didaktikkonzepte *gegen* die Praxisansprüche einer tayloristisch und hierarchisch organisierten Wirtschaft durchgesetzt werden mußten bzw. nicht durchgesetzt werden konnten, sieht sich heute die Schule seitens der Wirtschaft dem Vorwurf ausgesetzt, daß sie die für die neuen Produktionskonzepte und integrierten Arbeitsformen notwendigen Fähigkeiten und Handlungskompetenzen durch weitgehend tayloristische, individualistische und konkurrenzorientierte Lernformen nicht vermitteln könne. Es scheint insofern eine einzigartige historische Situation zu bestehen, in der berufliche und betriebliche Lernnotwendigkeiten mit pädagogischen, persönlichkeitsorientierten und politischen Bildungsansprüchen übereinstimmen. Damit werden auch für die politische Bildung Methodenkonzepte relevant, die *fächerübergreifendes, ganzheitliches* und *selbstgesteuertes* Lernen ermöglichen.

Abb. 1: Selbsttätigkeit, Kommunikation und Kooperation als Elemente eines handlungsorientierten Methodenkonzepts der politischen Bildung

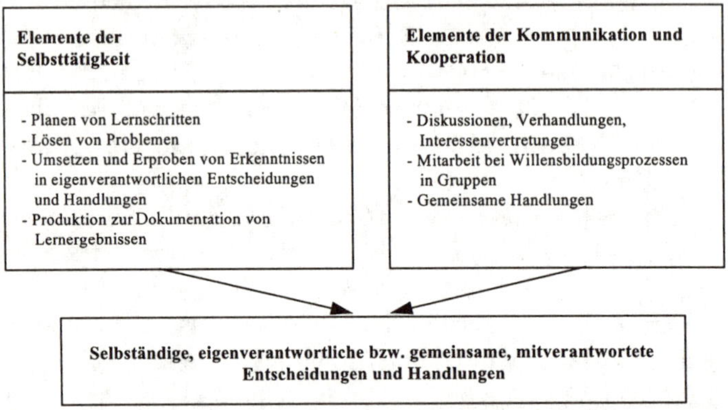

(Steinmann/Weber 1995, 13)

Selbsttätigkeit, Kommunikation und Kooperation sind die Grundelemente eines solchen Lernkonzepts, das auch für die politische Bildung eine Erweiterung des Methodenrepertoires verlangt (vgl. Abb. 1).

Es werden im Folgenden drei solcher Methodenkonzepte vorgestellt, die sich für einen handlungsorientierten Unterricht in den wirtschafts- und sozialkundlichen Unterrichtsfächern bewährt haben, die jedoch in der Unterrichtspraxis der schulischen und außerschulischen politischen Bildung noch relativ unbekannt sind.

2. Neuere Methodenkonzepte der politischen Bildung

2.1 Moderationsmethode

Die Moderationsmethode ist ein Kind der 68er Jahre und insofern genuin politischen Ursprungs. „Sie war eines der wichtigsten Vehikel, mit denen Ideen aus den Universitäten - Erneuerung, Kreativität, Einbeziehung der Betroffenen, Transparenz, Engagement für gesellschaftliche Prozesse usw. - in die Wirtschaft hineingetragen wurden." (Nissen/Iden 1995, 7). Es ist hier wie bei allen neueren Methodenkonzepten (etwa Fallmethode, Rollenspiel, Planspiel), daß sie meist einen langen Weg über Militär, Wirtschaft, Planungsstäbe der Politik und öffentliche Verwaltung machen müssen, bis sie endlich auch in der Schule und in den einzelnen Unterrichtsfächern Beachtung finden und umgesetzt werden. Eigentlich wünschte man sich einen umgekehrten Verlauf. „Es ist erstaunlich, daß gerade diejenigen, die sich immer häufiger überlegen, wie sie den Bedürfnissen der SchülerInnen nach Freiräumen, nach offenen und eigenverantwortlichen Lernprozessen sowie nach neuen Formen der Interaktion gerecht werden, für die Gestaltung der eigenen Arbeitsabläufe bislang nur wenig Kreativität und Bereitschaft zur Veränderung zeigen. Sie greifen eher zurückhaltend nach solchen neuen didaktischen Methoden, die bereits in anderen Bereichen erfolgreich wirken." (ebenda, 9) Auf der anderen Seite muß auf die Grenzen dieser Methode gleich zu Beginn hingewiesen werden: Die Moderationsmethode ersetzt nicht einen lehrgangsförmigen Unterricht, mit dem systematisch Grundlagen und Kenntnisse eines Gegenstandsbereiches erschlossen werden sollen. Sie ist jedoch hervorragend geeig-

Drei neuere Methodenkonzepte

Moderationsmethode

Schaffung eines Ausgangsfundaments

net, um relativ schnell Wünsche, Bedürfnisse, Interessen und Problemhorizont einer Gruppe als Ausgangspunkt eines gemeinsamen Lernprozesses zu erfassen, zu strukturieren und zu visualisieren. Die Methode dient also primär zur Schaffung eines gemeinsamen Ausgangsfundaments bzw. einer gemeinsamen Problemdefinition, die dann aber zu ihrer Bearbeitung und Lösung auch den Einsatz anderer Methoden erfordert.

Handwerkszeug und Organisation

Das Handwerkszeug des Moderators besteht aus Plakaten (ca. 120cm x 140cm) sowie einem Moderatorenkoffer, der Filzstifte verschiedener Größen und Farben, Karten verschiedener Farben und Größen, Pinnadeln, Klebestifte, Tesa-Krepp und „Präsentationswolken" (für Überschriften) usw. enthält. Die klassische Organisationsform ist der Stuhlkreis sowie ca. 4-6 Moderations- oder Pinwände (in der Klasse auch die Wandtafel). Zusätzliche Flipcharts sind hilfreich, ebenso ein Overhead-Projektor mit entsprechend großer Projektionswand.

Der Lehrer als Moderator

Die Rolle des Moderators/der Moderatorin unterscheidet sich ganz grundsätzlich von derjenigen des Lehrers/der Lehrerin. Sie kann durch die nachstehenden Merkmale charakterisiert werden (vgl. Seifert/Pattay 1989, 129; Feix 1992, 45 f.; Klebert/Schrader/Straub 1991, 1 ff. und Nissen/Iden 1995, 21 ff.):

Rolle des Moderators/der Moderatorin

1. Der Moderator/die Moderatorin bemüht sich, den Meinungs- und Willensbildungsprozeß einer Gruppe zu ermöglichen und zu erleichtern, ohne inhaltlich einzugreifen und zu steuern.
2. ModeratorInnen sind methodische HelferInnen, die ihre eigenen Meinungen, Ziele und Wertungen zurückstellen.
3. Er/sie sorgt dafür, daß sich möglichst alle TeilnehmerInnen in den Gruppenprozeß einbringen, nimmt jede Aussage gleich ernst und sorgt für Transparenz durch Strukturierung und Visualisierung der Beiträge.
4. Der Moderator/die Moderatorin sorgt für eine gelockerte Atmosphäre, regt an, stellt Fragen, gibt Feedback, ermutigt, ermuntert, provoziert, ohne zu verletzen.

Mind-Mapping und Pinwand-Technik

Als besonders kreative Methode der Strukturierung und Visualisierung haben sich Mind-Mapping und Pinwand-Technik in vielen Bildungsbereichen bewährt (vgl. Bataillard o.J.; Kirckhoff 1992 und Svantesson 1993). Mind-Mapping basiert auf neuen Erkenntnissen der Gehirnforschung, insbesondere den Forschungsergebnissen über die Funktion der linken und rechten Gehirnhälfte. Das Mind-Map-Verfahren versucht, diese spezifische Zweiseitigkeit des Gehirns zu nutzen und für die Organisation von Lernprozessen fruchtbar zu machen (vgl. Abb. 2).

Nutzung beider Gehirnhälften

Abb. 2: Die Funktionen der linken und rechten Großhirnhälfte

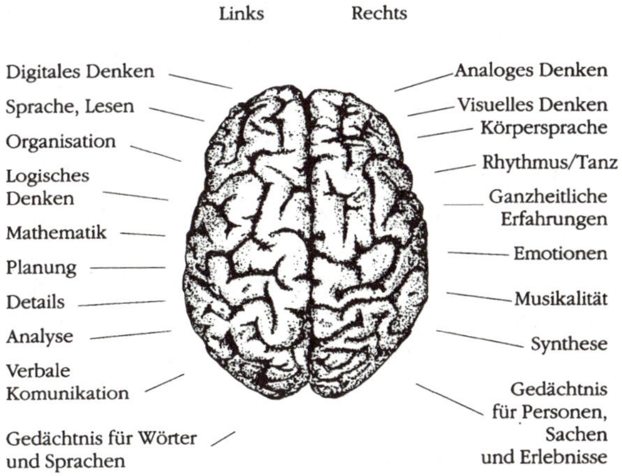

(Kirckhoff 1992, 104)

Die Bauelemente eines Mind-Map bestehen aus Kreis (das Thema), Hauptästen (Gliederung 1. Ordnung) sowie Zweigen und Nebenzweigen (Gliederungen 2. und 3. Ordnung). Auf diese Weise lassen sich schnell komplexe Themen strukturieren und visualisieren (vgl. Abb. 3).

Abb. 3: Struktur eines Mind-Map

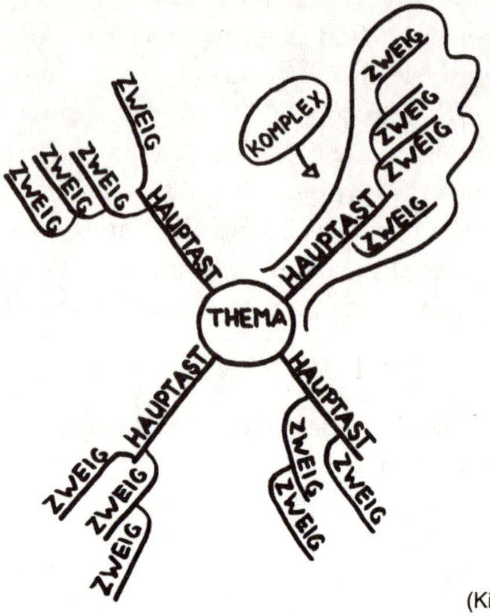

(Kirckhoff 1993, 5)

Die Arbeit mit Pinwänden in der Moderationsmethode erlaubt einen sehr flexiblen, auch experimentellen Umgang mit Beiträgen aus der Lerngruppe. So können beispielsweise zu einem bestimmten Themenstichwort in einem brainstorming Assoziationen stichwortartig auf Kärtchen gesammelt und an der Pinwand gemeinsam nach Themenblöcken geordnet werden. Anders als die Tafel ermöglicht es die Pinwand, durch Umgruppierung der Karten jederzeit andere Zuordnungen und damit andere Problemlösungen zu erproben.
Mind-Mapping und Pinwand-Technik sind Voraussetzung für die beiden nachfolgend vorgestellten Methoden der Zukunftswerkstatt und Szenariotechnik.

2.2 Zukunftswerkstatt

Die Idee Robert Jungks

Die Methode der „Zukunftswerkstatt" hat vor über 20 Jahren der bekannte Zukunftsforscher und Friedenskämpfer Robert Jungk erfunden. Überall dort, wo Menschen zusammenkamen und Sorge um die Zukunft hatten (z. B. Angst vor Atomtod, Umweltzerstörung, Kriegsgefahr, Menschenrechtsverletzungen etc.) hat er Zukunftswerkstätten veranstaltet, um den Menschen Mut zu machen, ihre Zukunft in die eigene Hand zu nehmen und sie nicht allein den Politikern und Experten zu überlassen. Alle sind aufgerufen, an dieser besseren Zukunft mitzuwirken. Die Methode hat inzwischen weite Verbreitung in der schulischen und außerschulischen politischen Bildung gefunden und wird inzwischen in vielen Richtlinien und Schulbüchern genannt.[2]

Abb. 4: Die Phasen der Zukunftswerkstatt mit Doppelspirale

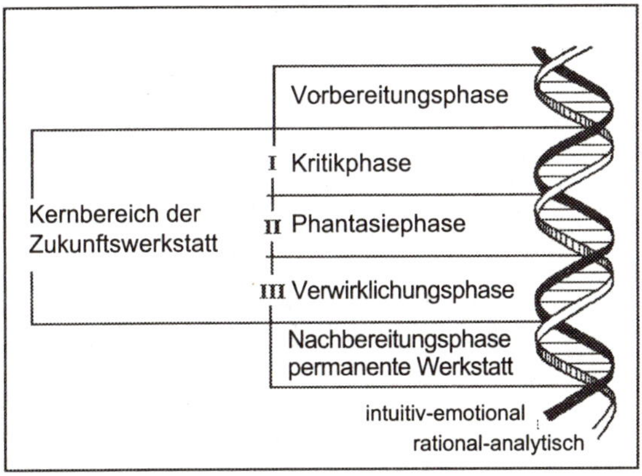

(Jungk/Müller 1989, 221)

In einer Zukunftswerkstatt gibt es drei Hauptphasen sowie eine Vorbereitungs- und Nachbereitungsphase (vgl. Abb. 4). Die Doppelspirale macht deutlich. daß man in der Zukunftswerkstatt nicht nur mit Kopf und Verstand arbeitet, sondern auch mit Herz und Gefühl beteiligt sein soll. Es ist sowohl kritisches Denken gefragt als auch künstlerisches Gestalten und vor allem viel Phantasie.

(I) Die Kritikphase

In der Kritikphase sitzt die gesamte Gruppe im großen Stuhlkreis zusammen. Jeder/jede SchülerIn bekommt einen breiten schwarzen Filzschreiber. In der Mitte des Kreises liegt auf dem Boden ein Packen einfarbiger Papierstreifen (ca. 8x20 cm). Jeder nimmt sich von dort zwei bis drei Streifen. Der/die LehrerIn Einstieg formuliert jetzt eine Schlüsselfrage, z. B.: „Wenn Ihr an die Zukunft denkt – welche Befürchtungen habt Ihr dann, was macht Euch angst, worüber werdet Ihr vielleicht sogar wütend?"

Spielregeln

1. Die Kritik in kurzen Worten aufschreiben (z. B. „Angst vor Arbeitslosigkeit").
2. Den beschrifteten Zettel laut ansagen und gut sichtbar in die Mitte des Kreises legen.
3. Keine Diskussion!

Die Zettel werden danach zu Hauptgruppen zusammengefaßt (4 – 6 Gruppen) und mit Klebepunkten gewichtet (jeder hat 3 Klebepunkte).

(II) Die Phantasiephase

Herausarbeiten des Möglichen

In der Phantasiephase geht es darum, die in der Kritikphase geäußerte Kritik ins Positive zu wenden. Man muß hier versuchen, sich von allen Zwängen, Einschränkungen und Zweifeln zu befreien und die Utopie einer Welt zu entwickeln, in der es keine Not, kein Elend, keine Unterdrückung und keine Verfolgung mehr gibt.

Spielregeln

1. Kritikverbot! Es ist streng verboten, Äußerungen von Gruppenmitgliedern zu kritisieren und abzuwerten.
2. Alles ist möglich. Es gibt keinerlei Einschränkungen. Man hat alles Geld, alle Macht und jedwede Technik, um seine Utopie zu verwirklichen.
3. Die Utopie soll so konkret und lebendig entwickelt werden, daß sie den anderen TeilnehmerInnen als „szenische Darstellung" vorgestellt werden kann (z. B. durch Erzählen einer Geschichte, Pantomime, kleine Theaterszene, Bildkollage, Gedicht, Gesang etc.).

(III) Die Verwirklichungsphase

Umsetzung in die Praxis

In dieser letzten Phase geht es darum, die Zukunftsentwürfe, Utopien und sozialen Phantasien wieder mit den realen Verhältnissen der Gegenwart zusammenzubringen und herauszufinden, ob es nicht doch Möglichkeiten gibt, wenigstens Elemente der schönen Utopien zu verwirklichen.

Regeln

1. Aus der Phantasiephase eine konkrete Zielvorstellung entwickeln.
2. Ein kleines, aber möglichst konkretes Projekt entwickeln, das der Zielverwirklichung dient. Das Projekt möglichst dort ansiedeln, wo man die Verhältnisse kennt und evtl. selbst etwas tun kann (z. B. am eigenen Ort oder in der Region, in der Schule, mit Hilfe der örtlichen Presse etc.).
3. Strategische Überlegungen anstellen, z.B. Stufenplan entwickeln (kurz-, mittel- und langfristig) Finanzierungsmöglichkeiten diskutieren, prüfen, wer das Projekt unterstützt und gegen wen es ggfs. durchgesetzt werden muß. Gibt es schon gelungene Beispiele im In- oder Ausland, die als Vorbilder dienen können?

Robert Jungk war der Meinung, eine gelungene ZW erkennt man daran, daß diese Projekte in eine „permanente Werkstatt" übergehen, d. h. die TeilnehmerInnen sind so von der Notwendigkeit und Machbarkeit ihres Projektes überzeugt, daß sie jetzt auch den Wunsch haben, es umzusetzen. Das ist natürlich eine sehr idealistische und ehrgeizige Vorstellung. Aber manchmal gelingt so etwas.

2.3 Szenariotechnik

Die Versionen der Zukunft

Szenario-Technik ist eine Methode, mit deren Hilfe Vorstellungen über positive und negative Entwicklungen in der Zukunft zu umfassenden Bildern und Modellen, zu möglichen und wahrscheinlichen „Zukünften" zusammengefaßt werden. Szenarien sind also weder Prognosen, bei denen auf exakte Informationen aus Gegenwart und Vergangenheit zurückgegriffen wird, um sie einfach in die Zukunft fortzuschreiben, noch realitätsferne Utopien und Phantasien, wie sie beispielsweise im Rahmen von „Zukunftswerkstätten" entwickelt werden. Sie sind insofern ein *Denkmodell* für Wissenschaft, Politik und nicht zuletzt für die einzelnen Menschen, um unsere komplizierte Welt überhaupt noch begreifen zu können und entscheidungsfähig zu bleiben.

Abb. 5: Der Szenario-Trichter und die drei Grundtypen des Szenarios

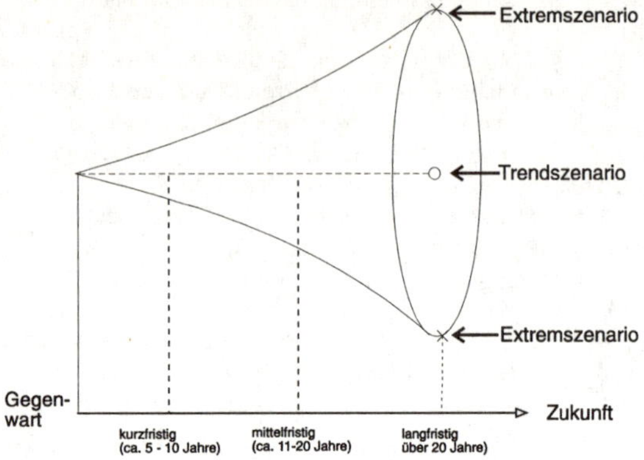

Unterschiedliche Extremszenarien

Die Schnittfläche des Trichters bezeichnet die Summe aller denkbaren und theoretisch möglichen Zukunftsituationen für den angepeilten Zeitraum. Der Vorteil der Szenario-Methode liegt darin, daß nur drei Grundtypen von Szenarien entwickelt werden müssen, um damit alle prinzpiell möglichen und wahrscheinlichen Szenarien charakterisieren zu können:

- ein positives Extremszenario: es bezeichnet die *bestmögliche* Zukunftsentwicklung,
- ein negatives Extremszenario: es bezeichnet den *schlechtestmöglichen* Entwicklungsverlauf,
- ein Trend-Szenario: es beinhaltet die *Fortschreibung* der heutigen Situation in die Zukunft.

Bei der Szenario-Technik geht man in 4 Schritten vor:

(I) Problemanalyse

Ausgangspunkt

Ausgangspunkt jedes Szenarios ist ein gesellschaftliches Problem, ein von einer größeren Anzahl von Menschen als unbefriedigend angesehener Sachverhalt, der als dringend lösungsbedürftig angesehen wird. Das Thema „Auto und Verkehr" ist z. B. ein solches großes und dringend lösungsbedürftiges Problem. Das Auto gilt als Umweltsünder Nr. 1, ist wesentlich an der Luftverschmutzung, der drohenden Klimakatastrophe und damit dem fortschreitenden Waldsterben beteiligt und verursacht steigende soziale Kosten und Folgeschäden (jährlich tausende von Toten und Verletzten, Lärmschäden, Gebäudeschäden, Straßenschäden usw.)[3].

(II) Bestimmung von Einflußbereichen

In einem zweiten Schritt geht es darum, die wichtigsten Einflußbereiche und Einflußfaktoren zu bestimmen, die auf das zu untersuchende Problem unmittelbar einwirken. Anhand der Leitfrage „Von welchen Faktoren ist die Entwicklung des Automobilverkehrs in der Bundesrepublik abhängig?" werden von allen Beteiligten die wichtigsten Bestimmungsfaktoren zusammengestellt. Als Arbeitshilfe kann hierfür ein sogenanntes „Systembild" dienen, in dem die wichtigsten Faktoren als Bildsymbole enthalten sind (vgl. Abb. 6).

Einflußfaktoren

Abb. 6: Systembild zum Thema Auto

(Vester 1990, 31)

(III) Entwicklung zweier Extrem-Szenarien

Diese Phase kann als Höhepunkt der Szenario-Technik bezeichnet werden, da nun aus den gewonnenen Faktoren und ihrer wahrscheinlichen Entwicklung ausführliche Szenarien, d. h. „ganzheitliche Zukunftsbilder" erstellt werden, die in anschaulicher und eindrucksvoller Weise mögliche Zukunftsentwicklungen und ihre Konsequenzen sichtbar und diskutierbar machen.

Ergebnisse

(IV) Strategien und Maßnahmen zur Problemlösung

Umsetzung

In der abschließenden Phase wird an die Problemanalyse der Ausgangssituation angeknüpft mit der Aufgabenstellung, die Konsequenzen aus den entwickelten Szenarien zu ziehen und Handlungs- bzw. Zukunftsstrategien zu entwickeln, die dazu dienen, unerwünschten Entwicklungen entgegenzuwirken und erwünschte Entwicklungen zu fördern.

3. Zukunftswerkstatt und Szenariotechnik im Methodenvergleich

Zukunftswerkstatt	**Szenariomethode**
entwickelt *wünschbare* Zukünfte	entwickelt *wahrscheinliche* Zukünfte
bewußter *Realitätsbruch* mit der Gegenwart (Phantasie- und Utopiephase)	Gegenwarts- und *Realitätsbezug* verringern sich mit zunehmender Entfernung von der Ausgangssituation, werden aber *nie ganz aufgehoben*
wechselseitige Durchdringung *intuitiv-emotionaler und sachlich-analytischer* Erkenntnisformen	primär *sachlich-analytische* Vorgehensweise
Zukunftsentwürfe werden als anschauliche „*Bilder*", als soziale Situationen mit Erlebnischarakter entworfen und „szenisch" dargestellt	Zukunftsentwürfe werden als sachlogische *Modellkonstruktionen* entwickelt und verbal dargestellt
subjektive Betroffenheit ist Ausgangspunkt des Lern- und Kommunikationsprozesses	*Sachstruktur* des gesellschaftlichen Problems ist Ausgangspunkt des Lern- und Kommunikationsprozesses
bildet primär *gesellschaftlich-politische Rationalität* aus	bildet primär *technisch-ökonomische Rationalität* aus
eignet sich besonders für den *Einstieg* in eine Unterrichtsreihe	eignet sich besonders für den *Abschluß* einer Unterrichtsreihe

Moderationsmethode, Zukunftswerkstatt und Szenariotechnik stellen insgesamt eine wesentliche Bereicherung des Methodenrepertoires der politischen Bildung dar und sind in besonderer Weise geeignet, selbsttätiges Lernen zu fördern und einen vielseitigen, interessanten und schülerorientierten Unterricht zu gestalten.

4. Anmerkungen

1 Hierzu gehören inbesondere die unter dem Begriff „Lean Production" zusammengefaßten Produktions- und Arbeitsformen. Vgl. hierzu z.B. Hans-Böckler-Stiftung 1992 und Deutscher Sparkassenverlag 1993

2 Vgl. z.B. Weinbrenner 1988 und Weinbrenner/Häcker 1991 sowie die Politikrichtlinien für berufliche Schulen in Niedersachsen und Bremen 1994.

3 Zur ausführlichen Darstellung der Methode in der Management-Ausbildung vgl. Reibnitz 1991. Für die Schule vereinfachte Modelle anhand der Themen „*Auto und Verkehr*" und „*Multikulturelle Gesellschaft*" vgl. Weinbrenner 1995. Drei ausgearbeitete Szenarien zum Thema „Auto" finden sich bei Schmalstieg 1990.

5. Literatur

AEBLI, HANS 1983: 12 Grundformen des Lernens. Eine Allgemeine Didaktik auf psychologischer Grundlage. Stuttgart

BATAILLARD, VICTOR o.J.: Pinwand-Technik. Zürich

FEIX, NEREU 1992: Moderationsmethoden und Synaplan. Mannheim

JUNGK, ROBERT/MÜLLERT, NORBERT, R. 1989: Zukunftswerkstätten. Mit Phantasie gegen Routine und Resignation. München

HEIDACK, CLEMENS (Hrsg.) 1993: Lernen der Zukunft. Kooperative Selbstqualifikation – die effektivste Form der Aus- und Weiterbildung im Betrieb. 2. Aufl. München

KIRCKHOFF, MOGENS 1992: Mind-Mapping. Die Synthese von sprachlichem und bildhaftem Denken. Bremen

KLEBERT, KARIN/SCHRADER, REINHARD/STRAUB, WALTER 1991: Moderationsmethode: Gestaltung der Meinungs- und Willensbildung in Gruppen, die miteinander lernen und leben, arbeiten und spielen. 5. Aufl. Hamburg

NISSEN, PETER/IDEN, UWE 1995: Kurz(s) Korrektur Schule. Ein Handbuch zur Einführung der Moderationsmethode im System Schule für die Verbesserung der Kommunikation und des miteinander Lernens. Mit 15 Fallbeispielen zur aktiven Gestaltung von Unterricht, Konferenzen und Elternarbeit. Hamburg

SCHMALSTIEG, DIETER O. 1990: Aussteigen und sich selbst bewegen. Genf

SEIFERT, JOSEF W./PATTAY, SYLVIA 1991: Visualisieren/Präsentieren/Moderieren. 3. Aufl. Speyer

STEINMANN, BODO/WEBER, BIRGIT (Hrsg.) 1995: Handlungsorientierte Methoden in der Ökonomie. Neusäß

SVANTESSON, INGEMAR 1993: Mind-Mapping und Gedächtnistraining. 2. Aufl. Bremen

VESTER, FREDERIC 1990: Ausfahrt Zukunft. Strategien für den Verkehr von morgen. München

WEINBRENNER, PETER 1988: Zukunftswerkstätten - Eine Methode zur Verknüpfung von ökonomischem, ökologischem und politischem Lernen. In: Gegenwartskunde, Nr. 4/1988, S. 527-560

WEINBRENNER, PETER/HÄCKER, WALTER 1991: Zur Theorie und Praxis von Zukunftswerkstätten. In: Bundeszentrale für politische Bildung (Hrsg.): Methoden in der politischen Bildung - Handlungsorientierung. Bonn, S. 115-149

WEINBRENNER, PETER 1995: Auto 2010 - Ein Szenario zum Thema „Auto und Verkehr" sowie Multikulturelle Gesellschaft - Einsatz der Szenariomethode. In: Steinmann, Bodo/Weber, Birgit (Hrsg.): Handlungsorientierte Methoden in der Ökonomie. Neusäß, S. 432 ff., 469 ff.

VI.

Bildungspolitische Rahmenbedingungen

Dorothea Weidinger

Die Situation des Politikunterrichts in der Schule

Die Situation der politischen Bildung in der Schule wurde eigentlich seit ihrer Begründung als problematisch, als ungefestigt und gefährdet beurteilt. Wenn etwa 1988 im Memorandum zur Lage der politischen Bildung in der Bundesrepublik Deutschland, herausgegeben von der Deutschen Vereinigung für Politische Bildung, festgestellt wird, daß politische Bildung als Unterrichtsfach im Kanon der Schulfächer noch völlig unzureichend vertreten sei, in den meisten Bundesländern in der Sekundarstufe I noch nicht einmal den Umfang von einer Unterrichtsstunde pro Woche und Jahrgangsstufe habe und insgesamt tendenziell von Kürzungen bedroht sei (Politische Bildung 1990, 453), so gibt dies den seit den 60er Jahren vorherrschenden Eindruck von der Lage der politischen Bildung in der Schule wieder, zumindest soweit diese formal in Stundentafeln und Lehrplänen faßbar ist.

Unzureichender Anteil der politischen Bildung am Schulunterricht

1. Probleme der Bestimmung des zeitlichen Ansatzes von politischer Bildung als Kernfach

Ein genauerer Blick auf die Rahmenbedingungen politischer Bildung in den Schulen der einzelnen Länder zeigt indes, daß die organisatorischen Voraussetzungen des Fachs Gemeinschaftskunde, Sozialkunde, politische Bildung, Politik, Sozialwissenschaften – so die häufigsten Bezeichnungen des Kernfachs politischer Bildung in Deutschland – nach Bundesländern, Schularten und Schulstufen mindestens ebenso unterschiedlich sind wie ihre Bezeichnungen. Es wäre übrigens kurzschlüssig, aus der jeweiligen Bezeichnung des Fachs in den alten Bundesländern bzw. Schularten auf Inhalte, Schwerpunkte oder gar didaktische Programme schließen zu wollen. In der Mehrzahl der Fälle sind die Bezeichnungen schulartspezifisch bzw. historisch bedingt und nur in vergleichsweise wenigen Fällen manifestiert sich in ihnen ein bewußter Neuanfang (etwa seit der Mitte der siebziger Jahre) im didaktischen Sinn. Die Bezeichnungen, die das Fach in den neuen Bundesländern jeweils erhalten hat, sind dagegen vielleicht eher als programmatisch zu verstehen: In einigen Fällen dürfte eine Orientierung sowohl an der Fachbezeichnung als auch am Zuschnitt des Fachs in bestimmten „alten" Bundesländern erfolgt sein.

Unterschiedliche Fachbezeichnungen sind wesentlich historisch bedingt

Wenn sich im Folgenden die Untersuchung der politischen Bildung in der Schule auf die ihres Kernfachs beschränkt, so wird damit nicht außer acht gelassen, daß politische Bildung selbstverständlich keineswegs nur Sache des einschlägigen Faches ist. Sowohl als Unterrichtsgegenstand wie auch als Unterrichtsprinzip werden Inhalte politischer Bildung von den verschiedensten Fächern in Anspruch genommen, vor allem von der Geschichte, der Geographie, dem Deutschunterricht, den landeskundlichen Anteilen des Fremdsprachenunterrichts und - nicht zuletzt - von Religion, Ethik und Philosophie.

Die Beschränkung dient der Transparenz der Analyse, denn Anteile politischer Bildung in anderen Fächern systematisch zu erfassen und zu quantifizieren, ist kaum möglich. Dazu kommt, daß selbst bei Themenbereichen, die sich in mehreren Fächern finden, keineswegs immer vergleichbare Intentionen des Unterrichts bzw. analoge erzieherische Zielsetzungen vorliegen.

Anteile politischer Bildung in anderen Fächern sind systematisch nicht zu erfassen

Aber auch bei Betrachtung nur des „Kernfachs der politischen Bildung" läßt sich aus den Stundentafeln nicht in jedem Einzelfall klar der zeitliche Rahmen ablesen, der der politischen Bildung in der jeweiligen Schulart zukommt. Das liegt zum einen daran, daß in vielen Bundesländern in bestimmten Schularten (dies differiert auch innerhalb dieser Bundesländer) Integrationsfächer gebildet wurden und werden - Zusammensetzungen aus Erdkunde/Geschichte/Sozialkunde/Rechtserziehung und Wirtschaft etc. Was die Hauptschule betrifft, so gibt es beispielsweise ab dem Schuljahr 1995/96 nur noch vier

Länder, in denen Sozialkunde ein Einzelfach ist. Alle anderen Länder nutzen für die politische Bildung in der Hauptschule (bzw. im entsprechenden Zweig der Mittelschule) die Vorteile, die sich aus Fächerintegration ergeben können – etwa im Hinblick auf die Vermeidung von Einstundenfächern, auf die Ermöglichung von Projektunterricht und fächerübergreifendem Unterricht. (Dabei müssen indes auch Nachteile in Kauf genommen werden, wie etwa Diskontinuität des Fachs bei epochaler Unterrichtung und evtl. fachfremder Unterricht.)

Tendenz zur Fächerintegration – vor allem in der Hauptschule

Nur in wenigen Fällen sind aber die Anteile der einzelnen Fächer bei solcher Integration nach Maßgabe der Lehrpläne/Richtlinien/Rahmenrichtlinien klar zu trennen; in vielen Fällen gäbe allenfalls der schuleigene Lehrplan darüber Auskunft, wie sich in den einzelnen Schuljahren (oder bei einzelnen Themen) die quantitativen Anteile der Fächer gestalten – und dies kann von Schuljahr zu Schuljahr differieren. Noch komplizierter wird die Sachlage, wenn Lehrpläne – vor allem der 90er Jahre – fächerübergreifenden Unterricht und Projektorientierung in den Mittelpunkt der pädagogischen Bemühungen stellen.

Eine weitere Schwierigkeit bei der Bestimmung des Umfangs der politischen Bildung in der einzelnen Schulart bildet die Tatsache, daß es offenbar keinen allgemein akzeptierten Kanon der Bezugswissenschaften gibt, aus denen sich das Fach einheitlich konstituieren könnte. Länder wie Bayern oder Thüringen z. B. haben grundsätzlich Inhalte der Bereiche Wirtschaft und Recht vom Kernfach der politischen Bildung abgetrennt. In bezug auf Elemente der Zeitgeschichte scheint es überhaupt keinen länder- (oder auch nur schulart-) übergreifenden Konsens zu geben: sie werden sowohl der Geschichte als auch der politischen Bildung (in sehr unterschiedlichem Umfang) zugeordnet. Ähnliches gilt für Fragen der Gesellschaftsstruktur, der gesellschaftlichen Wandlungsprozesse und der Sozialpsychologie. Sie sind in den Lehrplänen zur politischen Bildung in den einzelnen Bundesländern sehr unterschiedlich vertreten – vor allem in der Sekundarstufe I.

Kein verbindlicher Kanon der Bezugswissenschaften

2. Kürzung versus Bestandswahrung – die uneinheitliche Entwicklung der Stundenansätze der politischen Bildung in den allgemeinbildenden Schulen der Sekundarstufe I

Ausgeprägte Unterschiede zwischen den Bundesländern und Schularten bzw. -stufen

Ein Blick auf die Stundentafeln, Lehrpläne, Bildungspläne, Richtlinien und Rahmenrichtlinien allgemeinbildender Schulen in Deutschland zeigt, daß 1996 im Bereich politischer Bildung die Divergenzen zwischen den einzelnen Bundesländern weit ausgeprägter sind, als dies in anderen Fächern der Fall ist. Das Fach differiert aber nicht nur von Bundesland zu Bundesland, sondern auch innerhalb der Bundesländer bestehen zwischen den einzelnen Schularten und da sogar zwischen den einzelnen Stufen (Sek. I und II) derselben Schulart erhebliche Unterschiede – von der bereits erwähnten Benennung des Faches über seine Integration oder Nichtintegration, die gewählten Bezugswissenschaften bis hin zum zugebilligten zeitlichen Rahmen.

Während der vergangenen Jahre hat politische Bildung – zumindest quantitativ – an Bedeutung verloren

Will man Tendenzen aufzeigen, die die Entwicklung der politischen Bildung in den letzten Jahren bestimmt haben, so zeigt der Vergleich von Stundentafeln der achtziger Jahre (Rothe 1989, 16 ff.) mit denen von 1995, daß die politische Bildung als Fach in etlichen alten Bundesländern an (zumindest quantitativer) Bedeutung in Haupt- und Realschulen sowie Gymnasien in der Sekundarstufe I verloren hat. Dies erfolgte u. a. aufgrund von Umschichtungen von Stundenanteilen zugunsten bestehender Unterrichtsfächer oder neuer Unterrichtsfächer (z. B. Informatik), durch Abspaltung „unpolitischer" Anteile von der Sozialkunde, etwa durch die Schaffung eines eigenen Fachs Wirtschaft und Recht, oder im Rahmen allgemeiner Stundenkürzungen, die durch die angespannte Haushaltslage einzelner Bundesländer veranlaßt waren. (Daß letztere Situation nicht zwangsläufig zu solchen Kürzungen führen muß, zeigt die Entwicklung in Baden-Württemberg und im Saarland, wo es dank intensiver Bemühungen u. a. der Deutschen Vereinigung für Politische Bildung gelang, das Kernfach der politischen Bildung (fast) als einziges von Stundenkürzungen auszunehmen.) In Rheinland-Pfalz war es sogar möglich, den Stundenansatz für die politische Bildung in der Jahrgangsstufe 9 des Gymnasiums um eine Stunde zu erhöhen – bei gleichzeitiger Reduzierung der Gesamtstundenzahl in der Sekundarstufe I. (Daß in Bayern das Gymnasium eine zusätzliche halbe Wochenstunde Sozialkunde in der Jahrgangsstufe 10 erhielt, ist indessen kaum eine Kompensation für die vorher erfolgte Beschneidung des Fachs.)

Die Kürzung der Stundenanteile politischer Bildung beschränkte sich indes im wesentlichen auf die Sekundarstufe I und hier vor allem auf die Hauptschule, die Realschule und das Gymnasium. Praktisch nicht betroffen war und ist (bisher) die Gesamtschule, die ihren Anteil an politischer Bildung als Fach in Einzelfällen (so etwa in Niedersachsen) in den letzten Jahren sogar noch erweitern konnte.

Kürzungen betreffen vor allem die Sekundarstufe I

Was die neuen Bundesländer angeht, so ist es interessant, die ursprünglichen Entwürfe der Stundentafeln für die Mittelschule, die Regelschule und das Gymnasium von 1990 bzw. 1991 in bezug auf die Sozialkunde mit den jetzt geltenden Stundentafeln zu vergleichen, wo in vielen Klassenstufen der Unterricht in politischer Bildung noch die Hälfte der Unterrichtszeit einnimmt, die etwa 1991 vorgesehen war.

Die skizzierten Änderungen in der schulischen Situation des Faches geschahen indes weitgehend ohne Beteiligung oder Anteilnahme der Öffentlichkeit bzw. der Medien, die sich aus der Diskussion um das Fach – trotz ausländerfeindlicher Ausschreitungen und anderer Manifestationen mangelnder politischer Bildung – absentiert haben. Wer in den letzten Monaten die Berichte über Gewaltanwendung gegen Ausländer, rechtsextremistische Ausschreitungen, antisemitische Handlungen und Propaganda aufmerksam verfolgt hat, dem mußte eines auffallen: Sehr viel seltener als eigentlich zu erwarten wurde explizit ein eventuelles „Versagen" der politischen Bildung moniert; kaum einmal wurde in den Medien als Folgerung die Forderung aufgestellt, politische Bildung möge hiergegen verstärkt eingesetzt werden. Dies aber zeigt, daß politische Bildung im Bewußtsein der Medien (und vielleicht auch der Öffentlichkeit – wenn man dem weitgehenden Fehlen einschlägiger Leserbriefe Bedeutung beimessen darf) wenig oder gar

Die Öffentlichkeit nahm vom Abbau der politischen Bildung kaum Notiz

nicht relevant ist und daß man ihr explizit entsprechende Aufgaben einerseits und Wirkungen andererseits nicht zuschreibt.

Dies steht in ganz klarem Gegensatz zu den Verhältnissen Anfang und Ende der 60er Jahre, wo vergleichbare Entwicklungen und Phänomene zum Auf- und Ausbau des Unterrichts in politischer Bildung beigetragen haben.

Auffälliger Widerspruch zwischen offiziellem Anspruch und Schulpraxis

Damit stehen wir vor einem Auseinanderklaffen von offizieller Aufgabenzuschreibung an die politische Bildung einerseits und ihr zugebilligten Zeitansätzen andererseits: Die Zielkataloge der Lehrpläne für die politische Bildung, die übrigens heute zwischen den einzelnen Bundesländern nicht mehr grundlegend differieren und über die weitgehend Konsens herrscht, lassen sich fast ausnahmslos mit der tatsächlich zur Verfügung stehenden Zeit (vor allem in der Sekundarstufe I) nicht realisieren.

3. Die Stundenanteile der politischen Bildung in den einzelnen Bundesländern nach Schulstufen und Schularten

Nun zu den Stunden, die der politischen Bildung tatsächlich derzeit (September 1995) in der Hauptschule, Realschule (Regelschule, Mittelschule), im Gymnasium, in der (integrierten) Gesamtschule und in der Sekundarstufe II nach dem Ausweis der Stundentafeln zur Verfügung stehen. Im Folgenden werden nur „Fachstunden" berücksichtigt, d. h. die tatsächlich politischer Bildung als Fach zugestandenen Wochenstunden oder Wochenstundenanteile. Bei Integrationsfächern, in denen die einzelnen Fächer (z. B. Geschichte/Erdkunde/Sozialkunde) epochal, d. h. in zeitlichem Wechsel geblockt, unterrichtet wer-den, wurde der tatsächliche Anteil der politischen Bildung in den jeweiligen Jahrgangsstufen „herausgerechnet", womit sich „Zweidrittelstunden" ebenso erklären wie ungefähre Angaben. Beides führt jedoch nicht zu präzisen Zahlen, womit das Problem bestehen bleibt, daß für die Anteile politischer Bildung in den Stundentafeln der allgemeinbildenden Schulen der Sekundarstufe I vielfach nur ungefähre Ansätze ausgemacht werden können. Auf eine Darstellung der Primarstufe wird hier verzichtet, da dort die Anteile politischer Bildung nur schwer erfaßbar sind. Zu beachten ist bei all diesen Rechenaufgaben indes, daß eine Wochenstunde nur etwa 28 bis 34 tatsächlich gehaltene Einzelstunden im Schuljahr bedeutet – in Abschlußklassen noch weniger.

3.1 Stundenanteile der politischen Bildung in der Hauptschule

Die Betrachtung der Stundenanteile der politischen Bildung in den Hauptschulen der einzelnen Bundesländern zeigt, daß der Forderung der Didaktik und der politischen Bildner, politische Bildung müsse gleich zu Beginn der Sekundarstufe I einsetzen, nur in Hessen und Nordrhein-Westfalen Rechnung getragen wird (in Niedersachsen zählen die Klassen 5 und 6 noch zur Orientierungsstufe, haben aber politische Bildung; in Brandenburg gibt es keine Hauptschule). Die Mehrzahl der Bundesländer (Baden-Württemberg, Bayern, Mecklenburg-Vorpommern, das Saarland, Sachsen, Sachsen-Anhalt und Thüringen) sieht politische Bildung in der Hauptschule erst ab Jahrgangsstufe 8 vor. Hamburg, Berlin und Rheinland-Pfalz setzen immerhin schon in der Jahrgangsstufe 6 bzw. 7 damit ein. Insgesamt ergibt sich, was die Gesamtstundenanzahl politischer Bildung in der Hauptschule angeht, ein völlig disparates Bild, wie es sich für kein anderes Schulfach feststellen läßt. Die der politischen Bildung zugebilligten Zeitansätze liegen beispielsweise in der Klassenstufe 9 zwischen 0,66 Stunden je Woche (Bayern voraussichtlich ab dem Schuljahr 1997/98) und zwei (Baden-Württemberg, Saarland, Thüringen). Die Gesamtzahl der Wochenstunden bewegt sich zwischen 1,2 (Bayern ab 97/98) und fünf bis zehn (Nordrhein-Westfalen), wobei die Zahlen für die (nicht überall obligatorische) Jahrgangsstufe 10 nicht mitberücksichtigt wurden. Die Mehrzahl der Bundesländer billigt der politischen Bildung in der Hauptschule (bzw. in den entsprechenden Zweigen der Mittelschule und Regelschule) drei bis vier Wochenstunden zu. Trotz der deutlichen Konzentration politischer Bildung auf die Jahrgangsstufen 8 und 9 (bzw. auch 10) ist das Fach in der Mehrzahl der Bundesländer ein einstündiges Fach. Wieweit die daraus entstehenden Probleme für die Akzeptanz des Faches durch die Schüler und für die

Nur Hessen und Nordrhein-Westfalen beginnen mit politischer Bildung bereits in Klasse 5

Große Unterschiede im Umfang der politischen Bildung in der Hauptschule – ein Nord-Süd-Gefälle?

Unterrichtsgestaltung durch die bereits erwähnte Tendenz zur Fächerintegration gelöst werden können, muß offen bleiben.

3.2 Stundenanteile der politischen Bildung in der Realschule

Kein Konsens über den Umfang politischer Bildung in der Realschule

Was die Realschule angeht, so sehen die meisten Bundesländer, die die sechsstufige Form der Realschule haben (z. B. Hamburg, Hessen, Nordrhein-Westfalen), politische Bildung in jeder der Jahrgangsstufen vor; andere Bundesländer (vor allem solche, die die vierjährige Form haben) beginnen mit der politischen Bildung in den Jahrgangsstufen 7 (Baden-Württemberg, Berlin, Niedersachsen und Brandenburg – mit einer Lücke in Jgst. 8) oder 8 (Mecklenburg-Vorpommern, Rheinland-Pfalz, das Saarland – mit einer Lücke in Jgst. 9 –, Sachsen, Sachsen-Anhalt und Thüringen). Erst in Jahrgangsstufe 9 beginnen Bremen (dafür mit 2 Stunden je Schuljahr) und Schleswig-Holstein. Die geringste Stundenanzahl für politische Bildung in der Realschule stellt im gesamten Bundesgebiet Bayern – eine Stunde für Jahrgangssufe 10. Etwas häufiger als in der Hauptschule wird politische Bildung in der Realschule als zweistündiges Fach erteilt – immerhin differiert die zugebilligte Gesamtstundenzahl für diese Schulart (ohne Berücksichtigung der Jgst. 5 und 6, die in einigen Ländern nicht zur Realschule bzw. nicht zur Sekundarstufe I zählen) zwischen einer Wochenstunde (Bayern) und sieben (Baden-Württemberg). Dies könnte ein Indiz dafür sein, daß in allgemeinbildenden herkömmlichen Schularten der Sekundarstufe I kein Konsens in der Frage der Quantität schulischer politischer Bildung besteht, auch nicht zwischen Ländern, die ansonsten in Fragen der Stundentafel- und Lehrplangestaltung deutliche Gemeinsamkeiten aufweisen.

3.3 Stundenanteile der politischen Bildung im Gymnasium in der Sekundarstufe I

Erstaunlicherweise ist der Zeitumfang der politischen Bildung, der in der Sekundarstufe I des Gymnasiums von den einzelnen Bundesländern angesetzt wird, teilweise geringer als der für die Realschule. Welche Einschätzungen dem zugrundeliegen, inwieweit Elemente politischer Bildung hier verstärkt von anderen Fächern übernommen werden (etwa von Geschichte), welche Wirkungen dies auf die politische Bildung der Heranwachsenden vor allem dann hat, wenn sie in der Sekundarstufe II keinen Pflichtkurs politische Bildung haben, das muß offen bleiben. Tatsache ist, daß nur ganz wenige Bundesländer ab Jahrgangsstufe 5 (soweit Jgst. 5 und 6 nicht Primar- oder Orientierungsstufe sind) mit der politischen Bildung beginnen und diese über die gesamte Sekundarstufe I fortsetzen, so Hessen und Nordrhein-Westfalen. Mit Jahrgangsstufe 7 beginnen immerhin Brandenburg (2 Stunden, Lücke in Jgst. 8), Berlin und Mecklenburg-Vorpommern, um das Fach bis zur Jahrgangsstufe 9 fortzuführen. Unterricht in politischer Bildung ausschließlich in den Jahrgangsstufen 9 und 10 erteilen Bremen (dafür aber jeweils zweistündig), Niedersachsen, Rheinland-Pfalz, Sachsen und Thüringen. Den geringsten „Aufwand" in bezug auf Zeitanteile für politische Bildung betreiben Baden-Württemberg (2 Std. in Jgst. 10), Bayern (1,5 Stunden in Jgst. 10) sowie Hamburg, Sachsen-Anhalt und Thüringen (jeweils zwei Wochenstunden). Schleswig-Holstein schließlich hat in der Sekundarstufe I im Gymnasium kein Fach vorgesehen, in dem explizit (ausschließlich oder überwiegend) politische Bildung unterrichtet wird. (Unterrichtet wird das Fach Geschichte mit sozialkundlichen Anteilen.)

Schleswig-Holstein verzichtet auf politische Bildung als eigenständiges Unterrichtsfach im Gymnasium in der Sekundarstufe I

Vernachlässigt wird freilich bei dieser Bestandsaufnahme, daß gerade für das Gymnasium im Bereich der politischen Bildung in etlichen Bundesländern Wahlkurse vorgesehen sind, über deren regelmäßige durchschnittliche Teilnehmerzahl sich indes keine Angaben gewinnen lassen, so daß offen bleiben muß, ob sie einen nennenswerten quantitativen Beitrag zur politischen Bildung leisten.

Auch im Gymnasium finden wir die weitgehende Konzentration politischer Bildung als Unterrichtsfach auf die Jahrgangsstufen 8 bis 10, die bereits bei Haupt- und Realschule auffällig war, sowie die Tendenz zum Einstundenfach; dies jedoch weniger deutlich als in den beiden anderen Schularten. (Das Kernfach der politischen Bildung im Gymnasium ist indes in den meisten Ländern auch kein integriertes Fach, sondern ein Einzelfach.)

Konzentration der politischen Bildung auf die Jahrgangsstufen 8 bis 10 – auch im Gymnasium

3.4 Stundenanteile der politischen Bildung in der integrierten Gesamtschule

Soweit die einzelnen Bundesländer integrierte Gesamtschulen führen (keine integrierten Gesamtschulen haben Baden-Württemberg, Bayern seit dem Auslaufen des Modellversuchs, Sachsen und Sachsen-Anhalt), haben sie dort vielfach politische Bildung durchgehend für alle Jahrgangsstufen der Sekundarstufe I vorgesehen, so in Brandenburg (ohne die Klassen 5 und 6, die dort zur Primarstufe zählen und ohne Jahrgangsstufe 8), Bremen, Hamburg, Hessen, Mecklenburg-Vorpommern (ohne Jahrgangsstufe 10), Niedersachsen, Nordrhein-Westfalen, Rheinland-Pfalz, das Saarland und Schleswig-Holstein. In Thüringens Gesamtschulen findet sich politische Bildung in den Jahrgangsstufen 8 bis 10; in Berlin mit geringer Zeitausstattung (0,66 Wochenstunden je Jahrgangsstufe) in den Klassen7 bis 10. Das ist im Vergleich mit den übrigen Schularten der Sekundarstufe I eine durchaus positive Bilanz, die sicherlich im wesentlichen mit der Gesamtkonzeption dieser – bildungsgeschichtlich gesehen – noch relativ jungen Schulart einerseits und ihren Erziehungs- und Bildungszielen andererseits zu erklären ist. Derzeit zeichnen sich in den Gesamtschulen auch keine Kürzungen des Fachs ab.

Positive Bilanz für die integrierte Gesamtschule

Offen ist freilich, wie lange in Anbetracht der angespannten Haushaltslage vieler Länder die entsprechenden Stundentafeln sich in Zukunft noch aufrechterhalten lassen.

3.5 Stundenanteile der politischen Bildung in der Sekundarstufe II

Was die Sekundarstufe II angeht, die in den alten Bundesländern und in Brandenburg die Jahrgangsstufen 11 bis 13, in den übrigen Bundesländern die Jahrgangsstufen 11 und 12 umfaßt, so soll hier nur ein Überblick über die Veranstaltungen in politischer Bildung gegeben werden, die in dieser Stufe Pflicht- oder Wahlpflichtkurse darstellen oder aber in der Stundentafel regulär verankert sind. Darüber hinaus bzw. daneben gibt es Grund- und Leistungskurse integrierter (z. B. Geschichte/Sozialkunde) und nichtintegrierter Art, die von wechselnden

Zahlen von Kollegiaten besucht werden. Über diese Zahlen waren jedoch nur von ganz wenigen Bundesländern Auskünfte zu bekommen, so daß Vergleiche für die ganze Bundesrepublik nicht möglich sind. In einigen Bundesländern zeichnet sich ein deutlicher Trend zur Verringerung der Grundkursbelegungszahlen in bezug auf politische Bildung ab (z. B. in Bayern); in anderen Bundesländern scheinen die Belegungszahlen weitgehend stabil zu sein. Im Bereich der freien Kurswahl lassen sich insgesamt also kaum eindeutige Aussagen machen.

Anders ist die Sachlage in bezug auf Pflichtunterricht bzw. Wahlpflichtunterricht im Fach politische Bildung und in bezug auf die Pflichtbelegung in der Kollegstufe: Eine relativ große Zahl von Ländern sieht Pflichtunterricht im Kernfach der politischen Bildung ein- bis zweistündig in der Jahrgangsstufe 11 vor bzw. führt diesen derzeit schrittweise ein (Baden-Württemberg, Berlin, Brandenburg, Bremen, Hamburg, Hessen, Niedersachsen, Rheinland-Pfalz, Schleswig-Holstein und Thüringen). Für die Jahrgangsstufe 12 und 13 (bzw. 11 und 12 in den neuen Bundesländern außer Brandenburg) sind in der Mehrzahl der Länder Grund- oder Leistungskurse als Pflichtbelegung vorgesehen, so in Berlin, Brandenburg, Bremen, Hamburg, Hessen, Niedersachsen, Nordrhein-Westfalen, Rheinland-Pfalz, dem Saarland, Sachsen, Sachsen-Anhalt. Die zeitlichen Ansätze dieser Pflichtbelegung differieren zwischen eineinhalb Stunden (Berlin) und neun bis fünfzehn Stunden (Brandenburg), wobei zweistündige Kurse dominieren.

Pflichtbelegung in der Kollegstufe differiert zwischen 1,5 (Berlin) und 15 Stunden (Brandenburg)

Die Möglichkeiten, die politischer Bildung in den meisten Bundesländern in der Sekundarstufe II eingeräumt werden, entsprechen damit weitgehend dem, was für die Erziehung mündiger Staatsbürger und verantwortlicher Demokraten wohl als notwendig anzusehen ist.

Folgt man neueren Untersuchungen zu Fragen des Verständnisses für eigentlich politische Aspekte, zu Fragen der politischen Partizipationsbereitschaft und -fähigkeit, so scheint ein zeitlich relativ spät einsetzender, dafür aber umfassender Unterricht in politischer Bildung günstig für die individuelle Entwicklung zu sein (Klages 1993, 48 ff.; Rothe 1993, 144 ff.). Dies gewinnt an Gewicht, wenn man bedenkt, daß es noch zwei

In Bayern und Mecklenburg-Vorpommern ist die Teilnahme an politischer Bildung in der Kollegstufe nicht Pflicht

Bundesländer gibt (Bayern, Mecklenburg-Vorpommern), in denen nur Grund- und Leistungskurswahl-*Möglichkeiten* bestehen. Inwieweit in diesen Ländern die Absolventen des Gymnasiums in der Kollegstufe mit politischer Bildung konfrontiert werden, dies zu beantworten bedürfte der Analyse der jeweiligen Kursbelegungszahlen. Für Bayern zeigen beispielsweise die Zahlen für das Schuljahr 1993/94, daß etwa zwei Drittel der Abiturienten das Gymnasium verlassen haben, ohne daß ihnen in der Sekundarstufe II politische Bildung vermittelt worden wäre.

Inwieweit sich bestehende Pflichtkurse politischer Bildung in der Sekundarstufe II noch halten können, falls es zu einer Verkürzung der Zeit bis zur Hochschulreifeprüfung von 13 auf 12 Jahre in den alten Bundesländern und Brandenburg kommen sollte, ist völlig offen.

Anlaß zu Befürchtungen geben ohnedies die Bestrebungen zur Beschränkung der Zahl der Abiturprüfungsbereiche bzw. einer Neufassung des Maturitätskatalogs.

3.6 Stundenanteile politischer Bildung in den beruflichen Schulen

Noch komplexer wird das Bild beim Blick auf die politische Bildung in den beruflichen Schulen. Zunächst ist zwar zu konstatieren, daß die Berufsschule in ihren Stundentafeln in allen Bundesländern und allen Berufsfeldern grundsätzlich eine Wochenstunde Unterricht für das Fach Sozialkunde vorsieht. (Ausnahmen sind Berlin und Brandenburg, die in der Berufsschule das Fach Sozialkunde - ermöglicht durch das Fehlen von Religion in der Stundentafel - zweistündig in der Woche bzw. je Berufsschultag erteilen.) Damit macht der Anteil des Faches - je nach Stundentafel - ein Neuntel oder ein Zwölftel des gesamten Berufsschulunterrichts aus. Hierbei ist aber zu ergänzen, daß von den damit auf eine dreijährige Ausbildungszeit entfallenden ca. 120 Stunden Sozialkunde in gewerblich-technischen Berufen 40 Stunden für Inhalte vorgesehen sind, die keineswegs ohne weiteres der politischen Bildung zugerechnet werden können, nämlich die Elemente Wirtschafts- und Sozialkunde der KMK-Vereinbarung von 1984, die auch

Gegenstand der Kammerprüfung sind. Die derzeitige Form der Berufsabschlußprüfung vor der Kammer (multiple-choice-Verfahren) bringt es u. a. mit sich, daß weite Teile des Sozialkundeunterrichts – vor allem in den Abschlußklassen – diesen Prüfungsinhalten gewidmet werden, oft weit über die eigentlich vorgesehenen 40 Stunden hinaus.

Prüfungsrelevante Fragestellungen drängen politische Bildung in der Berufsschule in den Hintergrund

Beeinträchtigt dies die Wirksamkeit der politischen Bildung in der Berufsschule schon erheblich, so kommt noch hinzu, daß an dieser Schulart ein großer Teil des Sozialkundeunterrichts – in aller Regel wesentlich häufiger als in anderen Schularten – fachfremd erteilt wird. Dies aber wird weder den wachsenden Ansprüchen der Schüler noch der zunehmenden Komplexität des Faches gerecht.

Großer Teil des Unterrichts wird fachfremd erteilt

Andererseits aber ist bemerkenswert, daß sich seit den 60er Jahren so etwas wie ein länderübergreifender inhaltlicher Kanon für das Fach Sozialkunde in der Berufsschule ausgebildet hat: ein Konsens darüber, was dem Berufsschüler, der Berufsschülerin, der bzw. die ja heute in der Mehrzahl der Fälle einen mittleren Schulabschluß hat, an politischer Bildung zu vermitteln sei. Ausnahmen machen seit den 70er Jahren Nordrhein-Westfalen mit seinem inhaltlich offenen Lehrplan und – neuerdings – vor allem Niedersachsen.

4. Die Stundenanteile politischer Bildung – Trends und Probleme

Die Aussagen zum Anteil politischer Bildung in den verschiedenen Schularten in den einzelnen Bundesländern und Schulstufen zeigen sicherlich eine verwirrende Vielfalt und legen den Gedanken nahe, eigentlich könnten generalisierende Aussagen überhaupt nicht versucht werden. Trotzdem aber lassen sich gemeinsame Trends finden, die so etwas wie Richtungen angeben, in die sich politische Bildung zu bewegen scheint (auch wenn sich mühelos immer wieder gegenläufige Erscheinungen festmachen lassen):

Die Übersichten über die Stundentafeln zeigen, daß politische Bildung bevorzugt als Einstundenfach erteilt wird, und das in fast allen Bundesländern sehr viel häufiger als andere

Politische Bildung wird bevorzugt einstündig erteilt

Fächer. Daß dies weder dem Ansehen des Faches bei den Schülern besonders dienlich ist, noch viel Möglichkeiten moderner Unterrichtsgestaltung (Projektunterricht, selbstgesteuertes Lernen, Lernen in der Gruppe etc.) bietet, dürfte einsichtig sein. Und: Alle Forderungen nach handlungsorientiertem Unterricht, nach Vermittlung von Qualifikationen, die selbständige Erarbeitung von Themen verlangen, usw., stehen allein angesichts dieser Tatsache auf tönernen Füßen. Fächerintegration hilft dem nur teilweise ab und bringt dafür Probleme der Kontinuität (vor allem bei epochal erteiltem Unterricht) und fachfremden Lehrereinsatzes.

Politische Bildung als Unterrichtsprinzip kann das Fach als solches nicht ersetzen

Von den Ländern, die der politischen Bildung formal (als Fach) nur geringen Raum einräumen, wird vielfach in den entsprechenden Verlautbarungen und Ergänzungen zur Stundentafel (in Bayern etwa im Konzept der „Politischen Grundbildung") auf die Bedeutung politischer Bildung als Unterrichtsprinzip einerseits und auf den Beitrag anderer Fächer dazu aufmerksam gemacht. Beides kann aber die Tatsache nicht entkräften, daß politische Bildung – ebenso wie andere Inhalte – keineswegs in anderen Fächern (in der Regel fachfremd!) adäquat erteilt werden kann. Die konsequente Durchführung politischer Bildung ausschließlich als Unterrichtsprinzip würde andererseits auch eine Politisierung des Fachunterrichts bedeuten, was sicherlich nicht die Intention der Schule sein kann.

Rückbildung von politischer Bildung in Sekundarstufe I bei gleichzeitiger Ausweitung in Sekundarstufe II

Es zeichnen sich Tendenzen ab, die – zumindest außerhalb der Gesamtschule – widersprüchlich sind: Einer Tendenz zur Verringerung, bestenfalls Festschreibung der Anteile politischer Bildung in der Sekundarstufe I steht ein Trend zur Ausweitung des Pflichtanteils der politischen Bildung in der Oberstufe gegenüber. Dies sollte aber nicht zu voreiligem Optimismus Anlaß geben: Ungeklärt ist beim heutigen Stand der Dinge, wie sich die Beschlüsse der KMK in bezug auf politische Bildung als Abiturfach auswirken werden. Zu befürchten ist aber, daß in Zukunft ein großer Teil der Abiturienten die Schule verläßt, ohne nach der Sekundarstufe I noch in nennenswertem Umfang Unterricht in politischer Bildung erhalten zu haben.

Daß die zeitliche Reduzierung politischer Bildung in vielen

Bundesländern in der Sekundarstufe I sich auch auf die Gestaltung der neuen „Lehrplangeneration" (zu den Inhalten der Lehrpläne der neuen Bundesländer siehe George/Cremer 1992, 523 ff.) der 90er Jahre ausgewirkt hat, ist deutlich: vielfach erfolgte sowohl eine Beschränkung und Straffung der Inhalte als auch die Aufnahme neuer erzieherischer Intentionen und entsprechender Methoden und Unterrichtsformen. Andererseits steht für die Umsetzung dieser neuen Lernziele vielfach wenig Zeit zur Verfügung - zu wenig oft wohl, um sie wirksam werden zu lassen.

5. Unterrichtsausfall und fachfremd erteilter Unterricht

Eine Analyse der Situation der politischen Bildung an den Schulen in Deutschland wäre unvollständig und müßte sich sicherlich den Vorwurf der Blauäugigkeit gefallen lassen, befaßte sie sich nicht auch mit der Frage, wieviel des offiziell angesetzten Unterrichts auch tatsächlich erteilt wird und wieviel davon auf Lehrkräfte entfällt, die die Lehrbefähigung in Fächern politischer Bildung haben.

Aussagen, wie die, daß politische Bildung häufiger als (fast) alle anderen Fächer von Stundenausfall oder fachfremder Unterrichtung betroffen sei, lassen sich so pauschal jedoch nur für die Berufsschule (und auch da nicht in allen Bundesländern) aufrechterhalten.

Präzise Aussagen darüber, wie viele Stunden in welchem Fach in welcher Klassenstufe in welcher Schulart tatsächlich während eines Schuljahres ausfallen, lassen sich ohnedies nicht machen. In einigen Bundesländern gibt es aber Aufzeichnungen der zuständigen Ministerien darüber, wie viele Stunden im Kernfach politischer Bildung in bestimmten Schuljahren „regulär" ausfielen, d.h. welche Anteile der Stundentafel mit den zur Verfügung stehenden Lehrkräften nicht abgedeckt werden konnten.

Und dies stellt sich in den einzelnen Bundesländern recht unterschiedlich dar: In Baden-Württemberg beispielsweise wurden im vergangenen Schuljahr in Gemeinschaftskunde im

In den meisten „alten“ Bundesländern sind in den kommenden Jahren kaum Neueinstellungen von Lehrkräften in Sozialkunde (o. ä) zu erwarten

Gymnasium 1,5 % Stunden mehr erteilt als vorgesehen, in der Realschule 2,1%. An den staatlichen Gymnasien in Bayern (nur hierfür liegen Zahlen vor) wurden im Schuljahr 1994/95 von 2043 Wochenstunden Sozialkunde 61 fachfremd erteilt, d.h. durch Lehrer mit der Lehrbefähigung Geschichte; planmäßigen Stundenausfall in Sozialkunde gab es an den staatlichen Gymnasien nicht. Wie auch in anderen Bundesländern gibt es kaum Neueinstellungen von Lehrkräften mit der Lehrbefähigung Sozialkunde u. a. aufgrund des geringen Bedarfs in der Sekundarstufe I.

Brandenburg andererseits hat große Probleme, die Lehrerversorgung für das Kernfach der politischen Bildung sicherzustellen; Unterricht muß nach wie vor fachfremd erteilt werden; Sondermaßnahmen großen Umfangs, wie das „Sonderprogramm Weiterqualifizierung Brandenburger Lehrerinnen und Lehrer“ können nur langfristig Abhilfe schaffen.

In Hessen müssen die 1994/95 erfolgten Kürzungen des Sozialkundeunterrichts gegen Zusatzangebote aufgerechnet werden – insgesamt ergab sich ein Fehlbedarf für das Schuljahr 1994/95 von 539 Stunden. Äußerst schwierig sind Aussagen über Stundenausfall in Nordrhein-Westfalen. Hier gibt es ein „berechnetes Stundensoll“, das den Bandbreiten der Stundentafeln Rechnung trägt. Im Schuljahr 1992/93 beispielsweise belief sich das berechnete Stundensoll in politischer Bildung im Gymnasium auf 14.873 Wochenstunden. Davon wurden 52,6% von Lehrern mit entsprechender Lehrbefähigung und 31,5 % fachfremd unterrichtet. In Rheinland-Pfalz gab es im Schuljahr 1992/93 in der Sekundarstufe I im wesentlichen keinen strukturellen Stundenausfall; ein Teil des Unterrichts in politischer Bildung wird durch Lehrkräfte mit der Lehrbefähigung Geschichte und/oder Erdkunde erteilt. Sachsen zeigt in bezug auf Stundenausfall und fachfremd erteilten Unterricht ähnliche Probleme wie auch Sachsen-Anhalt und Thüringen: Hohem Lehrerbedarf für den Unterricht in politischer Bildung stehen relativ wenig für das Fach ausgebildete Lehrer gegenüber, so daß erhebliche Anteile fachfremd unterrichtet werden müssen. Andererseits sind die Anstellungschancen für in politischer Bildung ausgebildete Lehrkräfte – wie auch in den meisten

In den neuen Bundesländer wird Sozialkunde (o. ä.) vielfach fachfremd erteilt – und das auf absehbare Zeit anderen neuen Bundesländern - nicht gut, selbst dann nicht, wenn sich die Ankündigung einer Stellenkürzung um 50.000 Lehrer in den neuen Bundesländern in den nächsten Jahren als überzogen herausstellen sollte.

Eine kritische Betrachtung der Rahmenbedingungen politischer Bildung ergibt, daß in vielen Fällen - in den nördlichen Bundesländern mehr als in den südlichen, in den neuen mehr als in den alten - vergleichsweise günstigen Stundenanteilen der politischen Bildung erheblicher Stundenausfall und fachfremd erteilter Unterricht gegenüberstehen, wobei anzumerken ist, daß in vielen Bundesländern Politikunterricht, der von Lehrkräften mit der Lehrbefähigung Geschichte oder Erdkunde erteilt wird, nicht als „fachfremd erteilt" betrachtet wird.

Ein hoher Stundenanteil politischer Bildung geht oftmals einher mit hohem Stundenausfall

Feststellungen dieser Art sind durchaus geeignet, die Rahmenbedingungen politischer Bildung - vor allem in der Sekundarstufe I, in der die geschilderten Probleme im wesentlichen auftreten - für sehr problematisch zu halten. Selbst wenn von einzelnen Fällen ganz unakzeptabler Bedingungen der Stundentafel, hohen Stundenausfalls oder fachfremd erteilten Unterrichts abgesehen wird, bleibt eine im Durchschnitt sehr schwierige Situation, die das Kernfach der politischen Bildung in vieler Hinsicht als Problemfach im Kanon der Schulfächer dastehen läßt.

6. Literatur

George, Uta/ Cremer, Will 1992: Zur Situation der politischen Bildung in den neuen Bundesländern - eine Untersuchung. In: Lernfeld Politik. Bonn, S. 523-544

Herbst, Ernst 1995: Sozialkunde und Sozialkundelehrer in Sachsen-Anhalt. In: Politik-Unterrichten, 11. Jg. 1995, Nr. 1, S. 50-58

Klages, Helmut 1993: Traditionsbruch als Herausforderung. Frankfurt/ M./ New York

Patzelt, Werner 1994: Aufgaben politischer Bildung in den neuen Bundesländern. Dresden

Politische Bildung 1990: Öffentliche Anhörung des Innenausschusses und des Ausschusses für Bildung und Wissenschaft des Deutschen Bundestages am 8. Mai 1989. Bonn

Rothe, Klaus 1989: Sozialkunde und politische Bildung in Schulen und Unterricht in der Bundesrepublik Deutschland. In: Rothe, Klaus (Hrsg.): Unterricht und Didaktik der politischen Bildung in der Bundesrepublik. Opladen, S. 7 ff.

Rothe, Klaus 1993: Schüler und Politik. Eine vergleichende Untersuchung bayerischer und hessischer Gymnasialschüler. Opladen

Ekkehard Nuissl

Zwischen öffentlichem Auftrag und Markt

Die außerschulische politische Bildung in schwierigen Zeiten

Allenthalben wird über Probleme der politischen Bildung gesprochen. Seit Anfang der 80er Jahre ist dies geradezu ein Topos der Diskussion in der außerschulischen politischen Bildung. In der Tat lassen sich einzelne Phänomene konstatieren, die auf eine solche Problemsituation hinweisen:

Probleme politischer Bildung

- Die konzeptionelle Diskussion der Erwachsenenbildung, in den 70er Jahren durch politische Bildung dominiert, konzentriert sich seit langem auf Angebote der beruflichen und kulturellen Bildung.
- Die staatliche Förderung für politische Bildung, in manchen Weiterbildungsgesetzen und Durchführungsverordnungen früher mit einem Bonus der Vorrangigkeit versehen, stagniert oder wird reduziert.
- Kurse, Unterrichtsstunden und Belegungen bei einem Hauptanbieter politischer Bildung, den Volkshochschulen, bewegen sich seit 1979 absolut auf gleichem Niveau, relativ verlieren sie an Bedeutung; sie betragen – im engeren Sinne gesehen – nur etwa 0,5% des Gesamtangebotes.

Vielfältige andere Phänomene ließen sich hinzufügen; ein Hang zur Resignation bei politischen Bildnerinnen und Bildnern ist dabei nicht das Unwichtigste.

Hang zur Resignation

Dennoch gilt es, vorsichtig zu analysieren. Die Teilnahme an Angeboten politischer Bildung außerhalb der Schule ist *freiwillig*. Die Attraktivität der Angebote ist entscheidend für Teilnahmequoten. Und die Wirksamkeit politischer Bildung war nie meßbar, sollte aus Sicht der politischen Bildung selbst auch nie meßbar sein.

In den letzten Jahren wird das Grundproblem der politischen Bildung auf das Gegensatzpaar zwischen *öffentlichem Auftrag* und *Marktorientierung* konzentriert. Auch hier gilt es, abzuwägen und zu analysieren. Ist es überhaupt richtig, hier einen Gegensatz zu konstatieren? Beschreibt ein solcher Gegensatz vollständig die Situation der politischen Bildung? Ist ein solcher Gegensatz, wenn er denn existiert, wesentlich für die Situation der politischen Bildung?

1. Öffentlicher Auftrag politischer Bildung

Wenn von politischer Bildung gesprochen wird, ist meist der Begriff des „öffentlichen Auftrags" nicht fern. In der Schule ist er hinreichend operationalisiert: Hier ist politische Bildung überprüfbar in Lehrplänen verankert. Hier handelt es sich letztlich auch nicht um einen „öffentlichen Auftrag", sondern um einen *staatlich* verantworteten und formulierten Lehrplan.

Wer formuliert einen solchen Auftrag an wen?

Außerhalb der Schule ist dies wesentlich weniger konkret und überprüfbar. Bemerkenswerterweise wird hier auch nicht von einem „staatlichen", sondern von einem „öffentlichen" Auftrag gesprochen. Die entscheidende Frage ist: wer formuliert einen solchen Auftrag an wen?

Die Antwort auf diese Frage zeigt, daß der Begriff des „öffentlichen Auftrags" angemessen ist. Es ist kein unmittelbares Subjekt identifizierbar, das einen solchen Auftrag erteilt. Der Staat formuliert zwar (beispielsweise in Weiterbildungsgesetzen) die Notwendigkeit des Bereichs der politischen Bildung, beschränkt sich aber auch darauf. Bund und Länder fördern zwar Programme zur politischen Bildung, diese sind jedoch stets singulär, fast immer befristet und konkret definierbar. Letztlich ist der öffentliche Auftrag zu politischer Bildung ein gesamtgesellschaftlicher Grundkonsens, getragen durch Sozialpartner, Großorganisationen (wie Kirchen und Verbände), Parlamente und Administrationen. Dieser Grundkonsens bedeutet kurz zusammengefaßt: In einer demokratisch organisierten Gesellschaft ist politische Bildung notwendig, um die einzelnen Mitglieder dieser Gesellschaft zu dem zu befähigen, was das Funktionieren derselben voraussetzt: Teilhabe, Mitwirkung, Interessenartikulation etc. Konkretisiert und opera-

Gesellschaftlicher Grundkonsens

tionalisiert ist dieser Auftrag in der außerschulischen Bildung letztlich nicht.

Ebenso unscharf ist es, wenn man der Frage nach dem Auftragnehmer nachgeht. Letztlich kann man, wenn man von Auftragnehmern einzelner Programme und Projekte absieht, nicht eindeutig identifizieren, an wen ein solcher „öffentlicher Auftrag" geht. Viele Einrichtungen der Erwachsenen- und Weiterbildung münzen politische Bildung gewissermaßen in einen Selbstauftrag um, eine Selbstverpflichtung. Dies gilt im besonderen Maße für Einrichtungen der Gewerkschaften und Kirchen sowie die Volkshochschulen. Eine solche Selbstverpflichtung dient nicht nur dazu, das institutionelle Profil der Bildungseinrichtungen zu realisieren, sondern auch dazu, ihre Existenz zu legitimieren. Diese Legitimation bezieht sich nicht nur auf staatliche und kommunale Stellen, sondern auch auf die Teilnehmenden.

Selbstverpflichtung von Kirchen, Gewerkschaften und Volkshochschulen

Wie politische Bildung jeweils konkret in diesen Einrichtungen umgesetzt wird, entscheiden diese selbst. Die Übernahme des „öffentlichen Auftrags" ist gewissermaßen eine freiwillige institutionelle Leistung, die sich weniger aus einem formulierten Auftrag als vielmehr aus einer institutionellen Idee und Rationalität speist.

Entsprechend verhält es sich auch mit der materiellen Substanz politischer Bildung an außerschulischen Bildungseinrichtungen. Solange und soweit sie nicht gezielt vom Staat, den Kommunen oder den Großorganisationen (Kirchen, Gewerkschaften) gefördert werden, unterliegen sie den institutionellen Finanzierungsbedingungen. Diese sind jeweils unterschiedlich im Verhältnis von institutionellen und maßnahmebezogenen Finanzen, weisen aber – angesichts generell stagnierender oder zurückgehender öffentlicher Gelder – eine Tendenz der Refinanzierung über Teilnehmerbeiträge auf. Innerinstitutionell bedeutet dies mit Blick auf politische Bildung in der Regel, daß Umschichtungen vorgenommen werden: in einer Art „Mischhaushalt" tragen Einrichtungen der politischen Bildung oft selbst zur Finanzierung entsprechender Angebote bei. Dies hat so lange Bestand, wie politische Bildung ein Element der Identität der Einrichtung und ihre Existenz damit unverzichtbar ist.

Refinanzierung über Teilnehmerbeiträge

Diese Praxis gerät jedoch in Gefahr, wenn sich die Idee von Bildung und das Profil der Institutionen verändern.

Umschichtung von Mitteln

Ein anderes Problem der innerinstitutionellen Umschichtung von Mitteln aus besser refinanzierten Bereichen (z. B. Gesundheitsbildung, EDV) liegt in dem darin enthaltenen „Robin-Hood-Prinzip": Man nimmt besser bezahlenden (und vielleicht auch besser verdienenden) Bildungsinteressierten Geld ab, um es in schlechter refinanzierte Bereiche wie die politische Bildung (aber auch etwa Alphabetisierung) zu stecken. Der „öffentliche Auftrag" wird hier zu einer institutionellen Umverteilungsstrategie, die nicht nur verfassungs*rechtliche*, sondern auch gesellschafts*politische* Brisanz hat.

2. Markt und politische Bildung

Kommerzielle Weiterbildung ist nur ein kleines Segment politischer Bildung

Seit Anfang der 80er Jahre wird zunehmend von einem „Weiterbildungsmarkt" gesprochen. Damit wird suggeriert, bei der Weiterbildung gehe es – wie bei anderen Produkten auch – um eine Regulation von Angebot und Nachfrage, um Marketing, Preise, Profite und Konkurse. Grundsätzlich ist aber zu sagen, daß der Markt-Begriff, bezogen auf die Weiterbildung, im Grunde nicht angebracht ist.

Der Hauptgrund dafür liegt darin, daß nur ein sehr kleines Segment der Weiterbildung mit Investition, Profit, Rentabilität und Preisen zu tun hat: der Bereich der kommerziellen Weiterbildung. Der gesamte Bereich der innerbetrieblichen beruflichen Bildung reguliert sich demgegenüber ebenso nach anderen Prinzipien wie der gesamte Bereich der öffentlich verantworteten Weiterbildung. Bei der innerbetrieblichen Bildung (die zunehmend auch politische Themen und Inhalte hat) besteht kein offener Zugang, keine Kostendeckung und keine Regulation über Angebot und Nachfrage – zumindest nicht im Grundsatz. Selektionsprinzipien der Betriebe, Kostenübernahmen und Zuschüsse, Anteile an innerbetrieblicher Personalentwicklung setzen hier Marktmechanismen außer Kraft.

Innerbetriebliche politische Bildung

In der öffentlich verantworteten Weiterbildung (oder besser: öffentlich bezuschußten Weiterbildung) gilt, daß trotz Stagnation und Rückgang öffentlicher Mittel nach wie vor ein hoher

Öffentlich bezuschußte Weiterbildung

Anteil der Kosten nicht über das Verhältnis von Angebot und Nachfrage, die Preisgestaltung und die Einnahmen geregelt ist. Auch in Bundesländern, in denen die Landeszuschüsse relativ niedrig sind, stabilisiert sich die Kostenstruktur der Weiterbildungseinrichtungen über öffentliche Mittel.

Zudem ist auch in der „offenen" Weiterbildung, die Strukturähnlichkeiten mit dem Prinzip von Angebot und Nachfrage des Marktes hat, die Interferenz eines zweiten Finanzierungssystems vorhanden, das nach wie vor wichtiger ist als die Entgelte der Endabnehmer. Es geht um den „Markt" öffentlicher Mittel, Anteile an kommunalen Haushalten, an Projektmitteln der Regionen, Länder, des Bundes und neuerdings immer stärker Europas. Beide Finanzierungsquellen - Projektgelder der öffentlichen Hand und Entgeltzahlungen von Teilnehmenden - sind z. T. so ineinander verschränkt, daß ein präzise definierter Markt nicht möglich ist.

In der politischen Bildung führt der Zwang zur Refinanzierung, der objektiv wächst, nicht dazu, daß die Entgelte für Teilnahmeinteressierte erhöht werden, sondern eher zu einer verstärkten Aktivität auf dem „Markt" verfügbarer Projektmittel. Die Schmerzgrenze von Entgeltzahlungen für Angebote politischer Bildung ist, darüber sind sich alle in Erwachsenenbildungseinrichtungen Tätigen einig, relativ niedrig anzusetzen.

Nur geringer Spielraum für Erhöhung von Teilnehmerentgelt

Positiv definiert heißt der Begriff des Marktes in der Weiterbildung letztlich, daß in einem höheren Ausmaß als früher dafür Sorge getragen werden muß, daß Angebote der politischen Bildung finanziert werden und finanzierbar sind. Dies mag gegenüber der pädagogischen Reflexion der 70er Jahre, in denen die Beschaffung des Geldes Aufgabe anderer Instanzen war, neu sein. Es belastet auch den Zusammenhang von pädagogischer Konzeption, Teilnahmeinteressen und Angebotsexpansion. Ein Markt aber ist es letztlich nicht.

3. Inhalte politischer Bildung

Wichtiger als die zunehmende Notwendigkeit der Refinanzierung politischer Bildung scheint mir die inhaltliche Entwicklung dieser Angebote zu sein. Wichtiger deshalb, weil sich das

„Produkt" politische Bildung in einer neuen gesellschaftlichen Gesamtkonstellation befindet, die dazu führt, daß es anders eingeschätzt und realisiert wird.

Akzeptanz des politischen Systems

Ein wichtiger Punkt ist dabei das Verschwinden des anderen Lagers; seit dem Ende des Ostblocks bedarf es keiner „Lager-identität" mehr, die sich auf Grundprinzipien der Gesellschaftsverfassung bezieht. Diese scheinen nun generell gültig zu sein, als selbstverständlich akzeptiert. Politische Bildung, in Deutschland etwa als Einübung in Demokratie nach dem 2. Weltkrieg von den Besatzungsmächten installiert, seitdem von der Institutionenlehre stärker abgerückt und hin auf gesellschaftspolitische Fragen gelenkt, entbehrt damit eines Gegenübers. Gravierender noch: die Notwendigkeit, sich grundlegender gesellschaftspolitischer Prinzipien zu vergewissern, scheint hinfällig zu sein, da diese generell akzeptiert sind.

Ausweitung des Politischen auf die Alltagswelt

Im Zusammenhang damit steht die Beobachtung, daß politische Themen aus dem Kernbereich politischer Bildung, der Beschäftigung des Verhältnisses der Menschen zum Staat und umgekehrt, gewissermaßen abwandern. Zunehmend enthalten Bildungsangebote im Gesundheitsbereich, in der Umweltbildung, für bestimmte Zielgruppen (etwa Ältere, Frauen, Jugendliche) ein hohes Maß an politischem Bildungsgehalt. Der Begriff des Politischen breitet sich gewissermaßen in der Alltagswelt der Menschen aus, wird konkreter auf einzelne Lebensaspekte bezogen und interdisziplinär auf Lebensinteressen hin vernetzt. Viele sehen darin die Gefahr, daß politische Bildung den Isolierungs-, Individualisierungs- und Parzellierungstendenzen der postmodernen Gesellschaft unterliegt. Im Konstruktivismus werden gesellschaftliche Klassenkonflikte, Widersprüche und Kämpfe letztlich beliebig. Ob diese Gefahr wirklich besteht, werden die nächsten Jahre zeigen.

Verlagerung traditioneller Inhalte in die berufliche Bildung

Eine weitere Entwicklung betrifft die Inhalte der politischen Bildung, es ist die Veränderung der Berufstätigkeit und damit auch der beruflichen Bildung. Das Schlagwort der „Schlüsselqualifikationen" reflektiert nicht nur eine Veränderung von Arbeit, sondern auch andere Anforderungen an berufliche Bildung. Vernetztes Denken, Phantasie, Kreativität, letztlich menschliche Qualifikationen werden stärker im Berufsleben gefordert. Sie sind zugleich Kompetenzen, die eng an den menschlichen Interessen selbst liegen, für welche sich politische Bildung traditionell zuständig erklärt. Es läßt sich teilweise beobachten, daß Angebote politischer Bildung noch wesentlich stärker an Frontalunterricht und Wissensvermittlung hängen als solche beruflicher Bildung, und daß sich Menschen in letzteren gelegentlich schon eher aufgehoben fühlen.

Schließlich ist darauf hinzuweisen, daß politische Bildung in ihrem Kernbereich, der Politik, eine Veränderung hinnehmen und umsetzen muß, die sie weder zu verantworten noch zu legitimieren hat. Es geht darum, daß sich das Verhältnis von Staat und Gesellschaft in einem tiefgreifenden Transformationsprozeß befindet. Generell läßt sich feststellen, daß sich der Staat in den hochindustrialisierten Ländern zurückzieht, staatliche Leistungen privatisiert (z. B. Eisenbahn, Telefon etc.) und teilweise kapitalisiert. Gesellschaftstragende Großstrukturen wie Sozialpartner, Gewerkschaften, Kirchen und Verbände verzeichnen seit Jahren einen Mitgliederschwund, sinkende Einnahmen und sinkende gesellschaftliche Reputationen. Individualisierung, Vernetzung, insbesondere aber eine durchgreifende Kapitalisierung von Beziehungen auch innerhalb von Organisationen stellen bislang gültige Prinzipien in Frage. Verbände beispielsweise, traditionell gebündelte Interessen von Mitgliedseinrichtungen, sehen sich heute in der vertrackten Situation, ihre eigenen Leistungen nicht nur neu legitimieren, sondern gegenüber ihren Mitgliedseinrichtungen auch verkaufen zu müssen – diese werden damit von der Basis der Verbände zu deren Kunden.

Neuformierung des Verhältnisses von Staat und Gesellschaft

Der Begriff der „Kunden" ist zugleich ein neuer Begriff der Erwachsenenbildung; auch wenn es noch nicht um einen durchgreifenden Markt im Bildungsbereich geht, so werden heute doch bereits vielfach Teilnehmende an Bildungsveranstaltungen als „Kunden" bezeichnet. Dies mag „vorauseilender Gehorsam" sein, vielleicht auch weise Prognostik, kennzeichnet aber doch auch ein Strukturproblem des inhaltlichen Bezuges von Bildung und Teilnehmenden.

4. Methodik politischer Bildung

Politische Bildung hat in den letzten Jahren eine rapide Entwicklung darin genommen, ihre Angebote auch methodisch für Teilnehmende attraktiver zu machen. Zahlreiche Handbücher zur Methodik politischer Bildung dokumentieren sowohl den raschen Wandel als auch den hohen Bedarf an methodischer Reflexion.

Erarbeitung von Wissen und Verarbeitung von Erfahrung stehen im Vordergrund...

Generell zeichnet sich ab, daß politische Bildung eher Wissen erarbeitend und Erfahrungen verarbeitend als Wissen vermittelnd wirkt. Damit ist auch in der politischen Bildung ein genereller Trend zu beobachten, der Erwachsenenbildung insgesamt kennzeichnet: Wissensvermittlung erfolgt zunehmend über Medien außerhalb organisierter Bildungsprozesse, in Bildungsangeboten selbst erfolgen stärker Elemente von Identitätsstiftung und Orientierung. Systematische Zusammenhänge, politische Informationen, gesellschaftliche Konflikte und Widersprüche als Strukturen dominieren immer weniger Angebote der politischen Bildung.

... Vermittlung von politischen Zusammenhängen tritt dahinter zurück

Der erhöhte Stellenwert erarbeitender Methoden bedeutet, daß Menschen und ihre Interessen stärker einbezogen sind in die Bildungsprozesse. Er bedeutet auch, daß politische Inhalte stärker an den Menschen bleiben und damit der „Sprung" auf die gesellschaftliche Dimension in denjenigen Bildungsprozessen schwieriger wird, in denen gesellschaftliche Konflikte thematisiert werden. Letztlich drückt sich darin aber nicht nur eine veränderte Lernweise und Lernbereitschaft von Menschen aus, sondern möglicherweise auch die Konsequenz einer Problematik von politischen Lernprozessen früherer Jahre; dort war durchaus feststellbar, daß die Lehrangebote der Pädagoginnen und Pädagogen oft weit entfernt waren von den Lerninteressen und Diskussionsprozessen der Teilnehmenden – oft auch bis zum Ende gemeinsamer Lehrveranstaltungen.

Nicht zuletzt bedeutet die zunehmende Relevanz erarbeitender Methoden auch eine Art Paradigmenwechsel in der politischen Bildung. Das Interesse der Menschen ist nicht mehr abstraktes Strukturprinzip des zu vermittelnden Inhalts, sondern konkretes Prinzip des prozessualen Vorgehens beim Lernen und Lehren. Darin steckt ein erhöhter Problem- und Handlungsbezug, aber auch eine erhöhte Zielungenauigkeit und Zielunsicherheit. Das Lehrziel politischer Bildung ist nicht mehr wie früher genau vorhersehbar oder vorherdefiniert, sondern entwickelt sich aus der gemeinsamen Auseinandersetzung im Lernprozeß. Gesellschaftliche Probleme und Wissenselemente werden gewissermaßen in die Angebote der politischen Bildung hineinverlagert, in methodische Instrumentarien übersetzt und zu einem gesellschaftspolitischen Diskurs im Kleinen umgewandelt. Darin liegt eine Chance der politischen Bildung, ihre Relevanz für die Betroffenen wieder stärker auszuweisen, aber auch die Gefahr, die gewissermaßen vorab gültige Identität politischer Bildung mit Elementen des politischen Systems prozessual in Frage stellen zu müssen.

Chance und Gefahr des zu beobachtenden Paradigmenwechsels

5. Schluß

Es ist schwer abschätzbar, wohin sich außerschulische politische Bildung, insbesondere politische Erwachsenenbildung, in den nächsten Jahren entwickeln wird. Dies gilt aber generell für alle Angebote der Erwachsenenbildung, die ihrem Kern nach nicht der Vermittlung beruflicher Qualifikation dienen. Politische Erwachsenenbildung ist - anders als Befürchtungen der 80er Jahre erwarten ließen - nicht aus dem Erwachsenenbildungs-Angebot verschwunden, sondern hat ihre Position behauptet. Im Gegenteil: In zahlreichen anderen Angebotsformen hat sie eine neue, methodisch und didaktisch interessante Relevanz erhalten. Von genereller Politikverdrossenheit der Menschen kann, soweit es die politische Bildung angeht, nicht gesprochen werden.

Aber: die politische Bildung unterliegt einem Strukturwandel, der in engem Zusammenhang steht mit einem gesellschaftlichen Strukturwandel. Wieweit sie diesen Strukturwandel meistert, innovativ bewältigt, wird wesentlich davon abhängen, inwieweit sie nicht nur als öffentlicher Auftrag wahrgenommen, sondern auch als öffentlich zu förderndes Bildungsgut gesehen wird. Nach den „reinen" Prinzipien des Marktes wäre politische Bildung nicht zu finanzieren.

Werner Künzel

Politische Bildung im Übergang zur Demokratie

Die Entwicklung der politischen Bildung in den neuen Bundesländern seit der deutschen Vereinigung

1. Spezifik politischer Bildung im Beitrittsgebiet

Politische Bildung gewinnt zunehmend an Bedeutung angesichts der völlig neuen Stellung „der Subjekte im gesellschaftlichen Produktions- und Reproduktionsprozeß sowie zueinander" (Dümcke 1991, 27), der Auflösung traditioneller sozialer Milieubindungen und der damit verbundenen Suche nach einem neuen Konsens demokratischer Grundwerte. Aus den Individualisierungstendenzen der Informationsgesellschaft erwächst die zunehmende Verantwortung des mit solidem Grundlagenwissen ausgestatteten und interaktionsfähigen Individuums. Zugleich sind dabei demokratische Strukturen zu sichern. All dies gilt erst recht für die neuen Bundesländer.

Bedeutung politischer Bildung im gesellschaftlichen Wandlungsprozeß

Politische Bildung im Osten hatte sich – im Unterschied zu den tradierten Inhalten und Strukturen der politischen Bildung in den alten Bundesländern – den abrupt entstandenen Herausforderungen zu stellen, die aus dem Umbruch von Diktatur zu Demokratie, von zentralistischer Planwirtschaft zu sozialer Marktwirtschaft mit all ihren menschlichen Problemen entstanden waren (vgl. Noll/Reuter 1993; Claußen/Wellie 1994; Muszynski 1991). Das bedeutete erst einmal die Vermittlung von Kenntnissen über demokratische Institutionen, ihre Träger und die Strukturen der vertikalen und horizontalen Gewaltenteilung als Voraussetzung für den Umgang mit dem Rechtsstaat. Zugleich aber hatte die politische Bildung im Osten politischem Desinteresse entgegenzuwirken und die Bereitschaft

Kenntnisse über demokratische Institutionen

und den Mut - zumindest aber die Toleranz - für aktives eigenverantwortliches politisches Handeln und für die Beteiligung an einer pluralistischen Streitkultur sowie an demokratischen Entscheidungsprozessen zu wecken und zu fördern. Dabei galt es auch, dem Mißtrauen vieler Bürger gegenüber der Politik zu begegnen. Denn die politische Bildung wurde nicht selten von dem der „Staatsbürgerkunde", der „Parteilehrjahre" und der „Schulen der sozialistischen Arbeit" überdrüssigen DDR-Bürger „mit dem Indoktrinationskartell der SED gleichgesetzt"(Stolpe 1993, 11). Nachdem ihm jahrzehntelang ein „Klassenstandpunkt" abgefordert worden ist, suchte er nunmehr in „politischer Neutralität" Zuflucht. Zugleich sind anfängliche „Illusionen über den Weg und die Folgen der deutschen Einigung ... zerstoben" (Eppelmann 1994, 83). Die Erkenntnis über die eklatante Fehleinschätzung hinsichtlich Kosten, Fristen und Problemtiefe der Systemtransformation, vollzogen im Rahmen einer Rechtsordnung, „die für bestimmte Spezifika der DDR-Sozialisation blind ist" (Misselwitz 1994 b, 5), trieb die Ostdeutschen in eine Minderheitensituation mit ungelöster Identitätsbestimmung, mit ambivalenten Haltungen zu demokratischen Werten, ja Demokratieverdruß. Der Zusammenhang zwischen mangelhafter Politiktransparenz und daraus abzuleitender Politikverdrossenheit einerseits und hoher Gewaltakzeptanz besonders unter Jugendlichen andererseits ist auch für die neuen Länder inzwischen nachgewiesen (z.B. Sturzbecher/Dietrich/Kohlstruck 1994, 131).

Ermutigung zu eigenverantwortlichem politischen Handeln

Demokratieverdruß aus Enttäuschung über den Einigungsprozeß

Viele Bürger der neuen Bundesländer registrieren mit zunehmender Frustration die Enttäuschung ihrer Erwartungen, der Grundsatz vom Fortbestand der einen deutschen Nation über die Jahrzehnte der Teilung hinweg schließe notwendigerweise „die Integration der geteilten geschichtlichen Erfahrungen und die Aspekte ihrer wechselseitigen Bedingtheit" ein und umfasse den zwingenden Schluß, daß nach ihrem Verständnis „zur Rekonstruktion des geschichtlichen Raumes ‚DDR'" auch die „Herstellung eines Verständnisses für die historischen Identitäten, die in ihm von den Menschen gesucht und gefunden wurden" (Misselwitz 1994 a, 24), gehörte.

Das erschwert politische Bildung und bedingt zugleich eine

Erweiterung ihrer Aktionssphären. Einerseits wendet sie sich dem Bürger zu; sie will sein Verständnis wecken für eine demokratische Streitkultur mit Meinungsvielfalt und Achtung vor anderen Grundeinstellungen, mit Kenntnis und Akzeptanz demokratischer Regeln, mit Verständnis für die Schwierigkeiten des politischen Handelns in demokratischen Abstimmungs- und Entscheidungsprozessen und dafür, daß geregeltes Verwaltungshandeln seine Zeit braucht; sie will ihn zu politischem Handeln befähigen und stimulieren. Andererseits muß sie dem Staat, seinen Repräsentanten und den demokratischen Parteien den Bürgerwillen nahebringen, die Nöte der Menschen thematisieren, ihre Erwartungen nach politischer Teilhabe, nach bürgernahen und transparenten Entscheidungen deutlich machen und schließlich in diesem Sinn in die Suche nach Entscheidungen eingreifen.

Hinwendung zum Bürger und Vermittlung gegenüber dem Staat

2. Inhalte, Methoden und Strukturen

Da gerade im Osten Fragen von Gegenwart und Zukunft eklatant kulminieren, muß sich politische Bildung dort dem gesamten Problemspektrum in seinen politischen Dimensionen zuwenden. Dazu gehören nicht nur Themen der Demokratiegestaltung im engeren Sinn, der Wertgrundlagen der Gesellschaft und der Rolle des Bürgers im Staat, sondern – auch unter dem Aspekt der europäischen und globalen Verantwortung der Bundesrepublik – deren Substanzen, die unter den Bedingungen der sozialen Umwälzungen in den neuen Ländern von erheblichen politischen und persönlichen Auswirkungen sind: Ökonomie und Ökologie als unteilbare Phänomene, Zukunft der Arbeit, Gleichberechtigung von Mann und Frau, Rechtsextremismus und Gewaltbereitschaft, Zusammenleben mit Ausländern usw. Und speziell im Osten muß sich politische Bildung als Plattform für einen neuen Diskurs bewähren.

Politische und soziale Auswirkungen der Umgestaltung

Aus der thematischen Vielfalt, der sich politische Bildung in den neuen Ländern zu stellen hat, und aus der Betroffenheit jedes einzelnen erwächst die Frage, ob das traditionelle Selbstverständnis politischer Bildung mit ihren klassischen Formen den Anforderungen von Gegenwart und Zukunft entspricht, ob das Buch, das Seminar, die Konferenz als alleinige, den Bürgerinteressen adäquate Formen von Politikvermittlung und -beratung zu begünstigen sind. Die Beteiligungsquoten zeigen, daß trotz des immer noch signifikanten Informationsbedarfs Bildungsangebote, die auf Belehrung aus sind, immer seltener gefragt sind. Interessante, die persönlichen Schicksale berührende Themen, bürgernah vorgetragen, finden offensichtlich immer mehr Resonanz. Das Gespräch, die authentische politische Begegnung, dialogische Auseinandersetzungen im Verbund mit übernommenen Formen, die sich ihrerseits den aktuellen Anforderungen stellen, erscheinen attraktiv.

Buch, Seminar, Konferenz versus Gespräch, Begegnung, Auseinandersetzung

Daraus ergibt sich die für Ostdeutschland besonders gewichtige und zugleich schwer zu lösende Frage nach geeigneten Strukturen und Akteuren. Parteien sind mitgliederschwach, es mangelt ihnen oft an Kommunikation mit den Bürgern; Bürgerinitiativen gibt es wenige; fast alle traditionellen Strukturen von Geselligkeit sind den Zwängen der Wende zum Opfer gefallen. Eine spezielle regionale Trägerlandschaft der politischen Bildung ist erst im Entstehen begriffen. Gerade sie aber ist wegen der Bürgernähe schaffenden lokalen Bindung und wegen der Vertrautheit mit den Menschen und den örtlichen Gegebenheiten für die Bedürfnisse der politischen Bildung unerläßlich. Denn „Demokratie braucht die Kompetenz der Bürgerinnen und Bürger. Diese Kompetenz nützt aber wenig, wenn es für sie keine Orte und Möglichkeiten gibt, sich zu bilden und zu artikulieren. Erforderlich ist ein pluralistisches und offenes Angebot von Orten möglichst verbindlicher politischer Kommunikation. Deren Anbieter sind ... die Träger politischer Bildung im weitesten Sinne. Die Investition des Staates in eine solche Infrastruktur freier, pluralistisch agierender, auf das Engagement von Menschen gestützter Bildungsträger - besser hießen sie jedoch Öffentlichkeitsträger - ist eine Investition in eine demokratische Zukunft. Investitionen in politische Bildung, verstanden als Veranstaltungen praktischer und direkter Demokratie, stehen anderen - zumal wirtschaftlichen - Investitionen in ihrer Bedeutung nicht nach. Solche Entstehungskosten sind langfristig immer eine gute Anlage, wenn damit die Folgekosten von Politik in Grenzen gehalten werden können." (Misselwitz 1994 b, 11)

Wenig Möglichkeiten der Bürgerbeteiligung

Solche von der politischen Bildung zu favorisierenden Träger können einerseits gemeinnützige, thematisch breit orientierte Vereine oder Clubs als Podien politischer Kommunikation sein, andererseits sach- oder klientelbezogene Vereine oder Initiativen als kompetente Akteure im politischen Willensbildungsprozeß.

Bedarf an vielfältigen Institutionen politischer Bildung

So wertete auch Ministerpräsident Manfred Stolpe in seiner Regierungserklärung vom 18. November 1994 die Rolle der politischen Bildung: „Ich setze auf die Institutionen der politischen Bildung, die gerade in einer Zeit der vielfältigen Umgestaltung viel für die soziale Integration der Menschen, die Stärkung des demokratischen Engagements und des Vertrauens in den Rechtsstaat getan haben. Mir liegt deshalb besonders am Herzen, daß die Landeszentrale für politische Bildung das Netzwerk der Kommunikation über Politik weiter ausgestaltet und fördert. ... Wir brauchen das Engagement der Verbände und Vereine, von Künstlern, Sportlern und vielen anderen gesellschaftlichen Gruppen, die in Verfolgung ihrer Ziele auch das Wohl des Landes vor sich sehen." (Stolpe 1994, 36 f.) In den Jahren 1994 und 1995 verdichtete sich z. B. in Brandenburg die Trägerlandschaft bei gleichzeitigem Anwachsen der Summe der Einzelprojekte. 1994 wurden über 70 Träger mit über 900 Einzelprojekten gefördert. Allerdings ist der Bestand an Trägern nach wie vor territorial unausgeglichen. Während sich im Umfeld der Landeshauptstädte und Industriestandorte eine weitgehend solide Trägerstruktur herausgebildet hat, ist sie in ländlichen Regionen unzureichend. Im Gesamtgebiet der neuen Länder scheint bezüglich des Trägerfundus ein Süd-Nord-Gefälle zu bestehen. Dieses zu kompensieren, erweist sich wegen der Nöte des Fiskus als sehr diffizil. Erfahrene Träger erschließen sich deshalb zunehmend die finanziellen Potenzen der freien Wirtschaft.

Unzureichende Trägerstruktur in den ländlichen Regionen

3. Das Brandenburgische Weiterbildungsgesetz

Schon zu einem sehr frühen Zeitpunkt strebten einige der neuen Länder an, politische Bildung im Erwachsenenbereich als Teil eines komplexen Weiterbildungssystems rechtlich zu normieren. Daß zu den zu fördernden Weiterbildungsinhalten neben den allgemeinen, beruflichen, wissenschaftlichen und kulturellen auch die politischen gehörten, wurde in keinem der Landesparlamente in Frage gestellt. Das im Folgenden beschriebene Brandenburgische Weiterbildungsgesetz darf deshalb als exemplarisch gelten.

Förderung der politischen Erwachsenenbildung

Vom 20. April 1993 datiert der Gesetzentwurf der Landesregierung (Landtag Brandenburg, 1. Wahlperiode, Drucksache 1/1901), dessen Begründung die Funktionen der politischen Bildung insbesondere in den neuen Ländern beschreibt: Sie „soll die Einsicht in demokratisch gesteuerte Entscheidungsvorgänge vermitteln und den Willen zu einer aktiven, kritisch reflektierenden Mitgestaltung des Gemeinwesens herausbilden. Die Entwicklung der Demokratiefähigkeit der Gesellschaft beinhaltet auch die Vermittlung staatsbürgerlichen Grundwissens und die Stärkung des Interesses an europäischen, interkulturellen und internationalen Problemen." Darüber hinaus habe politische Bildung insbesondere in einem neuen Bundesland „die Aufgabe, die sozialen und wirtschaftlichen Folgen des Einigungsprozesses verstehbar sowie in öffentlichem Handeln gestaltbar zu machen und damit die in der DDR vorherrschende Auffassung von politischer Bildung als reine Ideologievermittlung und Indoktrination zu überwinden". In der öffentlichen Anhörung zum Entwurf artikulierte der Vertreter des DGB-Landesbezirks Berlin-Brandenburg diesen Aspekt; er hielt „insbesondere eine Ausweitung der kulturellen und politischen Bildung im Land vor dem Hintergrund des gesellschaftlichen Umstrukturierungsprozesses sowie der rechtsextremistischen und fremdenfeindlichen Orientierungen für unbedingt erforderlich." (Landtag Brandenburg, Ausschuß A 10, Ausschußprotokoll 1/775, S. 23)

Aktive Mitgestaltung des Gemeinwesens

Folgen des Einigungsprozesses verstehbar und gestaltbar machen

Am 15. Dezember 1993 wurde das vom Landtag am 24. November mehrheitlich beschlossene „Gesetz zur Regelung und Förderung der Weiterbildung im Land Brandenburg (Brandenburgisches Weiterbildungsgesetz)" (Gesetz- und Verordnungsblatt für das Land Brandenburg, Teil I, 1993, Nr. 26, S. 498) verkündet. Als „Verwirklichung des Rechts auf Bildung", wie auch in Art. 29 der Landesverfassung fixiert, soll danach die Weiterbildung „durch bedarfsgerechte Angebote ... zu selbständigem, eigenverantwortlichen und kritischen Handeln im persönlichen, sozialen, politischen, kulturellen und beruflichen Leben befähigen" (§ 2). Die Sicherung der Ziele, Aufgaben und Inhalte der Weiterbildung obliegt insbesondere den obersten Landesbehörden und deren nachgeordneten Behörden und Einrichtungen, vorrangig durch anteilige Erstattung von Personal- und Sachkosten sowie Förderung von Veranstaltungen und Modellvorhaben, und den Kreisen bzw. kreisfreien Städten durch Angebotssicherung, mindestens Sicherstellung einer Weiterbildungsgrundversorgung.

Der gesetzlich geregelte Anspruch auf Bildungsurlaub ...

Regelmäßig Beschäftigte haben in Brandenburg, bisher im Unterschied zu den anderen neuen Bundesländern, den gesetzlichen Anspruch auf bezahlte Freistellung von der Arbeit zur Teilnahme an anerkannten Weiterbildungsveranstaltungen „zum Zwecke beruflicher, kultureller oder politischer Weiterbildung" (§ 14). Die „Bildungsfreistellung beträgt zehn Arbeitstage innerhalb eines Zeitraumes von zwei aufeinanderfolgenden Kalenderjahren" (§ 15). In Anbetracht der Zwänge des ökonomischen Neuanfangs gestalteten sich Verhandlungen zum Bildungsurlaub als besonders kompliziert. Für „die hier im Gesetz gefaßte Bildung" lehnte im Rahmen der erwähnten öffentlichen Anhörung der Sprecher der drei brandenburgischen Handwerkskammern eine Freistellung „strikt ab". Das Gesetz setzte das Inkrafttreten der entsprechenden Regelungen bis zum 31. Dezember 1995 aus, was insbesondere von den Bildungsträgern beklagt wurde. Beschäftigte im öffentlichen Dienst bedienten sich solange der von der Sonderurlaubsverordnung des Bundes eröffneten Möglichkeiten.

... stieß bei den Handwerkskammern auf wenig Zustimmung

4. Politische Bildung in der Schule

Grundkonsens über die Inhalte politischer Bildung

Trotz der Unterschiede im allgemeinen Verständnis politischer Bildung definiert sich das Schulfach – es wird in den Ländern verschieden benannt: Sozialkunde, Gemeinschaftskunde, politische Bildung – gleichwohl weitgehend übereinstimmend als „ein Fachunterricht auf dem Hintergrund sozialwissenschaftlicher Disziplinen (vor allem Politologie, Soziologie, Geschichte und Ökonomie)" mit dem Ziel, jeden „in die Lage zu versetzen, eigene Interessen zu erkennen, gesellschaftliche Widersprüche und Konflikte auszumachen, selbständig zu urteilen"; kritisches Bewußtsein und eigenes Urteil sollen schließlich „in politisches Engagement münden" (Politische Bildung in der Schule 1993, 17).

Unterschiedliche Vorstellungen hinsichtlich der methodisch-didaktischen Umsetzung

Scheint über die Inhalte ein Grundkonsens zu bestehen, so münden Überlegungen bezüglich ihrer methodisch-didaktischen Umsetzung in unterschiedliche Denkansätze. Grundsätzliche Fragen der Unterrichtskonzeption hatten in der DDR einen so hohen ideologischen Stellenwert, daß die Verantwortung der einzelnen Lehrkraft überwiegend durch übergeordnete administrative und politische Instanzen eingeschränkt wurde. Dies begünstigte nunmehr einerseits den teilweise schematischen Nachvollzug pädagogischer Prinzipien der jeweils als Partner agierenden alten Bundesländer, andererseits Tendenzen einer Unterschätzung didaktischer Reflexionen überhaupt (Moritz 1995, 15 f.).

Ein Langzeitproblem ist offensichtlich die strukturell-organisatorische Integration des neuen Faches in den schulischen Alltag. Vieles ist noch nicht bewältigt, und die Eingliederung der mit politischer Bildung befaßten Fächer in die Arbeit der Schulen wird die Verantwortlichen voraussichtlich noch bis über die Jahrtausendwende hinaus beschäftigen.

Als besonders schwierig erwies sich insbesondere in der Anfangsphase die personelle Situation in den Schulen, die mit dem vorhandenen Personalstamm auskommen mußten. Das „neue Fach" durfte aus naheliegenden Gründen nicht dadurch belastet werden, daß ehemalige Staatsbürgerkunde- und Marxismus-Leninismus-Lehrkräfte dominierten. Die Fachausbildung für Lehrer der politischen Bildung mußte beim Stand Null beginnen. Die Lehrer verfügten weder über solide Vorkenntnisse noch über detaillierte Vorstellungen bezüglich des zu vermittelnden Stoffes. Viele Lehrer begannen mit der Stoffvermittlung sogar auf der Grundlage autodidaktisch erworbener Kenntnisse, die erst allmählich durch gezielte Aus- und Fortbildung untersetzt wurde. Verbreitete Unsicherheiten waren die Folge.

Schwierige Personalsituation an den Schulen

Im Unterschied zu den Landes- und Kommunalverwaltungen, wo sich viele Beamte aus den alten Ländern zur zeitweiligen oder gar dauerhaften Versetzung in den Osten bereitfanden, waren ähnliche Tendenzen im Schulbereich rar. So wurden noch 1994 in Brandenburg die Stellen für mangelhaft besetzte Fächer bundesweit ausgeschrieben; von den ohnehin wenigen Bewerbern aus dem Westen konnten nicht alle berücksichtigt werden, weil nicht jeder über die notwendige Lehrbefähigung verfügte. Für Berufsanfänger aus den alten Bundesländern war auch bis Juni 1995 die Vergütung nicht attraktiv: BAT III-Ost.

Die Bereitschaft der an den Schulen bereits etablierten Lehrer zur Ausbildung im neuen Fach leitet sich aus unterschiedlichen, auch die Intensität des Studierverhaltens beeinflussenden Motivationen ab. Während wohl mancher von seinem den Sachzwängen unterworfenen Direktor gedrängt wurde, ist auch der wirklich Engagierte, der sich in die Demokratisierung aktiv einbringen wollte, kein Einzelfall. Nicht wenige hatten früher Russisch oder Polytechnischen Unterricht gegeben und suchten nun in einem neuen Fach ein gesichertes Tätigkeitsfeld. Bei aller dazwischenliegenden Vielzahl von Motivationsnuancen darf konstatiert werden: Das Gros der neuen Fachlehrer hat sich interessiert und enthusiastisch in die neuen Aufgaben eingebracht. Den in der Literatur aufgetauchten gegenteiligen Klagen (Patzelt 1994 a, 81) kann man nur partiell folgen.

Unterricht häufig durch „politikferne" Lehrer

Als ein personelles Problem erscheint, daß „überdurchschnittlich viele unpolitische Personen" die neuen Fächer übernehmen. Denn wer in der DDR politiknah war, gilt in manchen Ländern „als ungeeignet für die Erteilung von Gemeinschaftskunde" (Patzelt 1994 a, 81 f.).

Umgang mit ehemaligen Staatsbürgerkundelehrern

Mit den ehemaligen Staatsbürgerkundelehrern gehen die Länder unterschiedlich um. Während ihnen z. B. Sachsen generell die Möglichkeit verwehrte, sich zu Gemeinschaftskundelehrern zu qualifizieren, wird in Brandenburg der konkrete Fall unter Berücksichtigung der Persönlichkeit des Einzelnen und der örtlichen Bedingungen bei den Schulämtern und Personalräten geprüft. Von der Dienstbehörde, den Kollegen und den Eltern anerkannten Staatsbürgerkundelehrern wird die Möglichkeit des Neubeginns im Fach Politische Bildung nicht prinzipiell verwehrt.

Da die Studiengänge an den universitären Ausbildungsstätten die akuten Bedürfnisse erst mittelfristig befriedigen konnten, mußten die personellen Voraussetzungen für die neuen Fächer über umfassende Weiterbildungsmaßnahmen erreicht werden. Seit 1991 wurden in Brandenburg Weiterbildungsstudiengänge für Lehrer mit dem Ziel einer Erweiterungsprüfung im Fach Politische Bildung zum Erwerb der fachlichen Lehrbefähigung eingerichtet. Damals begannen etwa 100 Brandenburger Lehrer ein Erweiterungsstudium mit dem Ziel einer Lehrbefähigung für das Fach Politische Bildung. Dies deckt den Bedarf an fachlich qualifizierten Lehrkräften noch nicht. Deshalb soll das „Sonderprogramm Weiterqualifizierung" den Bedürfnissen der bereits unterrichtenden Fachlehrer nach Konsolidierung der fachspezifischen Fähigkeiten gerecht werden und am Fach Politische Bildung interessierten Lehrern ein Studium ermöglichen.

Erweiterungsstudium für Lehrer des Fachs Politische Bildung

Neben den rasch zu erarbeitenden Rahmenplänen galt es deshalb, ein System der inhaltlichen Qualifizierung zu installieren. Am Pädagogischen Landesinstitut und seinen Außenstellen wurden Veranstaltungsreihen zur Fortbildung der Lehrer eingerichtet. In Übereinstimmung mit den Rahmenplänen werden exemplarisch fachdidaktische Probleme und Methoden thematisiert und in Seminaren präsentiert und diskutiert. Eine Schlüsselrolle kommt dabei den vielen engagierten und qualifizierten Fachmoderatoren zu, die die Vorschläge zur Gestaltung der Unterrichtsreihen und Varianten zu ihrer methodischen Umsetzung vorbereiten. An Bedeutung gewinnen Plan- und Rollenspiele, Fallanalysen, Erkundungen, Expertenbefragung, die den Schüler in die Position des aktiv Handelnden versetzen.

Brandenburger „Sonderprogramm Weiterqualifizierung"

Keines der neuen Länder verfügte – besonders in der Startphase – über die notwendigen personellen und logistischen Voraussetzungen für die Lehrerweiterbildung. Hilfe von Partnern aus dem Altbundesgebiet war deshalb unabdingbar. Günstige Konditionen hatte Brandenburg. Die räumliche Nähe ermöglichte den Einsatz Berliner Hochschul-Lehrkräfte; so

Unterstützung durch die alten Bundesländer

wurde der oben erwähnte 1991 begonnene Weiterbildungskurs von der Freien Universität getragen. Für die anderen Länder übernahmen in der berufsbegleitenden Ausbildung das Deutsche Institut für Fernstudien in Tübingen (DIFF) sowie die Bundeszentrale für politische Bildung die logistische Absicherung bis zum Dozenteneinsatz, zu der Organisation der Prüfungen und der Ausstellung von Zeugnissen unterhalb der Staatsprüfungsebene, wobei die Ausbildungsinhalte der Länderkompetenz unterlagen.

Prekäre Lehrmittelsituation

Als kompliziert erwies sich vor allem in der Startphase die Lehrmittelsituation. Literatur, die die Verhältnisse in den neuen Ländern adäquat und zeitnah reflektierte, war nicht vorhanden. Die Lehrer mußten sich mit Büchern westlicher Verlage, die in Darstellung und Analyse Ostdeutschland meist noch aussparten, Studienbriefen westlicher Universitäten und Publikationen der Bundeszentrale für politische Bildung behelfen. Die inhaltliche Orientierung der Verlagsprogramme auf die Nachwendeverhältnisse und das Erscheinen einer zunehmenden Zahl von Büchern mit speziell landesbezogenen Inhalten setzten die Lehrer erst allmählich in die Lage, diese in die Unterrichtsgestaltung einzubeziehen. Aber selbst wo aktuelle und bedarfsgerechte Verlagsangebote vorliegen, sind die Schulen wegen der dürftigen Finanzausstattung zur Anschaffung von Lehrmitteln in ausreichender Zahl nicht imstande. Immer wieder wird geklagt, daß das kostenintensive Kopieren „zur ersten Nebenbeschäftigung der Lehrer wird" (Repliken ... 1995, 97). Dies spiegelt ein generelles Problem der Lehrkräfte wider, die politische Bildung unterrichten; wirklich aktuelles, tatsächlich schüler- und handlungsorientiertes Unterrichtsmaterial, das die konkrete Gruppensituation berücksichtigt, muß die Lehrkraft selbst herstellen.

Dürftige Finanzausstattung

Die Überwindung all dieser Barrieren für einen geregelten, inhaltlich anspruchsvollen und zeitnahen Unterricht im Fach Politische Bildung ist wichtig für die Akzeptanz des Unterrichts durch Eltern und Schüler, aber auch in den Kollegien. Letztendlich aber hängt der Stellenwert politischer Bildung in der jeweiligen Schule vor allem davon ab, ob es der einzelne Lehrer versteht, handlungs- und schülerorientiert zu agieren.

5. Die Landeszentralen für politische Bildung

Von erheblichem Gewicht in der Formenpalette politischer Bildung sind die Landeszentralen für politische Bildung, deren Wirkungsspektrum Hilfestellungen sowohl für die Schulen und anderen Bildungseinrichtungen als auch die unterschiedlichsten Formen der Erwachsenenbildung umfaßt, die ihre vorrangige politische Aufgabe darüber hinaus darin sehen, die Bürger zu motivieren und zu befähigen, sich in die Demokratie einzubringen.

Die Bewältigung der komplizierten psycho-sozialen Situation im Osten erforderte umgehend organisierte Aktivitäten politischer Bildung und deshalb ihre rasche Institutionalisierung nach dem Vorbild der alten Bundesländer. Schon unmittelbar nach der Konstituierung der Länder erfolgte deshalb die Gründung und organisatorische Ausgestaltung der Landeszentralen. Wie meist in den alten Ländern sind sie strukturell den Staatskanzleien zugeordnet. Bei einigen Landeszentralen (z. B. Brandenburg) sichert ein parlamentarischer Beirat die parteipolitische Neutralität; in anderen (z. B. Sachsen) wird diese Aufgabe von einem Kuratorium wahrgenommen, dem auch Nichtparlamentarier vorwiegend aus wissenschaftlichen Bereichen angehören. Das Bestehen solcher Gremien befördert einerseits durch den Sachverstand seiner Mitglieder die Arbeit der Landeszentralen, andererseits kann es latente Konflikte erzeugen. Sie entstehen sowohl aus nicht auszuschließenden Tendenzen zur politischen Instrumentalisierung der Landeszentralen durch die Fraktionen als auch aus der Konkurrenzsituation, die sich aus wechselseitigen Abhängigkeitsverhältnissen der Landeszentralen zur Exekutive und zugleich zur Legislative ableiten.

Rasche Gründung von Landeszentralen für politische Bildung

Konflikt zwischen Exekutive und Legislative

Die Landeszentralen der jeweiligen westdeutschen Partnerländer unterstützten den Aufbau mit Personal, Know-how und Sachmitteln. Insbesondere Inhaber leitender Funktionen kamen aus den alten Bundesländern. In der Aufbauphase erhielten die Bürger ostdeutscher Länder in der Regel Materialien aus den Partnerzentralen. Insbesondere im Bereich des höheren Dienstes sind aus Delegierungen von Mitarbeitern aus den

Schwierige Zusammenarbeit von Ost- und West-Personal

alten Ländern inzwischen dauerhafte Beschäftigungsverhältnisse entstanden. Der Weg dahin verlief nicht ohne Probleme. Divergente Erwartungshaltungen in Leistungsvermögen und Leistungen der jeweils anderen, verschiedene Vergütung für gleiche Leistungen und Unterschiede in den Aufstiegsmöglichkeiten enthielten ein Konfliktpotential, das erst allmählich abgebaut werden konnte.

Entsprechend den vielfältigen Anforderungen und den unterschiedlichen Zielgruppen politischer Bildung entwickelten die Landeszentralen diverse Formen von Angeboten für Interessenten, Schüler, Studenten, Lehrer, andere Mittler, aber auch für Politiker, Offiziere oder Polizisten. So verstehen sich die verschiedenen Formen des öffentlichen Diskurses - Kolloquien, Konferenzen, Seminare u. a. - sowohl als Anregung für den einzelnen als auch als Politikerberatung und insofern als „Bindeglied in der Kommunikation zwischen Legislative, Exekutive und mündigem Bürger" (Angebote 1995, 4). Als festes methodisches und inhaltliches Element der politischen Bildung verstehen gerade die neuen Landeszentralen Kunst und Kultur. Mit Videos, politischem Kabarett, Rockabenden, Ausstellungen usw. wollen sie in einer Zeit der Verkomplizierung gesamtgesellschaftlicher Prozesse und einer fortschreitenden Anonymisierung des einzelnen neue Denk- und Schauplätze erschließen, Politik sinnlich begreifbar machen und auch Bevölkerungskreise erreichen, die sich traditionellen Methoden politischer Bildung eher verschließen. Neuerdings darf konstatiert werden, daß die offenkundigen Erfolge auf dieser Bildungsebene auch Skeptiker, die bislang ausschließlich konventionelle Methoden favorisierten, überzeugt haben. Nach wie vor erweist sich aber auch das gedruckte Wort als gewichtiger Bestandteil mit hoher Akzeptanz im methodischen Instrumentarium der politischen Bildung. Der immer noch erhebliche Informationsbedarf im Osten, aber auch der Wunsch nach Handlungsimpulsen, wird für viele Bürger durch das Literaturangebot der Landeszentralen befriedigt.

Kunst und Kultur als wichtige Elemente politischer Bildung

Die personellen Ressourcen der östlichen Landeszentralen sind begrenzt, und die Finanzlage der Länder läßt Besserung nicht erhoffen. Deshalb vollziehen die Landeszentralen ihre

Wirkungsmechanismen nicht allein über eigene Aktivitäten, sondern auch über die klassische Form der Betreuung und Förderung der vor Ort mit hoher Sachkompetenz und Anerkennung tätigen Vereine, Verbände und anderer Träger der politischen Bildungsarbeit.

6. Probleme

Bei allen Aktivitäten zum institutionellen Aufbau und zur inhaltlichen Stabilisierung der politischen Bildung in den neuen Ländern werden ihre Wirkungsmöglichkeiten durch mehrere Faktoren modifiziert. So hat sie u. a. im schulischen Bereich den einschneidenden, schon vor Schulbeginn wirksamen Prägeeffekt des Fernsehens und anderer Medien zu berücksichtigen. Vor allem aber – und dies wird von allen in der politischen Bildung im Osten Tätigen als wesentlich empfunden – ist ihre Glaubwürdigkeit davon abhängig, wie die von ihr vermittelten Wertorientierungen und demokratischen Prinzipien praktische Bestätigung durch das von jedermann erfahrbare Handeln der Politiker erfahren. Politik muß „von glaubwürdiger Effizienz sein, soll politische Bildung leistungsfähig werden: bleiben politischer Gestaltung anvertraute Probleme unangepackt oder dauerhaft ungelöst, so läßt sich keineswegs mehr vermitteln, das politische System … verdiene Akzeptanz wie Partizipation seiner Bürger" (Patzelt 1994 a, 79). Insofern ist angesichts der mannigfachen Probleme vor allem in den neuen Ländern jeder Politiker, jeder Parlamentarier, jeder im öffentlichen Dienst der Länder oder Kommunen Beschäftigte, aber auch jeder Manager und jeder Mitarbeiter in den Medien der Wirksamkeit politischer Bildung in hohem Maße verpflichtet.

Politische Praxis als Prüfstein der politischen Bildung

7. Literatur

ANGEBOTE 1995: Jahresprogramm 1995 der Brandenburgischen Landeszentrale für politische Bildung (Potsdam)

CLAUßEN, BERNHARD/WELLIE, BIRGIT (Hrsg.) 1994: Bewältigungen. Politik und politische Bildung im vereinigten Deutschland. Hamburg

DRUCKSACHEN DES LANDTAGES BRANDENBURG, 1. Wahlperiode

DÜMCKE, WOLFGANG 1991: Politische Bildung in den neuen Bundesländern. Versuch einer Problematisierung der Voraussetzungen und Perspektiven. Hamburg

EPPELMANN, RAINER 1994: Die Schwierigkeiten des Zusammenwachsens. In: Deutsche Entfremdung. Zum Befinden in Ost und West, hrsg. von Hardtwig, Wolfgang/Winkler, Heinrich A. München

GESETZ- UND VERORDNUNGSBLATT FÜR DAS LAND BRANDENBURG, Teil I und II

MATERIALIEN des Ministeriums für Bildung, Jugend und Sport des Landes Brandenburg und des Pädagogischen Landesinstituts Brandenburg

MISSELWITZ, HANS-J. 1994a: Wechsel von Erinnerung und Aufklärung. In: Märkische Oderzeitung, 30./31.07.1994

MISSELWITZ, HANS-J. 1994 b: Politikwahrnehmung und Politikvermittlung in den neuen Bundesländern. In: Aus Politik und Zeitgeschichte (Beilage zur Wochenzeitung Das Parlament), 11.11.1994

MORITZ, PETRA 1995: Politische Bildung aus ostdeutscher Sicht. In: Aus Politik und Zeitgeschichte (Beilage zur Wochenzeitung Das Parlament), 17.11.1995

MUSZYNSKI, BERNHARD (Hrsg.) 1991: Deutsche Vereinigung. Probleme der Integration und der Identifikation. In: Gegenwartskunde, SH 7

NOLL, ADOLF H./ REUTER, LUTZ R. (Hrsg.) 1993: Politische Bildung im vereinigten Deutschland. Geschichte, Konzeptionen, Perspektiven. Opladen

PATZELT, WERNER J. 1994a: Aufgaben politischer Bildung in den neuen Bundesländern. Dresden

PATZELT, WERNER J. 1994b: Die berufsbegleitende Ausbildung von Gemeinschaftskundelehrern - Skeptisches aus der sächsischen Praxis. In: Forum Politikunterricht. Hrsg. von der Deutschen Vereinigung für Politische Bildung, Landesverband Bayern 2/1994, S. 79-87

POLITISCHE BILDUNG IN DER SCHULE 1993: Chancen, Widersprüche - oder nur wieder Sprüche? Hrsg. vom Ministerium für Bildung, Jugend und Sport des Landes Brandenburg

REPLIKEN auf den Aufsatz von Prof. Dr. Werner J. Patzelt, Dresden: „Die berufsbegleitende Ausbildung von Gemeinschaftskundelehrern - Skeptisches aus der sächsischen Praxis. In: Forum Politikunterricht. Hrsg. von der Deutschen Vereinigung für Politische Bildung, Landesverband Bayern 1/1995, S. 88-103

SCHMIDT, JÜRGEN/MORITZ, PETRA 1990: Wie Schüler diese Frage sehen. In: Geschichte und Gesellschaftskunde. Jg. 32, H. 4, S. 283-285

STOLPE, MANFRED 1993: Nöte und Probleme der Menschen zu Themen machen. In: Aufbruch zur Demokratie - Politische Bildung in den 90er Jahren. Ergebnisse des 5. Bundeskongresses für Politische Bildung. Leverkusen/Opladen

STOLPE, MANFRED 1994: Arbeiten wir für unser Land - Brandenburg lohnt den Einsatz - Regierungserklärung von Ministerpräsident Manfred Stolpe am 18. Nov. 1994 (Potsdam)

STURZBECHER, DIETMAR/DIETRICH, PETER/KOHLSTRUCK, MICHAEL 1994: Jugend in Brandenburg '93. Potsdam

Personenregister

Personenregister

D

E

F

G

H

Stichwortregister

Stichwortregister

A

B

E

F

J

K

L

Z

Autorenverzeichnis

Autorenverzeichnis

Paul Ackermann
Dr., Professor für Politikwissenschaft und politische Bildung an der Pädagogischen Hochschule Ludwigsburg

Marie-Theres Albert
Dr., Professorin und Leiterin des Lehrstuhls Interkulturalität, Linguistik, Fachdidaktik Fremdsprachen an der Brandenburgischen Technischen Universität Cottbus

Volkmar Baulig
Dr., Sonderschullehrer und Diplom-Pädagoge, Mitarbeiter in der Hessischen Lehrerfortbildung, Lehrbeauftragter an der Johann-Wolfgang-Goethe-Universität Frankfurt/M.

Gotthard Breit
Dr., Professor für Didaktik der Politik an der Technischen Universität „Otto-von-Guericke" Magdeburg

Ernst-Günter Dieckmann
Mediendidaktiker, Erziehungswissenschaftliches Fort- und Weiterbildungsinstitut Landau

Isabell Diehm
Dr. phil., Hochschulassistentin am Institut für Schulpädagogik und Didaktik der Elementar- und Primarstufe, Fachbereich Erziehungswissenschaften der Johann-Wolfgang-Goethe-Universität Frankfurt/M.

Helmut Essinger
Dr., Professor a.D., Vizepräsident der Internationalen Liga für Menschenrechte

Walter Gagel
Dr., Professor (em.) für Politische Bildung an der Technischen Universität Braunschweig, Seminar für Politische Wissenschaft und Politische Bildung

Tilman Grammes
Dr., Professor für Didaktik der politischen Bildung an der Technischen Universität Dresden, Institut für Politikwissenschaft

Benno Hafeneger
Dr., Professor an der Philipps-Universität Marburg, Institut für Erziehungswissenschaft

Peter Henkenborg
Dr., Studienrat im Hochschuldienst an der Justus-Liebig-Universität Gießen, Didaktik der Gesellschaftswissenschaften; z. Zt. Vertretungsprofessur für Politikdidaktik an der Gesamthochschule Kassel

Klaus-Peter Hufer
Dr., Fachbereichsleiter für Geistes- und Sozialwissenschaften an der Kreisvolkshochschule Viersen, Lehrbeauftragter an der Ruhr-Universität Bochum

Werner Künzel
Dr., Referent für Publikationen an der Brandenburgischen Landeszentrale für politische Bildung Potsdam

Reinhold E. Lob
Dr., Professor an der Universität Gesamthochschule Essen, Zentralstelle für Umwelterziehung, Institut im Fachbereich 9

Monika Mannheim-Runkel
Diplom-Pädagogin, Bildungsreferentin im Amt für Arbeit, Wirtschaft und Soziales der EKHN, Frankfurt/M.

Peter Massing
Dr., Leiter des Referats für politische Bildungsarbeit an der Freien Universität Berlin, Fachbereich Politische Wissenschaft

Wolfgang W. Mickel
Dr., Professor für Politikwissenschaft und Didaktik an der Pädagogischen Hochschule Karlsruhe

Hans Nicklas
Dr., Professor am Fachbereich Gesellschaftswissenschaften der Johann-Wolfgang-Goethe-Universität Frankfurt/M., Leiter der Forschungsgruppe Politische Psychologie/Friedenserziehung an der Hessischen Stiftung Friedens- und Konfliktforschung Frankfurt/M.

Volker Nitzschke
Dr., Professor (em.) an der Johann-Wolfgang-Goethe-Universität Frankfurt/M., Fachbereich Gesellschaftswissenschaften

Frank Nonnenmacher
Dr., Studienrat im Hochschuldienst an der Johann-Wolfgang-Goethe-Universität Frankfurt/M., Fachbereich Gesellschaftswissenschaften

Ekkehard Nuissl
Dr., Professor für Erwachsenenbildung an der Universität Marburg und Direktor des Deutschen Instituts für Erwachsenenbildung Frankfurt/M.

Heinrich Oberreuter
Dr. phil., Direktor der Akademie für Politische Bildung Tutzing und Professor für Politikwissenschaft an der Universität Passau

Hans-Joachim von Olberg
Wissenschaftlicher Mitarbeiter an der Westfälischen Wilhelms-Universität Münster, Fachbereich Erziehungswissenschaft, Institut für Allgemeine Erziehungswissenschaft

Ingrid Prote
Ausbildungsleiterin für Grundschuldidaktik am Studienseminar Lahn-Dill für die 2. Phase der LehrerInnenausbildung

Sibylle Reinhardt
Dr., Professorin an der Martin-Luther-Universität Halle-Wittenberg, Institut für Politikwissenschaft

Dagmar Richter
Dr., wissenschaftliche Assistentin am Institut für Erziehungswissenschaft an der Carl-von-Ossietzky-Universität Oldenburg, Fachbereich 1, Pädagogik

Wolfgang Sander
Dr. phil., Professor für Didaktik der Politik am Institut für Politikwissenschaft der Friedrich-Schiller-Universität Jena

Carla Schelle
Dr., Wissenschaftliche Assistentin am Institut für Schulpädagogik am Fachbereich Erziehungswissenschaft der Universität Hamburg

Bernhard Sutor
Dr., Professor (em.) für Didaktik der politischen Bildung und Sozialethik an der Katholischen Universität Eichstätt

Peter Weinbrenner
Dr., Professor für Didaktik der Wirtschafts- und Sozialwissenschaften an der Universität Bielefeld

Dorothea Weidinger
Referentin im Staatsinstitut für Schulpädagogik und Bildungsforschung München

Georg Weißeno
Dr., Privatdozent für Politikdidaktik an der Universität Gesamthochschule Wuppertal, Fachbereich Gesellschaftswissenschaften und Oberstudienrat am Gymnasium Siegesstraße, Wuppertal

Die neue Handbuchreihe

zur politischen Bildung

Das Wochenschau – Handbuchkonzept

Für jeden, der sich mit politischer Bildung beschäftigt:
- fachübergreifendes Nachschlagen
- lexikalisch zu benutzende Lesestichwörter
- Grundlageninformation im längeren Textzusammenhang
- viele zusätzliche Arbeitshilfen z. B.:
- Personenregister • Stichwortregister
- Such- und Studierhilfen am Rand

Endlich die komplette Fachinformation für den Laien und den Profi – am besten immer griffbereit.

Wolfgang Sander (Hrsg.)
Handbuch politische Bildung
ISBN 3-87920-608-2
608 Seiten
Hardcover, DM 72,–

Autoren: Paul Ackermann • Marie-Theres Albert • Volkmar Baulig • Gotthard Breit • Ernst-Günter Dieckmann • Isabell Diehm • Helmut Essinger • Walter Gagel • Tilman Grammes • Benno Hafeneger • Peter Henkenborg • Klaus-Peter Hufer • Werner Künzel • Reinhold E. Lob • Monika Mannheim-Runkel • Peter Massing • Wolfgang W. Mickel • Hans Nicklas • Volker Nitzschke • Frank Nonnenmacher • Ekkehard Nuissl • Heinrich Oberreuter • Hans-Joachim von Olberg • Ingrid Prote • Carla Schelle • Sibylle Reinhardt • Dagmar Richter • Wolfgang Sander • Bernhard Sutor • Dorothea Weidinger • Peter Weinbrenner • Georg Weißeno

Grundlagen

Erstmals liegt mit dem **Handbuch politische Bildung** ein Werk vor, das – bearbeitet von namhaften Autorinnen und Autoren – für die politische Bildung den heutigen Stand der Wissenschaft und Praxis in der gesamten Breite erschließt. Schnelle und fundierte Information, Erschließen und Rezipieren leicht gemacht durch die systematische Strukturierung – unentbehrlich für alle in der politischen Bildung, Schule, Ausbildung und Wissenschaft.

Siegfried George
Ingrid Prote (Hrsg.)
Handbuch zur politischen Bildung in der Grundschule

ISBN 3-87920-605-8
384 Seiten
Hardcover
DM 64,–

Grundschule

Zum Buch: Das Handbuch dokumentiert den Forschungsstand zur veränderten Kindheit, zur moralischen Entwicklung der Grundschulkinder, zu ihrem sozialen und politischen Lernen, zur Entwicklung des gesellschaftlich-ökonomischen Denkens, zur Friedenserziehung, zur Bedeutung der Umwelterziehung, zur Jungen/Mädchen-Problematik sowie zu den Möglichkeiten und Grenzen interkultureller Erziehung.

Benno Hafeneger (Hrsg.)
Handbuch politische Jugendbildung

ISBN 3-87920-610-4
340 Seiten,
Hardcover
DM 56,–

Jugendbildung

Zum Buch: Die Jugend hat sich verändert – wer heute in einer sich rapide ändernden Welt mit Jugendlichen zu tun hat – sei es in Praxis, Studium, Ausbildung oder Wissenschaft, ist auf aktuelle gesicherte Informationen angewiesen. Alle wichtigen Themen: Jugendforschung, Methoden der Jugendarbeit, Institutionen, Fördermaßnahmen, politische Jugendbildung in Schule, Beruf und Verbänden, Struktur und Organisation der Jugendbildung, Berufsbild des Jugendbildners, politisch-soziale Rahmenbedingungen.

Adolf-Damaschke-Str. 103 • 65824 Schwalbach/Ts.
Telefon: 06196 / 84010 • Fax: 06196 / 86060

WOCHEN
SCHAU
VERLAG